Basiswissen Sozialwirtschaft und Sozialmanagement

AF167840

Reihe herausgegeben von

Klaus Grunwald, Duale Hochschule BW Stuttgart, Stuttgart, Baden-Württemberg, Deutschland

Ludger Kolhoff, Fakultät Soziale Arbeit, Ostfalia Hochschule, Wolfenbüttel, Niedersachsen, Deutschland

Die Lehrbuchreihe „Basiswissen Sozialwirtschaft und Sozialmanagement" vermittelt zentrale Inhalte zum Themenfeld Sozialwirtschaft und Sozialmanagement in verständlicher, didaktisch sorgfältig aufbereiteter und kompakter Form. In sich abgeschlossene, thematisch fokussierte Lehrbücher stellen die verschiedenen Themen theoretisch fundiert und kritisch reflektiert dar. Vermittelt werden sowohl Grundlagen aus relevanten wissenschaftlichen (Teil-)Disziplinen als auch methodische Zugänge zu Herausforderungen der Sozialwirtschaft im Allgemeinen und sozialwirtschaftlicher Unternehmen im Besonderen. Die Bände richten sich an Studierende und Fachkräfte der Sozialen Arbeit, der Sozialwirtschaft und des Sozialmanagements. Sie sollen nicht nur in der Lehre (insbesondere der Vor- und Nachbereitung von Seminarveranstaltungen), sondern auch in der individuellen bzw. selbstständigen Beschäftigung mit relevanten sozialwirtschaftlichen Fragestellungen eine gute Unterstützung im Lernprozess von Studierenden sowie in der Weiterbildung von Fach- und Führungskräften bieten.

Beiratsmitglieder

Holger Backhaus-Maul, Philosophische Fakultät III, Universität Halle-Wittenberg, Halle (Saale), Sachsen-Anhalt, Deutschland

Marlies Fröse, Evangelische Hochschule Dresden, Dresden, Sachsen, Deutschland

Waltraud Grillitsch, Fachhochschule Kärnten, Feldkirchen, Österreich

Andreas Laib, Fachbereich Soziale Arbeit, Fachhochschule St. Gallen, St. Gallen, Schweiz

Andreas Langer, Department Soziale Arbeit, HAW Hamburg, Hamburg, Deutschland

Wolf-Rainer Wendt, Stuttgart, Baden-Württemberg, Deutschland

Peter Zängl, Hochschule für Soziale Arbeit, Fachhochschule Nordwestschweiz, Olten, Schweiz

Weitere Bände in der Reihe https://link.springer.com/bookseries/15473

Frank Unger · Uli Sann · Carolin Martin

Personalführung in Organisationen der Sozialwirtschaft

Ein Studienbuch

 Springer VS

Frank Unger
Hochschule Fulda
Fulda, Deutschland

Uli Sann
Hochschule Fulda
Fulda, Deutschland

Carolin Martin
Hochschule Fulda
Fulda, Deutschland

ISSN 2569-6009   ISSN 2569-6017   (electronic)
Basiswissen Sozialwirtschaft und Sozialmanagement
ISBN 978-3-658-36118-1   ISBN 978-3-658-36119-8   (eBook)
https://doi.org/10.1007/978-3-658-36119-8

Die Deutsche Nationalbibliothek verzeichnet diese Publikation in der Deutschen Nationalbibliografie; detaillierte bibliografische Daten sind im Internet über http://dnb.d-nb.de abrufbar.

Planung/Lektorat: Katrin Emmerich
Springer VS ist ein Imprint der eingetragenen Gesellschaft Springer Fachmedien Wiesbaden GmbH und ist ein Teil von Springer Nature.
Die Anschrift der Gesellschaft ist: Abraham-Lincoln-Str. 46, 65189 Wiesbaden, Germany

Vorwort

Wir freuen uns, dass Sie dieses Buch in der Hand halten. Ob Sie zufällig darauf gestoßen sind, ob es Ihnen empfohlen wurde oder ob Sie es vielleicht aufgeschlagen haben, weil Sie bei uns eine Lehr- oder Weiterbildungsveranstaltung besuchen: Wir sind überzeugt, dass sich die Beschäftigung mit den Inhalten dieses „etwas anderen" Buchs für Sie lohnen wird.

Zu Beginn möchten wir auf ein paar Fragen eingehen, die sich vielen Leserinnen und Lesern stellen, wenn sie ein neues Fachbuch in den Händen halten bzw. digital geöffnet haben.

An wen richtet sich dieses Buch?
Dieses Buch richtet sich an alle Interessierten, die Führungsaufgaben im Gesundheits-/Bildungswesen, in sozialen Organisationen, in der Sozialverwaltung oder in anderen Bereichen der Sozialwirtschaft anstreben bzw. bereits übernehmen und die sich schnell, aber dennoch umfassend sowie vor allem anwendungsbezogen, über die wesentlichen Themen einer nachhaltig wirksamen, zukunftsfähigen Führung informieren wollen. Zudem richtet es sich selbstverständlich auch an Studierende, Lehrende, Personen in der Aus-/ Weiterbildung, Führungstrainer*innen, Coaches, die sich mit Personalführung beschäftigen. Möglicherweise streben Sie aber auch gar keine Leitungsposition an und „müssen" sich, aus welchen Gründen auch immer, mit verschiedenen Aspekten der Führung auseinandersetzen und fragen sich, was Ihnen *das* bringen soll, weil Sie aktuell keine Leitungsposition für sich planen. Auch die „Gezwungenen" laden wir herzlich ein, sich auf die Inhalte des Buchs einzulassen. Denn wirksame Personalführung bedeutet vor allem gute Menschenkenntnis, motivierende Kommunikation und qualitativ hochwertige Beziehungsgestaltung – auch bzw. besonders in herausfordernden Situationen. Und dies benötigen Sie tagtäglich,

privat wie beruflich, ob Sie für Menschen Dienstleistungen erbringen oder in einem Team mit Menschen (zusammen-)arbeiten.

Wer sind die Autor*innen?

Wir sind in unterschiedlichen Funktionen seit vielen Jahren mit Fragen der Personalführung, Selbstführung, Kommunikation und Gesprächsführung – insbesondere im Bereich der Sozialwirtschaft – jedoch auch darüber hinaus (z. B. in Wirtschaftsunternehmen) befasst. Auch, wenn wir dieses Buch gemeinsam geschrieben haben und alle 3 hinter jeder Zeile stehen, haben wir auch unsere Schwerpunktthemen, die wir in diesem Buch eingebracht haben.

Prof. Dr. Frank Unger lehrt seit 2013 an der Hochschule in Fulda vor allem zu den Themen Sozial-/ Verwaltungsmanagement und Arbeitsökonomie mit dem Schwerpunkt Personalführung sowie Personal-/Organisationsentwicklung. In Forschung, Aus- und Weiterbildung (als Führungstrainer und Coach) beschäftigt er sich darüber hinaus mit Fragen der (Führungs-)Kommunikation, Mitarbeiter-/ Veränderungsmotivation und betrieblichen Gesundheitsförderung. Zuvor war er über 10 Jahre auf unterschiedlichen Leitungspositionen innerhalb der Bundesagentur für Arbeit tätig, darunter 5 Jahre als Operativer Geschäftsführer der Agentur für Arbeit in Kassel. Er ist derjenige, der Ihnen immer wieder deutlich machen wird, dass sehr konkrete Verhaltensweisen (sogenannte Führungsmikroimpulse) einen entscheidenden Unterschied für ein erfolgreiches Führungsverhalten machen. Sein Leitspruch: *Nachhaltiger Organisationserfolg setzt humanen Führungserfolg voraus.*

Prof. Dr. Uli Sann ist seit über 25 Jahren als Berater, Trainer und Coach für eine Vielzahl von Profit- und Non-Profit-Organisationen unterwegs. Er ist Psychologe, Psychologischer Psychotherapeut und forscht und lehrt vor allem in den Bereichen Beratung, Gesprächsführung, Veränderungsprozesse, Lernen, Motivation, Selbstmanagement, Emotionsregulation und Kompetenzentwicklung. Er ist derjenige, der Ihnen die Bedeutung des immer wieder neuen Nachdenkens über das eigene Führungshandeln und des Hineinversetzens in die Ziele und Bedürfnisse Ihres Gegenübers als wesentliche Komponenten zu humanem und nachhaltigem Führungserfolg vermitteln möchte. Sein Leitspruch: *Wer führen will, muss zuhören – den Mitarbeiter*innen und sich selbst.*

Carolin Martin (M.A.) war gut 10 Jahre in verschiedenen Arbeitsfeldern der Sozialen Arbeit (Kinder- und Jugendhilfe, Arbeit mit beeinträchtigten Menschen, Jugendberufshilfe) tätig. Dabei war sie selbst als Führungskraft im Einsatz und mehrfach für die Neukonzeptionierung von Angeboten und die Entwicklung neuer Organisationsbereiche zuständig. In dem gleichzeitigen Erleben von Führung als Mitarbeitende und dem Gestalten von Führung als Führungskraft

erfuhr sie die Relevanz und Notwendigkeit von gelingender Führung als grundlegende Voraussetzung für gute soziale Dienstleistungserstellung. Sie ist diejenige, die Ihnen immer wieder die praktische Relevanz der Umsetzung und
Übung von bewährten Strategien der Führung nahebringt. Ihr Leitspruch: *Erfolgreiches Führungshandeln ist eine unverzichtbare Voraussetzung für qualitativ
hochwertige soziale Dienstleistungen und motivierte Mitarbeitende.*

Was wollen die Autor*innen mit diesem Buch bewirken?

Wir sind nach eigener Einschätzung – und derer der Personen, mit denen wir in
verschiedenen Bereichen arbeiten – „Überzeugungstäter*innen". Im Rahmen
unserer Hochschullehre, in Organisationsentwicklungsprozessen, Trainings,
Coachings und in unserer Forschung erleben wir täglich, wie groß der (vermeintlich kleine) Unterschied hinsichtlich einer guten und weniger guten Führung
sein kann. Wir haben immer wieder feststellen können, dass sich Motivation,
Leistung, Wohlbefinden und Zufriedenheit von Mitarbeiter*innen wie deren
Bindung an den Arbeitgeber deutlich verbessern, wenn zumindest an einigen
relevanten Stellschrauben im Sinne guter Führung „gedreht" wird (auch wenn es
mit einem einmaligen Drehen meist nicht getan ist).

Gleichzeitig sehen wir, nicht ohne ein wenig Besorgnis, dass dies in vielen
Organisationen – auch in der Sozialwirtschaft – viel zu selten geschieht, ja dass
hier oft noch die Abwehr gegen nachweislich wirksame Interventionen vorhanden ist. Wir hören mitunter Sätze wie die nachfolgenden (und noch häufiger
erleben wir die Folgen von hinter solchen Formulierungen stehenden Grundüber-
zeugungen für das Führungsverhalten von Führungskräften):

- *Keine Führung ist gute Führung* (wir werden im Buch auf die negativen
  Folgen von sogenannter Laissez-faire-Führung eingehen – vor allem im
  Kontext der Herausforderungen einer veränderlichen Arbeitswelt);
- *Nicht geschimpft ist genug gelobt* (wir werden diesen Satz an verschiedenen
  Stellen mit umfassenden empirischen Erkenntnissen klar widerlegen
  und Ihnen zeigen, wie Sie mit nur kleinen Änderungen in Verhalten und
  Kommunikation enorm positive Wirkungen erzielen können. Außerdem
  werden Sie erfahren, was noch besser funktioniert als Loben);
- *Ich muss nur ausreichend Druck machen, dann laufen die schon* (auch
  zu destruktivem Führungsverhalten – oft auch als Bad-/Dark-Leader-
  ship bezeichnet – werden wir Befunde präsentieren, die die negativen
  Auswirkungen auf die Motivation und das Wohlbefinden der Mitarbeiter*innen – jedoch auch auf die Gesundheit der Führungskraft, die so
  agiert – verdeutlichen);

- *Das bringt doch alles nichts* oder *Das habe ich schon versucht – ohne Erfolg* (Menschen, die dies denken oder aussprechen, haben ggf. schon schlechte Erfahrungen in der Vergangenheit gemacht. Und ja, es gibt keinen Ansatz, der allumfassend und in jeder Situation wirkt. Zudem entwickelt man sich mit jeder Erfahrung, jeden Tag als Führungskraft weiter und lernt dazu. Sollte Ihnen dieser Satz gerade durch den Kopf gegangen sein, möchten wir Sie ermutigen, sich auf wirksame Führungsimpulse, die (noch) nicht zum individuellen Führungsrepertoire gehören, einzulassen – diese auszuprobieren: denn gute Führung kann man lernen).

Neue Impulse als schwierig umsetzbar einzuordnen oder als wenig wirksam kleinzureden, ist in Veränderungsprozessen eine natürliche menschliche Reaktion. Uli Sann spricht hier gerne von Vermeidungsverhalten. Vermieden werden dabei Strategien, die die Leistungsergebnisse verbessern können, Arbeitszufriedenheit und -motivation erhöhen, Absentismus und Fluktuationsraten verringern helfen und nicht zuletzt dem Wohlbefinden und der Gesundheit aller Beteiligten (auch den hier angesprochenen Führungskräften selbst) dienen – jedoch durchaus mit persönlicher Anstrengung und vor allem mit einer ehrlichen Selbstreflexion (eine bedeutende Kompetenz erfolgreicher Führungskräfte) verbunden sind. Warum werden Handlungsweisen und Veränderungen vermieden, die auf den ersten Blick (wie auch auf den zweiten Blick) dem eigenen Erfolg ebenso dienlich wären, wie dem der Organisation? Wir werden versuchen, darauf in diesem Buch einige Antworten zu geben.

Was wollen wir also? Wir möchten Sie auf Basis der neusten nationalen wie internationalen Erkenntnisse von Wissenschaft und Praxis über „gute Führung" informieren. Dabei ist es unser Ziel, dass Sie sich die notwendigen Verhaltensweisen und Haltungen sehr konkret vorstellen können. Außerdem hoffen wir, dass wir es Ihnen erleichtern, sich motiviert zu fühlen, das Erfahrene auch anzuwenden und zu versuchen, innere und äußere Hindernisse auf dem Weg zur Entwicklung einer nachhaltig wirksamen und zukunftsfähigen Führung zu überwinden.

Wieso wollen wir das? Wir glauben, dass gute Führung nicht nur einen kurzfristigen, ökonomischen Erfolg mitbeeinflusst, sondern auch einen gesellschaftlich-wertstiftenden Beitrag leisten kann.

Gute Führung im Sinne einer Berücksichtigung sowohl ökonomischer bzw. organisationaler Ziele als auch der individuellen menschlichen Bedürfnisse leistet aus unserer Sicht einen entscheidenden Beitrag für einen (sozial-)wirtschaftlich sicheren und lebenswerten Standort. Und dies wünschen wir uns schon im eigenen Interesse, insbesondere aber für all die Menschen, die auf irgendeine Art und Weise auf Unterstützung angewiesen sind und natürlich auch für Sie, liebe Leserin, lieber Leser – für Ihr Wohlbefinden und für Ihre persönliche Entwicklung.

Warum ein Lehrbuch zur Personalführung in der Sozialwirtschaft?

Aus der Praxis der Sozialwirtschaft wird uns regelmäßig die Notwendigkeit von wissenschaftlich fundiertem und zugleich praktisch gut anwendbarem Führungswissen zurückgemeldet! Auch wir selbst ernten in unseren Veranstaltungen häufig Verwunderung darüber, wie vielfältig und wie konkret sich gute Personalführung in der Sozialwirtschaft darstellt. Es scheint offenbar – neben der, für uns alle nicht einfach umzusetzenden Bereitschaft, sich den eigenen Entwicklungsmöglichkeiten ehrlich zu stellen – auch ein Informationsdefizit zu geben. Und das lässt sich ja mit einem Buch gut beheben. Unser Ziel war es, für Sie das Beste aus über 100 Jahren Führungsforschung zusammenzutragen. Dafür haben wir eine Vielzahl nationaler wie internationaler Quellen sowie sogenannter Metaanalysen ausgewertet und aufbereitet. Dies für Ihren jeweiligen Kontext passend wie sinnvoll umzusetzen, wäre unser Wunsch und unsere Hoffnung.

Was ist das Besondere an diesem Buch?

Wir haben das ehrgeizige Vorhaben, den aktuellen Stand der Führungsforschung mit praktischen Handreichungen für die eigene Führungstätigkeit zu verbinden und Sie dabei anzuregen und in die Lage zu versetzen, sich tatsächlich auch an die Umsetzung zu machen und selbstbestimmt und mit wachsendem Erleben der eigenen Führungskompetenz, die Wirksamkeit der geschilderten Ansätze zu erleben. Und zu allem Überfluss möchten wir Sie auch noch für eine verantwortliche und wertschätzende Grundhaltung Ihren Mitarbeiter*innen, Kund*innen und weiteren Stakeholder*innen gegenüber begeistern. Wir wünschen uns, dass Sie, liebe Leserin und lieber Leser, möglichst viele Impulse für Ihre praktische Tätigkeit bekommen. Dabei ist uns sehr wohl bewusst, dass insbesondere die Auseinandersetzung und Reflexion von Fertigkeiten, die im eigenen Repertoire noch nicht fest verankert sind, eine Herausforderung darstellt. Auch, dass in der Regel diejenigen, die insgesamt bereits erfolgreich führen, sich leichter damit tun, das eigene Handeln infrage zu stellen und sich auf persönliche Entwicklungsprozesse einzulassen, ist eine bekannte Erfahrung für uns. Ob wir unsere ambitionierten Ziele trotzdem erreichen, werden einige von Ihnen uns sicher nach der Lektüre des Buches mitteilen. Wir sind gespannt.

Wie ist dieses Buch aufgebaut?

Im ersten Kapitel wird das für die Sozialwirtschaft relevante **Basiswissen zur Personalführung** behandelt. Zunächst gehen wir darauf ein, inwieweit sich Führung in der Sozialwirtschaft von anderen Bereichen der Führung unterscheidet und wo gute Führung zunächst einmal als gelingende Beziehungsgestaltung in allen Organisationen ähnlich ist. Anschließend wird eine ganze Bandbreite von Führungsansätzen und -theorien vorgestellt. Die theoretischen Ansätze werden dabei vor allem danach gegliedert, ob sie ihren Schwerpunkt auf die Eigenschaften der Führungskraft, ihr konkretes Verhalten, die Berücksichtigung des situativen Kontextes, die indirekte Beeinflussung von Mitarbeitenden oder die Berücksichtigung der Interaktion mehrerer oder aller dieser Faktoren richten. Danach stellen wir Ihnen vor, was auf dem aktuellen Stand der empirischen Führungsforschung unter guter Führung verstanden werden kann und wie sich diese wissenschaftlich fundierten Erkenntnisse in Ihrer konkreten Führungstätigkeit umsetzen lassen.

In den Kap. 2–5 des Buches greifen wir einige von der aktuellen Führungsforschung besonders hervorgehobene und auch aus unserer Erfahrung für eine gelingende Führung wesentliche Bereiche heraus. Im Kapitel über **Arbeitszufriedenheit und Arbeitsmotivation** geht es vor allem darum, sich in die Perspektive von Mitarbeiter*innen hineinzuversetzen, um zu verstehen, was diese dazu bringt, ihre Arbeit positiv zu erleben und einen hohen Einsatz zu zeigen. Auch das Thema Eigenmotivation wird hierbei kurz aufgegriffen.

Dass **Kommunikation** ein, wenn nicht das wesentliche Werkzeug für eine gelingende Führung ist, wird wenige überraschen. Daher widmen wir der Führungskommunikation insgesamt und insbesondere den Bereichen Feedback und Mitarbeitergesprächen einen entsprechenden Abschnitt. Dabei möchten wir über die „üblichen" kommunikativen Ratschläge hinausgehen und Ihnen auch empirisch die zentralen Wirkfaktoren gelingender Kommunikation präsentieren.

Teamleitung und -entwicklung ist eine Aufgabe, die wirksame Führungskräfte sehr ernst nehmen. Hier liegt ein entscheidendes Erfolgsgeheimnis vieler Trainer*innen im Spitzensport. Nicht alles lässt sich natürlich eins zu eins auf die Sozialwirtschaft (wie auch auf andere Unternehmen) übertragen, aber auch dort gilt: Kein*e Vorgesetzte*r kann auf Dauer glänzen, wenn sie/er nicht auch ihr/sein Arbeitsteam zum Glänzen bringt, insbesondere in der Sozialwirtschaft, in der der Organisationserfolg unmittelbar von erfolgreichen Teams abhängt.

Das Kapitel **Führungstätigkeiten und -instrumente** greift dann zum Abschluss vor allem sehr konkrete und praktisch umsetzbare Handlungsweisen und „Tools" auf. Diese Instrumente basieren auf den Erkenntnissen der vorherigen Kapitel sowie unserer Trainings-/Coachingerfahrung und bieten praktisches Handwerkszeug für den Führungsalltag.

Abschließend gehen wir in Kap. 6 auf die **Zukunft der Führung** ein. Wie muss sich Führung weiterentwickeln, um den Herausforderungen einer „VUCA-Welt" (dieses engl. Akronym steht für Volatility, Uncertainty, Complexity und Ambiguity) gerecht zu werden? Auf was sollten sich insbesondere auch zukünftige Führungskräfte vorbereiten? Und was, ganz konkret, sind die zentralen Fragestellungen hinsichtlich einer professionellen Führungskräfteentwicklung in der Sozialwirtschaft?

Wie können Sie am meisten Nutzen aus diesem Buch ziehen?
Natürlich gibt es nicht den einen Weg, Nutzen aus einem Buch zu ziehen. Sie wissen am besten, was Sie von diesem Buch erwarten und welche Schwerpunkte Sie beim Lesen oder Durcharbeiten setzen wollen. Die Kapitel des Buches bauen aufeinander auf und so können Sie mit jedem Kapitel tiefer in die Führungsthematik einsteigen. Dennoch können die Kapitel und Abschnitte auch völlig unabhängig voneinander gelesen bzw. bearbeitet werden. Querverweise zu anderen Kapiteln geben Ihnen Hinweise z. B. zu weiteren theoretischen Ausführungen oder praktischen Vertiefungen.

Ihnen wird schnell auffallen, dass das Buch eine große Zahl an (z. T. sehr umfangreichen) *Fußnoten* erhält. Diese Fußnoten dienen überwiegend der Vertiefung des gerade diskutierten Themas. Sie sind daher meist als *Zusatzinformationen* für diejenigen, die sich intensiver mit einer Fragestellung beschäftigen möchten oder bereits umfangreiche Führungserfahrung besitzen, zu verstehen. Darüber hinaus erhalten die Fußnoten vielfältige Hinweise zu weiterführenden Studien, konkreten Forschungserkenntnissen in verschiedenen Feldern der Sozialwirtschaft, Verweise zu Fragebögen für Ihre Selbstreflexion oder für Mitarbeiter-/Teambefragungen sowie Hintergrundinformationen, z. B. zu psychologischen Phänomenen der menschlichen Wahrnehmung und Kommunikation und deren Folgen für die Personalführung. Das Buch ist jedoch so konzipiert, dass Sie auch ohne die Fußnoten die zentralen Botschaften gut herausarbeiten können. Um Ihnen das Verständnis zu erleichtern, haben wir zu Beginn jedes Kapitels die zentralen Lehr-/Lernziele formuliert und am Ende Verständnisfragen bzw. Impulse zur Selbstreflexion zusammengestellt. Zudem finden Sie in vielen Kapiteln am Ende Hinweise zur praktischen Umsetzung, was Ihnen auch als Zusammenfassung der zentralen Erkenntnisse dienen kann. Schließlich haben wir dort, wo wir es für sinnvoll erachten, Fallbeispiele skizziert.

Zum Abschluss dieses Vorworts möchten wir noch den Herausgebern dieser Buchreihe Herrn Prof. Dr. Klaus Grunwald und Herrn Prof. Dr. Ludger Kolhoff sowie dem Springer Verlag danken, die uns die Möglichkeit geben, unsere Erfahrung und Ideen mit Ihnen zu teilen.

Wir wünschen allen Leserinnen und Lesern viel Spaß beim Lesen und anregende Impulse für Ihre praktische Tätigkeit!

Frank Unger
Uli Sann
Carolin Martin

Inhaltsverzeichnis

Abbildungsverzeichnis

Tabellenverzeichnis

Personalführung in der Sozialwirtschaft: Basiswissen und Perspektiven

Zusammenfassung

Der Beitrag von Führungskräften zum Organisationserfolg ist nicht voraussetzungsfrei, sondern verlangt diesen einiges ab. Die Basis einer gelingenden Führung ist eine von allen Beteiligten akzeptierte, dynamische Beziehungsgestaltung, die den Mensch in den Mittelpunkt des Handelns stellt. Dies zu erreichen, ist eine anspruchsvolle Aufgabe, die sich jeden Tag immer wieder neu stellt.

Eine Personalführung, die ihre Gestaltungsmöglichkeiten nutzt, kann enormen Einfluss auf die Erreichung der Ziele von Organisationen haben. Gleichzeitig prägt die Ausgestaltung von Führung in entscheidender Weise organisatorische Abläufe, den Umgang in der Organisation und das Erleben der beteiligten Personen. Und wenn es auch nicht die eine spezifische und für alle Gelegenheiten passende Empfehlung für erfolgreiche Personalführung gibt, so bietet die Forschung vielfältige Ansätze, wie Führung gelingend gestaltet werden kann. Gleichwohl wird nicht nur in der Führungsforschung sondern auch in der Praxis das Thema „Führung" kontrovers diskutiert. Dabei sind positive, mitunter euphorische, wie auch kritische oder gar die Führung strikt ablehnende Stimmen zu vernehmen. Inwiefern Eigenschaften, Verhaltensweisen und Rahmenbedingungen im Führungskontext mit bestimmten Resultaten zusammenhängen, wo mögliche Einflussfaktoren liegen und welche Grenzen vorhanden sind bzw. ob Führung überhaupt notwendig ist, wird unterschiedlich eingeschätzt. Die über 100-jährige Führungsforschung bietet indes ausreichend Befunde, dass Führung – so sie einige grundlegende

© Springer Fachmedien Wiesbaden GmbH, ein Teil von Springer Nature 2022
F. Unger et al., *Personalführung in Organisationen der Sozialwirtschaft*, Basiswissen Sozialwirtschaft und Sozialmanagement,
https://doi.org/10.1007/978-3-658-36119-8_1

Aspekte berücksichtigt – spürbare Wirkung z. B. auf die Leistung von Mitarbeiter*innen und Teams, deren Motivation, Arbeitszufriedenheit und
den Gesamterfolg einer Organisation entfaltet. Führung kann jedoch auch
Folgen mit sich bringen, die beispielsweise aus ethischer, gesundheitlicher
oder auch wirtschaftlicher Perspektive als problematisch angesehen werden
können. Nimmt man die Ansprüche an eine zeitgemäße, menschorientierte
Personalführung ernst, dann macht dies Führung zu einer verantwortungs-
vollen und arbeitsintensiven Aufgabe. Wenngleich es durchaus Persönlichkeitseigenschaften gibt, die für den Führungserfolg förderlich oder hinderlich
sein können, zeigt sich in den einschlägigen Forschungsarbeiten, dass gute
Personalführung weitgehend erlernbar ist.

Lernziele
Nach der Bearbeitung dieses Kapitels können Sie …

- Besonderheiten von Personalführung in der Sozialwirtschaft
  beschreiben und zentrale Perspektiven im aktuellen Diskurs kritisch
  bewerten.
- wesentliche Merkmale ausgewählte Führungstheorien und -ansätze
  benennen und diese in den Gesamtkontext der Führungsforschung einordnen, im wissenschaftlichen Kontext diskutieren sowie praktische
  Anwendungsmöglichkeiten ableiten.
- auf Basis verschiedener Führungsansätze und empirischer Erkenntnisse
  die Führungsprozesse (z. B. in Ihrer Organisation) sowie ihre eigene
  Führungshaltung hinterfragen.
- Begriff und Bedeutung des Führungserfolgs erklären und auf dieser
  Basis Ideen für das eigene Führungshandeln entwickeln sowie eigene
  Entwicklungsperspektiven benennen und begründen.
- beschreiben, was „gute Führung" ausmacht, deren Mehrwert für
  Organisationen analysieren sowie konkrete Kriterien guter Führung in
  der Sozialwirtschaft entwickeln.

1.1 Führung in der Sozialwirtschaft: Grundlagen

1.1.1 Was ist Führung?

Geben Sie das Wort „Führung" in die Suchmaschine von „Springer Link" ein, so erhalten Sie dort über 150.000 Treffer.[1] Führung ist ein beliebtes Thema in Medien, sozialen Netzwerken und in Fachartikeln. Auch die Übernahme von Führungsaufgaben erscheint vielen Menschen attraktiv, wird sie doch häufig mit Macht und Einfluss, mit gutem Verdienst und entsprechendem Status gleichgesetzt. Zudem wird Führung eine hohe Relevanz für organisationale Erfolge zugeschrieben. Auf der anderen Seite sind auch deutlich kritische Töne zu vernehmen, die Wirksamkeit von Personalführung anzweifeln, negative Begleiterscheinungen, wie einen unangemessenen Umgang mit Mitarbeitenden oder eigene Vorteilsnahme der Führungskraft anprangern. Sogar die Notwendigkeit von Führung wird mitunter verneint. Läuft es gut in Organisationen, erfährt Führung oft nur wenig Aufmerksamkeit. Bewusst wahrgenommen wird sie meist, wenn es nicht läuft oder Mitarbeiter*innen mit „schwierigen" Chefinnen oder Chefs umgehen müssen.[2]

Wir alle haben Erfahrungen mit Führung sammeln können – als Mitarbeiterinnen und Mitarbeiter und/oder als Führungskraft. Und sicher hat sich daraus eine (feste) Meinung gebildet, was gute, wirksame Führung ist bzw. sein kann und wie die ideale Führungskraft sein soll bzw. wie oder was Führung *nicht* sein soll. Diese Einschätzungen prägen auch unseren Blick auf Personalführung. Nicht selten handelt es sich bei diesen Überzeugungen um „geformte Vorstellungen über Führung, die tief in uns verankert sind, gleichwohl höchst fragwürdig hinsichtlich ihres absoluten Wahrheitsanspruchs bleiben" (*Führungsmythen*; Weibler 2013, S. 7).

Sicher ist: Personalführung ist eine verantwortungsvolle Aufgabe, die auf das Wohl und Wehe von Menschen sowie den Erfolg von Organisationen Auswirkungen hat. Richtig umgesetzt bietet aktive Personalführung einerseits Einfluss und eine enorme Vielfalt an positiven Gestaltungsmöglichkeiten. Sie fordert

---

[1] Suche unter https://link.springer.com/. Beim Suchwort „Leadership" zeigt z. B. Google über 920 Mio. Treffer (Stand: 11.03.2022).

[2] Wir kommen auf diese „Zuschreibung" später nochmals im Kontext der sogenannten Attribution von Führung zurück.

aber auch täglich Entscheidungen (nicht selten auch schmerzliche) und steht dabei oft zwischen organisationalen Zielen und den individuellen Wünschen von Mitarbeitenden.

Aber was ist Führung eigentlich konkret? Und wie sieht gute Führung aus? Sind Führungskräfte zu Personalführungsaufgaben geboren oder können sie sich entwickeln? Welche Eigenschaften und Fähigkeiten ermöglichen es dabei erfolgreich zu sein, um z. B. andere Menschen zu motivieren, ihre Energie auf ein gemeinsames Ziel auszurichten? Kann man Personalführung lernen? Welche Anteile sind lernbar und lehrbar? Welche Anforderungen stellen sich Führungskräften im 21. Jahrhundert? Und im Kontext dieses Buches stellt sich vor allem auch die Frage, ob dies für die Sozialwirtschaft ebenso gilt: Ist Personalführung in der Sozialwirtschaft etwas Besonderes?

Wir werden diese Fragen diskutieren, Theorien untersuchen und dazu durch empirische Studien gewonnene Erkenntnisse betrachten sowie praktische Handlungsansätze vorstellen. Die wesentlichen Ziele dieses Buches sind: Verstehen, was gute, zeitgemäße Personalführung ist bzw. was es sein kann. Was eine wirksame Führungskraft ausmacht und wie Führungskräfte die relevanten Fähigkeiten entwickeln können, um erfolgreich zu sein, Mitarbeitende und Teams angemessen zu fordern, jedoch auch hinreichend zu fördern, zu motivieren und diese zu unterstützen, sich in ihren Rollen selbstbestimmt weiterentwickeln zu können. Zugleich das Wohlbefinden und die Zufriedenheit der anvertrauten Menschen zu erhalten oder gar zu stärken und dabei selbst in Balance zu bleiben.

1.1.2 Personalführung vs. Unternehmensführung (Management)

Zu Beginn wollen wir kurz auf die häufig diskutierte Frage „Was unterscheidet Management und Personalführung"? eingehen, um danach unser Verständnis von Personalführung näher zu erläutern. Sind Personalführung oder auch Leitung von Teams nicht untergeordnete Funktionen des Managementhandelns? Eine einheitliche Definition bzw. klare Unterscheidung der Begriffe (Personal-)Führung und Management[3] ist schwierig und fällt – nicht zuletzt aufgrund unterschiedlichster Zugänge und Schwerpunktsetzungen zu diesem Feld – sehr heterogen aus (z. B. Vahs 2019, S. 18 ff.; Blessin und Wick 2017, S. 115 ff.; Weibler 2016, S. 26; Kotter 2011):

---

[3] Management wird auch als Leitung oder Unternehmensführung bezeichnet.

- Zunächst kann mit Vahs (2019, S. 19) festgehalten werden, dass Management (auch verstanden als Unternehmensführung) als „die Gesamtheit aller grundlegenden Handlungen, die sich auf zielgerichtete Steuerung des Unternehmens beziehen" verstanden werden kann (siehe auch Merchel 2015, S. 12).

- Somit beschreibt Management (auch Leitung/Unternehmensführung) im funktionalen Sinn den Gesamtprozess des Planens – Entscheidens – Organisierens/Strukturierens (inkl. Zielkommunikation) – Führens (hierzu wird kontrovers diskutiert) – Kontrollierens/Steuerns. Grunwald (2018b, S. 379 f.) betont für Führungskräfte in der Sozialwirtschaft folgende Aufgabenbereiche: Strategieentwicklung, Marketing, Ressourcenmanagement, Organisationsentwicklung und Controlling.

- Im institutionellen Sinne ist Management „die Gesamtheit aller Führungspositionen in einem Unternehmen, d. h. die Führungsstruktur – das Management" (Schirmer und Woydt 2016, S. 1). Neben dieser Heterogenität der Begriffe wird in der Sozialwirtschaft gerne der Begriff und die Funktion der Koordination genutzt. Die eindeutigere und mit klaren Verantwortungen verbundene Begrifflichkeit „Führung" wird hier umgangen. Über die Gründe lässt sich nur mutmaßen. Möglicherweise spielen tarifrechtliche oder hierarchische Überlegungen eine Rolle (Merchel 2015, S. 277 f.).

Führung[4] im engeren Sinne (auch Personalführung, Mitarbeitendenführung, Leadership etc.) stellt den Menschen und die Beziehungsgestaltung in den Mittelpunkt des Handelns (sozial-funktionales Verständnis; z. B. Schirmer und Woydt 2016, S. 2). Selbstverständlich kommen auch hier sogenannte Führungs-/Managementinstrumente zum Einsatz. Sie sollen als wichtige Basiskompetenz

---

[4] Führung (althochdeutsch von „fuoren") stammt von dem Wort fahren ab und bedeutet ursprünglich „in Bewegung setzen" oder „die Richtung weisen" und meint damit auch jemanden anderen zu etwas veranlassen (Weibler 2016, S. 14). Der oft aus dem Englischen genutzte Begriff („lead") basiert auf dem Altenglischen „lithan" (gehen, reisen, wandern). Insgesamt folgt daraus das Wort „leiten" als vorangehen, „in Gang setzen" (Blessin und Wick 2017, S. 26). Obwohl Führung oft an eine entsprechende Position bzw. Funktion gebunden ist, so wird dies in der vorstehenden Definition nicht zwangsläufig vorausgesetzt. „Es ist nicht selten, dass auch Personen ohne formell vorgesehene Zuständigkeit führen, indem sie das Verhalten und Erleben anderer Personen in Organisationen stark beeinflussen …" (Becker 2015, S. 8). Wir konnten das Phänomen „Führen ohne formelle Führungsverantwortung" mit Kolleg*innen z. B. für Sozialplaner*innen im Innen- und Außenverhältnis deren Tätigkeitfeldes herausarbeiten (Tabatt-Hirschfeldt et al. 2019a, b).

verstanden werden – jedoch bei Weitem nicht als einzige oder gar wichtigste Fertigkeit (Weibler 2016, S. 26).

Führung gilt bis heute als ein wesentlicher Einflussfaktor in Organisationen und wird oft mit Erfolg wie Misserfolg von Organisationen in Verbindung gebracht. Der Führungsbegriff bietet, seitdem die Menschheit darüber diskutiert, ein schier unermessliches Repertoire an Definitionen, Akzenten, Abgrenzungen sowie Gelegenheiten für hitzige Diskussionen, komplexe Interpretationen oder auch trivialisierende Überlegungen (vertiefend Blessin und Wick 2017, S. 25 ff.; Weibler 2016, S. 13 ff.). Auch wenn uns Führung in vielfältigen Kontexten außerhalb des organisationalen Umfeldes begegnet, so wollen wir uns in diesem Buch auf ein Führungsverständnis beschränken, das innerhalb von Organisationen häufiger anzutreffen ist und eine „Führungskraft-Geführten-Beziehung" zugrunde legt (Personalführung).[5]

▶ **Definition Personalführung** Personalführung kann verstanden werden als bewusste, zielorientierte und sozial akzeptierte Einflussnahme auf Menschen (deren Erleben und Verhalten) sowie als wechselseitiger Prozess in einem bestimmten Kontext zur Einhaltung gemeinsamer Werte, Erfüllung von Aufgaben bzw. Erreichung von Zielen. (Rosenstiel und Nerdinger 2020, S. 21 ff.; Schütz et al. 2020, S. 87 ff.; Kauffeld et al. 2019, S. 106; Nerdinger 2019, S. 96; Ritz 2019; Grunwald 2018a, S. 96 ff.; Blessin und Wick 2017, S. 28 ff., 42 ff.; Weibler 2016; Felfe und Franke 2014, S. 3; Comelli et al. 2014, S. 86).

In Anlehnung an Comelli et al. (2014, S. 86; siehe auch Rosenstiel und Nerdinger 2020, S. 27; Kraus und Kreitenweis 2020, S. 72) setzt das Erzielen von Ergebnissen (Erreichen von Zielen) bzw. Wirkung (**= ökonomischer Erfolg**)[6] zunächst den **humanen Führungserfolg** voraus – also eine positive Reaktion der Mitarbeiter*innen. Zum humanen Führungserfolg zählen z. B. Arbeitszufriedenheit, Engagement, Arbeitgeberbindung, teamorientiertes Verhalten, selbstgesteuertes Lernen, Gesundheit etc. (siehe vertiefend Abschn. 1.3).

---

[5] In Kap. 6 (Zukunft der Führung – Führung in der Zukunft) werden wir zukünftig wichtiger werdende Perspektiven und damit auch ein sich erweiterndes Führungsverständnis skizzieren.

[6] Unter ökonomischem Erfolg können z. B. Prozess-/Produktinnovationen, Problemlösungen, Qualitätsstandards, Verbesserungsvorschläge, Klientenzufriedenheit oder „aggregiert", z. B. Umsatz/Gewinn, Marktanteil, Produktivität, verstanden werden (Rosenstiel und Nerdinger 2020, S. 27).

Zwei Beispiele sollen den Zusammenhang zwischen ökonomischem und humanem Führungserfolg kurz verdeutlichen:

1. In einem Jobcenter werden etwa für bestimmte „Problemlagen" (z. B. Verbesserung der Gesundheit langzeitarbeitsloser Menschen) auf Vorschlag der Mitarbeiter*innen innovative Ansätze erprobt, die sich durch eine sehr individuelle und das Gegenüber motivierende Herangehensweise auszeichnen (z. B. wenden die Berater*innen das Konzept der Motivierenden Gesprächsführung an oder entwickeln partizipativ mit den Klient*innen neue Wege der Gesundheitsförderung). Damit sich die Mitarbeitenden darauf einlassen, kreative Ideen zu entwickeln, zu testen und zu verbessern (inkl. der Gewissheit, im Team Fehler machen zu dürfen, um daraus zu lernen)[7], müssen sie es wollen, können und dürfen. Es bedarf also u. a. der Überzeugung und Lust (Motivation), der Befähigung (Kompetenzen) und der Ermächtigung (Empowerment). Das Engagement[8] für solche neuen Wege (und die daraus entstehenden Innovationen wie auch die verbesserten Integrationsergebnisse als eigentlichem Ziel der Organisation) hängt vor allem von einer ausreichend hohen Arbeitszufriedenheit ab. Diese kann z. B. in einer Mitarbeitendenbefragung erhoben werden. In einer solchen Befragung zeigt sich ggf. dann (so jedenfalls in unserem Beispiel), dass eine ausgeprägten psychologische Sicherheit sowie ein neu eingeführtes betriebliches Gesundheitsmanagement (BGM), durch das die Beschäftigten die Bedeutung der eigenen Gesundheit für Zufriedenheit und Leistung auch auf ihre Arbeit mit langzeitarbeitslosen Personen übertragen haben, eine nicht unbedeutende Rolle für ihre Arbeitszufriedenheit spielen.

2. Ein Jugendhilfeträger entwickelt sich in einer Region zum marktführenden Anbieter für Hilfen für traumatisierte Mädchen und junge Frauen, weil die Mitarbeitenden aufgrund der Unterstützung der Führung, durch ein modernes Gebäude (dessen Einrichtung in partizipativen Prozessen ausgewählt wurde) sowie gute kommunikative Teamprozesse motiviert sind, neue Wege zu beschreiten, was sich regional und schrittweise auch überregional herumgesprochen hat und zu deutlich höheren Anfragen führte.

---

[7] Dies wird auch als psychologische Sicherheit bezeichnet (Edmondson 2018, 2020) und wird in nachfolgenden Kapiteln (z. B. im Rahmen der Führung von Teams) vertieft.

[8] Engagement verstanden als besondere bzw. überdurchschnittliche (positive) physische, emotionale und kognitive Verpflichtung und „Investition von Energie" (Young et al. 2018, S. 1331; Rich et al. 2010; Kahn 1990). Christian et al. (2011) wie auch Young et al. (2018) konnten den Einfluss des Engagements auf die Leistung belegen, was u. a. in den Kap. 2 und 3 vertieft ausgeführt wird.

Möglicherweise wirken die Zusammenhänge der Beispiele zunächst etwas trivial. Und auch die Frage des Anteils der Führung an den jeweiligen Ergebnissen lässt sich auf den ersten Blick nicht eindeutig beantworten. Wie Ziele der Organisation erreicht werden können, welche Einflussfaktoren auf bestimmte Handlungen wirken oder diese auch verhindern und welche Rolle die Führungskraft hierbei spielt (bzw. spielen kann), wird in den nachfolgenden Kapiteln ein zentrales Thema sein. Dabei wird immer wieder sehr deutlich werden, dass Führung einen Unterschied machen kann. Und – Hand aufs Herz – wenn Sie einmal selbst eine gute Führungskraft als Vorgesetzte oder Vorgesetzten hatten, wissen Sie, dass sich das auch auf Ihr Engagement ausgewirkt hat.

Zu den beiden übergeordneten Zielfunktionen von Führung (humaner und organisatorischer Erfolg) tritt in aktuellen Diskussionen zur Personalführung ein drittes Ziel: **gesellschaftlich-wertstiftender Erfolg** (z. B. Deloitte 2018a, S. 3; 2018b; siehe auch Kovács und Stief 2020). Diese „neue Funktion" stellt für sozialwirtschaftliche Organisationen jedoch ein bekanntes – wenn nicht *das* wesentliche Ziel dar, welches im Fachdiskurs häufig als Sachziel bezeichnet wird (Becker 2017, S. 13). Für Führungskräfte entsteht in der Abwägung von Sachzielorientierung und der Erfüllung weiterer Anforderungen (z. B. Wirtschaftlichkeit, politische Interessen, Anforderung der eigenen und fremder Professionen, Stakeholder, handelnde Menschen, Systeme etc.) eine hohe Komplexität (Merchel 2017, S. 290 f.; Behr 2014, S. 54 f.), die vermehrt Führungskompetenzen erfordern. Mehrere neue Studien weisen darauf hin, dass zwischen dem Führungshandeln der Führungskraft (bzw. der Einschätzung der Führungskraft, wie ihre Führung „ankommt") und der wahrgenommenen Führung aufseiten der Mitarbeitenden zum Teil erhebliche Unterschiede vorhanden sind (vertiefend z. B. 1.2, 1.3).

1.1.3 Ist Personalführung in der Sozialwirtschaft etwas Besonderes?

Nach der Darstellung, was Personalführung generell ausmacht, drängt sich möglicherweise die Frage auf, ob es überhaupt einer konkretisierenden Betrachtung für die Sozialwirtschaft bedarf. Denn ein Führungsverständnis und -handeln, wie das zuvor skizzierte, kann doch in wirtschaftlichen Unternehmen, sozialen/Gesundheits-Organisationen oder der öffentlichen Verwaltung gleichermaßen eingesetzt werden. In der Tat sind gewisse Haltungen und bestimmte Ansätze unabhängig von der Organisationsform oder der unternehmerischen Ausrichtung mehr oder weniger wirksam. Jedoch weist u. a. der

Definitionsteil „*… in einem bestimmten Kontext …*" darauf hin, dass es nicht unerheblich ist, auch die jeweiligen Rahmenbedingungen und Besonderheiten zu berücksichtigen. Hinzu treten Perspektiven wie Kultur, Werte oder Ziele. Die Vorstellungen der Menschen, die Führung beeinflussen möchte, spielen ebenso eine zentrale Rolle. Es lohnt sich somit, das Feld und den Begriff der Sozialwirtschaft vertiefter zu analysieren und auch spezifische Forschungserkenntnisse in diesem Bereich zu berücksichtigen, um sich die Führungsthematik hierfür besser erschließen zu können.

▶ **Definition Personalführung** Personalführung kann verstanden werden als bewusste, zielorientierte und sozial akzeptierte Einflussnahme auf Menschen (deren Erleben und Verhalten) sowie als wechselseitiger Prozess in einem bestimmten Kontext zur Einhaltung gemeinsamer Werte, Erfüllung von Aufgaben bzw. Erreichung von Zielen. Rosenstiel und Nerdinger 2020, S. 21 ff.; Schütz et al. 2020, S. 87 ff.; Kauffeld et al. 2019, S. 106; Nerdinger 2019, S. 96; Ritz 2019; Grunwald 2018a, S. 96 ff.; Blessin und Wick 2017, S. 28 ff., 42 ff.; Weibler 2016; Felfe und Franke 2014, S. 3; Comelli et al. 2014, S. 86).

Für den Begriff der Sozialwirtschaft lassen sich unterschiedlich weit gefasste Definitionen, verschiedene Ebenen und Auffassungen konstatieren, die in diesem Rahmen nur kurz umrissen und sicher nicht vollständig zusammengefasst werden. In einer ersten Herangehensweise wird Sozialwirtschaft als „Bereich des Wirtschaftens, der sich im Kern mit solchen Gütern befasst, die als ‚sozial' definiert werden" (Grunwald und Langer 2018, S. 45), verstanden. Diese Auslegung fokussiert die Handlung des Wirtschaftens, während folgende Definition soziale Zwecke näher bestimmt und vielfältige Aspekte berücksichtigt: „Die Sozialwirtschaft ist der Bereich der Wohlfahrtsproduktion in dem ökonomische, sozialrechtliche, sozialpolitische und ethische Anforderungen aufeinandertreffen" (Finis Siegler 2018, S. 35). Beide Herangehensweisen stellen exemplarisch die verschiedenen Bedeutungszusammenhänge dar, die von Wendt (2016, siehe Definition oben) in einem theoretischen Fundament zusammengefasst werden. Sozialwirtschaft kann als das „Auskommen per Wohlfahrtsproduktion", als „Handeln in Organisationen", als Wirtschaften und als die „Verbindung von Sorgen und Versorgung" verstanden werden (Wendt 2016, S. 4). In einem weiteren Ansatz der Gegenstandsbestimmung werden in einer engen Auslegung freie Träger und gewerbliche Träger und in einer weiten Auslegung zusätzlich Kostenträger als Teil der Sozialwirtschaft bezeichnet (Grunwald und Langer 2018, S. 49). So verstanden kann Sozialwirtschaft als Klammer für u. a. folgende Bereiche angesehen werden (siehe auch Wendt 2018a, S. 63, b): Versorgung mit

Arbeit (alle Stakeholder der Arbeitsförderung sowie der sozialen Sicherung), Versorgung mit Wohnung (samt Diensten der Wohnbegleitung), Gesundheitsversorgung (einschließlich Rehabilitation und Pflege), Familienunterstützung (insbesondere in Form von Kinder- und Jugendhilfe), Behindertenhilfen (mit Diensten zur Teilhabe) und Versorgung zu sozialer Integration (diverser Personengruppen).

Schon anhand dieser Begriffsbestimmung wird deutlich, dass Führungskräfte der Sozialwirtschaft vor besonderen Herausforderungen stehen, die in einer britischen Studie (Hodges und Howieson 2017, S. 73 ff.) folgendermaßen benannt werden:

- Kostendruck managen (Zusammenarbeit mit anderen Sektoren),
- Kooperationen und Netzwerkarbeit initiieren (Ausbalancieren von Konkurrenz und Zusammenarbeit),
- Innovationsfähigkeit erhalten oder verbessern (Entwicklung neuer Geschäftsmodelle),
- Führungsqualitäten ausbauen,
- Legitimation des Sektors stärken.

In Folge knapper Finanzmittel werden Kooperationen und Netzwerkarbeit zu einer grundlegenden Handlungslogik von Führungskräften in der Sozialwirtschaft. Die besondere Herausforderung stellt sich in der Abwägung von eigenen Werten/Interessen, finanziellen Bedarfen und den Interessen der Kooperationspartner*innen sowohl innerhalb als auch außerhalb des eigenen Sektors. Innovationsfähigkeit und Führungsqualität sind zwingend notwendige Einflussfaktoren, die es ermöglichen, die unterschiedlichen Anforderungen in Einklang zu bringen, sodass die Sozialwirtschaft Einfluss und Ansehen stabilisiert, wenn nicht sogar ausbaut.

Die vorherigen anspruchsvollen Aspekte des Führens und Wirtschaftens im sozialen Bereich werden gesamtgesellschaftlich, bei gleichzeitiger Kritik an Arbeitsbedingungen und geringen Gehältern, häufig unterschätzt (Ehrentraut et al. 2014, S. 3; siehe auch Brenke et al. 2018). Dies gilt ebenso für die Einschätzung der (wirtschaftlichen) Bedeutung. Denn in der Sozialwirtschaft sind rund 5,9 Mio. Arbeitnehmer*innen beschäftigt. Die Branche trägt einen Anteil von 5,5 % zum BIP (Bruttoinlandsprodukt) bei. Nach diesen Berechnungen zählt die Sozialwirtschaft zu den großen deutschen Wirtschaftsbereichen (Krämer 2019, S. 9).

Obwohl die skizzierten Aufgaben enorm sind, werden z. B. Führung, Auswahl von Führungskräften, Führungskräfteentwicklung im Vergleich zur freien Wirtschaft eher stiefmütterlich behandelt (Hodges und Howieson 2017; Dressler und Toppe 2011). Angesichts der Herausforderungen, vor denen auch die Sozialwirtschaft steht (z. B. demografischer Wandel und Fachkräftemangel, Digitalisierung, steigende Anforderungen – nicht selten verbunden mit psychischen Belastungen und Burn-out, Trägerwettbewerb sowie ein Unterbieten von Preisen, was sich nicht förderlich auf die Lohnstruktur auswirkt), erscheint es von besonderer Bedeutung, dass auch die Führungsthematik eine verstärkte Aufmerksamkeit erfährt.

Blickt man auf die weiteren Veränderungen in der Arbeitswelt, die oft unter dem Akronym „VUCA"[9] (Volatilität, Unsicherheit, Komplexität, Ambiguität) zusammengefasst werden, so wird die Bedeutung des Themas „professionelle Personalführung in der Sozialwirtschaft" noch deutlicher (z. B. Mack et al. 2016). Die „VUCA-Welt" mit all ihren Unsicherheiten und Herausforderungen ist auch im sozialwirtschaftlichen Bereich angekommen. Aber (werden Sie möglicherweise sagen) ist nicht die Arbeit in sozialen Organisationen schon immer durch ein gewisses Maß an Unsicherheiten, komplexen Rahmenbedingungen und sprunghaften Veränderungen gekennzeichnet? Das stimmt, jedoch haben sich Innovationsgeschwindigkeiten und Dynamik von Veränderungen dramatisch beschleunigt (z. B. Unger und Sann 2020; Poethke et al. 2019; Welpe et al. 2018; Hays 2017, Schwarzmüller et al. 2017), was auch Leitungskräfte wie Mitarbeiter*innen in sozialwirtschaftlichen Organisationen vor neue Aufgaben und Anforderungen stellt. Nicht selten führen die beschriebenen Herausforderungen zu Spannungsfeldern. Grunwald (2018a) erkennt dabei im „Dilemmatamanagement" eine entscheidende Herausforderung für Führungskräfte in der Form, dass diffuse Spannungsfelder konkretisiert werden müssen (Grunwald 2018a, S. 381, 384). Nicht selten sehen sich Führungskräfte z. B. von Mitarbeitenden mit dem Einwand konfrontiert, dass für Leistungen deutlich mehr Zeit benötigt werde, um eine Wirkung bei der Zielgruppe zu erreichen, was jedoch aufgrund festgelegter Finanzierungsstrukturen oder Förderpauschalen nicht immer realisierbar ist.

---

[9] Das (engl.) Akronym VUCA steht für Volatilität, Unsicherheit, Komplexität (engl. Complexity) und Ambiguität (wegen des Komplexitätsbegriffs wird es in deutschsprachigen Publikationen oft als VUKA bezeichnet). Es beschreibt eine Welt, die zunehmend durch (sprunghafte, unvorhersehbare) Veränderungen, mehr Unsicherheit aufgrund ungewisser Situationen, einer Vielzahl und Vielfalt situativer Elemente und Mehrdeutigkeit (Multioptionswelt, widersprüchliche Umwelt, zunehmende Entscheidungsmöglichkeiten und -notwendigkeiten) gekennzeichnet ist (z. B. Hatfield und Winkler 2020, S. 474 f.; Regnet 2020, S. 59 ff.; Unger 2019; Petry 2018, 2019; Mack und Khare 2016).

Pädagogische Ziele und betriebswirtschaftliche Anforderungen stehen teils in einem deutlichen Widerspruch zueinander. Dieses und weitere Dilemmata zeigen sich in ähnlicher Art und Weise an vielen Stellen der Sozialwirtschaft. Infolgedessen kommt es darauf an, inwieweit es der Führungskraft gelingt, vorhandene Spannungsfelder zu erkennen, auszuhalten, transparent zu kommunizieren und gemeinsame Lösungsprozesse anzustoßen. Werden diese Dilemmata lediglich hingenommen und mangelhaft gesteuert oder gar ignoriert, erscheinen Unsicherheit, Unzufriedenheit, Motivationsrückgang oder zunehmende Belastungen bei den Mitarbeitenden unausweichlich.

Hinzu kommt die verstärkte Notwendigkeit der Individualisierung von Hilfsangeboten, wie dies durch rechtliche und politische Rahmengebung, z. B. in Form des Bundesteilhabegesetz (BTHG), eingefordert wird. Angebote für Leistungsempfänger*innen müssen zunehmend flexibler und individueller erstellt und erbracht werden. Mitarbeitende benötigen dafür einen klaren Rahmen, der ihnen zugleich angemessenen Handlungsspielraum sowie individuelle Unterstützung bietet und so die Komplexität der Hilfeerstellung bewältigbar werden lässt. Bestehende und insbesondere sehr stark ausgeprägte Hierarchien und Strukturen erzeugen teils lange Absprachewege, fördern u. a. eine Art „erlernter Hilflosigkeit" und Entscheidungsangst in der Belegschaft, was der individuellen Gestaltung von Hilfen im Weg stehen kann und daher überdacht werden sollte (Neumann 2018, S. 19). Zudem kann dies zu unnötigen Belastungen der Beschäftigten und erhöhten Krankheits-/Fluktuationsraten führen, was angesichts des zunehmenden Fachkräftemangels ein zentrales Problemfeld werden kann. Gute Führung kann hier eine bedeutende Rolle einnehmen, um diesem Trend entgegenzuwirken (z. B. Rose und Steger 2020; Gregersen et al. 2020; Clifton und Harter 2019; Rose 2019; Ebner 2019; Schermuly 2019).

Eine aktuelle Studie stellt diesbezüglich fest, dass auch in der Führung sozialer Einrichtungen noch deutliche Potenziale bestehen. Führungskräfte können Innovationspotenziale noch besser nutzen, sollten Verantwortung und Aufgaben klarer kommunizieren und Prozesse besser managen (Vahs et al. 2020, S. 10 ff.). Die Zukunftsfähigkeit sozialer Einrichtungen hängt u. a. davon ab, inwieweit es gelingt, neue Entwicklungen zu erkennen, innovative „Prozesse und Dienstleistungen" zu testen und Leistungen entsprechend anzupassen. Zugleich die

Kernkompetenzen zu erhalten und auszubauen.[10] Führungskräfte sind hier gefordert, Innovationsprozesse zu initiieren und mit möglichen Widerständen offen und dialogisch umzugehen. Erfolgreiche Kommunikation, Beteiligung und Entscheidungsfähigkeit sind nur einige Beispiele für Kompetenzen, die auf diesem Weg hilfreich sein könnten und in den kommenden Kapiteln vertieft werden (Doppler 2020, S. 7 ff.). Hilfreich und unterstützend in diesem Prozess könnte zudem das Einbeziehen digitaler Elemente sein. Die Zukunftsfähigkeit sozialer Einrichtung wird auch davon abhängen, inwieweit es bei begrenzten wirtschaftlichen Ressourcen gelingt, analoge Leistungen mit digitalen Möglichkeiten zu kombinieren (z. B. Online-/Videoberatung, Audience-Reponse-Systeme, Chats, digitale Personalentwicklung etc.) und organisationsinterne Prozesse darauf auszurichten (Vilain 2019, S. 63). Weitere Stichworte sind hier z. B. Arbeiten 4.0, New Work, Virtual Leadership, Resilienzförderung in Organisationen, auf die wir in den verschiedenen Kapiteln ebenso eingehen werden.

Waren die letzten Jahre weitgehend von der wirtschaftlichen Steuerung und Verbesserung von managementbezogenen Themenstellungen der Organisationen geprägt, richtet sich nun der Fokus mehr auf die Mitarbeitenden. Die Anforderungen der modernen Arbeitswelt, der zuvor bereits erwähnte Fachkräftemangel und veränderte Ansprüche seitens Klient*innen wie auch seitens der Mitarbeitenden, machen es notwendig, dass sich Organisationen als attraktive Arbeitgeber präsentieren und vermehrt die Mitarbeitenden in den Mittelpunkt ihrer Überlegungen stellen (Kobialka und Leis 2019, S. 14). Dies folgt der wachsenden (jedoch bei Weitem nicht neuen) Erkenntnis, dass Mitarbeitende und deren Leistung entscheidend für den Erfolg einer sozialen Organisation sind (Kohlhoff 2018, S. 452), was sich u. a. auch an der hohen Personalkostenquote von 70–80 % in sozialen Einrichtungen festmachen lässt (Bode 2012, S. 91). Der steigende Bedarf an qualifiziertem Personal, welches immer weniger zur Verfügung steht, lässt Akquise zu einer schwerwiegenden Aufgabe werden. Führungskräfte stehen vor der Herausforderung, neben dem oft fordernden Alltagsgeschäft, attraktive Maßnahmen des Personalmarketing zu konzipieren und

---

[10] Hier kann auch vom Ansatz der ambidextren Führung gesprochen werden (Weibler 2016, S. 517 ff.). Das bedeutet (verkürzt), dass sich im Kontext der VUCA-Welt Führungskräfte um 2 Aspekte gleichzeitig kümmern bzw. deren Verhältnis gut ausbalancieren sollten: Den Erhalt (bzw. Ausbau) des Status quo auf der einen Seite (u. a. durch guten Einsatz vorhandener Potenziale und Kompetenzen, Optimierung von Prozessen, kleine Anpassungen der Angebots). Und die Suche nach neuen Möglichkeiten auf der anderen Seite (u. a. durch Freiheiten und Anregung zum Experimentieren durch Mitarbeiter*innen, projektorientiertes – mitunter auch risikobehaftetes – Arbeiten/Ausprobieren, Überdenken des Status quo).

insgesamt so zu agieren, dass die Anforderungen an die Organisationen mit dem Mindset der unterschiedlichen Mitarbeiterinnen und Mitarbeiter gut im Einklang stehen (Christa 2019, S. 7).

Zu dem insgesamt hohen Personalbedarf in den nächsten Jahren kommt zunehmend der Bedarf an qualifizierten Führungskräften. Eine Studie mit 200 Führungskräften der Sozialwirtschaft ergab, dass 35 % der Teilnehmenden 58 Jahre und älter sind. Gleichzeitig wurde ein Mangel an strategischer Nachfolgeplanung konstatiert. Nur 47 % der Befragten wurden mittels eines Einarbeitungsplans auf die Führungstätigkeit vorbereitet. Neue Führungskräfte analysierten überwiegend vorhandene Strukturen und orientierten sich an funktionsbezogenem Wissen (Müller et al. 2019, S. 26 f.), sodass auch hier Optimierungspotenziale bestehen.

Der festgestellte Kulturwandel im Personalmanagement deutet sich auch für Führung im (Sozial-)Verwaltungskontext an. Die Stimmen, die Hierarchien verflachen möchten oder von Führungskräften mehr Handlungsspielraum für die Mitarbeitenden und weniger kleinteilige Regelungen bzw. Kontrolle fordern, werden lauter. Diese Entwicklungen stehen zunehmend im Widerspruch mit traditionellen Ansätzen, die Führung stärker aufgabenorientiert und strukturell ausgestaltend oder auch sehr führungskraftzentriert beschreiben (Ritz 2019, S. 420). Hier entstehen Spannungsfelder, die von Führungskräften flexibel und kompetent angegangen werden müssen. Zusätzlich wird es im Personalmanagement notwendig sein, Diversität besser zu berücksichtigen. Gelingt dies, können Einrichtungen der Sozialwirtschaft innovativer und effizienter arbeiten. So besteht an dieser Stelle die Chance, die Vielfalt von Klient*innen, Mitarbeitenden und Stakeholdern einzubeziehen und sie nicht als Missklang einzuordnen (Elsner und Wintermann 2019, S. 11 ff.). Führungskräfte haben daher auch die Aufgabe, diese Diversitäten zu managen und Voraussetzungen zu schaffen, die Verschiedenheiten als Ressourcen „nutzbar" machen. Dafür müssen sie ihre eigenen Sichtweisen erweitern, für den Wandel werben und dabei Widerstände konstruktiv bearbeiten (Dreas 2019, S. 54).

Es wird schon an dieser Stelle deutlich, dass Führungsverhalten häufig einem Spannungsfeld zwischen Orientierung an sozialen Zielen, den Werten und Erwartungen von Adressat*innen wie Mitarbeitenden und auch der Wirtschaftlichkeit von Organisationen unterliegt. Für Führungskräfte wird diese Herausforderung insbesondere im Entscheidungsverhalten, der Beziehungsgestaltung wie einer eigenen Positionierung und besonders in der Kommunikation relevant. Es ist daher nicht verwunderlich, dass das mitunter angespannte Verhältnis zwischen der Perspektive der Mitarbeitenden (z. B. Wunsch nach flachen Hierarchien, weniger Steuerung, mehr Transparenz und Partizipation) und der Leitung (z. B. Zielerreichung, Kontrolle, Struktur, „Beherrschbarkeit von Komplexität") auch im sozialwirtschaftlichen Diskurs Eingang fand bzw. findet (z. B. Grunwald 2018b; Merchel 2015, S. 285 f.; Weingärtner 2014, S. 18 ff.; Merchel 2010, S. 10, 46; Patak 1997, S. 14). Es wird ebenso deutlich, dass diese Herausforderungen ohne relevantes Führungswissen und passende Führungskompetenzen nicht zu bewältigen sind. Eine Schweizer Studie konnte belegen, dass z. B. Wirtschaftlichkeit und Partizipation nicht unvereinbar sind. Ganz im Gegenteil: unternehmerische Führung, z. B. in Kombination mit guter interner Kommunikation, führt zu einer besseren Zielerreichung (Gmür und Baumann-Fuchs 2019, S. 20 ff.). Gerade die Diskussion moderner Führungsansätze, die Vielfalt der Anforderungen an Organisationen der Sozialwirtschaft wie auch die New-Work-Debatte insgesamt bieten eine gute Basis, um das Thema Führung in sozialwirtschaftlichen Organisationen mit einem frischen Blick zu betrachten. So stellt eine andere Untersuchung beispielsweise fest, dass Führungskräfte, die ein Kompetenztraining auf Basis grundlegender Erkenntnisse und Haltungen der Sozialen Arbeit erhalten haben, hinsichtlich der tatsächlichen Umsetzung moderner Führungsstile (hier transformationale Führung; siehe Abschn. 1.2) besser von ihren Mitarbeitenden bewertet wurden und die Führungsaufgaben als weniger belastend erlebten (Choy-Brown et al. 2020). Das dort vorgestellte Verständnis von Führung betont u. a. den Beziehungsaspekt als ein wesentliches Gestaltungsmoment wirksamer Führung. Ob und in welchem Umfang Führung erfolgreich ist, hängt jedoch auch von anderen Faktoren ab, so z. B. von den Mitarbeiter*innen und deren Leistung (Schütz et al. 2020, S. 87).[11] Die Mitarbeiterinnen und Mitarbeiter standen in der Geschichte der Führungsforschung eine lange Zeit beinahe gar nicht im Fokus der Aufmerksamkeit. Erst im Laufe der Führungsforschung hat man die Bedeutung der Beschäftigten, den Wert der dialogischen Kommunikation sowie die Beziehungsgestaltung als wichtige Einflussfaktoren (an)erkannt. Es lohnt sich daher, vertiefter in die Historie und die Erkenntnisse zur Personalführung einzusteigen, um u. a. die Frage der Wirkung von Führungsstilen, die Grenzen, aber auch die Chancen von (guter) Führung zu erfahren und für den eigenen Aufgabenbereich nutzbar zu machen. Erst die Berücksichtigung von Merkmalen aufseiten der Mitarbeitenden und der konkreten Führungssituation sowie ein Verständnis dafür, dass es für

---

[11] Und z. B. von der Frage, was unter Erfolg verstanden wird. Darauf gehen wir besonders im Abschn. 1.3 ein.

verschiedene Personen und Situationen ggf. auch unterschiedlicher Führungsstile bedarf, ermöglicht ein flexibles Führungsverhalten, das sich auf neue Herausforderungen einstellen kann.

1.2   Führungsansätze

Die Fragen, was Führung ist, wie Führung handelt (handeln sollte) oder welche Art der Führung die besten Ergebnisse bringt, beschäftigt Menschen – früher wie heute – in Forschung und Praxis, in Wirtschaftsunternehmen wie in sozialen Organisationen oder der öffentlichen Verwaltung (z. B. Nerdinger 2019; Thom und Ritz 2019, S. 546ff.; Kolhoff 2018). Antworten hierzu unterliegen vielfältigen Einflussfaktoren und fallen mitunter sehr verschieden aus. So bilden u. a. gesellschaftliche Trends bzw. sich wandelnde Menschenbilder, Organisationskulturen und Organisationsziele wesentliche Rahmenbedingungen für diesen Themenbereich. Menschenbilder sind bewusste oder unbewusste (vereinfachende) Vorstellungen über das Wesen des Menschen. Sie versuchen, die Natur des Menschen zu beschreiben und seine Verhaltensweisen zu erklären. Sie prägen – neben den Werten einer Gesellschaft und dem Einfluss auf das individuelle Handeln – auch das grundsätzliche Organisationsverständnis (vereinfacht: „Wer arbeitet wie und wozu in einer Organisation?") und wirken sich auf Führungskonstruktionen aus (vereinfacht: „Wie gestalten wir die Zusammenarbeit?"). Menschenbilder ändern sich mit Zeit, insbesondere durch gesellschaftliche Einflüsse (Peters 2015, S. 6 ff.). Damit verändern sich auch Perspektiven der Führungsforschung. In verschiedenen wissenschaftlichen Bereichen findet man häufiger folgende Menschenbilder (z. B. Kauffeld und Sauer 2019, S. 22 ff.; Blessin und Wick 2017, S. 422 f.; Weibler 2016, S. 36 ff.; Peters 2015, S. 7):

- Economic Man[12] (ab ca. 1900; Mensch als maschinenähnliches Wesen)
- Social Man (ab ca. 1930; Mensch als soziales Wesen)
- Self-actualizing Man (ab ca. 1950; Mensch als Autonomie und Kompetenzentwicklung suchend)
- Complex Man (ab ca. 1960; Mensch als individuelles, vielschichtiges Wesen)

---

[12] Der ‚Man-Begriff' entstand historisch aus den unterschiedlichen Rollen, die Männer und Frauen zu dieser Zeit (und in der gesamten Geschichte) einnahmen. Heute findet man zunehmend Beschreibungen, die den Begriff „Man" durch „Person" ersetzen.

- Virtual oder brain-directed Man (ab ca. 1990; Mensch als (analog und digital) vernetztes Wesen).[13]

In der traditionellen Führungsforschung unterscheidet man in Abhängigkeit der Determinanten, die jeweils im Vordergrund stehen, zwischen **Eigenschafts-, Verhaltens- und Situationstheorien** der Führung.

Die neuere Führungsforschung entwickelte vielfältige Schwerpunkte, die nur bedingt im Sinne der 3 „Grundraster" (Eigenschafts-, Verhaltens- und Situationstheorien) kategorisiert werden können (für einen Überblick z. B. Rosenstiel und Nerdinger 2020; Kraus und Kreitenweis 2020, S. 72; Blessin und Wick 2017; Weibler 2016, S. 97 ff., 309 ff., 465 ff.; Schirmer und Woydt 2016, S. 158; Peters 2015). Auch die Frage, handelt es sich um eine Führungstheorie, eine Konzeption, einen Stil, eine Methode o. Ä., kann kontrovers diskutiert werden; nicht selten ist eine klare Trennung schwierig. Wir haben uns aus der Anwendungsperspektive für den Begriff „Führungsansatz" entschieden, was als weit gefasster Theoriebegriff mit praxisrelevanten Implikationen verstanden werden kann. Daher basieren die nachfolgenden Ansätze auf theoretischen Annahmen und empirischen Befunden, die uns helfen, die Vielfalt der Führungsaspekte zu systematisieren, Muster wie Beziehungen zu erkennen und Folgerungen abzuleiten sowie Grenzen und Perspektiven aufzuzeigen. Zudem erwachsen daraus gleichsam praxisrelevante Impulse für Führungskräfte. In diesem Kapitel bieten wir einen Überblick über wesentliche Entwicklungslinien der Führungsforschung der letzten 100 Jahre, wohl wissend, dass die Suche nach den wichtigen „Leader-Eigenschaften" bis in die chinesische Literatur um 600 v. Chr. zurückverfolgt werden kann und auch in ägyptischen und babylonischen Sagen wie auch bei Plato auftaucht (Strippler et al. 2017a, S. 16; Weibler 2016, S. 3 ff.; Peters 2015, S. 2 f.).

---

[13] Die Aufzählung, die auf der Typologie von Schein (Weibler 2016, S. 38) basiert, endet normalerweise mit der Complex-Man-Beschreibung. Die nachfolgenden Stufen sind Versuche, die aktuellen, teils dramatischen gesellschaftlichen Wandlungsprozesse auch in eine Wortschöpfung zu gießen bzw. zu einer weiteren Systematisierung beizutragen. Inwieweit dies gelingt, kann durchaus kontrovers diskutiert werden. Schon der Complex-Man-Ansatz gilt als Gegenbewegung zu den vorherigen Beschreibungen, indem er u. a. versucht, klar herauszustellen, dass Menschen nicht so leicht in Schubladen einzuordnen sind, sondern einzigartig sind und daher ganzheitlich betrachtet werden sollten (siehe zur vertieften Diskussion Blessin und Wick 2017, S. 283 ff., 415 ff., 422 ff. sowie Weibler 2016, S. 39 f.).

1.2.1　Eigenschaftsorientierte Ansätze

Seit dem Beginn des 20. Jahrhunderts versuchen eigenschaftsorientierte Führungsansätze wichtige Persönlichkeitsmerkmale zu erforschen und zu beschreiben, die Personen zu wirksamen Führungspersönlichkeiten machen. Die Ausführungen gründen auf der Annahme, dass sich der Führungserfolg nahezu ausschließlich durch die Person der Führungskraft erklären lässt. Man ging daher davon aus, dass es sich um angeborene („man wird als Führungskraft geboren") oder individuell erworbene, jedoch relativ stabile Persönlichkeitszüge handelt, die einem situations- und mitarbeiterunabhängig zu Führungserfolg verhelfen. Dieser Ansatz war lange Zeit für Forschung wie Praxis sehr attraktiv, da es recht einfach erschien, Menschen miteinander vergleichen und Anforderungen an die (künftige) Führungskraft formulieren zu können. Die Annahme, dass es bestimmte Eigenschaften sind, die erfolgreiche Führungspersönlichkeiten[14] von weniger erfolgreichen unterscheiden, verhalf dem Ansatz auch zur Bezeichnung der ‚**Great-Man-Theory**' (Kauffeld et al. 2019, S. 108 ff.). Nach anfänglichen Analysen der physiologischen Merkmale („Great-Man"; z. B. Größe, Stärke, Stimme, Ausstrahlung), konzentrierte man sich recht schnell auf weitere Persönlichkeitseigenschaften („Traits"; z. B. Intelligenz, Willensstärke, Initiative, Stresstoleranz, Extrovertiertheit) und später auch auf erlernbare Fähigkeiten („Skills"; z. B. Kommunikationsfähigkeit, Entscheidungsstärke, analytisches Denken, Fachwissen). Zudem unterschieden sich die Betrachtungsweisen hinsichtlich der jeweiligen Fragestellung. Zu Beginn stand die Differenzierung über Merkmale von „Führungskräften und Nichtführungskräften" im Vordergrund, die dann durch Unterschiede der Eigenschaften einer erfolgreichen von denen einer weniger erfolgreichen Führungskraft abgelöst wurde (Harrison 2018, S. 16 ff.; Blessin und Wick 2017, S. 49 ff.; Peters 2015, S. 20 f.).

Eine der bedeutendsten Übersichtsarbeiten zur eigenschaftsorientierten Führung geht auf Ralph Stogdill zurück, der im Jahr 1948 aus der Analyse von 124 Studien aus den Jahren 1904–1947 die Erkenntnis zog, dass bestimmte Eigenschaften bei erfolgreichen Führungspersonen vorliegen, die in 5 Kategorien eingeordnet werden können: Fähigkeiten, Leistung, Verantwortlichkeit, Partizipation (soziale Fähigkeiten) und Status. Diesen Kategorien wurden dann

---

[14] Man orientierte sich hierbei insbesondere an bedeutenden Persönlichkeiten des öffentlichen Lebens, die es in beeindruckender Weise schafften, viele Menschen zu begeistern und spürbare Veränderungen hervorzurufen (siehe auch Rosenstiel und Nerdinger 2020, S. 25).

verschiedene Faktoren zugeordnet, die als mit Führung bzw. Führungserfolg in Verbindung stehend eingeschätzt wurden. Dies waren z. B. Intelligenz, Aufmerksamkeit, Entscheidungsfähigkeit, Lernfähigkeit und Wissen, Selbstvertrauen, Initiativkraft, Ausdauer, Kontaktfreudigkeit und Kooperation, Humor oder sozioökonomischer Status (Stogdill 1948, S. 65). Doch in seiner Ausarbeitung betonte er auch damals schon, dass es nicht linear vorherzusagen sei, ob eine mit guten Führungseigenschaften ausgestattete Person auch tatsächlich erfolgreich ist – denn die jeweilige Situation wie auch die Interessen und Bedürfnisse der Geführten spielten eine bedeutende Rolle. Er löste dieses „Problem", indem er empfiehlt, die passende Führungskraft zur richtigen Situation zuzuordnen – was dem mechanistischen Weltbild wie auch der Eigenschaftszentrierung dieser Zeit entgegenkam (Stogdill 1948, S. 64 f.). Seine Liste überarbeitete und erweiterte er im Jahr 1974 nochmals. Er destillierte dabei Führungseigenschaften heraus, die situationsunabhängig zum Erfolg führen sollten[15] (vertiefend Strippler et al. 2017a, S. 17).

Der ab den 1950er-Jahren stärker fokussierte **Skill-Ansatz** versuchte das Problem der „Nicht-Erlernbarkeit von Führung" – in dem oben beschriebenen Sinn von Eigenschaften – zu lösen, indem vor allem Fähigkeiten betrachtet wurden, die zwar immer noch ausschließlich von der Person der Führungskraft ausgehen, jedoch sich angeeignet werden können. So veröffentlichte z. B. Katz (1955), dass wirksame Führungskräfte Fähigkeiten in 3 übergeordneten Bereichen haben müssen: technische Fähigkeiten (Fachkenntnisse), soziale Fähigkeiten und konzeptionelle Fähigkeiten. Je nach Führungsposition (Verantwortungsebene) variiert die Bedeutung bzw. notwendige Ausprägung der Fähigkeiten. Auf der unteren Führungsebene sind z. B. nach diesem Ansatz Fachkenntnisse noch von großer Bedeutung. Deren Bedeutung nimmt auf den höheren Führungsebenen ab. Katz schloss mit der Erkenntnis „good administrators are not necessarily born; they may be developed" (Katz 1955, S. 42).

Im Laufe der Zeit wurden vielfältige Eigenschafts-/Fähigkeitenlisten (Traits/Skills) erarbeitet und immer wieder durch Forschende überprüft – meist nur mit mäßigem Erfolg, vor allem wenn es um die direkt nachweisbaren Zusammenhänge „Eigenschaft und Führungserfolg" ging (Blessin und

---

[15] Wie z. B. das Streben nach Verantwortung und Aufgabenerfüllung, Ehrgeiz und Beharrlichkeit bei der Zielerreichung oder Initiative und Zugehen auf andere (Strippler et al. 2017a, S. 17).

Wick 2017, S. 52 ff.).[16] Daher wandte man sich zunehmend anderen Faktoren zu, die beeinflussbarer sowie erfolgversprechender erschienen und sich in verschiedenen Arbeiten bereits andeuteten: dem Verhalten oder später der Situation. Doch bis heute ist es so, dass Menschen gerne nach „einfachen, greifbaren Erklärungszusammenhängen" suchen, um z. B. Komplexität zu reduzieren, Zusammenhänge herauszuarbeiten und daher z. B. häufig den Einfluss der Person über- und den der Situation unterschätzen (sogenannter fundmentaler Attributionsfehler).[17] Eigenschaftsorientierte Ansätze bleiben auf jeden Fall weiter Bestandteil von Theoriebildung und Forschung. Aktuell wird ihnen sogar wieder mehr Aufmerksamkeit zuteil.

In neueren Ansätzen wurde dabei der Frage der Intelligenz wiederum mehr Beachtung geschenkt, deren Bedeutung bereits von Stogdill betont wurde. Davor stand der ernüchternde Befund, dass Intelligenz zwar mit Führungsfähigkeit und vor allem Führungserfolg zusammenhängt – jedoch von Wissenschaft wie Praxis (durch den Einsatz von Intelligenztests in vielen Assessmentverfahren für Führungskräfte) oft überbewertet wurde (und auch noch wird; vertiefend z. B. Rosenstiel und Nerdinger 2020, S. 26). Einen nachweisbaren, wenn auch eher geringen Zusammenhang und zugleich eine Warnung, sich nicht zu sehr oder gar ausschließlich auf die Intelligenz zu verlassen, konnten Judge et al. (2002, 2004a, 2009) sowie Antonakis et al. (2017) herausarbeiten. Neben der allgemeinen Intelligenz wird heute auch mehr auf die sogenannte emotionale Intelligenz (Fähigkeit, eigene Emotionen und die anderer erkennen, verstehen und beeinflussen zu können) von Führungskräften geschaut, die – angesichts der aktuellen und künftigen Herausforderungen – an Bedeutung zunimmt (Harrison 2018, S. 84).

Ein anderer Ansatz, der auf den Grundannahmen der eigenschaftsorientierten Forschung aufbaut und zugleich die große Zahl an „notwendigen Führungseigenschaften" spürbar reduzierte, überträgt das sogenannte ,**Fünf-Faktoren-Modell der Persönlichkeit'** (**Big Five**) nach Costa und McCrea (2008; siehe auch Borkenau und Ostendorf 1993; Litzcke und Heber 2017; Nerdinger 2019, S. 100; eine

---

[16] Rosenstiel und Nerdinger (2020, S. 26) stellen zwar dar, dass es durchaus „bei sehr vielen Persönlichkeitsmerkmalen korrelative Bezüge zum Führungserfolg bzw. zum Erreichen einer Führungsposition" gibt, weisen jedoch auch auf Grenzen hin – vor allem, wen man ins Detail geht. Dennoch sollte die Person nicht unterschätzt werden (ebd., S. 26 ff.).

[17] „Der fundamentale Attributionsfehler besteht in der Überschätzung individueller Ursachen. Demzufolge neigen Menschen dazu, eher die Personen als die Situationen für ein Verhalten verantwortlich zu machen. So führen wir beispielsweise die Missverständnisse in einer Kommunikation eher auf die Eigenschaften unserer Kommunikationspartner zurück als auf mögliche Störquellen der Situation …" (Frindte und Geschke 2019, S. 161).

aktuelle, modifizierte deutsche Version von Danner et al. 2019) auf den Führungsbereich. In folgenden 5 Bereichen werden dabei das mehr oder weniger Vorhandensein (hohe oder niedrige Ausprägung) verschiedener Eigenschaften unterschieden
(Nerdinger 2019, S. 100; Blessin und Wick 2017, S. 53; Weibler 2016, S. 101 ff.):

- **Extraversion** (u. a. aktiv, gesprächig, zugänglich, optimistisch, selbstbewusst,
  risikofreudig; es geht hier insbesondere um Geselligkeit als auch um den
  Einfluss auf andere, um das Level der durchschnittlichen Aktivität sowie um
  positive Emotionalität und Durchsetzungsvermögen)
- **Verträglichkeit** (u. a. verständnisvoll, wohlwollend, mitfühlend, hilfs-
  bereit, kooperativ, vertrauensvoll, harmoniebedürftig; hier geht es auch um
  Beziehungsfähigkeit)
- **Gewissenhaftigkeit** (u. a. verantwortungsbewusst, organisiert, sorgfältig,
  zuverlässig, überlegt, kompetenz- und leistungsorientiert; somit wird hier
  sowohl Verlässlichkeit als auch Leistungsorientierung erfasst. Plant und überlegt jemand gründlich, bevor sie/er handelt? Achtet man auf Details und ist es
  der Person wichtig, gute Ergebnisse zu liefern?)
- **Neurotizismus** (u. a. ängstlich, deprimiert, verlegen, emotional, reizbar, besorgt,
  unsicher, sozial zurückhaltend, verletzlich, unrealistische Problembearbeitung,
  geringe Kontrolle der eigenen Bedürfnisse. Geringer Neurotizismus bedeutet im
  Führungskontext z.B., dass man in kritischen Situationen eher gefasst bleibt und
  nicht schnell in negative Emotionen wie Angst, Wut oder Unsicherheit gerät)
- **Offenheit** (wissbegierig, interessiert, experimentierfreudig, hinterfragend,
  vielseitig, kreativ).

Es geht bei der Analyse der Big Five – abgesehen von einem deutlich ausgeprägten Neurotizismus, welcher die angemessene Ausübung von Führungsaufgaben eher erschwert – nicht um „gut oder schlecht" bzw. „richtig oder falsch",
wenngleich extreme Ausprägungen durchaus problematisch werden können
(z. B. wenn eine sehr hohe Gewissenhaftigkeit zu Pedanterie wird oder eine so
hohe Extraversion und damit Risikofreude vorhanden ist, dass die Folgen einer
Entscheidung für die Organisation oder das Wohl der Mitarbeitenden deutlich in
den Hintergrund treten). Hinsichtlich der Big Five konnten in der Tat (leichte bis
mittelstarke) Zusammenhänge mit bestimmtem menschlichem Verhalten sowie
mit Führungsfähigkeit und Führungserfolg gefunden werden, die jedoch mitunter auch kritisch diskutiert werden (z. B. Schütz et al. 2020, S. 91; Weibler
2016, S. 102 f.; DeRue et al. 2011; Judge et al. 2002, 2009). Personen mit hoher
Extraversion (dieser wird ein hoher Einfluss beigemessen), überdurchschnittlicher
Gewissenhaftigkeit (auch sehr wichtig) und Offenheit für Erfahrungen sowie mit
emotionaler Stabilität (geringer Neurotizismus) werden eher Führungskraft und

scheinen in dieser Position auch erfolgreicher zu sein.[18] DeRue et al. (2011) schlüsseln die Big Five in ihrer Untersuchung etwas anders auf: Personen, die hohe Gewissenhaftigkeit und Extraversion aufweisen, werden eher als effektive Führungskräfte angesehen. Wohingegen Führungskräfte mit einem hohen Maß an Gewissenhaftigkeit und Verträglichkeit besser in der Lage sind, die Leistung der von ihnen geleiteten Teams zu verbessern. Die Big Five sind hinsichtlich der Leistungsbereitschaft und Arbeitszufriedenheit sowie der Frage der Teamfähigkeit von Mitarbeiterinnen und Mitarbeitern ebenso von Interesse und sollten daher beispielsweise im Kontext von Personalauswahl und -entwicklung (nicht nur auf der Führungsebene) als ein mögliches Element (neben anderen) berücksichtigt werden (siehe auch Kap. 5).

Ein ganz wesentlicher Grund, weshalb der eigenschaftsorientierte Ansatz gegenwärtig wieder verstärkt Aufmerksamkeit erfährt, ist einer der meist untersuchten und auch in seiner Wirksamkeit erwiesener Führungsansatz: die transformationale Führung. Hierbei spielt u. a. Charisma (als eine besondere Eigenschaft oder Verhaltensweise? – siehe Blessin und Wick 2017, S. 121) der Führungskraft eine bedeutende Rolle (Rosenstiel und Nerdinger 2020, S. 45 ff.; Harrison 2018, S. 20; dieser Ansatz wird später vertieft behandelt).

Doch wo Licht ist – ist meist auch Schatten. Bisher haben wir überwiegend führungsförderliche Eigenschaften vorgestellt und diskutiert. Dass das Fehlen solcher Eigenschaften (z. B. wenig Fachkenntnis, geringe Intelligenz, keine Offenheit für Neues, mangelhafte Gewissenhaftigkeit) den Führungsprozess zumindest erschweren, liegt auf der Hand (siehe auch Rosenstiel und Nerdinger 2020, S. 28). Jedoch kommt eine weitere und den Persönlichkeitsansatz problematisierende Perspektive hinzu: die „dunkle Seite der Führung" (oder auch **,Bad Leadership'**, destruktives Führungsverhalten). Aus persönlichkeitsorientierter Sicht setzt sich diese aus den 3 Persönlichkeitsmerkmalen Narzissmus, Machiavellismus und Psychopathie zusammensetzt und bringt nachweislich negative Folgen für Mitarbeitende, Teams und auch ganze Organisationen mit

---

[18] Eine aktuelle Untersuchung (auf Basis zweier Langzeitstudien) von Anderson et al. (2020) betont, dass die Persönlichkeit relevant für die Frage ist, ob jemand eine Führungsposition belgeleitet. Sie weisen darauf hin, dass es vor allem die stärker ausgeprägte Extraversion ist, was die Chefs gemeinsam hatten. Sie konnten zudem feststellen, dass weder Egoismus noch der Einsatz von Ellenbogen oder das Manipulieren anderer diese Menschen in eine Führungsposition gebracht hatten (wie oft vermutet wird). Wenngleich ein solches egoistisch-aggressives Verhalten möglicherweise kurzfristig für Gehör und Einfluss sorgen kann, so stellten sie fest, dass Menschen, die sich so verhalten, häufig ein gutes Netzwerk fehlt. Gleichwohl schaffen es auch „unangenehme Zeitgenossen" an die Spitze von Organisationen – laut der Studie jedoch nicht häufiger als Menschen, mit positiven Persönlichkeitseigenschaften.

sich.[19] Hier widmet sich die Forschung insbesondere auch der Frage der Gesundheit und Leistungsfähigkeit von Mitarbeiter*innen, die unter der dunklen Seite der Führung erwiesenermaßen leiden. Doch auch die Führungskraft, die einen „Bad-Leadership-Ansatz" verfolgt, leidet mitunter gesundheitlich (Kaluza et al. 2020). Es ist jedoch zu betonen, dass (wie insgesamt beim eigenschaftsorientierten Ansatz) die Persönlichkeit zwar die Basis legt (legen kann), tatsächlich aber erst das konkrete Verhalten und entsprechende Situationen diese problematischen Aspekte sichtbar und erlebbar werden lassen.

Zusammenfassend kann man jedoch festhalten, dass durch verschiedene Persönlichkeitsmerkmale, wie die Big Five (und z. B. Fachkompetenz, kognitive Fähigkeiten, emotionale Intelligenz oder hohe internale Kontrollüberzeugung) nachweislich der Führungserfolg mit beeinflusst wird. In einer umfassenden Metastudie von Zaccaro und Kolleg*innen (2018) wird dies fundiert ausgeführt. Vor allem Extraversion und Gewissenhaftigkeit haben einen nicht zu unterschätzenden Vorhersagewert, wenn es um Führungserfolg geht. Aber auch andere Persönlichkeitseigenschaften spielen eine Rolle, wobei es nicht immer um extreme Ausprägungen geht. So können Führungskräfte mit einer mittleren Verträglichkeit gut die Perspektiven der Mitarbeitenden und die unternehmerischen Anforderungen ausbalancieren und sind im Führungskontext erfolgreich (humaner und ökonomischer Erfolg). Insgesamt belegten Zaccaro et al. (2018), dass Eigenschaften tatsächlich spürbare Auswirkungen haben. So z. B. auf die Führungsleistung und -effektivität, das Führungspotenzial, auf die eingesetzten Führungsstile, Beziehungsqualität (zu den Mitarbeitenden) sowie mit der Zufriedenheit der Mitarbeiter*innen mit der Führungskraft sowie deren allgemeine Arbeitszufriedenheit. Sie betonen, wie andere Studien auch, dass diese Eigenschaften den Führungserfolg jedoch nicht annähernd so deutlich erklären, wie es die eigenschaftsorientierte Führungsforschung besonders in ihren Anfängen herausgestellt (oder erhofft) hat (Schütz et al. 2020, S. 90 ff.; Blessin

---

[19] Wobei es auch hier deutlich mehr Faktoren als diese Persönlichkeitseigenschaften gibt und uns in der Geschichte der Menschheit immer wieder solche schwierigen Persönlichkeiten begegnen, die ihre Ethik für Effizienz oder persönlichen Erfolg opfern, Menschen tyrannisieren oder bewusst in die Irre führen (siehe vertiefend z. B. Kuhn und Weibler 2020; Rosenstiel und Nerdinger 2020, S. 49 f.; Nerdinger 2019, S. 100 f.; Weibler 2016, S. 632 ff.; Judge et al. 2009). Hier kann dann auch ethisch fragwürdiges Verhalten thematisiert werden. So verstanden ist diese Art der Führung nicht nur aus der eigenschaftsorientierten Perspektive zu betrachten: „Unter destruktivem Führungsverhalten wird das Ausmaß verstanden, in dem Vorgesetzte aus Sicht der Mitarbeitenden andauernd destruktives verbales und nonverbales Verhalten zeigen – körperlich-aggressives Verhalten wird dabei ausdrücklich ausgeschlossen" (Rosenstiel und Nerdinger 2020, S. 49).

und Wick 2017, S. 59, 86 f.; Weibler 2016, S. 103 ff.; DeRue et al. 2011; Judge et al. 2009; Arvey et al. 2006). Nach dem aktuellen Stand der Führungsforschung erscheint es letztlich nicht unbedingt entscheidend, welche Eigenschaften eine (potenzielle) Führungskraft mitbringt, sondern, was sie daraus macht bzw. machen kann (Verhalten) und wie es von anderen (z. B. den Mitarbeitenden) wahr- und angenommen wird (z. B. Rosenstiel und Nerdinger 2020, S. 28 f.). Daher war es – die historische Entwicklung der Führungsforschung wieder in den Blick nehmend – nicht verwunderlich, dass die eigenschaftsorientierte Betrachtung durch die Erforschung verhaltensorientierter Ansätze ergänzt wurde.

1.2.2   Verhaltensorientierte Ansätze

Die eigenschaftsorientierten Ansätze konnten keine ausreichende Begründung zur Wirkung von Führung liefern. Deshalb konzentrierte man sich stärker auf den Kontext von Führung. Weiterhin gingen die Betrachtungen jedoch nahezu ausschließlich von der Person der Führungskraft aus. Nur analysierte man nun vertiefter deren *Verhalten,* um aus diesen Erkenntnissen wirksame Führungsinterventionen ableiten zu können. So waren weniger die Persönlichkeitsdispositionen im Zentrum der Betrachtung, sondern das bewusste (sichtbare) Handeln der Führungskraft sowie deren Umgang mit Mitarbeiterinnen und Mitarbeitern. Dies war der Beginn der sogenannten **Führungsstilforschung,**[20] die hier nochmals in verhaltens- und situationsorientierten Ansätzen (Abschn. 1.2.2 und 1.2.3) unterteilt wird, um die Schwerpunktsetzung der jeweiligen Forschungsperiode zu verdeutlichen. Die Entwicklung begann – u. a. von den Herrschaftsformen Max Webers (legale, traditionale, charismatische) ausgehend – in den frühen 1930er-Jahren mit den ersten Forschungen zu Führungsstilen (Harrison 2018, S. 23). Dabei werden oft 2 große Forschungsstränge benannt, die die Basis für die verhaltensorientierten Ansätze lieferten (Harrison 2018, S. 23 ff.; Weibler 2016, S. 311 f.):

1. die Iowa-Studien (bekannt u. a. durch Kurt Lewin), die den Partizipationsgrad der Mitarbeitenden in den Mittelpunkt stellen (autokratisch vs. demokratisch, später auch Laissez-faire) und

---

[20] Als Führungsstil kann eine zum Teil variable, meist jedoch konsistente Verhaltensweise einer Führungskraft in Führungssituationen verstanden werden (Rosenstiel und Nerdinger 2020, S. 29). Sie grenzt sich folglich von stabilen Führungseigenschaften (Traits/Skills) ab.

2. die Ohio-Studien (u. a. auch der in Abschn. 1.2.1 erwähnte Ralph Stogdill),
   die die Frage der Aufgaben- und Mitarbeitendenorientierung fokussierten
   (zeitlich parallel wurde von der sogenannten Michigan-Gruppe ebenso die
   Frage der Aufgaben-/Mitarbeiterorientierung untersucht; Likert 1961).

Es werden nachfolgend einige verhaltensorientierte Konzepte, die mehr oder
weniger auf diesen Ausgangsbetrachtungen basieren, überblicksartig vorgestellt
(für vertiefende Ausführungen siehe z. B. Rosenstiel und Nerdinger 2020,
S. 29 ff.; Kauffeld et al. 2019, S. 110 ff.; Harrison 2018; Blessin und Wick 2017,
S. 89 ff.; Strippler et al. 2017a, S. 19 ff.; Weibler 2016, S. 309 ff.).

Die Frage der Einbindung der Mitarbeitenden wurde, nachdem die Grenzen
des „Iowa-Modells" immer klarer wurden (fehlende empirische Wirkungsevidenz
späterer Untersuchungen, extreme Darstellung zweier Gegenpole), u. a. durch
das (eindimensionale) Führungsstilkontinuum nach Tannenbaum und Schmidt
(1958) differenzierter betrachtet. Auf Basis einer Selbst-, Mitarbeitenden- und
Situationsanalyse sollen Führungskräfte den idealtypischen Führungsstil finden.
Diesen verorten sie mit zunehmendem Entscheidungsspielraum für die Mitarbeitenden von autoritär [Vorgesetzte*r entscheidet ohne Einbindung der Mit-
arbeitenden], über patriarchalisch, informierend, beratend, kooperativ, delegativ
bis hin zu (teil)autonom [Führungskraft legt die Entscheidung in die Hände des
Teams; wenn sie dabei ist, hat sie die gleiche Stimme, wie jedes andere Team-
mitglied].

Neben der Frage der Partizipation wurde das Führungsverhalten insbesondere hinsichtlich der Frage „Aufgabe vs. Mitarbeitende" analysiert. Als
ein auch heute noch relevantes Modell soll hier vor allem der **zweidimensionale
Führungsstilansatz der Ohio-Studien** (z. B. n. Fleishman 1953) genannt
werden. Die Forscher orientierten sich bei der Beschreibung des Führungsverhaltens an Consideration (Mitarbeiter-/Beziehungsorientierung) und Initiating
Structure (Sach-/Aufgabenorientierung).

Nerdinger (2019, S. 102) führt zu den beiden Bereichen u. a. aus:
„Consideration erfasst Wärme, Vertrauen, Freundlichkeit, Achtung der Mit-
arbeiter und wird deshalb als mitarbeiterorientiertes Verhalten übersetzt. Mit
Initiating Structure wird die aufgabenbezogene Organisation und Strukturierung,
die Aktivierung und Kontrolle der Mitarbeiter gemessen. Daher wird diese
Dimension im Deutschen als aufgabenbezogenes Verhalten bezeichnet."

Weitere Begriffe, die beiden Dimensionen beschreiben, unterscheiden und im
Laufe der Zeit hinzukamen sind z. B. (Tab. 1.1):

Die Ausprägungen können auch mit wissenschaftlichen Befragungs-
instrumenten analysiert werden. So bieten Fittkau-Garthe und Fittkau (1971)

Tab. 1.1 Merkmale von Mitarbeitenden- und Aufgabenorientierung. (In Anlehnung an Kraus und Kreitenweis 2020, S. 14 ff.; Kauffeld et al. 2019, S. 111; Welpe et al. 2018, S. 147 ff.; Strippler et al. 2017a, S. 20 ff.; Weibler 2016, S. 362; Fittkau-Garthe und Fittkau 1971; Tscheulin und Rausche 1970)

Mitarbeitendenorientierung	Aufgabenorientierung
• Wertschätzung,	• Handeln initiieren und organisieren,
. soziale Anerkennung (Interesse am Menschen),	. achtet darauf,
• Respekt,	• für die Einhaltung von Standards sorgen,
• faire/gleichwertige Behandlung,	• klare Definition der eigenen Rolle/ Verantwortlichkeiten und der der Mit-
. Berücksichtigung der Ideen der Mit- arbeitenden,	arbeitenden,
• Unterstützung bei der Aufgabenerfüllung und Förderung der Autonomie,	. detaillierte Planung und fokussierte Ziel- orientierung,
• ermöglicht offene Kommunikation und schlichtet Konflikte,	. achtet darauf,
• zeigt Einsatz für die Mitarbeitenden,	• klare Definition der eigenen Rolle/ Verantwortlichkeiten und der der Mit-
• ist um gutes Verhältnis zu Mitarbeitenden bemüht,	arbeitenden,
• gibt entwicklungsorientiertes Feedback,	• detaillierte Planung und fokussierte Ziel- orientierung,
• fördert gegenseitiges Vertrauen	• dass alle ihre volle Arbeitskraft einsetzen,
	• fordert besondere Anstrengung,
	• legt Wert auf Arbeitsmenge,
	• tadelt mangelhafte Arbeit

einen *Fragebogen zur Vorgesetzten-Verhaltens-Beschreibung (FVVB)* oder Tscheulin und Rausche (1970) eine deutsche Version des Fragebogens von Fleishman, die u. a. folgende Items enthalten (entnommen aus Schütz et al. 2020, S. 93 und Weibler 2016, S. 321; weitere Items zu den beiden Dimensionen in Kraus und Kreitenweis 2020, S. 15 f.):

Mitarbeiterorientierung

- Er behandelt seine Mitarbeiter als gleichberechtigte Partner.
- In Gesprächen mit seinen unterstellten Mitarbeitern schafft er eine gelöste Stimmung, sodass sie sich frei und entspannt fühlen.
- Er ist freundlich und man hat leicht Zugang zu ihm.
- Auch wenn er Fehler entdeckt, bleibt er freundlich.
- Er macht es seinen Mitarbeitern leicht, unbefangen mit ihm zu reden.
- Er steht seinen Mitarbeitern in persönlichen Fragen zur Seite.
- Er lässt andere so arbeiten, wie sie es für richtig halten.

Aufgabenorientierung

- Er bemüht sich, langsam arbeitende unterstellte Mitarbeiter zu größeren Leistungen zu ermuntern.
- Er weist seinen unterstellten Mitarbeitern spezifische Aufgaben zu.
- Er reißt durch seine Aktivität seine unterstellten Mitarbeiter mit.
- Er passt die Arbeitsgebiete genau den Fähigkeiten und Leistungsmöglichkeiten seiner unterstellten Mitarbeiter an.
- Er verlangt von seinen Mitarbeitern, sich den Zielen der ganzen Abteilung unterzuordnen.
- Er besteht darauf, dass alles so gemacht wird, wie er es sich vorstellt.
- Er herrscht mit eiserner Hand.

Differenzierter – durch eindeutigere Kategorien – beschreiben Blake und Mouton (1964) mit dem sogenannten **Verhaltensgitter (Managerial Grid)** mögliche Führungsstile. Es hat 2 Ausrichtungen: Personen- und Aufgabenorientierung (bzw. Mitarbeiter und Leistung).

Das Verhaltensgitter eröffnet grundsätzlich wie die Matrix von Fleishman unterschiedliche Schwerpunkte; bietet dabei jedoch 7 Schlüsselführungsstile an, die z. B. von Überlebensmanagement (1.1) über angemessene Leistung und zufriedenstellende Moral (5.5) bis hin zu Samthandschuh (1.9) oder Befehl und Gehorsam (9.1) reichen. Das Ziel des Ansatzes ist jedoch das Feld 9.9 („Team-Management: Hohe Arbeitsleistung vom engagierten Mitarbeiter, Interdependenzen im gemeinschaftlichen Einsatz für das Unternehmensziel verbindet die Menschen in Vertrauen und gegenseitiger Achtung"; Blake und Mouton 1968 zit. n. Blessin und Wick 2017, S. 114). Inwiefern dies in der Praxis erreichbar ist, muss diskutiert werden – gleichwohl bietet es für Angebote der Personal- und Organisationsentwicklung wie auch für vielfältige Führungsstile ausreichend Ansatzpunkte.

Neben den beiden großen Forschungssträngen gibt es weitere, aktuellere Ansätze. Diese fokussieren auf verhaltensorientierte Führungsideen, kreieren dabei verschiedene Wortschöpfungen, die die jeweils besondere inhaltliche Ausrichtung betonen (siehe zur Vielfalt z. B. Weibler 2016, S. 467 ff.), so z. B. ethische, authentische, charismatische, agile oder die ambidextre Führung. Einige dieser Perspektiven werden in Kap. 6 („Zukunft der Führung – Führung der Zukunft") vertieft. Ein bedeutender Führungsansatz, der sowohl verhaltens- als auch situative Elemente (vgl. Abschn. 1.2.3) aufweist (Blessin und Wick 2017) und dessen Wirkung vielfach empirisch gut bestätig wurde, ist die sogenannte ,**transformationale Führung**' (diese wird – gemeinsam mit der transaktionalen Führung – in Abschn. 1.2.5 aufgrund ihrer hohen Relevanz ausführlicher vorgestellt).

Ein zentrales Forschungsergebnis zu den verhaltensorientierten Führungsansätzen ist, dass das Verhalten einer Führungskraft mehr Einfluss auf die
Wirksamkeit von Führung hat als die Eigenschaften der Führungspersönlichkeit, wobei Verhalten durchaus von Persönlichkeitseigenschaften mitbestimmt
wird. Es gibt allerdings nicht das eine richtige Führungsverhalten, sondern
es hängt davon ab, was erreicht werden soll. Fokussiert die Führungskraft sich
eher auf die Aufgabenorientierung, so verbessert dies im Schnitt die leistungs-
bezogenen Ergebnisse (verbesserte individuelle Leistung, produktivere Teams
und gute Organisationsergebnisse). Konzentriert sie sich stärker auf die Mitarbeitenden und die Beziehung zu diesen, fördert sie dadurch die Motivation
und Arbeitszufriedenheit, zudem werden Führungskräfte mehr respektiert und
sind selbst zufriedener (z. B. Schütz et al. 2020, S. 92 ff.; Welpe et al. 2018,
S. 147 ff.; Blessin und Wick 2017, S. 111 ff.; DeRue et al. 2011, S. 37). Einige
Untersuchungen aus dem deutschsprachigen Raum weisen darauf hin, dass die
2 Bereiche „Aufgaben" und „Mitarbeitende" sinnvollerweise noch durch eine
dritte Dimension ergänzt werden sollte: die **Partizipationsorientierung.**

Hier geht es um die Frage der Einbeziehung der Mitarbeiterinnen und Mitarbeiter hinsichtlich Aspekten der Aufgabengestaltung, Arbeitsbedingungen oder
auch organisationale Themenstellungen. Partizipation fördert die Identifikation,
Zufriedenheit und das Engagement – vor allem in komplexen Situationen
(Rosenstiel und Nerdinger 2020, S. 33 f.). Dies wird u. a. durch das Erleben
von Selbstwirksamkeit und Selbstbestimmung mit beeinflusst. Die Förderung
von Autonomie und individuellem Kompetenzerleben (Selbstwirksamkeit oder
auch Empowerment) gilt heute als ein wesentlicher Faktor für Wohlbefinden,
Motivation und Leistung (z. B. Schermuly 2019; Ryan und Deci 2017). Dies
spricht grundsätzlich dafür, Mitarbeitenden klare Rollen, Aufgaben und Ziele,
zugleich jedoch auch Verantwortung zu übertragen, sie in der Entscheidungsfindung miteinzubeziehen und damit ihnen Vertrauen zu schenken (partizipatives
Führungsverhalten[21] und weniger autoritäres).

Doch nun „einfach" einen partizipativen Führungsstil auszurufen oder die
Organisation fast ausschließlich am Wohl und den Bedürfnissen der Mitarbeitenden
zu orientieren, greift angesichts des Aufgabenspektrums von Führungskräften
allerdings zu kurz. Wollen Sie Wirkung auch über die Beziehung zu Ihren Mitarbeitern hinaus entfalten, müssen Sie auch planen, organisieren und zielorientiert
steuern können. Überhaupt lässt sich, wie auch schon bei den eigenschaftsorientierten
Führungsansätzen, nicht nur ein einziger Führungsstil, als alleinseligmachend

---

[21] Zum partizipativen Führungsverständnis und der historischen wie kritischen Einordnung
siehe Rybnikova und Lang (2020).

ausrufen, der unabhängig von bestehenden Rahmenbedingungen alle Beteiligten zufriedenstellt, Mitarbeitende optimal motiviert und für gute Ergebnisse sorgt. Es gibt keine Erkenntnisse, die einen solchen linearen Schluss zulassen (Rosenstiel und Nerdinger 2020; Blessin und Wick 2017, S. 103, 128; Yukl 2012; DeRue et al. 2011). Auch hier gilt „es kommt darauf an". Zum Beispiel:

- welche Selbstwirksamkeitsüberzeugungen (Locus of Control),[22] Selbst-steuerungskompetenzen (und auch die Frage des Umgangs mit Unsicherheit spielt hier eine Rolle) und sonstigen Persönlichkeitsmerkmale bei Führung und Mitarbeitenden vorhanden bzw. wie ausgeprägt sind;
- welche Einstellungen, Erwartungen und Kompetenzen Führungskräfte wie Mitarbeitende haben;
- ob es sich um eher komplexe, neue, einfache oder routinierte Aufgaben handelt;
- wie wichtig und/oder eilig eine Entscheidung ist;
- welche Kultur in der Organisation vorhanden ist.

Will man nun dennoch der ratsuchenden Führungskraft einige Punkte an die Hand geben, so bietet die aktuelle Forschung eine ganze Reihe von Hinweisen, die Orientierung geben können, unter welchen Bedingungen welches Führungsverhalten eine hohe Wahrscheinlichkeit hat, wirkungsvoll zu sein. Zu beachten ist dabei auch, dass nicht jede und jeder in der Lage sein wird, jedes Verhalten – geschweige denn jede Eigenschaft – auf jede Situation anzupassen. Wie hier Training und Coaching helfen kann und welche Grenzen dabei bestehen, wird in den weiteren Kapiteln vertieft (siehe zu nachfolgenden Ausführungen z. B. Schütz et al. 2020, S. 92 ff.; Kauffeld et al. 2019, S. 110 ff.; Welpe et al. 2018, S. 151; Weibler 2016, S. 361 ff.; Barling 2014; Dinh et al. 2014; DeRue et al. 2011; Judge et al. 2004b):

---

[22] „Menschen unterscheiden sich in ihrer Überzeugung, ob und wie beeinflussbar sie ihre Ziele wahrnehmen. Einige glauben, ihre Ziele durch ihr Handeln beeinflussen zu können, während Andere die Erreichbarkeit eher äußeren Faktoren zuschreiben. Personen, die der Überzeugung sind, ‚die Dinge fest im Griff zu haben' oder ‚alles selbst zu machen', ver-fügen über eine starke internale Kontrollüberzeugung (‚internal locus of control' … Andere tendieren dazu, die Ergebnisse meist dem Zufall oder der Unterstützung durch Kollegen zuzuschreiben, die als externe Kontrollüberzeugung (‚external locus of control') bezeichnet wird … Für die Führungspraxis ist es interessant zu wissen, dass der ‚locus of control' oft mit der Lerngeschichte und der Erfolgsgeschichte einer Person zusammenhängt und daher entwicklungsfähig ist. Menschen erleben gerne Erfolge in ihrer Arbeit, vor allem, wenn sie sie den eigenen Fähigkeiten und Fertigkeiten zuschreiben können. Ein entsprechendes und glaubwürdiges Feedback seitens der Führung ist dabei eine unabdingbare Voraussetzung. Dieser Prozess ist selbstwertaufbauend und leistungsfördernd" (Garcia et al. 2019, S. 152 f.).

- Authentische, auf Glaubwürdigkeit und Vertrauen basierende kooperativ-partizipative Führung (i. S. v. autonomie- und kompetenzstärkend) ist wirksamer als autoritär-patriarchalische Führung, die lediglich Höchstleitungen anerkennt und ausschließlich auf dem „Befehl-und-Gehorsam-Prinzip" beruht (Bevormundung; enge Kontrolle; Druck, Angst).
- Eine gute Mischung von Aufgaben- und Mitarbeitendenorientierung ist sinnvoller als die jeweiligen Extreme (nur das eine oder das andere; beides dauerhaft gleichermaßen extrem ausgeprägt umzusetzen, ist – wie gesagt – nur theoretisch möglich).
- Tendenziell sollte die Mitarbeiter*innenorientierung (eine ehrliche, individuelle Beziehungspflege) im Tagesgeschäft etwas stärker ins Gewicht fallen als die Aufgabenorientierung, was auch andere Führungsansätze verdeutlichen (siehe interaktionistische Ansätze).
- Zuhören und regelmäßig Feedback geben – jedoch auch einzuholen, ist für die Frage, wie Führungsverhalten tatsächlich ankommt sehr entscheidend (dialogische Führungskommunikation, siehe Kap. 3)!

Vom letzten Punkt ausgehend soll kritisch angemerkt werden (und dies gilt bis heute sowohl bzgl. Partizipation wie auch Mitarbeiter-/Aufgabenorientierung): Durch unterschiedliche Rollenauffassungen bzw. Interpretation des Führungshandelns und Wahrnehmungsverzerrungen kommen die Art und Weise der Führungskraft und deren Interventionen mitunter anders an, als geplant. Das führt u. a. zur Empfehlung, dass Führungskräfte sich regelmäßig erkundigen sollten, was ihr Ansatz bei den Mitarbeitenden auslöst. Wenn Führungskräfte glauben, dass ein bestimmtes Verhalten in der angedachten Weise wirkt, so ist das aus Sicht der Mitarbeitenden durchaus *nicht* immer so eindeutig, wie beispielsweise verschiedene Untersuchungen belegen (z. B. Clifton und Harter 2019, auch Nier 2020; Diestel et al. 2018, S. 26; Weibler 2016, S. 315, 369 f.). Nicht zuletzt deswegen sind Resonanzfähigkeit (Beziehungs-/dialogische Kommunikationskompetenz) und Selbstreflexion bedeutende Führungsfähigkeiten. Auch wenn einzelne Rückmeldungen häufig auch nur einen Teil der Geschichte berücksichtigen, viele Rückmeldungen über einen gewissen Zeitraum sind eine kaum zu überschätzende Lernmöglichkeit. Die Bereitschaft, Rückmeldung einzuholen und diese auch angemessen zu berücksichtigen (Rückmeldungen von Mitarbeitenden, Kolleg*innen, Vorgesetzten, Kund*innen, Wettbewerber*innen etc.) macht vermutlich einen großen Teil des individuellen Führungserfolgs aus.

Die vorherigen Empfehlungen, die jedoch (wie skizziert) mit einigen Einschränkungen einhergehen, verdeutlichen, dass – neben der Orientierung am individuellen Bedarf des Mitarbeitenden – der vorhandene Kontext (z. B. organisationale Gegebenheiten, politische Entscheidungen, gesetzliche Rahmenbedingungen) sowie weitere situative Merkmale berücksichtigt werden müssen, da ein Führungsstil weder unabhängig von Rahmenbedingungen noch dauerhaft für alle Mitarbeitenden gleichermaßen wirkt. Dies führte in der Führungsforschung dazu, dass man den situativen Führungsansätzen mehr Aufmerksamkeit schenkte.

1.2.3 Situationsorientierte Ansätze

Die Erkenntnis, dass ein bestimmtes Führungsverhalten nicht eindeutig zu einem bestimmten Mitarbeitendenverhalten führt (i. S. v. Führungserfolg), ließ die Forschung nun stärker auf Situationsvariablen blicken, um daraus entsprechend wirksame(re) Führungsstile zu entwickeln. Die sogenannten „Kontingenzansätze" (z. B. Rosenstiel und Nerdinger 2020, S. 34 ff.) gründen auf der Annahme, dass es keinen optimalen Führungsstil gibt, der situationsüberdauernd zielführend ist. Daher konzentrieren sich Führungskräfte – wollen sie entsprechende Wirkung erzielen – auf Gegebenheiten der jeweiligen Situation und passen ihr Verhalten den jeweiligen Notwendigkeiten an. Somit ist die Wahrscheinlichkeit des Führungserfolgs u. a. von der guten Analyse vorliegender Situationsparameter und der auf dieser Basis erfolgten Wahl des Führungsstils abhängig (Harrison 2018, S. 27 ff.; Blessin und Wick 2017, S. 129). Es wurden vor allem in der Zeit zwischen 1960 und 1970 vielfältige situative Führungsansätze entwickelt, wie z. B. (siehe Rosenstiel und Nerdinger 2020, S. 34 ff.; Blessin und Wick 2017, S. 129 ff.):

- Kontingenztheorie der Führungseffektivität (n. Fiedler)
- Normatives Führungsmodell (n. Vroom und Yetton)
- Reifegradmodell der Führung (n. Hersey und Blanchard)
- Das 3-D-Modell (n. Reddin)
- Weg-Ziel-Theory (Path-Goal-Theory n. Evans, später House)
- Modell Multipler Verbindungen (n. Yukl)

Aufgrund der Vielfalt der Modelle sollen nur die zentralen Annahmen ausgewählter Ansätze, empirischen Erkenntnisse und einige Schlussfolgerungen für Führungskräfte skizziert werden (siehe zu nachfolgenden Ausführungen z. B. Rosenstiel und Nerdinger 2020, S. 34 ff.; Kraus und Kreitenweis 2020, S. 17 ff.;

Kauffeld et al. 2019, S. 112 ff.; Harrison 2018; Blessin und Wick 2017, S. 129 ff.; Weibler 2016, S. 329 ff.):

Ein im Zusammenhang mit situativen Führungsansätzen oft genanntes Modell ist die **Kontingenztheorie nach Fiedler.** Fiedler stellt zwischen Verhalten und Situation einen Zusammenhang her, indem er (sich u. a. auf die Ohio-Studien berufend) zwischen Aufgaben- und Mitarbeiterorientierung unterscheidet und zugleich Situationsparameter mit einbaut. Seiner Meinung nach hängt die Frage, ob eine Führungskraft mehr aufgaben- oder mitarbeiterorientiert führen soll, vor allem von 3 Faktoten ab:

- der *Führungskraft-Geführten-Beziehung* (gut oder schlecht, orientiert z. B. an Vertrauen, Loyalität, Gruppenzusammenhalt, gute Arbeitsatmosphäre, geschätzte Führungskraft),
- der *Aufgabenstruktur* (u. a. Klarheit der Aufgaben; Ziel, Weg, Prozesse, Verantwortlichkeiten sind eindeutig geregelt) und
- von der *Positionsmacht* (Einflussmöglichkeiten der Führung durch Autorität und/oder Hierarchie sowie Möglichkeiten der Belohnung und Bestrafung).

Fiedler stellte u. a. fest, dass in absolut klaren (überschaubaren, kontrollierbaren) Situationen wie auch bei sehr unklaren, schwer kontrollierbaren Rahmenbedingungen (heute würde man vermutlich von „sehr komplexen bzw. gar chaotischen Situationen" sprechen) der aufgabenorientierte Führungsstil wirksamer ist. In den Situationen, die zwischen den Extremen liegen, ist die mitarbeiterorientierte Führung angebrachter. Fiedler wird zwar häufig angeführt, wenn es um Fragen der situativen Führung geht, jedoch nahezu genauso häufig wird sein Modell kritisiert. Dies u. a. wegen methodischer Mängel, der fehlenden Berücksichtigung der Bedürfnisse der Mitarbeitenden und der zum Teil mangelhaften theoretischen Fundierung seines Ansatzes. Spätere Untersuchungen konnten seine Annahmen nur in geringem Maße bestätigen. Dennoch ist seine Überlegung, dass die Situation eine nicht unerhebliche Rolle spielt, wie sich Menschen verhalten und wie Führungskräfte agieren sollten, von Bedeutung. Und man kann bis heute nicht leugnen, dass die Beziehung zwischen Führung und Mitarbeitenden, die Art der Aufgabe sowie die Einflussmöglichkeiten von Führungskräften wesentliche Faktoren sind, die auf den Führungsprozess wirken.

Paul Hersey und Kenneth Blanchard haben in den 1960er-Jahren ihr **‚Reifegradmodell der Führung'** entwickelt. „Es ist ihnen gelungen, in ihrem Modell nahezu alle bekannten US-amerikanischen Autoren zu integrieren, die sich zu dieser Zeit mit Fragen der Führung, Motivation und Organisation beschäftigten"

(Blessin und Wick 2017, S. 139). Auch sie gehen davon aus, dass unterschiedliche Situationen ein verschiedenartiges Führungshandeln verlangen. Ihre Idee fußt auf der Kombination von aufgaben- und beziehungsorientiertem Führungsverhalten sowie dem Reifegrad der Mitarbeiter*innen. Der Reifegrad (hier die situative Variable) wird bestimmt von den Dimensionen Motivation (wird auch als Bereitschaft, Verantwortung zu übernehmen, Engagement oder Selbstvertrauen bezeichnet) und Kompetenz (oder auch Wissen/Ausbildung/Erfahrung, Kenntnis der Arbeitsanforderung). Diese Bereiche können situationsabhängig deutlich variieren. Deshalb sollte sich das Führungsverhalten der jeweiligen Person (motiviert vs. nichtmotiviert) anpassen – jedoch auch die gerade auszuführende Aufgabe (kompetent für die Aufgabe oder weniger kompetent) berücksichtigen. In Abhängigkeit vom Reifegrad bieten sie 4 Führungsstiloptionen (z. B. Kraus und Kreitenweis 2020, S. 21 f.):

- Telling (anweisen; niedriger Reifegrad): hohe Aufgabenorientierung (klare Vorgaben, detaillierte Kontrolle), geringe Mitarbeiterorientierung
- Selling (überzeugen; niedriger bis mittlerer Reifegrad): hohe Aufgabenorientierung (direktive Führung), hohe Mitarbeiterorientierung (gleichzeitig sozial-emotionale Unterstützung, Einfluss durch mitarbeiterorientierte Kommunikation [Leistung erkaufen])
- Participating (beteiligen; mittlere bis hohe Reife): hohe Mitarbeiterorientierung (zuhören, wo Unterstützung benötigt wird, um mehr Leistungsbereitschaft herzustellen), geringe Aufgabenorientierung (Ziele kommunizieren, Ideen und Entscheidungen mit einbeziehen)
- Delegating (delegieren; hoher Reifegrad): geringe Aufgabenorientierung (Verantwortung für Entscheidung und Umsetzung an Mitarbeitenden weitergeben), geringe Mitarbeiterorientierung (wenig Betreuung, nur bei Bedarf).

Als Kritik am Reifegradmodell wird u. a. die fehlende empirische Bestätigung vorgetragen. Es wurde sehr modellhaft konzipiert, da nur wenige Situationen wie Optionen herausgearbeitet wurden. Die situative Flexibilität kann dazu führen, dass nahezu jede Situation jedes Führungsverhalten rechtfertigt, was hinsichtlich Willkür oder fehlender Vorhersehbarkeit durchaus problematisch sein kann (denn die Meinung der Mitarbeitenden, wo sie/er sich einordnen würde, wird in diesem Modell ausgeblendet). Auch werden andere Rahmenbedingungen (Arbeitsumgebung, Bedingungen der Organisation, Technologien etc.) insgesamt ausgeblendet. Dennoch wurde (und wird) dieses Modell in der Praxis (und in Führungstrainings) oft eingesetzt, da es mit alltäglichen Führungserfahrungen (sofern man diese grob vereinfacht) übereinstimmt sowie sehr übersichtlich (und daher vermeintlich alltagstauglich) erscheint. Was Hersey und Blanchard jedoch klar herausgearbeitet haben, ist, dass man jede*n Mitarbeiter*in individuell behandeln soll, dass z. B. Unterstützung mal mehr, mal weniger angebracht ist und eine Weiterentwicklung der Mitarbeitenden im Laufe des Arbeitslebens erfolgen kann. Schließlich sind die Wünsche der Mitarbeitenden (z. B. nach Beteiligung) unterschiedlich. Aktuelle Untersuchungen verweisen darauf, dass viele – jedoch nicht alle – Mitarbeitende in Entscheidungen von Führungskräften bzw. der Organisation miteinbezogen werden möchten. Ebenso ist ein partizipativer oder empowermentorientierter Führungsansatz nicht voraussetzungsfrei; die Mitarbeitenden benötigen entsprechende Kompetenzen oder müssen dazu befähigt werden.

Die **Weg-Ziel-Theorie** gehört grundsätzlich zu den Motivationstheorien. Da sie jedoch auf den Erkenntnissen der Ohio-Studien aufbaut (Aufgaben-/ Mitarbeitendenorientierung) sowie situative Prozesse berücksichtigt, kann sie auch im Bereich der Führungsstilforschung eingeordnet werden. Sie versucht, „den komplexen Zusammenhang zwischen dem Führungserfolg, dem Führungsverhalten und den Merkmalen der Geführten bzw. des Kontextes zu erklären. Sie basiert auf der Erwartungstheorie der Motivation" (Kraus und Kreitenweis 2020, S. 22). Die Weg-Ziel-Theorie nimmt dafür an, dass das Verhalten der Führungskraft die Zufriedenheit und Leistung der Mitarbeitenden beeinflusst, indem die Führung Belohnungen für das Erreichen von Zielen offeriert, den Weg zu den Zielen klärt und mögliche Hindernisse aus dem Weg räumt. Wie sich die Führungskraft jedoch konkret verhalten soll, hängt von der Situation und den Mitarbeitenden ab. Der Ansatz versteht die Führungskraft als Wegbereiter*in, die den Mitarbeitenden zu mehr Motivation für die Zielerreichung verhilft, indem sie sich in den jeweiligen Mitarbeitenden hineinversetzt und sich fragt:

‚Was bringen die Mitarbeitenden mit und was benötigen bzw. erwarten diese (noch), um eine Aufgabe (in einer bestimmten Arbeitsumwelt) motiviert (bzw. gut) zu erfüllen?‘

Sie bieten daraufhin einen bestimmten Führungsstil als Impuls, der scheinbar gerade zur Motivation fehlt. Vier mögliche Verhaltensweisen wurden herausgearbeitet:

- Directive Leadership (direktive Vorgaben, klare Regeln, Rahmen und Ziele sowie Kontrolle)
- Supportive Leadership (unterstützende Führung, Freundlichkeit, Respekt und Wertschätzung, das Wohlergehen der Mitarbeitenden ist wichtig)

- Participative Leadership (Ideen und Meinungen der Mitarbeitenden fließen in die Entscheidungsfindung mit ein)
- Achievement-oriented Leadership (ergebnis-/leistungsorientierte Führung; hohe Anforderungen und anspruchsvolle Aufgaben, Fokus auf Leistungsoptimierung; dabei wird Vertrauen gezeigt, dass die Mitarbeitenden diesen Herausforderungen gerecht werden).

Die Anforderungen, die dieses Modell (wenn es optimal funktionieren soll) an Führungskräfte stellt, sind höchstwahrscheinlich in der Praxis kaum zu erfüllen. Zudem setzt die Theorie voraus, dass Führungskräfte die Motive der Mitarbeitenden jederzeit richtig deuten; dabei berücksichtigt sie beispielsweise intrinsische Motivation oder emotionale Einflüsse zu wenig und geht insgesamt eher mechanistisch von einem Entweder-oder – und weniger von einem Sowohl-als-auch aus. Aufgrund einiger dieser Restriktionen wurde die Theorie weiterentwickelt. Positiv muss festgehalten werden, dass empirische Untersuchungen verschiedene Annahmen bestätigen konnten (z. B. Blessin und Wick 2017, S. 271 f.; Weibler 2016, S. 337 f.). Sie integriert neben der Motivation auch weitere Persönlichkeitseigenschaften der Mitarbeitenden und stößt damit deutlich die Tür auf für die neuere Führungsforschung, die zunehmend stärker die Mitarbeitenden in den Fokus nimmt und z. B. den Aspekt der erfolgreichen Beziehungsgestaltung betont. Auch für die Frage des Führens über Ziele (Management by Objectives) oder als Grundlage der Zielsetzungstheorie nach Locke und Latham (1990) ließen sich aus der Weg-Ziel-Theorie wichtige Erkenntnisse ableiten.

Schließlich ist der Ansatz der partizipativen Führung stärker in den Fokus gerückt (House und Mitchell 1975; siehe auch Rosenstiel und Nerdinger 2020, S. 33 f.). Hier werden u. a. Themen wie Einbezug in Zielsetzung oder auch Autonomiegewährung betont, die aktuell eine wichtige Rolle spielen (heute sind partizipative, interaktionsförderliche Ideen z. B. auch in empowerment-, shared-/ distributed-, complexity-, netzwerkorientierten Führungsansätzen zu finden; z. B. Schermuly 2019; Weibler 2016). Untersuchungen deuten darauf hin, dass eine partizipativ ausgerichtete Führung den Mitarbeiter*innen Klarheit vermittelt, das Verständnis der übergeordneten Prozesse in Organisationen fördert und auch in Veränderungsprozessen den Wandel positiv unterstützt (Schütz et al. 2020, S. 57; Nerdinger 2019, S. 112; Blessin und Wick 2017, S. 393 ff.). Insbesondere Ryan und Deci (2017) haben sich in den letzten Jahrzehnten darum verdient gemacht, die Bedeutung des Autonomieerlebens für die Steigerung von Wohlbefinden, Motivation und Leistung sowie die Reduzierung von Stress herauszuarbeiten (siehe hierzu auch Kap. 2).

Zusammenfassend kann man festhalten, dass die situativen Ansätze viel dazu beitragen haben, dass Führung heute nicht als stabiles, unveränderliches Konzept angesehen wird, welches immer mit einem ähnlichen Impuls zu einem vergleichbaren Ergebnis führt (obwohl sich vor allem in Wirtschaftsunternehmen linear-mechanistische Denkmuster erstaunlich dauerhaft behaupten). Schaut man sich die vorherigen Ansätze an, tauchte der situative Faktor schon häufiger als Bedingung auf (z. B. Stogdill 1948; Tannenbaum und Schmidt 1958), wird jedoch meist zwar als zwar vorhanden, jedoch wenig einflussreich bewertet und daher nicht spezifisch miteinbezogen. Führungskräfte tun sicherlich gut daran, die jeweilige Situation zu berücksichtigen und ihr Handeln auch unter Berücksichtigung z. B. folgender Faktoren zu reflektieren (Becker 2015, S. 29):

- verfügbare Zeit bzw. Zeitdruck,
- Komplexität der Arbeitsaufgabe,
- Motivationspotenzial der Arbeitsaufgabe,
- Machtposition der Führungskraft,
- Abhängigkeit der Geführten von der Mitgliedschaft in der Gruppe (Dependenz),
- Kultur, in der die Führung stattfindet (und damit die etablierten sozialen Normen und Akzeptanz für Führungsverhalten) und
- Qualität bzw. Zustand der Beziehung zu den Geführten.

Problematisch an der situativen Betrachtung ist jedoch unter anderem, dass diese der Führung suggeriert, „lediglich" die Situation angemessen analysieren zu müssen, um dann richtig zu handeln (von den vielen Wahrnehmungsverzerrungen, die wir u. a. im Kap. 3 vertiefen, möchten wir an dieser Stelle gar nicht sprechen). Wenn Führungskräfte ausschließlich situationsfokussiert vorgehen, ist dies für die Führungskraft mit enormen Belastungen verbunden – vor allem jedoch geht für die Mitarbeiter*innen Orientierung und Sicherheit verloren. Somit steht es auch im Widerspruch zum Begriff des Führungsstils, der an sich ein dauerhaftes (oder zumindest längerfristiges) Verhalten beschreiben will, was für die Beteiligten somit einen entsprechenden Handlungsrahmen bietet. Die konkrete Situation und die organisationalen Rahmenbedingungen (die in den situationsorientierten Ansätzen jedoch nur bedingt berücksichtigt wurden) zu beachten, ist sicherlich wichtig, greift jedoch hinsichtlich eines wirksamen Führungsstils zu kurz. Situationen sind häufig veränderbar, bewegen sich in einem größeren Kontext und damit sind weder Mitarbeitende noch Führungskräfte einer Gegebenheit „völlig ausgeliefert" (mit Ausnahme von z. B. Krisensituationen o. Ä., die bestimmtes Handeln erfordern – doch auch hier bestehen meist Wahl-/Entscheidungsmöglichkeiten). Eine Führungskraft benötigt vor allem ein stabiles Mindset (i. S. einer Führungshaltung), muss für die Mitarbeitenden im Handeln berechenbar bleiben, diese in ihre Überlegungen miteinbeziehen, für eine der jeweiligen Person angemessene Autonomie sorgen (Rahmen und Raum) und sollte daher die Situation nicht überbewerten – darf jedoch auch die aktuelle Realität nicht ausblenden (Blessin und Wick 2017, S. 150 ff.).

1.2.4 Implizite Ansätze

Bisher haben wir uns hauptsächlich auf die Person der/des Führenden konzentriert (wie es die klassische Führungsforschung viele Jahrzehnte getan hat) und zugleich an den vorhergehenden Ansätzen die fehlende Berücksichtigung der Mitarbeitenden kritisiert. Folgt man dem in Abschn. 1.1 ausgeführten Verständnis von Personalführung, so kann man sich eine Umsetzung ohne das Einverständnis der Mitarbeitenden, ohne deren Akzeptanz von Führung (und der Führungskraft) nur schwer vorstellen. Insbesondere eine nachhaltig wirksame Führung ist, dieser Sichtweise folgend, nicht möglich (und auch nicht ratsam). Bei den impliziten Führungsansätzen findet nun ein Perspektivenwechsel statt. Das Verhalten der Führungskräfte tritt in den Hintergrund und die indirekte Wirkung des Handelns wird aus Sicht der Mitarbeitenden in den Fokus gestellt. Will man unsere Definition von Führung („… *als bewusste, zielorientierte und sozial akzeptierte Einflussnahme auf Menschen (deren Erleben und Verhalten) sowie als wechselseitiger Prozess in einem bestimmten Kontext zur Einhaltung gemeinsamer Werte, Erfüllung von Aufgaben bzw. Erreichung von Zielen*") mit Leben füllen, so sind es zwar zunächst Führungskräfte, die Einfluss ausüben, jedoch braucht es auch Mitarbeitende, die diese Impulse aufnehmen und sich lenken lassen.[23]

---

[23] Selbstverständlich gibt es auch den umgekehrten Weg der Einflussnahme, nämlich, dass Mitarbeitende die Führungskraft beeinflussen. Dies nennt man „Führung von unten" (z. B. Nerdinger 2019, S. 107 ff.). Hier werden Beeinflussungsstrategien eingesetzt, um (ohne formale Macht/Führungsfunktion) Ziele zu erreichen. Dies ist in Licht der aktuellen Entwicklungen in der Sozialwirtschaft (z. B. Local Governance) nicht nur unter dem Gesichtspunkt der Beeinflussung der vorgesetzten Führungskraft zu sehen, sondern auch hinsichtlich interner wie externer Netzwerkarbeit von Personen, die andere für ihre Ziele gewinnen (begeistern) möchten (und nicht selten müssen). Insofern findet hier vermehrt Führung(stätigkeit) statt, ohne formal dazu ermächtig zu sein. Dieser Art der Einflussnahme entfaltet jedoch durchaus Wirkung, wie wir mit Kolleg*innen im Rahmen von empirischen Untersuchungen feststellen konnten (siehe Tabatt-Hirschfeldt et al. 2019a, b). Besonders wirksam sind Beeinflussung, wenn die handelnden Personen die Situation (und die Stakeholder) genau beobachten und auf eine günstige Gelegenheit (,**Windows of Opportunity**') warten (ebd.).

„Jede Person, die geführt wird, besitzt implizite, subjektive Vorstellungen über Eigenschaften und Fähigkeiten einer idealen Führungskraft. Diese Führungsprototypen bilden die kognitive Grundlage zur Verarbeitung und Interpretation des Führungsverhaltens" (Kauffeld et al. 2019, S. 118 f.).

Solche prototypischen inneren Bilder und Annahmen über die „optimale Führungskraft" (Persönlichkeit, Verhaltensweisen, Fähigkeiten, erzielte Ergebnisse etc.) bilden die Basis der Bewertung von Führungskräften (Harrison 2018, S. 34 f.; Weibler 2016, S. 27 ff.). Dabei entstehen diese Bilder auf unterschiedliche Art. Eine Möglichkeit besteht darin, dass es eine gesellschaftliche Vorstellung von Führungskräften (deren Eigenschaften und Handeln) gibt (z. B. kompetent, fürsorglich, engagiert, gebildet, wortgewandt, verlässlich, sensibel oder auch bestimmend, aggressiv, selbstbezogen, rücksichtlos etc.). In empirischen Untersuchungen wurden z. B. folgende implizite Annahmen zu Führungskräften häufig gefunden: fachlich kompetent, Charisma (und weitere Aspekte der transformationalen Führung), Führungserfahrung, Teamorientierung/Partizipation, Vorbild im Reden und Handeln, Einhalten von Regeln und Terminen). Diese Vorstellungen werden dann mit der jeweiligen Führungskraft abgeglichen.[24] Andere Ansätze gehen davon aus, dass man die Ähnlichkeit der/des Vorgesetzten mit der eigenen Person oder der Gruppe, der man sich zugehörig fühlt, abgleicht und daraus Führungsfähigkeit ableitet bzw. sich entschließt, dieser Person zu folgen – oder auch nicht (z. B. Strippler et al. 2017a, S. 77). Die Begründungen, weshalb sich solche Zuschreibungen und implizite Annahmen vollziehen, kann u. a. mit der Attributionstheorie der Führung erklärt werden (z. B. Blessin und Wick 2017, S. 175 ff.).[25] Diese geht –

---

[24] Der Zuschreibungsprozess kann sich jedoch auch umgekehrt vollziehen: D. h. einer einmal erfolgreichen Person wird dauerhaft Führungsfähigkeit attestiert (Weibler 2016, S. 28 f.). Auch können kulturelle Unterschiede die Einordnung der idealen Führungskraft verändern: „In Deutschland wird von einer prototypischen Führungskraft erwartet, dass sie partizipativ führt, im angelsächsischen Raum soll eine Führungskraft über Charisma verfügen. Im mittleren Osten wird auf beides wesentlich weniger Wert gelegt …" (Kraus und Kreitenweis 2020, S. 35).

[25] Die **Attributionstheorie** ist in der kognitiven Sozialpsychologie verortet und setzt sich mit Meinungen oder Überzeugungen über die Ursachen von Ereignissen und Sachverhalten auseinander. Im Kern geht es um (schnelle, oft unbewusste) Urteile zu Einflussfaktoren für das eigene Verhalten und das anderer Personen (Frindte und Geschke 2019, S. 159 ff.). „Unter Attributionen versteht man dabei die subjektive Zuschreibung verschiedener Geschehnisse auf bestimmte, sie bedingende Ursachen" (Weibler 2016, S. 109; siehe auch Frindte und Geschke 2019, S. 159). Sie dient vor allem der eigenen

verkürzt dargestellt – von Zuschreibungen (Schlüsse, Begründungen) durch die Mitarbeitenden hinsichtlich eines bestimmten (idealen) Führungsverhaltens (aber auch Persönlichkeitsmerkmalen, Eigenschaften etc.) aus. Das ist dann eine Entscheidungsgrundlage, der Führungskraft zu folgen (oder nicht). Führungskräften wiederum ist bewusst, dass Mitarbeiter*innen konkrete Vorstellungen besitzen, wie „ihre ideale Führungskraft sein soll". Aufgrund dieser Überlegungen kommt es in der Praxis oft vor, dass die Führungskraft ihr Verhalten an die durch sie interpretierten impliziten Vorstellungen der Geführten anpasst. Auch, wenn eine Flexibilität durchaus sinnvoll ist, sollte die Führungskraft jedoch darauf achten, ihre Authentizität nicht zu verlieren, da es die Einflussmöglichkeit von Führungskräften stark begrenzt als „nicht echt erlebt zu werden". Zudem ist eine der entscheidendsten Fragen an dieser Stelle: *„ Wie kommt die Führungskraft zu ihren Erkenntnissen, welche impliziten Annahmen ihr Mitarbeiter*innen in sich tragen?"* Nur wenn diese Annahmen der Realität der Mitarbeitenden entsprechen, sind sie auf Dauer ein guter Kompass für das eigene Führungsverhalten.

Neben eigenen Annahmen (siehe hierzu z. B. auch die Ausführungen zu Menschenbildern in der Einleitung zu Abschn. 1.2) und wissenschaftlichen Erkenntnissen (es gibt unzählige Studien, wie Mitarbeitenden sich ihre ideale Führungskraft vorstellen, deren Ergebnisse oft übereinstimmen und belegen, dass Mitarbeitenden gar keine Superwoman/keinen Superman suchen, sondern erlernbare Kompetenzen und Verhaltensweisen entscheiden sind),[26] können Führungskräfte fundierte Einschätzung durch individuelle, qualitativ hochwertige Interaktionen mit den ihnen anvertrauten Menschen gewinnen. Aus diesem Grund sind Beziehungsgestaltung, Kommunikation wie die Führungswerkzeuge, die

---

Orientierung (insbesondere in komplexen oder neuen Situationen) und dem Erhalt der Handlungsfähigkeit. Im Führungsbereich resultieren Zuschreibungen der Führungskraft auf Basis bestimmter Verhaltensweisen (oder Arbeitsergebnisse) der Mitarbeiter*innen. Dabei kann die Führung beispielsweise die Gründe stärker in der Person oder der Situation vermuten. Am Beispiel des Kausalschemas n. Weiner et al. (entn. aus Blessin und Wick 2017, S. 179 f.; siehe auch Weibler 2016, S. 111 ff.) kann dies verdeutlicht werden (dort wurde noch der Zeitaspekt – stabile oder variable Komponente – ergänzt): Ein Fehler eines Mitarbeiters/ einer Mitarbeiterin kann die Führungskraft z. B. als mangelnde Fähigkeiten (Person, stabil) oder fehlendes Engagement (Person, variabel) interpretieren. Sie könnte auch die Aufgabenschwierigkeit (Situation, stabil) oder ein zufälliges Ereignis (Situation, variabel) als Gründe aufführen. Je nach Auslegung, wird sie eine andere Führungsintervention wählen. Genau, wie die Führungskraft, vollziehen sich solche Zuschreibungen auch aufseiten der Mitarbeitenden.

[26] Wir werden in Abschn. 1.3 und in den folgenden Kapiteln empirische Ergebnisse zu guter Führung – auch aus Sicht der Mitarbeitenden – vorstellen.

diesen Erkenntnisprozess stützen, eine äußerst wichtige Basis für gute, erfolgreiche Führungsarbeit (siehe die folgenden Kapitel; auch Kraus und Kreitenweis 2020, S. 35)! Je besser eine Führungskraft den Vorstellungen der Mitarbeitenden entspricht, umso besser gestalten sich die Einflussmöglichkeiten von Führung. Gleichzeitig steigt die Offenheit der Mitarbeitenden für Impulse der Führungskraft sowie deren generelle Zustimmung, Arbeitszufriedenheit und Wohlbefinden. So gesehen ist wirksame Führung auch eine Frage des Zulassens dieses Phänomens vonseiten der Beschäftigten bzw. wird sie dadurch erst ermöglicht (Kauffeld et al. 2019, S. 119; Weibler 2016, S. 22 ff.).

Wir haben in Abschn. 1.1 bereits darauf hingewiesen, dass vor allem in sozialen Organisationen die Leitungsrolle bzw. der Einfluss von Führungskräften deutlich kontrovers – nicht selten ablehnend diskutiert werden (z. B. Merchel 2010a, S. 9 ff.; in Verwaltungsorganisationen ist dies eher seltener der Fall).[27] Auch hier spielen implizite Führungsansätze eine Rolle. Neben den zuvor skizzierten Faktoren lohnt sich ein kurzer Blick auf die Frage der Gründe für die Berufswahl. Diese findet u. a. durch das Matching von individuellen Fähigkeiten, Qualifikationen und Bedürfnissen (u. a. auch Motivation, Wertehaltung) mit dem jeweiligen Beruf, seinen Anforderungen sowie seinen Möglichkeiten, die eigenen Vorstellungen bestmöglich umsetzen zu können, statt. Da das Feld der Sozialen Arbeit beispielsweise durch das Streben nach Gleichheit (bzw. die Reduzierung von Ungleichheit) und individuellem Autonomieerleben, dem Wunsch nach Partizipation wie auch teamorientierten Arbeitsweisen geprägt ist, wird ersichtlich, dass Personen, deren Vorstellungen (und Berufswahl) auf diesen Annahmen beruhen, sicherlich nicht die „klassischen Führungskräfte" als implizite Führungsprototypen in sich tragen – im Alltag meist Führung jedoch mehr oder weniger „erdulden". Nicht wenige werden möglicherweise nach dem Lesen dieses Abschnitts ihre eigene Führungs-/Geführten-Historie reflektieren. Möglicherweise werden sie bestätigende Beispiele finden, aber auch Beispiele, in denen Führungskräfte diese Funktion ausüben, die nicht den protypischen Vorstellungen der Mitarbeitenden entsprechen. Nicht zuletzt der Arbeitsmarkt der letzten Jahrzehnte (hohe Arbeitslosigkeit, wenig attraktive Stellen) kann als Begründung dienen, weshalb Menschen trotz fehlender Passung der impliziten Vorstellungen in hierarchischen Organisationsmodellen tätig sind (bzw. waren). Seit einigen Jahren ändert sich die Arbeitsmarktsituation. Es entwickelt sich ein Arbeitnehmer*innenmarkt, d. h. es stehen mehr Arbeitsstellen als Arbeitskräfte zur Verfügung und die

---

[27] Die unterschiedlichen Erwartungen von Mitarbeitenden sind übrigens ein wesentlicher Punkt, warum Führen in der Sozialwirtschaft sich vom Führen z. B. in Unternehmen des produzierenden und Dienstleistungen generierenden Gewerbes zum Teil unterscheidet.

Stellensuchenden haben zum Teil vielfältige Auswahlmöglichkeiten. Es zeichnet sich daher ab, dass bei Entscheidungen über ein Arbeitsangebot oder im Rahmen eines anstehenden Stellenwechsels die impliziten Perspektiven (wieder) eine stärkere Rolle einnehmen könnten und dass es sich Führungskräfte weniger leisten können werden, sich mitarbeitendenorientierten Führungsansätzen zu verschließen.

Eine zweite Erklärung ist, dass es nicht wenige Führungskräfte gibt, die es schaffen, trotz hierarchischer Gegebenheiten, enger Zielvorgaben, Wirtschaftlichkeitszwängen und klarer Prozesse, einen z. B. partizipativen, mitarbeiterorientierten Führungsstil zu leben (humane Ziele der Führung), Mitarbeitenden „mitzunehmen" und zugleich die Ziele der Organisation erfolgreich zu verfolgen (ökonomische bzw. wirkungsorientierte Ziele der Führung). Hier gelingt es der Führung, eine angemessene Balance zwischen klaren Zielvorstellungen, Instruktionen und Orientierung (Rahmen setzen) und wertschätzender, transparenter Kommunikation, Partizipation, Ermöglichung und Inspiration (Raum geben) herzustellen. Wenn eine solche Führungs-Geführten-Beziehung auf Vertrauen und Gerechtigkeit basiert, ist der Grundstein für erfolgreiche Führung gelegt (siehe v. a. Abschn. 1.2.5, 1.3 und Kap. 2 und 3).

Da die Führungsarbeit, wie bereits erwähnt, weitgehend erlernbar ist (z. B. Felfe und Franke 2014), werden Organisationen insgesamt, wie auch Führungskräfteauswahl-/entwicklungsmaßnahmen stärker die Perspektive der Geführten berücksichtigen müssen; die neueren Führungsansätze tun dies ohnehin. Offen bleibt die Frage, ob dies alle verantwortlichen Führungskräfte wie die Organisationen der Sozialwirtschaft (aber auch in anderen Wirtschaftszweigen) bereits realisiert haben. Eine eigene Befragung der Autoren aus dem Jahr 2020 (es wurden über 100 Beschäftigte der Sozialwirtschaft befragt), lässt daran zumindest etwas Zweifel aufkommen.

Kauffeld et al. (2019, S. 120) weisen noch auf eine weitere Besonderheit der impliziten Führungsansätze hin: Die **Situation von weiblichen Führungskräften,** die vergleichsweise seltener in Führungspositionen sind (und gelangen; siehe auch Kohaut und Möller 2019) sowie auch mit der Frage der Anerkennung als Führungskraft zu kämpfen haben.[28] Denn gesellschaftlich (vor allem

---

[28] Kohaut und Möller (2019) liefern eine detaillierte Analyse, die u. a. zeigt, dass die Aussage zur Unterrepräsentanz durchaus differenzierter betrachtet werden sollte. Sis betonen u. a., dass im Bereich Gesundheits- und Sozialwesen, Erziehung und Unterricht der Frauenanteil an Führungskräften – gemessen an allen Beschäftigten dieses Sektors – fast ihrem Anteil an allen Beschäftigten entspricht. Der öffentliche Dienst (inkl. der Sozialversicherung) weist ein etwas anderes Bild auf. Vor allem auf der zweiten Führungsebene sind noch vergleichsweise wenig Frauen (den Anteil an allen Beschäftigten zugrunde legend) in Führungspositionen.

traditionellen Rollenbildern folgend) werden auch heute noch Männer eher mit Führungsfähigkeit (oder auch schwieriger „Gefolgschaft") und Frauen eher mit „guter Gefolgschaft" und weniger mit wirksamer Führung in Verbindung gebracht. Zwar nicht mehr so stark ausgeprägt wie vor 20, 30 oder mehr Jahren – jedoch immer noch eindeutig nachweisbar (z. B. Braun et al. 2017; Hernandez Bark et al. 2017; siehe auch: eigenschaftsorientierte Ansätze). Die Frage ist, ob das tatsächliche Führungsverhalten von Frauen die impliziten Annahmen stützt oder nicht. Untersuchungen zeigen, dass es in konkreten Verhaltensweisen durchaus Unterschiede zwischen Frauen und Männern gibt, wenngleich diese auch nicht sehr deutlich ausfallen (Weibler 2016, S. 471 ff.). Frauen setzen etwas stärker sogenanntes „weiblich konnotiertes Führungsverhalten" (z. B. partizipativ oder transformational, vermehrt empathische Verhaltensweisen) ein (z. B. Zenger und Folkman 2019; Hernandez Bark et al. 2017, S. 95 ff.; Eagly et al. 2003), gleichen ihr Verhalten jedoch in einer von männlichen Führungskräften dominierten Umgebung deren (eher transaktionalem) Verhalten an.

Hinsichtlich des Willens, Führungsaufgaben zu übernehmen, ist noch erwähnenswert, dass insgesamt zu wenig weibliche Führungsvorbilder vorhanden sind, die andere mit ihrem Führungsansatz inspirieren und zur Übernahme von Führung motivieren. Es gibt Belege dafür, dass weibliche Vorbilder (v. a. in der eigenen Organisation oder im direkten Umfeld) die Wahrscheinlichkeit der Übernahme von Leitungsfunktionen bei anderen Frauen spürbar erhöhen (Guillén et al. 2015). Auch mit Führungsansätzen wie „Co-Leadership" wären Frauen besser für Führungspositionen zu gewinnen; hinzukommt, dass divers aufgestellte (Führungs-)Teams zu besseren Ergebnissen gelangen (z. B. Hockling 2019). Die Entwicklungen der aktuellen Arbeitswelt, vor allem die implizite Vorstellung (i. S. v. Bedürfnisse) von Mitarbeitenden, könnten einen Weg eröffnen, mehr Frauen für Führungspositionen zu interessieren, zu begeistern und auch eine tatsächliche Übernahme zu forcieren. Frauen zeigen in der Gesamtheit eher Verhaltensweisen (oder werden diese ihnen zumindest zugeschrieben), welche den Erkenntnissen der modernen Führungsforschung wie auch den Wünschen der meisten Beschäftigten entsprechen und in positiven Zusammenhängen mit Arbeitszufriedenheit, Mitarbeitenden-Bindung und Leistung stehen (Hernandez Bark et al. 2017, S. 97).

Abschließend kann man festhalten, dass implizite Führungsansätze für einen Wandel in der Betrachtung der Führungsthematik stehen. Durch die Schwerpunktsetzung auf die Mitarbeitenden und deren Führungs-Mindset erkennen sie die Bedeutung der sozialen Konstruktion von Führung durch die Gefolgschaft an. Die zentrale Frage, die hier im Raum steht und die sich auf vielfältige aktuelle Ansätze auswirkt, ist die Vorstellung der Mitarbeitenden von ihrer idealen

Führungskraft. Doch die impliziten Vorstellungen sind nicht nur von Bedeutung, wenn es um die Frage der Anerkennung der Führung geht, sondern auch, für den generellen Diskurs, wer erfolgreich führen kann. Besonders deutlich werden die (teils antiquierten) Rollenbilder im Zuge der „Mann-Frau-Thematik". Fest steht, in den meisten Organisationsbereichen sind weibliche Führungskräfte unterrepräsentiert. Hier wird noch Überzeugungsarbeit zu leisten sein: Aufseiten der Geführten sind positive Erfahrungen notwendig; aufseiten der potenziellen weiblichen Führungskräfte die Bestärkung, dass sie diese Rolle mindestens ebenbürtig ausüben können. Vor allem braucht es mehr weibliche Vorbilder. Insgesamt ist es ratsam, die Perspektive der Mitarbeitenden für das eigene Führungshandeln zu berücksichtigen. Nicht zuletzt aus diesem Grund sind viele empirische Untersuchungen mit dem Ziel unterwegs, Fragen der Motivation, der Zufriedenheit und der Leistungsbereitschaft im Kontext des Führungsgeschehens zu erklären. Aus den Befunden entstehen wiederum neue Ideen oder weiterentwickelte Konzepte für Führungskräfte bzw. die Führungskräfteentwicklung. Legt man einen Schwerpunkt auf die Perspektive der Mitarbeitenden, so werden moderne Führungsansätze wie z. B. authentische oder dienende Führung (Servant Leadership), Empowering Leadership sowie partizipative Führung sehr nachvollziehbar. Es wird deutlich: **Führungskräfte benötigen sensible Antennen für ihre Umwelt und die Belange ihrer Mitarbeitenden!**

Um den humanen Erfolg von Führung zu fördern, ist es von großer Bedeutung, die Perspektive der Mitarbeitenden zu kennen und in die eigenen Führungsüberlegungen miteinzubeziehen; sich aber auch den vielfältigen Fehlinterpretationen bewusst zu sein. Hier können gute Beziehungen und verbesserte Austauschprozesse zwischen Führungskraft und Mitarbeitenden (z. B. Gespräche – speziell gegenseitiges Feedback, Befragungen o. Ä.) sowie Selbstreflexionsprozesse ein sinnvolles Führungsmittel darstellen. Ohnehin scheint die Gestaltung der Beziehung „Führungskraft – Mitarbeitende" eine entscheidende Rolle beim Führungserfolg zu spielen, was uns zu den sogenannten interaktionistischen Ansätzen bringt.

1.2.5 Interaktionistische Ansätze

Im Rahmen der klassischen Führungsansätze blieben bisher verschiedene Fragen unbeantwortet, vor allem gelang es nicht, den Wunsch nach dem *einen* Führungsmodell zu erfüllen. Zudem hat die Forschung zu impliziten Führungstheorien weitere Perspektiven eröffnet und insbesondere die gegenseitigen Abhängigkeiten aller am Führungsprozess Beteiligten betont („Ohne

Geführte keine Führung"; Becker 2015, S. 32 – oder: nur wer echte Follower hat, kann sich auch als Leader sehen). Die Art und Weise der Zusammenarbeit (Beziehungsgestaltung) zwischen Führungskräften und Mitarbeitende (und umgekehrt) und die möglichen Auswirkungen auf z. B. Zusammenarbeit, Führungserfolg, Mitarbeitendenzufriedenheit oder Arbeitgeberbindung beschäftig die Führungsforschung daher schon sehr lange (z. B. Kauffeld et al. 2019, S. 114). Eine sehr bekannte und einflussreiche Theorie der Führungsforschung ist die sogenannte Leader-Member Exchange Theory (LMX-Theorie; Weibler 2016, S. 151). Sie soll zunächst ausgeführt werden. Danach werden wir uns der transformationalen Führung widmen und sie im Zusammenhang mit der transaktionalen Führungsforschung betrachten. Vor allem die Frage „Wie viel transformationale – wie viel transaktionale Führung ist sinnvoll?" wird uns beschäftigen. Darauf aufbauend soll noch ein vor allem für die Sozialwirtschaft sehr anschlussfähiges Führungskonzept näher betrachtet werden: Empowering Leadership.

Leader-Member Exchange Theory
Die Leader-Member Exchange Theory (LMX-Theorie, früher auch als Dyaden-Theorie bezeichnet; Weibler 2016, S. 151) gilt als einer der meist untersuchtesten Ansätzen innerhalb der Führungsforschung und wird als sehr einflussreich angesehen. Die Ausgangssituation dieser Theorie beruhte einerseits auf der Erkenntnis, dass Führung immer auch ein Beziehungsprozess ist und andererseits auf der (auch heute sicherlich noch geltenden) Beobachtung, dass Führungskräfte ein (quantitativ wie qualitativ) unterschiedliches Verhältnis zu jedem ihrer Mitarbeitenden pflegen. Sie stehen somit in einer individuellen Austauschbeziehung (Schütz et al. 2020, S. 96 ff.; Kauffeld et al. 2019, S. 114; Graen und Uhl-Bien 1995). Je, wie diese Zweierbeziehung (Dyade) ausgestaltet wird (so die zentrale Annahme der LMX-Theorie), beeinflusst dies den Führungserfolg. Dabei führt eine qualitativ hochwertige Austauschbeziehung dazu, dass Mitarbeitende zur sogenannten **In-Group** zählen, die u. a. von häufigen, wertschätzenden Kontakten, gegenseitigem Vertrauen, Loyalität sowie Respekt und daher einer guten Beziehungsqualität gekennzeichnet ist. Mitarbeitende dieser Gruppe erhalten meist attraktive Arbeitsaufträge, zusätzliche Verantwortung (auch größere Handlungsspielräume), mehr Informationen und Unterstützung, öfter Lob und Anerkennung. Dabei sind sie auch bereit, sich über das erwartbare Maß einzubringen, sind innovativer, zeigen ein hohes Commitment sowie überdurchschnittliche Arbeitszufriedenheit und weniger Kündigungsabsichten. Zusammenfassend herrscht ein Klima des sozialen Austausches und einer hohen Mitarbeiterorientierung bei gleichzeitig hoher Leistungsbereitschaft (was die

Aufgabenorientierung forciert, ohne, dass dies durch die Führungskraft spürbar initiiert werden muss). Es liegt nahe, dass es bei einer zweiten Gruppe anders sein muss. In der sogenannten **Out-Group** liegt das Engagement höchstens bei den durchschnittlich üblichen Standards. Die Beziehung kann als „formal und lose" und „ökonomisch orientiert" bezeichnet werden, es herrscht weniger Vertrauen, was u. a. dazu führt, dass sie selten (interessante, motivierende) Zusatzaufgaben wahrnehmen dürfen bzw. können und auch nicht möchten (und damit wenig Profilierungs-/Belohnungs-/Entwicklungsmöglichkeiten erhalten). Dieses „Nicht-dazugehören" führt zu weiterem Vertrauensverlust, Demotivation, geringem Commitment, wenig Anstrengungsbereitschaft sowie höherer Fluktuation (z. B. Schütz et al. 2020, S. 96 ff.; Kauffeld et al. 2019, S. 114 f.; Nerdinger 2019, S. 106; Strippler et al. 2017b, S. 50 ff.; Martin et al. 2016; Weibler 2016, S. 152 ff.; Graen und Uhl-Bien 1995).

Aufgrund vielfältiger Kritik am frühen LMX-Modell (was als die Ungleichheit verstärkend und konfliktfördernd angesehen wurden), vor allem jedoch aus den Erkenntnissen heraus, wie wertvoll eine gute Beziehung zwischen Vorgesetzten und Mitarbeitenden ist, empfehlen Graen und Uhl-Bien (1995) wie auch viele andere Forschende, die In-Group-Erkenntnisse auf alle Mitarbeitende auszuweiten und dafür Sorge zu tragen, dass es eine qualitativ hochwertige Beziehungsqualität mit allen Mitarbeiteten angestrebt wird. Aktuell wird auch verstärkt die Frage „LMX im Teamkontext" untersucht (Kauffeld et al. 2019, S. 114 f.). Die *Qualität der Austauschbeziehung* scheint einer der bedeutendsten Faktoren zu sein, wenn es um die Frage der „wirksamen Führung" geht (Schütz et al. 2020, S. 98). Gottfredson und Aguinis (2017) haben eine umfassende Analyse über die Auswirkungen verschiedener Ansätze zum Führungsverhalten auf das Mitarbeiterverhalten durchgeführt, indem sie 35 Metaanalysen mit insgesamt 3327 Primärstudien (mit 930.349 Befragten) ausgewertet haben. Zusammenfassend kamen sie zur Erkenntnis, dass nicht die Frage „Mitarbeiterorientierung vs. Aufgabenorientierung" oder „transaktionale (i. S. v. kontingenter Belohnung) vs. transformationale Führung" die entscheidende Frage ist, sondern die *Qualität der Beziehungsgestaltung* (LMX) den Zusammenhang zwischen Führungshandeln und Mitarbeiterverhalten am besten vermittelt.[29]

---

[29] Metaanalysen beinhalten keine eigene Studie. Sie fassen die Ergebnisse mehrerer vorangegangener Studien nach einem bestimmten wissenschaftlichen Verfahren zusammen. Gibt es dann einen Effekt, so wächst der Beleg dafür, dass bestimmte Erkenntnisse (z. B. einer Studie) nicht einmalig (zufällig) auftraten, sondern häufiger gefunden wurden. Metaanalysen von Metaanalysen fassen dann nochmals schon zusammengefasste Erkenntnisse

So, wie die Führungs-Mitarbeitenden-Beziehung von den Mitarbeiter*innen wahrgenommen wird, gestaltet sich der (gelingende) Weg von Führungsimpulsen zur Performance der Mitarbeitenden. Kurz: Das Entscheidende bei Führung und Beziehungsgestaltung ist das, was wie ankommt!

Schon zuvor haben (z. T. große) Untersuchungen ähnliche Ergebnisse zur Bedeutung der Beziehungsgestaltung geliefert bzw. wurden vergleichbare Ergebnisse publiziert (z. B. Ryan und Deci 2017; Martin et al. 2016; Spehar et al. 2016; Schyns und Knoll 2015; Dulebohn et al. 2012; Walumbwa et al. 2011; DeRue et al. 2011; Ilies et al. 2007; Gerstner und Day 1997). Auch für die Frage der Förderung der Gesundheit am Arbeitsplatz ist Leader Member Exchange eine wichtige Einflussgröße (z. B. Gregersen et al. 2016, 2020).

Wie schafft man nun qualitativ hochwertige Beziehungen? Zunächst durch die Berücksichtigung wesentlicher Elemente, die für die Entstehung von guten Beziehungen von Bedeutung sind (siehe hierzu vertiefend Kap. 3): Zuhören und Verstehen, Empathie, gegenseitiges Vertrauen, Respekt und wechselseitige Verbundenheit (Weibler 2016, S. 153 ff.; Martin et al. 2016; Decker und Van Quaquebeke 2016). „Trust is at the heart of the LMX construct as LMX has been defined as a trust-building process …“ (Martin et al. 2016, S. 73).

Führungskräfte können Vertrauen aufbauen und stärken, indem sie z. B. folgende Punkte berücksichtigen (z. B. Schütz et al. 2020, S. 100 ff.; Waltersbacher et al. 2020, S. 109 ff.; Rose 2019, S. 206 f.; Ebner 2019, S. 207 ff.; Weibler 2016, S. 52 ff.; de Jonge und Scherm 2015; Sholihin et al. 2011; Whitener et al. 1998):

- *Integrität:* Standhaftigkeit, Berechenbarkeit, Übereinstimmen im ‚Reden und Handeln' (Authentizität; konsistentes, vorhersehbares Verhalten; Fairness; die Wahrheit sagen; für Rollenklarheit sorgen, sein Wort halten).
- *Wohlwollen:* Vertrauen schenken sowie Anerkennung, Respekt, Wertschätzung entgegenbringen, die allesamt eine exponierte Stellung beim Thema Vertrauenswürdigkeit einnehmen. Verantwortung teilen, Mikrokontrolle vermeiden, andere gut informieren und an Entscheidungen teilhaben lassen sowie

---

zusammen (was Gottfredson und Aguinis getan haben). Eine der größten und bekanntesten Metaanalysen ist die sogenannte Hattie-Studie, die bisher aus ca. 60.000 einzelnen Untersuchungen über Lernergebnisse von mehr als 88 Mio. Schüler*innen die Faktoren, die potenziell das Lernen beeinflussen, herausgearbeitet hat. Wer sich die Zeit nimmt, wird feststellen, dass es zwischen Faktoren einer erfolgreichen Führung und jenen eines erfolgreichen Unterrichtens (bei aller Unterschiedlichkeit des Gegenstandes) erstaunlich viele Parallelen gibt.

diese erklären (Transparenz und Partizipation). Aufrichtiges Interesse an den Mitarbeiter*innen zeigen, sich für andere einsetzen und auch deren Interessen berücksichtigen, selbst, wenn sie sich nicht unbedingt im Einklang mit den eigenen befinden.

- *Verwundbarkeit:* Menschlich sein, offene, transparente Kommunikation, eigene Fehler zugeben (und diese auch bei sich belassen).
- Wahrgenommene *Führungsfähigkeiten.* Darunter versteht man „das fachliche und interpersonelle Wissen und die Kompetenzen eines Menschen" (Schütz et al. 2020, S. 100). Diese Fähigkeiten werden umso besser durch Mitarbeitende beurteilt, je häufiger sie Kontakt und konkrete Erfahrungen mit der Führungskraft machen können. Vor allem in risikoreichen, unsicheren Situationen ist Führungsfähigkeit bedeutend für die Vertrauenswürdigkeit.

Eine qualitativ hochwertige Beziehung schafft Vertrauen und psychologische Sicherheit (und umgekehrt) für alle Beteiligten. Wie sehr stimmen Ihre Teammitglieder folgender Aussage zu (Sie können es auch für sich individuell im Verhältnis Führungskraft-Mitarbeitende*r beantworten; vertiefend Edmondson 2020, 2018 sowie Frazier et al. 2017):

„Wenn ich im Team einen Fehler mache, wird mir das nicht übelgenommen."

Die Basis jeder guten Beziehung ist, dass die Führungskraft die konkreten „Bedürfnisse, Entwicklungsmöglichkeiten und Probleme ihrer Mitarbeiter kennt. Sie sollte ihren Einfluss nutzen, um ihren Mitarbeitern bei Problemen zu helfen und ihre Entwicklung unterstützen" (Schermuly 2016, S. 23).

Um mit den Mitarbeiter*innen über die Qualität der Beziehung ins Gespräch zu kommen und Optimierungsmöglichkeiten festzustellen, können sich Führungskräfte an wissenschaftlichen Fragestellungen orientieren. Einige Impulse liefert z. B. die Deutsche Leader-Member Exchange Skala (LMX MDM) von Paul und Schyns (2014). Diese zeigt verschiedene Bereiche bzw. Kriterien einer qualitativ hochwertigen Beziehung auf:

- Zuneigung (z. B. *„Es macht viel Spaß, mit meiner/m Vorgesetzten zu arbeiten"*)
- Loyalität (z. B. *„Mein/e Vorgesetzte/r würde mich verteidigen, wenn ich von anderen angegriffen würde"*)
- Fachlicher Respekt (z. B. *„Ich respektiere das Wissen und die Kompetenz meiner/s Vorgesetzten bezüglich seiner/ihrer Tätigkeit"*)

- Wahrgenommenes Engagement (z. B. *„Ich tue für meinen Vorgesetzten mehr, als ich nach meiner Arbeitsbeschreibung müsste", oder auch: „Ich bin bereit, zusätzliche Anstrengungen, die über das normal Verlangte hinausgehen, auf mich zu nehmen, um die Interessen meiner Arbeitsgruppe voranzutreiben"*).

Die Förderung von Autonomie und Kompetenzerleben wirken sich ebenso positiv auf die Qualität der Beziehung aus (Ryan und Deci 2017). Auch ein empowermentorientierter Ansatz ist für die Beziehungsqualität förderlich (Schermuly 2016, 2019; Martin et al. 2016). Neben dem Erleben der Führungs-kraft in konkreten Situationen vollzieht sich die Beziehungsgestaltung mit den Mitarbeitenden insbesondere durch Kommunikationsprozesse. Die Förderung der Selbstbestimmung und des Empowerment sowie Fragen der Interaktion und Kommunikation werden in den folgenden Kapiteln vertiefend ausgeführt. Es liegt auf der Hand, dass für gelingendes LMX regelmäßiger Austausch und ent-sprechende Zeitressourcen erforderlich sind. Je nach Belastung der Führungs-kraft, z. B. aufgrund der Teamgröße, kann dies herausfordernd werden. Jegliche Anstrengung in dieser Hinsicht zahlt sich jedoch vielfach wieder aus!

Transaktionale und transformationale Führung[30]
Die Beziehungsqualität ist auch ein bedeutendes Element der transformationalen Führung. Spätestens mit diesem Führungsansatz, der zur New Leader-ship School zählt, wird der Übergang von den klassischen zur modernen Führungsforschung deutlich. Um die Bedeutung (gar den Hype) um den transformationalen Führungsansatz und dessen besondere Wirkmechanismen zu verstehen, gilt es, auch die sogenannte transaktionale Führung zu erläutern. James McGregor Burns (Politikwissenschaftler) beschrieb 1978 die transformationale Führung, die er der transaktionalen Führung (was er als gängigen Ansatz ansah) gegenüberstellte. Dabei übertrug er eine in der Politikwissenschaft schon seit Jahrhunderten bestehende Unterscheidung von Leadership und Management (Blessin und Wick 2017, S. 117). Kurz gesagt definierte er die transaktionale Führung als zeitlich befristete Zweckbeziehung, deren Beteiligte das Ziel haben, wertvolle Ressourcen auszutauschen (Geben und Nehmen), und

---

[30] Wenngleich transaktionale und transformationale Führung zunächst einmal in mancherlei Hinsicht durchaus fast gegensätzlich anmuten, ergänzen sie sich unserer Auffassung nach gerade dadurch zu einem kompletteren Führungsansatz (Rahmen und Raum) und stellen im weiteren Verlauf dieses Buches in ihrer Kombination (und mit einigen Anmerkungen) praktisch eine mögliche Grundlage von zeitgemäßer Führung dar.

damit die individuellen Bedürfnisse zu befriedigen (Rosenstiel und Nerdinger 2020, S. 45). Dagegen steht die transformationale Führung als eine langfristig angelegte Verbindung, von der alle gleichermaßen profitieren (Ausrichtung auf ein gemeinsames Ziel). Indem sie zusammenarbeiten (selbstlos ihre Einfluss- möglichkeiten, Kompetenzen, Motivation miteinander vernetzen), geben die Beteiligten ihr Bestes für die gemeinsame Vision und erreichen durch Extra- anstrengung u. a. eine höhere Produktivität. Sie gestalten durch ihre veränderte Handlungsweise und einen anderen moralischen Ansatz (Werte, Ideale und Bedürfnisse der Beteiligten ändern sich, Selbstverwirklichung, Partizipation und intrinsische Motivation rücken ins Zentrum) die Zusammenarbeit neu und *transformieren* diese vom reinen Austauschprozess auf eine andere Ebene. Im Gegensatz zu Burns Entweder-oder-Ansatz griff Bernhard Bass (1985) dessen Erkenntnisse auf und betonte, dass beide Ansätze Wirkungen entfalten und – je nach Aufgabe und Rahmenbedingungen (z. B. Komplexität, Unsicherheit, Ver- änderungsgeschwindigkeit) – transaktionales oder transformationales Handeln angezeigt wären (Weibler 2016, S. 339 f.). Wir werden die Ansätze zunächst getrennt vorstellen und anschließend, unter Berücksichtigung der jeweiligen Stärken und Schwächen, diese zusammenzuführen, was auch u. a. im Full Range Leadership Model umgesetzt wurde (Bass und Avolio 1994, Weibler 2016, S. 342 f.).

Die **transaktionale Führung** basiert auf dem psychologischen Grundprinzip des Reiz-Reaktions-Musters. In diesem Führungsansatz steht die Austausch- beziehung zwischen Führungskraft und Mitarbeitenden im Mittelpunkt und gilt als ausschlaggebend für Leistung.

> „Die transaktionale Führung beruht auf dem lerntheoretischen Prinzip der Ver- stärkung: Die Führungskraft kontrolliert sowohl den Weg, den die Mitarbeiter bei der Verfolgung ihrer Ziele einschlagen, als auch die Zielerreichung; Zielerreichung wird belohnt, Zielverfehlung bestraft" (Nerdinger 2019, S. 103).

Auf der Grundlage einer eindeutigen Vereinbarung (Transaktion, z. B. Vertrag) und von klaren Regeln, Instruktionen und Strukturen setzen Mitarbeiter*innen ein für die Zielerreichung notwendiges (auch zu verstehen als „dafür gerade aus- reichendes") Verhalten ein. Erreichen sie die Ziele, erhalten sie dafür den verein- barten Preis (Lob, Vergütung, Belohnung, Aufstieg etc.).

Zentrale Elemente der transaktionalen Führung sind (siehe z. B. Young et al. 2020; Kraus und Kreitenweis 2020, S. 29; Hoogeboom und Wilderom 2019, S. 26; Blessin und Wick 2017, S. 119; Weibler 2016, S. 339 ff.; Bass und Avolio 1994):

- **Kontingente Belohnung** (konkrete Aussage, was erreicht werden muss, um eine bestimmte Belohnung zu erhalten; konkrete Ziele, klarer Rahmen sowie Kontrolle und Belohnung als zentrales [extrinsisches] Motivationsmittel)
- **Aktives Management by Exception** (Führungsintervention eher in Ausnahmefällen, jedoch durchaus aktiv und routinemäßig, auch, wenn noch keine Probleme auftreten. Kontrolle beinhaltet, die Durchsetzung klarer Regeln, eine aktive Fehlersuche und die Feststellung von möglichen Abweichungen der Leistung mit anschließender Korrektur)
- **Passives Management by Exception** (Führungsinterventionen erfolgen nur, wenn Probleme auftreten, nur bei Fehlern und Abweichungen erfolgt [negative] Rückmeldung und ggf. Bestrafung sowie notwendig erscheinende Korrekturmaßnahmen)
- **Laissez-faire** (weitgehende Passivität der Führung, i.S.v. Führung durch Laufenlassen und Raushalten; nur, wenn absolut notwendig, erfolgt ggf. ein Eingriff bzw. Unterstützung, Probleme und Bedürfnisse der Mitarbeitenden werden weitgehend bis komplett ignoriert)[31]

Anhand von verschiedenen Bereichen kann man z. B. die Ausprägung des transaktionalen Führungsverhaltens bestimmen. Einige Items einer deutschen Version des Multifactor Leadership Questionnaire werden nachfolgend dargestellt (entnommen aus Felfe 2006, S. 65):

---

[31] Auf den ersten Blick erscheint Laissez-faire zunächst einfach als ein Ansatz mit wenig Einwirkung (und Auswirkung) durch Führung. Doch empirische Untersuchungen haben vielfach bestätigt, dass Nichtführen oder zu starkes Laufenlassen bzw. unvorhersehbares Eingreifen, wie auch keine Partizipation bzw. Berücksichtigung der Interessen der Mitarbeitenden mit deutlich negativen Auswirkungen (Gesundheit, Leistungsfähigkeit, höhere Aggressionsrate) verbunden ist (z. B. López-Cabarcos et al. 2021; Gregersen et al. 2020; Kauffeld et al. 2019, S. 116; Pundt et al. 2018; Barling und Frone 2017; Skogstad et al. 2014; Sturm et al. 2011; DeRue et al. 2011) und daher in die Reihe dysfunktionaler Führung (siehe z. B. Dark Leadership) eingeordnet werden kann (z. B. López-Cabarcos et al. 2021; Bildat et al. 2018, S. 258, 264 ff.; Aasland et al. 2010; Einarsen et al. 2007), dennoch von destruktiver Führung abzugrenzen ist (Gregersen et al. 2020, S. 566). López-Cabarcos et al. (2021) konnten die problematischen Auswirkungen des Laissez-faire-Führungsansatzes auf die emotionale Erschöpfung und die Wechselabsicht von Beschäftigten im Gesundheitsbereich verdeutlichen. Sie betonen u. a., dass dieser Führungsansatz die Zufriedenheit, das Wohlbefinden und die Lebensqualität der Mitarbeiter*innen und letztlich die Qualität der erbrachten Dienstleistungen negativ beeinflussen kann.

- Bedingte Belohnung
  - zeigt Zufriedenheit, wenn andere die Erwartungen erfüllen
  - macht deutlich, wer für bestimmte Leistungen verantwortlich ist
- Management by Exeption (aktiv)
  - verfolgt alle Fehler konsequent
  - kümmert sich in erster Linie um Fehler und Beschwerden
- Management by Exception (passiv)
  - ist fest davon überzeugt, dass man ohne Not nichts ändern sollte
  - wartet bis etwas schief gegangen ist, bevor sie etwas unternimmt

Vor allem die kontingente Belohnung (Leistung und Gegenleistung) erinnert stark an das traditionelle Verständnis von Management. Tatsächlich geht die transaktionale Führung von ihrer Grundausprägung der Stärkung der extrinsischen Motivation in Richtung Management, was jedoch auch eine der Stärken dieses Modells darstellt und somit u. a. an die aufgabenorientierte Mitarbeiterführung anschlussfähig ist (z. B. Young et al. 2020, S. 19). Eine eindeutige Struktur, die Übertragung von konkreten Aufgaben sowie eine klare Vereinbarung von Zielen gibt den Mitarbeiter*innen wie auch der Führungskraft einen verlässlichen Orientierungs- und Planungsrahmen, in dem sich beide gut bewegen können. Die Mitarbeitenden wissen, was von ihnen erwartet wird und wofür sie sich anstrengen, die Führungskraft weiß, worauf sie sich bzgl. Kontrolle, Steuerung und Rückmeldung vor allem konzentrieren sollte. Hier setzt auch zugleich die stärkste Kritik an: Dass sich Leadership nahezu ausschließlich auf Belohnung (und Bestrafung) zur Beeinflussung konzentriert, sich durch kleinteilige Kontrolle und Fehlersuche (was auch eine Art Misstrauen impliziert) auszeichnet und meist nur bei Problemen in Erscheinung tritt. Auch die Frage nach der „gerechten Belohnung", des fehlenden Zusammenhangs zwischen Anstrengungen und Belohnung oder eine unklare Zielsetzung wie eine fehlerorientierte, mitunter nicht vorhersehbare Führung, sind eindeutige Schwächen der transaktionalen Führung (z. B. Schütz et al. 2020, S. 94). Ungeachtet dieser (berechtigten) Kritik konnte mehrfach empirisch bestätigt werden, dass transaktionale Führung durchaus ihren Platz im Reigen der wirksamen Führungsansätzen verdient hat, da sie nachweislich (vor allem leistungsbezogen) Wirkung entfaltet (z. B. Young et al. 2020; Rosenstiel und Nerdinger 2020, S. 46; Weibler 2016, S. 362; Rowold et al. 2014; Sturm et al. 2011; Judge et al. 2004b). Wenn Führungskräfte fair bei der Zielsetzung (partizipative, verlässliche Zielentwicklung) und der Frage der Bewertung der Arbeitsleistung/Zielerreichung (wertschätzendes Feedback auf Augenhöhe) agieren, ihnen das Wohl der Mitarbeitenden tatsächlich am Herzen liegt und sie diese individuell angemessen unterstützen und fördern, kann transaktionale Führung ähnliche Wirkung wie andere Führungsansätze erzielen, denen eine hohe Wirkung attestiert wird. Dies sowohl für die Mitarbeitenden (höheres Engagement, Vertrauen und Arbeitszufriedenheit) als auch für das Team und die Organisation (z. B. Sturm et al. 2011). Eine stärkere Berücksichtigung dieses Ansatzes (in Forschung und Praxis) ist auch deswegen ratsam, weil die transaktionale Führung in der Praxis häufig vorkommt (leider nicht selten mit all ihren Schwächen), jedoch beispielsweise in Führungstrainings im Vergleich zu anderen neueren Ansätzen meist hinten angestellt wird (z. B. Young et al. 2020). Dadurch nimmt man sich die Möglichkeit, mit weiteren Erkenntnissen und Impulsen (z. B. in Kombination mit transformationaler oder empowermentorientierter Führung) transaktionale Ansätze für gute Führung anschlussfähig und nutzbar zu machen. Somit könnten Teams und Organisationen neben einer entsprechenden Orientierung und Stabilität auch ausreichend flexibel auf die zunehmend veränderlichen Rahmenbedingungen reagieren.

Menschen und Organisationen mussten schon immer mit sich wandelnden Rahmenbedingungen umgehen. Die spürbare Zunahme an Komplexität, steigender Vernetzung (im Innen- und Außenverhältnis von Organisationen), wachsender Dynamik der Veränderungen, wie auch die Vielfalt an Informations- und Kommunikationseinflüssen führen jedoch zu deutlich unsichereren Prozessen, erhöhten Innovations- und Flexibilitätsansprüchen oder nur bedingt absehbaren Folgen von Entscheidungen (Unger und Sann 2020, S. 59 ff.). Sie zeigen dem in der Führungsforschung wie Praxis noch vorherrschenden Muster einer linear-mechanistischen Denk- und Handlungsweise (Input-Output; Austauschprozesse; fixe Strategie, feste, zugewiesene Aufgaben mit häufig wiederkehrenden Handlungsmustern; Prämien/Fokus auf extrinsische Motivation etc.) deutlich die Grenzen auf[32] und begrenzen das Niveau der durch die auf diesen Annahmen beruhenden Führungsinterventionen erzielten Ergebnisse.

Transformationale Führung … „setzt beim Normalniveau der „erwarteten Anstrengung" an, die zu einer „Extra-Anstrengung" erhöht wird, indem mittels vier Techniken interveniert wird, die zusammengenommen transformationale Führung ausmachen …" (Blessin und Wick 2017, S. 119).

---

[32] Die heutigen, wie sich künftig noch verstärkenden Rahmenbedingungen (VUCA-Welt) sowie die Folgen für Führung stellen z. B. Welpe et al. (2018) und Weibler (2016, S. 467 ff.) dar. Für das Feld sozialwirtschaftlicher Organisationen skizzieren z. B. Tabatt-Hirschfeldt et al. (2019a, b) oder Grunwald 2018a (s. a. 2018b) verschiedene Perspektiven und Handlungsrahmen.

Es geht hierbei vor allem um einen individuellen, spezifischen Beziehungsaufbau zwischen Führungskraft und Mitarbeiter*innen. Die Art und Weise, wie die Führungskraft agiert, wie sie Mitarbeitende inspiriert und motiviert, gemeinsam die Arbeitskraft zum Wohl der Organisation sowie deren Ziele einzusetzen und dafür auch Extraanstrengungen an den Tag zu legen, ist ein Kennzeichen des transformationalen Ansatzes.

> „Anstelle von Prämien oder Lob soll der Wunsch nach Selbstverwirklichung oder die Identifikation mit den visionären Gedanken der Führungskraft als Handlungsmotor dienen …" (Kauffeld et al. 2019, S. 116).

Es liegt nahe, dass uns hier nun wiederum Elemente u. a. aus der eigenschaftsorientierten Führungsforschung begegnen (z. B. charismatische Führung)[33]. Aber auch bestimmte Verhaltensweisen, Rahmenbedingungen (situationale Merkmale) und die Perspektive der Mitarbeitenden (implizite Ansätze) werden berücksichtigt.

> *„Transformationale Führung ist Ausdruck positiver Emotionen des Führenden, das hat wiederum positive Wirkungen auf die Emotionen der Mitarbeiter – und wirkt entsprechend auch positiv auf deren Wohlbefinden"* (Rosenstiel und Nerdinger 2020, S. 47; Hervorhebungen FU).

Bass und Avolio (1990) haben 4 zu erfüllende Komponenten herausgestellt,[34] um das höhere Niveau des transformationalen Führungsstils ermöglichen bzw. erreichen zu können (Schütz et al. 2020, S. 94 ff.; Rosenstiel und Nerdinger 2020, S. 45; Kraus und Kreitenweis 2020, S. 29 ff.; Nerdinger 2019, S. 103 ff.; Kauffeld et al. 2019, S. 116 ff.; Schermuly 2019, S. 195 ff.; Chua und Ayoko 2019; Blessin und Wick 2017, S. 117 ff., 143 f.; Weibler 2016, S. 340 ff.; Felfe 2015; Bass und Avolio 1990):

- **Idealisierter Einfluss** (Führungskraft als Vorbild)
  Führungskräfte agieren authentisch und vorbildhaft. Sie sind konsistent in ihrem Reden und Handeln, beziehen klar wie verlässlich Stellung, stehen für

---

[33] Zu den Unterschieden des charismatischen Führungsstils (der überwiegend auf Eigenschaften der Führungskraft Bezug nimmt) und dem charismatischen Agieren im Kontext des transformationalen Führungsstils siehe vertiefend Blessin und Wick (2017, S. 121 ff.).

[34] Diese werden im englischen Original auch als die „4 i's" bezeichnet (Idealized Influence, Inspirational Motivation, Intellectual Stimulation, Individualized Consideration; Bass und Avolio 1990; Weibler 2016, S. 340 f.).

ihre Werte ein und leben ihre (ethisch wie leistungsorientiert hohen) Ansprüche vor, indem sie mit gutem Beispiel vorangehen (hier fällt oft auch der Begriff Charisma, aber auch Glaubwürdigkeit und Vertrauen als Grundlage).

- **Inspirierende Motivierung** (Führungskraft als Visionär*in)
  Führungskräfte begeistern Mitarbeitenden mit attraktiven, sinnstiftenden Visionen, gemeinsam geteilten Werten und erstrebenswerten wie herausfordernden Zielen, für die sie selbst glaubhaft „brennen". Sie fordern viel – von ihren Mitarbeitenden und von sich selbst. Dabei vermitteln sie Zuversicht und Vertrauen in die Fähigkeiten der Mitarbeitenden, des Teams und der Organisation. Sie achten auf die Emotionen der Mitarbeiter*innen und auf die eigenen, setzen angemessen ihre kommunikativen Fähigkeiten sowie sinnvolle Symbole ein, um die Bedeutung der anstehenden Aufgaben herauszustellen.
- **Intellektuelle Stimulierung** (Führungskraft als Ermutiger*in)
  Führungskräfte ermutigen die Mitarbeitenden, die „alten Gewohnheiten" (Werte, Einstellungen, Verhaltensweisen etc.) zu hinterfragen, ihre Potenziale zu nutzen und mit unabhängigem, kreativem, innovativem Denken und Handeln Probleme zu lösen und Neues zu entdecken. Fehler und neue Vorschläge sind willkommen und werden als Möglichkeit der Weiterentwicklung gesehen. Führungskräfte stärken das Selbstvertrauen der Mitarbeitenden.
- **Individualisierte Fürsorge** (Führungskraft als Ermöglicher*in, Berater*in und Coach)
  Führungskräfte wenden sich jeder Mitarbeiterin/jedem Mitarbeiter individuell und wertschätzend zu (sie werden verschieden, gleichzeitig jedoch gerecht geführt). Sie kennen die individuellen Fertigkeiten, Fähigkeiten und Bedürfnisse der Menschen, die ihnen anvertraut sind. Aufgaben werden (so gut es geht) nach den jeweiligen Kompetenzen und Wünschen verteilt. Bei Bedarf unterstützen sie die Mitarbeitenden angemessen. Die Personalentwicklung erfolgt auf Grundlage eines individuellen Plans. Regelmäßige, wertschätzend-dialogische Kommunikation ist selbstverständlich.

Als Ergebnis dieser Art der Führung hofft man, dass die Führungskraft als Vorbild wahrgenommen und respektiert (gar bewundert) wird. Die Mitarbeitenden sollen sich mit der Sicht- und Arbeitsweise und vor allem mit den (für die Beschäftigten attraktiven und sinnstiftenden) Visionen und Zielen der Führung umfassend identifizieren. Sie fühlen sich durch die Führungskraft und die gute Beziehung zu dieser glaubhaft ermutigt, gestärkt sowie unterstützt (empowert). Aus diesem Vertrauen und der Förderung der Selbstbestimmung heraus entsteht u. a. **intrinsische Motivation.** Geführte stellen eigene Interessen zurück und sind bereit, sich für das Team/die Organisation über das geforderte Maß einzubringen, Probleme zu lösen, Altes zu hinterfragen, neue Ideen zu entwickeln und Veränderungen als (Lern-)Chance zu begreifen.

Weswegen wird aber ein solches Aufsehen um die transformationale Führung veranstaltet?

Wirkt transformationale Führung tatsächlich, so wie man es sich wünscht?

Ein nicht unerheblicher Grund für die große Aufmerksamkeit sind die schier unzähligen empirischen Untersuchungen, die diesem Führungsansatz spürbar positive Effekte auf das Erleben und Verhalten der Mitarbeitenden wie auch eine überdurchschnittliche Wirkung auf Team- und Organisationsebene bescheinigen. Auch die Tatsache, dass man sich transformationales Führungshandeln gut aneignen kann, lässt die Bedeutung für Führungskräfteentwicklungsprogramme steigen (Nerdinger 2019, S. 104). Einige ausgewählte Ergebnisse stellen wir nun vor (siehe auch Abschn. 1.3 sowie Rosenstiel und Nerdinger 2020, S. 46 f.; Gregersen et al. 2020, S. 564; Herre et al. 2019; Chua und Ayoko 2019; Nerdinger 2019, S. 104 f.; Hyland et al. 2018; Bruch et al. 2018; Ng 2017; Montano et al. 2017; Arnold 2017; Weibler 2016; Knies et al. 2016; Felfe 2015; Rowold et al. 2014; Kovjanic et al. 2012; Sturm et al. 2011; Wang et al. 2011; DeRue et al. 2011; Avolio et al. 2009):

Zunächst konnten viele Belege dafür gefunden werden, dass transformationale Führung starken Einfluss auf die Einstellung und Motivation der Geführten nimmt (indem sie vor allem die Emotionen anspricht) und dadurch zu mehr Identifikation mit den Zielen und der Organisation insgesamt, zu Aufgaben- und Rollenklarheit, erhöhter Selbstwirksamkeit und einem Empowermentgefühl beiträgt. Zudem stärkt sie das individuelle Zugehörigkeitsgefühl zur Organisation sowie den Zusammenhalt wie die Wirksamkeit von Teams. Transformationale Führung wirkt scheinbar auf Teamebene sogar stärker als auf der individuellen Ebene. Dies erklären Wang et al. (2011, S. 251) u. a. damit, dass die Ausrichtung auf eine gemeinsame Vision/geteilte Ziele die Gruppenzusammengehörigkeit ansprechen und stärken. Orientieren sich alle (oder zumindest viele Individuen) an der Führungskraft (Vorbild), so stärkt dies wiederum die gemeinsamen Handlungen, man motiviert sich gegenseitig und forciert damit die Teamperformance. Weiterhin zeigen die Befunde, dass vor allem in komplexen, wenig strukturierten Aufgabenbereichen (jedoch auch insgesamt) die Produktivität (über die transaktionale Führung hinaus), innovative Leistung und das Engagement steigen, die Arbeitszufriedenheit sich erhöht, die Mitarbeitenden sich auch wohler fühlen, weniger krank sind, die Fluktuation und bewusst arbeitsschädigendes

Verhalten sinken. Neben der sogenannten aufgabenbezogenen Leistung (also das, was als Kernaufgaben aufgrund einer Rolle/Position zu erfüllen ist; arbeitsvertragliche Pflichten) wirkte transformationale Führung vor allem auch auf die kontextbezogene Leistung (ein über das geforderte Maß positives Verhalten, was sich insbesondere auch auf die Arbeitsumgebung – Kolleg*innen, Teams, Organisation – auswirkt)[35].

Wie bereits bei der transaktionalen Führung kann man auch die Ausprägung des transformationalen Führungsverhaltens bestimmen und als Führungskraft sein eigenes Verhalten reflektieren. Einige Items einer deutschen Version des Multifactor Leadership Questionnaire werden nachfolgend dargestellt (entnommen aus Felfe 2006, S. 65, siehe auch Schütz et al. 2020, S. 96 und Kraus und Kreitenweis 2020, S. 33):

- Einflussnahme durch Vorbildfunktion
  - Macht mich stolz darauf, mit ihr zu tun zu haben
  - Stellt die eigenen Interessen zurück, wenn es um das Wohl der Gruppe geht
  - Spricht mit anderen über ihre wichtigsten Überzeugungen und Werte
- Inspiration und Motivation
  - Äußert sich optimistisch über die Zukunft
  - Spricht mit Begeisterung über das, was erreicht werden soll
- Intellektuelle Stimulierung
  - Schlägt neue Wege vor, wie Aufgaben/Aufträge bearbeitet werden können
  - Bringt mich dazu, Probleme aus verschiedenen Blickwinkeln zu betrachten
- Berücksichtigung individueller Besonderheiten
  - Erkennt meine individuellen Bedürfnisse, Fähigkeiten und Ziele
  - Hilft mir, meine Stärken auszubauen
  - Vermag mich durch ihre Persönlichkeit zu beeindrucken und zu faszinieren (Frage zur Ausstrahlung und emotionalen Bindung)
  - Ist für mich so wichtig, dass ich den Kontakt zu ihr suche/pflege (Frage zur Ausstrahlung und emotionalen Bindung)

Bei allem Optimismus, möglicherweise nun endlich *den* einen, wirksamen Führungsansatz gefunden zu haben, müssen an dieser Stelle Einschränkungen diskutiert werden (Rosenstiel und Nerdinger 2020, S. 47; Weibler 2016,

---

[35] Hier kann man auch vom sogenannten OCB (Organizational Citizenship Behavior) sprechen, eine freiwillige Anstrengungsbereitschaft, die meist aus intrinsischer Motivation heraus entsteht (z. B. Slemp et al. 2018).

S. 346 f., 662). Transformationale Führung kommt bei Weitem nicht bei allen Mitarbeitenden gleichermaßen gut und wirkungsvoll an (z. B. Nerdinger 2019, S. 105; Blessin und Wick 2017, S. 120 f.). Vor allem hinsichtlich der individuellen Arbeitsleistung (v. a. Quantität) steht ihr die transaktionale Führung in nichts nach, sie scheint gar die Grundlage für die hohe Wirksamkeit der transformationalen Führung zu bilden (z. B. Sturm et al. 2011, S. 90; Wang et al. 2011). Neben der notwendigen Kombination beider Führungsansätze hängt es u. a. von der Persönlichkeit, den jeweiligen Erwartungen (Einstellungen, Werte) und Fähigkeiten ab, wie Mitarbeiter*innen mit dieser Art der Führung im Praxisalltag umgehen können und wollen (ist eine solch charismatische Führungskraft gewünscht?; z. B. Hansbrough und Schyns 2018). Hier spielen wieder die zuvor ausgeführten impliziten Erwartungen und sogar die Tagesform der Mitarbeitenden eine Rolle (Tepper et al. 2018). Hohe Freiheitsgrade und ggf. ein zu viel an Selbstbestimmung können Belastung und Stress erzeugen. Gepaart mit hohen Leistungsanforderungen, die (statt zu fordern) mitunter überfordern oder gar als nicht realistisch eingestuft werden, können Rollenunklarheit, mentale Überlastung und in der Folge Stress mit sich bringen (Diebig et al. 2016). Zudem sind bei Weitem nicht alle Aufgaben, die im Tagesgeschäft erledigt werden müssen, für alle Mitarbeitenden mit Sinnhaftigkeit verbunden oder fördern deren besonderes Interesse. Vor allem in klaren Situationen mit eindeutigen Handlungsaufträgen, die ohnehin wenig Gestaltungsspielraum ermöglichen, scheinen transaktionale Führungsimpulse sogar wirksamer, vor allem, wenn die Beziehung stimmt (was auch für die Arbeitszufriedenheit gilt; Young et al. 2020). Generell wird eine sehr starke Führungszentriertheit dieses Ansatzes kritisiert (Weibler 2016, S. 346, 662). Dies kann, in Abhängigkeit der Überzeugungskraft und des Mindsets der Mitarbeitenden, zu einer zu starken Bindung an die Führungskraft führen. Dadurch fühlen sich Mitarbeitenden weniger autonom (und emporwert), was u. a. kontraproduktiv auf die Motivation und Arbeitszufriedenheit wirken kann (Herre et al. 2019, S. 33 f.). Eine zu große Orientierung an (oder gar Abhängigkeit von) der Führungskraft, könnte durch diese missbräuchlich ausgenutzt werden (siehe z. B. Bad Leadership), zumal Merkmale der transformationalen Führung teilweise in enger Beziehung zu narzisstischen Persönlichkeitseigenschaften (Khoo und Burch 2008) gesehen werden. Aktuelle Untersuchungen zeigen, dass transformationale Führung auch unethisches Verhalten verursachen kann, wenn dieses Verhalten ausschließlich im Dienste unternehmerischer Interessen steht und die Menschorientierung nicht berücksichtigt (Effelsberg et al. 2014).[36]

Blickt man auf die moderne Arbeitswelt, in der Projekt- und Teamarbeit, netzwerkorientiertes Handeln, Komplexität, Veränderungsgeschwindigkeit, Innovationsnotwendigkeiten wie auch Unsicherheit zunehmen, so stärken diese Entwicklungen dennoch die Bedeutung der transformationalen Führung, da sie Veränderungsfähigkeit und somit auch (notwendige) Veränderungen gut fördern kann (wie z. B. Parry und Proctor-Thomson 2003 für den öffentlichen Sektor belegen konnten, siehe auch García-Morales et al. 2012). Gleichwohl wird sie jedoch auf transaktionale Elemente und weiterer Führungsansätze angewiesen bleiben. Nicht zuletzt aufgrund des Zusammenwirkens beider Perspektiven haben Bass und Avolio (1994) das Modell des Full Range Leadership entwickelt, welches transaktionale und transformationale Elemente miteinander verbindet (Kraus und Kreitenweis 2020, S. 30.f; Weibler 2016, S. 342 ff.). Weitere Überlegungen kombinieren oder ergänzen diese mit anderen Führungsansätzen (z. B. mit aufgaben- und mitarbeiterorientierter Führung; Hoogeboom und Wilderom 2019; DeRue et al. 2011), mit authentischer und ethischer Führung (Weibler 2016, S. 134, 346) oder mit der Selbstbestimmungstheorie (SDT) n. Deci und Ryan (z. B. Chua und Ayoko 2019). So haben Jensen und Bro (2018) die Wirkung der transformationalen Führung im Kontext der Selbstbestimmungstheorie und der Dienstleistungsmotivation im öffentlichen Sektor[37] untersucht und konnten eine gute Wirkung von SDT und transformationalen Elementen zeigen, wobei auch ohne transformationale Führung die zentralen Dimensionen der SDT wirken können. Wir gehen auf diese Verbindungsmöglichkeiten im Rahmen der Zusammenfassungen dieses Kapitels näher ein (Abschn. 1.2.6).

„Mit dem Konzept der transformationalen Führung kommt ein neuer ‚Zungenschlag' in die Diskussion: Transformationale Führer werden als optimistisch,

---

[36] Ein Gegengewicht zu den „dunklen Seiten transformationaler Führung" kann der Servant-Leadership-Ansatz bieten (verstanden u. a. als ein Selbstverständnis der Führungskraft als „Diener*in" seiner/ihrer Mitarbeiter*innen und der Organisation. Dabei haben Pflichterfüllung, Mitarbeiterorientierung und sozial-gesellschaftliche Verantwortung gegenüber persönlichen Interessen stets Priorität, siehe auch „gute Führung" in Abschn. 1.3, Ausführungen im Kapitel zur Teamführung und z. B. Hoch et al. 2018). Auch ein empowermentorientierter Ansatz (wird nachfolgend erläutert) sowie die Erkenntnisse der Selbstbestimmungstheorie n. Deci und Ryan (1985, siehe Kap. 2) zeigen entsprechende Möglichkeiten auf.

[37] Sie analysierten dies bei 1481 Lehren von 129 privaten und öffentlichen Schulen in Dänemark.

hoffnungsvoll, entwicklungsorientiert und mit einem hohen moralischen Charakter ausgestattet beschrieben..." (Nerdinger 2019, S. 110). Gleichwohl kann eine sinnvoll eingesetzte transaktionale Führung im Sinne von Orientierung und Struktur ebenso wertvolle Dienste leisten. Wenn auch wiederum keine eindeutigen Aussagen zu dem einen *dem einen* Führungsansatz getroffen werden konnten, so wurde anhand vielfältiger Analysen zumindest herausgearbeitet, dass Laissez-faire-Führung eindeutig mit geringer bzw. meist negativer Wirkung verbunden ist (z. B. Rowold et al. 2014; Sturm et al. 2011; DeRue et al. 2011). Und eine situationsangemessene Mischung aus transaktionaler (insbesondere bezogen auf den Bestandteil der bedingten Belohnung, jedoch wirkt auch aktiv-kontrollierende Rückmeldungen) und transformationaler Führung kann in der Praxis spürbare Wirkung erzeugen: Die Kommunikation eindeutiger Rahmenbedingungen und Verantwortlichkeiten, klare Ziele sowie konkret, nutzbringendes, entwicklungsorientiertes Feedback (= Rahmen) kombiniert mit einer vorbildlich-authentisch agierenden, visionären Führungskraft, die Mitarbeitende beteiligt, deren Selbstbestimmung individuell fördert und Menschen bzw. die Beziehung mit diesen wertschätzt (= Raum). Rahmen und Raum entstehen dabei auf den Grundfesten Gerechtigkeit und Vertrauen. Diese fördernden Aspekte findet man als Grundhaltung in verschiedenen Feldern sozialer Berufe. Einige Befunde deuten darauf hin, dass es Personen aus sozial-orientierten Berufszweigen sogar besser gelingt, transformationale Führung gut umzusetzen (Choy-Brown et al. 2020). Die neue Arbeitswelt erfordert sicherlich Führungsansätze, die weniger die Führungskraft in den Mittelpunkt stellen, sondern die Beschäftigten noch stärker in ihrer Selbstbestimmtheit und -wirksamkeit unterstützen. Dies hat sich der nachfolgende Führungsansatz zum Ziel gesetzt.

Empowermentorientierter Führungsansatz[38]
Je mehr sich die Führungsforschung der heutigen Zeit (der VUCA-Welt, siehe Abschn. 1.1) nähert, desto weniger setzte sie auf detaillierte Vorgaben, autoritäre Führung oder kleinteilige Kontrolle (inwiefern dieser „Wind of

---

[38] Wir haben uns an dieser Stelle für einen von vielen sich in den letzten Jahren bzw. Jahrzehnten entwickelnden Führungsansätzen entschieden. Einen Überblick bietet z. B. Jürgen Weibler (2016, ab S. 465). Zudem möchten wir auf eine weitere und nach unserer Meinung sehr vielversprechende Perspektive von guter Führung hinweisen: Führung auf Basis der positiven Psychologie. Neben den Arbeiten Martin Seligmans empfehlen wir 2 Bücher, die das Führungsverständnis erläutern sowie vielfältige wissenschaftliche Erkenntnisse dazu skizzieren: N. Rose (2019) mit *Arbeit besser machen* sowie M. Ebner (2019) mit *Positive Leadership*.

Change" auch in der Praxis weht, ist fraglich).[39] Spätestens die transformationale Führung führt einem dies deutlich vor Augen, doch auch diese bleibt von (berechtigter) Kritik nicht verschont. Angesichts der bereits erwähnten Veränderungsgeschwindigkeit und Komplexität, digital-technologischer Entwicklung oder sich verändernden gesellschaftlichen Wertemustern rücken Fragen von Selbststeuerung (auch Selbstführung), Partizipation der Beschäftigten, Teamarbeit, die Stärkung von Verantwortungsübernahme und Autonomie sowie New Work[40] und die Förderung der Kompetenzentwicklung als Themenfelder noch stärker in den Vordergrund (z. B. Schütz et al. 2020, S. 205 ff.; Schermuly 2019; Rose 2019; Bruch et al. 2018; Blessin und Wick 2017, S. 347 ff.; Cheong et al. 2016; Weibler 2016, S. 467 ff.) – auch in der Sozialwirtschaft (z. B. 1.1; Audenaert et al. 2020; Fröse et al. 2019; Laib 2019; Tabatt-Hirschfeldt et al. 2019a, b; Grunwald 2018a, S. 346; Dehner et al. 2018.). Eine wachsende Zahl an Mitarbeitenden möchten in viel stärkerem Maße als bisher „gehört" und beteiligt werden. Sie möchten informiert werden, mitsprechen, innovativ sowie kreativ sein, eine Organisation deutlich aktiver mitgestalten und dadurch Sinn, Anerkennung und Wertschätzung erfahren. Darüber hinaus ist davon auszugehen, dass in dynamischen Arbeitsumgebungen selbstständig handelnde Mitarbeiter*innen den Organisationen im Innen- wie Außenverhältnis Vorteile verschaffen (z. B. Kim et al. 2018).

Empowerment, das als Handlungskonzept in der Sozialen Arbeit bekannt ist, scheint eine wirksame Möglichkeit zu sein, um den Anforderungen der modernen Arbeitswelt besser Rechnung tragen und sinnvolle Rahmenbedingungen für die Mitarbeitenden sowie für das entsprechende Führungshandeln gestalten zu können (z. B. Schermuly 2019, S. 55 ff.; Spreitzer 2008). Unter anderem aus den

---

[39] Eine Analyse von Jörg Felfe zur transformationalen Führung in Deutschland (ca. 10.000 Beschäftigte in Wirtschaft und Verwaltung) zeigt Handlungsbedarf (Felfe 2015, S. 41). Dies bestätigen unsere eigenen Untersuchungen für den sozialwirtschaftlichen Bereich in ähnlichen Größenordnungen.

[40] New Work (erstmals v. Frithjof Bergmann 1984 erwähnt) steht heute für eine moderne, flexible und menschenzentrierte Form der Arbeitsorganisation. Einige Punkte, die hierunter fallen, wurden oben im Text bereits erwähnt. Themen wie Sinnstiftung, Empowerment/ Beteiligung, Netzwerkarbeit, neue Formen der Arbeit (Homeoffice, dezentrale Teams, Projektorientierung), der Kommunikation (digital, analog, Beteiligungsformen etc.), der Organisationskultur (Fragen der Hierarchie und Mitbestimmung, sozial-gesellschaftliche Funktionen von Unternehmen etc.) und Führung (z. B. virtuelle, geteilte oder kooperative Führung) werden diskutiert (z. B. Schermuly 2019, Bruch et al. 2018).

vorherigen Annahmen entwickelte sich der Ansatz des empowermentorientierten Führungsstils (**Empowering Leadership**).[41]

„Das Erleben von Kompetenz, Bedeutsamkeit, Selbstbestimmung und Einfluss ist der Kern guter Arbeit 4.0" (Schermuly 2019, S. 278).[42]

Damit sind die wesentlichen Elemente des Empowerments und der empowermentorientierten Führung bereits benannt (siehe auch Seibert et al. 2011; Spreitzer 2008). Die Frage der Befähigung wie Ermächtigung der Beschäftigten blickt bereits auf eine über 40-jährige Geschichte zurück. Zunächst stand das sogenannte strukturelle Empowerment im Vordergrund. Ziel hierbei war es, Arbeitsbedingungen so zu gestalten, dass den Mitarbeiter*innen in hohem Maße Aufgaben und Verantwortlichkeiten übertragen (delegiert) werden konnten (z. B. Umfang des Ermessensspielraums). Die zweite Perspektive ist das sogenannte psychologische Empowerment. Dieses ist davon gekennzeichnet, dass die Beschäftigten eine hohe Kontrolle ausüben und starken Einfluss auf Entscheidungen nehmen können. Hierbei ist sowohl die Sicht der Mitarbeitenden (Gefühl, tatsächlich selbstbestimmt handeln und Einfluss ausüben zu können und Vertrauen, dies zu dürfen) als auch die der Führungskräfte (inwiefern befähigen, ermutigen und ermöglichen die Führungskräfte ihre Mitarbeitenden; Seibert et al. 2011, S. 981 ff.) bedeutend. Die 4 Kernkomponenten sollen kurz erläutert werden

---

[41] Empowering Leadership und empowermentorientierte Führung sind historisch (und inhaltlich) nicht synonym zu verstehen. Empowering Leadership ist ein schon Jahrzehnte existierender Ansatz, der u. a. von Manz und Sims bereits 1987 erwähnt wurde und auch als Superleadership bezeichnet wird (siehe vertiefend z. B. Weibler 2016, S. 358 ff.; zur Entwicklung des Empowerment-Ansatzes siehe z. B. Seibert et al. 2011). Empowermentorientierte Führung richtet sich an den Ideen von Carsten Schermuly (2019, S. 205) aus, der jedoch auch auf den Grundannahmen des Empowerments (z. B. Spreitzer 2008) unter Berücksichtigung der New-Work-Bewegung entwickelt wurde. Insgesamt geht es darum, organisationale Rahmenbedingungen zu schaffen und individuelle Kompetenzen bei den Mitarbeiter*innen zu entwickeln, die eine verbesserte Selbststeuerung von Individuen und Teams ermöglichen.

[42] Und spätestens hier wird klar, dass es bei der Bearbeitung des Themas „Führung in der Sozialwirtschaft" nicht nur darum geht, die allgemeinen Grundsätze der Führungsforschung auf den Spezialfall anzupassen. An dem hoch zukunftsträchtigen Empowerment-Ansatz wird exemplarisch deutlich, dass die Sozialwirtschaft eigene erfolgreiche Modelle und Handlungsansätze bereitzustellen vermag, die auch in der allgemeinen Führungsforschung mit Gewinn aufgenommen werden können.

(siehe Schermuly 2019, S. 59 ff.; Schermuly und Koch 2019, S. 131 f.; Kim et al. 2018; Seibert et al. 2011, S. 981; Spreitzer 2008):

- **Bedeutsamkeit**
  Menschen nehmen das, was sie tun, als (für sich und andere) wichtig und sinnvoll wahr. Die Werte der Organisation wie der Tätigkeit entsprechen den eigenen Vorstellungen. Bedeutsamkeit findet sich z. B. auch im Konzept zur Gestaltung motivierender, zufriedenheitsfördernder Arbeitsbedingungen n. Hackman und Oldham (Job Characteristics Model; siehe Kauffeld und Schermuly 2019, S. 249 ff. sowie Kap. 2). Die Erfüllung der Kernmerkmale Anforderungsvielfalt (Abwechslung), Ganzheitlichkeit und Bedeutung (für einen selbst, die Führungskraft, die Organisation oder die Gesellschaft) stärken die erlebte Bedeutsamkeit (kognitiv und emotional).
- **Selbstbestimmung**
  Ist die Antwort auf die Frage, wie viel Autonomie ich im täglichen Handeln bzw. in meiner Tätigkeit insgesamt erlebe. Wie stark kann jemand auf z. B. seine Arbeitszeit, -mittel, -prozesse Einfluss nehmen? Deci und Ryan (1985) betonen 3 psychologische Grundbedürfnisse, die erfüllt sein müssen, um das Gefühl der Selbstbestimmtheit zu spüren: Autonomie, Kompetenz, gegenseitige Verbundenheit.
- **Kompetenz**
  Das Gefühl, beruflich kompetent zu sein, kann kurz damit beschrieben werden, dass die individuellen Fähigkeiten und Fertigkeiten so ausgeprägt sind, dass die täglichen Aufgaben selbstständig gut bewältigt werden können. Bandura prägte hierzu den Begriff der Selbstwirksamkeit (aber auch Selbstvertrauen gehört dazu; Weibler 2016, S. 199, 251). Für ein umfassendes Kompetenzgefühl am Arbeitsplatz sind fachliche, soziale, methodische und personale Kompetenzen bedeutsam (z. B. Tabatt-Hirschfeldt et al. 2019a, S. 19 ff.; Weibler 2016, S. 253 ff.). Und der Glaube daran, diese auch erfolgreich einsetzen zu können, was bei uns Menschen sehr unterschiedlich ausgeprägt ist.
- **Einfluss**
  Unter Einfluss wird die Wirksamkeit der Handlungen von Mitarbeitenden verstanden. Entgegen dem Konstrukt der „erlernten Hilflosigkeit" (Seligman), spüren die Beschäftigten, dass sie mit ihrer Arbeit Einfluss (auf Organisation, Ziele, Ergebnisse etc.) nehmen und dadurch etwas bewirken können.

Empowering Leadership entfaltet nachweislich Wirkung. Zudem reduziert dieser Ansatz die Führungskraftzentrierung, die noch im transformationalen Ansatz kritisiert wurde. Visionen, Ziele, Vorgehensweisen werden deutlich stärker gemeinsam erarbeitet. Neben den die Selbstwirksamkeit förderlichen Rahmen-bedingung wie der Befähigung der Mitarbeiter*innen, fördert dieser Ansatz die Eigeninitiative und Selbstwirksamkeit, stärkt die intrinsische Motivation, Lern-bereitschaft und führt damit u. a. zu mehr Arbeitszufriedenheit, Engagement, Arbeitgeberbindung, Kreativität sowie besserer Arbeitsleistung und stärkt die sogenannte Extra-Anstrengungs-Bereitschaft – auf Individual- und Teamebene (z. B. Schermuly 2019; Schermuly und Koch 2019; Herre et al. 2019, S. 34; Kim et al. 2018, S. 2 f.; Seibert et al. 2011). Auf Teamebene wird zudem betont, dass dieser Führungsansatz eine offene Kommunikation, gemeinsame Lern- und Ent-wicklungsanstrengungen und die Veränderungsfähigkeit von Teams stärkt, da die Führung u. a. psychologische Sicherheit vermittelt und Partizipation fördert (z. B. Herre et al. 2019, S. 34). Insbesondere, wenn Teams auf Distanz arbeiten, verstärkt ein Empowering Leadership deren Wirksamkeit und Zufriedenheit. Verschiedene positive Auswirkungen auf die Gesundheit konnten ebenso belegt werden. So reduziert psychologisches Empowerment die psychische Belastung und das Stresserleben insgesamt sowie vor allem Burn-out und Depressions-neigung (Schermuly und Koch 2019).

Jedoch müssen auch für dieses Konzept einige einschränkende Hinweise gegeben werden: Neben der Frage, wer wieviel „empowert" werden möchte, können fehlende Strukturen, unklare Aufgaben und zu viel Autonomie mit Unsicherheiten bzgl. der Rolle oder der Aufgaben einhergehen und auch Ziele, Strategie bzw. Werte der Organisation gefährden (Cheong et al. 2016, S. 603; siehe auch Grenzen im Kontext der Laissez-faire-Führung). Autonomie bedeutet auch Verantwortungsübernahme. Und genau diese kann überfordern und so zu Belastungen und Stress führen, was u. a. mit reduzierter Leistung einher-gehen kann (Kim et al. 2018; Cheong et al. 2016). Zudem kann die Dauer von Entscheidungsprozessen mitunter länger sein, was bei zeitkritischen Themen zu Verwerfungen führen kann (Herre et al. 2019, S. 34). Insgesamt kann die bedingungslose Förderung von Empowerment (im Sinne von „je mehr, desto besser") möglicherweise neben der Überlastung auch zur Enttäuschung werden, wenn regelmäßig (aufgrund bestimmter Aufgaben, organisationaler Bedingungen oder sonstiger Zwänge) die gewonnene Freiheit eingeschränkt werden muss (und eine Einschränkung von Autonomie wirkt meist stärker negativ auf das Wohl-befinden als die positiven Auswirkungen von Autonomiegewinnen). Daher ist eine wichtige Aufgabe für Führungskräfte, ihre Mitarbeitenden für diese Art der Führung und Zusammenarbeit zu befähigen und regelmäßig zu reflektieren, ob das rechte Maß von allen Beteiligten eingehalten wird bzw. ermöglicht werden kann. Klar ist jedoch: die Vorteile dieses Führungsansatzes überwiegen deutlich die möglichen Nachteile.

Carsten Schermuly hat dem psychologischen Empowerment von Mitarbeiter*innen ein ganzes Buch gewidmet (*New Work – Gute Arbeit gestalten*; 2019). Dort hat er Reflexionsfragen zu den Dimensionen des Empowering Leadership zusammengestellt (ab S. 208). Diese Fragen verdeutlichen zum einen die Dimensionen und notwendige Haltung, zum anderen können Führungskräfte wie Mitarbeitenden mit diesen Fragen ihre aktuelle Beziehungskonstellation sowie die Nähe zu diesem Führungsansatz reflektieren:

1. **Dimension: Sinnstiftung.** Meine Führungskraft …
   - erklärt mir, warum meine Aufgaben wichtig sind,
   - vermittelt mir eine interessante Perspektive auf meine Arbeit in der Zukunft,
   - zeigt mir auf, wie wichtig die Ergebnisse meiner Arbeit für den Unternehmenserfolg sind,
   - erarbeitet mit mir eine Vision für meine Arbeit.
2. **Dimension: Individuelle Berücksichtigung.** Meine Führungskraft …
   - geht auf meine Interessen bei der Arbeit ein,
   - berücksichtigt meine Bedürfnisse bei der Zuweisung von Aufgaben,
   - behandelt mich als Individuum,
   - wertschätzt mein einzigartiges Wissen.
3. **Dimension: Partizipation.** Meine Führungskraft …
   - versorgt mich rechtzeitig mit wichtigen Informationen,
   - holt meinen Rat bei wichtigen Entscheidungen ein und berücksichtigt ihn,
   - lässt mich bei wichtigen Vorgängen mitentscheiden,
   - lässt mich häufig alleine entscheiden.
4. **Dimension: Verantwortung.** Meine Führungskraft …
   - lässt mich weitestgehend selbst bestimmen, wie ich arbeite,
   - lässt mir starken Einfluss auf die Vorgänge in meinem Arbeitsbereich,
   - hilft mir, die Ressourcen zu bekommen, die ich für meine Arbeit brauche,
   - überträgt mir verantwortungsvolle Aufgaben,
   - kontrolliert mich nicht.
5. **Dimension: Kompetenzentwicklung.** Meine Führungskraft …
   - hilft mir, meine beruflichen Fähigkeiten weiterzuentwickeln,
   - schätzt meine beruflichen Fähigkeiten,
   - hilft mir, mich auf die Position im Unternehmen vorzubereiten, die ich wirklich haben will,
   - gibt mir regelmäßig Feedback,
   - regt mich zum Nachdenken über berufliche Probleme an,
   - lobt mich, wenn ich meine Kompetenzen verbessere.

6. **Dimension: Idealisierter Einfluss.** Meine Führungskraft ...
   - zeigt bei ihrer Arbeit genauso hohen Einsatz wie ihr Mitarbeiter,
   - wird ihren eigenen hohen Standards selbst gerecht,
   - ist ein echtes Vorbild für mich.

1.2.6 Zusammenfassung: Stand der Führungsdiskussion

Personalführung ist die bewusste Einflussnahme, die jedoch durch die, auf die Einfluss genommen werden soll, akzeptiert werden muss, um nachhaltig erfolgreich zu sein. Aufgaben- und Mitarbeitendenorientierung, eine gut balancierte transaktionale wie transformationale Führung, Leader-Member Exchange oder Empowering Leadership sind einige Beispiele, die hilfreiche und empirisch fundierte Hinweise für wirksames Führungshandeln bieten. Gleichzeitig weisen die skizzierten Grenzen darauf hin, dass es nicht *den einen* Führungsansatz gibt und Führungsimpulse bei unangemessener Umsetzung sogar gegenteilige Effekte nach sich ziehen können. Ohne die Berücksichtigung der Führungspersönlichkeit und der individuellen Perspektive der Mitarbeitenden sowie der übergeordneten Rahmenbedingungen und der jeweiligen Situation (Zaccaro et al. 2018) kann die beste Führungsidee ins Leere laufen. Denn: nicht jede*r kann mit jedem Ansatz umgehen – als Führungskraft wie als Geführte*r. Ungeachtet dessen liegt bei den präsentierten Führungsansätzen eine nicht zu unterschätzende inhaltliche Schnittmenge vor (Weibler 2016, S. 364), die Führungskräften der Sozialwirtschaft durchaus ein passendes Repertoire eröffnet, insbesondere dann, wenn sie bereit sind, ihr Handeln regelmäßig für sich selbst, aber auch gemeinsam mit ihren Mitarbeiter*innen zu reflektieren. Was deutlich wird: Gute, wirksame Führung ist eine komplexe wie anstrengende Tätigkeit, die jedoch zum Großteil erlernbar ist (Unger und Sann 2020; Felfe und Franke 2014)!

So verstanden, bietet dann beispielsweise auch die transaktionale Führung vielfältige Berührungspunkte zu einem modernen Führungsverständnis und wurde möglicherweise zu oft im Schatten der transformationalen Führung zu negativ beurteilt. Denn eine wirkungsorientierte Ausrichtung ist auch für sozialwirtschaftliche Organisationen von hoher Bedeutung (z. B. Baumann-Fuchs und Gmür 2019). Gleichzeitig gibt die transformationale Führung in zunehmend veränderlichen Zeiten wichtige Impulse, die stärker die Befähigung und Selbststeuerung der Mitarbeitenden in den Mittelpunkt stellen. Hier zeigt sich deutlich die Rollenveränderung der Führungskraft:

- **Weniger** enge Vorgaben, monologische Kommunikation (oder nur Gespräche suchen, wenn etwas schiefgelaufen ist), Führungskraftzentrierung, Mikrosteuerung und Kontrolle.
- Sondern **mehr** Orientierung (u. a. durch klare, dialogische Kommunikation), Mitarbeitendenorientierung, Ermächtigung,[43] Partizipation und Inspiration.[44]

Doch eine zu deutliche transformationale Ausrichtung fokussiert mitunter die Führungskraft zu stark und stellt die Mitarbeitenden in die zweite Reihe. Soll jedoch der Mensch im Mittelpunkt des Handelns stehen (i. S. d. humanen Ziele der Führung; die Führungsforschung zeigt zahlreiche Befunde für diesen Weg), dann können es aber auch nie „nur" Austauschprozesse sein, auf die Führungshandeln beruht. Es ist die (Für-)Sorge um die anvertrauten Mitarbeiterinnen und Mitarbeiter, die die Führungskraft als Richtschnur anlegt. Daher ist unabhängig von der Frage des richtigen Führungsansatzes (oder der richtigen Mischung) die **Beziehungsgestaltung** ein sehr zentrales Element erfolgreicher Führung (Gottfredson und Aguinis 2017). Und die Leadership-Perspektive stellt gerade die Interaktion und Beziehungsgestaltung in den Mitteilpunkt der Betrachtung. Mit qualitativ guten Beziehungen kann beispielsweise eine Kombination aus transaktionalem und transformationalem Handeln auch im Non-Profit-Bereich (neben der eigentlichen Zielerreichung) positiv auf die Zufriedenheit der Beschäftigten mit der Führungskraft auswirken (Kwapisz et al. 2019). Die in dieser Studie gemessene Zufriedenheit lag gar höher als in Wirtschaftsunternehmen, dies jedoch in Abhängigkeit der Intensität des transformationalen

---

[43] Dabei aber auch klare Rollen, Aufgaben und Verantwortlichkeiten schaffen (sich vergewissern, dass dies bei den Mitarbeitenden auch tatsächlich so klar, wie gedacht, ankommt). Hierzu gehört natürlich auch die Förderung der individuellen Entwicklung der Mitarbeitenden durch Personalentwicklungsmaßnahmen, aber auch z. B. durch einen coachenden Führungsstil.

[44] Inspiration verstanden als Führungsimpulse, die Mitarbeitende ermutigen (z. B. durch Positivität, Weitblick, Stärkung des (Selbst-)Vertrauens, individuell geeignete Herausforderung und persönliche Anerkennung). Zugleich auch kritisches Denken fördern (Fragen Sie sich z. B. *Ist es so – oder könnte es auch anders sein?*) und durch veränderungsförderliche Führung die Beweglichkeit und Flexibilität in der Organisation erhalten und ausbauen.

Anteils,[45] der wiederum Emotionalität und Beziehungsgestaltung als bedeutetes Element in sich trägt. Zu vergleichbaren Erkenntnissen (auch für das Feld der Sozialwirtschaft) gelangten zuvor bereits Rowold et al. 2014 (die dies u. a. für die Arbeitszufriedenheit, Engagement und Leistung feststellen konnten), McMurray et al. 2013 (Kreativität und Innovation im Non-Profit-Bereich in Abhängigkeit der Führung) und Sturm et al. (2011). Denkt man nun noch die Führungswirkung von Aufgaben- und Mitarbeitendenorientierung mit, so bieten sich vielfältige Ansatzpunkte für den Führungsalltag.

Doch haben alle Perspektiven auch Grenzen oder wirken mitunter kontraproduktiv, wenn ein „zu viel des Guten" eingesetzt wird (denken Sie auch an die Schattenseiten von Führung – z. B. im Kontext von Bad Leadership). Wir konnten jedoch mit unseren vorherigen Ausführungen zeigen, dass es vermittelnden Einflussfaktoren gibt, die die Schwächen der einzelnen Führungsansätze zumindest etwas ausgleichen können. Es waren im vorliegenden Text bislang vor allem die Handlungsempfehlungen aus der LMX-Theorie und eine empowermentorientierte Perspektive.

Eine gute Basis lässt sich in einer der bedeutendsten Theorien der Gegenwart zu Motivation, Performance und Wohlbefinden (auch im Sinne von Arbeitszufriedenheit) finden: Die **Selbstbestimmungstheorie (SDT)**[46] von Deci und Ryan (1985). Die individuelle Förderung von Autonomie, Kompetenzerleben sowie qualitativ hochwertiger Verbundenheit könnte den Missing Link darstellen, der auch als Handlungsrahmen für die Sozialwirtschaft einen sinnvollen Führungsansatz zeichnet. „Überbrückungen" zwischen transaktionaler und transformationaler Führung sind natürlich bereits vorhanden.[47] Wir halten jedoch die Selbstbestimmungstheorie (Self-Determination Theory; SDT) von Deci und Ryan (1985) für besonders geeignet, als Brücke und Rahmenkonzept eines modernen Führungsverständnisses zu fungieren. Sie schließt transaktionale wie transformationale, aufgabenorientierte wie mitarbeiterorientierte Perspektiven ein

---

[45] Mehr transformationale Führung führte (trotz transaktionalem Führungshandeln) zu einer höheren Zufriedenheit der Mitarbeitenden. Man muss einschränkend sagen, dass der Teilnehmer*innenkreis der Studie nicht sehr groß war. Gleichwohl stimmen die Erkenntnisse mit den zentralen Aussagen von Deci und Ryan (1985) überein. Auch Choy-Brown et al. 2020 konnten Zusammenhänge zwischen Training sozialer (i. S. sozialarbeiterischer) Kompetenzen und besserer Umsetzung transformationaler Führung feststellen.

[46] SDT ist die engl. Abkürzung der Self-Determination Theory.

[47] Eine bekannte Form entwickelten Antonakis und House, die die „instrumentelle Führung" in das Konzept des Full Range Leadership Models einfügten.

und kann eindeutig auch als empowermentorientierter Ansatz verstanden werden
(z. B. Young et al. 2020; Manganelli et al. 2018; Deci et al. 2017; Gilbert und
Kelloway 2015). Als eine der am besten und meist untersuchtesten Motivationstheorien hilft sie, Limitationen der einzelnen Ansätze zu reduzieren und kann
daher die wirksamsten Ansätze zielführend verbinden (verstanden als hand-
lungsleitende Führungskonzeption und als ein Mindset für die Führung in der
Sozialwirtschaft).[48] Die Erkenntnis, dass z. B. transformationale Führung im
Kontext der Selbstbestimmungstheorie gar stärker u. a. sozialen Non-Profit-
Organisationen und der öffentlichen Verwaltung wirkt, als in ökonomisch
orientierten Unternehmen, bestärkt unsere Annahmen: Denn SDT fokussiert die
Entwicklung, den Erhalt und die Stärkung der intrinsischen Motivation. Studien,
die sich mit SDT und Führungskonzeptionen beschäftigen, stützen unsere Ideen
(z. B. Young et al. 2020; Chua und Ayoko 2019; Mueller 2019; Manganelli
et al. 2018; Slemp et al. 2018; Ryan und Deci 2017; Deci et al. 2017; Gilbert
und Kelloway 2015; Kovjanic et al. 2012). Wie diese – in Kombination mit den
weiteren Erkenntnissen zu guter Führung – für die tägliche Führungsarbeit im
sozialwirtschaftlichen Kontext gewinnbringend eingesetzt werden kann, stellen
wir in den nachfolgenden Kapiteln vertiefend vor. Aus den bisherigen Erkenntnissen lässt sich knapp schlussfolgern:

- Führungskräfte sollten sich zunächst auf die individuellen Belange der Mitarbeiter*innen und die **Beziehungsgestaltung** zu diesen konzentrieren – es
  ist das A und O[49] erfolgreicher Führung (= humaner Führungserfolg, psychologische Sicherheit). Hierfür benötigen sie gute **sozial-kommunikative
  Kompetenzen.** Stimmt die Beziehung und passt die individuelle Einschätzung
  der Führung zu den Bedürfnissen der Mitarbeiter*innen hinsichtlich **Autonomie-
  und Kompetenzförderung** (was immer wieder dialogisch zu hinterfragen ist),

---

[48] Deci und Ryan (1985) verstehen die Selbstbestimmungstheorie als eine Metatheorie für Motivationstheorien, die jedoch weit über die Frage der intrinsischen oder extrinsischen Motivation hinausgeht und sich u. a. mit Fragen beschäftigt, wie soziale und kulturelle Rahmenbedingungen das individuelle Engagement steigern oder reduzieren und sich zusätzlich auf die Qualität der Leistung und das menschliche Wohlbefinden auswirken. Die breite Studienlage (weltweit durchgeführte Studien) bezieht sich u. a. auf Familien-/ Erziehungsarbeit, Schulkontext/Lernförderung, allgemeine Arbeitswelt, Sport und Ernährung, die Arbeit mit Menschen mit Behinderung oder auch klinische Felder (z. B. Gesundheit, Psychotherapie) usw. (Ryan und Deci 2017).

[49] Impulse für die Praxis bietet der Empowerment-Ansatz oder die Selbstbestimmungs-theorie von Deci und Ryan; beide werden in den folgenden Kapiteln vertiefer behandelt.

sind diese sehr wahrscheinlich bereit, sich für das Erreichen von Individual-/ Team-/Organisationszielen mit großem Engagement einzusetzen (= ökonomischer Erfolg / Wirkungsziele).

- Damit dies im Alltag funktioniert, sind auf der einen Seite klare Rahmenbedingungen, eindeutige Aufgaben und Prozesse sowie wirkungsorientierte, herausfordernde Ziele mit konkreten Rückmeldungen unerlässlich (= **Rahmen**). Auf der anderen Seite müssen jedoch ausreichend Autonomie, Partizipation, wertschätzende Unterstützung und individuelle Entwicklungsmöglichkeiten vorhanden sein (= **Raum**).
- Erfolgreiche Führung wird zwar in gewisser Weise individuell und situativ bleiben, dennoch ist die Stärkung der Selbstbestimmung und Selbstwirksamkeit angesichts der dramatischen Veränderungen der VUCA-Welt unerlässlich.[50] Für die richtige (person- und situationsabhängige) Dosierung von Führungsimpulsen benötigt die Führungskraft sensible Antennen, ein flexibles (Führungs-)Verhaltensrepertoire, ehrliche **Selbstreflexion** und fundiertes Wissen zur Wirkung der verschiedenen Führungsansätze.[51]
- Mikrokontrolle, unklare Rollen bzw. Aufträge, eine zu starke Führungskraftzentrierung sowie eine Leitung, die entweder mit Druck, Manipulation und Angst (siehe Bad Leadership) oder nahezu gar nicht (siehe Laissez-faire) agiert, sind definitiv die schlechteste Lösung und sollten der Vergangenheit angehören.
- Demgegenüber basiert nachhaltig erfolgreiche Führung auf **Vertrauen und Gerechtigkeit:** Vertrauen, das die Führungskraft in die Mitarbeitenden setzt bzw. lernt zu setzen und Vertrauen, das die Führungskraft erwirbt, insbesondere, indem sie von ihrem Umfeld als gerecht und verlässlich erlebt wird.

---

[50] Wir bemühen in Hochschulveranstaltungen wie auch in unseren Trainings und Coachings gern das Bild „Ampelkreuzung vs. Kreisverkehr". Dabei plädieren wir mit Bezug auf die VUCA Welt für weniger Ampelverkehr und mehr Kreisverkehr (im Sinne der Reduzierung von Fremdsteuerung und Stärkung der Selbststeuerung – bei klaren Rahmenbedingungen). Was nicht bedeutet, dass es Zeiten/Situationen gibt (z. B. krisenhafte Ereignisse), in denen temporär mehr Ampelverkehr (klare Ansagen, enge Regeln etc.) angebracht erscheint. Auf Dauer halten wir jedoch den Kreisverkehr (mehr Raum, mehr Selbstbestimmung, mehr Selbstwirksamkeit etc.) für nachhaltiger hinsichtlich des Führungserfolgs.

[51] „Im Gegensatz zu herkömmlichen Vorstellungen … [zeigen] Auswertungen von Managementdaten weltweit, dass für den Erfolg entscheidendes Führungsverhalten eher nach innen gerichtet ist, beispielsweise das Bemühen vertrauenswürdig zu sein und eine positive Einstellung zur Arbeit zu bewahren … In Bezug auf … Leistung [betreffen] die wichtigsten Führungseigenschaften interpersonelle Fähigkeiten" (Gaddis und Foster 2015, S. 43 zit. n. Hasebrook et al. 2020, S. 111). Blaine Gaddis und Jeff Foster hatten über 4000 Datensätze aus internationalen Studien zusammengefasst.

1.3   Gute Führung wirkt – zum Stand der Forschung

1.3.1   Aktuelle Perspektiven der Führungsforschung

Persönlichkeit(seigenschaften), Verhalten und Situation, Aufgaben- und/
oder Mitarbeitendenorientierung sind also wesentliche Bedingungen, die auf
den Führungserfolg wirken. Sie reichen jedoch bei Weitem noch nicht aus,
um umfassend diesen Erfolg zu erklären. In den mittlerweile über 100 Jahren
Führungsforschung wurden stets neue Perspektiven und Einflussfaktoren entdeckt, indem bereits vorhandenes Wissen kritisch hinterfragt und um neue
Erkenntnisse und Ideen erweitert wurde. Wie zuvor ausgeführt, gibt es in Theorie
und Praxis eine Vielfalt von Sichtweisen über „die richtige Führung". Dies liegt
u. a. daran, dass unterschiedliche sozioökonomische Rahmenbedingungen das
Führungsgeschehen beeinflussen und daher einen vielfältigen Blick auf eine
komplexe Thematik nötig machen. Fest steht: Führungserfolg kann nicht aus
einzelnen Maßnahmen oder allein personen- und situationsunabhängig erzeugt
werden. Er ergibt sich aus einer komplexen Interaktion aller am Führungsprozess
Beteiligten. Daher wurden nach den 3 klassischen Perspektiven der Mitarbeiterführung, welche den wissenschaftlichen Diskurs des 20. Jahrhunderts dominiert
haben, deutlich intensiver die Perspektive der Mitarbeiter*innen (implizite
Führungsansätze), beziehungsgestaltendes Führungsverhalten (Leader-Member
Exchange) und auch Mischformen oder Weiterentwicklungen, die auf früheren
Erkenntnissen beruhten (transaktionale, transformationale Führung), in den Fokus
der Aufmerksamkeit gerückt. Immer mehr setzte sich die Erkenntnis durch, dass
es, wenn Führung nachhaltigen Erfolg in einer nicht linear steuerbaren Welt
erzeugen möchte, die Akzeptanz der Führung durch die Geführten sowie die
gestärkte Selbststeuerungskompetenz der Mitarbeiterinnen und Mitarbeiter von
großer Bedeutung sind. Dies unterstrich zum einen die Bedeutung der Qualität
der Beziehungsgestaltung sowie Notwendigkeit, die Autonomie und Partizipation
der Mitarbeitenden zu stärken sowie die Mitarbeitenden auch für die neuen
Rollenanforderungen zu befähigen (z. B. empowermentorientierte Führung,
Selbstbestimmungstheorie von Deci und Ryan). Es lässt sich an dieser Stelle
daher schon mit aller Deutlichkeit sagen: Während es keine einfache Gebrauchs-
anweisung für den ganz schnellen Führungserfolg gibt, gibt es definitiv einiges,
was auf Dauer keine nachhaltige positive Wirkung erzielen wird. Dazu gehört
insbesondere der Versuch, gute Führung auf einen einzigen Aspekt zu reduzieren
oder sich nicht um Führung zu kümmern (i. S. v. Laissez-faire) bzw. z. B. mit
Angst und Druck (i. S. v. destruktivem Führungsverhalten) zu agieren.

Gibt es nun also Zusammenhänge zwischen Führung und Wirkung? Was wirkt wie im Führungsprozess? Wie hoch ist der Einfluss oder der Wirkungsgrad der verschiedenen Ansätze? Im Zusammenhang mit diesen Fragestellungen fällt zumeist der der Begriff des „Führungserfolgs" (Weibler 2016, S. 62). Bevor wir uns möglichen Antworten zur (Aus-)Wirkung von Führung nähern, muss zunächst geklärt werden, was unter Führungserfolg verstanden werden kann. Dazu wollen wir zuerst nochmals unser Verständnis von Personalführung, das wir zu Beginn des Kap. 1 beschrieben haben, in Erinnerung rufen:

> *„Personalführung kann verstanden werden als bewusste, zielorientierte und sozial akzeptierte Einflussnahme auf Menschen (deren Erleben und Verhalten) sowie als wechselseitiger Prozess in einem bestimmten Kontext zur Einhaltung gemeinsamer Werte, Erfüllung von Aufgaben bzw. Erreichung von Zielen."*

Nun könnte man recht schnell hinsichtlich der Wirkung und des Erfolgs von Führung antworten: Wenn diese gemeinsamen Werte und Ziele eingehalten bzw. erreicht werden, wirkt Führung. Allein die Ausführungen zur Geschichte der Führungsforschung in Abschn. 1.2 lässt Sie sicherlich erahnen, dass die Antwort nicht ganz so einfach ist. Denn eine solche Aussage setzt z. B. voraus, dass der Einfluss der Führung sowie deren Anteil am jeweiligen Ergebnis eindeutig und zeitstabil zuzuordnen wäre. Über Wirkung, Erfolg, Erfolgsgrößen, Einflussfaktoren oder Grenzen wird im wissenschaftlichen Kontext umfassend diskutiert (siehe z. B. Rosenstiel und Nerdinger 2020, S. 24 f.; Schütz et al. 2020, S. 89; Blessin und Wick 2017, S. 229 ff.; Weibler 2016, S. 62 ff.; Barling 2014). Eine mögliche Perspektive kann beispielsweise der Erfolg der (bzw. für die) Führungskraft sein (i. S. v. Karriere, Gehalt, Ansehen, Netzwerke etc.). Jedoch auch die Wirkung von Führung auf die Mitarbeitenden.[52] Hier könnten deren Leistung, Entwicklung und/oder Zufriedenheit, Fluktuations-/Krankheitsraten, mögliche „Erfolgsgrößen" darstellen. Weiterhin kann man verschiedene Ebenen betrachten: die individuelle Ebene, das Team, die Organisation (z. B. Quantitäts-/Qualitätsgrößen, Finanzen, Klient*innenzufriedenheit), gesellschaftliche Wirkungen. In welche Richtung wirkt Führung – mehr nach innen oder nach außen – ist eine weite Analysemöglichkeit. Wir müssen an dieser Stelle jedoch die Diskussionsvielfalt etwas reduzieren, indem wir uns in einem ersten Schritt

---

[52] Clifton und Harter (2019) beschreiben z. B. den Einfluss von Führungskräften auf die emotionale Erschöpfung bei bis zu 30 %, auf die Arbeitszufriedenheit bei ca. 50 %, auf das Teamengagement bei bis zu 70 %.

nochmals darauf beziehen, welche zentralen Ziele Führung hat (bzw. idealerweise haben sollte). Und uns so der Fragen von Wirkungs- und Erfolgskriterien nähern.[53] Vor allem die ökonomischen Erfolgskriterien werden wir dann im weiteren Verlauf dieses Kapitels im Kontext sozialwirtschaftlicher Organisationen erläutern. Abschließend werden ausgewählte Themen und Methoden der aktuellen Führungsforschung vorgestellt.

Ziel bzw. Hauptaufgabe von Führung ist es, zur Zielerreichung (zum ökonomischen Erfolg) von Organisationen beizutragen (Rosenstiel und Nerdinger 2020, S. 27; Nerdinger 2019, S. 96; Comelli et al. 2014). In aggregierter Form wird darunter z. B. Umsatz, Gewinn, Wachstum, Marktanteil oder Produktivität verstanden.[54] Da die Leadership-Perspektive vor allem durch die Fokussierung auf Menschen (und Beziehungsgestaltung) gekennzeichnet ist, geht es hierbei um die Einflussnahme auf die Leistung von Mitarbeiterinnen und Mitarbeitern. Diese ist jedoch nicht voraussetzungsfrei – im Gegenteil! **Ohne leistungsfähige, gesunde, zufriedene und motivierte Mitarbeitende kann Führung nur sehr bedingt und vor allem nicht nachhaltig zum Erfolg einer Organisation beitragen.** Dieser Grundannahme folgend, setzt der ökonomische Erfolg den humanen (Führungs-) Erfolg voraus (Rosenstiel und Nerdinger 2020, S. 27; Nerdinger 2019, S. 96 ff.; Comelli et al. 2014, S. 86; DeRue et al. 2011).[55] Zu den humanen Zielen zählen

---

[53] Jürgen Weibler bietet in seinem Online-Leadership-Lexikon eine Definition zu Führungserfolg, die hier auszugsweise wiedergegeben wird: „Gesamtheit der Auswirkungen, die durch das intendierte Verhalten der Führungsperson auf die Werte, auf die Einstellungen, auf die Motivation oder auf das individuelle oder teambezogene Verhalten samt daraus resultierender organisationaler Ergebnisgrößen mittelbar oder unmittelbar in Verbindung zu bringen sind … Es ist darauf hinzuweisen, dass der Begriff des Führungserfolgs ein neutraler Begriff ist, d. h. nichts anderes, als dass er positiv wie negativ ausgeprägt sein kann" (online abgerufen am 28.03.2021 unter   https://www.leadership-insiders.de/leadership-lexikon/).

[54] Comelli et al. (2014, S. 86; auch Schütz et al. 2020, S. 88) nennen als disaggregierte ökonomische Erfolgsgrößen: Problemlösungen, Verbesserungsvorschläge, Prozess- und Produktinnovation, Reduzierung von Planabweichungen, Ausschussquoten etc. Hier kann man weitere Größen finden, wie z. B. Qualität, Zeitersparnis, Kostenhöhe, Kundenzufriedenheit, Produktivität der Mitarbeitenden, Einhaltung/Weiterentwicklung von organisationalen Werten und Normen, Image und Anerkennung von außen, Vernetzung etc. (Blessin und Wick 2017, S. 247; Weibler 2016, S. 65 ff.).

[55] Es liegt u. a. am Wertesystem der Organisation und auch am Mindset der jeweiligen Führungskraft, ob humane und ökonomische Ziele gleichberechtigt angesehen werden (was wir für notwendig erachten) oder als Mittel zum Erreichen der ökonomischen Ziele eingesetzt werden (Schütz et al. 2020, S. 89 f.).

z. B. Arbeitszufriedenheit, Gesundheit/allgem. Wohlbefinden, Engagement, Bindung an die Organisation/das Team, geringe Fluktuation, Work-Life-Balance oder Qualifizierung/Förderung der Kompetenzentwicklung. Entsprechend dieser Überlegung ist es also auch Aufgabe der Führungskraft im Sinne des Unternehmenserfolgs Motivation, Wohlbefinden und Gesundheit der Mitarbeitenden zu fördern.

Ausgehend von den zentralen Zielen der Führung, die als Basis für Führungserfolg bezeichnet werden können, aber noch nicht ausreichend erklären, wie Führung wirkt und wie sich Führung erfolgs- und wirkungsorientiert steuern lässt, nähern wir uns im nächsten Schritt der Wirkungsanalyse von Führung. Versteht man Führungserfolg als (Aus-)Wirkung von Führungshandeln, so müssen zunächst grundlegende Funktionsweisen von Wirkung erläutert werden.

Die Wirkungsdebatte in der Sozialwirtschaft wird teils kontrovers geführt. Wurde die Wirkungsmessung sozialer Dienstleistungen lange ausschließlich (und nicht selten skeptisch) im Rahmen von Qualität und Effizienzsteigerungen diskutiert, nehmen neuere Ansätze verstärkt gesellschaftlich-wertstiftende Ziele in den Blick (Burmester und Wohlfahrt 2018, S. 7). Der sozialinvestive Gedanke politischer Steuerung gewinnt an Bedeutung (Kehl und Then 2018, S. 859). Zusätzlich spricht man von einem „neuen Selbstverständnis" (Kehl et al. 2016, S. 10), welches das eigene berufliche Handeln kritisch in den Blick nimmt und die konkret geplante und überprüfbare Wirkung stärker in den Fokus rückt. In diesem Rahmen kann der Wirkungsgedanke auch für Führungskräfte hilfreich sein, indem sie Führungshandeln und intendierte Wirkung konkreter aufeinander beziehen.

Wirkungen werden dabei als Veränderungen bezeichnet, die bei einer Zielgruppe (z. B. Mitarbeitende/Klient*innen) erreicht werden (Kurz und Kubek 2018, S. 5). Diese Wirkungen in Gestalt von z. B. zufriedenen und leistungsbereiten Mitarbeitenden sind im Führungskontext das Ergebnis von Führungshandeln, wie es sich z. B. in Form von Feedbackgesprächen und Zielvereinbarungen zeigt.

Es stellt sich nun die Frage, inwieweit sich Wirkungen des Leitungshandelns abbilden und planen lassen. Wirkungen werden in verschieden Kontexten diskutiert, so lassen sich für Evaluationsforschung, Rechnungswesen, Umwelt- und Sozialverträglichkeitsprüfung, NPO-Forschung, Soziales Unternehmertum und Corporate Social Responsibility verschiedene Formen von Wirkungsanalysen und -messungen feststellen (Schober und Rauscher 2014, S. 265 ff.). Die Vielfalt an Modellen und Herangehensweisen ist undurchsichtig, gleichzeitig werden je nach Kontext verschiedene Dimensionen fokussiert. Für die Führungsthematik orientieren wir uns weiterhin an den grundsätzlichen Zielen von Führung als

Dimensionen des Nachdenkens über Wirkung (human, ökonomisch, gesellschaftlich). Für die Sozialwirtschaft insgesamt und insbesondere in der Arbeit mit Klient*innen ergeben sich natürlich andere Ebenen, die hier nicht weiter beleuchtet werden können.

Viele der Modelle haben ihren Ursprung in der Evaluationsforschung der 1950er-/1960er-Jahre. Wirkungsmodelle stellen Hypothesen auf, wie soziales Verhalten erklärt werden kann und wie infolgedessen Leistungen geplant und umgesetzt werden sollen. Gleichzeitig erklären und verbildlichen sie den Zusammenhang zwischen Handeln (z. B. Führungshandeln) und Ergebnis (z. B. Wirkung bei Mitarbeitenden; Balthasar und Fässler 2017, S. 287 f.). In den vergangenen Jahren sind zahlreiche Modelle entstanden, die an dieser Stelle nicht umfassend erläutert werden können, sodass wir uns auf 2 Modelle (das Logische Modell und die Theory of Change) beschränken, die für viele Wirkungsmodelle grundlegend sind.

Das ‚Logische Modell' beschreibt auf 5 Stufen die Beziehungen zwischen Ressourcen, Aktivitäten und Wirkungen:

Planung:

- Stufe 1: Ressourcen/Input
- Stufe 2: Activities (Aktivitäten)

Beabsichtigte Ergebnisse:

- Stufe 3: Output (Leistung)
- Stufe 4: Outcome (Wirkungen Zielgruppe)
- Stufe 5: Impact (gesellschaftliche Wirkung).

Die einzelnen Stufen fungieren jeweils als Voraussetzung für die Nachfolgestufe. Wenn Ressourcen zum Einsatz kommen (Input), können diese genutzt werden (Aktivitäten), um eine Leistung im erforderlichen und geplanten Umfang anbieten zu können (Output). Dies wiederum ist die Voraussetzung für Wirkungen auf der Ebene der Zielgruppe (Outcome) und auf gesellschaftlicher Ebene (Impact; z. B. W.K. Kellog Foundation 2004, S. 1, 3). Das ‚Logische Modell' versucht, komplexe Zusammenhänge in einem einfachen Modell erklärbar zu machen, was bei allen Vorteilen auch kritisch betrachtet werden kann, da möglicherweise diese einfachen Ursache-Wirkungs-Zusammenhänge komplexe Zusammenhänge verkürzt darstellen. Gleichzeitig ist in der Komplexitätsreduktion auch eine Chance zu sehen, die in der strukturierten Kommunikation mit Kostenträgern, Stakeholdern und Klient*innen münden kann. Diese

Reduktion erfährt im nächsten Modell eine Erweiterung. Die Theory of Change ist ein vom Aspen Institute Roundtable on Community Change veröffentlichtes Wirkungsmodell, welches ebenfalls die soziale Veränderung und deren Zusammenhänge in den Mittelpunkt der Betrachtung stellt, aber im Unterschied zum ‚Logischen Modell' die Bedingungen (z. B. wertschätzende Kommunikation als Bedingung für Führungserfolg) fokussiert. Werden diese Bedingungen erfüllt, können geplante Ziele erreicht werden (Anderson 2005, S. 3).

Kritisch anzumerken ist an dieser Stelle, dass Wirkungsmessung mit gewissen Hürden verbunden ist und kausaltheoretische Zusammenhänge unter Beachtung der verschieden Wirkungsebenen nicht einfach herzuleiten sind.[56] Dennoch halten wir es für äußerst sinnvoll, eigenes (Führungs-)Handeln wirkungsorientiert zu verstehen und zu reflektieren. Für die Sozialwirtschaft ist Kurz und Kubek (2018, S. 5) eine Abwandlung des ‚Logischen Modells' gelungen, welches auch für die Erklärung von Führungserfolg und dessen Reflexion hilfreich sein kann. Auf einer sogenannten Wirkungstreppe bilden die ersten 3 Stufen die Voraussetzungen von Wirkung. Auf Stufe 1 finden Aktivitäten statt, die auf Stufe 2 die Personen erreichen und auf Stufe 3 von den Personen angenommen werden. Erst ab den Stufen 4–7 kann man von Wirkung sprechen. Im Unterschied zum ‚Logischen Modell' differenziert die Wirkungstreppe verschiedene Formen von Wirkung. Auf Stufe 4 verändert sich zuerst das Bewusstsein, bevor auf Stufe 5 sich Handlungsweisen ändern. Veränderte Handlungsweisen ermöglichen die Veränderung der Lebenslage. Auf Stufe 7 ändert sich infolge der Veränderung der Lebenslage auch Gesellschaft (Kurz und Kubek 2018, S. 5). Für Führungskräfte bedeutet dies, dass allein Führungshandeln (Stufe 1) nicht zwingend zu einer Wirkung bei Mitarbeitenden führt. Erst, wenn Mitarbeitende erkennen, dass die Führungskraft „führt" (Stufe 2) und dies von Mitarbeitenden als sinnvoll erachtet wird (Stufe 3), kann bei Mitarbeitenden eine Wirkung im Sinne der Veränderung von Bewusstsein und/oder Wissen (Stufe 4) erreicht werden. Die Wirkungstreppe verdeutlicht auch, dass allein das Bewusstsein nicht dazu führt, dass Mitarbeitende tatsächlich ihr Handeln verändern (Stufe 5) und sich auch nicht automatisch die berufliche Situation (Stufe 6) verbessert.

Zusammenfassend kann festgestellt werden, dass Wirkungslogiken eine Möglichkeit bieten, Führungshandeln konkret wirkungsorientiert zu denken und zu reflektieren. Aus unserer Sicht gelingt es durch dieses wirkungsorientierte Denken, Mitarbeitende in den Führungsprozess einzubinden und Führungserfolg

---

[56] Herausforderungen und Probleme der Wirkungsmessung wurden u. a. in der Studie von Lars Repp (2013) umfassend beleuchtet.

besser sicherzustellen. In der Folge ist es nun notwendig, die konkreten Wirkungs-
hebel im Kontext der Personalführung genauer zu betrachten.

Praxisbeispiel
Frau Schwab ist Führungskraft im Jugendamt und verantwortet dort ein
Team von 10 Mitarbeiter*innen. Nachdem alle Mitarbeitenden an einer
Weiterbildung der Motivierenden Gesprächsführungen teilgenommen
haben, kommuniziert Frau Schwab in einer Teambesprechung, dass die
gelernten Methoden nun im Arbeitsalltag angewandt werden sollen. Weiter
Maßnahmen ergreift sich nicht. Nach einiger Zeit werden einige Beratungs-
gespräche analysiert. Dabei wird festgestellt, dass nur sehr wenige
Gesprächstechniken der Motivierenden Gesprächsführung Anwendung
finden.
   Wie erklären Sie sich auf Grundlage der Wirkungstreppe diese
Situation? Reflektieren Sie bitte das Führungsverhalten von Frau Schwab.

Was ist gute Führung?
Wir alle haben Erfahrungen mit Führung – ob als Führungskraft und/oder als
Geführte*r. Und selbst, wenn wir nicht direkt in eine Führungsinteraktion involviert
sind, beobachten wir entsprechende Situationen oder bilden uns beispielsweise aus
Erzählungen von Kolleg*innen, Freunden oder Medienberichten eine Meinung.
Und so unterscheiden sich dann Ihre Antworten auf Fragen wie „Was ist gute
Führung?", „Was macht eine gute Führungskraft aus?" oder „Was sollte eine
Führungskraft vermeiden?" möglicherweise gravierend. Ähnlich große – teils dia-
metral gegenüberliegende – Ansichten finden sich auch in den unzähligen Büchern,
Ratgebern, Newsletter, YouTube-Videos etc. zum „wirksamsten Führungsstil".
Nicht selten sind es Geschichten prominenter Persönlichkeiten, besondere Einzel-
beispiele oder eigene Karrierepfade, die als Grundlage dienen und als Ratgeber
verallgemeinert werden. Die Frage, ob sich solche Erkenntnisse ohne Weiteres ver-
allgemeinern lassen, muss hier dennoch gestellt werden. Sicherlich spricht nichts
dagegen, sich durch Impulse und Beispiele inspirieren zu lassen – und auch sein
eigenes (Führungs-)Verhalten zu reflektieren.
   Im professionellen Kontext einer modernen wissenschaftlich begründeten
Führungspraxis sollte dann noch zumindest ein weiterer Schritt kommen: zu
prüfen, ob es ggf. weitere Belege für die jeweiligen Annahmen gibt. Diesen
Schritt vollzieht Führungspraxis allerdings eher selten, was möglicherweise an der Vielfalt, der mangelnden anwendungsorientierten Aufbereitung

oder der sich teilweise auch deutlich widersprechenden wissenschaftlichen Erkenntnisse liegen mag. Denn trotz einiger vielfach belegten Erkenntnisse, z. B. zur Förderung von Motivation, Arbeitszufriedenheit, Stärkung der Arbeitgeberbindung oder Reduzierung psychischer Belastungen im Arbeitskontext, zeigen aktuelle Befragungen, dass diese Erkenntnisse eher selten den Weg in die Praxis finden und noch eher „klassisch" (im Sinne von „nicht geschimpft ist genug gelobt" oder durch Anwendung von kleinteiliger Kontrolle, wenig *echter* Partizipation etc.) geführt wird.[57]

Führungsforschung kann heute abgesicherte Erkenntnisse liefern,[58] was als Erfolg versprechende Handlungsweise eingesetzt werden kann und welche Wirkung diese mit hoher (oder zumindest einiger) Wahrscheinlichkeit entfaltet. Führung sollte auf Basis wissenschaftlicher Erkenntnisse erfolgen und sich mit den individuellen Erfahrungen sowie den Notwendigkeiten der jeweiligen Situation bzw. Organisation verbinden. Lassen Sie uns hier einen kurzen Vergleich zur Medizin anstellen. Dort gibt es inzwischen zahlreiche Leitlinien für die Behandlung verschiedener Symptombereiche. Diese ermöglichen es Ärztinnen und Ärzten auf dem aktuellen Stand der Forschung eine an den bekannten Wirkungsmechanismen orientierte Intervention auszuwählen. Die sogenannte evidenzbasierte Medizin ist der Weg, durch die optimale Nutzung des aktuellen medizinischen Fachwissens die höchsten Heilungschancen zu ermöglichen. In vielen anderen Arbeitsbereichen, wie auch in der Führungsforschung, gibt es eine solche offizielle Evidenzbasierung noch nicht. Überlegen Sie sich dennoch bitte für einen Moment, ob Sie lieber eine medizinische Behandlung auf dem aktuellen Stand medizinischen Fachwissens wahrnehmen wollen würden oder sich mit

---

[57]An dieser Stelle soll nur der Hinweis auf die regelmäßigen Befunde des Gallup-Engagement-Indexes gegeben werden (www.gallup.de). Auch eine Untersuchung von Stefan Diestel und Kolleg*innen (2018), die rund 13.500 Fach- und Führungskräfte in Deutschland befragten, stellt u. a. fest, dass weniger der Mensch, sondern viel mehr die Leistung (Ergebnisse) im Mittelpunkt des Führungshandelns steht. Sie führen weiter aus: „Es besteht eine große Diskrepanz zwischen der Selbst- und Fremdwahrnehmung von Führungsverhalten. Führungskräfte überschätzen ihr eigenes Führungsverhalten in Bezug auf die Führungsstile, die von Mitarbeitern als ideal angesehen werden. Sie unterschätzen ihr Führungsverhalten in Bezug auf die von den Mitarbeitern als weniger positiv empfundenen Führungsstile" (Diestel et al. 2018, S. 26, siehe auch Manganelli et al. 2018, S. 2).

[58]Das Wort „kann" wurde bewusst eingesetzt, da auch Forschung vielfältigen Limitationen unterliegt und nicht selten deren Erkenntnisse kritisch diskutiert werden (z. B. ungünstige methodische Zugänge, mangelhafte Vergleichbarkeit, u. a. aufgrund einer fehlenden Kontrollgruppe).

dem, in der persönlichen Erfahrung Ihrer Ärztin oder Ihres Arztes begründeten, Bauchgefühl bescheiden würden. Auch eine Entscheidung für letzteres kann natürlich zu einem guten Ergebnis führen. Aber wie lässt sich das, was da ggf. funktioniert hat, in anderen Situationen mit hoher Wahrscheinlichkeit wiederholen oder an andere Praktiker*innen vermitteln?

Unserem Verständnis nach verzichtet eine Führung, die nicht auf die zum gegebenen Zeitpunkt beste fachliche Basis zurückgreift, zumindest auf eine wichtige Informationsquelle und bleibt häufig hinter ihren Möglichkeiten zurück. Demgegenüber regen wir Sie an, sich an den folgenden Ausführungen zu einer „evidenzbasierten Führung" zu orientieren bzw. diese zumindest in der Reflexion Ihres Führungsverständnisses zu berücksichtigen.

Führungsforschung setzt hier an, indem sie z. B. fragt: „Wie muss Führung gestaltet sein, damit wesentliche Ziele des Unternehmens (zufriedene Mitarbeitende, Gewinn etc.) erreicht werden?" (Kauffeld et al. 2019, S. 107). Um Antworten zu finden, blickt sie beispielsweise auf Themen des Individuums, der Interaktion von Teams und Organisationen sowie auf Fragen der Gestaltung von Arbeit, Arbeitsaufgaben etc. (z. B. Barling 2014). Dabei werden unterschiedliche wissenschaftliche Disziplinen, verschiedene Perspektiven/Stakeholder sowie (sozial-)wirtschaftliche Zusammenhänge miteinbezogen. Der überwiegende Teil der Führungsforschung findet empirisch-analytisch statt, wenngleich es auch experimentelle Ansätze gibt. Meist werden Fragebögen (quantitativ, qualitativ, mixed-method) eingesetzt, um Daten zu erheben. Doch auch, wenn die grundlegenden wissenschaftlichen Standards eingehalten werden, können nur die wenigsten Aussagen einen kausalen Zusammenhang bestätigen (eindeutige Ursache – Wirkung), was sich viele Führungskräfte wünschen, jedoch allein die Komplexität der (Führungs-)Welt wie auch Grenzen der wissenschaftlichen Methodik ermöglichen dies meist nicht. Gleichwohl liegen Befunde vor, die wichtige Führungsimpulse z. B. über Mediatoren (ein Faktor, der den Zusammenhang zweier Variablen teilweise oder vollständig herstellt, spezifiziert bzw. vermittelt)[59] und Moderatoren (ein Faktor, der den schon bestehenden Zusammenhang zwischen 2 [anderen] Variablen beeinflusst/verändert)[60] herausgearbeitet haben.

---

[59] Beispiel: u. a. ist das Ausmaß des Empowerments dafür verantwortlich, wie stark sich das Commitment (verstanden als Führungserfolg) aufgrund eines transformationalen Führungsverhaltens (Führungsansatz) entwickelt (in Anlehnung an Weibler 2016, S. 60).
[60] Beispiel: Die jeweilige Führungssituation (z. B. unsichere Situation) beeinflusst die Wirkung des Führungsverhaltens (charismatisch) auf den Führungserfolg (positive Arbeitseinstellung; Weibler 2016, S. 59).

Damit man noch deutlicher Wirkungen benennen kann, werden sogenannte Meta-analysen durchgeführt, die mehrere Studien zu einer Fragestellung wissenschaftlich zusammenfassen.[61] Die zunehmende Veränderungsgeschwindigkeit und Komplexität in der Arbeitswelt, Globalisierung und gesellschaftliche Entwicklungen haben auch Auswirkungen auf die Führungsforschung. Konzentrierte sich diese in ihren Anfängen überwiegend und längere Zeit auf einen Aspekt (z. B. Eigenschafts-orientierung), so ist sie heute deutlich vielfältiger unterwegs. Was einerseits neue Perspektiven eröffnet und Varianten offeriert, andererseits den Überblick erschwert.[62] Dennoch bleiben 2 übergeordnete Ziele im Fokus der Führungs-forschung, die wir zuvor bereits als Ziele bzw. Hauptaufgaben von Führung aus-geführt und im Kontext der Sozialwirtschaft vertieft diskutiert haben:

Beiträge zur Humanisierung des Arbeitslebens und zur Verbesserung der Wirksamkeit/Zielerreichung von Organisationen.

Was verstehen wir nun unter Guter Führung? Auch die Frage der guten Führung unterliegt stetiger Wandlungsprozesse (Menschenbilder, Rollen, Zuschreibungen, Perspektiven, Organisationskultur etc.) und kann nicht für jede Organisation gleich beantwortet werden (z. B. Kovács und Stief 2020, S. 901 ff.).[63] Wir verstehen gute Führung als ein vertrauenswürdiges, gerechtes

---

[61] „Die Metaanalyse ist eine mathematische Zusammenfassung der Befunde aus ver-schiedenen Stichproben oder Studien zu einem bestimmten Untersuchungsgegenstand, wie z. B. zum Zusammenhang von Intelligenz und Leistung am Arbeitsplatz" (Nerdinger et al., 2019, S. 701).

[62] Weibler (2016) gewährt ab S. 467 einen Einblick dazu.

[63] Weibler (2016, S. 648 ff.) führt z. B. 2 Dimensionen ethischer Führung aus: gute (legitime) Ziele sowie gute (legitime) Mittel der Führung. Hierbei fokussiert er u. a. auch die Person der Führungskraft, die der Geführten sowie die Situation (ebd., S. 656). Siehe vertiefend z. B. Franczukowska et al. 2021, Blessin und Wick 2017, S. 425 ff., Ng und Feldman 2015, Frey 2015, Resick et al. 2011. Werden Aspekte guter Führung diskutiert, so fällt häufiger das Wort der Integrität, das u. a. als Vertrauenswürdigkeit (vertrauens-volle Beziehungen), Gerechtigkeit (Fairness) sowie konsistentes und ethisches Ver-halten verstanden werden kann (vertiefende Diskussionen und weitere Perspektiven bietet z. B. Kraus und Kreitenweis 2020, S. 46 ff. oder Bachmann 2017). Dass ethisch-basierte Führung positive Wirkung entfaltet, konnten Ng und Feldman (2015) in einer Metaanalyse (die Ergebnisse mit mehr als 29.000 Teilnehmenden zusammenfasst) belegen: Je gerechter Chefinnen und Chefs führen, desto zufriedener sind ihre Mitarbeit*innen und desto mehr

wie verantwortungsvolles Handeln, dem es nachhaltig gelingt, sowohl humane als auch wertschöpfende Ziele in einer für *alle* Beteiligten guten Balance zu verfolgen (siehe auch Frey und Schmalzried 2013, S. 4 ff., 29).[64] Gute Führung entsteht aus einer ethisch-basierten Motivation und Haltung[65] – zugleich hat sie die Wirksamkeit ihrer Interventionen im Blick. Führungskräfte denken und handeln somit in einer Art und Weise, die beides ist: **ethisch *und* effektiv** (Kovács und Stief 2020; Newstead et al. 2019, S. 3 f.; Wang und Hacket 2016; Ciulla 2014).

Wie zuvor bereits Ng und Feldman (2015) betonen Kovács und Stief (2020, S. 905), dass die Ausrichtung am Wohl der Mitarbeitenden einem Profiziel nicht widerspricht: „Es gibt kein oberstes Prinzip (z. B. der Profit), das alle Wertentscheidungen letztendlich bestimmt. Mitarbeiterführung ist vielmehr eine Kunst des Respektierens von persönlichen Interessen der Mitarbeiterinnen und Mitarbeiter im Kontext der Ziele des Unternehmens … .“

Gute Führung stellt konsequent den Menschen sowie dessen Wohlergehen in den Mittelpunkt des Führungshandelns und nutzt legitime Mittel der Führung, um (Spitzen-)Leistung zu erzeugen, Ziele zu erreichen sowie gesellschaftlich positive Wirkung zu entfalten. Gute Führung basiert auf einer umfassenden Sicht: Organisationserfolg, das Wohl der Beschäftigten und gesellschaftliche Verantwortung gehen Hand in Hand!

---

leisten sie. Vor allem das Vertrauen der Mitarbeitenden in das Denken und Handeln der jeweiligen Führungskraft hat bedeutende Einflüsse. Für Organisationen des Gesundheitswesens in Österreich konnten Franczukowska et al. (2021) herausfinden, dass ethische Führung signifikant positiv mit der Arbeitszufriedenheit und dem affektiven Engagement sowie signifikant negativ mit Burn-out zusammenhängt (zur Messung der ethischen Führung wurde die deutsche Version der 10-Item-Skala für ethische Führung (ELS) von Brown et al. 2005 verwendet (s. a. Kraus und Kreitenweis 2020, S. 170 f.). Beispielfragen hier lauten: *„Mein Vorgesetzter trifft faire und ausgewogene Entscheidungen"*; *„Meine Führungskraft denkt an die Interessen der Mitarbeitenden"*, *„Ihr/ihm kann vertraut werden"*).

[64] Wenn wir in die Zukunft schauen, sollen dabei auch gesellschaftliche Perspektiven mitgedacht werden (siehe auch Kovács und Stief 2020, S. 905).

[65] Block et al. (2015) haben 7 Verhaltensfacetten von ethischer Führung herausgearbeitet, die in absteigender Reihenfolge eine entsprechende Wirkung (i. S. wahrgenommener ethischer Führung, Förderung der Arbeitszufriedenheit oder der Arbeitgeberbindung) entfalten und unser Führungsverständnis verdeutlichen: Mitarbeiterorientierung, Fairness, Rollenklärung, Integrität, Machtteilung, ethische Anleitung und Interesse an Nachhaltigkeit.

1.3.2 Führungserfolg: Was wirkt wie?

Führung hat vor allem die Aufgabe, über humanen Erfolg zu positiven Team-/ Organisationszielen beizutragen. Wir werden in diesem Abschnitt Ergebnisse von Führung beschreiben. Dies erfolgt vor dem Hintergrund der zuvor skizzierten Rahmenbedingungen und Limitationen sowie unter Berücksichtigung der Erkenntnisse der aktuellen Führungsforschung (siehe Abschn. 1.2). Wenn auch die Zusammenhänge zwischen Führungshandeln und Wirkungen (bzw. Nebenwirkungen) nicht immer eindeutig sind, so belegen dennoch zahlreiche Forschungsergebnisse einen bedeutenden Zusammenhang zwischen ‚guter Führung' und[66]

- tiefem Vertrauen (in sich, die Führung und die Organisation)/psychologischer Sicherheit, positivem Organisationsklima, gesteigertem Wohlbefinden und besserer Gesundheit bei reduziertem Stress, weniger Erschöpfung und Burnout-Gefahr;
- der Leistung von Mitarbeitenden sowie die Bereitschaft, sich weiterzuentwickeln (Lernen);
- der Arbeitsmotivation/-zufriedenheit;
- Commitment und Mitarbeiter*innenbindung;
- freiwilligem Engagement (OCB), proaktivem Handeln;
- besseren qualitativen Ergebnissen sowie mehr Kreativität und Innovationen;
- Kundenzufriedenheit;
- Teamleistung;
- Organisationserfolg (z. B. Umsatz, Wachstum, Marktanteil oder Produktivität).

---

[66] Wir wollen an dieser Stelle nur einige Quellen (Studien, Metaanalysen, Übersichtsartikel etc.) benennen, die die verschiedenen Wirkung guter Führung thematisieren und belegen (siehe auch Kap. 2): Unger und Sann 2020, S. 63 f.; Audenaert et al. 2020; Young et al. 2020; Harter et al. 2020; Gregersen et al. 2020; Rose und Steger 2020; Krekel et al. 2019; Clifton und Harter 2019; Zenger und Folkman 2019; Herre et al. 2019; Chua und Ayoko 2019; Schermuly 2019; Hyland et al. 2018; Hoch et al. 2018; Slemp et al. 2018; Bruch et al. 2018; Pundt et al. 2018; Olafsen et al. 2018; Manganelli et al. 2018; Gottfredson und Aguinis 2017; Nielsen et al. 2017; Montano et al. 2017; Rothe et al. 2017; Frazier et al. 2017; Hackl et al. 2017, S. 91; Knies et al. 2016; Martin et al. 2016; Weibler 2016, S. 361 ff.; Gaddis und Foster 2015; Ng und Feldman 2015; Karadağ et al. 2015; Rowold et al. 2014; Comelli et al. 2014; Barling 2014; Bruch und Kowalevski 2013; McMurray et al. 2013; Dulebohn et al. 2012; Dicke et al. 2012; Yukl 2012; Sturm et al. 2011; Wang et al. 2011; DeRue et al. 2011; Avolio et al. 2009; Judge et al. 2004b.

Diese positiven Auswirkungen von guter Führung, die vor allem die emotionale Bindung an die Organisation steigern, führen weiterhin zu weniger krankheitsbedingter Abwesenheit, weniger Fluktuation oder generell negativen Verhaltenstendenzen (z. B. Bruch et al. 2018; Nink 2018; Martin et al. 2016). Auch stellt sich heraus, dass unterschiedliche Führungsansätze verschiedene Bereiche stärker bzw. weniger stark beeinflussen. So weisen Hyland et al. (2018) darauf hin, dass ein mehr transformationales Führungsverhalten besonders die Bereiche Vertrauen, Work-Life-Balance und Zufriedenheit stärkt, wohingegen transaktionale Führungselemente oder aufgabenorientierte Ansätze eher das Engagement (Leistung), aber auch Zufriedenheit verbessern. Beide Ansätze wirken (richtig eingesetzt) positiv auf Motivation (auch Sturm et al. 2011).[67] Daher passen hinsichtlich der Steigerung z. B. der Teamperformance die Hinweise von Herre et al. (2019, S. 44 f.), dass es u. a. auf die Aufgabencharakteristik und die Frage, auf welche Ergebnisse und Verhaltensweisen von Mitarbeitenden Wert gelegt werden soll, ankommt.

Dass die hier vorgestellten Ergebnisse auch für den Bereich der **Personalführung in der Sozialwirtschaft** wirksam genutzt werden können, legen verschiedene Studien nahe, die wir in Abschn. 1.2 bereits ausgeführt hatten.[68] Die aufgezeigten wichtigen Themenfelder für Führungskräfte, wie z. B. Förderung von Motivation und Zufriedenheit, Stärkung des organisationalen Commitment und der Teamleistung, selbstwirksamkeitsorientierte Rahmenbedingungen

---

[67] Hyland et al. (2018) betonen zudem, dass diese Erkenntnisse im Großen und Ganzen unabhängig von der Mitarbeitergeneration, Geschlecht und regionalen Gegebenheiten sind.

[68] Als weitere Beispiele: Gregersen et al. (2016) haben das Thema „Führung und Gesundheit" im Bereich des Sozial- und Gesundheitswesens analysiert. Hier konnte vor allem der LMX-Ansatz als sehr wirksam hinsichtlich einer positiven Gesundheitsförderung (allgemeiner Zustand, Reduzierung emotionale Erschöpfung und Stress) sowie Arbeitszufriedenheit herausgearbeitet werden. Führung kann die Beziehungsqualität insbesondere durch die Förderung von Rollenklarheit, Vorhersehbarkeit und Betonung der Bedeutung der Arbeit der Mitarbeiter*innen verbessern. In einer Untersuchung von Henkel und Rau (2012) zur Burn-out-Gefährdung in der Sozialwirtschaft werden u. a. fehlende Rückmeldung und soziale Unterstützung (durch Führung und Kolleg*innen), Rollenunklarheit und widersprüchliche Aufgabenstellungen bzw. fehlende Rahmenbedingungen als Probleme benannt. „Gerade im Bereich der Rückmeldungen und Anerkennung der Mitarbeiter zeigen sich in den betrachteten sozialwirtschaftlichen Tätigkeiten bei den wahrscheinlich von Burnout betroffenen Mitarbeitern im Vergleich zu den nicht betroffenen Mitarbeitern deutliche Defizite …" (2012, S. 52). Trépanier et al. (2019) konnten im Gesundheitsbereich zeigen, dass sich destruktive Führung (tyrannisch und laissez faire) negativ auf die Motivation, Arbeitsleistung und die Gesundheit der Mitarbeiter*innen auswirkt.

gestalten, die freiwilliges Engagement, proaktives, selbstständiges Handeln anregen oder für Gesundheit und Wohlbefinden sorgen oder auch Anerkennung und Feedback sind Bereiche, die Beschäftigte als enorm wichtig im Arbeitsleben ansehen. Viele aktuelle Befragungen von Arbeitnehmer*innen unterstreichen die Bedeutung einer respekt- wie vertrauensvollen Beziehung zu Vorgesetzten und dem Team, regelmäßiger Austausch, Wertschätzung und individuelle Unterstützung (Kompetenzförderung), Autonomieerleben, Partizipation, Sinnvermittlung und klare, leistungsförderliche Arbeitsbedingungen. Diese Punkte sind neben einem fairen Gehalt und Arbeitsplatzsicherheit die wesentlichen Zufriedenheits- und Motivationstreiber.

Was soll man nun aus den gesamten empirischen Erkenntnissen schließen? Zunächst kann man festhalten, dass die Führungsforschung viele Befunde liefert, wie Personalführung gut gelingen kann und wo positive Wirkfaktoren liegen. Zugleich zeigt sie Grenzen der Einflussnahme auf und weist deutlich auf problematische Effekte für Beteiligte wie Organisationen hin. Vor allem bei Führungsansätzen, die nachweislich negative Auswirkungen auf Mitarbeitende wie Führungskräfte haben, sind die Aussagen recht deutlich: Nicht-/Teil-Wahrnehmen der Führung (**Laissez-faire**) sowie ‚**destruktive Führung**‘ (Bad Leadership) sind insgesamt kontraproduktiv und sollten vermieden werden (z. B. Kuhn und Weibler 2020; Gregersen et al. 2020; Bruch et al. 2018; Mackey et al. 2017; Barling und Frone 2017; Montano et al. 2017; Zhang und Liao 2015; Skogstad et al. 2014; DeRue et al. 2011; Sturm et al. 2011). Hierzu zählen auch mangelnde Führungskompetenzen und Verhaltensweisen wie geringe Konfliktlösefähigkeiten oder häufige Unerreichbarkeit (Pundt et al. 2018).[69]

Der Führungsansatz muss zur jeweiligen Herausforderung passen. So sind immer auch situative, organisationale und aufgabenorientierte Faktoren bei Entscheidungen zu Führungsinterventionen zu berücksichtigen. Zudem muss der Ansatz zur Führungskraft selbst sowie zum Denken und Handeln der Mitarbeiter*innen passen. Neben einer guten (situativen) Analyse-/Entscheidungsfähigkeit und breitem Wissen zur Führungsforschung sind auch fundierte Führungskompetenzen (wie z. B. Selbstreflexion, Kommunikations-/Feedbackfähigkeiten, Ziel-/Leistungsorientierung) und aktuelle Kenntnisse über die anvertrauten Mitarbeiter*innen unerlässlich.

---

[69] Zusammenfassend könnte man auch sagen: ‚*Schlechte Führung kostet Geld, macht krank und vertreibt motivierter Mitarbeiter*innen*‘. (in Anlehnung an Steinert und Büser 2018, S. 24 ff.)

Eine „gute Mischung" (oder: ein Best of …) von mitarbeiter*innen- und aufgabenorientierter sowie transformationaler und transaktionaler Führung bietet grundsätzlich eine stabile Basis für erfolgreiche Führung. Vor allem Mitarbeiter*innenorientierung (eine gute Beziehungsqualität, den Mensch in den Mittelpunkt des Handelns zu stellen) und Empowerment sowie eine auf ethischen Grundlagen basierende Führung wird in der aktuellen Arbeitswelt an Bedeutung gewinnen (Schermuly 2019; Rose 2019; Ebner 2019; Ryan und Deci 2017; Ng und Feldman 2015).

Je komplexer, veränderlicher und unsicherer die Rahmenbedingungen sind und je mehr es auf Eigeninitiative, Selbstständigkeit, Kreativität sowie Methoden- und Problemlösekompetenz der Mitarbeitenden ankommt, desto weniger sind einengende, aufgabenorientierte Führungsansätze sinnvoll. Gleichwohl gilt auch hier, (gemeinsam) Ziele zu erarbeiten, Leistung zu ermöglichen, Rollen zu definieren, eindeutige Informationen zu geben und Verantwortlichkeiten eindeutig zu klären, dabei immer auch psychologische Sicherheit zu bieten (Edmondson 2020; Wang et al. 2011). Dafür benötigen Mitarbeiterinnen und Mitarbeiter klare Rahmenbedingungen sowie anspruchsvolle Ziele. Regelmäßige Rückmeldungen sind ebenso von großer Bedeutung, die jedoch nicht als kleinteilige Kontrolle (oder gar Misstrauen) verstanden werden sollten. Und Rückmeldung sollte keine Einbahnstraße sein. Gerade wegen der Personen- und Situationsabhängigkeit guter Führung ist es zentral, dass die Führungskraft dialogisch klärt, wie es einerseits um die Befindlichkeit der Mitarbeitenden steht und welche Rückmeldung es andererseits zum Führungsverhalten gibt.

Eine wichtige Grundlage für wirksame Führung ist die Tatsache, dass der Führungsstil (bzw. Führung insgesamt) durch die Mitarbeitenden akzeptiert wird (sogenannte implizite Führungstheorien der Geführten). Demzufolge sind gegenseitiges Vertrauen, Gerechtigkeit, empathische Kommunikation (individuelle Beziehungsgestaltung), die Förderung der Selbstbestimmung und Anerkennung/ Wertschätzung mit die wirksamsten Führungsinterventionen (vor allem in unsichereren Zeiten). Sie helfen, dass die Akzeptanz der Führung(skraft) durch Mitarbeitende steigt sowie gute Beziehungen, Motivation und Leistung entstehen bzw. sich verbessern. Es konnte in den Abschn. 1.2 und 1.3 dargelegt werden, dass qualitativ hochwertige Beziehungen zu guter Leistung, starker Bindung an die Organisation und zu Extraanstrengung führen (z. B. Martin et al. 2016). Sie spielen auch hinsichtlich der Gesunderhaltung und Zufriedenheit eine entscheidende Rolle (Gregersen et al. 2020). Schlechte Beziehungen oder Ungleichbehandlung innerhalb der Beziehungen zwischen Führungskräften und ihren Mitarbeitenden führen u. a. zu Leistungsabfall, bewusst kontraproduktivem Verhalten, erhöhter Krankheit sowie Fluktuation. Einer solch negativen Entwicklung kann „kostengünstig" begegnet werden: Wertschätzung, Dankbarkeit und Respekt sind hierbei entscheidende Faktoren. Hinzu kommt die wahrgenommene Unterstützung der Autonomie und des individuellen Kompetenzerlebens *(siehe: Selbstbestimmungstheorie n. Deci und Ryan oder Empowerment-Ansatz; Abschn. 1.2.5)*. Somit kommen wir zur Erkenntnis:[70]

- Gute Führung wirkt und zahlt sich vielfach für alle Beteiligten aus.
- Gute Führung berücksichtigt, dass nur nachhaltiger humaner Führungserfolg zu dauerhaftem organisationalen Erfolg führt.
- Gute Führung reflektiert und nutzt die Erkenntnisse der empirischen Führungsforschung im eigenen Arbeitsbereich.
- Gute Führung bietet einen angemessenen, klaren Rahmen (eindeutige Struktur, Verantwortlichkeiten, Ziele, Aufgaben …) und eröffnet ausreichend Raum zur individuellen, selbstbestimmten Gestaltung und Entwicklung (auf organisationaler Ebene, jedoch auch auf Team- und individueller Ebene). Ob dies tatsächlich in den Augen der Mitarbeitenden angemessen und ausreichend ist, klärt sie regelmäßig, z. B. in dialogischen Kommunikationsformaten.
- Gute Führung basiert auf Gerechtigkeit und Vertrauen sowie regelmäßiger Selbstreflexion der Führungskraft.
- Gute Führung ist erlernbar.

Impulse für die Praxis

- Nachhaltiger Organisationserfolg setzt humanen Führungserfolg voraus.
- Besser überhaupt führen und echte Verantwortung für die anvertrauten Mitarbeiter*innen übernehmen, als gar nicht führen (sofern man den 3. Punkt dieser Aufzählung berücksichtigt).
- Bad/Dark Leadership (Druck, Angst, Unberechenbarkeit, Illusionen vermitteln Manipulation, unethisches Verhalten etc.) sowie Laissez-faire-Führung (Teil-/Nichtführen, sprunghaftes Verhalten etc.) sind definitiv keine geeigneten Führungsansätze (weder ethisch ratsam noch nachhaltig wirkungsorientiert).

---

[70]Wir werden in den nachfolgenden Kapiteln konkrete Handlungsansätze beschreiben, wie Sie dies im Führungsalltag umsetzen können.

- Erfolgreiche Führungskräfte schöpfen aktiv und flexibel sowie personen- und situationsangemessen das volle Spektrum an guten Führungsansätzen aus.
- Führungskräfte verstehen, dass Führung ein interaktiver Prozess ist, in dem u. a. Führung auch durch die Geführten anerkannt werden muss (hierfür muss Führung „werben").
- Dialogische Führungskommunikation (z. B. das tägliche 2-Minuten-Gespräch) bieten vielfältige Möglichkeiten, sich den impliziten Führungsmodellen der Mitarbeitenden zu nähern.
- Erfolgreiche Führung setzt anspruchsvolle Ziele, fordert Leistung, erkennt Engagement an und fördert individuelle Kompetenzent-wicklung. Gleichzeitig steht jede*r Geführte*r als Individuum, eine qualitativ hochwertige Beziehung sowie die Förderung des Wohl-befindens im Mittelpunkt des täglichen Handelns (Mensch und Inter-aktion kommen vor Ergebnis und Prozessen).
- Leistung und bestimmte Verhaltensweisen kann die Führungskraft nur verlangen, wenn sie selbst im Reden und Handeln das zeigt, was sie von den Mitarbeitenden wünscht (Vorbildfunktion, hohe ethische und moralische Standards der Führung, Vertrauen und Gerechtigkeit sind die Grundlage guter Führung).
- Die Entwicklungen in der Sozialwirtschaft fordern von Führungskräften weniger kleinteilige Kontrolle oder konkrete Anweisungen, sondern mehr Wertschätzung, Partizipation sowie die Stärkung der Selbst-bestimmung. Dafür sind jedoch klare Rahmenbedingungen, Aufgaben, Rollen und Verantwortlichkeiten Voraussetzung. Auch regelmäßiges, individuelles sowie konkret-wachstumsorientiertes Feedback gehört dazu.
- Empowering Leadership sowie die Beachtung der 3 psychologischen Grundbedürfnisse von Menschen (Autonomie, Kompetenz, Verbunden-heit) bieten ein praktikables Rahmenkonzept für Führungskräfte in der Sozialwirtschaft.
- Führung muss immer kritisch reflektiert werden. Neben professionellen Kommunikationsfähigkeiten verhilft erst die ehrliche Selbstreflexion der Führungskraft zu echter Führungskompetenz und -wirkung.
- Gute Führung ist erlernbar, braucht jedoch neben entsprechenden Rahmenbedingungen (Organisationskultur), die dies anregen und ermöglichen, das Wollen jeder einzelnen Führungskraft und das Ein-lassen der Geführten.

Kritisch nachgefragt

- Welche Vorteile und welche Grenzen bietet der eigenschaftsorientierte Führungsansatz aus heutiger Sicht?
- Nennen Sie die Persönlichkeitsmerkmale des Big-Five-Persönlichkeitsmodells. Wo sehen Sie dabei bei sich starke und weniger starke Ausprägungen? Was bedeuten diese Ausprägungen für Ihr Führungsverständnis?
- Im Abschnitt zu den verhaltensorientierten Führungsansätzen finden Sie Auszüge aus Fragebögen von Fittkau-Garthe und Fittkau (1971) und Tscheulin und Rausche (1970).
  - Reflektieren Sie kurz, welcher Führungsstil Ihnen in Ihrem Umfeld eher begegnet.
  - Was lösen die verschiedenen Führungsstile bei Ihnen aus?
  - Welche Verhaltensweisen aus diesen Items würden Sie sich besonders von Ihrer Führungskraft wünschen und weshalb?
- Was versteht man unter Bad/Dark Leadership? Weshalb wird dieses Thema aktuell so oft diskutiert?
- Was verstehen Sie unter Attribution der Führung? Wozu kann der sogenannte fundamentale Attributionsfehler bei Führungskräften führen? Wie kann man dieser Problematik selbst begegnen?
- Was kennzeichnet den transaktionalen Führungsansatz? Wo sehen Sie im sozialwirtschaftlichen Feld Chancen – wo Grenzen?
- Transformationale Führung wird oft als DIE Lösung für wirksames Führen angesehen. Welche Gründe sprechen für eine solche Sichtweise, welche sprechen dagegen?
- Worin liegen die Chancen des Empowering Leadership für Führungskräfte sozialwirtschaftlicher Organisationen?
- Gute Führung wirkt: Was kann unter „guter Führung" verstanden werden und in welchen Bereichen entfaltet gute Führung ihre Wirkung?
- Wo steht Ihrer Meinung nach die Führungsforschung? Welchen Führungsansatz würden Sie bevorzugen und welche (Aus-)Wirkungen erhoffen Sie sich davon?
- Vor allem eine gute Beziehung hat enorme Auswirkungen auf den Führungserfolg. Suchen Sie innerhalb der Abschn. 1.2 und 1.3 nach möglichen Erklärungen. Was kennzeichnen qualitativ hochwertige Beziehungen zwischen Mitarbeiter*innen und Führungskräften?

- In verschiedenen Abschnitten wird auf die Selbstbestimmungstheorie von Edward Deci und Richard Ryan verwiesen. Wie könnten Sie diese einer Kollegin bzw. einem Kollegen von Ihnen kurz erklären? Weshalb könnte dieser Ansatz die Führungskräfte im Sinne der humanen, ökonomischen wie gesellschaftlichen Wertschöpfung in Organisationen unterstützen?
- In welche Richtung entwickelt sich Ihrer Meinung nach die Führungsforschung in Zukunft, wo fehlen Ihnen Erkenntnisse, was möchten Sie vertiefen? Wo sehen Sie Grenzen der Führungsforschung?

Literatur

Aasland, M. S., Skogstad, A., Notelaers, G., Nielsen, M. B., & Einarsen, S. (2010). The Prevalence of Destructive Leadership Behaviour. *British Journal of Management 21* , S. 438-452.

Abrell, C., Rowold, J., Weibler, J., & Moenninghoff, M. (2011). Evaluation of a long-term transformational leadership development program. *German Journal of Human Resource Management, 25(3)*, S. 205–224.

Anderson, A. A. (2005). *The Community Builder's Approach to the theory of change. A practical guide to theory development.* Von http://www.theoryofchange.org/pdf/TOC_fac_guide.pdf am 28.03.2021 abgerufen.

Anderson, C., Sharps, D. L., Soto, C. J., & John, O. P. (2020). People with disagreeable personalities (selfish, combative, and manipulative) do not have an advantage in pursuing power at work. *Proceedings of the National Academy of Sciences, Aug 2020, 202005088; DOI:* https://doi.org/10.1073/pnas.2005088117.

Antonakis, J., & House, R. J. (2014). Instrumental leadership: Measurement and extension of transformational-transactional leadership theory. *The Leadership Quarterly, 25(4)*, S. 746–771.

Antonakis, J., House, R., & Simonton, D. K. (2017). Can super smart leaders suffer from too much of a good thing? The curvilinear effect of intelligence on perceived leadership behaviour. *Journal of Applied Psychology, 102*, S. 1003–1021.

Arnold, J. A., Arad, S., Rhoades, J. A., & Drasgow, F. (2000). The Empowering Leadership Questionnaire: the construction and validation of a new scale for measuring leader behaviors. *Journal of Organizational Behavior, 21(3)*, S. 249–269.

Arnold, K. A. (2017). Transformational leadership and employee psychological well-being. A review and directions for future research. *Journal of Occupational Health Psychology, 22*, S. 381–399.

Arvey, R., Rotundo, M., Johnson, W., Zhang, Z., & Mcgue, M. (2006). The Determinants of Leadership Role Occupancy: Genetic and Personality Factors. *The Leadership Quarterly, 17*, S. 1-20.

Audenaert, M., George, B., Bauwens, R., Decuypere, A., Descamps, A., Muylaert, J., . . . Decramer, A. (2020). Empowering leadership, social support and job crafting in public organizations: A multilevel study. *Public Personnel Management*, S. 1–26.

Avolio, B. J., Reichard, R. J., Hannah, S. T., Walumbwa, F. O., & Chan, A. (2009). A meta-analytic review of leadership impact research: Experimental and quasi-experimental studies. *The Leadership Quarterly, 20*, S. 764-784.

Bachmann, B. (2017). *Ethical Leadership in Organizations. Concepts and Implementation.* Schweiz: Springer International Publishing.

Balthasar, A., & Fässler, S. (2017). Wirkungsmodelle: Ursprung, Erarbeitungsprozess, Möglichkeiten und Grenzen. *LEGES 2017/2*, S. 285-308.

Barling, J. (2014). *The Science of Leadership. Lessons from Research of Organizational Leaders.* New York: Oxford University Press.

Barling, J., & Frone, M. R. (2017). If only my leader would just do something! passive leadership undermines employee well-being through role stressors and psychological resource depletion. *Stress and Health, 33*, S. 211–222.

Bass, B. M., & Avolio, B. J. (1994). *Improving organizational effectiveness through transformational leadership.* Thousand Oaks, CA: Sage Publications.

Baumann-Fuchs, J., & Gmür, M. (2019). Unternehmerische Führung in Sozialen Organisationen. *Verbands-Management, 45. Jahrgang, Ausgabe 2*, S. 6-16.

Becker, F. (2015). *Psychologie der Mitarbeiterführung. Wirtschaftspsychologie kompakt für Führungskräfte.* Wiesbaden: Springer Fachmedien.

Becker, H. E. (2017). Das sozialwirtschaftliche Sechseck. In H. E. Becker, *Das Sozialwirtschaftliche Sechseck. Soziale Organisationen zwischen Ökonomie und Sozialem* (S. 13–107). Wiesbaden: Springer VS.

Behr, T. (2014). *Kompexitätsbewältigung in Betrieben der Sozialwirtschaft.* Wiesbaden: Springer Gabler.

Bildat, L., Scheffer, D., & Eisermann, J. (2018). Führung. In L. Bildat, & T. Warszta, *Psychologie im Human Resource Management* (S. 239–284). Lengerich: Pabst.

Blake, R. R., & Mouton, J. S. (1964). *The managerial grid.* Houston TX: Gulf Pub.

Blessin, B., & Wick, A. (2017). *Führen und führen lassen.* Konstanz und München: UVK Verlagsgesellschaft mbH.

Block, C., Bormann, K. C., & Rowold, J. (2015). Ethische Führung: Validierung einer deutschen Adaption des Ethical Leadership at Work Questionnaire (ELW-D) nach Kalshoven, Den Hartog und De Hoogh (2011) . *Zeitschrift für Arbeits- und Organisationspsychologie, 59 (3)*, S. 130–143.

Bode, S. (2012). Personalmanagement in der Sozialen Arbeit. In R. Bieker, & E. Vomberg, *Management in der Sozialen Arbeit* (S. 91 112). Stuttgart: Kohlhammer.

Borkenau, P., & Ostendorf, F. (1993). *NEO-Fünf-Faktoren-Inventar (NEOFFI).* Göttingen: Hogrefe .

Braun, S., Stegmann, S., Hernandez Bark, A. S., Junker, N. M., & van Dick, R. (2017). Think manager—think male, think follower—think female: Gender bias in implicit followership theories. *Journal of Applied Social Psychology, 47*, S. 377– 388.

Brenke, K., Schlaak, T., & Ringwald, L. (2018). Sozialwesen: ein rasant wachsender Wirtschaftszweig. *DIW Wochenbericht Nr. 16*, S. 305-316.

Brown, M. E., Treviño, L. K., & Harrison, D. (2005). Ethical leadership: a social learning perspective perspective for construct development and testing. *Organizational Behavior and Human Decision Processes, 97 (2)*, S. 117–134.

Bruch, H., & Kowalevski, S. (2013). *Gesunde Führung. Wie Unternehmen eine gesunde Performancekultur entwickeln.* Überlingen: Compamedia GmbH.

Bruch, H., Färber, J., & Block, C. (2018). *Leadership der Zukunft. Zwischen Inspiration und Empowerment. TOP JOB-Trendstudie 2018.* Konstanz: zeag GmbH, Zentrum für Arbeitgeberattraktivität.

Burmester, M., & Wohlfahrt, N. (2018). *Wozu die Wirkung Sozialer Arbeit messen?* Freiburg: Lambertus.

Cheong, M., Spain, S. M., Yammarino, F. J., & Yun, S. (2016). Two faces of empowering leadership: Enabling and burdening. *The Leadership Quarterly, 27 (4)*, S. 602–616.

Choy-Brown, M., Stanhope, V., Wackstein, N., & Delany Cole, H. (2020). Do Social Workers Lead Differently? Examining Associations with Leadership Style and Organizational Factors. *Human Service Organizations: Management, Leadership & Governance, 44 (4)*, S. 332–342.

Christa, H. (2019). Potential effektiv nutzen. *Sozialwirtschaft, 29, 4*, S. 32–33.

Christian, M. S., Garza, A. S., & Slaughter, J. E. (2011). Work engagement: A quantitative review and test of its relations with task and contextual performance. *Personnel Psychology, 64 (1)*, S. 89–136.

Chua, J., & Ayoko, O. (2019). Employees' self-determined motivation, transformational leadership and work engagement. *Journal of Management & Organization*, S. 1–21.

Ciulla, J. (2014). *Ethics, the heart of leadership.* Santa Barbara, California: Praeger.

Clifton, J., & Harter, J. (2019). *It's the Manager.* New York: Gallup.

Comelli, G., Rosenstiel, L. v., & Nerdinger, F. W. (2014). *Führung durch Motivation. Mitarbeiter für die Ziele des Unternehmens gewinnen.* München: Verlag Franz Vahlen.

Costa, P. T., & McCrae, R. R. (2008). The Revised NEO Personality Inventory (NEO-PI-R). In G. J. Boyle, G. Matthews, & D. H. Saklofske, *The SAGE Handbook of Personality Theory and Assessment: Volume 2 — Personality Measurement and Testing* (S. 179–198). London: SAGE Publications Ltd .

Danner, D., Rammstedt, B., Bluemke, M., Lechner, C., Berres, S., Knopf, T., . . . John, O. P. (2019). Das Big-Five Inventar 2: Validierung eines Persönlichkeitsinventars zur Erfassung von 5 Persönlichkeitsdomänen und 15 Facetten. *Diagnostica, 65*, S. 121–132.

De Jonge, J., & Scherm, M. (2015). Führung und Vertrauen – Konzepte und neue Befunde. In J. Felfe, *Trends der psychologischen Führungsforschung. Neue Konzepte, Methoden und Erkenntnisse* (S. 203–212). Göttingen: Hogrefe.

Deci, E. L., & Ryan, R. M. (1985). *Intrinsic motivation and self-determination in human behavior.* New York: Springer.

Deci, E. L., Olafsen, A. H., & & Ryan, R. M. (2017). Self-determination theory in work organizations: The state of a science. *Annual Review of Organizational Psychology and Organizational Behavior, 4*, S. 19–43.

Decker, C., & Van Quaquebeke, N. (2016). Respektvolle Führung fördern und entwickeln. In J. Felfe, & R. van Dick, *Handbuch Mitarbeiterführung: Wirtschaftspsychologisches Praxiswissen für Fach- und Führungskräfte* (S. 27–40). Berlin, Heidelberg: Springer Verlag.

Dehner, K., Zimmermann, M., & Fischer, M. (2018). Die Kunst, den Drachen zu fliegen. *Sozialwirtschaft aktuell, Ausg. 15–16*, S. 1–3.

DeRue, S. D., Nahrgang, J. D., Wellman, N., & Humphrey, S. E. (2011). Trait and behavioral theories of leadership: an integration and meta-analytic test of their relative validity. *Personnel Psychology, 64 (1)*, S. 7–52.

Dicke, R., Roghé, F., & Strack, R. (2012). Spielräume statt Regeln. Was überdurchschnittlich erfolgreiche Unternehmen auszeichnet. *ZFO – Zeitschrift Führung + Organisation, 81 (1)*, S. 51–57.

Diebig, M., Bormann, K. C., & Rowold, J. (2016). A double-edged sword: Relationship between full-range leadership behaviors and followers' hair cortisol level. *Leadership Quarterly, 27*, S. 684-696.

Diestel, S., Dettmers, S., Jochmann, W., Hermann, A., Fastenroth, L. M., & Pela, P. (2018). *Die Kunst des Führens in der digitalen Revolution.* Düsseldorf, Dortmund: StepStone GmbH, Kienbaum Institut.

Dinh, J. E., Lord, R. G., Gardner, W. L., Meuser, J. D., Liden, R. C., & Hu, J. (2014). Leadership theory and research in the new millennium: Current theoretical trends and changing perspectives. *The Leadership Quarterly, 25(1)*, S. 36–62.

Doppler, K. (2020). Führen in unsicheren Zeiten. *Sozialwirtschaft, 2(2)*, S. 7–9.

Dreas, S. A. (2019). *Diversity Management in Organisationen der Sozialwirtschaft.* Wiesbaden: Springer VS.

Dressler, M., & Toppe, K. (2011). *Erfolgreich führen in der Sozialwirtschaft.* Wiesbaden: Gabler Verlag.

Dulebohn, J. H., Bommer, W. H., Liden, R. C., Brouer, R., & Ferris, G. R. (2012). A meta-analysis of the antecedents and consequences of leader-member exchange: Integrating the past with an eye toward the future. *Journal of Management, 38*, S. 1715–1759.

Eagly, A. H., Johannesen-Schmidt, M. C., & Van Engen, M. L. (2003). Transformational, transactional, and laissez-faire leadership styles: A meta-analysis comparing women and men. *Psychological Bulletin, 129 (4)*, S. 569–591.

Ebner, M. (2019). *Positive Leadership. Erfolgreich führen mit PERMA-Lead: die fünf Schlüssel zur High Performance.* Wien: Facultas AG.

Edmondson, A. C. (2018). *The Fearless Organization: Creating Psychological Safety in the Workplace for Learning, Innovation, and Growth.* Hoboken, NJ: Wiley.

Edmondson, A. C. (2020). *Die angstfreie Organisation: Wie Sie psychologische Sicherheit am Arbeitsplatz für mehr Entwicklung, Lernen und Innovation schaffen.* München: Vahlen.

Effelsberg, D., Solga, M., & Gurt, J. (2014). Transformational leadership and follower's unethical behavior for the benefit of the company: A two-study investigation. *Journal of Business Ethics, 120 (1)*, S. 81–93.

Ehrentraut, O., Hackmann, T., Krämer, L., & Plume, A.-M. (2014). Ins rechte Licht gerückt – Die Sozialwirtschaft und ihre volkswirtschaftliche Bedeutung . *WISO direkt, Analysen und Konzepte zur Wirtschafts- und Sozialpolitik, März*, S. 1–5.

Einarsen, S., Aasland, M. S., & Skogstad, A. (2007). Destructive leadership behavior. A definition and conceptual model. *The Leadership Quartely 18 (3)*, S. 207–216.

Elsner, T., & Wintermann, T. (2019). Akkord diverser Klänge. *Sozialwirtschaft, 29 (2)*, S. 11–13.

Felfe, J. (2006). Validierung einer deutscher Version des „Multifactor Leadership Questionnaire" (MLQ Form 5 x Short) von Bass und Avolio (1995). *Zeitschrift für Arbeits- und Organisationspsychologie 50 (N.F. 24, 2)*, S. 61–78.

Felfe, J. (2015). Transformationale Führung: Neue Entwicklungen. In J. Felfe, *Trends der psychologischen Führungsforschung. Neue Konzepte; Methoden und Erkenntnisse* (S. 39–53). Göttingen: Hogrefe.

Felfe, J., & Franke, F. (2014). *Führungskräftetraining.* Göttingen: Hogrefe Verlag.

Finis Siegler, B. (2018). Meritorik in der Sozialwirtschaft. In W. Grillitsch, P. Brandl, & S. Schuller, *Gegenwart und Zukunft des Sozialmanagements und der Sozialwirtschaft* (S. 35-57). Wiesbaden: Springer Fachmedien.

Fittkau-Garthe, H., & Fittkau, B. (1971). *Fragebogen zur Vorgesetzten-Verhaltens-Beschreibung (FVVB). Handanweisung.* Göttingen: Hogrefe.

Fleishman, E. A. (1953). The description of supervisory behavior. *Journal of Applied Psychology, 37 (1)*, S. 1–6.

Franczukowska, A. A., Krczal, E., Knapp, C., & Baumgartner, M. (2021). Examining ethical leadership in health care organizations and its impacts on employee work attitudes: an empirical analysis from Austria. *Leadership in Health Services, Vol. ahead-of-print No. 1751–1879,* https://doi.org/10.1108/LHS-06-2020-0034.

Frazier, M. L., Fainshmidt, S., Klinger, R. L., Pezeshkan, A., & Vracheva, V. (2017). Psychological Safety: A Meta-Analytic Review and Extension. *Personnel Psychology, 70*, S. 113–165.

Frey, D. (2015). *Ethische Grundlagen guter Führung. Warum gute Führung einfach und schwierig zugleich ist.* München: Roman Herzog Institut e. V.

Frey, D., & Schmalzried, L. (2013). *Philosophie der Führung. Gute Führung lernen von Kant, Aristoteles, Popper & Co.* Berlin, Heidelberg : Springer Verlag.

Frindte, W., & Geschke, D. (2019). *Lehrbuch Kommunikationspsychologie.* Weinheim, Basel: Beltz Juventa.

Fröse, M. W., Naake, B., & Arnold, M. (2019). Quo Vadis – Leadership und Organisation. In M. W. Fröse, B. Naake, & M. Arnold, *Führung und Organisation. Neue Entwicklungen im Management der Sozial- und Gesundheitswirtschaft* (S. 1–30). Wiesbaden: Springer Fachmedien.

Gaddis, B. H., & Foster, J. L. (2015). Meta-Analysis of the dark side personality characteristics and critical work behaviors among leaders across the globe: Findings and implications for leadership development and executive coaching. *Applied Psychology: An International Review, 64 (1)*, S. 25–54.

Garcia, T., Hoffmann, C., & Pfister, A. (2019). Psychologische Grundlagen für Führungskräfte. In E. Lippmann, A. Pfister, & U. Jörg, *Handbuch Angewandte Psychologie für Führungskräfte* (S. 97–156). Berlin: Springer-Verlag.

García-Morales, V., Jiménez-Barrionuevo, M., & Gutiérrez-Gutiérrez, L. (2012). Transformational leadership influence on organizational performance through organizational learning and innovation. *Journal of Business Research, 65 (7)*, S. 1040–1050.

Gerstner, C., & Day, D. (1997). Meta-analytic review of leader-member exchange theory: Correlates and construct issues. *Journal of Applied Psychology, 82 (6)*, S. 827–844.

Gilbert, S. L., & Kelloway, E. K. (2015). Leadership. In M. Gagné, *The Oxford handbook of work engagement, motivation, and self-determination theory* (S. 181–198). Oxford: Oxford University Press.

Gmür, M., & Baumann-Fuchs, J. (2019). Erfolgsfaktor Führung. *Sozialwirtschaft, 6*, S. 20–23.

Graen, G. B., & Uhl-Bien, M. (1995). Relationship-based approach to leadership: Development of leader-member exchange (LMX) theory of leadership over 25 years: Applying a multi-level multi-domain perspective. *The Leadership Quarterly, 6*, S. 219–247.

Gregersen, S., Vincent-Höper, S., & Nienhaus, A. (2016). *Forschungsstudie Führung und Gesundheit.* Hamburg: Berufsgenossenschaft für Gesundheitsdienst und Wohlfahrtspflege.

Gregersen, S., Vincent-Höper, S., Schambortski, H., & Nienhaus, A. (2020). Führung und Gesundheit der Beschäftigten. In P. Kriwy, & M. Jungbauer-Gans, *Handbuch Gesundheitssoziologie* (S. 559–579). Wiesbaden: Springer Fachmedien.

Grundwald, K., & Langer, A. (2018). Sozialwirtschaft – eine Einführung in das Handbuch. In K. Grunwald, & A. Langer, *Sozialwirtschaft. Handbuch für WIssenschaft und Praxis* (S. 45–64). Baden-Baden: Nomos Verlagsgesellschaft.

Grunwald, K. (2018a). Organisationsentwicklung/Change Management in und von sozialwirtschaftlichen Organisationen. In K. Grunwald, & A. Langer, *Sozialwirtschaft. Handbuch für Wissenschaft und Praxis* (S. 333–356). Baden-Baden: Nomos Verlagsgesellschaft.

Grunwald, K. (2018b). Management sozialwirtschaftlicher Organisationen zwischen Steuerungsskepsis, Dilemmatamanagement und Postheroischer Führung. In K. Grunwald, & A. Langer, *Sozialwirtschaft. Handbuch für Wissenschaft und Praxis* (S. 371–390). Baden-Baden: Nomos Verlagsgesellschaft.

Guillén, L., Mayo, M., & Korotov, K. (2015). Is leadership a part of me? A leader identity approach to understanding the motivation to lead. *The Leadership Quarterly, 26 (5)*, S. 802–820.

Hackl, B., Wagner, M., Attmer, L., & Baumann, D. (2017). *New Work: Auf dem Weg zur neuen Arbeitswelt. Management-Impulse, Praxisbeispiele, Studien.* Wiesbaden: Springer Fachmedien.

Hansbrough, T. K., & Schyns, B. (2018). The Appeal of transformational Leaership. *Journal of Leadership Studies, Vol. 12, Nr. 3*, S. 19–32.

Harrison, C. (2018). *Leadership Theory and Research. A Critical Approach to New and Existing Paradigms.* Cham: Palgrave Macmillan.

Harter, J. K., Schmidt, F. L., Agrawal, S., Blue, A., Plowman, S. K., Josh, P., & Asplund, J. (2020). *The Relationship Between Engagement at Work and Organizational Outcomes 2020. Q12® Meta-Analysis: 10th Edition.* Washington: Gallup.

Hasebrook, J., Hackl, B., & Rodde, S. (2020). *Team-Mind und Teamleistung. Teamarbeit zwischen Managementmärchen und Arbeitswirklichkeit.* Berlin: Springer Verlag.

Hatfield, S., & Winkler, K. (2020). Agiles Arbeiten und Führen. In L. v. Rosenstiel, E. Regnet, & M. E. Domsch, *Führung von Mitarbeitern. Handbuch für erfolgreiches Personalmanagement* (S. 747–759). Stuttgart: Schäffer-Poeschel Verlag.

Hays. (2017). *HR-Report 2017. Schwerpunkt Kompetenzen für eine digitale Welt.* Mannheim: Hays.

Henkel, D., & Rau, R. (2012). *Analyse und Bewertung von Arbeitsplätzen und Arbeitsstrukturen in der Sozialwirtschaft hinsichtlich ihrer potentiellen Auslösebedingungen für „Burnout". Endbericht über die wissenschaftliche Begleitung des Projekts „BOB".* Marburg: Arbeit & Bildung e. V.

Hernandez Bark, A. S., Van Quaquebeke, N., & van Dick, R. (2017). Wird Führung weiblicher? Warum Krisen nach anderer Führung verlangen. In C. von Au, *Struktur und Kultur einer Leadership-Organisation. Holistik, Wertschätzung, Vertrauen, Agilität und Lernen* (S. 89–104). Wiesbaden: Springer Fachmedien.

Herre, C., Klumb, P. L., & Schaffner, J. (2019). One Best Way? Leader Behavior and Different Aspects of Team Performance. *Zeitschrift für Arbeits- und Organisationspsychologie, 63 (1)*, S. 32–47.

Hoch, J., Bommer, W. H., Dulebohn, J. H., & Wu, D. (2018). Do ethical, authentic, and servant leadership explain variance above and beyond transformational leadership? A meta-analysis. *Journal of Management, 44*, S. 501–529.

Hockling, S. (2019). Echte Diversität als Geschäftsgrundlage. In D. Brommer, S. Hockling, & A. Leopold, *Faszination New Work: 50 Impulse für die neue Arbeitswelt* (S. 57–64). Wiesbaden: Springer Fachmedien.

Hodges, J., & Howieson, B. (2017). The challenges of leadership in the third sector. *European Management Journal 35*, 69–77.

Hoogeboom, M. A., & Wilderom, C. P. (2019). Advancing the Transformational–Transactional Model of Effective Leadership: Integrating two Classic Leadership Models with a Video-Based Method. *Journal of Leadership Studies 13(2)*, S. 23–46.

House, R. J., & Mitchell, T. R. (1975). *Path-goal theory of leadership*. Seattle, WA: University of Washington.

Hyland, P., Reeves, D. W., & Caputo, A. (2018). Transformational and Transactional Leadership in Today's Work Environment: A Meta-analysis. Posterpräsentation. *33. Annual Conference: Society for Industrial and Organizational Psychology 21. April 2018*.

Ilies, R., Nahrgang, J. D., & Morgeson, F. P. (2007). Leader–member exchange and citizenship behaviors: A meta-analysis. *Journal of Applied Psychology, 92 (1)*, S. 269–277.

Jensen, U. T., & Bro, L. L. (2018). How Transformational Leadership Supports Intrinsic Motivation and Public Service Motivation: The Mediating Role of Basic Need Satisfaction. *American Review of Public Administration, 48 (6)*, S. 535–549 .

Judge, T. A., Bono, J. E., Ilies, R., & Gerhardt, M. (2002). Personality and leadership: A qualitative and quantitative review. *Journal of Applied Psychology, 87*, S. 765–780.

Judge, T. A., Colbert, A. E., & Ilies, R. (2004a). Intelligence and leadership: A quantitative review and test of theoretical propositions. *Journal of Applied Psychology, 89*, S. 542–552.

Judge, T. A., Piccolo, R. F., & Ilies, R. (2004b). The forgotten ones? The validity of consideration and initiating structure in leadership research. *Journal of Applied Psychology, 89 (1)*, S. 36–51.

Judge, T. A., Piccolo, R. F., & Kosalka, T. (2009). The bright and dark side of leader traits: A review and theoretical extension of the leader trait paradigm. *The Leadership Quarterly, 20 (6)*, S. 855-875.

Kahn, W. A. (1990). Psychological conditions of personal engagement and disengagement at work. *Academy of Management Journal, 33 (4)*, S. 692–724.

Kaluza, A. J., Boer, D., Buengeler, C., & van Dick, R. (2020). Leadership behaviour and leader self-reported well-being: A review, integration and meta-analytic examination. *Work & Stress, 34 (1)*, S. 34–56.

Karadağ, E., Ciftci, K. S., & Bektas, F. (2015). Discussion, Limitations and Suggestions. In E. Karadag, *Leadership and Organizational Outcomes. Meta-Analysis of Empirical Studies* (S. 255–267). Berlin: Springer Verlag.

Katz, R. L. (1955). Skills of an effective administrator. *Harvard Business Review, 33(1)*, S. 33–42.

Kauffeld, S., & Sauer, N. C. (2019). Vergangenheit und Zukunft der Arbeits- und Organisationspsychologie. In S. Kauffeld, *Arbeits-, Organisations- und Personalpsychologie für Bachelor* (S. 21–45). Berlin, Heidelberg: Springer Verlag.

Kauffeld, S., & Schermuly, C. C. (2019). Arbeitszufriedenheit und Arbeitsmotivation. In S. Kauffeld, *Arbeits-, Organisational- und Personalpsychologie für Bachelor* (S. 237–259). Berlin, Heidelberg: Springer Verlag.

Kauffeld, S., Ianiro-Dahm, P. M., & Sauer, N. C. (2019). Führung. In S. Kauffeld, *Arbeits-, Organisations- und Personalpsychologie für Bachelor* (S. 105–138). Berlin, Heidelberg: Springer Verlag.

Kehl, K., & Then, V. (2018). Soziale Investitionen, Wirkungsorientierung und ‚Social Return'. In K. Grundwald, & A. Langer, *Sozialwirtschaft. Handbuch für Wissenschaft und Praxis.* (S. 858–871). Baden-Baden: Nomos Verlagsgesellschaft.

Kehl, K., Glänzel, G., Then, V., & Mildenberger, G. (2016). *Transparenzgutachten: Möglichkeiten, Wirkungen (in) der freien Wohlfahrtspflege zu messen.* Berlin: Bundesarbeitsgemeinschaft der Freien Wohlfahrtspflege (BAGFW).

Khoo, H. S., & Burch, G. S. (2008). The 'dark side' of leadership personality and transformational leadership: An exploratory study. *Personality and Individual Differences, 44(1),* S. 86–97.

Kim, M., Beehr, T. A., & Prewett, M. S. (2018). Employee Responses to Empowering Leadership: A Meta-Analysis. *Journal of Leadership & Organizational Studies, 25 (3),* S. 1-20.

Knies, E., Jacobsen, C., & Tummers, L. (2016). Leadership and organizational performance: State of the art and research agenda. In J. Storey, J. Denis, J. Hartley, & P. 't Hart, *Routledge Companion to Leadership* (S. 404–418). London: Routledge.

Kobialka, A., & Leis, J. (2019). Erfolgsfaktoren für den Kulturwandel in Organisationen. In J. Leis, A. Kobialka, & M. Keller, *Unternehmens- und Führungskultur!* (S. 14–18). Freiburg i. Brsg.: Lambertus Verlag.

Kohaut, S., & Möller, I. (2019). *Frauen in leitenden Positionen. Leider nichts Neues auf den Führungsetagen. IAB Kurzbericht 23/2019.* Nürnberg: IAB.

Kolhoff, L. (2018). Personalmanagement und -führung. In K. Grunwald, & A. Langer, *Sozialwirtschaft. Handbuch für Wissenschaft und Praxis* (S. 452–473). Baden-Baden: Nomos Verlagsgesellschaft.

Kotter, J. P. (2011). *Leading Change. Wie Sie Ihr Unternehmen in acht Schritten erfolgreich verändern.* München: Verlag Franz Vahlen.

Kovács, L., & Stief, M. (2020). Ethik und Personalführung. In L. v. Rosenstiel, E. Regnet, & M. E. Domsch, *Führung von Mitarbeitern. Handbuch für erfolgreiches Personalmanagement* (S. 897–906). Stuttgart: Schäffer-Poeschel Verlag.

Kovjanic, S., Schuh, S., Jonas, K., Quaquebeke, N., & van Dick, R. (2012). How do transformational leaders foster positive employee outcomes? A self-determination-based analysis of employees' needs as mediating links. *Journal of Organizational Behavior, 33, 8,* S. 1031–1052.

Krämer, L. (2019). Die Sozialwirtschaft – der verkannte Wachstumsmotor. *Prognos trendletter, September,* S, 9,

Kraus, R., & Kreitenweis, T. (2020). *Führung messen. Inklusive Toolbox mit Messinstrumenten und Fragebögen.* Berlin, Heidelberg: Springer Verlag.

Krekel, C., Ward, G., & De Neve, J.-E. (2019). *Employee Wellbeing, Productivity, and Firm Performance.* Von Saïd Business School WP 2019-04: https://ssrn.com/abstract=3356581 am 28.03.2021 abgerufen.

Kuhn, T., & Weibler, J. (2020). *Bad Leadership: Von Narzissten & Egomanen, Vermessenen & Verführten. Warum uns schlechte Führung oftmals gut erscheint und es guter Führung häufig schlecht ergeht.* München: Verlag Franz Vahlen.

Kurz, B., & Kubek, D. (2018). *Kursbuch Wirkung. Das Praxishandbuch für Alle, die Gutes noch besser tun wollen.* Berlin: Phineo gemeinnützige AG.

Kwapisz, A., Brown, F. W., Bryant, S., Chupka, R., & Profota, T. (2019). The Relative Importance of Transformational Leadership and Contingent Reward on Satisfaction with Supervision in Nonprofit and For-profit Organizations. *Journal of International & Interdisciplinar Business Research, Vol. 6 , Art. 4*, S. 42–63.

Laib, A. (2019). Schwarmintelligenz – mehr als ein Modebegriff. In M. W. Fröse, B. Naake, & M. Arnold, *Führung und Organisation. Neue Entwicklungen im Management der Sozial- und Gesundheitswirtschaft* (S. 231–248). Wiesbaden: Springer Fachmedien.

Likert, R. (1961). *New patterns of management*. New York: McGraw-Hill.

Litzcke, S., & Heber, F. (2017). Persönlichkeit und Führung – Das 5-Faktoren-Modell der Persönlichkeit . In K. Häring, & S. Litzcke, *Führungskompetenzen lernen* (S. 61–97). Stuttgart: Schäffer-Poeschel.

Locke, E. A., & Latham, G. P. (1990). *A theory of goal setting and task performance*. Englewood Cliffs, NJ: Prentice Hall.

López-Cabarcos, M. A., López-Carballeira, A., & Ferro-Soto, C. (2021). How to moderate emotional exhaustion among public healthcare professionals? *European Research on Management and Business Economics 27, 100140*.

Mack, O., Khare, A., Krämer, A., & Burgartz, T. (2016). *Managing in a VUCA World*. Cham: Springer International Publishing Switzerland

Mackey, J. D., Frieder, R. E., Brees, J. R., & Martinko, M. J. (2017). Abusive supervision: A meta-analysis and empirical review. *Journal of Management, 43*, S. 1940–1965.

Manganelli, L., Thibault-Landry, A., Forest, J., & Carpentie, J. (2018). Self-Determination Theory Can Help You Generate Performance and Well-Being in the Workplace: A Review of the Literature. *Advances in Developing Human Resources, Vol. 20 (2)*, S. 227–240.

Martin, R., Thomas, G., Guillaume, Y., Lee, A., & Epitropaki, O. (2016). Leader-Member Exchange (LMX) and Performance: A Meta-analytic Review. *Personnel Psychology, 69*, S. 67–121.

McMurray, A. J., Islam, M., Sarros, J. C., & Pirola-Merlo, A. (2013). Workplace innovation in a nonprofit organization. *Nonprofit Management and Leadership, 23(3)*, S. 367–388.

Merchel, J. (2010a, 2. Auflage). *Leitung in der Sozialen Arbeit. Grundlagen der Gestaltung und Steuerung von Organisationen*. Weinheim, München: Juventa Verlag.

Merchel, J. (2010b). *Leiten in Einrichtungen der Sozialen Arbeit*. München: Ernst Reinhardt.

Merchel, J. (2015). *Management in Organisationen der Sozialen Arbeit*. Weinheim und Basel: Beltz und Juventa.

Merchel, J. (2017). Management ist nur dann gut, wenn es mit dem Gegenstand „Soziale Arbeit" verknüpft ist! Das Spezifische an Organisationen der Sozialen Arbeit und seine Bedeutung für das Management. In A. Wöhrle, A. Fritze, T. Prinz, & G. Schwarz, *Sozialmanagement - eine Zwischenbilanz* (S. 281–296). Wiesbaden: Springer Fachmedien.

Montano, D., Reeske, A., Franke, F., & Hüffmeier, J. (2017). Leadersip, followers' mental health and job performance in organizations: A comprehensive meta-analysis from an occupational health perspective. *Journal of Organizational Behavior, 38*, S. 327–350.

Mueller, M. (2019). Show me the money: Toward an economic model for a cost-benefit analysis of employee engagement interventions. *International Journal of Organization Theory & Behavior, Vol. 22, 1*, S. 43–64.

Müller, T., Hamm, M., & Vennemann, A. (2019). Neu an Bord. Nachfolgeplanung. *Sozialwirtschaft, 29 (6)*, S. 26–27.

Nerdinger, F. W. (2019). Führung von Mitarbeitern. In F. Nerdinger, G. Blickle, & N. Scharper, *Arbeits- und Organisationspsychologie* (S. 95–117). Berlin, Heidelberg: Springer Verlag.

Neumann, B. (2018). Die Mitarbeitenden qualifizieren, die Organisationen entwickeln. *Sozialwirtschaft, 5*, S. 18–20.

Newstead, T., Dawkins, S., Macklin, R., & Martin, A. (2019). We don't need more leaders – We need more good leaders. Advancing a virtues-based approach to leader(ship) development. *The Leadership Quarterly, online 101312.*

Ng, T. W. (2017). Transformational leadership and performance outcomes: Analyses of multiple mediation pathways. *The Leadership Quarterly, 28*, S. 385-417.

Ng, T. W., & Feldman, D. C. (2015). Ethical leadership: Meta-analytic evidence of criterion-related and incremental validity. *Journal of Applied Psychology, 100 (3)*, S. 948–965.

Nielsen, K., Nielsen, M. B., Ogbonnaya, C., Känsälä, M., Saari, E., & Isaksson, K. (2017). Workplace resources to improve both employee well-being and performance: A systematic review and meta-analysis. *Work & Stress, 2017, Vol. 31, No. 2*, S. 101–120.

Nier, H. (2020). *Wunsch und Wirklichkeit bei Führungskräften.* Von Statista: https://de.statista.com/infografik/20637/umfrage-wunsch-und-wirklichkeit-bei-fuehrungskraeften/ am 26.03.2021 abgerufen.

Nink, M. (2018). *Engagement Index. Die neuesten Daten und Erkenntnisse der Gallup-Studie.* München: Redline Verlag.

Patak, M. (1997). Non-Profit-Organisationen: Die besseren Manager. *Socialmanagement, 2*, S. 13–15.

Paul, T., & Schyns, B. (2014). *Deutsche Leader-Member Exchange Skala (LMX MDM).* Von Zusammenstellung sozialwissenschaftlicher Items und Skalen (ZIS): https://doi.org/10.6102/zis25 am 28.03.2021 abgerufen.

Pawson, R., & Tilley, N. (2004). *Realist Evaluation.* Von https://www.communitymatters.com.au/RE_chapter.pdf am 28.03.2021 abgerufen.

Peters, T. (2015). *Leadership. Traditionelle und moderne Konzepte mit vielen Beispielen.* Wiesbaden: Springer Fachmedien.

Petry, T. (2018). Agile Führung als Antwort auf eine VUCA-Umwelt. *PERSONALquarterly 03*, S. 18–23.

Petry, T. (2019). *Digital Leadership. Erfolgreiches Führen in Zeiten der Digital Economy.* Freiburg: Haufe-Lexware.

Poethke, U., Klasmeier, K. N., Diebig, M., Hartmann, N., & Rowold, J. (2019). Entwicklung eines Fragebogens zur Erfassung zentraler Merkmale der Arbeit 4.0. *Zeitschrift für Arbeits- und Organisationspsychologie, 63 (3)*, S. 129–151.

Prinz, T. (2019). Wirkungsorientiertes Führen in Unternehmen der Sozial- und Gesundheitswirtschaft. In M. W. Fröse, B. Naake, & M. Arnold, *Führung und Organisation. Neue Entwicklungen im Management der Sozial- und Gesundheitswirtschaft* (S. 291–312). Wiesbaden: Springer Fachmedien.

Pundt, F., Thomson, B., Montano, D., & Reeske, A. (2018). Führung und psychische Gesundheit. *ASU – Zeitschrift für medizinische Prävention, Sonderheft (30.11.18).*

Regnet, E. (2020). Der Weg in die Zukunft - Anforderungen an die Führungskraft. In L. v. Rosenstiel, E. Regnet, & M. E. Domsch, *Führung von Mitarbeitern. Handbuch für erfolgreiches Personalmanagement* (S. 55–75). Stuttgart: Schäffer-Poeschel Verlag.

Repp, L. (2013). *Soziale Wirkungsmessung im Social Entrepreneurship. Herausforderungen und Probleme.* Wiesbaden: Springer VS.

Resick, C. J., Martin, G. S., Keating, M. A., Dickson, M. W., Kwan, H. K., & Peng, C. (2011). What ethical leadership means to me: Asian, American, and European perspectives. . *Journal of Business Ethics, 101 (3)*, S. 435–457.

Rich, B. L., Lepine, J. A., & Crawford, E. R. (2010). Job engagement: Antecedents and effects on job performance. *Academy of Management Journal, 53 (3)*, S. 617–635.

Ritz, A. (2019). Führung im öffentlichen Sektor. In S. Veit, C. Reichhard, & G. Wewer, *Handbuch zur Verwaltungsreform*. Wiesbaden: Springer Fachmedien.

Roedenbeck Schäfer, M. (2020). Genaration Z gewinnen und binden. *Sozialwirtschaft, 2*, S. 26–27.

Rose, N. (2019). *Arbeit besser machen. Positive Psychologie für Personalarbeit und Führung*. Freiburg: Haufe-Lexware .

Rose, N., & Steger, M. F. (2020). Warum gute Führung Sinn macht. Einfluss der Führungs-qualität auf Wechselmotivation. *OrganisationsEntwicklung Nr. 3*, S. 76–79.

Rosenstiel, L. v., & Nerdinger, F. W. (2020). Grundlagen der Führung. In L. v. Rosenstiel, E. Regnet, & M. E. Domsch, *Führung von Mitarbeitern. Handbuch für erfolgreiches Personalmanagement* (S. 21–53). Stuttgart: Schäffer-Poeschel Verlag.

Rosete, D., & Ciarrochi, J. (2005). Emotional intelligence and its relationship to workplace performance outcomes of leadership effectiveness. *Leadership & Organization Development Journal, 26 (5)*, S. 388-399.

Rothe, I., Adolph, L., Beermann, B., Schütte, M., Windel, A., Grewer, A., . . . Formazin, M. (2017). *Psychische Gesundheit in der Arbeitswelt - Wissenschaftliche Standort-bestimmung*. Dortmund: Bundesanstalt für Arbeitsschutz und Arbeitsmedizin.

Rowold, J., Borgmann, L., & Bormann, K. (2014). Which leadership constructs are important for predicting job satisfaction, affective commitment, and perceived job per-formance in profit versus nonprofit organizations? *Nonprofit Management and Leader-ship, 25 (2)*, S. 147–164.

Ryan, R. M., & Deci, E. L. (2017). *Self-determination theory: Basic psychological needs in motivation, development, and wellness*. New York, NY: The Guilford Press.

Rybnikova, I., & Lang, R. (2020). Partizipative Führung: Auf den Spuren eines Konzeptes. *Gruppe, Interaktion, Organisation 51 (1)*, S. 141–154.

Schermuly, C. C. (2016). Empowerment: Die Mitarbeiter stärken und entwickeln. In J. Felfe, & R. van Dick, *Handbuch Mitarbeiterführung. Wirtschaftspsychologisches Praxiswissen für Fach- und Führungskräfte* (S. 15–26). Berlin, Heidelberg: Springer Verlag.

Schermuly, C. C. (2019). *New Work – Gute Arbeit gestalten. Psychologisches Empowerment von Mitarbeitern*. Freiburg: Haufe-Lexware.

Schermuly, C. C., & Koch, J. (2019). New Work und psychische Gesundheit. In B. Badura, A. Ducki, H. Schröder, J. Klose, & M. Meyer, *Fehlzeiten-Report 2019* (S. 127–139). Berlin, Heidelberg: Springer Verlag.

Schirmer, U., & Woydt, S. (2016). *Mitarbeiterführung*. Wiesbaden: Springer Fachmedien.

Schober, C., & Rauscher, O. (2014). Alle Macht der Wirkungsmessung? In A. E. Zimmer, & R. Simsa, *Forschung zu Zuvilgesellschaft, NPOs und Enegagement* (S. 261–281). Wiesbaden: Springer VS.

Schütz, A., Köppe, C., & Andresen, M. (2020). *Was Führungskräfte über Psychologie wissen sollten*. Bern: Hogrefe Verlag.

Schwarzmüller, T., Brosi, P., & Welpe, I. M. (2017). Führung 4.0 – Wie die Digitalisierung Führung verändert. In A. Hildebrandt, & W. Landhäußer, *CSR und Digitalisierung. Der digitale Wandel als Chance und Herausforderung für Wirtschaft und Gesellschaft* (S. 617–628). Berlin: Springer Verlag.

Schyns, B., & Knoll, M. (2015). LMX – Leader-Member Exchange. In J. Felfe, *Trends der psychologischen Führungsforschung. Neue Konzepte, Methoden und Erkenntnisse* (S. 55–65). Göttingen: Hogrefe.

Schyns, B., & Schilling, J. (2013). How bad are the effects of bad leaders? A meta-analysis of destructive leadership and its outcomes. *Leadership Quarterly, 24*, S. 138–158.

Seibert, S. E., Wang, G., & Courtright, S. H. (2011). Antecedents and Consequences of Psychological and Team Empowerment in Organizations: A Meta-Analytic Review. *Journal of Applied Psychology, Vol. 96, Nr. 5* , S. 981–1003.

Sholihin, M., Pike, R., Mangena, M., & Li, J. (2011). Goal-setting participation and goal commitment: examining the mediating roles of procedural fairness and interpersonal trust in a UK financial services organisation. *British Accounting Review, 43 (2)*, S. 135–146.

Skogstad, A., Aasland, M. S., Nielsen, M. B., Hetland, J., Matthiesen, S. B., & Einarsen, S. (2014). The relative effects of constructive, laissez-faire, and tyrannical leadership on subordinate job satisfaction: Results from two prospective and represent studies. *Zeitschrift für Psychologie, 222*, S. 221–232.

Slemp, G. R., Kern, M. L., Patrick, K. J., & Ryan, R. M. (2018). Leader Autonomy Support in the Workplace: A Meta-Analytic Review. *Motivation and Emotion, 42 (5)*, S. 706–724.

Spehar, I., Forest, J., & Stenseng, F. (2016). Passion for Work, Job Satisfaction, and the Mediating Role of Belongingness. *Scandinavian Journal of Organizational Psychology 8 (1)*, S. 17–26.

Spreitzer, M. G. (2008). Taking Stock: A review of more than twenty years of research on empowerment at work. In C. Cooper, & J. Barling, *The Handbook of Organizational Behavior* (S. 54–72). Thousand Oaks, CA: Sage Publications.

Steinert, C., & Büser, T. (2018). *Spot-Leadership. Nachhaltige Führung in einer agilen Unternehmenswelt.* Wiesbaden: Springer Fachmedien.

Stippler, M., Rosenthal, S., & Moore, S. (2017a). Teil 1 - Erste Ansätze. In M. Stippler, S. Moore, S. Rosenthal, & T. Doerffer, *Führung - Überblick über Ansätze, Entwicklungen, Trends, 5. Aufl.* (S. 15–31). Gütersloh: Verlag Bertelsmann Stiftung.

Stippler, M., Rosenthal, S., & Moore, S. (2017b). Teil 4 - Motivation, Macht und Psyche. In M. Stippler, S. Moore, S. Rosenthal, & T. Doerffer, *Führung - Überblick über Ansätze, Entwicklungen, Trends* (S. 67–81). Gütersloh: Verlag Bertelsmann Stiftung.

Stogdill, R. M. (1948). Personal Factors Associated with Leadership: A Survey of the Literature. *Journal of Psychology, 25*, S. 35–71.

Sturm, M., Reiher, S., Heinitz, K., & Soellner, R. (2011). Transformationale, transaktionale und passiv-vermeidende Führung. Eine metaanalytische Untersuchung ihres Zusammenhangs mit Führungserfolg. *Zeitschrift für Arbeits- und Organisationspsychologie, 55 (2)*, S. 88–104.

Sturzenhecker, M., Nagorny-Wittig, G., Rädle, S., Andrä, R., & Amerein, B. (2019). *Sozialmanagement. Organisation, Leitung und Management sozialer Einrichtungen.* Haan-Gruiten: Verlag Europa-Lehrmittel.

Tabatt-Hirschfeldt, A., Sann-Caputo, T.-M., Stremlow, J., Unger, F., Sann, U., & Kessler, O. (2019a). *Governance und Führung in der Sozialplanung. Rollenverständnisse, Haltungen und Kompetenzen.* Düsseldorf: Forschungsinstitut für gesellschaftliche Weiterentwicklung (e. V.).

Tabatt-Hirschfeldt, A., Stremlow, J., Unger, F., Sann, U., Kessler, O., & Caputo, T.-M. (2019b). GoLead: Einschätzungen von Führungskräften des mittleren und oberen Managements zur Führung und zur Public Governance in deutschen und schweizerischen Kommunen. In M. W. Fröse, B. Naake, & M. Arnold, *Führung und Organisation. Perspektiven Sozialwirtschaft und Sozialmanagement* (S. 369–400). Wiesbaden: Springer Fachverlag.

Tannenbaum, R., & Schmidt, W. (1958). How to Choose a Leadership Pattern. *Harvard Business Review, 36 (2)*, S. 95–101.

Tepper, B. J., Dimotakis, N., Lambert, L. S., Koopman, J., Matta, F. K., Man Park, H., & Goo, W. (2018). Examining follower responses to Transformational leadership from a dynamic, person–environment fit perspective. *Academy of Management Journal, 61(4)*, S. 1343–1368.

Trépanier, S.-G., Boudrias, V., & Peterson, C. (2019). Linking destructive forms of leadership to employee health. *Leadership & Organization Development Journal, 40 (7)*, S. 803–814.

Tscheulin, D., & Rausche, A. (1970). Beschreibung und Messung des Führungsverhaltens in der Industrie mit der deutschen Version des Ohio-Fragebogens. *Psychologie und Praxis, 14*, S. 49–64.

Unger, F. (2019). Leben und Lernen in der VUCA-Welt. In J. Rocholl, J. Mitsiadis, & M. Pohl, *Zukunft der Bildung – Bildung der Zukunft* (S. 88–120). Frankfurt a. M.: Wochenschau Verlag.

Unger, F., & Sann, U. (2020). Führungskräfte-Coaching in der öffentlichen Verwaltung als Beitrag zur Entwicklung von Führungskräftekompetenzen für das 21. Jahrhundert. In J. Groß, *Soziologie für den öffentlichen Dienst (III): Führung: Perspektiven, Trends und Herausforderungen in Theorie und Praxis* (S. 59–80). Hamburg: Maximilian Verlag.

Vahs, D. (2019). *Organisation: Ein Lehr- und Managementbuch. 10. Aufl.* Stuttgart: Schäffer-Poeschel.

Vahs, D., Gattari, C., & Dunst, M. (2020). Innovation, Qualität, Führung. *Sozialwirtschaft* (2), S. 10–12.

Vilain, M. (2019). Disruptive Wirkungen der Digitalisierung der Sozialwirtschaft. In K. d. e. V., *Führung gestaltet. Generationenwechsel – Digitalisierung – Kulturwandel.* Baden-Baden: Nomo Verlagsgesellschaft.

W.K. Kellog Foundation. (2004). *Using Logic Models to Bring Together Planning, Evaluation, and Action Logic Model Development Guide.* Von https://www.wkkf.org/resource-directory/resources/2004/01/logic-model-development-guide am 27.03.2021 abgerufen.

Waltersbacher, A., Schröder, H., & Klein, J. (2020). Gerechtigkeitserleben bei der Arbeit und Gesundheit. Ergebnisse einer repräsentativen Befragung von Erwerbstätigen zum Gerechtigkeitserleben im Unternehmen und gesundheitliche Beschwerden. In B. Badura, A. Ducki, H. Schröder, J. Klose, & M. Meyer, *Fehlzeiten-Report 2020. Gerechtigkeit und Gesundheit* (S. 99–131). Berlin, Heidelberg: Springer.

Walumbwa, F. O., Mayer, D. M., Wang, P., Wang, H., Workman, K., & Christensen, A. L. (2011). Linking ethical leadership to employee performance: The roles of leader-member exchange, self-efficacy, and organizational identification. *Organizational Behavior and Human Decision Processes, 115 (2)*, S. 204–213.

Wang, G., & Hackett, R. D. (2016). Conceptualization and measurement of virtuous leadership: Doing well by doing good. *Journal of Business Ethics, 137 (2)*, S. 321–345.

Wang, G., Oh, I.-S., Courtright, S. H., & Colbert, A. E. (2011). Transformational leadership and performance across criteria and levels: A meta-analytic review of 25 years of research. *Group & Organization Management 36(2)*, S. 223–270.

Weibler, J. (2013). *Entzauberung der Führungsmythen, RHI-Essay, Nr. 2.* Von https://www.romanherzoginstitut.de/publikationen/detail/entzauberung-der-fuehrungsmythen.html am 28.03.2021 abgerufen.

Weibler, J. (2016). *Personalführung.* München: Vahlen.

Weingärtner, E. (2014). *Coaching in der Sozialwirtschaft. Führungskräfteentwicklung im Bereich sozialer Dienstleistungen.* Wiesbaden: Springer Fachmedien.

Welpe, I. M., Brosi, P., & Schwarzmüller, T. (2018). *Digital Work Design. Die Big Five für Arbeit, Führung und Organisation im digitalen Zeitalter.* Frankfurt a. M.: Campus Verlag.

Wendt, W. R. (2016). *Sozialwirtschaft kompakt. Grundzüge der Sozialwirtschaftslehre.* Wiesbaden: Springer VS.

Wendt, W. R. (2018a). „Marktlich" oder „nichtmarktlich" vorankommen? In W. Grillitsch, P. Brandl, & S. Schuller, *Gegenwart und Zukunft des Sozialmanagements und der Sozialwirtschaft* (S. 59–77). Wiesbaden: Springer Fachmedien.

Wendt, W. R. (2018b). Soziales Wirtschaften im Beziehungsgefüge seiner Akteure. In L. Kolhoff, & K. Grunwald, *Aktuelle Diskurse in der Sozialwirtschaft I, Perspektiven Sozialwirtschaft und Sozialmanagement* (S. 25–38). Wiesbaden: Springer Fachmedien.

Whitener, E., Brodt, S. E., Korsgaard, M. A., & Werner, J. M. (1998). Managers as initiators of trust: An exchange relationship framework for understanding managerial trustworthy behavior. *Academy of Management Review, 23*, S. 513–530.

Wright, B. E., Moynihan, D. P., & Pandey, S. K. (2012). Pulling the levers: Transformational leadership, public service motivation, and mission valence. *Public Administration Review, 72*, S. 206–215.

Young, H. R., Glerum, D. R., Joseph, D. L., & McCord, M. A. (2020). A Meta-Analysis of Transactional Leadership and Follower Performance: Double-Edged Effects of LMX and Empowerment. *Journal of Management (online abgerufen unter https://journals.sagepub.com/doi/pdf/.* https://doi.org/10.1177/0149206320908646) , S. 1–26.

Young, H. R., Glerum, D. R., Wang, W., & Joseph, D. L. (2018). Who are the most engaged at work? A meta-analysis of personality and employee engagement. *Journal of Organizational Behavior, 39 (1)*, S. 1330–1346.

Yukl, G. (2012). Effective leadership behavior: What we know and what questions need more attention. *Academy of Management Perspectives, 26 (4)*, S. 66–85.

Zaccaro, S. J., Green, J. P., Dubrow, S., & Kolze, M. (2018). Leader individual differences, situational parameters, and leadership outcomes: A comprehensive review and integration. *The Leadership Quarterly, 29*, S. 2–43.

Zenger, J., & Folkman, J. (2019). *How Extraordinary Leaders Double Profits. Whitepaper.* Von https://zengerfolkman.com/wp-content/uploads/2019/08/How-Extraordinary-Leaders-Double-Profit_WP-2019.pdf am 27.03.2021 abgerufen.

Zenger, J., & Folkman, J. (2019). *Women Score Higher Than Men in Most Leadership Skills.* Von https://hbr.org/2019/06/research-women-score-higher-than-men-in-most-leadership-skills; am 26.04.2020 abgerufen.

Zhang, Y., & Liao, Z. (2015). Consequences of abusive supervision: A meta-analytic review. *Asia Pacific Journal of Management, 32*, S. 959–987.

Weiterführende Literaturempfehlungen

Blessin, B., & Wick, A. (2017). *Führen und führen lassen.* Konstanz und München: UVK Verlagsgesellschaft mbH.

Grunwald, K. (2018). Management sozialwirtschaftlicher Organisationen zwischen Steuerungsskepsis, Dilemmatamanagement und Postheroischer Führung. In K. Grunwald, & A. Langer, *Sozialwirtschaft. Handbuch für Wissenschaft und Praxis* (S. 371–390). Baden-Baden: Nomos Verlagsgesellschaft.

Kauffeld, S., Ianiro-Dahm, P. M., & Sauer, N. C. (2019). Führung. In S. Kauffeld, *Arbeits-, Organisations- und Personalpsychologie für Bachelor* (S. 105–138). Berlin, Heidelberg: Springer Verlag.

Rosenstiel, L. v., & Nerdinger, F. W. (2020). Grundlagen der Führung. In L. v. Rosenstiel, E. Regnet, & M. E. Domsch, *Führung von Mitarbeitern. Handbuch für erfolgreiches Personalmanagement* (S. 21–53). Stuttgart: Schäffer-Poeschel Verlag.

Weibler, J. (2016). *Personalführung.* München: Vahlen.

Deloitte. (2018b). Der Aufstieg der „sozialen Organisation". Globale Human Capital Trendstudie 2018. Deutschland-Report. Abgerufen am 2. 12 2019 vonhttps://www2.deloitte.com/de/de/pages/humancapital/articles/human-capital-trends-deutschland-2018.html

Deloitte. (2018a). Organisation neu denken. Flexible Organisationsmodelle für das digitale Zeitalter. Von Deloitte & Touche GmbH. https://www2.deloitte.com/content/dam/Deloitte/de/Documents/humancapital/Organisation-neu-denken-flexible-organisations-modelle-2018.pdf am 02.02.2021 abgerufen

Thom, N., & Ritz, A. (2017). *Public Management.* Wiesbaden: Springer Fachmedien.

Gottfredson, R. K., & Aguinis, H. (2017). Leadership behaviors and follower performance: Deductive and inductive examination of theoretical rationales and underlying mechanisms. *Journal of Organizational Behavior, 38*, S. 558–591.

Bass, B. M., & Avolio, B. J. (1990). Developing transformational leadership: 1992 and beyond. *Journal of European Industrial Training, 14 (5)*, S. 21–27.

Mack, O., & Khare, A. (2016). Perspectives on a VUCA World. In O. Mack, A. Khare, A. Krämer, & T. Burgartz, *Managing in a VUCA World* (S. 3–20). Cham: Springer International Publishing Switzerland.

Olafsen, A. H., Deci, E. L., & Halvari, H. (2018). Basic psychological needs and work motivation: A longitudinal test of directionality. *Motivation and Emotion, 42*, S. 178–189.

Zusammenfassung

Arbeitszufriedenheit und -motivation sind 2 bedeutende Bereiche der Führungsforschung. Die Fragen, was Menschen über ihre Tätigkeit denken und fühlen, welches Umfeld die Zufriedenheit und Motivation stärkt oder sie negativ beeinflusst, was Auswirkungen von Zufriedenheit und auch Unzufriedenheit sein können, das sind Fragen, die für Wissenschaft und Praxis von großem Interesse sind. Arbeitszufriedenheit hat einen bedeutenden Einfluss auf Leistung, Arbeitsqualität, Identifikation und Bindung der Beschäftigten an die Organisation, auf deren Kreativität und Wohlbefinden. Sie wirkt zudem weit über den Kontext der Arbeit hinaus (z. B. Gesundheit der Beschäftigten) und kann durch entsprechendes Führungsverhalten spürbar beeinflusst werden. Das Job-Characteristics-Modell der Arbeitszufriedenheit nach Hackman und Oldham nennt 5 Merkmale, die die Arbeitszufriedenheit fördern: Anforderungsvielfalt, Ganzheitlichkeit und Bedeutsamkeit der Aufgabe, Autonomie sowie Rückmeldung aus der Aufgabenerfüllung. Dieses Modell bietet außerdem eine gute Verbindung zwischen Zufriedenheit und Motivation, die häufig in der Forschung auch unabhängig voneinander untersucht werden, da es anhand der genannten Merkmale u. a. auch das Entstehen von (intrinsischer) Motivation skizziert. Arbeitsmotivation (Wollen) erklärt die Richtung, Stärke und Ausdauer des Verhaltens von Mitarbeiterinnen und Mitarbeitern. Sie ist das Produkt aus Faktoren der Person (z. B. Bedürfnisse, Ziele) und der Umwelt (z. B. Gelegenheiten, Anreize, Regeln). Gepaart mit dem nötigen Wissen und entsprechenden Kompetenzen (Können) kann Leistung entstehen. Zahlreiche Motivationstheorien versuchen, die Ausrichtung (auf ein Ziel), Intensität und

© Springer Fachmedien Wiesbaden GmbH, ein Teil von Springer Nature 2022
F. Unger et al., *Personalführung in Organisationen der Sozialwirtschaft,* Basiswissen Sozialwirtschaft und Sozialmanagement, https://doi.org/10.1007/978-3-658-36119-8_2

Ausdauer menschlichen Handelns sowie die Rolle der Emotionen bei diesem Geschehen zu (er)klären. Ein wissenschaftlich fundiertes und vielfältig im praktischen Kontext erprobtes Konzept, das Rahmenbedingungen und Einflussfaktoren für Motivation, Leistung, Wohlbefinden sowie Arbeitszufriedenheit beschreibt, ist die Selbstbestimmungstheorie nach Deci und Ryan . Vor allem die eigene wahrgenommene Autonomie, das individuelle Kompetenzerleben sowie die soziale Verbundenheit mit den anderen Akteuren am Arbeitsplatz sind wesentliche Faktoren, die auch für Führungskräfte von großem Interesse sind. So können Arbeitsbedingungen und Führungsimpulse bzw. persönliche Interaktionen nachhaltig motivations- und zufriedenheitsförderlich gestaltet werden.

Lernziele
Nach der Bearbeitung dieses Kapitels können Sie …

- den Begriff der „Arbeitszufriedenheit" beschreiben und erklären, wie Arbeitszufriedenheit bei Mitarbeitenden festzustellen ist.
- zentrale Bestimmungsgrößen der Arbeitszufriedenheit benennen und beispielhaft auf einen Arbeitskontext übertragen. Zudem können Sie reflektieren, inwieweit bestimmte Aufgabenmerkmale in Ihrem Betätigungsfeld zur Anwendung kommen und welche Schlussfolgerungen und Handlungsfelder sich daraus ergeben.
- die Begriffe „Arbeitszufriedenheit" und „Motivation" voneinander abgrenzen.
- verschiedene Motivationstheorien benennen, wesentliche Gemeinsamkeiten und Unterschiede erläutern, diese beispielhaft (z. B. im eigenen Arbeitsfeld) analysieren und in die Praxis übertragen.
- Erkenntnisse zur motivationsförderlichen Arbeits-, Kommunikationsund Beziehungsgestaltung auf konkretes Führungshandeln übertragen, dabei entsprechende Kriterien (z. B. in Ihrem Team) analysieren und darauf aufbauend Handlungsansätze für den Führungsalltag entwickeln.

Praxisbeispiel

Frau Lange und Herr Wagner sind Mitarbeitende bei einem kleinen privaten Träger, welcher verschiedene ambulante und teilstationäre Jugendhilfemaßnahmen anbietet. Die Rahmenbedingungen der Einrichtung sind nicht optimal. Die finanzielle Situation des Trägers ist angespannt, sodass z. B. Gehaltsverhandlungen häufig unbefriedigend verlaufen oder vertagt werden und die Mitarbeitenden weit unter Tarif bezahlt werden. Die Vorgesetzte gibt ihren Mitarbeitenden viel Handlungsspielraum, gleichzeitig fehlt ein gemeinsames Verständnis über qualitativ hochwertige Arbeit. Dies führt dazu, dass Frau Lange und Herr Wagner ihre Arbeit sehr unterschiedlich ausführen. Über die Herangehensweisen und die Arbeitsergebnisse wird in Teamsitzungen immer wieder diskutiert und gestritten. Beide vermissen insgesamt die Anerkennung der geleisteten Arbeit seitens der Vorgesetzten. Herr Wagner schätzt aber an seinem Arbeitsplatz, dass ihm Verantwortung übertragen wird und dass er frei über seine Arbeit entscheiden kann. Das geringe Gehalt und die bestehenden Konflikte beschreibt er als unangenehm, ist aber der Meinung, dass es an jedem Arbeitsplatz Probleme gibt und man die aktuelle Situation so akzeptieren müsse. Herr Wagner ist nicht jeden Tag motiviert, macht auch mal „etwas langsamer", insgesamt schätzt er aber die Zusammenarbeit mit seinen Kolleg*innen und macht seinen Job recht gern.

Frau Wagner ist mit der Situation dagegen zunehmend unzufrieden, insbesondere das geringe Gehalt und die von ihr wahrgenommene fehlende Gesprächsbereitschaft seitens der Vorgesetzten belasten sie sehr, da sie der Meinung ist, dass sie und ihre Arbeit besser anerkannt werden sollte. Die ständigen Diskussionen mit den Kolleg*innen, wie man gewisse Dinge tun sollte, widerstreben ihr ebenfalls. Aus dieser Unzufriedenheit heraus bewirbt sie sich auf andere Stellen.

Im vorliegenden Beispiel wird deutlich, dass bestimme Rahmenbedingungen und Handlungsweisen Auswirkungen auf Arbeitszufriedenheit und Motivation haben können. Diese aber je nach Persönlichkeitseigenschaften unterschiedlich gewertet und mit Handlungskonsequenzen belegt werden. In den folgenden Abschnitten werden Arbeitszufriedenheit und Motivation näher betrachtet und wichtige Bestimmungsfaktoren herausgearbeitet.

2.1   Arbeitszufriedenheit

„Dieser Job bringt mich (buchstäblich) um"[1] ist der (Teil-)Titel einer Studie der Indiana University Kelley School of Business, die u. a. die Auswirkungen unterschiedlicher Arbeitsbedingungen auf die psychische Gesundheit und die Sterblichkeit analysiert und entsprechende Zusammenhänge herstellen konnte.

„Glückliche Arbeitnehmer sind eindeutig produktiver"[2] lautet das Ergebnis einer Untersuchung der Oxford Universität. Dass glückliche, zufriedene Mitarbeiter*innen nicht nur engagierter,[3] sondern auch zum Beispiel kreativer und gesünder sind sowie sich mehr mit der Organisation identifizieren und seltener den Arbeitsplatz wechseln, haben zuvor bereits verschiedene (Meta-)Analysen gezeigt (z. B. Harter et al. 2020; Krekel et al. 2019; Gallup 2019a, b; Hogreve et al. 2017; Hackl et al. 2017, S. 91; Kleinbrink 2014; Bruch und Kowalevski 2013; Humphrey et al. 2007; Lyubomirsky et al. 2005). Umgekehrt führen hohe Anforderungen und arbeitsbedingte Belastungen, insbesondere wenn sie mit wenig Entscheidungsspielraum, einem geringen Erleben von persönlicher Handlungskontrolle und fehlender sozialer Unterstützung einhergehen, zu emotionaler Erschöpfung und einer Reihe von somatischen und psychischen Symptomen (Karasek und Theorell 1990; siehe auch Sann 2003).

Führungskräfte üben einen besonderen Einfluss auf die Zufriedenheit ihrer Mitarbeitenden aus (z. B. Clifton und Harter 2019; Zaccaro et al. 2018; Strack et al. 2018; Pundt et al. 2018; Gregersen et al. 2016; Skogstad et al. 2014). Die Arbeitszufriedenheit gilt als eins der am intensivsten untersuchten Konzepte im Feld der Arbeits- und Organisationspsychologie (Nerdinger 2019a, S. 465).

▶ **Definition   Arbeitszufriedenheit** „Arbeitszufriedenheit   ist   das,   was Menschen in Bezug auf ihre Arbeit und deren Facetten denken und fühlen. Es ist das Ausmaß, in dem Menschen ihre Arbeit mögen (Zufriedenheit) oder nicht mögen (Unzufriedenheit)" (Kauffeld und Schermuly 2019, S. 239).

---

[1] Originaltitel: *This Job Is (Literally) Killing Me: A Moderated-Mediated Model Linking Work Characteristics to Mortality* (Gonzalez-Mulé und Cockburn 2020).

[2] Originaltitel: *Does Employee Happiness have an Impact on Productivity?* (Bellet et al. 2019).

[3] Vor allem der Zusammenhang „Zufriedenheit und Leistung bzw. Organisationserfolg" ist nicht so eindeutig herzustellen, wie es mitunter Führungskräfte wünschen. Hier wendet beispielsweise Florian Becker (2019, S. 62) ein, dass z. B. Arbeitszufriedenheit auch gerade dadurch entspringen kann, dass wenig geleistet wird/werden muss oder, dass zwar die persönlichen Motive befriedigt werden – jedoch nicht unbedingt die der Organisation. Gleichwohl konnten viele Untersuchungen belegen, dass eine gewisse Verbindung besteht und Leistung mehrheitlich zufrieden macht sowie Zufriedenheit auch eher zu mehr Leistung führt.

In der Definition wird deutlich, dass Arbeitszufriedenheit eine kognitive Seite (Bewertung der eigenen Arbeit in Bezug auf persönliche Motive) und eine affektive Seite (aus der Bewertung resultierende Gefühle) besitzt. Die Einflussgrößen der Arbeitszufriedenheit liegen

- in der **Person** (Leistungsmotivation, Persönlichkeitseigenschaften/Big Five, Werte etc.)[4] und
- in den **organisationalen Bedingungen** (Aufgabeninhalt, Arbeitsbedingungen, Lohn, Führungsverhalten etc.), also in der Situation bzw. Umwelt.

Je besser die persönlichen Motive im Kontext der Arbeit befriedigt werden, desto höher ist auch die von Menschen verspürte Zufriedenheit. Motivation und Arbeitszufriedenheit hängen also eng zusammen (Schütz et al. 2020, S. 48; Kehr et al. 2018, S. 594; Ryan und Deci 2017; Kleinbeck und Kleinbeck 2009, S. 10, 20 ff.). Obwohl die Frage, was für Arbeitszufriedenheit sorgt, immer ganz individuell beantwortet wird *(„Was konkret ist für mich wichtig?")*,[5] gibt es einige Erkenntnisse darüber, wie sich mit hoher Wahrscheinlichkeit eine positive Wirkung auf die Zufriedenheit sehr vieler Beschäftigter entfalten lässt (z. B. Krekel et al. 2019; Ryan und Deci 2017; Bindl und Parker 2010; Humphrey et al. 2007; Hackman und Oldham 1980).

Die folgenden Einflussgrößen auf die Arbeitszufriedenheit wurden in zahlreichen Studien bestätigt:

- Autonomie bzw. angemessene Gestaltungsmöglichkeiten (Verantwortungsübertragung und Entfaltungsmöglichkeiten in individuell angepasstem Umfang);

---

[4] Bono und Judge (2003) fassen Forschungsergebnisse zusammen, die gut belegen, dass eine Art Grundarbeitszufriedenheit in uns Menschen vorhanden ist, die jedoch unterschiedlich ausgeprägt ist. Sie stellt den Rahmen dar, wie Menschen die situativen Faktoren der Arbeitszufriedenheit bewerten. So wirken sich auf die intrinsische (Grund-)Zufriedenheit vor allem folgende Merkmale aus: Selbstwertgefühl, die Selbstwirksamkeit, Neurotizismus (siehe Big Five) und Kontrollüberzeugungen. Man kann an dieser Stelle festhalten: Es gibt in vergleichbaren Situationen Menschen, die zufrieden sind oder sich gut damit arrangieren (das Glas ist halb voll) sowie auch Personen, die weniger zufrieden sind (das Glas ist halb leer).

[5] Jedoch nicht allein, denn Zufriedenheit hängt neben den eher stabilen Persönlichkeitsdispositionen auch von veränderlichen, situativen Einflüssen ab.

- herausfordernde, abwechslungsreiche, sinnstiftende Aufgaben, die mit den vorhandenen Kompetenzen gut bewältigt sowie (wenn möglich) ganzheitlich bearbeitet werden können und eine eigene Wirksamkeit erkennen lassen;
- faire Bezahlung[6] bzw. Behandlung sowie ein guter Kommunikationsprozess (s. Kap. 3);
- qualitativ hochwertige Beziehungen (zu Kolleg*innen und Führung) bzw. soziale Unterstützung sowie
- regelmäßige Anerkennung, nützliches Feedback und angemessene Wertschätzung werden in vielen Untersuchungen als zentral herausgestellt.[7]

Arbeitszufriedenheit kann zu den humanen Zielen der Führung gezählt werden. Das (Erkenntnis-)Interesse an der Förderung von Arbeitszufriedenheit wird insbesondere aus 3 Gesichtspunkten gespeist (Kauffeld und Schermuly 2019, S. 238 f.):

- Als eigenständiges, humanitär-ethisches Ziel (gute Arbeit, individuelle Gesundheit, Glück, Zufriedenheit und Lebensqualität als grundsätzlicher Wert und moralische Orientierung);
- als Mittel zur Erreichung von Organisationszielen (humane Ziele der Führung als Vorbedingung für Zielerreichung, Team-/Organisationserfolg) sowie
- als gesellschaftliches Ziel (Akzeptanz für das jeweilige Wirtschafts- und Gesellschaftssystem sowie als Reaktion auf Trends in der Lebens-/Arbeitswelt).

---

[6] Die Entlohnung „an sich" hat nur geringe Zusammenhänge mit der Arbeitszufriedenheit (z. B. Judge et al. 2010). Jedoch im Vergleich innerhalb wie außerhalb der Organisation kann Entlohnung spürbaren Einfluss nehmen, wenn der **Gerechtigkeitsaspekt** mit betrachtet wird.

[7] Wir gehen später noch vertiefend darauf ein; an dieser Stelle sollen nur kurz einige (umfangreiche) Untersuchungen zur Arbeitszufriedenheit genannt werden: Nikolova und Cnossen (2020) (zur Bedeutsamkeit/Sinnhaftigkeit der Arbeit), Krekel et al. (2019) (zum Zusammenhang Wohlbefinden, Produktivität und Unternehmensleistung), Zaccaro et al. (2018) (Arbeitszufriedenheit und Führung), Pundt et al. (2018) (Führung, Zufriedenheit und psychische Gesundheit), Nink (2018) (zu Engagement, Zufriedenheit, Führungsqualität), Rudolph et al. (2017) (Job Crafting und Arbeitszufriedenheit), Çakmak et al. (2015) (Meta-Analyse, mit insgesamt mittlerem bis starkem Zusammenhang zwischen Leadership und Arbeitszufriedenheit), Rowold et al. (2014) (LMX – Arbeitszufriedenheit – Non-Profit-Organisationen); Humphrey et al. (2007) (Metaanalyse von 259 Studien mit über 200.000 Teilnehmenden u. a. zu Arbeitszufriedenheit, Motivation und Arbeitsbedingungen).

Das Feld der Sozialwirtschaft ist ein Bereich, der oft durch direkte menschliche Kontakte (nicht selten in emotional belastenden Situationen), eine hohe Dienstleistungsmentalität sowie Flexibilitätsnotwendigkeiten und generell hohe Arbeitsbelastung gekennzeichnet ist (z. B. DGB 2019; Pfiffner 2017; Theiler et al. 2014, S. 17 f.). Es liegt auf der Hand, dass Arbeitszufriedenheit als humanes Ziel von Führungskräften eine besonders wichtige Aufgabe darstellt (bzw. darstellen sollte). Doch wie können Führungskräfte die Arbeitszufriedenheit beeinflussen? Wir werden nachfolgend Grundlagen der Arbeitszufriedenheit betrachten und theoretische Konzepte, empirische Erkenntnisse sowie Handlungsempfehlungen für Führungskräfte in der Sozialwirtschaft (aber auch für andere Tätigkeitsbereiche) ausführen.

2.1.1 Konstrukt, Messungen, Theorien

Arbeitszufriedenheit und Motivation hängen zusammen. Wie bereits erläutert, sind weitere Verbindungen von Arbeitszufriedenheit z. B. zu Qualität, Arbeitgeberbindung bzw. -fluktuation, gesundheitlicher Situation oder freiwilliger Mehrarbeit empirisch bestätigt worden. Die Zusammenhänge sind jedoch nicht immer so klar, wie es im Führungsalltag mitunter kommuniziert wird (so ist es nicht eindeutig, dass Zufriedenheit immer zu hoher Leistung führt, z. B. Schütz et al. 2020, S. 49 f.; Becker 2019). Dennoch (oder gerade deswegen) wird Arbeitszufriedenheit auch heute noch umfassend untersucht. Wenn man Arbeitszufriedenheit im Kontext der empirischen Forschung betrachtet, ist oft die Rede von Antezedenzien (Vorbedingungen, Einflussfaktoren, „Wenn-Bedingung") wie Führungsqualität, Partizipation, Autonomie auf der einen Seite und möglichen Konsequenzen („dann …") wie beispielsweise Gesundheit, Bindung an den Arbeitgeber, Anstrengungsbereitschaft auf der anderen Seite. Arbeitszufriedenheit ist damit ein Knotenpunkt (fachsprachlich spricht man von einer intervenierenden Variable) zwischen einer Reihe sie bedingender Faktoren und den verschiedenen aus ihr folgenden Sachverhalten. Es bieten sich somit verschiedene Felder für Analysen und Diskussionen an. Nerdinger (2019a, S. 465) nennt 3 zentrale Untersuchungsbereiche der aktuellen Arbeitszufriedenheitsforschung:

- Evaluationskriterium (z. B. steigt die Zufriedenheit, wenn die Mitarbeiter*innen an Entscheidungen beteiligt werden?),
- Prädiktor (z. B. hängt die Bindung der Mitarbeiter*innen an ihr Unternehmen von ihrer Arbeitszufriedenheit ab?),

- moderierende Größe, die über die Enge des Zusammenhangs zwischen anderen Größen entscheidet (z. B. hängen Mitarbeiterbeteiligung und Leistung nur dann zusammen, wenn die Mitarbeiter*innen mit ihrer Arbeit zufrieden sind?).

Das, was Menschen z. B. hinsichtlich ihrer Arbeit, der Rahmenbedingungen, der Menschen, mit denen sie arbeiten oder ihrer Führungskräfte fühlen und denken, kann einerseits als **globale Arbeitszufriedenheit,** andererseits auf Basis **verschiedener Facetten** analysiert werden. Die globale Zufriedenheit könnte beispielsweise folgendermaßen erfragt werden:

„Einmal alles zusammengenommen betrachtet: Sind Sie mit Ihrem gegenwärtigen Arbeitsplatz im Großen und Ganzen zufrieden oder unzufrieden?" (Nerdinger 2019a, S. 466).

Die detaillierte Betrachtung (Facetten der Zufriedenheit) macht vor allem aufgrund der der Vielschichtigkeit der Einflussfaktoren Sinn und liefert meist genauere Erkenntnisse (Kauffeld und Schermuly 2019, S. 239). So kann jemand mit der technischen Ausstattung, den wesentlichen Arbeitsinhalten, der Bezahlung und seinen Kolleg*innen (sehr) zufrieden sein – jedoch weniger mit den Arbeitszeiten und dem Kommunikationsverhalten der Führungskraft. Berücksichtigt man nun noch die zuvor bereits genannte „Grundarbeitszufriedenheit", so kann die globale Arbeitszufriedenheit zwar als gut, mittel oder schlecht bezeichnet werden – jedoch bleiben Teilbereiche (was konkret läuft gut, was weniger) unbeantwortet. Betrachtet man vertieft verschiedene Facetten der Arbeitszufriedenheit, so beeinflussen die Bereiche **Bezahlung, Arbeitsinhalt** und die **Zufriedenheit mit den Vorgesetzten** den Gesamteindruck am deutlichsten (Kauffeld und Schermuly 2019, S. 239). Gleichwohl bieten sich weitere Aspekte an, die erfragt werden können. Im deutschsprachigen Raum kommen häufig z. B. die Skala zur Messung der allgemeinen Zufriedenheit (Fischer und Lück 2014), als Kurzfragebogen zur Erfassung von allgemeiner und facettenspezifischer Arbeitszufriedenheit der KAFA (Haarhaus 2015[8]) oder der

---

[8] Der KAFA erhebt z. B. die Job-Charakteristik über die Items Anforderungsvielfalt, Aufgabengeschlossenheit, Bedeutsamkeit der Arbeit, Autonomie, Rückmeldung, soziale Beziehungen sowie Feedback von Mitarbeitenden und Vorgesetzten. Daneben werden Kündigungsabsicht, Emotionen im Kontext der Arbeit, zentrale positive/negative Arbeitsereignisse, Selbsteinschätzung (z. B. Zuversicht, Selbstwertgefühl, Kontrollüberzeugung) und Einkommen betrachtet.

Arbeitsbeschreibungsbogen (ABB[9]) von Neuberger u. Allerbeck (2014) zum Einsatz. Der ABB misst auf einer 4-stufigen Skala 9 Aspekte der Arbeitszufriedenheit: Kollegium, Führungskräfte, Tätigkeit, Arbeitsbedingungen, Organisation und Leitung, Entwicklung, Bezahlung, Arbeitszeit, Arbeitsplatzsicherheit.[10] Die Fragen konzentrieren sich oft auf bestimmte Kernbereiche. Gleichwohl können unterschiedliche Schwerpunkte gesetzt werden. So wurden beispielsweise im Kontext des Projekts „Respekt! – Erfahrung als Ressource" der Arbeitsgemeinschaft Jugendfreizeitstätten Sachsen e. V. u. a. auch die Arbeitssituation in der sächsischen Sozialwirtschaft erhoben. Hierbei wurden folgende Facetten analysiert (Knoll und Burkhardt 2013):

- Arbeitstätigkeit (z. B. Tätigkeitsspielraum und Arbeitsintensität),
- Arbeitsumfeld (z. B. Betriebsklima),
- Führung,
- Gesundheit,
- Vereinbarkeit von Arbeits- und Privatleben,
- Umgang mit kritischen Situationen (z. B. kritische Themen ansprechen oder verschweigen),
- Fort- und Weiterbildung,
- allgemeine Arbeitszufriedenheit.

Wie in den Aufzählungen zuvor, finden sich in Untersuchungen meist auch Items zu Führungsfragen. Führungskräfte haben nachweislich bedeutenden Einfluss auf die Arbeitszufriedenheit (z. B. Zaccaro et al. 2018; siehe auch Kap. 1). Die kurz- und langfristigen Auswirkungen des wahrgenommenen Führungsverhaltens auf die Arbeitszufriedenheit haben z. B. Skogstad et al. (2014) analysiert. Die Ergebnisse zeigen, dass sowohl negatives (tyrannisches) als auch Laissez-faire-Führungsverhalten die Arbeitszufriedenheit negativ beeinflussen und lange nachwirken. Tyrannisches Führungsverhalten wirkt

---

[9] Im englischsprachigen Raum ist es der Job Descriptive Index (JDI) von Smith et al. (1969).

[10] Die Variablen Arbeitszeit und Arbeitssicherheit werden mit jeweils nur einem Item gemessen. Zudem wird die Gesamtzufriedenheit erhoben: Es sind hierfür 7 sogenannte Kunin – Gesichter abgebildet; sie reichen vom Gesicht mit heruntergezogenen Mundwinkeln (1 = niedrigste Zufriedenheit) bis zum lachenden Gesicht (7 = höchste Zufriedenheit); Neuberger und Allerbeck (2014, S. 6); auch: Kauffeld und Schermuly (2019, S. 239f).

sich auch nach 6 Monaten noch negativ auf die Arbeitszufriedenheit aus. Bei Laissez-faire-Führung konnten negative Auswirkungen noch deutlich länger belegt werden. Konstruktive Führung[11] zeigte nur kurzfristige (positive), aber keinerlei langfristigen Auswirkungen auf die Zufriedenheit. Führungskräfte sollten daher immer wieder durch gute Führung (siehe Kap. 1) für Zufriedenheit und Motivation sorgen. Dabei sollten Sie darauf achten, dass Sie nicht das positive Gebäude aus human- und wirkungsorientierter Führung mit destruktiver oder Laissez-faire-Führung einstürzen lassen. Der großen Bedeutung entsprechend haben sich im Bereich der Arbeitszufriedenheit verschiedene Theorien entwickelt.[12] Einen höheren Bekanntheitsgrad haben u. a. die „Zwei-Faktoren-Theorie" n. Herzberg et al. (1959), das „Züricher Modell der Arbeitszufriedenheit" n. Bruggemann (1976) oder das „Job Characteristics Model" von Hackman und Oldham (1980).

Im Rahmen der sogenannten „Pittsburgh-Studie" befragten Herzberg und Kollegen Arbeitnehmer zu ihren Arbeitserfahrungen.[13] Sie erarbeiteten 16 Wirkfaktoren, die sie 2 unterschiedlichen Bereichen zuordnen konnten (Zwei-Faktoren-Modell). Im ersten Bereich wurden sogenannte **Kontextfaktoren** zusammengefasst. Dies sind Merkmale, die mit dem Arbeitsumfeld verbunden sind und außerhalb der konkreten Arbeitstätigkeit liegen. Diese Faktoren (auch Hygienefaktoren genannt) führen *nicht* zu mehr Zufriedenheit und Motivation, sondern fördern, wenn sie nicht in ausreichendem Maße befriedigt werden, die

---

[11] Darunter verstehen Skogstad et al. (2014, S. 222) Führungskräfte, die Gruppen und ihre Mitglieder im Einklang mit den legitimen Interessen der Organisation aktiv beeinflussen, indem sie die Ziele, Aufgaben und Strategie der Organisation unterstützen und fördern sowie zugleich die Motivation, das Wohlbefinden und die Arbeitseinstellung ihrer Anhänger verbessern (siehe auch DeRue et al. 2011, siehe auch Kap. 3).

[12] Nicht immer wird eindeutig unterschieden, ob es eher Zufriedenheits- oder Motivationstheorien sind. Dies wird z. B. bei der Einordnung von Hackman und Oldham (1980) deutlich (siehe Unterschiede bei Nerdinger 2019a, S. 468ff., Kauffeld und Schermuly 2019, S, 249ff.). Treier (2019, S. 344ff.) ordnet die Zwei-Faktoren-Theorie nach Herzberg et al. (1959) den Inhaltstheorien der Motivation zu. Die Trennschärfe ist auch nicht immer einzuhalten, da Zufriedenheit und Motivation – wir bereits betont – stark zusammenhängen.

[13] Sie baten darum, sich an vergangene Arbeitssituationen zu erinnern: „Denken Sie an eine Zeit, zu der Sie bei Ihrer jetzigen Arbeit oder einer anderen Arbeit, die Sie je hatten, außergewöhnlich zufrieden (bzw. außergewöhnlich unzufrieden) waren. Erzählen Sie mir, was sich damals ereignet hat" (Herzberg et al. 1959, zit. n. Nerdinger 2019a, S. 466). In einem zweiten Schritt wurden die Aussagen nach einem bestimmten Inhaltsschlüssel analysiert und zu 16 Kategorien zugeordnet.

Unzufriedenheit (können also höchstens demotivieren, wenn sie ungünstig ausgeprägt sind). Folgt man Herzbergs Ansatz, so führt z. B. ein Gehalt, das als zu niedrig empfunden wird, zu Unzufriedenheit. Ein angemessenes oder vergleichsweise hohes Gehalt fördert jedoch nicht die Zufriedenheit, sondern reduziert „nur" die Unzufriedenheit (wenn Sie mit dieser Schlussfolgerung nicht einverstanden sind, lesen Sie auf jeden Fall weiter; sollten Sie einverstanden sein, bitte auch). „Kontextfaktoren bilden demnach psychologisch eher Selbstverständlichkeiten ab – werden sie erfüllt, so ist eben alles so, wie es sein soll. Werden sie aber nicht erfüllt, führt genau dieses Merkmal zu Unzufriedenheit" (Nerdinger 2019a, S. 468).

Der zweite Bereich, die sogenannten **Kontentfaktoren** (auch Motivatoren), umfasst Variablen, die die Zufriedenheit der Mitarbeitenden beeinflussen. Ihr Vorhandensein sorgt für Arbeitszufriedenheit. Die Abwesenheit für einen neutralen Zustand (Nichtzufriedenheit). „Motivatoren und Hygienefaktoren sind demnach keine gegensätzlichen Pole einer Dimension, wie das die Wirkung auf die Zufriedenheit bzw. Unzufriedenheit nahelegen würde. Vielmehr werden sie als zwei voneinander unabhängige Faktoren betrachtet, woraus sich auch der Name der Theorie ableitet" (Nerdinger 2019a, S. 468).

Das Zwei-Faktoren-Modell wurde vielfach untersucht. Aus den Erkenntnissen wird bis heute (vor allem im praktischen Kontext) noch gefolgert, dass es gleichzeitig 2 Interventionsrichtungen bedarf: Ausbau der Faktoren, die Arbeitszufriedenheit fördern, und Reduktion der Faktoren, die die Arbeitshygiene beeinträchtigen und damit Arbeitsunzufriedenheit verursachen. Meist ist das allerdings nicht so einfach: Möglicherweise haben Sie bei dem oben genannten Gehaltsbeispiel etwas verwundert innegehalten. Und dieses Gehaltsbeispiel kann die Kritik an dem Modell veranschaulichen. Äußere „Hygienefaktoren" werden subjektiv unterschiedlich interpretiert (z. B. kann Gehalt oder Status subjektiv auch als Anerkennung angesehen werden, was dann einen Kontentfaktor darstellen würde). Nicht zuletzt deswegen wurde bzw. wird das Modell auch kritisiert (Kauffeld und Schermuly 2019, S. 241 f.; Nerdinger 2019a, S. 468). Zudem konnten die Ergebnisse Herzbergs meist nur unter Berücksichtigung bestimmter Versuchsbedingungen bestätigt werden (z. B. mussten alle Faktoren einfließen). Vor allem die Erkenntnis, dass externe Merkmale weniger motivieren und (wenn sie nicht erfüllt sind) eher zu Unzufriedenheit führen sowie der Umstand, dass Aspekte, die mehr im Einflussbereich der jeweiligen Person liegen, mit positiven/ motivierenden Effekten verbunden werden, könnte z. B. durch den fundamentalen

Tab. 2.1 Hygienefaktoren und Motivatoren der Pittsburgh-Studie n. Herzberg et al. (1959), entn. aus Nerdinger (2019a, S. 467 f)

Kontextfaktoren (Hygienefaktoren sorgen für weniger bis keine Unzufriedenheit, wenn sie erfüllt werden)	Kontentfaktoren (Motivatoren, die – je stärker sie vorhanden sind – zu Arbeitszufriedenheit führen)
• Gehalt • Statuszuweisungen • Beziehung zu Untergebenen, Kollegen und Vorgesetzten • Führung durch den Vorgesetzten • Unternehmenspolitik und -verwaltung • Konkrete Arbeitsbedingungen • Persönliche, mit dem Beruf verbundene Bedingungen • Sicherheit des Arbeitsplatzes	• Leistungserlebnisse • Anerkennung • Arbeitsinhalt • Übertragene Verantwortung • Beruflicher Aufstieg • Gefühl, sich in der Arbeit entfalten zu können

Attributionsfehler (siehe Abschn. 1.2) zu Verzerrungen der Ergebnisse Herzbergs et al. (1959) geführt haben (Tab. 2.1).[14]

Gleichwohl hat die Forschungsarbeit Herzbergs zu vielfältigen weiteren Forschungsansätzen inspiriert und einige bedeutende Schlussfolgerungen betont. So z. B., dass man vielmehr die Aufgabengestaltung in den Blick genommen und mehr über motivationale Gestaltungselemente nachgedacht hat. Auch gerät in den Blick, dass Arbeitszufriedenheit nicht „nur" durch ökonomische Anreize *(„koste es was es wolle", „nicht geschimpft ist genug gelobt", „dafür bekommen Sie ja Geld"…)* herzustellen ist – nicht selten ist sogar das Gegenteil der Fall. Wenn man sich für materielle Anreize entscheidet, sollte einem bewusst sein, dass diese eher auf die Quantität und weniger auf die Qualität wirken – hier sind intrinsische Aspekte deutlich überlegen (Cerasoli et al. 2014). Zwar haben ökonomische Anreize meist einen kurzfristig „schnell wirksamen" Effekt, dieser mildert sich jedoch rasch ab und kann zu einem ständigen „Mehr-davon" führen (adaptiver

---

[14] Nerdinger (2019a, S. 468) führt hierzu u. a. aus: „Sollen Menschen rückblickend positive und negative Ereignisse aus ihrer Arbeit beschreiben, besteht die Neigung, extrinsische Faktoren für die Unzufriedenheit verantwortlich zu machen [Anm. FU: ‚es liegt an der Situation, der Organisation …'], intrinsische dagegen für die Zufriedenheit [Anm. FU: ‚es liegt an mir, das habe ich gut gemacht']. Offensichtlich dient eine solche Erklärung auch der Stützung des eigenen Selbstbildes."

Hedonismus; Kauffeld und Schermuly 2019, S. 241 f.),[15] wenn nicht weitere Faktoren zusätzlich Berücksichtigung finden.

Das „Züricher Modell der Arbeitszufriedenheit" n. Bruggemann (1976; siehe auch Kauffeld und Schermuly 2019, S. 242 f.; Treier 2019, S. 356, 359 f.) ist ein weiteres einflussreiches Modell der Arbeitszufriedenheit. Dessen Grundannahme ist, dass es verschiedene Formen der Arbeitszufriedenheit gibt, die von unterschiedlichen Erwartungen geprägt sind. Zufriedenheit entsteht danach nicht nur bei der Erfüllung von Erwartungen, sondern wird häufig vor allem durch das Absenken des Anspruchsniveaus erzielt. Und Zufriedenheit kann sich auch verändern (Treier 2019, S. 356). Bruggemann (1976) versteht daher Arbeitszufriedenheit als einen dynamischen Prozess von Soll-Ist-Vergleichen (Erwartungen bzw. Bedürfnisse vs. Realisierungsmöglichkeiten). Im Zuge dieser individuellen Analyse erfolgt die Anpassung des Anspruchsniveaus der Arbeitszufriedenheit bzw. ein adäquates Problemlösungsverhalten (Regulation) in 6 Abstufungen:

- Steigerung des Anspruchsniveaus,
- Verbleiben auf dem bisherigen Niveau,
- Senkung des Anspruchs (was dann zur gefühlten Arbeitszufriedenheit führt),
- Verfälschung der Situationswahrnehmung,
- Verharren ohne Problemlösungsversuche,
- Streben nach Überwindung der Situation (neuer Lösungsversuch).

Je nach Reaktion auf den zuvor skizzierten Soll-Ist-Vergleich entstehen verschiedene Formen der Arbeits(un)zufriedenheit (Kauffeld und Schermuly 2019, S. 242): Bei positivem Soll-Ist-Vergleich kann es zu progressiver (man ist zufrieden, setzt sich aber zugleich neue, höhere Ziele) oder stabilisierten Arbeitszufriedenheit (Anspruchsniveau wird beibehalten) kommen. Kommt eine Arbeitnehmerin oder ein Arbeitnehmer zu einem negativen Soll-Ist-Ergebnis, kann resignative („Es ist okay – könnte noch schlimmer sein.") oder Pseudoarbeitszufriedenheit („Es ist gar nicht so schlimm.") entstehen. Es kann jedoch auch zur fixierten („Ich ertrage es, ich kann ohnehin nichts ändern.") bzw. konstruktiven („Ich spreche mit meiner Führungskraft darüber.") ArbeitsUNzufriedenheit führen. „Dabei sind die resignative und die Pseudo-Arbeitszufriedenheit

---

[15]Wichtiger im Kontext ökonomischer Anreize ist der soziale Vergleich. „Nicht das absolute Einkommensniveau ist entscheidend, sondern das Gehalt im Verhältnis zu bedeutsamen anderen Personen"(Kauffeld und Schermuly 2019, S. 242).

besonders riskant, denn bei Mitarbeiterbefragungen erzielt man positive Zufriedenheitswerte, die aber keine echte Zufriedenheit widerspiegeln. Dadurch wiegt man sich in falscher Sicherheit. Diese Scheinzufriedenheit kann sogar zur Zementierung bestehender Verhältnisse führen, da keine Veranlassung für Wandel erkennbar ist …" (Treier 2019, S. 359).

Das Züricher Modell der Arbeitszufriedenheit ist immer noch ein eingängiger Ansatz. Gleichwohl erfuhr er auch Kritik, so z. B. hinsichtlich der unzureichenden Erklärung, was „Soll-Werte" enthalten und wie der Vergleich mit dem „Ist" stattfindet. Da ein Modell eine vereinfachte Darstellung der Wirklichkeit ist, blieb die Kritik an der Unvollständigkeit des Ansatzes n. Bruggemann nicht aus. Ferreira (2009) erweiterte das Modell und entwickelte einen Fragebogen zur Erhebung von Arbeitszufriedenheitstypen (FEAT), mit dem sich die verschiedenen Zufriedenheitstypen im Arbeitskontext empirisch ermitteln lassen.

Sowohl das Zwei-Faktoren-Modell als auch das Züricher Modell der Arbeitszufriedenheit haben wesentlich zum Verständnis dieses scheinbar einfachen, bei näherem Hinsehen jedoch durchaus komplexen Konstrukts der Arbeitszufriedenheit beigetragen. Und: Arbeitszufriedenheit ist ein sehr persönliches Geschehen und die Maßstäbe, was als die Zufriedenheit förderlich oder hinderlich bzw. reduzierend angesehen wird, variieren von Person zu Person, von Team zu Team, von Organisation zu Organisation. Dennoch gibt es verschiedene Grundbedürfnisse, die in allen Menschen mehr oder weniger ausgeprägt vorhanden sind (z. B. Ryan und Deci 2017) und deren Erfüllung Vorbedingung für Zufriedenheit ist. Diesen Gedanken – besonders das menschliche Bedürfnis nach persönlicher Entfaltung – haben Hackman und Oldham (1980) zur Basis ihres „Job Characteristics Models" gemacht. Da dieses Modell mehrfach empirisch bestätigt werden konnte (Nerdinger 2019a, S. 470), es die Bereiche Zufriedenheit und Motivation in einem Modell zusammenfasst (Kauffeld und Schermuly 2019, S. 249 ff.) sowie gute praktische Anwendungsmöglichkeiten bietet, soll es im folgenden Abschnitt vertieft dargestellt werden.

2.1.2 Job Characteristics Model (nach Hackman und Oldham) und aktuelle Entwicklungen

Welche Merkmale machen eine Arbeitsaufgabe und eine Arbeitsstelle interessant? Was fördern die Zufriedenheit, reduziert Abwesenheit und Fluktuation? Welche Impulse wirken sich motivierend auf die Leistung und Arbeitsqualität aus?

Dies sind die Fragestellungen, denen sich auch Greg R. Oldham und J. Richard Hackman widmeten. Herausgekommen ist eine Rahmentheorie, die eine Begründung und Ableitung von Gestaltungsmaßnahmen ermöglicht, die sich sowohl auf die Arbeitszufriedenheit wie auch auf die Motivation von Mitarbeiter*innen auswirken (Nerdinger 2019a, S. 469 f.). Die Grundgedanken des auch heute noch gültigen sowie in Forschung wie Praxis oft zitierten Modells basieren auf den sogenannten Erwartungs-mal-Wert-Theorien (siehe Abschn. 2.2.1)[16] und bieten Führungskräften vielfältige sowie wissenschaftlich fundierte Möglichkeiten, passende motivations- und zufriedenheitsförderliche Interventionen auszuwählen (ebd.; Kleinbeck und Kleinbeck 2009, S. 146 ff.; Humphrey et al. 2007).

Die Formel des Job-Characteristics-Modells enthält 5 Kernvariablen, die sich auf 3 kritische (Erlebnis-)Zustände auswirken und in der Folge u. a. zu hoher Arbeitszufriedenheit, gesteigerter (intrinsischer) Motivation, kognitiver Flexibilität und Arbeitsqualität sowie niedrigerer Fluktuation und Abwesenheit führen (Schütz et al. 2020, S. 54 ff.; Nerdinger et al. 2019a, S. 469; Kauffeld und Schermuly 2019, S. 249 ff.; Weibler 2016, S. 187 ff.; Hackman und Oldham 1980, Oldham und Hackman 2010).

5 Kernvariablen bzw. Aufgaben-/Jobmerkmale:

- Anforderungsvielfalt
- Ganzheitlichkeit der Aufgabe
- Bedeutsamkeit der Aufgabe
- Autonomie
- Rückmeldung aus der Aufgabenerfüllung.

> Vielfalt und Ganzheitlichkeit lassen sich auch als Teilbereiche von Bedeutsamkeit verstehen.

Anforderungsvielfalt wird umso mehr gefördert, je abwechslungsreicher eine Tätigkeit/Aufgabe ist und je mehr unterschiedliche Fähigkeiten und Fertigkeiten eingesetzt werden müssen (bzw. können). Dabei sollten nicht nur einseitige Fähigkeiten benötigt werden, sondern möglichst viele motorische, intellektuelle und soziale Elemente zum Einsatz kommen.

Ganzheitlichkeit wird dann empfunden, wenn eine Aufgabe (Produkt, Dienstleitung …) bzw. die Bearbeitung (und Verantwortung dafür) von Anfang bis zum Ende durchgeführt werden kann. Da dies nicht immer umsetzbar ist, sollten zumindest so viel wie möglich zusammenhängende Tätigkeitselemente

---

[16] Die sogenannte Erwartungs-mal-Wert-Theorien der Motivation ziehen zur Erklärung menschlichen Handelns einmal die vermutete Erfolgswahrscheinlichkeit und dann die Attraktivität des Ergebnisses mit ein.

verantwortet werden. Je „ganzheitlicher" eine Aufgabe, desto mehr Sinn wird empfunden.

Je klarer Mitarbeiter*innen wahrnehmen, dass ihr Handeln positive Auswirkungen auf die organisationalen Ziele und die eigene Arbeit – vielmehr jedoch noch auf das Leben anderer Menschen – hat, je stärker wird die **Bedeutsamkeit der Aufgabe** empfunden. Je besser erkannt wird, wie die jeweilige Tätigkeit z. B. Kund*innen bzw. Klient*innen, Kolleg*innen und auch anderen Bereichen der Organisation nützt, desto höher ist die Zufriedenheit und Motivation (soziale Dimension der eigenen Arbeit). Anforderungsvielfalt, Ganzheitlichkeit und Bedeutsamkeit wirken gemeinsam auf die erlebte Sinnhaftigkeit der Arbeit. Sie stehen in einer Art Wechselwirkung und können sich gegenseitig ausgleichen. Die beiden folgenden Kernvariablen sind dagegen eigenständig in ihrer Wirkung.

Der Grad der **Autonomie** bestimmt das Gefühl der Freiheit und Unabhängigkeit, vor allem durch den zugestandenen Kontroll- und Entscheidungsspielraum (selbstbestimmte Einteilung der Arbeit, Mitbestimmung bei Zielen, Wahl der Arbeitsmittel bzw. insgesamt Wahlmöglichkeiten – z. B. auch hinsichtlich Arbeitszeit/-ort etc., Beschränkung der Kontrolle auf das absolut Notwendige etc.). Autonomieerleben stärkt wiederum das Gefühl der Selbstbestimmung sowie das Selbstwertgefühl und führt zu mehr Verantwortungsübernahme.

Rückmeldung meint die Möglichkeiten, wie man etwas über die Prozesse und Ergebnisse seiner Arbeit, seines Engagements[17] erfährt. Je klarer und direkter das Feedback durch die Tätigkeit selbst (bzw. das Ergebnis des Arbeitseinsatzes) ausfällt, desto besser ist die Erkenntnis über die individuelle Leistung. Dort, wo Eindeutigkeit fehlt (was in unserer komplexen Arbeitswelt immer häufiger der Fall ist), müssen z. B. Führungskräfte diese Rückmeldung (z. B. durch Feedback) regelmäßig leisten.

---

[17] Engagement verstanden als besondere bzw. überdurchschnittliche (positive) physische, emotionale und kognitive Verpflichtung und „Investition von Energie" (Young et al. 2018, S. 1331; Rich et al. 2010; Kahn 1990). Christian et al. (2011) wie auch Young et al. (2018) konnten u. a. den Einfluss des Engagements auf die Leistung belegen. Wertschätzung (i. S. v. positiven Erfahrungen, Rückmeldungen etc.) für die Person ist eine von verschiedenen Rahmenbedingungen (wie z. B. auch Autonomie, soziale Unterstützung, Teamarbeit und qualitativ hochwertige Beziehungen, abwechslungsreiche Tätigkeiten etc.; siehe auch Yongxing et al. 2017; Knight et al. 2017), die sich auf Engagement und auch auf Motivation wie Leistung auswirken. Gleichzeitig betonen Young et al. (2018), dass die Persönlichkeit (und hier v. a. eine positive Grundhaltung, proaktives Verhalten sowie Gewissenhaftigkeit und Extraversion) einen bedeutenden Einfluss auf das jeweilige Engagement hat.

Je nach Ausprägung der einzelnen Kernvariablen werden die folgenden *3 psychologischen Erlebniszustände* beeinflusst:

- Bedeutsamkeit/Sinnhaftigkeit der eigenen Arbeitstätigkeit
- Verantwortung für die Ergebnisse der eigenen Arbeitstätigkeit
- Wissen über die aktuellen Resultate, vor allem die Qualität der eigenen Arbeit.

Sind diese drei Zustände erfüllt, stellen sich u. a. Motivation und Arbeitszufriedenheit ein.

Hackman und Oldham bieten auf Basis der Kernvariablen eine Berechnungsformel für das (intrinsische) Motivations-/Zufriedenheitspotenzial. Da Rückmeldung und Autonomie als Schlüsselvariablen der Motivation und Zufriedenheit angesehen werden, sind sie als Multiplikatoren vertreten. Somit kann zwar mangelnde Ganzheitlichkeit durch Vielfalt oder Bedeutsamkeit der Aufgabe ausgeglichen werden. Geringe Autonomie jedoch reduziert immer die Motivation und das Gefühl, keine Selbstbestimmung zu besitzen oder ständig kontrolliert zu werden, kann das Motivationspotenzial recht schnell auf „null" sinken lassen. Gleichzeitig wird aber auch einschränkend darauf hingewiesen, dass alle Aspekte nicht beliebig gesteigert werden können und daher die nachstehende Formel nicht grenzenlos skalierbar ist. So kann z. B. zu viel Autonomie zu Unklarheiten sowie Unsicherheiten und damit schnell zu Überforderung führen. Auch können sich häufige Abwechslungen von Anforderungen und Aufgaben negativ auf das Kompetenzerleben auswirken.[18]

---

[18] Ungefähr zur gleichen Zeit wie Hackman und Oldham entwickelte Csikszentmihalyi (1975) die Theorie des Flows, ein Gefühl vollständig in einer Tätigkeit aufzugehen und trotz hoher Anforderungen das Gefühl der Kontrolle zu besitzen (z. B. Weibler 2016, S. 184). Hier wird u. a. auch eine Ausgewogenheit/individuell gute Passung von Aufgaben und Kompetenzen betont. „Besonders wichtig für das Flow-Erleben ist die Passung zwischen der Aufgabenschwierigkeit und den Fähigkeiten der Arbeitskraft. Flow-Erleben kann sich nur einstellen, wenn die Herausforderungen den Kompetenzen entsprechen. Ist die Herausforderung bzw. die Aufgabenschwierigkeit höher als die Fähigkeiten, führt das zur Überforderung und damit zu Angst und Kontrollverlust. Ist die Aufgabe dagegen zu einfach, dann resultiert daraus Unterforderung und damit Langeweile ..." (Kauffeld und Schermuly 2019, S. 251).

$$Motivationspotenzial = \frac{\text{Vielfalt + Ganzheitlichkeit + Bedeutung}}{3} \times \text{Autonomie} \times \text{Feedback}$$

Hackman und Oldham konzentrieren sich auf die Gestaltung der Arbeit als zentralen Faktor von Arbeitszufriedenheit und Motivation. Zugleich wird auch betont, dass die Wirkung der Gestaltungselemente von individuellen Persönlichkeitsmerkmalen abhängig ist. Vor allem das Bedürfnis nach persönlicher Entfaltung scheint zentral für die Frage zu sein, ob bzw. wie stark die Erfüllung der 5 Kernvariablen zu den 3 Erlebniszuständen führt (Nerdinger 2019a, S. 470). Auch kann die Ausprägung der Big-Five-Persönlichkeitsfaktoren (siehe auch Kap. 1) darüber mitentscheiden, wie zufrieden, motiviert und mit welcher Qualität Mitarbeitende ihrer Tätigkeit nachgehen bzw. die Rahmenbedingungen der Arbeit auf diese Faktoren einwirken. Oldham und Hackman (2010, S. 14) betonen dies z. B. im Kontext von Tätigkeiten, die viel zwischenmenschliche Kontakte beinhalten (was für die Sozialwirtschaft zum großen Teil zutrifft). Hier waren Motivation, Leistung und Zufriedenheit höher, wenn Gewissenhaftigkeit, Verträglichkeit und emotionale Stabilität aufseiten der Mitarbeitenden stärker ausgeprägt waren.

Um nun konkret die Aufgabenmerkmale zu analysieren, haben Hackman und Oldham einen Fragebogen entwickelt, der die zuvor benannten 5 Dimensionen der Arbeit empirisch erfasst (Job Diagnostic Survey; JDS). „Der JDS fokussiert die subjektive Wahrnehmung der Arbeitskraft und liefert theoretisch begründete Aussagen darüber, welche Merkmale der Arbeitssituation sich im Erleben und Verhalten von Mitarbeitenden niederschlagen und welche motivationalen Prozesse dabei über welche Mechanismen eine Rolle spielen. Aus dem Modell können konkrete Maßnahmen der Arbeitsgestaltung abgeleitet werden" (Kauffeld und Schermuly 2019, S. 250). Nerdinger (2019a, S. 470) führt Beispiel-Items des JDS auf:

- **Anforderungsvielfalt:** Die Tätigkeit erfordert komplexe, sehr spezielle Fachkenntnisse.
- **Ganzheitlichkeit:** Die Tätigkeit ist derart, dass ich keine Gelegenheit habe, einen ganzen Arbeitsvorgang von Anfang bis zum Ende durchzuführen.[19]

---

[19] Dieses Item ist negativ gepolt. Wenn die generelle Richtung der Antwortskala eine positive ist, müssen Sie das negativ gepolte Item umpolen, d. h. niedrige Werte dieses Items durch gespiegelt hohe Werte ersetzen.

- **Bedeutsamkeit:** Die Tätigkeit ist sehr wichtig für die Fertigstellung des endgültigen Produkts.
- **Autonomie:** Bei meiner Tätigkeit kann ich die Reihenfolge der Arbeitsschritte selbst bestimmen.
- **Rückmeldung:** Schon allein die Verrichtung der erforderlichen Arbeiten gibt mir häufig Gelegenheit, herauszufinden, wie gut meine Leistungen sind.

Auch heute noch hat die Arbeitsgestaltung einen großen Einfluss auf die Einstellungen und Verhaltensweisen der Beschäftigten (Humphrey et al. 2007, S. 1348). Doch führen Veränderungen in der Arbeitswelt mitunter zu anderen Schwerpunktsetzungen, was Arbeitsgestaltung, Aufgaben, Werte und Motive von Arbeitnehmerinnen und Arbeitnehmern und somit auch das Motivations- und Zufriedenheitspotenzial betrifft. Humphrey et al. (2007) nehmen u. a. diese Veränderung zum Anlass, darauf hinzuweisen, dass das Modell zwar wichtige Faktoren nutzt – andere jedoch weniger (bzw. zu wenig) berücksichtigt. So kommen beispielsweise das soziale Umfeld und der Arbeitskontext zu kurz, was Hackman und Oldham ebenso eingestehen (z. B. 2010). Vor allem auch, weil es weniger „feste Arbeitsplätze" (spezifische, abgrenzbare Aufgaben) gibt, mehr Team- und Dienstleistungsarbeit (verschiedene Interaktionszusammenhänge) geleistet wird oder auch die Vernetzung wie Projektorientierung und das Phänomen der Veränderlichkeit der Arbeitswelt (Digitalisierung, Technologisierung, Globalisierung etc.) deutlich zunehmen (z. B. Weibler 2016, S. 189 f., 467 ff.). Zugleich sind es immer mehr die Beziehungen (ob physisch oder virtuell), die den Arbeitskontext kennzeichnen und daher auch Fragen der Arbeitszufriedenheit wie Motivation erweitern. So sind nicht nur sinnhafte Tätigkeiten, sondern auch sinnstiftende Beziehungen für Motivation und Zufriedenheit von großer Bedeutung: **„... the two best predictors of job satisfaction were autonomy and social support"** (Humphrey et al. 2007, S. 1348, Hervorh. d.d. Autor*innen; auch Weibler 2016, S. 188 ff.; Ryan und Deci 2017; für die Soziale Arbeit bestätigen dies z. B. auch Kim und Stoner 2008).

Morgeson und Humphrey (2006) entwickelten einen Fragebogen, der umfassendere Ergebnisse für die Analyse und Gestaltung von Arbeitsplätzen liefern soll: den Work Design Questionnaire (WDQ). Dabei konzentrieren sie sich nicht nur auf die Tätigkeit an sich, sondern betrachten auch die gesamten organisationalen Bedingungen und nehmen u. a. soziale Merkmale des Arbeitsplatzes mit auf. Trotz der Anpassungen und Erweiterungen ist die Nähe des WDQ zum Job Diagnostic Survey erkennbar. Sebastian Stegmann und Kolleg*innen

(2010) stellen eine deutsche Version des WDQ[20] vor. Sie analysieren folgende Bereiche:

- Aufgabenmerkmale (wahrgenommene Autonomie in Planung, Entscheidung, Arbeitsmethoden; Aufgabenvielfalt; Wichtigkeit; Ganzheitlichkeit; Rückmeldung durch die Tätigkeit),
- Wissensmerkmale (Komplexität; Informationsverarbeitung; Problemlösen; Anforderungsvielfalt; Spezialisierung),
- Soziale Merkmale (soziale Unterstützung; initiierte Interdependenz; rezipierte Interdependenz; Interaktion außerhalb der Organisation; Rückmeldung durch andere),
- Kontextuelle Merkmale (Ergonomie; physische Anforderungen; Arbeitsbedingungen; Technikgebrauch).

Viele Aspekte der Arbeitszufriedenheit des WDQ finden sich auch in der Selbstbestimmungstheorie von Deci und Ryan wieder (z. B. Deci et al. 2017). Dass Autonomie- und Kompetenzerleben sowie soziale Verbundenheit wichtig für Zufriedenheit und das Gefühl, eine bedeutungsvolle Arbeit zu leisten, ist, zeigt auch eine aktuelle Studie von Nikolova und Cnossen (2020). **Diese 3 Grundbedürfnisse erklären zu ca. 60 %, ob eine Person die jeweilige Arbeit als sinn- und bedeutungsvoll erlebt.** Zudem zeigt sich, dass durch die Erfüllung der 3 Grundbedürfnisse relevante Sachverhalte, wie Sinnempfinden, geringerer Absentismus, Weiterbildungsmotivation und den Wunsch, länger zu arbeiten, statt früher in Rente zu gehen, gut vorausgesagt werden. Dabei handelt es sich durchweg um Themen, die angesichts einer sich wandelnden Arbeitswelt, die (neben vielen positiven Entwicklungen) zunehmend mehr (digitale und analoge) Belastungen mit sich bringt, aktuell an Bedeutung zunehmen. Es ist daher nicht verwunderlich, dass zurzeit vor allem Zusammenhänge von Gesundheit bzw. Work-Life-Balance, Führungsinteraktion, organisationalen Rahmenbedingungen (z. B. Betriebliches Gesundheitsmanagement, virtuelle Teamarbeit, Flexibilisierungstendenzen, agile Organisationen etc.) und Arbeitszufriedenheit intensiv erforscht sowie im Organisationskontext ausgiebig diskutiert und entsprechende Handlungsmöglichkeiten entwickelt werden (z. B. Kaiser 2020;

---

[20] Der WDQ findet im Produktions-, Verwaltungs- und Dienstleistungsbereich gleichermaßen Anwendung; keine Beschränkung auf eine bestimmte Berufsbranche oder Tätigkeitsklasse. Anhand von 21 Skalen erfasst der WDQ neben Merkmalen der Arbeitsaufgaben auch Merkmale, die die soziale Einbindung sowie die physischen Gegebenheiten der Arbeitsumgebung betreffen.

Albrecht 2020; Hatfield und Winkler 2020; Kastner 2017, 2020). Auch heute ist es noch von enormer Bedeutung (oder sogar wichtiger als in der Vergangenheit), dass sich Organisationen insgesamt und Führungskräfte im Speziellen die (positiven wie negativen) Einflüsse von Gesundheit auf Arbeitszufriedenheit (und umgekehrt), von Führung sowie angemessenen organisationalen Bedingungen auf Zufriedenheit und Motivation vergegenwärtigen (z. B. Gregersen et al. 2020).[21]

Angesichts der Bedeutung der Arbeitszufriedenheit und den unterschiedlichen Einflussfaktoren bleibt diese ein sehr umfangreiches Gebiet und bietet viele Facetten und kleinste „Verästelungen" – will man der Sache auch im Einzelfall tatsächlich auf den Grund gehen. Auf der anderen Seite zeigen sowohl die theoretischen Ansätze wie auch vielfältige empirische Untersuchungen, dass man einen Großteil der Zufriedenheit auf einige sehr entscheidende Aspekte konzentrieren kann. Sicherlich berücksichtigt man damit bei Weitem nicht alle individuellen Vorstellungen und Persönlichkeitsdispositionen oder organisationalen Gegebenheiten,[22] gleichwohl ist die Wahrscheinlichkeit hoch, dass die bereits zuvor angesprochenen und nachfolgend nochmals hervorgehobenen Punkte, entscheidende Einflussfaktoren darstellen, wenn es um die Frage geht, ob die Arbeitszufriedenheit steigt, bei deren Nichterfüllung sinkt oder sich nicht ändert:

- Autonomie bzw. angemessene Gestaltungsmöglichkeiten (Verantwortungsübertragung und Entfaltungsmöglichkeiten in individuell gewünschtem Umfang, auch hinsichtlich Arbeitszeit/-aufgabe);
- herausfordernde, abwechslungsreiche, sinnstiftende Aufgaben, die mit den vorhandenen Kompetenzen gut bewältigt, (wenn möglich) ganzheitlich bearbeitet werden können und Wirkung erzielen;
- Sicherheit, faire Bezahlung[23] bzw. Behandlung sowie ein guter Kommunikationsprozess (siehe Kap. 3);

---

[21] Beispielsweise zeigen Untersuchungen, dass Organisationen, die neben der Leistung den Fokus auch auf die Gesundheitsförderung legen, innovativer sind und eine bis zu 3fach höhere Wertschöpfung erzielen (z. B. De Smet et al. 2014; siehe auch Häfner et al. 2019; Bruch und Kowalevski 2013).

[22] Dieser Tatsache sollte man sich z. B. im Rahmen empirischer Erhebungen sowohl bei positiven wie auch bei problematischen Ergebnissen bewusst sein.

[23] Die Entlohnung „an sich" hat nur geringen Zusammenhänge mit der Arbeitszufriedenheit (z. B. Judge et al. 2010). Jedoch im Vergleich innerhalb wie außerhalb der Organisation kann (als fair bzw. unfair eingeschätzte) Entlohnung spürbaren Einfluss nehmen, wenn der Gerechtigkeitsaspekt mitbetrachtet wird (siehe auch Kauffeld und Schermuly 2019, S. 242).

- qualitativ hochwertige Beziehungen (zu Kolleg*innen und Führung) sowie
- regelmäßige Anerkennung, nützliches Feedback und angemessene Wertschätzung.[24]

Ergänzt wird diese Aufzählung noch durch einen Arbeitsplatz mit allen notwendigen Geräten bzw. der erforderlichen Ausstattung, gesundheitsförderlichen Rahmenbedingungen, einer guten Führung,[25] die die zuvor genannten Punkte fördert (siehe auch Abschn. 1.2 und 1.3) sowie durch eine Organisation, in der humane, ökonomische und gesellschaftlich-wertstiftende Ziele gleichermaßen verfolgt werden. Wir kommen an dieser Stelle nochmals auf den schon im Führungskontext (Abschn. 1.2) vorgestellten Empowerment-Ansatz zu sprechen. In aktuellen Befragungen zur Arbeitszufriedenheit werden insbesondere Autonomie- und Mitbestimmungsmöglichkeiten sowie die Rolle der Führungskraft als zufriedenheitsfördernd herausgestellt, was den Anforderungen unserer modernen (VUCA-) Arbeitswelt folgt.[26] Organisationen können entsprechende Rahmenbedingungen schaffen (strukturelles Empowerment), indem sie mehr Entscheidungsautorität und Verantwortlichkeit an die jeweils nachgelagerte Hierarchiestufe

---

[24] Hierunter fällt auch das Thema „Umgang mit Zeit". Ein gemeinsames Gespräch zwischen Mitarbeiter*innen und Führungskraft, welche Zeit für bestimmte Aufgaben benötigt werden, ist auch eine Form der Wertschätzung. Dabei ist ein wenig Zeitdruck nachweislich motivations-/leistungsfördernd (Becker 2019, S. 104 f.) – zu viel Zeitdruck kann jedoch wiederum gesundheitsschädlich sein. Es geht bei solchen Gesprächen auch nicht immer in erster Linie darum, sofort etwas zu verändern (was oft auch nicht möglich ist), sondern aufrichtig zuzuhören, die Situation aus Sicht der Mitarbeitenden sehen und mit ihnen gemeinsam Handlungsalternativen diskutieren (sofern möglich) - aber auch klar zu kommunizieren, wenn etwas nicht geändert werden kann (dies kann wertschätzend erläutert werden; dabei nichts versprechen, wovon man schon weiß, dass man es nicht einhalten kann - oder es zumindest ahnt).

[25] Der Einfluss der Führung auf die Arbeitszufriedenheit liegt bei bis zu 50% (z. B. Clifton und Harter 2019).

[26] Das (engl.) Akronym VUCA steht für Volatilität, Unsicherheit, Komplexität (engl. Complexity) und Ambiguität. Es beschreibt eine Welt, die zunehmend durch (sprunghafte, unvorhersehbare) Veränderungen, mehr Unsicherheit aufgrund ungewisser Situationen, einer Vielzahl und Vielfalt situativer Elemente und Mehrdeutigkeit (Multioptionswelt, widersprüchliche Umwelt, zunehmende Entscheidungsmöglichkeiten und -notwendigkeiten) gekennzeichnet ist (z. B. Hatfield und Winkler 2020, S. 474f.; Regnet 2020, S. 59ff.; Unger 2019; Petry 2018, 2019; Mack und Khare 2016).

delegieren.[27] Hierzu gehört u. a. eine gute Mischung aus entsprechenden Gelegenheiten für Partizipation zu schaffen, ausreichend Informationen (inkl. Transparenz bei Entscheidungen – vor allem auf strategischer Ebene), (Führungs-)Unterstützung und Ressourcen (Zeit, Arbeitsmittel, Kompetenzentwicklung fördern etc.) zur Verfügung zu stellen sowie Tätigkeiten zu schaffen, die – so gut es geht – den 5 Kernvariablen von Hackman und Oldham (1980; s.a. Oldham und Hackman 2010) entsprechen. Auf der individuellen Ebene sind vor allem die direkten Führungskräfte gefragt, Arbeitsbedingungen zu kreieren, die

- angemessene Autonomie (Selbstbestimmung) ermöglichen,
- die jeweilige Tätigkeit als bedeutungsvoll erleben lassen (gute Passung von Arbeitszielen und Einstellungen/Werten der Mitarbeiter*innen),
- zu den Kompetenzen für die Umsetzung der Arbeitsanforderungen passen (Selbstwirksamkeit),
- das Gefühl fördern, durch das eigene Tun einen Unterschied zu machen – also Wirkung zu entfalten (z. B. Schermuly 2016, 2019, S. 55 ff., 82 ff.; Welpe et al. 2018, S. 22, 111 ff.; Maynard et al. 2012; Seibert et al. 2011).[28]

---

[27] Für soziale Organisationen bieten Hardina et al. (2006) vielfältige Impulse für die konkrete Umsetzung von empowermentorientierter Führung. Für den öffentlichen Sektor liefern z. B. Fernandez und Moldogaziev (2011) empirische Befunde und praktische Empfehlungen.

[28] Wie bereits zuvor betont, ist Vorsicht geboten, wenn es um die Formulierung kausaler Zusammenhänge geht. Ob Arbeitszufriedenheit *immer* unmittelbar auf das Empowerment zurückzuführen ist, oder ob indirekte Wirkungsketten vorliegen, ist nicht immer zweifelsfrei festzustellen, obwohl verschiedene Untersuchungen recht gut die Zusammenhänge herausgearbeitet haben. Zudem soll – wie bereits bei Hackman und Oldham – darauf hingewiesen werden, dass aufgrund unterschiedlicher Voraussetzungen der Mitarbeitenden der Grad von Empowerment für jeden Mitarbeitenden variiert. Entwicklungsmöglichkeiten bzw. Lerneffekte, aber auch individuelle Grenzen sollten berücksichtigt werden. Die Wirkung von mehr Empowerment ist somit begrenzt. Denn z. B. zu viel Empowerment kann von Zufriedenheit und Wohlbefinden recht schnell in Belastung, Stress und Unzufriedenheit umschlagen. Wirksames Empowerment braucht z. B. neben der Befähigung (Können), der Motivation (Wollen) und der Möglichkeit (Dürfen) auch klare Rahmenbedingungen, Ziele und Regeln (für den öffentlichen Bereich z. B. Favero et al. 2016). Nicht selten wird Empowerment wie oft auch der Begriff der Autonomie mit völliger Freiheit verwechselt, was im Arbeitskontext eher problematisch einzustufen ist (z. B. Schermuly 2019, S. 57ff.). Auch hier spielen Führungskräfte und deren Fingerspitzengefühl für gute Führung und angemessenes Empowerment eine zentrale Rolle (z. B. Schermuly 2019, S. 58 f., 71 f., 102 ff.; Maynard et al. 2012; Seibert et al. 2011).

Vergleichbare Impulse bietet die Selbstbestimmungstheorie nach Deci und Ryan (2015), die die Voraussetzungen u. a. für Arbeitszufriedenheit auf die 3 psychologischen Grundbedürfnisse konzentrieren: Autonomie, Kompetenzerleben und soziale Verbundenheit. Gerade der Beziehungsaspekt und das Gefühl von Vertrauen bzw. psychologischer Sicherheit (z. B. Frazier et al. 2017)[29] müssen unbedingt mitbedacht werden, zumindest auf gleicher Ebene wie die anderen Faktoren des psychologischen Empowerment rangieren oder gar als notwendige Voraussetzung für echtes Empowerment angesehen werden (siehe auch Schermuly 2019, S. 201 ff.).

Zusammenfassend ist Rose (2019, S. 197 ff.) zuzustimmen, **dass gute Beziehungen der Zufriedenheitstreiber Nummer 1 sind – im Leben allgemein sowie in der Arbeitswelt.** Wertschätzung und gute Beziehungen zu Vorgesetzten sind 2 der häufigsten Antworten auf die Fragen „Was macht sie glücklich auf der Arbeit?" (ebd.; Strack et al. 2018). Das gilt nicht nur für Mitarbeitende, sondern auch für die Führungskräfte selbst. Da gute Beziehungen zu Mitarbeitenden – die übrigens keinesfalls mit Kumpanei oder inniger Freundschaft gleichzusetzen sind – und eine hohe Selbstständigkeit wie Verantwortungsübernahme auf nachgeordneten Hierarchieebenen nicht zuletzt auch den Führungskräften selbst zugutekommen, handelt es sich – Gelingen vorausgesetzt – um eine ideale „Win-win-Situation".

2.1.3 Gestaltungsmöglichkeiten im Alltag der Sozialwirtschaft

Abschließend sollen aus dem bisher Dargestellten noch einige Handlungsoptionen zur Förderung der Arbeitszufriedenheit für das Alltagsgeschäft der Sozialwirtschaft abgeleitet werden.

Exemplarisch für die Ausprägung der Arbeitszufriedenheit im sozialen Bereich sei auf eine Berner Studie verwiesen, die belegt, dass Mitarbeitende sozialer Dienste eine überwiegend hohe Arbeitszufriedenheit (74,1 %) empfinden. Diese Zufriedenheit ist für die Zusammenarbeit mit Kolleg*innen und erwartungsgemäß für die Sinnhaftigkeit der Arbeit sowie für die verantwortungsvolle Aufgabe am stärksten ausgeprägt. Deutlich unzufriedener sind Mitarbeitende mit ihren Aufstiegsmöglichkeiten, ihrem Gehalt und der gesellschaftlichen Anerkennung. Des Weiteren werden bürokratische Herausforderungen und ein hohes Arbeitsaufkommen als Hürden wahrgenommen (Pfiffner 2017, S. 31). Diese Hürden werden im sozialen Bereich

---

[29] „Whether it is performance gains, increased learning, engagement, information sharing, or improved satisfaction and commitment, we demonstrate that psychological safety impacts important organizational outcomes..." (Frazier et al. 2017, S. 148).

durch zunehmende Personalengpässe, niedrige Löhne und hoch flexible sowie oft wenig beeinflussbare Arbeitszeitanforderungen verschärft (DGB 2019, S. 33).

Folgt man den Ausführungen des letzten Kapitels, kann es Führungskräften auch unter den oft suboptimalen Bedingungen in der Sozialwirtshaft gelingen, die negativen Auswirkungen auf Arbeitszufriedenheit zu begrenzen bzw. positiv Einfluss darauf zu nehmen (was ausdrücklich nicht so verstanden werden soll, dass man nicht an besseren Rahmenbedingungen, Arbeitsplatzsicherheit, Entlohnung etc. weiterhin arbeiten soll). Am besten gelingt dies aus unserer Sicht, wenn die bereits überwiegend positiv wahrgenommene, verantwortungsvolle Aufgabe, z. B. einen jungen Menschen auf dem Weg der Ausbildungssuche zu begleiten, von Führungskräften individuell mit Unterstützung versehen wird. Verantwortungsvolle Aufgaben werden von Mitarbeitenden unterschiedlich herausfordernd (teils überfordernd) wahrgenommen und sie benötigen daher unterschiedliche Unterstützungsleistungen. Nur so kann es gelingen, dass Verantwortungsübernahme im positiven Sinne als Gewährung von Autonomie und Gestaltungsspielraum erlebt werden kann. In diesem Zusammenhang erscheint es sinnvoll, dass Führungskräfte mit ihren Mitarbeitenden auch über notwendige und vorhandene Kompetenzen ins Gespräch kommen. Fühlen sich Mitarbeitende z. B. für den Umgang mit gewaltbereiten Jugendlichen ausreichend qualifiziert und verfügen sie über vielfältige Handlungsmöglichkeiten? Zudem können Führungskräfte Impulse für eine gute Team- und Feedbackkultur geben, indem sie gemeinsame Aktionen (z. B. Teamabende etc.) initiieren, als Vorbild vorangehen (z. B. Übereinstimmen in Reden und Handeln, Grundlagen guter Führung beachten) sowie eine dialogische Führungskommunikation einsetzen (vor allem konstruktives Feedback geben, wertschätzende Kommunikation, Annehmen von Rückmeldungen) und damit weitere wichtige Kriterien der Arbeitszufriedenheit wirkungsvoll beeinflussen.

Zusätzlich können Führungskräfte Aufgaben so gestalten, dass sie zur Steigerung der Arbeitszufriedenheit beitragen. In Anlehnung an Becker (2019, S. 107) können z. B. folgende Kriterien analysiert und im Sinne der individuellen Arbeitszufriedenheit optimiert werden:

- **Abwechslung** (z. B. Job Enlargement; Job Rotation bzw. gegenseitige Hospitationen, die das gemeinsame Lernen und die unterschiedlichen Sichtweisen auf Tätigkeiten fördern; freiwillige Projektarbeit; vielfältige Arbeitsschritte, die fordern – ohne auf Dauer zu überfordern …).
- **Ganzheitlichkeit** (z. B. klare Rollen; Übertragung von Verantwortlichkeiten; (Teil-)Prozessverantwortung).
- **Bedeutsamkeit** (z. B. attraktive Ziele; anerkennende Rückmeldungen – wozu auch ein fairer Lohn gehört; Beitrag zum Ganzen ist klar; Führung fragt nach,

was benötigt wird, um die Arbeit gut zu erledigen; Führung zeigt ausdrücklich Anerkennung, ist für Mitarbeitende da).[30]

- **Autonomie** (z. B. klarer Rahmen und zugleich ausreichend Raum; angemessen Einfluss auf Arbeitszeit, -ort, -inhalt, -platzgestaltung nehmen zu können; flexible Arbeit, ggf. Homeoffice; Partizipation bei Entscheidungen; transparente Informationspolitik).
- **Rückmeldung** zu Leistung und Fortschritt (z. B. konkrete Rückmeldung durch die Tätigkeit, Kundenreaktionssystem; ehrliche, wertschätzende Fehler- und Feedbackkultur; individuelle Lern- und Entwicklungsmöglichkeiten; regelmäßige Rückmelde-/Entwicklungsgespräche).

Diese Kriterien sind sicher nicht in jedem Kontext und in jeder Situation einzuhalten bzw. sinnvoll und sollten immer einer individuell ausgestalteten Vereinbarung unterliegen, die z. B. das Maß an Abwechslung oder die Form und Taktung von Feedback austariert.

Abgesehen von den bereits erwähnten Aspekten, wollen wir noch kurz einen Blick auf einen enorm wachsenden, gerade in emotional fordernden Berufsfeldern häufiger beachteten Bereich werfen: Die Förderung der **Gesundheit** und der Widerstandsfähigkeit (**Resilienz**) auf organisationaler, teambezogener und auch individueller Ebene. Am Beispiel der Coronapandemie wird deutlich, welche Belastungen krisenhafte Ereignisse mit sich bringen. Meyer und Alsago (2021) haben über 3000 Beschäftigte aus unterschiedlichen Handlungsfeldern der Sozialen Arbeit befragt und betonen u. a. eine zunehmende Arbeitsverdichtung in der Pandemie, stark veränderte Arbeitsabläufe, unzureichende Schutzkonzepte und eine wachsende Arbeitsbelastung. Aber auch ohne solch einschneidende Ereignisse steigen Belastungen und Stress in der Arbeitswelt (z. B. BAuA 2020; Fehn 2020; Prümper 2020; Paulsen und Kortsch 2020; Kastner 2020, 2020a; Scharnhorst 2019). Berufe im Sozial- und Gesundheitswesen wie auch in der öffentlichen Verwaltung sind besonders betroffen (z. B. DAK 2020;

---

[30] Bedeutsamkeit kann auch dadurch gefördert werden, dass die Organisation die Werte der Beschäftigten wahrnimmt und unterstützt. So betonen Marmo et al. (2021) am Beispiel der Sozialen Arbeit im Bereich der Palliativpflege, dass die Arbeitszufriedenheit die Beziehung zwischen einer Organisation (die sich verstärkt für soziale Gerechtigkeit einsetzt sowie die Bemühungen von Sozialarbeiter*innen dabei unterstützt) und dem organisatorischen Engagement der Beschäftigten vermittelt, was wiederum dazu führt, dass Sozialarbeiter*innen in der Palliativpflege weniger wahrscheinlich ihren Arbeitsplatz verlassen wollen.

Meyer et al. 2020; Hünefeld 2020). Auch Führungskräfte klagen zunehmend über starke psychische Belastungen (z. B. BAuA 2020; Gregeresen et al. 2020; Clifton und Harter 2019; Zimber 2018), was u. a. durch die Anforderungen an „moderne Führung" forciert wird (z. B. Lin et al. 2018; Scholl et al. 2018; Zimber 2018). Dabei nehmen sie zugleich eine wichtige Rolle bei der eigenen Gesundheitsfürsorge, wie der der Mitarbeitenden ein (Unger 2021; Gregersen et al. 2020; Matyssek 2020). Sie stellen gar einen bedeutenden Schutzfaktor vor Burn-out dar (z. B. Häfner et al. 2019; Scharnhorst 2019). Arbeitsplätze zu gestalten, die psychische Belastungen reduzieren, Wohlbefinden fördern und Widerstandsfähigkeit stärken – für Mitarbeitende *und* Führungskräfte – muss zu einer zentralen Aufgabe jeglicher Organisation werden (wenn es dies nicht schon hoffentlich ist). Erkenntnisse wie Konzepte sind zahlreich vorhanden (z. B. Matyssek 2020; Kuhn 2020; Kastner 2020; Gregersen et al. 2020; Prümper 2020; Scharnhorst 2019; Rolfe 2019; Schermuly 2019; Schermuly und Koch 2019; Rose 2019; Zimber 2018; siehe auch Abschn. 5.1: Selbstführung und Selbstfürsorge sowie Kap. 6). Eine bewusste Gesundheitsförderung auf allen Ebenen (nicht „nur" die Reduzierung der Arbeitsbelastung) wirkt sich deutlich auf die Arbeitszufriedenheit aus und dadurch auch auf Motivation, Leistung und Arbeitgeberbindung.

In einer Untersuchung mit 1786 Sozialarbeiter*innen zeigen z. B. Brown et al. (2019) auf, dass die Verbesserung der Arbeitszufriedenheit zu einer stärkeren Arbeitgeberbindung von Mitarbeiter*innen führt, als lediglich die Arbeitsbelastung zu reduzieren (was nicht bedeuten soll, diese nicht in einer angemessenen Balance zu halten). Die Ergebnisse betonen die Notwendigkeit für Organisationen im Bereich der Humandienstleistungen, Arbeitsumgebungen zu fördern, die ein Klima des Wohlbefindens, der Unterstützung und der Anerkennung der Mitarbeiter*innen im Kontext der Arbeit bieten. Wie bereits in Abschn. 1.2 ausgeführt, kann ein empowermentorientierter Führungsstil vielfältig positive Wirkungen entfalten und beinhaltet Elemente zur Gestaltung der Führungsbeziehung und des Arbeitskontextes, die aus sozialwirtschaftlicher Perspektive oft gefordert werden. Entsprechende Rahmenbedingungen können daher auch die Arbeitszufriedenheit verbessern. „Arbeitnehmer, die über ein höheres Ausmaß an Bedeutungs-, Kompetenz-, Selbstbestimmungs- und Einflusserleben verfügen, sind auch zufriedener mit ihrer Arbeit. Sie bewerten ihre Arbeit als kognitiv und emotional positiver …" (Schermuly 2016, S. 17; siehe auch Schermuly 2019; Rose 2019). Geisler et al. (2019) haben in einer Studie mit 831 Sozialarbeiter*innen gezeigt, dass die Möglichkeit, qualitativ gute Arbeit leisten zu können, für Arbeitsengagement, Arbeitszufriedenheit und die Arbeitgeberbindung von Sozialarbeiter*innen wesentlich ist. Als eine qualitativ gute Arbeit unterstützende Faktoren nennen sie z. B. eine angemessene Personal-ausstattung und faire Arbeitsteilung zwischen den Beschäftigten sowie die Schaffung von Entwicklungs- und Lernmöglichkeiten. Zudem wird betont, dass gemeinsam mit den Mitarbeitenden herausgearbeitet werden sollte, welche Quali-tätsstandards die Beschäftigten anstreben (Aufgaben-/Rollenklarheit, Umfang der Partizipation, konkret vereinbarter Rahmen und Raum). All diese Punkte können somit zu einer verbesserten sozialen Unterstützung durch Vorgesetzte und durch das Team beitragen, was wiederum wichtige Arbeitsressourcen für Gesundheit und Wohlbefinden auf individueller Ebene darstellen. Vor allem die soziale Ver-bundenheit (Förderung von Netzwerken, Teamaktivitäten, gegenseitiger wert-schätzender und unterstützender Kommunikation etc.) und psychologische Sicherheit im Team können die Arbeitszufriedenheit im Kontext der Sozialen Arbeit stärken (dies behandeln wir vertieft im Kap. 4, Teamführung und -ent-wicklung).

2.2   Arbeitsmotivation

„Was frustriert Menschen bei der Arbeit? An oberster Stelle stehen häufig: mangelnde Wertschätzung, Mikromanagement durch Vorgesetzte, unklare Zukunftsperspektiven oder unkonkrete Ziele. Frust entsteht, wenn Bedürfnisse nicht befriedigt werden. Er speist sich aus denselben Quellen wie Motivation. Die Erfüllung dieser Bedürfnisse führt hingegen zu positiven Folgen wie Arbeits-zufriedenheit, besseren Leistungen und Gesundheit…"
(Pentz et al. 2019, S. 375).

Menschen möchten wirksam sein und Ziele erreichen (Heckhausen und Heck-hausen 2018, S. 2). Dazu fokussieren sie ihr individuelles Denken und Tun auf Bereiche, die ihnen wichtig sind und versuchen, unerwünschte Zustände zu ver-meiden. Im Organisationskontext treffen Individualinteressen auf nicht immer deckungsgleiche Team- und Organisationsziele. In diesem Spannungsfeld wird der Rolle der Führungskraft sowie deren Fähigkeiten, Menschen zu motivieren, eine hohe Bedeutung beigemessen. Untersuchungen zeigen, dass mit dem richtigen Einsatz von empirisch belegten Motivationsprinzipien die Leistung von Mitarbeitern um bis zu 40 % gesteigert werden kann (z. B. Stajkovic und

Luthans 2001).[31] Zudem wurden bedeutende Zusammenhänge von Motivation und Arbeitsleistung, Innovationen, reduziertem Fehlverhalten am Arbeitsplatz, geringeren Fehlzeiten, weniger Fehlern, verringerten Arbeitsunfällen sowie positiven Wirkungen auf die Gesundheit von Mitarbeitenden festgestellt; falsche Impulse führen mit hoher Wahrscheinlichkeit zu gegenteiligen Effekten (Gallup 2019a, b; Becker 2019, S. 1 ff.; Ryan und Deci 2017; Weibler 2016, S. 169 ff.; Inceoglu und Fleck 2010; Kleinbeck und Kleinbeck 2009, S. 137; Hackman und Oldham 1980). Hohe Motivation wirkt sich dabei nicht nur auf die direkte Arbeitsumgebung und das konkrete Handeln der Mitarbeitenden aus, sondern nimmt auch spürbaren Einfluss auf Team- und Organisationsergebnisse (z. B. Clifton und Harter 2019; Becker 2019; Gregersen et al. 2016, S. 12; Bruch und Kowalevski 2013; Kleinbeck und Kleinbeck 2009, S. 17 ff.; Harter et al. 2002).

Es liegt auf der Hand, dass Führungskräfte hierbei ein enormes Einflusspotenzial besitzen, um Motivation zu fördern oder auch zu reduzieren (z. B. Nerdinger 2019a; Kauffeld und Schermuly 2019, S. 243; Becker 2019, S. 74 ff.; Gallup 2019a, b; Bruch et al. 2018; Gottfredson und Aguinis 2017; Martin et al. 2016; Cerasoli et al. 2014; Comelli et al. 2014; Barling 2014, S. 33 ff.; Bruch und Kowalevski 2013; Dicke et al. 2012, S. 54).[32] Aktuelle Untersuchungen zur

---

[31] Gleichzeitig sollte das Motivationsthema vor allem hinsichtlich des Zusammenhangs zur Leistung nicht überbewertet werden, worauf Nerdinger (2019a, S. 465) hinweist: „Zum einen wird Leistung vor allem durch kognitive Fähigkeiten erklärt – Van Iddekinge, Aguinis, Mackey und DeOrtentiis (2018) fanden in ihrer Metaanalyse, dass die kognitiven Fähigkeiten ca. 60 % der Leistung erklärt, Motivation dagegen ca. 30 % (die Interaktion von Kognition und Motivation, die lange als entscheidend angesehen wurde, erklärt dagegen kaum 10 %). Zum anderen ist die Forschung nicht nur an der Leistung, sondern genauso an weiteren Ergebnissen der Motivation interessiert, von denen die Arbeitszufriedenheit aus Sicht der Arbeits- und Organisationspsychologie am wichtigsten ist. Gleichzeitig wird aber auch angenommen, dass Arbeitszufriedenheit zu Leistung führt, also selbst eine motivierende Größe darstellt…“.

[32] Für den Bereich der Sozialwirtschaft zeigen z. B. Rowold et al. 2014 (Wirkung von Führung auf Motivation und Leistung bei Profit- vs. Non-Profit-Organisationen), Sturm et al. 2011 (Führung und Motivation, Metaanalyse, die private wie öffentliche Organisationen einschließt), Fisher 2009 (Motivation, Leadership und Sozialmanagement), Kim und Stoner 2008 (Burn-out und Wechselabsichten von Sozialarbeiter*innen), Favero et al. 2016 (Motivation und Leistung im Bereich der öffentlichen Verwaltung), Knies et al. 2016 (Führung, Public Service Motivation und Leistung), Jensen und Bro 2018 (transformationale Führung, intrinsische Motivation/Public Service Motivation und die Rolle der Selbstbestimmungstheorie) oder Kwapisz et al. 2019 (transformationale/ transaktionale Führung im Kontext von Motivation und Zufriedenheit in Profit- und Non-Profit-Organisationen) verschiedene Zusammenhänge auf.

Motivationskompetenz von Leitungskräften zeigen einerseits deutliches Verbesserungspotenzial auf (z. B. Nier 2020; Diestel et al. 2018; Krieger 2016), weisen andererseits auch auf gute Einwirkungsmöglichkeiten hin (Kauffeld und Schermuly 2019, S. 247; Gallup 2019a, b; Weibler 2016, S. 170). Entgegen der landläufigen Meinung, dass eine hohe Mitarbeitendenmotivation eine teure und zeitintensive Angelegenheit ist oder sich mitunter gar als Mythos entpuppt und somit nicht in den Einflussbereich von Führungskräften fällt bzw. gehören sollte, findet man in wissenschaftlichen Studien vielfältige Ansatzpunkte, die nicht nur kostengünstig (oder -neutral) sind, sondern gut in den Führungsalltag integriert werden können und sich positiv auf Arbeitszufriedenheit und Motivation auswirken (z. B. Brandstätter 2020; Rose 2019; Ryan und Deci 2017; Martin et al. 2016; Gilbert und Kelloway 2015; Cerasoli et al. 2014; Comelli et al. 2014). An dieser Stelle soll nochmals auf die Verbindung von Zufriedenheit und Motivation hingewiesen werden, denn Arbeitszufriedenheit und Arbeitsmotivation hängen eng zusammen. „Zur Begriffsunterscheidung ist zu sagen, dass sich die Arbeitszufriedenheit darauf bezieht, wie eine Arbeitskraft ihre Arbeit wahrnimmt und empfindet, wohingegen sich die Arbeitsmotivation stärker auf Verhaltensdispositionen in Hinblick auf Art, Auswahl, Stärke und Intensität des Verhaltens bezieht. Während Arbeitszufriedenheit eine eher retrospektive Ausrichtung besitzt, hat die Arbeitsmotivation eine stärker prospektive Orientierung, d. h. sie hat konkrete Auswirkungen darauf, wie gut oder engagiert jemand seine Arbeit erledigt. Wichtig ist daher das Verständnis vom Zusammenspiel zwischen Motiv, Anreiz und Motivation …" (Kauffeld und Schermuly 2019, S. 247). Motivation bietet Erklärungen im Hinblick auf die Leistung und Zufriedenheit von Mitarbeiter*innen, wobei Arbeitszufriedenheit auch selbst eine motivierende Wirkung in sich trägt (Nerdinger 2019a, S. 483).

Wie die Arbeitszufriedenheit bietet auch das Motivationsthema eine enorme Vielfalt an Modellen, Schwerpunktsetzungen, praktischen Empfehlungen und kontroversen Diskussionen.[33] Auch wenn es zu kurz greifen würde, sich ausschließlich auf dieses Thema zu konzentrieren und den Bereich auf die (falsche) Formel „hohe Motivation = dauerhaft überdurchschnittliche Leistung" zu verkürzen, sollten die Einwirkungsmöglichkeiten und Chancen, die sich innerhalb des Motivationsspektrums bieten, keinesfalls unterschätzt werden (Weibler 2016, S. 169 f.). Im Gegenteil: Motivation (v. a. gepaart mit „Können" – also dem

---

[33] Einen Überblick zur Vielfalt von Motivationsansätzen bieten z. B. Heckhausen und Heckhausen (2018).

entsprechenden Wissen bzw. den notwendigen Kompetenzen) wirkt sich u. a. auf Leistung, Zufriedenheit und Arbeitgeberbindung sowie Team- und Organisationserfolg aus (Brandstätter 2020, S. 239). Sie gilt daher als „strategische Schlüsselvariable im interorganisationalen Wettbewerb" (Kehr et al. 2018, S. 594). Wir werden uns, nachdem wir zentrale Erkenntnisse und Theorien überblicksartig dargestellt haben (Abschn. 2.2.1), auf einige ausgewählte Ansätze konzentrieren. Dabei sollen vor allem aktuelle Forschungserkenntnisse Berücksichtigung finden, wie dies beim 3-K-Modell der Arbeitsmotivation nach Kehr (et al. 2018; Abschn. 2.2.2) und der Selbstbestimmungstheorie nach Deci und Ryan (2015)[34] der Fall ist (2.2.3).

2.2.1 Allgemeine Perspektiven und Theorien

▶ **Definition Arbeitsmotivation** *Motivation ist das Produkt aus individuellen Merkmalen von Menschen, ihren Motiven, und den Merkmalen einer aktuell wirksamen Situation, in der Anreize auf die Motive einwirken und sie aktivieren*

(Brandstätter 2020, S. 238 f.; Nerdinger 2019a, S. 465; Heckhausen und Heckhausen 2018, S. 4 ff.).

$$\textbf{Motivation} = \textbf{Person}(\textit{Motive}/\textit{Bedürfnisse}/\textit{Werte}/\textit{Ziele})\textbf{X Situation}$$

Die Arbeitsmotivation von Menschen bestimmt, welches grundsätzliche Engagement (Anstrengungsbereitschaft bzw. Energie) diese aufwenden, um eine Handlung auszuführen und ihre beruflichen Ziele und die Ziele der Organisation zu erreichen. Die Motivation wirkt auf die **Richtung, Stärke** und **Ausdauer** des Verhaltens von Mitarbeiterinnen und Mitarbeitern und erklärt das *Warum* des Handelns oder Nichthandelns (Schütz et al. 2020, S. 37, 39; Brandstätter 2020;

---

[34] Obwohl die Selbstbestimmungstheorie bereits über 40 Jahre alt ist, hat sie nichts an Aktualität verloren. Sie gilt als eine der wichtigsten Theorien der letzten Jahrzehnte, wenn es um die Frage geht, was Menschen antreibt (Rose 2019, S. 147). Aktuell hat sich die Zahl der empirischen SDT-Untersuchungen (auch im Bereich des Arbeitsplatzes bzw. zu Führungsfragen) sogar deutlich erhöht (z. B. Slemp et al. 2018; Olafsen et al. 2018; Manganelli et al. 2018; Deci et al. 2017; Ryan und Deci 2017; aktuelle Forschungsbefunden findet man unter https://selfdeterminationtheory.org/; Abruf: 31.10.2020).

Weibler 2016, S. 169 ff.). Gemeinsam mit „Können" (= Fertigkeiten, Fähig-keiten, Wissen × Arbeitsmittel, Arbeitsplatz, Werkzeuge) entsteht Leistung, die sich wiederum auf verschiedene Organisationsziele (z. B. Produktivität, Arbeits-qualität, Arbeitszufriedenheit) auswirkt (Brandstätter 2020, S. 239).

„Motive sind überdauernde latente Beweggründe des Verhaltens. Als über-dauernde Persönlichkeitseigenschaften sind Motive einesteils genetisch festgelegt und anderenteils Resultat der Sozialisation einer Person" (Schütz et al. 2020, S. 38). Motive, die in der Person liegen, sind z. B. der Wunsch nach Wirksamkeit, sozialer Kontakt, Macht, Sinn (intrinsische Arbeitsmotive) oder das Streben nach Geld, Sicherheit, gesellschaftlicher Anerkennung (extrinsische Arbeitsmotive). Situative Anreize, also Merkmale von Situationen, die Motive anregen können, sind z. B. Feedback, Lernmöglichkeiten, Autonomie, die Aufgabe/Arbeitsinhalte, Personalentwicklungsmöglichkeiten sowie materielle (Lohn, Prämien, Status-symbole …) und soziale Anreize (Interaktionsmöglichkeiten; Schütz et al. 2020, S. 38 ff.; Becker 2019; Kleinbeck und Kleinbeck 2009).[35] Doch Motivation (i. S. v. „Wollen") ist nicht alles, was auf ein tatsächlich gezeigtes Verhalten einwirkt. Neben stabilen Persönlichkeitsdispositionen und der Situation (anregen, ermöglichen), sind es Bereiche wie Fähigkeiten (Können), soziale Rahmenbedingungen (Dürfen) und der Wille (Volition), ein Handlungsziel auch *tatsächlich* umsetzen zu wollen, die ebenso bedeutend sind (Schütz et al. 2020, S. 47; Brandstätter 2020; Becker 2019, S. 11 ff.; Kehr et al. 2018; Weibler 2016, S. 172 f.). Gleichwohl lohnt sich der ver-tiefte Blick auf die Motivationsfaktoren: „Will man die Ursachen für (mangelnde) Motivation ergründen und Ansatzpunkte für deren Stärkung identifizieren, muss man beides im Blick haben – die Person in ihren individuellen motivationalen Bestrebungen … und die Umwelt in Gestalt der konkreten Arbeitssituation … mit ihren spezifischen Anreizen im Sinne von mehr oder weniger attraktiven und damit motivierenden Handlungsgelegenheiten" (Brandstätter 2020, S. 239).

---

[35] „Eng mit dem Begriff Motiv verwandt ist der Begriff Bedürfnis. Teilweise benutzen auch Wissenschaftler ihn mehr oder weniger als synonym für Motive … Bedürfnisse sind als Mangelempfinden an etwas (beispielsweise Durst als Mangel an Flüssigkeit) definiert und daher weniger breit als Motive. So ist das Vermeiden von Schmerz ein wichtiges Motiv aber kein Bedürfnis. Bedürfnisse sind also eine Art von Motiven – und zwar die mit Mangelempfinden als Basis … . Verwandt mit Motiven sind auch Werte. Werte im psycho-logischen Sinne sind definiert als erstrebenswerte Zielzustände. Damit sind sie anders als Bedürfnisse nicht an Defizit oder Mangel orientiert, sondern an Entwicklung und Normierung … Werte entfalten einerseits direkt Wirkung, indem sie Menschen motivieren, die diese Werte teilen. Andererseits wirken Werte auch indirekt motivierend, wenn sie als soziale Normen wirken …" (Becker 2019, S 20f.).

Zur (Leistungs-)Motivation im Arbeitskontext gibt es zahlreiche theoretische Konzepte, praktische Ansätze und empirische Erkenntnisse. Dabei werden diese häufig danach unterschieden, ob sie sich eher auf die **Inhalte der Motivation** (sogenannte Inhaltstheorien) oder aber den **Prozess der Motivation** (Prozesstheorien) beziehen. Inhaltstheoretische Ansätze enthalten jedoch auch prozessuale Aspekte und Prozesstheorien bauen auf inhaltlichen Grundlagen auf.

Inhaltstheoretische bzw. bedürfnisorientierte Ansätze fragen vor allem „*Was motiviert Menschen?*" und erklären durch personenbezogene (z. B. Motive) sowie durch situative (Anreize) Perspektiven menschliches Handeln (Becker 2019, S. 27 ff.; Weibler 2016, S. 174). Bekannte inhaltstheoretische Modelle sind z. B. die Bedürfnispyramide von Maslow, die ERG-Theorie n. Alderfer, die (Leistungs-)Motivationstheorie n. McClelland, die Zwei-Faktoren-Theorie von Herzberg oder das Job Characteristics Model n. Hackman und Oldham (Kauffeld und Schermuly 2019, S. 248; Weibler 2016, S. 175 ff., 184 ff.).[36] Auch die Selbstbestimmungstheorie von Deci und Ryan (2015), die sich quasi als einer der roten Fäden durch einige Kapitel dieses Buches zieht und die wir aufgrund ihrer aktuell großen Bedeutung in einem separaten Kapitel vorstellen (Abschn. 2.2.3), ist ein inhaltstheoretischer Ansatz. Da wir das Modell von Herzberg et al. (1959) als auch von Hackman und Oldham (1980) bereits im Kontext der Förderung der Arbeitszufriedenheit dargestellt haben (Abschn. 2.1), werden wir nun ausschließlich auf die anderen Ansätze kurz eingehen.

Trotz vieler (neuerer und in der empirischen Überprüfung sehr viel erfolgreicheren) motivationstheoretischer Ansätze bleibt die Theorie der **Bedürfnishierarchie nach Maslow** (1954) in aller Munde, ist in der Praxis gut bekannt und wird nicht selten in Führungstrainings intensiv geschult. Maslow stellte Fragen der Wertorientierung und des Lebenssinns in den Mittelpunkt seiner Untersuchungen (Nerdinger 2019a, S. 472). Dabei verwendet er statt Motive den Begriff der Bedürfnisse. Die unterschiedlichen menschlichen Bedürfnisse fasst er in 5 Gruppen (bzw. Bedürfnisklassen) zusammen. Die ersten 4 Bedürfnisklassen gelten als Defizit- bzw. Mangelbedürfnisse (physiologische Bedürfnisse, Sicherheitsbedürfnisse, soziale/Kontaktbedürfnisse sowie Anerkennungsbedürfnisse), während die Selbstverwirklichung (fünfte Klasse) als Wachstumsbedürfnis bezeichnet wird.

---

[36] Es sei kurz darauf hingewiesen, dass unterschiedliche Publikationen verschiedene Zuordnungen vornehmen. Wir orientieren uns in der Darstellung insbesondere an Weibler (2016). Kauffeld und Schermuly (2019, S. 248) beispielsweise bieten eine andere Zuordnung. Zur Frage, ob beispielsweise der Ansatz von Hackman und Oldham eher der Arbeitszufriedenheit oder der Motivation zuzuordnen ist, verweisen wir auf unsere Ausführungen unter Abschn. 2.1.1.

Eine der zentralen Annahmen Maslows war, dass, sobald ein „niederes Bedürfnis" befriedigt wurde, das nächsthöhere aktiviert wird. Das einzige nicht endgültig zu befriedigende Bedürfnis ist das nach Selbstverwirklichung (daher auch Wachstumsbedürfnis). Durch seine Annahme der gegenseitigen Abhängigkeit drängt sich eine hierarchische Anordnung auf, die unter der Bezeichnung Bedürfnispyramide bekannt wurde (Nerdinger 2019a, S. 473). Wenn Maslow u. a. durch seine Reihenfolge und Strukturiertheit, die Offenheit der Begrifflichkeiten (und damit gute Anschlussfähigkeit an unterschiedlichste Kontexte) sowie seiner Menschorientierung sehr nachvollziehbar wie eingängig ist, wird die Theorie der Bedürfnispyramide heute vielfach kritisch gesehen.[37] Gleichwohl war Maslow einer der ersten, der weniger einen defizitorientierten und mehr einen wachstumsorientierten Motivationsansatz wählte (und auch den Begriff der positiven Psychologie mit einführte). Zudem stützen neuere Untersuchungen durchaus einige Annahmen Maslows – wenn auch nicht die zentrale Idee einer gegenseitigen Abhängigkeit bzw. hierarchischen Abstufung. Die Erfüllung möglichst vieler Bedürfnisse n. Maslow sind insgesamt wichtig für ein glückliches Leben (Ebner 2019, S. 35). Kauffeld und Schermuly (2019, S. 249) wie auch Becker (2019, S. 30) bieten Impulse, wie die Ideen Maslows heute in motivationsförderliche Ansätze umgesetzt werden können – so z. B.:

- Geregelte Arbeitszeiten und ausreichend Pausen (physiologische Bedürfnisse);
- sicherer Arbeitsplatz, regelmäßige, gute Entlohnung (fair im Vergleich nach innen und außen), Arbeitssicherheit, betriebliche Altersvorsorge, Förderung von Vertrauen, gute Fehlerkultur (Sicherheitsbedürfnis);
- Teamarbeit, (formelle wie informelle) Kommunikations-/Besprechungs-/Austauschmöglichkeiten, Förderung von guten Beziehungen zum Vorgesetzten und zu Kolleg*innen (soziale Bedürfnisse);
- Karrieremöglichkeiten, individuelles, wertschätzendes und wachstumsorientiertes Feedback, Statussymbole (Selbstwert/Individualbedürfnisse);
- Selbstbestimmung/Autonomie, Partizipation/Gestaltungsmöglichkeiten im eigenen Arbeitsbereich, Kompetenzentwicklung, Delegation (Selbstverwirklichung).

---

[37] Neben methodischen Mängeln und nicht ausreichender empirischer Bestätigung wird vor allem die hierarchische Anordnung in der Pyramide kritisiert (Becker 2019, S. 30ff.; Ebner 2019, S. 33ff.; Weibler 2016, S. 177). Es sei angemerkt, dass Maslow selbst nie die Pyramidenform publizierte und auch keine strenge Hierarchie betonte (er sah eher ein Nebeneinander; Bridgman et al. 2019; Ebner 2019, S. 34). Kurz vor seinem Tod 1970 fügte er noch weitere 3 Bedürfnisklassen hinzu, was eher nicht bekannt ist (Ebner 2019, S. 34).

Die **ERG-Theorie** (Existence-Relatedness-Growth Theory) n. Alderfer (1972) reduziert die Idee Maslows von 5 auf 3 Bereiche: Grundbedürfnisse (Existence), Beziehungs-/soziale Bedürfnisse (Relatedness), Wachstumsbedürfnisse (Growth). Dabei geht Alderfer in der Hierarchie noch logischer vor, indem er annimmt, dass ein nicht befriedigtes Bedürfnis immer dominanter hervortritt und erst, wenn es befriedigt wurde, kommt das nächste Bedürfnis zum Vorschein. Er öffnet sein Modell jedoch dahingehend, dass auch ein nicht befriedigtes Bedürfnis die nächste Bedürfnisstufe aktivieren kann (Weibler 2016, S. 177 f.).

David McClelland geht ebenso davon aus, dass menschliches Verhalten durch verschiedene Motive beeinflusst wird. In seiner **(Leistungs-)Motivationstheorie** (1961) konzentriert er sich auf 3 große Motive, die auf das Erleben und Verhalten von Menschen wirken und auch im Arbeitskontext häufig beobachtbar sind (Brandstätter 2020, S. 239 f.; Weibler 2016, S. 178 ff.):[38]

- **Anschlussmotiv** (Menschen wollen mit anderen verbunden sein und dazugehören. Sie suchen Vertrautheit, Freundschaften, Kommunikationsmöglichkeiten, gegenseitige Anerkennung und Unterstützung).
- **Machtmotiv** (Menschen möchten sich als stark erleben, indem sie andere Menschen beeinflussen, in der Hierarchie aufsteigen, Macht und Prestige gewinnen. Ihnen liegt weniger an Leistung, sondern mehr an der Frage, wie man schnell erfolgreich(er) werden kann. Zugleich wollen sie sich dem Einfluss anderer entziehen und ihre eigene Autonomie erhalten bzw. ausbauen.).
- **Leistungsmotiv** (Menschen streben nach Leistung, Eigenverantwortung und Erfolg. Sie verfolgen anspruchsvolle, jedoch erreichbare Ziele, setzen sich intensiv mit der eigenen Wirkung und Tüchtigkeit auseinander, legen Wert auf Feedback und wollen Dinge gerne besser machen.).

---

[38] Für die Annahmen von McClelland gibt es vielfältige empirische Bestätigung. Gleichwohl reduzieren Modelle immer die Realität. Auch finden sich bei Menschen deutlich unterschiedliche Ausprägungen dieser 3 Grundbedürfnisse. Kritisch wird zudem angemerkt, dass auch dieser Ansatz mit 3 Motiven mitunter zu weit weg von der konkreten Anwendung ist, wodurch sich auf den ersten Blick nur wenig handlungsorientierte Ideen für die Praxis ergeben. Andererseits bietet er Orientierung und Hinweise für Führungskräfte, sich anhand der 3 Felder näher mit den individuellen Motiven von Mitarbeiter*innen zu beschäftigen, um dadurch konkrete Führungsimpulse abzuleiten. Wie so oft im (Arbeits-)Leben ist eine zu starke Ausprägung oder eine Überforderung eines der 3 Motive nicht immer förderlich, da es mitunter auf Kosten anderer ausgelebt wird oder der eigenen Persönlichkeit (Gesundheit) schaden kann. Ist ein Motiv sehr gering oder gar nicht ausgeprägt bzw. wird es im Arbeitskontext unterdrückt, so kann es dazu führen, dass Menschen nicht das Potenzial ausschöpfen, was sie möglicherweise in sich tragen (Brandstätter 2020, S. 240).

Bei allen Motiven weist Weibler (2016, S. 178) darauf hin, dass es sich um Erwartungsmotive (hin zu etwas bzw. Hoffnung auf …) oder Vermeidungsmotive (vermeiden von bzw. Angst vor Verlust von …) handeln kann. Auch wenn McClellands Ansatz durch die Konzentration auf 3 Bereiche nur einen Ausschnitt der Einflüsse unserer heutigen Arbeitswelt skizziert, wurde diese Theorie vielfach empirisch im Arbeitskontext bestätigt und bietet somit ein bedeutendes Motivationsspektrum für Führungskräfte. Zudem weist er Verbindungen zu dem Ansatz von Deci und Ryan (Selbstbestimmungstheorie; 2015) auf, da sein Ansatz sich auch auf die Bereiche Kompetenz/Wirksamkeit, Autonomie und soziale Verbundenheit konzentriert (Brandstätter 2020, S. 239 f.).

Als **prozesstheoretische Motivationsansätze** werden Modelle bezeichnet, die sich überwiegend auf die psychischen Prozesse, die zu einer Handlung führen (können), konzentrieren. Hier steht daher eher die Frage, *wie* man ein zielorientiertes Handeln erklären bzw. anregen kann, im Vordergrund (Nerdinger 2019a, S. 476; Heckhausen und Heckhausen 2018). Somit werden die (Motivations-)Phasen und die Dynamik innerhalb einer Handlung in den Mittelpunkt der Betrachtung gestellt (Weibler 2016, S. 191). Zudem soll besser erklärt werden, mit welcher Intensität bzw. Ausdauer bestimmte Handlungen verfolgt werden. Für ein grundsätzliches Verständnis prozessorientierter Motivationsansätze sei auf das sogenannte **Rubikon-Modell** (Handlungsphasenmodell) von Heckhausen und Heckhausen (2018, S. 7 ff.) verwiesen. Es integriert unterschiedliche Modelle der Motivationsforschung, indem es den Prozess in 4 Phasen aufteilt und die wichtigsten Übergänge von der Motivation zum Handeln zeigt:

- **Abwägen** (prädezisional; Nachdenken über Eignung eines Ziels und die vorliegenden Rahmenbedingungen sowie Beurteilung, ob Motive befriedigt werden können)
- **Zielsetzung und Planen** (präaktional; eine Handlungsalternative ist gewählt worden – „der Rubikon wurde überschritten"; Überlegungen zur Realisierung stehen im Vordergrund)
- **Handeln** (aktional; von der Intentionsbildung zur eigentlichen Handlung; Ziele werden in die Tat umgesetzt)
- **Bewerten** (postaktional; das eingetretene Ereignis wird kognitiv wie emotional analysiert, es erfolgt die Ursachenklärung für Erfolg oder Misserfolg. Das Ergebnis der Bewertung hat wiederum Einfluss auf die Entwicklung und Umsetzung neuer Ziele).[39]

---

[39] An dieser Stelle soll z. B. an die Ausführungen zur Attributionstheorie in den Abschn. 1.1 und 1.2.4 (Ursachenzuschreibung von Erfolg oder Misserfolg und die daraus folgenden Konsequenzen) hingewiesen werden.

Bekannte, vor allem im beruflichen Kontext oft genutzte (prozesstheoretische) Motivationsmodelle sind z. B. das VIE-Modell (Vroom 1964) oder die Zielsetzungstheorie nach Locke und Latham (2002). Das **Valenz-Instrumentalitäts-Erwartungs-Modell** (VIE-Modell n. Vroom 1964) bietet wesentliche Grundaussagen, wenn es vor allem um die erste Prozessphase geht. Sie zählt zu den „Erwartungs-mal-Wert-Theorien" (Weibler 2016, S. 192). „Da im Kontext der prozesstheoretischen Perspektive davon ausgegangen wird, dass Menschen stets darauf bedacht sind, ihren subjektiv erwarteten Nutzen zu maximieren, wird im Falle alternativer Handlungsmöglichkeiten diejenige gewählt, mittels derer ein gewünschtes Ziel bestmöglich erreicht werden kann" (Weibler 2016, S. 193). In der Kalkulation zwischen Verhaltensalternativen und Anstrengungsniveaus stellen sich Menschen insbesondere 3 Fragen (Schütz et al. 2020, S. 40 f.; Brandstätter 2020, S. 241; Kauffeld und Schermuly 2019, S. 252):

- Welchen subjektiven Wert haben mögliche Ergebnisse des Handelns für eine Person, wie wichtig ist das Ziel (Valenz/Wertigkeit → z. B. „*Ist es mir wichtig?*")
- Glaubt eine Person, dass die eigene Leistung ein geeignetes Mittel zur Erlangung dieser attraktiven Ergebnisse ist bzw. dass sie einen geeigneten Weg beschreiten kann (Instrumentalität → „*Schaffe ich das/kann ich das?*")
- Für wie wahrscheinlich hält es eine Person, dass sie durch ihre Beiträge (wie z. B. Arbeitsanstrengung unter Einbringung ihrer Fähigkeiten) ein bestimmtes Leistungsniveau/ein Ziel erreicht (Erwartung → „*Lohnt sich die Anstrengung für mich*"?)

Die eigene Erwartung wie auch Instrumentalität wird dabei nicht nur durch den Blick auf sich selbst beeinflusst, sondern ebenso durch die Rahmenbedingungen, die wahrgenommen werden. Das VIE-Modell wird durch eine Multiplikation verknüpft. Das bedeutet, dass für die Motivation von Mitarbeiter*innen alle 3 Fragen beantwortet werden müssen (also keine Null auftauchen darf).[40] Je höher der Wert der jeweiligen Antwort ist, desto mehr Motivation entsteht. Auch wenn es nicht den gesamten Prozess der Motivation (und vor allem Qualitätsaspekte) abbildet, so können Führungskräfte mögliche Quellen fehlender Motivation ergründen:

---

[40] Es können jedoch auch negative Werte eingesetzt werden, die damit motivationshinderlich wirken können. Siehe vertiefend Weibler (2016, S 193).

Beispielsweise traut sich eine Mitarbeiterin eine bestimmte Aufgabe nicht zu, ein Mitarbeiter denkt, es bringt ohnehin nichts, sich anzustrengen oder das Ergebnis ist nicht attraktiv genug. Durch z. B. dialogische Kommunikation können mögliche Hürden herausgearbeitet und verstanden werden, um ggf. dann passendere Situationen zu gestalten (Brandstätter 2020, S. 242).

Weibler (2016, S. 196) bietet auf Basis einer Ausarbeitung von Heckhausen und Rheinberg eine Entscheidungsabfolge, die die Frage „Handeln oder nicht handeln?" näher klärt. Sie bietet Führungskräften gute Hinweise, durch welche Handlungen und Rahmenbedingungen Motivation wahrscheinlicher oder unwahrscheinlicher wird:

1. Ist das Ergebnis bereits durch die Situation festgelegt? (Ja = tue nichts; nein = siehe 2.)
2. Traue ich mir zu, das angestrebte Ergebnis zu erreichen? (nein = tue nichts; ja = siehe 3.)
3. Sind die Folgen aus dem Ergebnis wichtig genug für mich? (nein = tue nichts; ja = siehe 4.)
4. Sind die Folgen aus dem Ergebnis hinreichend abgesichert? (nein = tue nichts; ja = handle!).

Eine reduzierte Variante bietet Rose (2019, S. 146): „Wie viel ist mir das Erreichen des Ziels wert? Und wie hoch ist die Wahrscheinlichkeit bzw. Erwartung, das Ziel auch tatsächlich zu erreichen?"

Die sogenannte Instrumentalitätserwartung, also die persönliche Einschätzung der Eintrittswahrscheinlichkeit von positiven oder negativen Folgen, wird auch (oder besonders) von vergangenen Erfahrungen bestimmt. Daher können sehr attraktive Belohnungen (z. B. Prämien, zusätzlich freie Tage, Entwicklungsmöglichkeiten, Mitbestimmung etc.) nicht wirken, wenn Mitarbeitende bereits in der Vergangenheit diese als leere Versprechungen erleben mussten (siehe auch Brandstätter 2020, S. 241). Neben der wichtigen Erkenntnis, dass es Verhaltensunterschiede von Menschen in der Arbeitswelt erklärt und die unterschiedlichen Präferenzen von Mitarbeiter*innen betont, konnte die Wirkung des VIE-Modells vielfach (meta-)analytisch bestätigt werden (Kauffeld und Schermuly 2019, S. 253).

Der Prozess der Zielsetzung, die Auswahl von Zielen oder auch die Abhängigkeit der Anstrengung vom Wert eines Ziels wurde bereits im vorherigen VIE-Modell betont. Und tatsächlich sind (die richtigen) Ziele wichtig, wenn es um Leistung und Ergebnisse geht. Sie haben dabei v. a. 5 positive Wirkungen. Ziele …

- informieren, strukturieren und geben die Richtung an (das wird von mir erwartet);
- stärken die Motivation (ich will den Weg zum Ziel gehen);
- erhöhen die Ausdauer (das will ich schaffen);
- unterstützen Lern-/Veränderungsprozesse (daran messe ich mich, hieran will ich noch arbeiten, ich bin schon weit gekommen);
- führen bei Erreichen zu Belohnung und zu weiterer Motivation und Zufriedenheit und damit auch zu psychischem Wohlbefinden (Becker 2019, S. 118 f.; siehe auch Brandstätter 2020, S. 247; Watzka 2016; Locke und Latham 2002; für den öffentlichen Sektor z. B. Favero et al. 2016).

Auch die **Zielsetzungstheorie** n. Locke und Latham (z. B. 2002) geht davon aus, dass menschliches Handeln zweckgerichtet ist und Ziele zu höherer Leistung führen können (Weibler 2016, S. 198). Dabei werden Ziele verstanden als „bewusste Vornahmen einer Person, die sich auf zukünftige von ihr angestrebte Handlungsresultate beziehen" (Kauffeld und Schermuly 2019, S. 255). Ziele unterscheiden sich somit von reinen Wunschvorstellungen durch eine gewisse Verbindlichkeit, um den gewünschten Zielzustand aktiv herbeizuführen (Brandstätter 2020, S. 241). Doch Ziel ist nicht gleich Ziel und einige sind motivationsförderlich, andere eher hinderlich. Locke und Latham (2002; siehe auch Brandstätter 2020, S. 244 ff.) konzentrieren sich neben der Frage, wie sich bestimmte Merkmale von Zielen auf das Arbeitsverhalten und die Leistung von Mitarbeitenden auswirken, vor allem auf den Prozess und die Einflussfaktoren. Denn es sind gewisse Voraussetzungen nötig, damit Ziele auch in (bessere) Leistung münden. Sie analysieren dazu die Mechanismen, die durch die „richtigen Ziele" freigesetzt werden, und welche Konditionen (Moderatoren) dafür verantwortlich sind, dass Leistung(-ssteigerung) entsteht:

- (Qualität der) **Zielsetzung:** Schwierige und herausfordernde (jedoch noch realistische) Ziele sowie präzise (spezifische) Ziele führen zu besserer Leistung als mittlere/leichte sowie vage bzw. zu komplexe Ziele.
- **Wirkmechanismen,** die sich insbesondere durch o. g. Zielsetzung entfalten: Anstrengung, Ausdauer, Aufmerksamkeit (Fokussierung), Strategieentwicklung (aktivieren von Planung und zielspezifischem Wissen bzw. Kompetenzen).
- **Moderatoren:** Kompetenzen der Person (Selbstwirksamkeit/Selbstvertrauen), Zielbindung (Akzeptanz, individuelle Bedeutung des Ziels und Zutrauen in sich → siehe VIE-Modell), Rückmeldung (zu Teil-/Zwischenergebnissen, fördert die Selbstwirksamkeit), Komplexität der Aufgabe (je komplexer, desto problematischer die Leistungsmotivation – kann jedoch mit entsprechend qualitativem Feedback ausgeglichen werden).

Es wird deutlich, dass spezifische und (realistisch) herausfordernde Ziele sowie eine entsprechende Zielbindung (i. S. v. Akzeptanz) wichtig u. a. für Anstrengung und Ausdauer sind (Nerdinger 2019a, S. 478 f.). Ziele können dabei durchaus vorgegeben werden, wenn diese (zumindest im Grunde) akzeptiert werden (z. B. indem Führungskräfte erfolgreich den Sinn erläutern, wertschätzend den individuellen Beitrag erklären und das Ziel in einen übergeordneten Kontext einordnen, passgenaue Unterstützung anbieten sowie Autonomie zur Zielerfüllung gegeben ist). Die Wahrscheinlichkeit der Akzeptanz steigt jedoch, wenn die Mitarbeitenden am Zielfindungs-/Planungsprozess beteiligt sind (partizipative Zielsetzung); insbesondre dann, wenn die Ziele schwierig sind (Locke und Latham 2002, S. 707 ff.; Kauffeld und Schermuly 2019, S. 255).

Viele Erkenntnisse der Zielsetzungstheorie lassen sich direkt in Führungsempfehlungen umsetzen. So wird über die Zielsetzungstheorie u. a. auch die Bedeutung von extrinsischen (z. B. Geld, Anerkennung) oder intrinsischen (z. B. Stolz, Interesse) Belohnungen deutlich. Vielen Führungskräften ist für die Zielentwicklung die SMART-Formel (spezifisch, messbar, akzeptiert, realistisch, terminiert) bereits ein Begriff. Sie kann in der Tat als sinnvolle Orientierung für qualitativ hochwertige Ziele verstanden werden. Berücksichtigt man aktuelle Erkenntnisse der Zielforschung, so müsste jedoch aus SMART → **SMAAART** werden (in Anlehnung an Becker 2019, S. 120 ff.):

- Spezifisch (konkret, jedoch nicht zu detailliert sowie klar kommuniziert)
- Messbar (Zahlen helfen bei der Wirkung, zudem: Rückmeldung gebend)
- Attraktiv (positiv formuliert und individuell bedeutsam, Autonomie fördernd)
- Anspruchsvoll (herausfordernd, jedoch lösbar, an den Kompetenzen orientiert)
- Akzeptiert (repräsentativ für die Aufgabe/Rolle des Mitarbeitenden, partizipative Erarbeitung sowie die Berücksichtigung der vorherigen beiden „A" stärkt die Akzeptanz deutlich)
- Realistisch (das Ziel ist lösbar und bringt die Mitarbeitenden / das Team wirklich weiter)
- Terminiert (ein klarer Zeithorizont, der fordert – ohne zu überfordern).

Wenngleich die Wirkung der Zielsetzungstheorie empirisch belegt ist und die Einflussfaktoren seitens der Führungskräfte gut gesteuert werden können, ist – wie bei den meisten Ansätzen – ein zu viel des Guten mitunter kontraproduktiv. So kann die zu starke Aufmerksamkeit auf ein (mit z. B. Provision verbundenem) Ziel zum Ausblenden anderer ebenso wichtiger Themen führen (z. B. Auslastung von Maßnahmen vor Vermittlung in Arbeit; viele Klient*innen stationär aufnehmen, obwohl die Betreuung durch Fachpersonal nur noch bedingt sichergestellt werden kann). Zu hohe Ziele können demotivieren oder sich unfair anfühlen. Neuere Untersuchungen deuten darauf hin, dass dauerhafte Herausforderungen mit starkem Druck oder finanziellen Abhängigkeiten zu Stress und problematischem Führungsverhalten führen können (Weibler 2016, S. 198). Forschungsergebnisse geben zudem zu bedenken, dass die leistungsförderlichen Wirkungen von Smart-Zielen sich mit zunehmender Aufgabenkomplexität abschwächen. Das bedeutet, bei komplexen Aufgaben können Ziele unter bestimmten Umständen (v. a. unter Zeitdruck, aber auch z. B. aufgrund neuartiger Aufgaben und wenig Erfahrung, einem hohen Vernetzungsgrad der Beteiligten) sogar leistungsbeeinträchtigend wirken. Das gemeinsame Aushandeln von Zielen mit Adressat*innen ist für viele Mitarbeitende der Sozialwirtschaft fester Bestandteil des (pädagogischen) Alltags. Es ist daher davon auszugehen, dass auch bei Führungskräften die grundlegenden Kriterien einer guten Zielvereinbarung bekannt sind, wenngleich sie nicht überall standardisiert als Führungsinstrumente angewendet werden dürften.

Unabhängig eines gut strukturieren Zielentwicklungsprozesses werden – trotz aller Klarheit der Zielsetzung und auch bei augenscheinlich hoher Motivation – bei Weitem nicht alle Ziele mit entsprechender Anstrengung und wünschenswertem Erfolg verfolgt. Man kann in der Praxis immer wieder feststellen, dass Mitarbeitende beim gleichen Ziel sehr unterschiedlich reagieren. Manche packen an und beißen sich förmlich durch – andere wirken unsicher und zurückhaltend. Julius Kuhl (2001, siehe auch Brandstätter 2020, S. 246) hat sich diesem Phänomen im Rahmen der Persönlichkeit-System-Interaktionen(PSI)-Theorie genähert. Für Führungskräfte soll an dieser Stelle sehr verkürzend der Hinweis erfolgen, dass zielorientiertes Handeln eine stark emotionale Komponente besitzt, die man im Führungsprozess beachten sollte.[41]

---

[41] Arbeitsemotionen sind immer noch ein eher vernachlässigter Gegenstand arbeitspsychologischer Forschung, obwohl sie eine starke motivationale Wirkung entfalten können und auch die Arbeitszufriedenheit stark beeinflussen. So stellt Arbeitsfreude quasi die zustandsbezogene Seite einer über die Zeit geronnenen Arbeitszufriedenheit dar (Küpers und Weibler 2005). Die motivationale Wirkung von Emotionen besteht darin, dass sie eine bedürfnis- und situationsgerechte Auswahl von Handlungsalternativen unterstützen, die Intensität und Dauer verschiedener Handlungen regulieren und die Speicherung von Verhaltensweisen im Gedächtnis unterstützen, die in der Vergangenheit als erfolgreich bzw. als zu Misserfolg führend erlebt wurden. In einer konkreten Situation führen Emotionen zudem zu einer körperlichen Aktivierung, die bestimmte Handlungen vorbereitet. Starke Emotionen können sogar eingespielte Reiz-Reaktions-Verbindungen (= Gewohnheitsmuster) entkoppeln. Einfach gesagt: Angst und Ärger sind starke Gründe für eine Verhaltensaktivierung. Aber auch andere Emotionen wie Niedergeschlagenheit bis hin zur Resignation, Langeweile etc. erklären eine ganze Reihe von gezeigten Verhaltensweisen

Auch die Frage des Willens (motivationspsychologisch „Volition") ist zu berücksichtigen, was Locke und Latham deutlich herausstellen. Volition kann kurz damit erklärt werden, dass man beharrlich ein Ziel verfolgt, auch wenn der Weg als schwierig oder lästig erlebt wird. Das Volitions-Konzept ist das, was viele Personalverantwortliche wirklich meinen, wenn sie von einer Steigerung der Motivation ihrer Mitarbeitenden sprechen; zumindest, wenn es ihnen weniger um die generelle Ausrichtung auf ein Ziel, sondern um das beharrliche Daraufhin-Arbeiten geht. Das Volitions-Konzept fließt auch in das 3-K-Modell von Hugo Kehr (Kehr et al. 2018) mit ein, welches wir nachfolgend erläutern werden.

2.2.2   Das 3-K-Modell n. Kehr

Bisher konnten die vorgestellten Ansätze zeigen, dass z. B. Persönlichkeit, Motiv, Wille, Anreize oder Ziele, Rahmenbedingungen sowie auch die Unterscheidung von intrinsischen oder extrinsischen Impulsen bedeutend sind, wenn es um die Frage von Motivation und Leistung im Arbeitskontext geht. Auch haben wir festgestellt, dass Menschen durchaus unterschiedlich mit Zielen umgehen. Einige freuen sich über herausfordernde Aufgaben, andere weniger, manche bearbeiten Aufgaben, die ihnen gar nicht gefallen, hervorragend, wieder andere engagieren sich trotz eines attraktiven Ziels nur bedingt. Das sogenannte Kompensations-modell der Motivation und Volition, auch als Schnittmengenmodell von Motivation und Volition bzw. 3-K-Modell bezeichnet, bietet unter Berück-sichtigung verschiedener motivationstheoretischer Antworten zu Fragen wie:

- „Weshalb erreichen manche Menschen ihre Ziele leicht und mühelos, während sich andere abmühen?"
- „Weshalb setzen sich Menschen Ziele, die ihnen unangenehm sind und welche Mechanismen gestatten es ihnen, solche an sich aversiven Ziele zu verfolgen?"

---

mit hoher Plausibilität. Interessant sind in diesem Zusammenhang auch Regungen von Scham und Schuld, beides Reaktionen auf negative Arbeitsergebnisse. Sie unterscheiden sich insofern, dass Scham auf eine unkontrollierbare Ursache zurückgeführt wird, während Schuld auf eine von der Person kontrollierbare und somit subjektiv verantwortete Ursache attribuiert wird (Brehm 2001). Wenngleich also bei der Berücksichtigung von Arbeits-emotionen noch einiger Konzeptions- und Forschungsbedarf besteht, werden sie in Modellen der Selbstregulation im Sinne von Lust- und Unsterleben durchaus berück-sichtigt, wenn auch nicht in der gebotenen differenzierten Form.

- „Weshalb befinden sich einigen Menschen im sogenannten Flow, während andere bei der gleichen Tätigkeit stöhnen oder lustlos wirken?"
- „Weshalb engagieren sich einige Menschen weniger, obwohl sie kompetent für die Tätigkeit sind und ihnen auch der Sinn der Aufgabe klar ersichtlich ist?" (Weibler 2016, S. 205).

Wir sind uns sicher, dass Sie zu den aufgeworfenen Fragen umgehend verschiedene Antworten finden, denn die Gründe, weshalb Menschen motiviert oder nicht motiviert sind, handeln oder nicht handeln, Freude bei der Arbeit verspüren oder Unlust, sind vielfältig (Brandstätter 2020; Heckhausen und Heckhausen 2018; Ryan und Deci 2017; Locke und Latham 2002; Kuhl 2001). Das 3-K-Modell setzt bei der Person selbst an und liefert Erklärungen für Motivation bzw. Motivationsdefizite. Es konzentriert sich somit auf Möglichkeiten, bei einer gegebenen Situation sich selbst zu motivieren oder als Führungskraft die Motivation der Mitarbeitenden zu unterstützen.

Die Grundannahme besteht vor allem darin, dass das Motivationsgeschehen zu einem größeren Teil durch unser Unbewusstes gesteuert wird und insbesondere 3 Komponenten für den Motivationsprozess bedeutend sind (Kehr et al. 2018, S. 601 ff.; Weibler 2016, S. 205 ff.; Kehr 2011): explizite (selbsteingeschätzte) Motive, implizite (unbewusste) Motive und subjektive Fähigkeiten. „Explizite Motive stehen für rationale Absichten, unsere Ziele und die Bereitschaft, eine bestimmte Handlung auszuführen. Implizite Motive stehen für den emotionalen Bereich, für die mit der Handlung verbundenen Hoffnungen, die oft unbewussten Bedürfnisse und Motive, die es zu wecken gilt, aber auch für Ängste und Bauchschmerzen. Subjektive Fähigkeiten repräsentieren die Fähigkeiten, das Wissen und die Erfahrung, die eine Handlung verlangt" (Kehr 2011, S. 66). In der praktischen Anwendung (z. B. Führungstraining, Coaching, Changemanagement) werden dafür die Metaphern **Kopf** (kognitiv, explizit), **Bauch** (affektiv, implizit) und **Hand** (Fähigkeiten) genutzt (Kehr 2011). Sind alle 3 Bereiche erfüllt, so ist eine optimale Motivation (Flow), vorhanden. Stimmen Bauch und Kopf überein, so wird dies als intrinsische Motivation verstanden. Fehlt der Bauch oder der Kopf, so spürt man z. B. ein ungutes Gefühl bei der Tätigkeit oder steht nicht hinter der Aufgabe. „Dabei sind fehlende affektive Präferenzen, also Unlust, „Bauchschmerzen" und vor allem Ängste oft ein wichtiger Grund dafür, dass selbst kognitiv gut verankerte Handlungsabsichten scheitern ..." (Kehr et al. 2018, S. 606 f.). Fehlt bei der Ausführung einer Aufgabe der Kopf oder der Bauch, so braucht es zur Unterstützung den Willen, der die störenden Gefühle oder Zweifel an der Sinnhaftigkeit zurückdrängt. Jedoch führt der häufige Einsatz sogenannter volitionaler Handlungssteuerung (z. B.

besondere Willensanstrengung, Selbstüberredung, Unterdrückung unerwünschter Gedanken oder störender Verhaltensimpulse) auf Dauer zum Abbau von Wohlbefinden, erhöhtem Stressempfinden und zunehmend negativen Emotionen (Kehr et al. 2018; Weibler 2016, S. 209 ff.). Zudem ist dies nur eine begrenzte Zeit aufrechtzuerhalten (Wille als Muskel, der bei Gebrauch ermüdet; Kehr 2011, S. 70). Schließlich hat eine längerfristig fehlende Übereinstimmung von impliziten und expliziten Motiven teils beträchtliche Auswirkungen u. a. auf Gesundheit, Lebenszufriedenheit, Willensstärke oder das Burn-out-Risiko (Rawolle et al. 2016).

Fragen, die sich jede*r von uns bei dem Gefühl fehlender Motivation stellen kann und die auch Führungskräften eine gute Gesprächsorientierung bieten können, sind (Kehr et al. 2018, S. 606 f.; Kehr 2011):

Bauch (affektive Präfenzen)

- Erledigt die/der Mitarbeitende das Projekt/die Aufgabe gerne?
- Entspricht das Projekt/die Aufgabe ihren/seinen Neigungen?
- Hat sie/er Spaß bei der Arbeit? Mag sie/er die Tätigkeit wirklich?
- Bestehen Ängste, Befürchtungen oder Bauchschmerzen? Woher kommen diese?

Kopf (kognitive Präferenzen)

- Ist die Aufgabe oder das Projekt der/dem Mitarbeitenden wirklich wichtig?
- Entspricht die Aufgabe ihren/seinen Zielen? Kann sie/er den Sinn der Ziele nachvollziehen?
- Sind die Ziele SMART?
- Bestehen Zielkonflikte (z. B. zwischen eigenen und fremdgesetzten Zielen)?

Hand (subjektive Fähigkeiten)

- Verfügt die/der Mitarbeitende über die erforderlichen Kenntnisse/Fähigkeiten?
- Hat sie/er die nötigen Erfahrungen?
- Hat sie/er bereits ähnliche Aufgaben erfolgreich bewältigt?
- Kann sie/er diese Tätigkeit aufgrund der Kompetenzen gut ausführen?

Je nach Diagnose, erschließen sich für Führungskräfte verschiedene Handlungsmöglichkeiten (Kehr 2011, S. 70). Stimmen Ziele (Kopf) und Motive (Bauch) überein, so geht es um die Verbesserung der Kompetenzen (z. B. durch Coaching,

Vormachen, Anleiten/Begleiten, Training). Sind Kopf und Hand vorhanden – fehlt jedoch der Bauch, so müssen die Motive ins Auge gefasst werden, die die emotionale Ebene ansprechen (z. B. durch Unterstützen, motivpassende Anreize, Erschöpfung von Willenskraft vermeiden, Reframing, Vision entwickeln). Fehlen die Ziele (Kopf), wenn auch Bauch und Hand übereinstimmen, können Führungskräfte z. B. vom Sinn überzeugen (das „Warum?" erklären), Anreize zur Zielbildung (z. B. Incentives) bieten, gemeinsam Ziele vereinbaren oder bestehende Zielkonflikte lösen.

Das 3-K-Modell nach Kehr besitzt aus unserer Sicht für den sozialwirtschaftlichen Alltag eine gute Anwendbar- und Übertragbarkeit. Beschäftigte in der Sozial- und Verwaltungswirtschaft sehen sich mit teils widersprüchlichen Anforderungen (z. B. seitens der Adressat*innen, der Organisation und der Kostenträger) konfrontiert. Solch ambivalente wie herausfordernde Situationen, die ggf. zu schwierigen Motivationslagen führen, können auf den Ebenen Bauch, Kopf und Hand in unterschiedlichen Settings (z. B. Supervision, kollegiale Beratung, Führungskraft-Mitarbeitenden-Dialoge etc.) reflektiert werden. Gerade in dieser Widersprüchlichkeit benötigen Beschäftigte in der Sozialwirtschaft Unterstützung seitens ihrer Führungskräfte und des Teams. Die Reflexion der Ebenen Bauch, Kopf und Hand können Struktur in der Situationsanalyse bieten und einen situationsadäquaten Umgang sichern. Ein solches Vorgehen kann helfen, Missverständnissen vorzubeugen sowie Frustration und Demotivation zu verhindern. Auch für konkrete Arbeit mit Klient*innen kann das Modell hilfreich sein. Gerade in Organisationen der Sozialwirtschaft steht die Kombination von Kopf, Bauch (Herz) und Hand traditionell für eine professionelle, ganzheitliche Herangehensweise. Das Modell dürfte daher niedrigschwellig anwendbar und hochanschlussfähig im Arbeitsalltag sein. So kann z. B. in krisenhaften Situationen mit Klient*innen reflektiert werden, inwieweit die Situation bei Mitarbeitenden Ängste, Befürchtungen etc. auslösen (Bauch), wie die aktuelle Situation zu den vereinbarten Zielen steht (Kopf) und welche Kompetenzen (Hand) in der Situation hilfreich erscheinen bzw. welche Unterstützung notwendig ist. So verstanden kann das 3-K-Modell sowohl als Führungsinstrument im engeren Sinne als auch als Reflexionstool im pädagogischen Kontext zur Anwendung kommen.

Bei allem steht eines im Fokus: Die Führungskraft muss die ihr anvertrauten Menschen gut kennen(lernen), um ihre Unterstützungsbedarfe akkurat einschätzen zu können und um entsprechende angemessene Führungsimpulse zur Beeinflussung der Situation zu setzen. Schnelle, pauschale Urteile führen meist in die falsche Richtung, zu Schuldzuweisungen oder (ungebetenen) Ratschlägen, was wiederum für Reaktanzen sorgen kann. Sie sollte sich angemessen

und empathisch den impliziten und expliziten Motiven nähern. Eine gelingende
dialogische Kommunikation (siehe Kap. 3) ist dafür essenziell. Zugleich ist der
Zugang zu den tiefsten Bedürfnissen nicht so einfach möglich und/oder auch
nicht erwünscht bzw. den Mitarbeitenden selbst nicht immer eindeutig bewusst.
Daher kann es nützlich sein, wenn man hier auf Erkenntnisse zurückgreifen kann,
die Bedürfnisse (Themenbereiche) beschreiben, die für alle Menschen bedeutsam
sind (sicherlich unterschiedlich stark ausgeprägt) und sich auf deren Motivation
auswirken (Brandstätter 2020, S. 239). Die Selbstbestimmungstheorie von Deci
und Ryan (2015, S. 13 ff.; Deci et al. 2017) betont insbesondere 3 den Menschen
innewohnende (psychologische) Grundbedürfnisse, die, je besser sie befriedigt
werden, zu mehr intrinsischer Motivation,[42] Engagement und Wohlbefinden
führen. Dies diskutieren wir im nachfolgenden Abschnitt.

2.2.3 Die Selbstbestimmungstheorie Deci und Ryan

Edward L. Deci und Richard M. Ryan forschen bereits seit über 40 Jahren zu
den (persönlichen wie sozialen) Einflussfaktoren, die die individuelle menschliche Entwicklung, vor allem das (psychologische) Wachstum, Engagement wie
auch Wohlbefinden fördern oder hemmen (Ryan und Deci 2017, S. 3). Es liegt
dabei nahe, dass einerseits Fragen, was Menschen motiviert, sich positiv auf ihre
Leistung auswirkt und ihre Kompetenzentwicklung ebenso wie ihre Zufriedenheit
unterstützt oder was sie andererseits stresst, demotiviert oder unglücklich macht,
eine zentrale Stellung in ihrer Forschung einnehmen. Einen entscheidenden
Schwerpunkt legen Deci und Ryan auf die Unterscheidung von autonomer
und kontrollierter Motivation. Dabei ist die Annahme handlungsleitend, dass
Menschen aktiv und wachstumsorientiert sind sowie danach streben, ihre
Potenziale zu entfalten, Kenntnisse und Fähigkeiten weiterzuentwickeln. Dieses,
so die Basis der Theorie, möchten sie so gut es geht selbst kontrollieren und
gestalten (Kontrolle über das Geschehen haben und wirksam sein) – es also selbst
bestimmen (Selbstbestimmungstheorie; Self-Determination Theory – SDT).

Deci und Ryan beschreiben die SDT als eine „Makro-Theorie der menschlichen Motivation, die erfolgreich in verschiedenen Bereichen angewandt
wurde, darunter … Arbeitsmotivation und Management" (Deci et al. 2017,
S. 19, Übers. d. FU). Die SDT fokussiert nicht ausschließlich die Stärke der

---

[42]Gleich, ob echte intrinsische Motivation durch z. B. ein gutes Bauchgefühl, Interesse und
Spaß oder eine integrierte extrinsische Motivation (man sieht es als richtig bzw. wichtig an,
auch wenn es zunächst von außen an einen herangetragen wurde).

Motivation, sondern die Qualität eines motivierten Verhaltens und deren Konsequenz z. B. auf Engagement und Wohlbefinden von Menschen. Während eine extrinsische, also von außen mitbestimmte Motivation, in vielen Theorien sehr kritisch gesehen wird, berücksichtigt die SDT, dass es Verhaltensweisen gibt, die aus rein intrinsischer Motivation nicht gezeigt würden. Durch diesen realistischen Blick auf das motivationale Geschehen eignet sie sich vor allem auch für Kontexte, wie Lernen oder Arbeiten.[43] Besonders das Zusammenspiel zwischen den äußeren Impulsen, die auf Personen einwirken, und den Menschen innewohnenden Motiven und Bedürfnissen ist das Forschungsgebiet der Selbstbestimmungstheorie. Dabei unterscheidet die SDT verschiedenen Arten (Qualitäten) der Motivation, die von extrinsischer bis hin zur intrinsischen Motivation reichen (Slemp et al. 2018, 2020; Rose 2019, S. 147 ff.; Ryan und Deci 2017, S. 184 ff.; Deci et al. 2017; Gilbert und Kelloway 2015) und die quasi auch einen Entwicklungsprozess beschreiben können, der ein zunächst allein aus externalen Gründen gezeigtes Verhalten ggf. zunehmend eigenmotiviert auftreten lassen kann:

External reguliertes Verhalten kann als Gegenteil von intrinsischer Motivation verstanden werden[44] und geht davon aus, dass Menschen ein gewisses (erwartetes) Verhalten nur deswegen zeigen, weil sie nach einer wünschenswerten Konsequenz (z. B. Belohnung bei Zielerreichung) streben oder so handeln, um eine drohende Bestrafung (Drohung, Angst) zu vermeiden *(ich muss das tun)*. Das Verhalten, in dem Menschen keine Selbstbestimmung erleben, wird von außen (eng) kontrolliert und bleibt sehr wahrscheinlich aus, wenn diese Kontrolle wegfällt (Prinzip „Zuckerbrot und Peitsche"). Obwohl diese klassische Form der extrinsischen Motivation kurzfristig viel Energie freisetzen kann (Cerasoli et al. 2014, S. 2), kommt es nicht selten zu langfristig negativen Folgen (Deci et al. 2017, S. 21). Weniger kontrollierend ist die sogenannte *introjizierte Regulierung*, bei der ein Mensch beginnt, die extern gesetzten Impulse ein wenig zu verinnerlichen und ihnen etwas Gutes abzugewinnen *(ich sollte das tun)*, um z. B. in einer Gruppe nicht negativ aufzufallen, Anerkennung durch die Führungskraft zu erhalten bzw. Ablehnung zu vermeiden, Schulgefühle zu reduzieren oder das Selbstwertgefühl (Stolz) zu steigern. Auch dieses Verhalten wird nur zeitlich begrenzt gezeigt (z. B. so lange es als notwendig angesehen wird, etwas zu tun, um sein Selbstwertgefühl zu stärken oder eine Beeinträchtigung dessen

---

[43] Die (wenn wir ehrlich sind) auch nicht immer Spaß machen bzw. von innerer Motivation begleitet werden.

[44] Wenn man die sogenannte Amotivation, also keine willentliche Handlungsabsicht, außer Acht lässt (Slemp et al. 2020, S. 3; Ryan und Deci 2017, S. 16).

zu verhindern), kann jedoch durchaus die Zufriedenheit der Mitarbeitenden fördern. Ein wichtiger Schritt auf dem Motivationskontinuum hin zu mehr Autonomie ist der Schritt zur *identifizierten Regulation*. Auch wenn der Anreiz noch extrinsischer Art ist (bzw. war), sind die Gründe für das Verhalten spürbar mehr verinnerlicht, was zu einer höheren Motivation führen kann. Man ist sich des Sinns bzw. des Wertes einer Aufgabe, von Rollenanforderungen bzw. Handlungen bewusst, weil man die Notwendigkeit des eigenen Beitrags gut einordnen kann, der Thematik eine persönliche Bedeutung zuschreibt und sie dadurch besser akzeptiert *(es macht Sinn für mich, es ist wichtig und ein wenig mag ich es sogar)*. Die *integrierte Regulation* schließlich wird als die autonomste Form der extrinsischen Motivation bezeichnet. Wenngleich extrinsischer Herkunft, wurde sie so stark verinnerlicht, dass sie sich wie ein Teil von uns anfühlt (Rose 2019, S. 149). Anweisungen werden vollständig akzeptiert, weil sie mit den eigenen Vorstellungen, der Rolle, den Motiven und Erwartungen an die Arbeitsumgebung sehr gut übereinstimmen bzw. man diese reflektierend gut in Übereinstimmung gebracht hat *(Das mache ich gerne, weil es gut zu mir und meinen Vorstellungen passt. Es macht richtig Spaß!)*. Die *intrinsische Motivation* schließlich gilt als Prototyp der autonomen Motivation. SDT Die Selbstbestimmungstheorie versteht darunter, dass man sich auf eine Handlung einlässt, weil sie interessant sowie unterhaltsam ist und Freude bereitet sowie vollständig zur Persönlichkeit eines Menschen passt (Slemp et al. 2018, S. 708). Je näher sich Menschen an der intrinsischen Motivation befinden, desto höher ist das Engagement, die Leistungsqualität und ihr Wohlbefinden im Arbeitskontext. Zudem sind sie eher bereit, sich (neue) Herausforderungen zu suchen und sind generell offen(er) für Neues (Ryan und Deci 2017, S. 179).

Vor allem die Unterstützung des Autonomieerlebens durch die Führungskraft sowie entsprechende organisationale Rahmenbedingungen sind wesentliche Einflussgrößen, die die Internalisierung von Anreizen am Arbeitsplatz begünstigen. Hier sind Parallelen u. a. zum Job Characteristics Model nach Hackman und Oldham (1980) erkennbar. Es wird deutlich, dass vor allem in stark hierarchischen Organisationen mit kleinteiligen Regelungen, Misstrauen und Mikrokontrolle (wodurch u. a. das Gefühl der Ablehnung, Inkompetenz und/ oder Unterdrückung forciert wird) sowie wenig kompetenzorientierter Aufgabenübertragung und geringer Wertschätzung eine qualitativ hochwertige Motivation nur schwer entstehen kann bzw. die vorhandene Motivation eher noch schwindet. Wenn jedoch die zuvor genannten Aspekte zur Stärkung der Selbstbestimmung Berücksichtigung finden, so konnten zahlreiche empirische Untersuchungen folgende positive Konsequenzen für die Arbeit und den organisationalen Kontext bestätigen (z. B. Brandstätter 2020, S. 240; Slemp et al. 2018, 2020; Manganelli et al. 2018; Ryan und Deci 2017, S. 532 ff.; Deci et al. 2017; Gilbert und Kelloway 2015; Hocine und Zhang 2014):[45]

- mehr Engagement, Durchhaltevermögen (v. a. bei anstrengenden Tätigkeiten) und höhere Leistung (auch i. S. v. Produktivität),
- qualitativ bessere Ergebnisse,
- weniger Wechselmotivation und geringere Fehlzeiten aufgrund einer höheren Arbeitszufriedenheit sowie mehr Freude im Arbeitskontext,
- bessere Gesundheit, mehr psychologisches Wohlbefinden bzw. weniger Stressempfinden, Erschöpfung und Burn-out-Symptome.

Weiterhin sind Mitarbeitende veränderungsbereiter in organisationalen Changeprozessen,[46] teilen bewusster ihr Wissen (Teamfähigkeit), haben gegenüber ihrer Führungskraft und der gesamten Organisation mehr Vertrauen und können Konflikte besser psychisch verarbeiten. Schließlich führt die Förderung der intrinsischen Motivation zu mehr Kunden-/Klienten-Zufriedenheit, Kreativität und zu gesteigerter „freiwilliger Anstrengungsbereitschaft" (OCB).[47]

Täglich begegnen Menschen Vorschriften, Anforderungen oder Werten, die für jede Person unterschiedlich interessant und motivierend erscheinen, mit denen sie dennoch umgehen müssen. Die Übernahme extrinsischer Impulse in die eigene Motivwelt wird daher als wichtiger Prozess der menschlichen Entwicklung angesehen und ist ein spannendes Forschungsfeld innerhalb der SDT. Es geht folglich nicht um eine Diskussion über „gute intrinsische Motivation" im Vergleich zur „schlechteren extrinsischen Motivation", sondern um die Frage, wie es gelingt, Werte, Handlungsweisen oder Anforderungen, die von unserer Umwelt an uns herangetragen werden, passend und gangbar in das individuelle

---

[45] Hüning et al. (2018) beschreiben die Wirkung der Förderung der 3 psychologischen Grundbedürfnisse anhand einer Studie bei einer mittelständischen sozialen Einrichtung im Raum Mittelfranken mit ca. 240 Mitarbeiter*innen. Zusammenhänge der Förderung von Autonomie, Kompetenz und sozialer Verbundenheit mit Wohlbefinden und Zufriedenheit konnte nachgewiesen werden. „Je erfüllter die drei psychologischen Grundbedürfnisse, desto besser sind die gesundheitsbezogene Lebensqualität und Arbeitsfähigkeit und desto geringer ist die emotionale Belastung durch die Arbeit ..." (ebd., S. 278).

[46] So sagt z. B. der Grad der Berücksichtigung/Befriedigung der psychologischen Bedürfnisse im Rahmen von Change die Akzeptanz der Veränderungen in einem Jahr (später) voraus (Gilbert und Kelloway 2015, S. 185).

[47] OCB: Organizational Citizenship Behavior steht für eine freiwillige, zusätzliche Anstrengungsbereitschaft, die meist aus intrinsischer Motivation heraus entsteht (z. B. Slemp et al. 2018).

Denken und Handeln zu integrieren (Ryan und Deci 2017, S. 179 ff.). Und dies so, dass unser Wohlbefinden sowie unsere Zufriedenheit, unser Gefühl selbstbestimmt handeln zu können und weiterhin gut mit Menschen verbunden zu sein, nicht leiden, sondern sich – wenn möglich – positiv entwickeln. An dieser Stelle wird der Bezug zur Arbeitswelt und Personalführung sowie die Bedeutung der aktiven, menschorientierten Gestaltung der Arbeitssituation sehr deutlich (z. B. eine Identifikation mit der eigenen Arbeit und zugleich mit den Anforderungen der Familie). Denn im Arbeitskontext (wie im gesamten Leben) sind externe Faktoren unvermeidbar (auch Erwerbsarbeit wird immer gewisse Anteile von Fremdbestimmung haben) wie auch extrinsische Motivationsanreize, was jedoch grundsätzlich nicht problematisch sein muss (Deci et al. 2017, S. 21).[48] Forschungsergebnisse deuten u. a. darauf hin, dass selbst von außen

---

[48] Entgegen den frühen Ansätzen der SDT und der bis heute noch verbreiteten Annahme, dass extrinsische Anreize meist die intrinsische Motivation negativ beeinflussen **(Korrumpierungseffekt)**, gehen aktuelle Erkenntnisse davon aus, dass der Kontext für Feedback und Belohnungen entscheidend ist und *beide* Motivationsarten ihre Berechtigung wie Wirkung besitzen. So konnten Cerasoli et al. (2014, S. 17) in einer Metaanalyse u. a. darlegen, dass extrinsische Anreize stärker die Quantität der Leistung beeinflussen und intrinsische Motivation sich mehr auf die Qualität der Leistung und der damit verbundenen Arbeitsergebnisse auswirkt. Sie empfehlen daher u. a.: Aufgaben, die einfach sind, sich in hohem Maße wiederholen bzw. einen hohen Strukturierungsgrad besitzen oder weniger angenehm sind, sollten enger mit extrinsischen Anreizen verknüpft werden (hier sind v. a. Geld bzw. materielle Vorteile gemeint und die Möglichkeit, die konkrete, individuelle Leistung gut messen zu können). Komplexere Tätigkeiten, die Urteilsvermögen, Kreativität, Teamwork, häufige individuelle Entscheidungen und intensiven persönlichen Einsatz sowie eine hohe Qualität erfordern, sollten weniger (bzw. hauptsächlich nicht) mit Anreizen, sondern mehr unter dem Aspekt der Förderung der intrinsischen Motivation gestaltet werden. Aber in beiden Bereichen geht es nicht (!) um ein Entweder-oder, sondern um ein kluges Sowohl-als-auch. Einfachere Tätigkeiten werden qualitativ besser bearbeitet, wenn die Mitarbeitenden intrinsisch motiviert sind und extrinsische Anreize schließen auch bei komplexen Tätigkeiten nicht sofort eine entsprechende Qualität und Quantität aus. Vor allem extrinsische Aspekte wie Lob oder die Anerkennung von Leistungen durch die Führungskraft bzw. das Team wirken motivierend. Schafft man es, „Leistung sinnvoll zu definieren und messbar zu machen – dann kann man gut extrinsische Anreize einsetzen. Wo das nicht gelingt, sollte man sich diesen Aufwand und die Kosten sparen …" (Becker 2019, S. 147). Beachtet man jedoch auch Fragen der (nachhaltigen) Zufriedenheit, psychischen wie physischen Gesundheit und Mitarbeitendenbindung, so sind die Aspekte der intrinsischen Motivation die erste Wahl, die mit sinnvollen extrinsischen Impulsen gut ergänzt werden können. Ungeachtet dieser Ausführungen ist es durchaus möglich, dass aufgrund falsch eingesetzter extrinsischer Impulse eine vormals intrinsische Motivation sich auf dem Motivationskontinuum von dieser weg entwickelt. Zwar fällt

vorgegebenes und damit stark kontrolliertes Verhalten im Laufe der Zeit so verinnerlicht werden kann, dass sich die zugrunde liegende Motivation hin zu stärker
identifizierten, integrierten oder potenziell intrinsischen Motiven verschiebt
(Slemp et al. 2020, S. 3). Entsprechende Rahmenbedingungen und Impulse
können diesen integrativen Prozess unterstützen. Das Wissen um Wirkungsweisen
extrinsischer Anreize sowie von Möglichkeiten, kontrollierte Motivation in auto-
nomere Formen der Motivation umzuwandeln, bietet Führungskräften daher
einen enormen Fundus für Führungsinterventionen, die vor allem zunächst auf
den humanen Führungserfolg zielen und zudem positiv auf den ökonomischen
Erfolg wirken (siehe Kap. 1). Natürlich kann nicht für jedes Verhalten eine
Motivation internalisiert werden. Am Wertesystem der Mitarbeitenden, kann und
sollte nicht vorbei operiert werden.

Wenngleich die SDT zunächst eher einfach und überschaubar in ihren
Grundaussagen anmutet, so sind die Annahmen recht komplex, was allein
durch 6 zugehörige Untertheorien deutlich wird. Eine dieser Untertheorien
ist die Basic Psychological Needs Theory (BPNT), die die Zusammenhänge
von grundlegenden psychologischen Bedürfnissen und deren Wirkung u. a.
auf die psychische Entwicklung und Gesundheit sowie Wohlbefinden erklärt.
Menschen spüren intrinsische Motivation vor allem in dem Maße, in dem sie (so
gut es geht) selbst bestimmen können, was sie tun möchten – also aus eigenem
Antrieb gesteuert handeln (**Autonomie**), indem sie sich zu dem, was sie tun,

---

das zunächst nicht oder nur bedingt auf. Sollten jedoch die Anreize wegfallen, wird das
zuvor intrinsisch motivierte Verhalten möglicherweise eingestellt. Auch kann es sein, dass
extrinsische Anreize zu einer Verengung des individuellen Fokus führen (u. a. wird nur das
getan, was „Geld bringt", dafür werden andere Aufgabenbereiche vernachlässigt und auch
kontraproduktives oder unethisches Verhalten eingesetzt; Cerasoli et al. 2014, S. 21). Die
Wirkung der 3 psychologischen Grundbedürfnisse auf das Sinnerleben von Beschäftigten
sowie die sich dadurch ergebenden Auswirkungen u. a. auf die wirtschaftlichen Ergebnisse von Unternehmen im Verhältnis zu extrinsischen Faktoren wie Einkommen, Sozial
leistungen und Leistungsentgelt zeigen z. B. auch Nikolova und Cnossen 2020. Dennoch
reagieren Menschen sehr unterschiedlich auf (Leistungs-)Lohn bzw. zusätzliche Leistungen
(Manganelli et al. 2018, S. 8). Unter Berücksichtigung unterschiedlicher menschlicher
Motive kommen Deci et al. (2017, S. 36) zum Schluss, dass eine als gerecht empfundene
Bezahlung, die sich nicht ausschließlich an der Leistung orientiert, unterstützt durch die
zentrale Elemente der SDT, zu qualitativ hochwertiger Leistung und zu mehr Wohlbefinden führt. Stimmt der Grundlohn (wird dieser also organisationsintern wie -extern
als fair und angemessen empfunden), fördert dies die psychologischen Grundbedürfnisse
und die damit verbundenen positiven Folgen besser als zusätzliche Leistungsentgelte
(Manganelli et al. 2018, S. 8).

befähigt fühlen, Kontrolle über das Geschehene haben und sich wirksam fühlen (**Kompetenz**),[49] und, indem sie sich mit für sie wichtigen Menschen verbunden und von diesen respektiert, verstanden und unterstützt fühlen (soziale **Verbundenheit;**[50] Slemp et al. 2020, S. 3; Brandstätter 2020, S. 240; Ryan und Deci 2017). Diese Grundbedürfnisse gelten als wichtige Zutat, um externe Anreize besser zu internalisieren und somit ein stärkeres Gefühl der Selbstbestimmung zu spüren (Teixeira et al. 2020, S. 3; Slemp et al. 2020, S. 3). Je besser die Grundbedürfnisse befriedigt werden, desto mehr entwickelt sich daher auch die intrinsische Motivation.[51] So gesehen besitzt die SDT eine gute Vorhersagekraft für Führungsimpulse und deren Wirkung auf die Motivation der Mitarbeitenden (Forner et al. 2020; Teixeira et al. 2020, S. 3; Slemp et al. 2018, 2020; Rose 2019; Ryan und Deci 2019; Manganelli et al. 2018; Deci et al. 2017; Ryan und Deci 2017; Deci und Ryan 2015; Gilbert und Kelloway 2015). Nachfolgend werden die 3 psychologischen Grundbedürfnisse vertiefer ausgeführt und konkrete Handlungsmöglichkeiten für die Personalführung und die Gestaltung motivationsförderlicher Arbeitsumgebungen abgeleitet.

---

[49] Hierbei ist zu beachten, dass zwar das Empfinden von Kompetenz, in psychologischer Fachsprache wird auch gerne von Selbstwirksamkeitserwartung gesprochen, eine wichtige Variable im Motivationsprozess darstellt, dass aber im Sinne der Kehrschen Hand (siehe Abschn. 2.2.2) auch ein tatsächliches Können für eine erfolgreiche Aufgabenerledigung und damit letztlich für eine nachhaltige Motivation notwendig ist. Wird ein Kompetenzdefizit nicht durch geeignete Weiterbildungsmaßnahmen oder andere (Führungs-)Interventionen aufgelöst, führt es früher oder später zu Misserfolgserlebnissen. Die gelingende Ansprache von fehlenden oder nicht hinreichend ausgeprägten Kompetenzen (z. B. im Mitarbeitergespräch) ist ein entscheidender Punkt (siehe Kap. 3), wenn es um eine dauerhafte Leistungsmotivation und Leistungsfähigkeit geht.

[50] „Es ist eindrücklich belegt, dass es gravierende psychische und körperliche Konsequenzen nach sich zieht, wenn man sich ausgeschlossen fühlt" (Brandstätter 2020, S. 240; siehe auch Kuhn 2020; Scharnhorst 2019).

[51] Die Idee sowie der Terminus der psychologischen Grundbedürfnisse, Erkenntnisse zur Wirkung von Selbstbestimmung, Autonomieförderung wie auch der intrinsischen Motivation sind schon früher in vielfältiger Weise betont worden (Ryan und Deci 2017, S. 5, 82 ff., 118 ff.; 534 f.). Zudem ist trotz umfassender empirischer Befunde auch die SDT nicht frei von Kritik (z. B. Kehr et al. 2018, S. 600f.). Die Impulse z. B. zur Gestaltung von motivationsförderlicher Arbeit finden sich auch in anderen Ansätzen, wobei SDT diese zum einen sehr fokussiert herausarbeitet und zum anderen empirische Belege für deren Wirkung auf den unterschiedlichsten Feldern liefert (z. B. Brandstätter 2020, S. 240). Die weiteren Minitheorien der SDT werden bei Ryan und Deci (2017) ausführlich erläutert.

Autonomieerleben

Menschen erleben sich als selbstbestimmt, aus eigenem Antrieb (z. B. aus Freude an der Tätigkeit, aufgrund innerer Überzeugung oder durch Einsicht bzgl. der Notwendigkeit) handelnd und selbstständig Entscheidungen treffend. Sie können sich so verhalten, wie es den persönlichen Interessen und Werten entspricht. Sie haben ein Mitspracherecht, wie ihre Arbeit gestaltet und ausgeführt wird bzw. können sich so gut es geht aktiv dabei einbringen. Autonomie kann z. B. durch folgende Aspekte gestärkt werden:

- Zunächst bieten die 5 Dimensionen des Job Characteristics Model nach Hackman und Oldham (1980) entscheidende Impulse zur autonomieförderlichen Arbeitsgestaltung: Aufgabenvielfalt, -bedeutsamkeit, -ganzheitlichkeit sowie Gestaltungsmöglichkeiten und Feedback (vertiefend Abschn. 2.1.2).
- Rahmen und Raum: Autonomieerleben erfordert eindeutige Aufgaben (Ziele etc.), klare Rahmenbedingungen sowie Verantwortlichkeiten und zugleich Wahlmöglichkeiten bzw. die Wahrnehmung, dass das eigene Verhalten (so weit wie möglich) selbstgewählt und selbstinitiiert ist (auch wenn beispielsweise die Aufgabe nicht frei bestimmt werden kann, so bestehen dennoch Möglichkeiten, z. B. über Inhalte, Vorgehen, Zeitstrukturen oder Schwerpunktsetzungen mitzureden; individuelle Work-Life-Lern-Balance unterstützen).[52]

---

[52] An dieser Stelle treten nicht selten Irritationen auf. Sind klare Rahmenbedingungen nicht ein Widerspruch zu Autonomieförderung? Im Gegenteil: Autonomie bedeutet nicht, dass Mitarbeitende tun und lassen können, was sie möchten (also keine bedingungslose Unabhängigkeit). Autonomieförderung gelingt sehr gut auf Basis eines eindeutigen Handlungsrahmens sowie mit klaren Rollen, Aufgaben und Verantwortlichkeiten. Eine Studie zu gelingendem Empowerment unterstützt die Aussage, dass Autonomie dann gut funktioniert, „wenn Organisationen durch zentrale Strukturen Autonomie an ihre Mitarbeiter geben und gleichzeitig klare Regeln formulieren…" (Welpe et al. 2018, S. 134; für SDT z. B. Gilbert und Kelloway 2015, S. 183). Was jedoch *nicht* mit Mikrokontrolle, engen Vorgaben, Druck, Angst, Schuldzuweisungen, Bevormunden, Bewerten, Urteilen etc. zu verwechseln ist (dies ist nachweislich kontraproduktiv). Führungskräfte, die so (negativ) agieren, werden im Übrigen meist als eher nicht vertrauenswürdig, weniger kompetent und gering motiviert wahrgenommen. Für den Bereich der Teamführung kommen Hasebrook und Hackl (2020) zu vergleichbaren Ergebnissen. Teams wünschen sich Rahmen und Raum. Sie beschreiben es folgendermaßen: Eine klare Führung von außen („Führungsstrukturen und -personen im Unternehmen schaffen die Rahmenbedingungen für Teamarbeit") und eine starke Teamorientierung („Teams steuern sich in diesem Rahmen und entwickeln sich selbstgesteuert weiter"; ebd., S. 81).

- Die Anerkennung des Tuns kann z. B. durch Erläuterung zum Warum verbessert werden (Einordnen der individuellen Arbeit in den Gesamtkontext
sowie Begründung von Organisations- und Führungsentscheidungen, z. B.
wenn keine Wahlmöglichkeiten bestehen).
- Partizipation: Mitarbeiter*innen mehr Eigeninitiative ermöglichen, indem
eine stärkere Beteiligung der Gruppe bzw. des Einzelnen an Problemlösungen
oder Entscheidungsfindung ermöglicht wird und Mitarbeitende ermutigt
werden, Entscheidungen darüber zu treffen, wie sie/er Aspekte ihrer/seiner
eigenen Arbeit erledigen will (Empowerment stärkt insgesamt Autonomieerleben). Als Beispiel könnte Job Crafting statt Job Design genannt werden
(Mitarbeitende können ihre Arbeit (mit-)gestalten, was die Sinnhaftigkeit,
Motivation und Zufriedenheit stärkt; z. B. auch Pentz et al. 2019; Aßmann
2018). Zudem bieten Führungskräfte Plattformen für Austausch und Ideen
der Teammitglieder, die auf einem sicheren Umfeld basieren (psychologische
Sicherheit) und das Ausprobieren fördern (z. B. Hasebrook und Hackl 2020,
S. 80 f.).
- Mikromanagement[53] vermeiden: Reduzierung (*nicht* vollständige Auf-
hebung) von kleinteiligen Anweisungen und Kontrolle (sinnvoller Einsatz bzw.

---

[53] Wigert und Pendell (2020; siehe auch Wigert und Harter 2017) führen zum Mikromanagement u. a. Folgendes aus: Führungskräfte agieren als Mikromanager, wenn
sie oft fordern, dass Aufgaben *genauso* gemacht werden, wie sie es wollen, aber nur
wenig Rahmen und Hintergrund/Informationen, Unterstützung oder Beratung bieten.
Sie kontrollieren kleinteilig, sind überaus pingelig bei Fehlern und geben (wenn überhaupt) schwächen-orientiertes Feedback. Vertrauen, gute Beziehungen und Unterstützung
fehlen. Im Team erkennt man es u. a. daran, dass nahezu einzig und allein die Meinung
der Führungskraft zählt, Entscheidungen trifft diese meist allein (oder in einem kleinen
Kreis); dennoch finden (zu) viele Besprechungen statt (weniger wegen Partizipation –
mehr zur Absicherung und Kontrolle). Mitarbeitende haben Angst, Fehler zu machen und
ihre Meinung zu sagen (auch wenn es auf den ersten Blick nicht immer gleich diesen
Anschein hat). Die vorherigen Ausführungen beschreiben schon eine extreme Form des
Mikromanagements – gleichwohl finden sich empirischen Untersuchungen zufolge viele
der genannten Punkte mehr oder weniger in Organisationen wieder. Es ist an dieser Stelle
auch nicht als Plädoyer gegen Führung, Kontrolle und klare Vorgaben zu verstehen. Ein
Mehr an Führung kann z. B. in Krisenzeiten, bedeutenden Veränderungsprozessen, bei der
Übertragung neuer Aufgaben, in unsicheren, komplexen Situationen oder auch, wenn Mitarbeitende dies ausdrücklich wünschen, angebracht sein. Die Tendenz sollte jedoch eher
in Richtung Führungskraft als Coach statt Führungskraft als Mikromanager*in gehen. Wir
haben im vorherigen Kapitel bereits das Bild „weniger Ampelverkehr" und „mehr Kreisverkehr" bemüht. Zwischen diesen Perspektiven stehen unzählige Abstufungen zur Verfügung, die situativ wie persönlichkeitsbezogen zum Einsatz kommen können (siehe auch
Abschn. 1.2).

Vermeidung von überkontrollierendem Verhalten) und Verzicht auf zu stark wertende *("das ging aber auch schon mal besser ...")* bzw. vergleichende Aussagen *("Verglichen mit Frau X könnten Sie sich ruhig mehr anstrengen ...")* sowie von Druck, Drohungen oder Bestrafungen (siehe auch Bad Leadership aus Kap. 1).

Kompetenzbedürfnis

Kompetenzbedürfnis beschreibt das Gefühl, angemessene Kontrolle über ein Geschehen zu haben, vor allem bei anspruchsvollen Aufgaben erfolgreich zu sein und gewünschte Ergebnisse zu erreichen (wirksam sein und gute Arbeit leisten wollen/können) sowie seine Kompetenzen weiterentwickeln zu können. Das Gefühl, wirksam zu sein bzw. eine Herausforderung zu meistern (i. S. v. Mastery), möchte man bewusst wahrnehmen, was u. a. durch die Aufgabe selbst, vielmehr noch durch entsprechendes Feedback (v. a. durch die Führungskraft) ermöglicht wird. Kompetenzorientierung kann u. a. verbessert werden durch:

- Aufgaben, Rollen, Projekte, Verantwortlichkeiten so verteilen (bzw. delegieren), wie es am besten zu den Interessen und Kompetenzen des Einzelnen passt (Mitarbeitende können gut ihre Stärken einschätzen – daher sollte man dies dialogisch erforschen; Verantwortung stärken durch Job Enlargement/ Enrichment; interdisziplinäre Arbeitsgruppen/Projekte anbieten etc.).
- Aufgaben und Ziele, die fordern – ohne zu überfordern (dies gemeinsam mit Mitarbeitenden erkunden) sowie die Gewissheit, Fehler machen zu dürfen (diese als Grund zum Lernen begreifen) und Unterstützung zu erhalten, wenn es notwendig ist bzw. gewünscht wird.
- Individuelles, zeitnahes Feedback, das Respekt und Wertschätzung für die Mitarbeitenden zum Ausdruck bringt und zugleich konkret kompetenzentwickelnd ist, ist für das Kompetenzerleben wesentlich (die Anforderungen an qualitativ hochwertiges Feedback werden in Kap. 3 erläutert).
- Den eigenen Beitrag (er-)kennen und wissen, wie die Arbeit anderen zugutekommt.
- Möglichkeiten der individuellen Weiterentwicklung bieten (Mitarbeiter*innen, die Zugang zu Karriereentwicklungs-, Aus-/Weiterbildungsbildungs- und Coaching-/Mentoringmöglichkeiten an ihrem Arbeitsplatz haben, sind eher in der Lage, ihre psychologischen Grundbedürfnisse zu befriedigen).

Wunsch nach sozialer Verbundenheit

Verbundenheit beinhaltet ein Gefühl gegenseitigen Respekts, von Verlässlichkeit und Unterstützung sowie sinnvoller, tiefer Beziehungen zu anderen, vor allem zu

für einen persönlich relevanten Menschen.[54] Qualitativ hochwertige Beziehungen
können z. B. durch folgende Punkte gefördert werden:

- Zeit und Verständnis für jeden einzelnen Mitarbeitenden aufbringen (zuhören, verstehen, mitfühlen).
- Beziehungsförderlichen Führungsstil ausbauen (z. B. LMX, transformational, authentisch) sowie Teamorientierung stärken (gemeinsame Ziele, gute Besprechungskultur wie Kooperationen fördern, allen ausreichend Informationen zukommen lassen; siehe Kap. 4).
- Aufrichtiges Interesse, regelmäßige, echte Anerkennung und Wertschätzung zeigen (z. B. auch durch Fragen wie *„Was benötigen Sie konkret, um ihre Arbeit gut bewältigen zu können?", „Wie möchten Sie Rückmeldung über Ihre Leistung erhalten, wie gelobt, wie kritisiert werden?", „Fühlen Sie sich durch mich ausreichend unterstützt bzw. was an Unterstützung erwarten Sie von mir?", „Was motiviert Sie aktuell besonders an Ihrer Tätigkeit?", „Können Sie mir bitte ein aktuelles Beispiel für eine Arbeitssituation in den letzten 2-4 Wochen nennen, in der Sie erfolgreich waren und / oder sich gut gefühlt haben?", „Was lief in dieser Woche aus Ihrer Sicht besonders gut?")* .
- Übereinstimmung der Führungskraft und der Teammitglieder in Wort und Tat (Orientierung, Verlässlichkeit, Vertrauen).
- Ein zentraler Aspekt (der alle 3 Bedürfnisse stärkt) ist, dass Führungskräfte die Perspektive der Mitarbeiter*innen wertfrei einnehmen, was u. a. bedeutet, ihren Ideen wirklich zuzuhören und versuchen, sie zu verstehen (aktives Zuhören), nach ihren Standpunkten zu fragen (offene Fragen stellen), nachzudenken darüber, wie Sie die Situation verstehen könnten (wenn Sie sich in ihrer Lage befänden; i. S. v. mitfühlen ohne mitzuleiden) und ihnen ermöglichen, ihre Gefühle in schwierigen Situationen offen zum Ausdruck zu bringen (psychologische Sicherheit).

Es lassen sich also aus der SDT eine ganze Reihe verschiedener Ansatzpunkte ableiten, wie Organisationen insgesamt und Führungskräfte im Speziellen das Bedürfnis ihrer Mitarbeiter*innen nach Autonomie, Kompetenzerleben und sozialer Verbundenheit unterstützen sowie die Selbstbestimmung und damit Wohlbefinden und Motivation fördern können. Es sei darauf hingewiesen, dass

---

[54] Ryan und Deci (2017, S. 10 f.) nutzen den Begriff Relatedness, um eine besondere Form der Zugehörigkeit und Verbundenheit auszudrücken. Es geht ihnen hier jedoch nicht nur um eine Art Beziehung. Relatedness knüpft konzeptionell u. a. an den Begriff der Bindung von Bowlby an. Es kann daher auch als „sicher miteinander in Verbindung stehend" bzw. „sicher aufeinander bezogen sein und dazugehörend" übersetzt werden.

Führungskräfte, deren eigene psychologische Grundbedürfnisse eine umfassende Befriedigung erfahren, dies meist auch ihren Mitarbeitenden ermöglichen, was zu mehr und besserer Leistung, höherer Zufriedenheit und Bindung sowie organisationalem Erfolg führt. Ein solches Führungsverhalten kann man lernen (Manganelli et al. 2018, S. 10; Gilbert und Kelloway 2015, S. 195). Verschiedene Untersuchungen belegen, dass SDT-Trainings Führungskräfte gut befähigen, das zuvor beschriebene Verhalten zu zeigen – mit den entsprechend positiven Auswirkungen auf die Mitarbeitenden. Die Investitionen, die Organisationen dafür aufwenden, kommen Analysen zufolge 3fach zurück (Deci et al. 2017, S. 30).

Die aktuelle Motivationslage im Kontext der SDT kann mit dem sogenannten Multidimensional Work Motivation Scale (MWMS) gemessen werden (Gagné et al. 2014). Es bietet sich an, diesen nach einer entsprechenden Zeit und absolviertem Führungstraining nochmals einzusetzen, um Veränderungen zu erkennen. Zur praktischen Umsetzung liefern zudem verschiedene Führungskonzepte wie empowermentorientierte Führung, die LMX – Theorie oder „das Beste aus transaktionaler und transformationaler, mitarbeiter- und aufgabenorientierter Führung" gute Impulse (z. B. Gilbert und Kelloway 2015, S. 186 ff.). Die Selbstbestimmungstheorie könnte für den Einsatz dieser Führungsideen einen qualitativ sinnvollen Handlungs- und Reflexionsrahmen in der Sozialwirtschaft liefern.[55] Ein entscheidender Einflussfaktor zur Förderung von SDT ist neben entsprechenden Arbeitsbedingungen vor allem die Kommunikation und Beziehungsgestaltung von Führungskräften und Mitarbeitenden.[56] Diese Themen werden in Kap. 3 vertieft behandelt.

---

[55] Für die transaktionale Führung liegen Befunde vor, dass diese *aufgrund* der Förderung der 3 psychologischen Grundbedürfnisse erst zu Engagement, Zufriedenheit und Bindung führt (Young et al. 2021; Deci et al. 2017, S. 31). Die Erkenntnisse, dass z. B. transformationale Führung im Kontext der Selbstbestimmungstheorie gar stärker in Non-Profit-Organisationen und der öffentlichen Verwaltung wirkt als in ökonomisch orientierten Unternehmen, bestärkt unsere Annahme, dass SDT ein sinnvolles Rahmenkonzept für eine Führung darstellt, die humane, ökonomische wie gesellschaftlich wertstiftende Wirkung fördern will (z. B. Hodges und Howieson 2017). Wie bereits in den ersten Kapiteln ausgeführt, stützen verschiedene Studien unsere Ideen (z. B. Young et al. 2021; Chua und Ayoko 2019; Mueller 2019; Manganelli et al. 2018; Slemp et al. 2018; Ryan und Deci 2017; Deci et al. 2017; Gilbert und Kelloway 2015; Kovjanic et al. 2012).

[56] Wenngleich der Ansatz des Positive Leadership bzw. der positiven Psychologie einige andere Schwerpunkte setzt, so passen die Grundannahmen, Zielausrichtung und Handlungsempfehlungen gut zu den Ideen der Selbstbestimmungstheorie. Markus Ebner (2019, ab S. 311) bietet in seinem Buch u. a. Führungswerkzeuge, die den Ansatz von Deci und Ryan im praktischen Führungshandeln gut unterstützen. Wir kommen zum Teil im Kap. 3 darauf zurück, wenn es um Führungskommunikation geht.

Impulse für die Praxis

- Arbeitszufriedenheit muss eine bedeutende Rolle für eine Organisation insgesamt, jedoch auch für jede Leitungskraft im Führungsalltag spielen. Denn Zufriedenheit und Arbeitgeberbindung hängen eng zusammen, was angesichts des zunehmenden Fachkräftemangels eine immer wichtigere Bedeutung einnimmt.
- Was Menschen tatsächlich zufrieden (zufriedener) oder unzufrieden (unzufriedener) macht, ist nicht selten vom Individuum abhängig und kann nur durch gemeinsame Reflexion (z. B. „Tür-und-Angel-Führungsgespräch", Feedbackgespräche, Jahresgespräche, Befragungen etc.) konkret herausgearbeitet werden.
- Zugleich gibt es einige grundlegende Erkenntnisse, die mit hoher Wahrscheinlichkeit die Zufriedenheit verbessern können: Vertrauen (in und durch die Führungskraft) und Sicherheit (des Arbeitsplatzes sowie psychologische Sicherheit im Team), Gerechtigkeit (wozu auch ein faires Gehalt zählt), regelmäßige Rückmeldungen und Wertschätzung (durch die Führungskraft, aber auch durch die Bedeutsamkeit der Tätigkeit), angemessene, zu den Kompetenzen passende Verantwortung und entsprechender Gestaltungsspielraum (inkl. Partizipation), Unterstützung, Entwicklungsmöglichkeiten sowie ein gutes soziales Miteinander.
- Das Thema Work-Life-Balance sowie Gesundheitsförderung (und Resilienz) wird deutlich mehr an Gewicht im Organisations- und Führungskontext gewinnen – auch hinsichtlich des Einflusses auf die Arbeitszufriedenheit. Partizipativ entwickelte Angebote zum Erhalt und zur Verbesserung der Gesundheit, gesundheitsförderliche Führung sowie Teamresilienz werden wichtige Aspekte hierbei sein.
- Vor allem das Gefühl der Autonomie und gute soziale Verbindungen (inkl. einer dialogischen Führungskommunikation) sind in einer sich wandelnden Arbeitswelt von hoher Bedeutung für Arbeitszufriedenheit und auch Motivation.
- Motivation entsteht aus einer Art Wechselspiel zwischen Faktoren der Person und der Umwelt. Kennen Führungskräfte die individuellen Motive, Bedürfnisse, Ziele der Mitarbeitenden (dies können Sie sich insbesondere kommunikativ erschließen), können sie auch Gelegenheiten (Aufgaben, Arbeitsbedingungen, Klima, Führungsverhalten, Teamzusammenarbeit etc.) gestalten, die die Motivation fördern.

- Mit den richtigen Zielen, die herausfordernd – jedoch mit Anstrengung erreichbar – sind und die bestenfalls gemeinsam erarbeitet werden, kann die Motivation angeregt werden. Je mehr sich Kopf (das Ziel ist mir wichtig und hat für mich eine gewisse Bedeutung), Bauch (ich mache die Arbeit für dieses Ziel gerne) und Hand (ich verfüge über die notwendigen Kompetenzen und Arbeitsplatzausstattung) überschneiden, desto höher ist die Wahrscheinlichkeit der (intrinsischen) Motivation.
- Fördern Sie als Führungskraft die individuelle Autonomie (klarer Rahmen, ausreichend-angemessener Raum), das Kompetenzerleben (im Sinne „fördern und fordern" und regelmäßiges, individuelles, entwicklungsorientiertes, wertschätzendes Feedback) sowie die soziale Verbundenheit (mit Ihnen und dem Team, was Sie z. B. durch gegenseitigen Respekt, Vertrauen, Gerechtigkeit, Unterstützung und psychologischer Sicherheit stärken können).

Kritisch nachgefragt...

- Die Förderung von Arbeitszufriedenheit und -motivation hat u. a. zum Ziel, erwünschtes Verhalten zu stärken und unerwünschtes zu reduzieren. Welche Verhaltensweisen würden Sie in sozialwirtschaftlichen Organisationen als erwünscht – welche als eher unerwünscht verstehen?
- Wie – ganz konkret – können Sie auf Grundlage der vorherigen Erkenntnisse die Entwicklung förderlicher Verhaltensweisen unterstützen? (beides in Anlehnung an Becker 2019, S. 10 ff.)
- Förderkonzepte zur Zufriedenheit/Motivation können auch übertrieben werden: Wo sehen Sie Grenzen dieser Ansätze im sozialwirtschaftlichen Feld?
- Was sind die wesentlichen Unterschiede im Ansatz des Züricher Modells der Arbeitszufriedenheit im Vergleich zum Herzberg-Modell (Zwei-Faktoren-Modell)?
- Wie (mit welcher Formel) definieren Hackman und Oldham das sogenannte Motivationspotenzial in ihrem Modell?
- Wo liegen auch heute noch für sozialwirtschaftliche Organisationen Chancen hinsichtlich des Modells von Hackman und Oldham – wo sehen Sie mögliche bzw. notwendige Entwicklungsfelder?

- Mit welchen 3 Impulsen würden Sie im Feld der Sozialwirtschaft zur Steigerung der Arbeitszufriedenheit beitragen?
- Wie entsteht Arbeitsmotivation?
- Nennen Sie einige Ideen, wie Sie (orientiert an den Stufen der Bedürfnispyramide n. Maslow) in Ihrem Arbeitsumfeld die Motivation von Mitarbeiter*innen fördern können.
- Was sind die zentralen Annahmen der Erwartungs-mal-Wert-Theorie? Nennen Sie zur Verdeutlichung konkrete Beispiele aus dem Feld der Sozialwirtschaft.
- Beschreiben Sie die Grundannahmen und wesentlichen Bestandteile des 3-K-Modells nach H. M. Kehr und skizzieren Sie einige konkrete Anwendungsbeispiele für die Sozialwirtschaft.
- Was sind die 3 menschlichen Grundbedürfnisse, auf die sich die Selbstbestimmungstheorie nach Deci und Ryan konzentriert?
- Wie wirken diese 3 Grundbedürfnisse, wenn Sie a) erfüllt oder b) nicht erfüllt werden?
- Nennen Sie konkrete Führungsinterventionen, die eines oder mehrere der 3 Grundbedürfnisse der Selbstbestimmungstheorie stärken. Was erwarten Sie als Führungskraft dadurch? Wo sehen Sie Umsetzungsschwierigkeiten und wie könnten Sie diesen begegnen?
- Diskutieren Sie Vor-/Nachteile von extrinsischen Motivationsanreizen.
- Wo sehen Sie Überschneidungen bzw. Gemeinsamkeiten der SDT zu transaktionaler, wo zu transformationaler Führung?
- Was sind Ihre Top-3-Handlungsansätze, die Sie aus diesem Kapitel für Ihre Führungsarbeit mitnehmen und ausprobieren werden? Welche Erwartungen Ihrerseits knüpfen Sie daran? Formulieren Sie Ihre 3 Handlungsansätze auf Basis der SMART-Formel.

Literatur

Albrecht, A. (2020). Arbeitswelt 4.0. In L. v. Rosenstiel, E. Regnet, & M. E. Domsch, Führung von Mitarbeitern. Handbuch für erfolgreiches Personalmanagement (S. 733–745). Stuttgart: Schäffer-Poeschel Verlag.

Alderfer, C. P. (1972). Existence, Relatedness, and Growth; Human Needs in Organizational Settings. New York: Free Press.

Aßmann, E. (2018). Job Crafting – Wie Sie Ihren Mitarbeitern dabei helfen, ihre Arbeit zu lieben. Von F. C. Brodbeck (Hrsg.), Evidenzbasierte Wirtschaftspsychologie, (27).

Ludwig-Maximilians-Universität München: http://www.evidenzbasiertesmanagement. de am 10.01.2021 abgerufen

Barling, J. (2014). The Science of Leadership. Lessons from Research of Organizational Leaders. New York: Oxford University Press.

BAuA – Bundesanstalt für Arbeitsschutz und Arbeitsmedizin. (2020). Stressreport Deutschland 2019. Psychische Anforderungen, Ressourcen und Befinden. Dortmund: Bundesanstalt für Arbeitsschutz und Arbeitsmedizin.

Becker, F. (2019). Mitarbeiter wirksam motivieren. Berlin: Springer Verlag.

Bellet, C., De Neve, J.-E., & Ward, G. (2019). Does Employee Happiness have an Impact on Productivity? Saïd Business School, WP 2019–13 (http://dx.doi.org/https://doi. org/10.2139/ssrn).

Bindl, U. K., & Parker, S. K. (2010). Feeling good and performing well? Psychological engagement and positive behaviors at work. In S. L. Albrecht, Handbook of Employee Engagement. Perspectives, Issues, Reserach and Practice (S. 385–398). Cheltenham, UK: Elgar Publishing.

Bono, J. E., & Judge, T. A. (2003). Core Self-Evaluations: A Review of the Trait and its Role in Job Satisfaction and Job Performance. European Journal of Personality, 17, S. 5–18.

Brandstätter, V. (2020). Motivation von Mitarbeitenden. In L. v. Rosenstiel, E. Regner, & M. E. *Domsch, Führung von Mitarbeitern. Handbuch für erfolgreiches Personal-management* (S. 237–249). Stuttgart: Schäffer-Poeschel.

Brehm, M. (2001). Emotionen in der Arbeitswelt. Theoretische Hintergründe und praktische Einflussnahme. Arbeit. Zeitschrift für Arbeitsforschung, Arbeitsgestaltung und Arbeitspolitik, 10. Jg., S. 205–218.

Bridgman, T., Cummings, S., & Ballard, J. (2019). Who Built Maslow's Pyramid? A History of the Creation of Management Studies' Most Famous Symbol and Its Implications for Management Education. Academy of Management Learning & Education, 18 (1), S. 81–98.

Brown, A. R., Walters, J. E., & Jones, A. E. (2019). Pathways to Retention: Job Satisfaction, Burnout, & Organizational Commitment among Social Workers. Journal of Evidence-Based Social Work, 16 (6), S. 577–594.

Bruch, H., & Kowalevski, S. (2013). Gesunde Führung. Wie Unternehmen eine gesunde Performancekultur entwickeln. Überlingen: Compamedia GmbH.

Bruch, H., Färber, J., & Block, C. (2018). Leadership der Zukunft. Zwischen Inspiration und Empowerment. TOP JOB-Trendstudie 2018. Konstanz: zeag GmbH, Zentrum für Arbeitgeberattraktivität.

Bruggemann, A. (1976). Zur empirischen Untersuchung verschiedener Formen der Arbeitszufriedenheit. Zeitschrift für Arbeitswissenschaft, 30, S. 71–74.

Çakmak, E., Öztekin, Ö., & Karadağ, E. (2015). The Effect of Leadership on Job Satisfaction. In E. Karadağ, Leadership and Organizational Outcomes (S. 29–56). Cham (CH): Springer International.

Cerasoli, C. P., Nicklin, J. M., & Ford, M. T. (2014). Intrinsic motivation and extrinsic incentives jointly predict performance: A 40-year meta-analysis. Psychological Bulletin, 140, S. 980–1008.

Christian, M. S., Garza, A. S., & Slaughter, J. E. (2011). Work engagement: A quantitative review and test of its relations with task and contextual performance. Personnel Psychology, 64 (1), S. 89–136.

Clifton, J., & Harter, J. (2019). It's the Manager. New York: Gallup.

Comelli, G., Rosenstiel, L. v., & Nerdinger, F. W. (2014). Führung durch Motivation. Mitarbeiter für die Ziele des Unternehmens gewinnen. München: Verlag Franz Vahlen.

DAK. (2020). Gesundheitsreport 2020. Stress in der modernen Arbeitswelt. Hamburg: DAK-Gesundheit.

De Smet, A., Schaninger, B., & Smith, M. (2014). The hidden value of organizational health - and how to capture it. Von McKinsey Quarterly, April: https://www.mckinsey.com/business-functions/organization/our-insights/the-hidden-value-of-organizational-health-and-how-to-capture-it am 29.03.2021 abgerufen

Deci, E. L., & Ryan, R. M. (2015). The Importance of Universal Psychological Needs for Understanding Motivation in the Workplace. In M. Gagné, The Oxford Handbook of Work Engagement, Motivation, and Self-Determination Theory (S. 13–32). New York: Oxford University Press.

Deci, E. L., Olafsen, A. H., & Ryan, R. M. (2017). Self-determination theory in work organizations: The state of a science. Annual Review of Organizational Psychology and Organizational Behavior, 4, S. 19–43.

DGB. (2019). Die Arbeit mit Menschen - Was ist sie uns wert? Untersuchung aus einer gleichstellungspolitischen Perspektive. Berlin: DGB-Bundesvorstand, Abteilung Frauen, Gleichstellungs- und Familienpolitik.

Dicke, R., Roghé, F., & Strack, R. (2012). Spielräume statt Regeln. Was überdurchschnittlich erfolgreiche Unternehmen. ZFO - Zeitschrift Führung + Organisation, 81 (1), S. 51–57.

Ebner, M. (2019). Positive Leadership. Erfolgreich führen mit PERMA-Lead: die fünf Schlüssel zur High Performance. Wien: Facultas AG.

Favero, N., Meier, K. J., & O'toole, L. J. (2016). Goals, Trust, Participation, and Feedback: Linking Internal Management With Performance Outcomes. Journal of Public Administration Research and Theory, 26, 327–343.

Fehn, T. (2020). Stress und Ressourcen im Arbeitskontext. In A. Schütz, C. Köppe, & M. Andresen, Was Führungskräfte über Psychologie wissen sollten. Theorien und Praxis für den Umgang mit Mitarbeitenden (S. 61–83). Bern: Hogrefe Verlag.

Fernandez, S., & Moldogaziev, T. (2011). Empowering Public Sector Employees to Improve Performance: Does It Work? The American Review of Public Administration, 41 (1) , S. 23–47.

Ferreira, Y. (2009). FEAT – Fragebogen zur Erhebung von Arbeitszufriedenheitstypen. Zeitschrift für Arbeits- und Organisationspsychologie, 53, S. 177–193.

Fischer, L., & Lück, H. (2014). Allgemeine Arbeitszufriedenheit. Von Zusammenstellung sozialwissenschaftlicher Items und Skalen (ZIS): https://zis.gesis.org/skala/Fischer-Lück-Allgemeine-Arbeitszufriedenheit am 26.03.2021 abgerufen

Fisher, E. A. (2009). Motivation and Leadership in Social Work Management: A Review of Theories and Related Studies. Administration in Social Work, 33 (4), S. 347–367.

Forner, V. W., Jones, M., Berry, Y., & Eidenfalk, J. (2020). Motivating workers: how leaders apply self-determination theory in organizations. Organization Management Journal , ahead-of-print, https://doi.org/https://doi.org/10.1108/OMJ-03-2020-0891.

Frazier, M. L., Fainshmidt, S., Klinger, R. L., Pezeshkan, A., & Vracheva, V. (2017). Psychological Safety: A Meta-Analytic Review and Extension. Personnel Psychology, 70, S. 113–165.

Gagné, M., Forest, J., Vansteenkiste, M., Crevier-Braud, L., Van den Broeck, A., Aspeli, A. K., . . . Westbye, C. (2014). The Multidimensional Work Motivation Scale: Validation evidence in seven languages and nine countries. European Journal of Work and Organizational Psychology, S. 1–19.

Gallup. (2019a). Engagement Index Deutschland 2019. Von https://www.gallup.com/de/ engagement-index-deutschland.aspx am 27.03.2021 abgerufen

Gallup. (2019b). The Manager Experience. Top Challenges & Perks of Managers. Washington D.C.: Gallup.

Gallup. (2020). Gallup's Perspective on Employee Burnout: Causes and Cures. Washington : Gallup.

García-Juan, B., Escrig-Tena, A. B., & Roca-Puig, V. (2020). Psychological Empowerment: Antecedents From Goal Orientation and Consequences in Public Sector Employees. Review of Public Personnel Administration, Vol. 40 (2) , S. 297–326 .

Gilbert, S. L., & Kelloway, E. K. (2015). Leadership. In M. Gagné, The Oxford handbook of work engagement, motivation, and self-determination theory (S. 181–198). Oxford: Oxford University Press.

Gonzalez-Mulé, E., & Cockburn, B. S. (2020). This job is (literally) killing me: A moderated-mediated model linking work characteristics to mortality [published online ahead of print, 2020 Apr 9]. Journal of Applied Psychology, doi: https://doi. org/10.1037/apl0000501, S. Advance online publication.

Gottfredson, R. K., & Aguinis, H. (2017). Leadership behaviors and follower per-formance: Deductive and inductive examination of theoretical rationales and underlying mechanisms. Journal of Organizational Behavior, 38, S. 558–591.

Gregersen, S., Vincent-Höper, S., & Nienhaus, A. (2016). Forschungsstudie Führung und Gesundheit. Hamburg: Berufsgenossenschaft für Gesundheitsdienst und Wohlfahrts-pflege.

Gregersen, S., Vincent-Höper, S., Schambortski, H., & Nienhaus, A. (2020). Führung und Gesundheit der Beschäftigten. In P. Kriwy, & M. Jungbauer-Gans, Handbuch Gesund-heitssoziologie (S. 559–579). Wiesbaden: Springer Fachmedien.

Haarhaus, B. (2015). Entwicklung und Validierung eines Kurzfragebogens zur Erfassung von allgemeiner und facettenspezifischer Arbeitszufriedenheit. Diagnostica, 62, S. 61–73.

Hackl, B., Wagner, M., Attmer, L., & Baumann, D. (2017). New Work: Auf dem Weg zur neuen Arbeitswelt. Management-Impulse, Praxisbeispiele, Studien. Wiesbaden: Springer Fachmedien.

Hackman, J. R., & Oldham, G. R. (1980). Work redesign. Reading, MA: Addison-Wesley.

Häfner, A., Pinneker, L., & Hartmann Pinncker, J. (2019). Gesunde Führung. Gesundheit, Motivation und Leistung fördern. Heidelberg, Berlin: Springer Verlag.

Hardina, D., Middleton, J., Montana, S., & Simpson, R. A. (2007). An Empowering Approach to Managing Social Service Organizations. New York: Springer Publishing Company.

Harter, J. K., Schmidt, F. L., & Hayes, T. L. (2002). Business-Unit-Level Relationship between Employee Satisfaction, Employee Engagement, and Business Outcomes: A Meta-Analysis. Journal of Applied Psychology, 87, S. 268–279.

Harter, J. K., Schmidt, F. L., Agrawal, S., Blue, A., Plowman, S. K., Josh, P., & Asplund, J. (2020). The Relationship Between Engagement at Work and Organizational Outcomes 2020. Q12® Meta-Analysis: 10th Edition. Washington: Gallup.

Hasebrook, J., & Hackl, B. (2020). Starke Führung, starke Teams. Personalmagazin 02.20, S. 79–81.

Hatfield, S., & Winkler, K. (2020). Agiles Arbeiten und Führen. In L. v. Rosenstiel, E. Regnet, & M. E. Domsch, Führung von Mitarbeitern. Handbuch für erfolgreiches Personalmanagement (S. 747–759). Stuttgart: Schäffer-Poeschel Verlag.

Heckhausen, J., & Heckhausen, H. (2018). Motivation und Handeln: Einführung und Überblick. In Ders., Motivation und Handeln (S. 1–11). Berlin, Heidelberg: Springer Verlag.

Herzberg, F., Mausner, B., & Snyderman, B. (1959). The motivation to work. New York: Wiley.

Hocine, Z., & Zhang, J. (2014). Autonomy supportive leadership: a new framework for understanding effective leadership through self-determination theory. Int. J. Information Systems and Change Management, 7 (2), S. 135–149.

Hodges, J., & Howieson, B. (2017). The challenges of leadership in the third sector. European Management Journal, 35, S. 69–77.

Hogreve, J., Iseke, A., Derfuss, K., & Eller, T. (2017). The Service–Profit Chain: A Meta-Analytic Test of a Comprehensive Theoretical Framework. Journal of Marketing, 81 (3), S. 41–61.

Humphrey, S. E., Nahrgang, J. D., & Morgeson, F. P. (2007). Integrating motivational, social, and contextual work design features: A metanalytic summary and theoretical extension of the work design literature. Journal of Applied Psychology, 92 (5), S. 1332–1356.

Hünefeld, L. (2020). Öffentlicher Dienst: hohe Arbeitsintensität, starke Belastung. baua: Fakten 32. Von Bundesanstalt für Arbeitsschutz und Arbeitsmedizin (BAuA): https://www.baua.de/DE/Angebote/Publikationen/Fakten/BIBB-BAuA-32.pdf? am 28.03.2021 abgerufen

Hüning, L., Böhm, S., & Fugli, U. (2018). Die Auswirkungen von Autonomie, Kompetenz und sozialer Eingebundenheit auf die Gesundheit und Arbeitsfähigkeit von Mitarbeitern. In B. Badura, A. Ducki, H. Schröder, J. Klose, & M. Meyer, Fehlzeiten-Report 2018. Sinn erleben – Arbeit und Gesundheit (S. 269–279). Berlin: Springer Verlag.

Inceoglu, I., & Fleck, S. (2010). Engagement as a motivational construct. In S. L. Albrecht, Handbook of Employee Engagement. Perspectives, Issues, Research and Practice (S. 74–86). Cheltenham (UK), Northampton (USA): Edward Elgar.

Jensen, U. T., & Bro, L. L. (2018). How Transformational Leadership Supports Intrinsic Motivation and Public Service Motivation: The Mediating Role of Basic Need Satisfaction. American Review of Public Administration, 48 (6) , S. 535 –549 .

Judge, T., Piccolo, R. F., Podsakoff, N. P., Shaw, J. C., & Rich, B. L. (2010). The relationship between pay and job satisfaction: A meta-analysis of the literature. Journal of Vocational Behavior, 77 (2), S. 157–167.

Kahn, W. A. (1990). Psychological conditions of personal engagement and disengagement at work. Academy of Management Journal, 33 (4), S. 692–724.

Kaiser, S. (2020). Work-Life-Balance. In L. v. Rosenstiel, E. Regnet, & M. E. Domsch, Führung von Mitarbeitern. Handbuch für erfolgreiches Personalmanagement (S. 149–158). Stuttgart: Schäffer-Poeschel Verlag.

Karasek, R., & Theorell, T. (1990). Healthy work: Stress, productivity and the reconstruction of working life. New York: Basic books.

Kastner, M. (2017). Dynaxität – Die schnelle und komplexe Welt der Führungskräfte. In K. Häring, & S. Litzcke, Führungskompetenzen lernen. (S. 23–43). Stuttgart: Schäffer-Poeschel.

Kastner, M. (2020). Umgang mit Belastung und Anforderungen. In L. v. Rosenstiel, E. Regnet, & M. E. Domsch, Führung von Mitarbeitern. Handbuch für erfolgreiches Personalmanagement (S. 159–172). Stuttgart: Schäffer-Poeschel Verlag.

Kastner, M. (2020a). Psychische Beeinträchtigungen und Burn-out. In L. v. Rosenstiel, E. Regnet, & M. E. Domsch, Führung von Mitarbeitern. Handbuch für erfolgreiches Personalmanagement (S. 357–368). Stuttgart: Schäffer-Poeschel.

Kauffeld, S., & Schermuly, C. C. (2019). Arbeitszufriedenheit und Arbeitsmotivation. In S. Kauffeld, Arbeits-, Organisational- und Personalpsychologie für Bachelor (S. 237–259). Berlin, Heidelberg: Springer Verlag.

Kehr, H. M. (2011). Führung und Motivation. Implizite Motive, explizite Ziele und die Steigerung der Willenskraft. PERSONALFÜHRUNG 4/2011, S. 66–71.

Kehr, H., Strasser, M., & Paulus, A. (2018). Motivation und Volition im Beruf und am Arbeitsplatz. In J. Heckhausen, & H. Heckhausen, Motivation und Handeln (S. 593–614). Berlin, Heidelberg: Springer Verlag.

Keune, M., Löbel, S., & Schuppan, T. (2018). Public Service Motivation und weiterer Motivationsfaktoren im deutschsprachigen Raum. Verwaltung und Management, Heft 5(24. Jg.), S. 226–239.

Kim, H., & Stoner, M. (2008). Burnout and Turnover Intention Among Social Workers: Effects of Role Stress, Job Autonomy and Social Support. Administration in Social Work, 32 (3), S. 5–25.

Kleibrink, J. (2014). Sick of Your Job? – Negative Health Effects from Non-Optimal Employment. Ruhr Economic Paper No. 514 (https://doi.org/10.2139/ssrn.2562390), S. 1–24.

Kleinbeck, U., & Kleinbeck, T. (2009). Arbeitsmotivation. Konzepte und Fördermaßnahmen. Lengerich: Pabst Science Publishers.

Knight, C., Patterson, M., & Dawson, J. (2017). Building work engagement: A systematic review and meta_analysis investigating the effectiveness of work engagement interventions. Journal of Organizational Behavior, 38 (6), S. 792–812.

Knoll, M., & Burkhardt, M. (2013). Ergebnisse der Befragung zur Arbeitssituation von Fachkräften in der sächsischen Sozialwirtschaft. In A. Sachsen, Zwischen vakanten Stellen & älterwerdenden Fachkräften – Eine Untersuchung der Arbeitssituation in der sächsischen Sozialwirtschaft (S. 3 13). Chemnitz: Arbeitsgemeinschaft Jugendfreizeitstätten Sachsen e.V.

Krekel, C., Ward, G., & Neve, J.-E. (2019). Employee Wellbeing, Productivity, and Firm Performance. SSRN Electronic Journal. https://doi.org/10.2139/ssrn.3356581.

Krieger, W. (2016). So geht's Beschäftigten – TK-Job- und Gesundheitsstudie. Hamburg: Techniker Krankenkasse.

Kuhl, J. (2001). Motivation und Persönlichkeit. Göttingen: Hogrefe.

Kuhn, D. (2020). Resilienz am Arbeitsplatz. Frankfurt a.M.: Mabuse-Verlag.

Küpers, W., & Weibler, J. (2005). Emotionen in Organisationen. Stuttgart: Kohlhammer.

Kwapisz, A., Brown, F. W., Bryant, S., Chupka, R., & Profota, T. (2019). The Relative Importance of Transformational Leadership and Contingent Reward on Satisfaction with Supervision in Nonprofit and For-profit Organizations. Journal of International & Interdisciplinar Business Research, 6 (4), S. 42–63.

Lin, S. H., Scott, B. A., & Matta, F. K. (2018). The dark side of transformational leader behaviors for leader themselves: A conservation of resources perspective. Academy of Management Journal, 62 (5), S. 1556–1582.

Locke, E. A., & Latham, G. P. (2002). Building a practically useful theory of goal setting and task motivation: A 35-year odyssey. American Psychologist, 57, S. 705–717.

Lyubomirsky, S., King, L., & Diener, E. (2005). The Benefits of Frequent Positive Affect: Does Happiness Lead to Success? Psychological Bulletin, 131 (6), S. 803–855.

Mack, O., & Khare, A. (2016). Perspectives on a VUCA World. In O. Mack, A. Khare, A. Krämer, & T. Burgartz, Managing in a VUCA World (S. 3–20). Heidelberg, New York: Springer.

Manganelli, L., Thibault-Landry, A., Forest, J., & Carpentie, J. (2018). Self-Determination Theory Can Help You Generate Performance and Well-Being in the Workplace: A Review of the Literature. Advances in Developing Human Resources, 20 (2), S. 227–240.

Marmo, S., Pardasani, M., & Vincent, D. (2021). Social Justice, Organizational Commitment and Job Satisfaction for Palliative Care Social Workers. Human Service Organizations: Management, Leadership & Governance, https://doi.org/10.1080/23303 131.2021.1875093.

Martin, R., Thomas, G., Guillaume, Y., Lee, A., & Epitropaki, O. (2016). Leader-Member Exchange (LMX) and Performance: A Meta-analytic Review. Personnel Psychology, 69, S. 67–121.

Maslow, A. H. (1954). Motivation and Personality. New York: Harper & Row.

Matyssek, A. K. (2020). Gesund führen - sich und andere. Norderstedt: BoD - Books in Demand.

Maynard, M. T., Gilson, L. L., & Mathieu, J. E. (2012). Empowerment - Fad or fab? A multilevel review of the past two decades of research. Journal of Management, 38 (4), S. 1231–1281.

McClelland, D. (1961). The achieving society. Princeton: Van Nostrand.

Meyer, M., Wiegand, S., & Schenkel, A. (2020). Krankheitsbedingte Fehlzeiten in der deutschen Wirtschaft im Jahr 2019. In B. Badura, A. Ducki, H. Schröder, J. Klose, & M. Meyer, Fehlzeiten-Report 2020. Gerechtigkeit und Gesundheit (S. 365–444). Berlin: Springer Verlag.

Meyer, N., & Alsago, E. (2021). Soziale Arbeit in der Corona-Pandemie: Arbeiten am Limit? Ein empirischer Beitrag zur Lage der Beschäftigten aus professionstheoretischer Perspektive. Sozial Extra (Art. in Begutachtung).

Morgeson, F. P., & Humphrey, S. E. (2006). The Work Design Questionnaire (WDQ): Developing and validating a comprehensive measure for assessing job design and the nature of work. Journal of Applied Psychology, 91, S. 1321–1339.

Nerdinger, F. W. (2019a). Arbeitsmotivation und Arbeitszufriedenheit. In F. Nerdinger, G. Blickle, & N. Scharper, Arbeits- und Oragnisationspsychologie (S. 463–486). Berlin, Heidelberg: Springer Verlag.

Neuberger, O., & Allerbeck, M. (2014). Arbeitszufriedenheit. Von Zusammenstellung sozialwissenschaftlicher Items und Skalen: unter https://zis.gesis.org/pdfFiles/Dokumentation/Neuberger%2B_Arbeitszufriedenheit_c.pdf am 27.03.2021 abgerufen

Nier, H. (2020). Wunsch und Wirklichkeit bei Führungskräften. Von Statista: https://de.statista.com/infografik/20637/umfrage-wunsch-und-wirklichkeit-bei-fuehrungskraeften/ am 26.03.2021 abgerufen

Nikolova, M., & Cnossen, F. (2020). What Makes Work Meaningful and Why Economists Should Care about It. IZA Discussion Paper Series, Nr. 13112, IZA – Institute of Labor Economics.

Nink, M. (2018). Engagement Index. Die neuesten Daten und Erkenntnisse der Gallup-Studie. München: Redline Verlag. Abgerufen am 6. 12 2019

Oldham, G. R., & Hackman, J. R. (2010). Not what it was and not what it will be: the future of job design research. Journal of Organizational Behavior 31 (2-3), S. 463–479.

Paulsen, H., & Kortsch, T. (2020). Stressprävention in modernen Arbeitswelten. Das „Einfach weniger Stress"-Manual. Göttingen: Hogrefe.

Pentz, W., Heinitz, K., & Weidling, A. (2019). Motivation 4.0. Mit Job Crafting für motiviertes Arbeiten sorgen. zfo – Zeitschrift Führung und Organisation, 88. Jg, Ausg. 6/2019, S. 378–380.

Perry, J., & Wise, L. (1990). The Motivational Bases of Public Service. Public Administration Review(50 (3)), S. 367–373.

Petry, T. (2018). Agile Führung als Antwort auf eine VUCA-Umwelt. PERSONALquarterly 03, S. 18–23.

Petry, T. (2019). Digital Leadership. Erfolgreiches Führen in Zeiten der Digital Economy. Freiburg: Haufe-Lexware.

Pfiffner, R. (2017). Lust oder Frust? Arbeitsbedingungen und Arbeitszufriedenheit in Sozialen Diensten. SozialAktuell, Nr. 1, Januar 2017, S. 30–31.

Prümper, J. (2020). Betriebliches Gesundheitsmanagement. In L. v. Rosenstiel, E. Regnet, & M. E. Domsch, Führung von Mitarbeitern. Handbuch für erfolgreiches Personalmanagement (S. 779–795). Stuttgart: Schäffer-Poeschel Verlag.

Pundt, F., Thomson, B., Montano, D., & Reeske, A. (2018). Führung und psychische Gesundheit. ASU - Zeitschrift für medizinische Prävention, Sonderheft (30.11.18).

Rawolle, M., Wallis, M. S., Badhama, R., & Kehr, H. M. (2016). No fit, no fun: The effect of motive incongruence on job burnout and the mediating role of intrinsic motivation. Personality and Individual Differences, 89, S. 65–68.

Regnet, E. (2020). Der Weg in die Zukunft - Anforderungen an die Führungskraft. In L. v. Rosenstiel, E. Regnet, & M. E. Domsch, Führung von Mitarbeitern. Handbuch für erfolgreiches Personalmanagement (S. 55–75). Stuttgart: Schäffer-Poeschel Verlag.

Rich, B. L., Lepine, J. A., & Crawford, E. R. (2010). Job engagement: Antecedents and effects on job performance. Academy of Management Journal, 53 (3), S. 617–635.

Rolfe, M. (2019). Positive Psychologie und organisationale Resilienz. Stürmische Zeiten besser meistern. Berlin, Heidelberg: Springer Verlag.

Rose, N. (2019). Arbeit besser machen. Positive Psychologie für Personalarbeit und Führung. Freiburg: Haufe-Lexware .

Rowold, J., Borgmann, L., & Bormann, K. (2014). Which leadership constructs are important for predicting job satisfaction, affective commitment, and perceived job performance in profit versus nonprofit organizations? Nonprofit Management and Leadership, 25 (2), S. 147–164.

Rudolph, C. W., Katz, I. M., Lavigne, K. N., & Zacher, H. (2017). Job crafting: a meta-analysis of relationships with individual differences, job characteristics and work outcomes. Journal of Vocational Behavior 102, S. 112–138.

Ryan, R. M., & Deci, E. L. (2017). Self-determination theory: Basic psychological needs in motivation, development, and wellness. New York, NY: The Guilford Press.

Ryan, R. M., & Deci, E. L. (2019). Supporting autonomy, competence, and relatedness: The coaching process from a self-determination theory perspective. In S. English, J. M. Sabatine, & P. Brownell, Professional Coaching. Principles and Practice (S. 231–246). New York: Springer.

Sann, U. (2003). Job Conditions and Wellness of German Secondary School Teachers. Psychology and Health,18, S. 489–500.

Scharnhorst, J. (2019). Psychische Belastungen am vermeiden. Burnoutprävention und Förderung von Resilienz in Unternehmen. Freiburg: Haufe-Lexware.

Schermuly, C. C. (2016). Empowerment: Die Mitarbeiter stärken und entwickeln. In J. Felfe, & R. van Dick, Handbuch Mitarbeiterführung. Wirtschaftspsychologisches Praxiswissen für Fach- und Führungskräfte (S. 15–26). Berlin, Heidelberg: Springer Verlag.

Schermuly, C. C. (2019). New Work – Gute Arbeit gestalten. Psychologisches Empowerment von Mitarbeitern. Freiburg: : Haufe-Lexware.

Schermuly, C. C., & Koch, J. (2019). New Work und psychische Gesundheit. In B. Badura, A. Ducki, H. Schröder, J. Klose, & M. Meyer, Fehlzeiten-Report 2019 (S. 127–139). Berlin, Heidelberg: Springer Verlag.

Schiepe-Tiska, A., Amann, O., & Kehr, H. M. (2014). Ich hab' Lust, Ich will's, Ich kann's. Das 3K- Modell – Selbstmotivation wissenschaftlich fundiert. Junglehrer Praxis, Heft 1, S. 1–4.

Scholl, A., de Wit, F., Ellemers, N., Fetterman, A. K., Sassenberg, K., & Scheepers, D. (2018). The Burden of Power: Construing Power as Responsibility (Rather Than as Opportunity) Alters Threat-Challenge Responses. Personality and Social Psychology Bulletin 44 (7), S. 1024–1038.

Seibert, S. E., Wang, G., & Courtright, S. H. (2011). Antecedents and Consequences of Psychological and Team Empowerment in Organizations: A Meta-Analytic Review. Journal of Applied Psychology, 96 (5), S. 981–1003.

Skogstad, A., Aasland, M. S., Nielsen, M. B., Hetland, J., Matthiesen, S. B., & Einarsen, S. (2014). The relative effects of constructive, laissez-faire, and tyrannical leadership on subordinate job satisfaction: Results from two prospective and represent studies. Zeitschrift für Psychologie, 222, S. 221–232.

Slemp, G. R., Field, J. G., & Cho, A. S. (2020). A meta-analysis of autonomous and controlled forms of teacher motivation. Journal of Vocational Behavior, 121, 103459, S. 1–20.

Slemp, G. R., Kern, M. L., Patrick, K. J., & Ryan, R. M. (2018). Leader Autonomy Support in the Workplace: A Meta-Analytic Review. Motivation and Emotion, 42 (5), S. 706–724.

Stajkovic, A. D., & Luthans, F. (2001). Differential effects of incentive motivators on work performance. Academy of Management Journal, 44 (3), S. 580–590.

Stegmann, S., van Dick, R., Ullrich, J., Charalambous, J., Menzel, B., Egold, N., & Tai-Chi Wu, T. (2010). Der Work Design Questionnaire. Vorstellung und erste Validierung einer deutschen Version. Zeitschrift für Arbeits- u. Organisationspsychologie, 54 (N. F. 28) 1, S. 1–28.

Strack, R., Booker, M., Kovács-Ondrejkovic, O., Antebi, P., & Welch, D. (2018). Decoding global talent 2018. Von https://www.bcg.com/de-de/publications/2018/decoding-global-talent am 26.03.2021 abgerufen

Teixeira, P. J., Marques, M. M., Silva, M. N., Brunet, J., Duda, J. L., Haerens, L., . . . al., e. (2020). A Classification of Motivation and Behavior Change Techniques Used in Self-Determination Theory-Based Interventions in Health Contexts. Motivation Science. Advance online publication. https://doi.org/10.1037/mot0000172, S. 1–18.

Theiler, A., Dietrich, N., Horländer, B., Nübling, M., Lincke, H.-J., Wesuls, R., Schwab, M. (2014). Handlungsleitfaden zur Prävention von Übergriffen in öffentlichen Einrichtungen. Stuttgart: Unfallkasse Baden-Württemberg.

Treier, M. (2019). Wirtschaftspsychologische Grundlagen für Personalmanagement. Fach- und Lehrbuch zur modernen Personalarbeit. Berlin, Heidelberg: Springer Verlag.

Unger, F. (2019b). Lebenslanges Lernen in der Öffentlichen Verwaltung fördern: Bedarfserhebung und Handlungsansätze zur Entwicklung von Modulen wissenschaftlicher Weiterbildung. In L. Kolhoff, Aktuelle Diskurse in der Sozialwirtschaft II (S. 35–56). Wiesbaden: Springer Fachmedien.

Unger, F. (2021). Die digitale Balance fördern: Gesund und leistungsfähig in der Arbeitswelt 4.0. Von PERSONALDIREKT, Ausg. Nr. 1, Januar 2021: http://www.pd-frankfurt.de/ezine_01_2021/index.html am 26.03.2021 abgerufen

Van Iddekinge, C. H., Aguinis, H., Mackey, J. D., & DeOrtentiis, P. S. (2018). A meta-analysis of the interactive, additive, and relative effects of cognitive ability and motivation on performance. Journal of Management 44, S. 249–279.

Vroom, V. H. (1964). Work and motivation. New York: Wiley.

Watzka, K. (2016). Ziele formulieren. Erfolgsvoraussetzungen wirksamer Zielvereinbarungen. Wiesbaden: Springer Fachmedien.

Weibler, J. (2016). Personalführung. München: Vahlen.

Welpe, I. M., Brosi, P., & Schwarzmüller, T. (2018). Digital Work Design. Die Big Five für Arbeit, Führung und Organisation im digitalen Zeitalter. Frankfurt a.M.: Campus Verlag.

Wigert, B., & Harter, J. (2017). Re-Engineering Performance Management. Washington: Gallup.

Wigert, B., & Pendell, R. (2020). The Ultimate Guide to Micromanagers: Signs, Causes, Solutions. Von https://www.gallup.com/workplace/315530/ultimate-guide-micromanagers-signs-causes-solutions.aspx; am 27.03.2021 abgerufen

Yongxing, G., Hongfei, D., Baoguo, X., & Lei, M. (2017). Work engagement and job performance: the moderating role of perceived organizational support. Anales de psicología, 33 (3), S. 708–713.

Young, H. R., Glerum, D. R., Wang, W., & Joseph, D. L. (2018). Who are the most engaged at work? A meta-analysis of personality and employee engagement. Journal of Organizational Behavior, 39 (1), S. 1330–1346.

Zaccaro, S. J., Green, J. P., Dubrow, S., & Kolze, M. (2018). Leader individual differences, situational parameters, and leadership outcomes: A comprehensive review and integration. The Leadership Quarterly, 29, S. 2–43.

Zimber, A. (2018). Führen und gesund bleiben. Ein Präventionsprogramm für Führungskräfte in Sandwich-Positionen. Berlin, Heidelberg: Springer Verlag.

Weiterführende Literaturempfehlungen

Becker, F. (2019). Mitarbeiter wirksam motivieren. Berlin: Springer Verlag.

Brandstätter, V. (2020). Motivation von Mitarbeitenden. In L. v. Rosenstiel, E. Regner, & M. E. Domsch, Führung von Mitarbeitern. Handbuch für erfolgreiches Personalmanagement (S. 237–249). Stuttgart: Schäffer-Poeschel.

Comelli, G., Rosenstiel, L. v., & Nerdinger, F. W. (2014). Führung durch Motivation. Mitarbeiter für die Ziele des Unternehmens gewinnen. München: Verlag Franz Vahlen.

Kauffeld, S., & Schermuly, C. C. (2019). Arbeitszufriedenheit und Arbeitsmotivation. In S. Kauffeld, Arbeits-, Organisational- und Personalpsychologie für Bachelor (S. 237–259). Berlin, Heidelberg: Springer Verlag.

Kleinbeck, U., & Kleinbeck, T. (2009). Arbeitsmotivation. Konzepte und Fördermaßnahmen. Lengerich: Pabst Science Publishers.

DeRue, S. D., Nahrgang, J. D., Wellman, N., & Humphrey, S. E. (2011). Trait and behavioral theories of leadership: an integration and meta-analytic test of their relative validity. Personnel Psychology, 64 (1), S. 7–52

Geisler, M., Berthelsen, H., & Muhonen, T. (2019). Retaining Social Workers: The Role of Quality of Work and Psychosocial Safety Climate for Work Engagement Job Satisfaction and Organizational Commitment. Human Service Organizations: Management Leadership & Governance, 43 (1), S. 1–15.

Sturm, M., Reiher, S., Heinitz, K., & Soellner, R. (2011). Transformationale, transaktionale und passiv-vermeidende Führung. Eine metaanalytische Untersuchung ihres Zusammenhangs mit Führungserfolg. Zeitschrift für Arbeits- und Organisationspsychologie, 55 (2), S. 88–104.

Olafsen, A. H., Deci, E. L., & Halvari, H. (2018). Basic psychological needs and work motivation: A longitudinal test of directionality. Motivation and Emotion, 42, S. 178–189.

Young, H. R., Glerum, D. R., Joseph, D. L., & McCord, M. A. (2021). A Meta-Analysis of Transactional Leadership and Follower Performance: Double-Edged Effects of LMX and Empowerment. Journal of Management, 47 (5), S. 1255–1280.

Mueller, M. (2019). Show me the money: Toward an economic model for a cost-benefit analysis of employee engagement interventions. International Journal of Organization Theory & Behavior, Vol. 22, 1, S. 43–64.

Kovjanic, S., Schuh, S., Jonas, K., Quaquebeke, N., & van Dick, R. (2012). How do transformational leaders foster positive employee outcomes? A self-determination-based analysis of employees' needs as mediating links. Journal of Organizational Behavior, 33, 8 , S. 1031–1052.

Schütz, A., Köppe, C., & Andresen, M. (2020). Was Führungskräfte über Psychologie wissen sollten. Bern: Hogrefe Verlag.

Smith, P. C., Kendall, L. M., & Hulin, C. L. (1969). The measurement of satisfaction in work and retirement: A strategy for the study of attitudes. Rand Mcnally.

Chua, J., & Ayoko, O. (2019). Employees' self-determined motivation, transformational leadership and work engagement. Journal of Management & Organization, S. 1–21.

Knies, E., Jacobsen, C., & Tummers, L. (2016). Leadership and organizational performance: State of the art and research agenda. In J. Storey, J. Denis, J. Hartley, & P. 't Hart, Routledge Companion to Leadership (S. 404–418). London: Routledge.

Interaktion und Kommunikation in der Führung

3

Zusammenfassung

Gute Beziehungen sind ein bedeutender Zufriedenheits- und Motivations-
faktorfaktor. Sie sind Voraussetzung einer gelingenden Führung und
Zusammenarbeit. Führungshandeln ist folglich immer auch Beziehungsarbeit
und wird dies vermutlich in Zukunft noch in höherem Maße werden. Vertrauen und Gerechtigkeit bilden hierfür 2 wesentliche Basisfaktoren. Ehrliches
Interesse und Respekt, sich um das Wohlergehen sorgen sowie Wertschätzung
zeigen und Unterstützung bieten, sind weitere wichtige Zutaten für qualitativ
hochwertige Beziehungen und gelingende Interaktionen. Der Begriff der Interaktion ist etwas breiter als jener der Kommunikation. Interaktionsprozesse
sind z. B. immer gegenseitig, während Kommunikation auch einseitig bleiben
kann. Kommunikation spielt zugleich eine entscheidende Rolle, wenn es um
wirksame Führungsinteraktionen, die Förderung des humanen Erfolgs sowie
um entsprechende Wirkung hinsichtlich ökonomischer und gesellschaftlich-
wertstiftender Ziele geht. Führungskräfte investieren bis zu 90 % ihrer Zeit in
Kommunikation. Dennoch wird deren kommunikative (vor allem dialogische)
Kompetenz nicht selten kritisiert. Eine gelingende Kommunikation beruht vor
allem auf dem Ernstnehmen und Verstehen des Gegenübers wie auf der Klarheit der eigenen Aussagen. Das individuelle Kommunikationsverhalten der
Führungskraft ist der zentrale Weg für die Gestaltung leistungs- und gesundheitsförderlicher Arbeitsbeziehungen. Um Gespräche motivierend und/oder
mitarbeiterorientiert zu gestalten, gibt es eine ganze Reihe von konkreten
Techniken. Zudem ist eine von Respekt und Wertschätzung geprägte Haltung

© Springer Fachmedien Wiesbaden GmbH, ein Teil von Springer Nature 2022   173
F. Unger et al., *Personalführung in Organisationen der
Sozialwirtschaft*, Basiswissen Sozialwirtschaft und Sozialmanagement,
https://doi.org/10.1007/978-3-658-36119-8_3

notwendig, damit die Techniken auch Wirkung zeigen. Sowohl für die Umsetzung dieser Haltung als auch für die Durchsetzung eigner Ziele ist es dabei u. a. bedeutsam, sich über die Motivlage des Gegenübers Gedanken zu machen. Gute Führungskommunikation macht – im Hinblick auf die Erfüllung der notwendigen Aufgaben – das Wollen leichter wie das Sollen und das benötigte Können klarer. Zudem hilft sie – und hier hat Führung einen nicht zu unterschätzenden Beratungsanteil – Wege zum Können zu explorieren und zu ebnen, indem sie den Mitarbeitenden beim Erkennen ihrer Entwicklungsnotwendigkeiten und -potenziale hilft. Dabei sind die Regeln für gutes Feedback zu beachten. Auch Mitarbeiter*innengespräche können, wenn sie professionell gestaltet sind, positive Auswirkungen auf Motivation und Zufriedenheit sowie Engagement und Leistung haben.

Lernziele
Nach der Bearbeitung dieses Kapitels können Sie …

- zentrale Elemente einer wirkungsvollen Führungsinteraktion und -kommunikation beschreiben sowie verschiedene theoretische Perspektiven im aktuellen Diskurs kritisch bewerten.
- wesentliche Merkmale für gelingende Interaktionen/Kommunikation benennen, diese in den Gesamtkontext der Führungsforschung einordnen, im wissenschaftlichen Kontext diskutieren sowie praktische Anwendungsmöglichkeiten ableiten.
- auf Basis verschiedener Konzepte und empirischer Erkenntnisse die Beziehungs- und Kommunikationsprozesse (z. B. von Führungskräften in Ihrer Organisation) sowie Ihre eigene Führungshaltung hinterfragen.
- gängige Gesprächstechniken und Mikroimpulse erklären und diese anwenden.
- beschreiben, was gute Führungskommunikation ausmacht, deren Mehrwert für Organisationen analysieren sowie konkrete Kriterien guter Führungskommunikation und der entsprechenden Beziehungsgestaltung in der Sozialwirtschaft entwickeln.
- die Rolle einer motivierenden und veränderungsförderlichen Gesprächsführung für eine gelingende Führungskommunikation einschätzen.
- Feedback- und Mitarbeitergespräche in ihrem Nutzen beurteilen, sie vorbereiten und durchführen.

Praxisbeispiel 1
Eine Vorgesetzte bekommt mit, dass ihr Mitarbeiter das Anliegen eines Kunden am Telefon mit einer ironischen Bemerkung („*Das ist wirklich Ihr größtes Problem?*") abschätzig kommentiert. Sie ärgert sich und stellt den Mitarbeiter zur Rede: „*Wie können Sie nur so mit einem Kunden sprechen? Haben Sie Ihr Gehirn ausgeschaltet? Mache Sie das beim nächsten Mal besser!*"
Die Führungskraft erweist sich hier als bedingt gutes Modell, zeigt sie doch selbst dem Mitarbeiter gegenüber ein ähnliches Verhalten, wie das von ihr kritisierte. Was der Mitarbeiter genau tun soll, bleibt unklar. Die Ansprache erfolgt in einer Situation, in der bei allen Beteiligten starke Emotionen bestehen, die ein sachliches Gespräch von vornherein verhindern oder zumindest deutlich erschweren. Statt zu fragen, was genau vorgefallen ist, wird direkt ein Vorwurf ausgesprochen. Eine mögliche Unterstützung des Mitarbeiters, mit einer derartigen Gesprächssituation besser umgehen zu lernen und somit zukünftig selbstständig im Sinne der Organisation sinnvoll zu handeln, unterbleibt.

Praxisbeispiel 2
Die Führung einer Stadtverwaltung hat eine neue Verwaltungsreform ausgetüftelt. Auf dem Podium steht die Dezernentin mit den wesentlichen Führungskräften und erläutert die Veränderungen. Sie fordert am Ende ihrer Ausführungen die versammelte Mitarbeiterschaft auf, Fragen zu stellen. Indes herrscht Schweigen. Nur langsam kommen einige unmotivierte, eher allgemeine Rückfragen. Die Dezernentin hat den Eindruck, dass es sogar eher die ihr wohlgesonnenen Mitarbeitenden sind, die sich am Gespräch beteiligen, um sie nicht völlig im Regen stehen zu lassen. Beim Verlassen des Saals hört sie in der Menge ein geraunetes „*Wieder 3 Stunden für die große Partizipationsshow verschwendet. Sie will doch nicht wirklich, dass wir uns beteiligen.*" Aus den Reaktionen im Publikum und der letzten Aussage könnte man z.B. schlussfolgern, dass in der Vergangenheit Unstimmigkeiten beim „Reden und Tun" der Führungskraft wahrgenommen wurden, was sich negativ auf die Glaubwürdigkeit und demzufolge auch auf das Vertrauen auswirkt. Vertrauen (als Grundlage guter Beziehungen) wiederum ist eine wichtige (vielleicht die wichtigste) Komponente, wenn Führungskräfte wirksame Verhaltensänderungen bei Mitarbeiter*innen anregen möchten. Hier scheint die eigentliche Kommunikation nicht das zentrale Problem zu sein, sondern die Umstände und Vorerfahrungen, die den Kommunikationsprozess begleiten.

3.1   Grundlagen wirkungsvoller Führungsinteraktion

▶ **Definition** Soziale Interaktion bezeichnet die Einwirkung verschiedener Personen aufeinander, wobei der Einwirkung nicht notwendigerweise eine Absicht, ein Plan oder auch nur das Wissen der Personen über die wechselseitige Einwirkung zu unterstellen ist (Blickle 2004, zit. n. Nerdinger 2019b, S. 64).

Der Begriff ist weiter gefasst als Kommunikation, wenngleich er häufig fast synonym verwendet wird. Interaktion umfasst jeglichen sozialen Austauschprozess, ob es sich um materielle Güter oder immaterielle Güter handelt (Wirtz 2020). Immaterielle Güter können dabei eben auch Informationen oder Meinungen, also die Inhalte der Kommunikation sein. Während Kommunikation außerdem durchaus ein asymmetrischer Prozess sein kann, ist Interaktion immer symmetrisch: Die Handelnden Personen reagieren wechselseitig aufeinander (Wirtz 2020).[1]

In unserem Verständnis von Personalführung (Kap. 1) haben wir Führung u. a. als *„als bewusste, zielorientierte und sozial akzeptierte Einflussnahme auf Menschen (deren Erleben und Verhalten) sowie als wechselseitige[n] Prozess in einem bestimmten Kontext zur Einhaltung gemeinsamer Werte, Erfüllung von Aufgaben bzw. Erreichung von Zielen"* bezeichnet und damit Führung auch als soziale Interaktion von 2 oder mehreren Personen beschrieben (siehe auch Weibler 2016, S. 26 ff.). Wie schon im Rahmen der interaktionistischen Führungsansätze (Abschn. 2.5) betont, kann man bei Führung – im Gegensatz zu Modellen, die eher Personen oder Situationen fokussieren – auch die Art und Weise sowie Qualität der Beziehungsgestaltung von Führungskräften und Mitarbeitenden betrachten. Somit stehen die spezifische Interaktion der handelnden Personen und die Frage, wie sich diese auf die Beziehung, die Produktivität der Zusammenarbeit oder die Zufriedenheit der Mitarbeitenden auswirkt, im Vordergrund (Kauffeld et al. 2019a, b, S. 114). Auch für den Erfolg von Teams ist die Art und Weise der Interaktion deutlich wichtiger als z. B. die Eigenschaften und Fachkompetenz der einzelnen Teammitglieder (Google 2020, 2020a; Lencioni

---

[1] Soziale Austauschtheorien (z. B. Thibaut und Kelley 1959) analysieren diese Austauschprozesse in Form einer Pay-off-Matrix möglicher Handlungskosten, in der Nutzen (Rewards) und Verluste (Costs) gegenübergestellt werden. Wie dann im Rahmen einer Interaktion reagiert wird, hängt vom Vergleich von Kosten und Nutzen alternativer Handlungsweisen ab (Wirtz 2020).

2020). Als für die Teamarbeit besonders bedeutend wurde hier die psychologische Sicherheit herausgearbeitet. Psychologische Sicherheit bezieht sich auf die Folgen, die ein Teammitglied wahrnimmt, wenn dieses ein „zwischenmenschliches Risiko" eingeht. Ist ausreichend psychologische Sicherheit vorhanden, sind Teammitglieder zuversichtlich, dass niemand im Team eine andere Person lächerlich macht oder bestrafen wird, wenn sie/er einen Fehler macht bzw. zugibt, eine Frage stellt oder eine neue Idee anbietet. Das Gefühl psychologischer Sicherheit wird wiederum vom Grad des Vertrauens (zur Führungskraft, zum Team etc.) beeinflusst und hängt u. a. auch eng mit Respekt und Wertschätzung zusammen (Peus und Hauser 2020, S. 21 f., 24; Dollinger et al. 2019, S. 34 f.). Schließlicht betont Weibler (2016, S. 47), dass (neben Vertrauen) auch durch die wahrgenommene Gerechtigkeit die Qualität der sozialen Interaktion geprägt wird. Somit sind die zentralen Punkte dieses Abschnitts bereits benannt:

- Positive Gestaltung von Führungsbeziehungen
- Vertrauen und psychologische Sicherheit
- Respekt und Wertschätzung
- Gerechtigkeit.

Soziale Interaktionen und Beziehungen besitzen für den Führungskontext und Führungserfolg eine enorme Bedeutung (Weibler 2016, S. 26),[2] denn gelingende Beziehungen sind *der* Zufriedenheitsfaktor Nr. 1 – im Leben und in der Arbeitswelt (Rose 2019, S. 197; siehe auch Ebner 2019, S. 207, 224 ff.; Avolio et al. 2009; Heaphy und Dutton 2008). Zwei Studien der Boston Consulting Group,

---

[2]Trotz zunehmender Digitalisierung und damit Virtualisierung von Interaktionen, die durchaus auch verschiedene Vorteile mit sich bringen, bleiben persönliche Beziehungen wichtig oder werden noch wichtiger (Peus und Hauser 2020; Jäckel 2020; Welpe et al. 2018, S. 75, 137 ff.). Denn Menschen sind soziale Wesen. Nicht nur die Coronakrise zeigt, dass eine übermäßige soziale Distanz der Produktivität, Kreativität und Innovationsfähigkeit von Teams und Organisationen schadet. Denn trotz deutlicher Fortschritte virtueller Zusammenarbeit belegen aktuelle Untersuchungen, dass Menschen, die tatsächlich physisch zusammenarbeiten, Probleme schneller lösen als virtuell verbundene Kolleg*innen. Auch der soziale Zusammenhalt und Zielorientierung von Teams sind aufgrund des virtuellen Kontextes schwächer, der Koordinierungsaufwand steigt und gesundheitliche Belastung (Stichwort Techno-Stress) kann zunehmen, worauf jedoch schon vor Corona hingewiesen wurde (z. B. Staar et al. 2019, S. 221, 229 ff.; La Torre et al. 2019; Keller et al. 2017).

die u. a. nach den beruflichen Wünschen von Menschen gefragt haben, ergaben folgende TOP 3:

- eine gute Beziehung zu den Kolleg*innen,
- eine gute Work-Life-Balance sowie
- eine gute Beziehung zum Vorgesetzten (Strack et al. 2014, 2018).[3]

Es wird deutlich, dass (direkt oder indirekt) eine qualitativ hochwertige Beziehung zwischen Mitarbeitenden und Führungskräften eine der zentralen Gelingensbedingungen erfolgreicher Führung (uns auch nachhaltig gelingender „Einflussnahme") ist (Rose 2019: 172 ff., 197 ff.; Gottfredson und Aguinis 2017).[4]

Zu beachten ist dabei, dass Mitarbeitende nicht nur auf das ihnen selbst entgegengebrachte Verhalten achten, sondern auch wahrnehmen, wie Führungskräfte sich gegenüber anderen Mitarbeitenden verhalten und wie andere Kolleg*innen miteinander umgehen. Modelllernen, also die Beobachtung des Verhaltens anderer sowie von dessen (sozialen) Konsequenzen, spielen eine große Rolle für die eigene Einschätzung und das eigene Verhalten. Beobachtete Konsequenzen wirken fast genauso stark auf unser Verhalten, wie etwas, was wir am eigenen Leib erfahren. Insbesondere vermutete Ungerechtigkeiten werden

---

[3] Selbstverständlich wurden auch Themen wie Jobsicherheit, gute Bezahlung, Wertschätzung und Lern-/ Entwicklungsmöglichkeiten unter die Top 10 gewählt. Zu ähnlichen Ergebnissen wie Strack et al. 2014, 2018 kommt auch eine GALLUP-Analyse (Nink 2017, 2018; siehe auch Franken 2019, S. 110). Hier werden als TOP 5 Motivationsfaktoren folgende benannt: Sicherheit des Arbeitsplatzes, Vereinbarkeit von Arbeit und Privatleben sowie persönlichem Wohlbefinden, Möglichkeit, das tun zu können, was man richtig gut kann, tolle Kollegen und Kolleginnen, eine hervorragende Führungskraft.

[4] Deren Befund basiert auf 35 Metaanalysen mit insgesamt 3327 Primärstudien – durchgeführt an 930.349 Befragten. Es liegen weitere, umfassende empirische Erkenntnisse vor, die die Bedeutung einer qualitativ hochwertigen Beziehung als eine der wichtigsten Leadership-Eigenschaften betonen (wir haben diese Erkenntnisse bereits in den Kapiteln zuvor u. a. zu Arbeitszufriedenheit und Motivation sowie zu erfolgreichen Führungsansätzen diskutiert. Weitere Ausführungen finden sich z. B. bei Schütz et al. 2020, S. 96 ff.; Ebner 2019, S. 202 ff.; Welpe et al. 2018, S. 136 ff.; Ryan und Deci 2017; Voss und Jochum 2017; Martin et al. 2016; Schyns und Knoll 2015; Wang et al. 2014;Query Zwingmann et al. 2014; Dulebohn et al. 2012; Theorell et al. 2012; Walumbwa et al. 2011; DeRue et al. 2011). Im Gegensatz dazu führen „schlechte Beziehungen" u. a. zu Schlechtleistung, bewusst kontraproduktivem Verhalten, steigenden Ausfällen durch Krankheit und Fluktuation (z. B. Steinert und Büser 2018, S. 24 ff.; Martin et al. 2016; Decker und Van Quaquebeke 2016, S. 31; Jones 2009).

sehr genau beobachtet. Kommt es zu Ungleichbehandlungen oder werden Gleich-
behandlungen als unangemessen wahrgenommen, kann dies zu starken Affekten
führen, die die soziale Interaktion durchaus beeinträchtigen können.

Gute Beziehungen wiederum führen u. a. zu guter Leistung, Arbeitszufriedenheit oder sogenannter Extraanstrengung (Nerdinger 2019, S. 106;
Welpe et al. 2018, S. 136 ff.; Ryan und Deci 2017; Spehar et al. 2016). Sie
halten zudem gesund. Denn die Art der wahrgenommenen Beziehungsqualität
stellt einen bedeutenden Einflussfaktor auf das Wohlbefinden insgesamt sowie
auf die psychische Widerstandsfähigkeit (Resilienz) der Mitarbeiter*innen
im Besonderen dar (z. B. Schermuly 2019, S. 97 f.; Rose 2019, S. 22 ff.,
231 ff.; Ebner 2019; Häfner et al. 2019, S. 58 ff.; Welpe et al. 2018; Ryan und
Deci 2017; Gregersen et al. 2016). Für Organisationen zahlt sich somit die
emotionale Bindung in barer Münze aus (Nink 2017, 2018; Martin et al. 2016).
Isabell Weple et al. (2018, S. 137 ff., 147 ff.) betonen, dass im digitalen Zeitalter (siehe auch VUCA-Welt) die Bedeutung von Beziehungen und damit auch
die Mitarbeitendenorientierung noch zunimmt: „In ihrer begleitenden Funktion
ist für Führungskräfte personenorientiertes Führungsverhalten umso wichtiger.
Personenorientiertes Führungsverhalten umfasst den Grad, zu dem Führungskräfte ihren Mitarbeitern gegenüber Interesse und Respekt zeigen, um ihr Wohlergehen besorgt sind sowie Wertschätzung und Unterstützung ausdrücken
… Durch den Ausdruck von Interesse und Respekt gegenüber individuellen
Mitarbeitern wirken Führungskräfte positiv auf den Selbstwert von Mitarbeitern
ein … Dadurch helfen sie Mitarbeitern, das notwendige Selbstbewusstsein aufzubauen, um schwierige Situationen meistern zu können. Wertschätzung und
soziale Anerkennung haben für sich selbst genommen eine hohe motivierende
Wirkung …" (Welpe et al. 2018, S. 147 f.). Es wird deutlich, dass für ein entsprechendes Führungshandeln auch Empathie (die Fähigkeit, sich in die
[emotionalen] Bedürfnisse von anderen in einer gegebenen Situation einzufühlen)
eine hohe Bedeutung hat.[5]

---

[5] Empathie – eine essenzielle Basis für gute Beziehungen – ist jedoch kognitiv
anstrengend (Cameron et al. 2019). Aktuelle Forschung (ebd.) zeigt, dass Menschen,
wenn sie die Wahl haben, empathisch zu sein oder nicht, sich eher dagegen entscheiden
(vor allem, wenn sie – aus ihrer Sicht – zu ähnlichem Erfolg gelangen). Das hängt u. a.
damit zusammen, dass wir bei Wahlmöglichkeiten die Verhaltensweise vorziehen, die
mit weniger Aufwand und vergleichbarem Erfolg verbunden ist (z. B. Kool et al. 2010).
Erst, wenn man mehr Erfolgswahrscheinlichkeit sieht (vermutet), investiert man auch
mehr (Apps et al. 2015). Ist empathisches Verhalten jedoch mit Belohnung verbunden

Wir haben bereits im Kontext der Selbstbestimmungstheorie (SDT) von Deci und Ryan (2015) die Bedeutung von qualitativ hochwertigen Beziehungen im Arbeitskontext erläutert (siehe Abschn. 2.2.3). Dort wird u. a. betont, dass Verbundenheit vor allem ein Gefühl gegenseitigen Respekts, von Verlässlichkeit und Unterstützung sowie sinnvoller, tiefer Beziehungen zu anderen (besonders zu für einen persönlich relevanten Menschen) beinhaltet.[6] Dieses Empfinden (respektiert und unterstützt zu werden und sich auf die Führungskraft verlassen zu können) hängt in hohem Maße auch davon ab, inwieweit die Führungskraft in ihren Führungsinterventionen die Erfüllung der in der SDT formulierten Grundbedürfnisse realisiert, d. h. Autonomie ermöglicht, Kompetenzerleben (i. S. v. Mastery) fördert sowie insbesondere die soziale Verbundenheit (zum Arbeitsteam und zur Führungskraft) stärkt. Die SDT bietet vielfältige Impulse für die Gestaltung motivations- und leistungsförderlicher Rahmenbedingungen, die zugleich Stress und Burn-out reduzieren, Wohlbefinden, Engagement, Kreativität wie proaktives Verhalten stärken und die Arbeitgeberbindung intensivieren (z. B. Slemp et al. 2018; Ryan und Deci 2017; Gilbert und Kelloway 2015).

Auch im Bereich der Positiven Psychologie gilt die Beziehungsgestaltung als ein bedeutendes Element. Daher lassen sich auch von dort[7] relevante Faktoren

---

(sozialer Belohnung), dann entscheidet man sich deutlich häufiger dafür, empathisch zu agieren. Daraus folgt u. a., dass eine generelle Haltung in der Organisation vorhanden sein muss, die Empathie und Wertschätzung als sozial erwünscht betont, dann unterstützt dies auch das individuelle, empathische Führungshandeln (z. B. Cameron et al. 2019). Wenn Empathie so wichtig ist, stellt sich die Frage, ob man Empathie auch lernen kann. Dass die Wahrnehmung und Berücksichtigung von Bedürfnissen anderer nicht jedermanns Sache scheint, ist eine Binsenweisheit. Wengleich die Fähigkeit, empathisch zu sein, zunächst einmal in der frühen Kindheit begründet ist, kann Empathie durchaus durch Übung verbessert werden.

[6] Streben nach Lernen und Entwicklung, nach dem Meistern von Herausforderungen (i. S. v. Selbstwirksamkeit) sowie nach guten Verbindungen mit anderen Menschen ist zentrales Element dieses Ansatzes. Die entsprechenden Rahmenbedingungen, die benötigt werden, damit die Befriedigung der sogenannten 3 psychologischen Grundbedürfnisse: Autonomie, Kompetenz, soziale Verbundenheit (Ryan und Deci 2017, 2019; siehe auch Brandstätter 2020, S. 239 f.) der Mitarbeitenden gelingt, werden wesentlich von der Führungskraft mitbestimmt. Die Wirkung der diesen Überlegungen zugrunde liegenden Selbstbestimmungstheorie bzw. deren Anwendung wird für den Bereich der Personalführung in zahlreichen Studien (z. B. Slemp et al. 2018; Ryan und Deci 2017; Gilbert und Kelloway 2015) gut belegt.

[7] Und ergänzend zu den bereits ausgeführten Aspekten z. B. zu mitarbeiterorientierter Führung, LMX, transformationaler Führung oder Selbstbestimmungstheorie.

förderlicher Arbeitsbeziehungen und damit einige Impuls für den Führungsalltag ableiten (Ebner 2019, S. 208 ff.; auch Rose 2019): Vertrauen, regelmäßige Interaktionen und gemeinsame Zeit, gemeinsame Ziele und Normen, Rollenklarheit, gegenseitige Unterstützung und Verständnis füreinander, wertschätzender, fairer Umgang sowie die Bereitschaft, Wissen und Informationen zu teilen. Dies gilt für die Teammitglieder untereinander genauso, wie für die Beziehungsgestaltung zwischen Führungskraft und Mitarbeitenden.

Wenn es um gute Beziehungen, aber auch um Leistungsbereitschaft geht, sind also vor allem Vertrauen, Respekt, Wertschätzung und Gerechtigkeit grundlegend. Nicht umsonst betonen nachweislich wirksame Führungsansätze wie die transformationale Führung, der LMX-Ansatz, Empowering oder Positive Leadership wie auch die Selbstbestimmungstheorie diese Aspekte besonders. Bereits im Kap. 2 haben wir das Thema **Vertrauen** erläutert; daher wollen wir die aus unserer Sicht 4 wichtigen Punkte, damit Vertrauen wächst, nur nochmals kurz erwähnen. Führungskräfte können Vertrauen aufbauen und stärken, indem sie z. B. folgende Punkte berücksichtigen (z. B. Schütz et al. 2020, S. 100 ff.; Waltersbacher et al. 2020, S. 109 ff.; Rose 2019, S. 206 f.; Ebner 2019, S. 207 ff.; Weibler 2016, S. 52 ff.; de Jonge und Scherm 2015; Sholihin et al. 2011; Whitener et al. 1998):

- *Integrität:* Standhaftigkeit, Berechenbarkeit, Übereinstimmen im Reden und Handeln (Authentizität; konsistentes, vorhersehbares Verhalten; Fairness; die Wahrheit sagen; für Rollenklarheit sorgen, sein Wort halten).
- *Wohlwollen:* Vertrauen schenken sowie Anerkennung, Respekt, Wertschätzung entgegenbringen, die allesamt eine exponierte Stellung beim Thema Vertrauenswürdigkeit einnehmen. Verantwortung teilen, Mikrokontrolle vermeiden, andere gut informieren und an Entscheidungen teilhaben lassen sowie diese erklären (Transparenz und Partizipation). Aufrichtiges Interesse an den Mitarbeiter*innen zeigen, sich für andere einsetzen und auch deren Interessen berücksichtigen, selbst, wenn sie sich nicht unbedingt im Einklang mit den eigenen befinden.
- *Verwundbarkeit:* Menschlich sein, offene, transparente Kommunikation, eigene Fehler zugeben (und diese auch bei sich belassen).
- Wahrgenommene *Führungsfähigkeiten.* Darunter versteht man *„das fachliche und interpersonelle Wissen und die Kompetenzen eines Menschen"* (Schütz et al. 2020, S. 100). Diese Fähigkeiten werden umso besser durch Mitarbeitende beurteilt, je häufiger sie Kontakt und konkrete Erfahrungen mit der Führungskraft machen können. Vor allem in risikoreichen, unsicheren Situationen ist Führungsfähigkeit bedeutend für die Vertrauenswürdigkeit.

Wir möchten an dieser Stelle einschränkend betonen, dass es jedoch auch aufseiten der Mitarbeitenden eine gewisse Vertrauensneigung geben muss, damit die
genannten Punkte Wirkung entfalten. Diese kann durch die Führungskraft „angeregt"
werden, indem Führung tatsächlich zuhört und (echte) Empathie zeigt sowie das
Verstehen des Gegenübers wie das eigene „verstanden werden" auch kommunikativ
absichert bzw. verdeutlicht (aktives Zuhören praktizieren). An diese Stelle passt ein
Zitat von George Bernard Shaw: „Das größte Problem bei der Kommunikation ist
die Illusion, sie sei gelungen" (Übers. d. FU). Zudem spielt der Faktor Zeit eine
wesentliche Rolle. Je länger Mitarbeitende ihre Führungskraft erleben (und dadurch
Erfahrungen mit deren Glaub- und Vertrauenswürdigkeit machen), umso stärker
wächst oder sinkt das entsprechende Vertrauen (Schütz et al. 2020, S. 100 f.).

Eine qualitativ hochwertige Beziehung schafft Vertrauen sowie psychologische Sicherheit für alle Beteiligten und umgekehrt: Vertrauen und psychologische Sicherheit führen zu guten Beziehungen. Daher soll hier nochmals
auf den Satz von Amy Edmondson (2020 siehe auch Frazier et al. 2017) hingewiesen werden: *„Wenn ich im Team einen Fehler mache, wird mir das nicht
übelgenommen"*. Die Autoren fügen aus Trainingserfahrung in (manchen)
Organisationen noch die andere Seite der Medaille hinzu: „Wenn ich im Team
einen Fehler mache, ist niemand schadenfroh." Ariane Jäckel (2020, S. 175)
postuliert im Kontext der zunehmenden Digitalisierung, dass die Bedeutung
von Vertrauen zunimmt sowie „den Prozess der Digitalisierung an vielen Stellen
positiv unterstützen kann und somit in Zukunft noch bedeutsamer für ein erfolgreiches organisationalen Handeln wird."

Wenn es um gelingende Beziehungen geht, werden **Respekt und Wertschätzung**
vermutlich am häufigsten benannt. Catharina Decker und Niels Van Quaquebeke
(2016; siehe auch Rose 2019, S. 173 ff.) unterscheiden 2 Formen von Respekt,
die beide im Arbeitsleben und somit im Führungskontext von Bedeutung sind:
Horizontalen und vertikalen Respekt. „Horizontalen Respekt zu zeigen bedeutet, sein
Gegenüber wie einen Gleichgestellten, also auf Augenhöhe zu behandeln … Aus
Mitarbeitersicht setzt ein horizontales Respekt-Erleben das Gefühl voraus, wahr-
genommen zu werden und von gleicher Wertigkeit zu sein wie der Andere. Konkret
bedeutet dies, dass nicht nur die Gegenwart des Gegenübers, sondern auch dessen
Bedürfnisse und Gefühle wahrgenommen und berücksichtigt werden." Man könnte
diesen Respekt auch als bedingungslose Form der gleichwertigen Achtung und
Wertschätzung bezeichnen. Beim sogenannten vertikalen Respekt „geht es um den
Grad, in dem eine Führungskraft von ihren Mitarbeitern als solche respektiert wird.
Dabei steht die Unterschiedlichkeit zwischen zwei Menschen im Mittelpunkt, und
zwar in dem Sinne, dass sich der respektierte Mensch positiv vom respektierenden
Menschen abhebt … Vertikaler Respekt signalisiert somit Offenheit für den Einfluss

des Anderen ... Nur wenn das Gegenüber in einem bestimmten Merkmal besser ist als man selbst und dieses Merkmal von persönlicher Bedeutung ist, wird ihm auch Respekt gezollt. Folglich kann man sich diese Art von Respekt verdienen ..." (Decker und Van Quaquebeke 2016, S. 29 f.).[8]

Beide Arten von Respekt – horizontaler und vertikaler – sind für erfolgreiches Führungshandeln von Bedeutung. Horizontaler Respekt zeigt eine Führungskraft u. a. durch höflichen, authentischen, sachlich-konstruktiven Umgang, Vertrauen in die Mitarbeitenden, Transparenz, Fairness und anerkennendes Verhalten im Umgang sowie eine qualitativ hochwertige Beziehungsgestaltung (Begegnung auf Augenhöhe). Vertikaler Respekt gegenüber der Führungskraft zeigt sich, wenn diese durch ihre Mitarbeitenden nicht aufgrund der formal-hierarchischen Position, sondern vor allem durch deren Eigenschaften, Leistungen und Kompetenzen sowie einem Verhalten, das den eigenen Erwartungen entspricht, anerkannt wird (Führungsansätze, die eine solche Wahrnehmung fördern, finden Sie in Kap. 2).

Wertschätzung kann als eine „generelle Haltung der Achtung und des Respekts vor der anderen Person, die ihr unabhängig von besonderen Merkmalen, Leistungen oder Anlässen entgegengebracht wird" beschrieben werden (Weibler 2016, S. 383, siehe auch Schermuly 2019, S. 104). Wertschätzung ist damit auch Ausdruck einer Kultur des Dialogs und des respektvollen, konstruktiven, partizipativen Miteinanders. Um den Wert eines anderen Menschen (verstanden als Einzigartigkeit) schätzen zu können und der Tätigkeit wie Leistung entsprechende Bedeutung zu verleihen, muss die Führungskraft sie/ihn echt kennen(lernen).[9] Das kann schon durch ungeteilte Aufmerksamkeit, Interesse (an dem Menschen, aber auch an Sichtweisen, Ideen, Rückmeldungen von Mitarbeitenden), ehrliches Lob, unterstützendes Verhalten, um das individuelle Wohlergehen besorgt sein und positiv-konstruktives Feedback geschehen. Natürlich ist auch eine faire Entlohnung Ausdruck von Wertschätzung (dies werden wir unter dem nachfolgenden Punkt der Gerechtigkeit noch vertiefen). Die Befriedigung der 3 psychologischen Grundbedürfnisse nach Autonomie, Kompetenz und sozialer Verbundenheit (Ryan und Deci 2017;

---

[8] Es sei an die alte Unterscheidung zwischen Sachautorität und Autorität aus Position oder Status heraus erinnert. Autorität, die in (wahrgenommener) Kompetenz gründet, wird in der Regel eher akzeptiert (vgl. Punkt 4 der Liste der Vertrauensfaktoren: wahrgenommene Führungsfähigkeiten).

[9] Aus Sicht verschiedener Führungsansätze verweisen wir auf unsere Ausführungen in Kap. 2 u. a. zu transformationaler Führung, dem LMX-Ansatz, empowermentorientierter Führung, mitarbeiterorientierter Führung sowie den Impulsen aus der Selbstbestimmungstheorie n. Deci und Ryan (Kap. 2, siehe auch nachfolgende Fußnote).

Decker und Van Quaquebeke 2016, S. 31 f.; siehe auch Kap. 2) fördern das Gefühl, wertgeschätzt und respektiert zu werden, ebenso ungemein. Auch die Erkenntnisse zur Stärkung der Arbeitszufriedenheit (z. B. auf Basis des Modells von Hackman und Oldham; 1980) können Wertschätzung ausdrücken. Selbst vermeintliche kommunikative Kleinigkeiten wie ein Dankeschön können starke Wirkung entfalten. Welche positiven Auswirkungen z. B. Dankbarkeit haben kann, zeigen Welpe et al. (2018, S. 150) auf, indem sie Befunde präsentieren, die Zusammenhänge zwischen Dankbarkeit und Vertrauenswürdigkeit der Führungskraft sowie einem gesteigerten Selbstwertgefühl der Mitarbeitenden und mehr Zufriedenheit postulieren.

Nicht nur in Deutschland auch international ist Wertschätzung bzw. Respekt eine der wichtigsten Voraussetzungen für Motivation, überdurchschnittliches Engagement[10] und Leistung sowie die Akzeptanz der Führungskraft durch die Mitarbeitenden (z. B. Schütz et al. 2020, S. 75; Welpe et al. 2018, S. 148 ff.; Robbins et al. 2014, S. 412). Zudem fördern Respekt und Wertschätzung z. B. die Bindung an die Führungskraft wie an die Organisation, sorgen für psychologische Sicherheit, Glück, Gesundheit sowie geringere Fehlzeiten und steigern insgesamt die Arbeitszufriedenheit (ebd. sowie Rose 2019, S. 173 ff., 198 ff.; Häfner et al. 2019, S. 58 ff.; Decker und Van Quaquebeke 2016, S. 29 f.; Stocker et al. 2014).

Da Wertschätzung und Respekt zusammenhängen, kann die **Fragenskala zur respektvollen Führung** (Decker und Van Quaquebeke 2016, S. 38) zum Beispiel als Impuls für respektvolle und damit auch wertschätzende Führung dienen.

---

[10] **Engagement** verstanden als besondere bzw. überdurchschnittlich (positive) physische, emotionale und kognitive Verpflichtung und „Investition von Energie" (Young et al. 2018, S. 1331; Rich et al. 2010; Kahn 1990). Christian et al. (2011) wie auch Young et al. (2018) konnten u. a. den Einfluss des Engagements auf die Leistung belegen. Wertschätzung (i. S. v. positiven Erfahrungen) für die Person ist eine von verschiedenen Rahmenbedingungen (wie z. B. auch Autonomie, soziale Unterstützung, Teamarbeit und qualitativ hochwertige Beziehungen, abwechslungsreiche Tätigkeiten etc.; siehe auch Yongxing et al. 2017; Knight et al. 2017), die sich auf Engagement und auch auf Motivation wie Leistung auswirken. Gleichzeitig betonen Young et al. (2018), dass die Persönlichkeit (und hier v. a. eine positive Grundhaltung, proaktives Verhalten sowie Gewissenhaftigkeit und Extraversion) einen bedeutenden Einfluss auf das jeweilige Engagement hat.

Führungskräfte nutzen u. a. folgende Items, um in einen (wertschätzenden) Dialog mit ihren Mitarbeitenden zu treten:[11]
Meine Führungskraft ...

- äußert Kritik sachlich und konstruktiv.
- erkennt meine Leistung an.
- zeigt ehrliches Interesse an meiner Meinung und meinen Einschätzungen.
- versucht nicht, mich für Ihre Fehler verantwortlich zu machen.
- steht gegenüber Dritten ganz klar hinter mir und meiner Arbeit.
- behandelt mich fair.

Gerechtigkeit ist ein hohes gesellschaftliches Gut – auch in Organisationen (Colquitt et al. 2013). „Mitarbeiter sollten das Gefühl haben, dass Aufgaben, Belastungen und Ressourcen fair und nachvollziehbar verteilt sind, damit die Arbeitsmotivation erhalten bleibt" (Becker 2019, S. 73). Organisationale Gerechtigkeit kann zunächst als das subjektive Empfinden der Mitarbeitenden hinsichtlich der allgemeinen Fairness der jeweiligen Organisation verstanden werden (Schütz et al. 2020, S. 42; Kauffeld et al. 2019a, S. 84 f.; Weibler 2016, S. 47 ff.).

Organisationale Gerechtigkeit wird in verschiedene Dimensionen unterteilt (Schermuly 2019, S. 230 ff.; Colquitt et al. 2013, S. 200):

- *Verteilungsgerechtigkeit* (Distributive Justice): beschreibt die wahrgenommene Fairness von Entscheidungs*ergebnissen* (Verteilung von Belohnung[12] und Lasten; *Wer bekommt was?*) – insbesondere den Grad,

---

[11] Der Grad der Zustimmung wird für jedes Item mittels einer 5-stufigen Likert-Skala erhoben (1 = trifft nicht zu, bis 5 = trifft sehr zu). Auch Fragen zur grundsätzlichen Beziehungsqualität, wie sie Paul und Schyns (2014) im Rahmen der Deutschen Leader Member Exchange Skala stellen, sind zu solchen **Führungsdialogen** geeignet. Auch hier gilt: Es ist in erster Linie nicht wichtig, was die Führungskraft glaubt, wie die Mitarbeitenden antworten würden, sondern, dass sie mit diesen tatsächlich darüber spricht.

[12] „Eine faire Belohnung ist wesentlicher für die Arbeitsmotivation als eine hohe Belohnung" (Schütz et al. 2020, S. 45). Was als fair empfunden wird, ist jedoch sehr subjektiv. Daher muss auch hier die Führungskraft in dialogische Kommunikationsformate einsteigen. Die wiederum dann Vertrauen stärken sowie die Wahrnehmung von Respekt und Wertschätzung fördern.

in dem die Ergebnisse als gerecht empfunden werden (also das, was Mitarbeitende investieren und was sie dafür im Vergleich mit anderen erhalten). Beispiel: Gehälter bemessen sich danach, was eine Person wirklich fürs Unternehmen leistet. Beförderungen erfolgen nach transparenten Prinzipien. Unangenehme und auch „schöne" Aufgaben werden gerecht verteilt.

- *Verfahrensgerechtigkeit* (Procedural Justice): Regeln werden eingehalten (gelten für alle gleich), Leistung wird gerecht gemessen, Entscheidungs*prozesse* sind transparent und nachvollziehbar (die individuelle Meinung wird gehört). Beispiel: Die Art, wie neue Aufgaben im Team verteilt werden, ist fair und transparent (*Wie kommt eine Entscheidung zustande?*).
- *Zwischenmenschliche Gerechtigkeit* (Interpersonal Justice): Es geht um das *WIE*! Es wird eingeschätzt, ob z. B. in respektvoller Weise miteinander kommuniziert wird. Vor allem werden hier Respekt und Wertschätzung zwischen Führung und Mitarbeitenden bewertet. Beispiel: Der Bereichsleiter ist zur Teamleiterin genauso freundlich wie zum Hausmeister.
- *Informationsgerechtigkeit* (Informational Justice): Man informiert rechtzeitig, wahrheitsgetreu, in angemessenem Umfang und erläutert Entscheidungen (erklärt das *WARUM?*). Beispiel: Wenn ein*e Mitarbeiter*in bewertet wird, werden konkrete Bewertungsdimensionen und Gründe für die Einschätzung statt eines Pauschalurteils genannt.

Nerdinger (2019, S. 482 f.) beschreibt „sehr beachtliche Zusammenhänge zwischen der Verteilungsgerechtigkeit und der Leistung, dem Organizational Citizenship Behavior … und vor allem dem Commitment … . Dieselben Befunde, aber noch etwas stärker ausgeprägt, finden sich auch für die Verfahrensgerechtigkeit." Zudem reduziert sich spürbar das sogenannte kontraproduktive Verhalten, zugleich steigt das soziale, sich gegenseitig unterstützende Verhalten der Mitarbeitenden, wie auch deren positiven Gefühle zur Arbeit und zur Organisation (Colquitt et al. 2013). Eine Metastudie von Ng und Feldman (2015) zeig u. a.: Wer als gerecht führend wahrgenommen wird, stärkt auch seine Vertrauenswürdigkeit. Vertrauen und Gerechtigkeit sowie ein umsichtiges Führungsverhalten (was auch unter guter Beziehungsqualität zusammengefasst werden kann) fördern Zufriedenheit, Motivation, generelle Leistungsbereitschaft sowie freiwilliges Engagement und reduzieren Krankheit[13] und Fluktuation. Insgesamt wirkt ein direkt wahrgenommenes gerechtes Führungsverhalten stärker als eine insgesamt wahrgenommene gerechte Organisation.

Auch für die konkrete Interaktion von Führungskräften mit Mitarbeitern erweist sich das Modell verschiedener Gerechtigkeiten als sehr hilfreich, hat doch ein großer Teil von Enttäuschungen und Auseinandersetzungen damit zu tun, dass sich jemand in irgendeiner Weise ungerecht behandelt fühlt. Mit den verschiedenen Dimensionen im Hinterkopf gelingt es leichter, nicht auf dem eigenen Gerechtigkeitsverständnis zu beharren und zunächst zu explorieren, wo aus Sicht der oder des Mitarbeitenden das Problem verortet ist. Häufig stellt sich heraus, dass dann doch (mit der entsprechenden Gesprächsführung; siehe auch Abschn. 3.2) unerwartete Lösungen möglich scheinen, da es vielleicht weniger um das *Was*, sondern um das *Wie* geht – oder umgekehrt.[14]

---

[13] Wer seine Anstrengungen nicht gewürdigt sieht und sich ungerecht behandelt fühlt, ist häufiger krank und stirbt sogar im Durchschnitt früher (z. B. Kivimäki et al. 2002). Man kann durch Studien gut belegen, dass die erlebte Gerechtigkeit (bzw. Ungerechtigkeit) am Arbeitsplatz (sowohl hinsichtlich der Organisation insgesamt als auch bezüglich der direkt vorgesetzten Führungskraft) die Gesundheit spürbar beeinflussen kann. „Für Unternehmen und Führungskräfte bieten Anerkennung und Wertschätzung der Leistung der Mitarbeiter, alternative Formen der Konfliktlösung, aber auch die Reflexion der Verteilung der Arbeitslasten Ansatzpunkte …Unternehmen und Führungskräfte, die von ihren Beschäftigten als gerecht empfunden werden, haben zufriedenere und gesündere Mitarbeiter, die zudem eine höhere Bindung an das Unternehmen haben…" (Waltersbacher et al. 2020, S. 127 f.). Weitere Möglichkeiten sind nichtmaterielle Gratifikationsversionen (z. B. Angebote zur Kinderbetreuung oder Unterstützung der Work-Life-Balance durch haushaltsnahe Dienstleistungen), auf die Wünsche der Mitarbeiter*innen eingehen, Weiterbildungsmöglichkeiten nach dem Bedarf der Mitarbeiter*innen gewähren, Leistungen und Kompetenz lobend anerkennen und berücksichtigen. Dabei nicht nur Leistungserfolge würdigen, sondern z. B. besonderen Belastungen, Gefahr oder Stress, die in Verbindung mit speziellen Tätigkeiten oder Arbeitszeiten stehen, wertschätzend anerkennen. Klarheit über Vergabe von Aufgaben, Verantwortlichkeiten und Transparenz zu Belastungen (ebd.).

[14] Denken Sie auch an das gängige Beispiel mit der Harvard-Orange (z. B. Fisher et al. 2011), die die Eltern fair zwischen den beiden Kindern aufteilen wollen – ein Beispiel, das in (fast) jeder Coaching-Ausbildung vorkommt: Einfach in der Mitte durch? Aber ein Kind will den Saft und wirft die Schale weg, das andere will das Aroma der Schale für einen Kuchen und wirft das Fruchtfleisch weg. Die sogenannte Win-win-Lösung springt einen förmlich an. Wenngleich solche Lösungen sicher nicht immer möglich sind, so sind sie es doch öfter als der übliche Tunnelblick bei Auseinandersetzungen es vermuten lässt. In der Regel lohnt es sich, erst einmal zu explorieren, worum es dem Gegenüber denn genau geht. Zur Anregung: Neben die Verteilungerechtigkeit lassen sich z. B. auch noch die Bedarfsgerechtigkeit (ein Kind verwertet z. B. die Vitamine der Orange 10-mal besser) oder die Leistungsgerechtigkeit (häufig ist die Einschätzung, ob eine Belohnung verdient ist, recht subjektiv) stellen.

Mit den Aspekten Vertrauen und psychologische Sicherheit, Respekt und Wertschätzung sowie Gerechtigkeit haben wir wichtige Grundlagen erfolgreicher Beziehungsgestaltung skizziert. Die Basis jeder guten Beziehung ist, dass die Führungskraft die konkreten „Bedürfnisse, Entwicklungsmöglichkeiten und Probleme ihrer Mitarbeiter kennt" (Schermuly 2016, S. 23). Die Förderung von Autonomie und Kompetenzerleben wirken sich ebenso positiv auf die Qualität der Beziehung aus (Ryan und Deci 2017). Auch ein empowermentorientierter Ansatz oder die Ideen der positiven Psychologie (Rose 2019; Ebner 2019) sind für die Beziehungsqualität förderlich (auch Schermuly 2019; Martin et al. 2016). Führungskräfte können (neben den zuvor genannten Punkten) insgesamt die Beziehungen in Teams sowie zu den individuellen Mitarbeiter*innen u. a. fördern durch (z. B. Schütz et al. 2020; Ebner 2019, S. 230 ff.; Rose 2019, S. 173 ff., 197 ff.; Schermuly 2019, S. 101 ff.; Welpe et al. 2018, S. 163 ff.):

- Teambudget für gemeinsame Aktivitäten zur Verfügung stellen;
- lebenswerte Sozialräume im Arbeitskontext gestalten, die Erholung wie gemeinsamen Austausch ermöglichen;
- organisationsinterne Netzwerke, Wissensaustausch und gegenseitige Hospitationen fördern;
- besondere Ereignisse gemeinsam feiern (bewusst kommunizieren: Was lief gut);
- individuelle Beiträge am Erfolg sichtbar machen, diese bewusst wertschätzen und zugleich verdeutlichen, dass alle zum Gesamtergebnis beitragen (für gemeinsame Ziele sorgen);
- transparente, ehrliche Kommunikation;
- als Führungskraft Konflikte aktiv angehen und eine lösungsorientierte (Fehler-)Kultur schaffen;
- Impulse der Selbstbestimmungstheorie zu qualitativ hochwertigen Beziehungen berücksichtigen (siehe Abschn. 2.2.3);
- Arbeitsplätze *gemeinsam* mit den Mitarbeitenden zufriedenheitsförderlich gestalten (hier auch die individuelle Work-Life-Learn-Balance beachten);
- aktiv-konstruktive, respektvolle Rückmeldungen zu Beiträgen der Teammitglieder;
- Unterstützung anbieten, verlässlich sein sowie Freundlichkeit und Dankbarkeit explizit zeigen;
- Vertrauen schenken, Autonomie fördern, Entscheidungsspielräume gewähren und überkontrollierendes Verhalten vermeiden;
- Mitarbeitende konkret fragen, wie sie individuelles Feedback erhalten möchten, wie diese gelobt oder auch kritisiert werden möchten, was ihnen die

Arbeit erschwert, was erleichtert und was diese z. B. unter guten Beziehungen, Respekt, Wertschätzung und Gerechtigkeit verstehen und wie sie denken, dass diese verbessert werden könnten.

Wichtig ist uns am Ende dieses Abschnitts zur sozialen Interaktion nochmals zu betonen, dass nicht nur das, was im direkten Gespräch gesagt wird, von den Mitarbeitenden wahrgenommen wird. Alles, was die Führungskraft tut oder nicht tut wird wahrgenommen und ist damit Teil der Interaktion. Ob die Führungskraft will oder nicht, sie wird an dem gemessen, was sie sagt und was sie tut (bzw. nicht sagt oder nicht tut). Viele der Hinweise zur Förderung der Beziehungsqualität haben auch etwas mit Kommunikation im Sinne einer direkten Gesprächsführung zu tun, wie wir Sie im nächsten Abschnitt behandeln. Andere wirken indirekt durch die Gestaltung allgemeiner Rahmenbedingungen.

Nico Rose (2019, S. 172) bringt es folgendermaßen auf den Punkt: „Das positive Menschenbild einer Führungskraft ist die stärkste >> *Führungstechnik* << überhaupt. … Wer nicht bereit ist, mit gutem Auge hinzuschauen und fest davon überzeugt ist, dass Menschen jederzeit wachsen können, der sollte keine Führungsrolle übernehmen." Auch wenn wir Rose hier zustimmen, sei doch davor gewarnt, zu glauben, dass Haltung bereits genüge (vgl. Kap. 5).[15] Vielmehr lässt sich sagen, dass Haltung eine notwendige, aber keine hinreichende Bedingung des Gelingens ist. Hinzukommen muss ein entsprechendes Handeln. Haltung ohne Handeln bleibt irrelevant, Handlung ohne authentische, wertschätzende Haltung wird kein Gegenüber nachhaltig überzeugen. Und dann braucht es schließlich noch eine gewisse Klarheit. Verhalten und verbale Kommunikation müssen zumindest verständlich, besser noch klar und eindeutig sein, um entsprechende Wirkung zu entfalten (wertschätzende Klarheit).[16] Eine der wesentlichen Formen (wenn nicht die wichtigste) der Beziehungsgestaltung sowie ein zentrales Führungsinstrument ist die Führungskommunikation, die im nächsten Abschnitt behandelt wird.

---

[15] Um schon einmal das Kästner-Zitat in Kap. 5 vorwegzunehmen: *„Es gibt nichts Gutes, außer man tut es."*

[16] Klarheit und Eindeutigkeit sind immer dann schwer, wenn entweder Angst vor möglichen Konsequenzen einer klaren Aussage besteht und/oder wenn die Person selbst ambivalent ist. Hier kann sich die Analyse von Ängsten bzw. Ambivalenzen z. B. mit dem Modell des inneren Teams (Schulz von Thun et al. 2016) oder mithilfe eines anderen (Selbst-)Coachingansatzes (z. B. Ellis et al. 2004) als hilfreich erweisen.

3.2   Führungskommunikation

Nichts kann menschliche Verbindungen bzw. Beziehungen angemessen ersetzen und nichts bringt einen Menschen weiter, als die Fähigkeit, sich mit anderen Menschen zu vernetzen und auszutauschen. Führen bedeutet sehr häufig kommunizieren – und dies auf vielfältige Art und Weise. Ob (neue) Mitarbeiter*innen einweisen, Informationen austauschen, Anweisungen weitergeben, delegieren, kritisieren, loben sowie Anerkennung und Wertschätzung ausdrücken, Ziele vereinbaren, Feedback zur Ziel-erreichung bzw. zur Leistung geben, Menschen weiterentwickeln, Teambesprechungen moderieren, Konflikte lösen, Verhandlungen erfolgreich führen oder sich mit internen wie externen Netzwerken verbinden: Für einen gelingenden Austausch, für die Ent-stehung, den Erhalt wie auch den Ausbau positiver (Führungs-)Beziehungen ist die Kommunikation – vor allem die Qualität der Kommunikation – ein entscheidender Hebel für den Führungs- wie Organisationserfolg (Regnet 2020; Voss und Jochum 2017, S. 293). Kommunikationsfähigkeit gilt daher als eine der wichtigsten Führungs-kompetenzen der Zukunft[17] (Montua 2020, S. 2 ff.; IFIDZ 2019;[18] Jonassen 2019, S. 338; Lippmann 2019, S. 351; Nink 2017, 2018; Wahren 1992).

▶ **Definition** Kommunikation dient der Verständigung untereinander und kann als wechselseitige Anregung zur Konstruktion von Bedeutungen verstanden werden (Roth 2013, S. 269; Nerdinger 2019b, S. 64 ff.). Führungskommunikation ist eine besondere Gesprächsform. Sie wird (meist) zwischen Personen unter-schiedlicher Hierarchieebenen geführt, um z. B. auf ihr Verhalten einzuwirken (Weibler 2016, S. 369). Sie kann in geplante oder ungeplante, formelle oder informellen, Einzel- oder Gruppengespräche unterteilt werden. Zudem wird die Unterscheidung zwischen analoger und digitaler Kommunikation immer wichtiger (Sackmann 2019, S. 2; Fuhrmann 2018, S. 159 ff.).

Um der Verständigung dienen zu können, muss Kommunikation vor allem eines sein: verständlich. Zentral ist zunächst einmal, dass das ankommt, was ankommen soll. Ob dies der Fall ist, hängt natürlich nicht nur von der Person ab, die etwas sagt (vgl. die weiter unten aufgeführten Kommunikationssperren und -hindernisse). Zunächst einmal ist es aber am Sender oder der Senderin einer Botschaft, sich klar und eindeutig auszudrücken, wenn sie oder er verstanden werden will. Dass dies nicht möglich ist, wenn die Person selbst nicht weiß, was

---

[17] Hierzu zählen wir an dieser Stelle auch die unter Abschn. 3.1 ausgeführten Aspekte gelingender Beziehungsgestaltung bzw. Interaktionen.

[18] Auswertung verschiedener Studien mit insgesamt über 100.000 Befragten.

ihre Absicht ist, wenn es widersprechende Absichten in der gleichen Person gibt oder wenn die Person nicht offen zu ihren Absichten stehen will, wurde bereits angeführt. Ist die Person klar in ihrer Absicht, geht es als nächstes darum, den sogenannten Merkmalen der Verständlichkeit gerecht zu werden: Einfachheit, Gliederung/Ordnung, Kürze/Prägnanz und anregende Zusätze. Diese wurden von einem Hamburger Psychologenteam (um den durch die Miteinander-reden-Bücher und das 4-Ohren-Modell der Kommunikation bekanntgeworden Friedmann Schulz von Thun) vor allem für die Schriftsprache postuliert (z. B. Schulz von Thun et al. 1987, 2016). Sie gelten aber unseres Erachtens genauso für das gesprochene Wort.

So zentral die Verständlichkeit ist, ist es doch nicht das einzige Kriterium, dem die Führungskommunikation zu genügen hat. Gesellschaftlicher Wandel oder auch technische Entwicklungen, die sich u. a. auf Führungsansätze, implizite Vorstellung von Führung und Geführt-werden sowie Fragen von Kommunikation(-smedien), Partizipation und Empowerment auswirken, verändern auch die Anforderungen an die Art und Weise der Führungskommunikation (z. B. Sackmann 2019; Blessin und Wick 2017, S. 376 ff.). Wirksame Führungskommunikation ist schon lange keine (monologische) Einbahnstraßenkommunikation mehr.[19] Den (Mehr-)Wert dialogischer Kommunikation und damit auch die Entscheidung, den Mitarbeitenden bewusst eine Stimme zu geben (**Voice-Ansatz**), haben erfolgreiche Führungskräfte bereits länger erkannt.[20] „Besonders interessant ist, dass vor allem die ‚dialogischen

---

[19] Ob sie dies jemals war oder eher als kurzfristig weniger anstrengend angesehen wird und daher häufiger in Führungskontexten Anwendung findet, kann an dieser Stelle nicht vertiefend diskutiert werden.

[20] Der Voice-Ansatz kann als wichtiger Bestandteil einer guten Fehlerkultur in Organisationen verstanden werden. Er bietet Mitarbeitenden bewusst Möglichkeiten, ihre Ideen, Meinungen oder Vorschläge (auch bzw. gerade hinsichtlich für die Führungskraft/das Team/die Organisation unangenehme Rückmeldungen) angstfrei zu äußern, um damit die Organisation bzw. Veränderungsprozesse voranzubringen. Verschiedene Studien unterstützen den für alle Beteiligten positiven Effekt, den Mitarbeitenden bewusst eine eigene Stimme zu verleihen (z. B. Bashshur und Oc 2015; Frazier und Bowler 2015; Ng und Feldman 2012). Die Fehlerkultur in Deutschland ist allerdings deutlich verbesserungswürdig. In der jährlich stattfindenden Gallup-Befragung zum Arbeitsengagement in Deutschland stimmt nur jede*r 4. Beschäftigte (24 %) der Aussage „Mein Unternehmen schafft ein Arbeitsumfeld, in dem sich Mitarbeiter und Mitarbeiterinnen ausprobieren, scheitern und aus Fehlern lernen können" ohne Einschränkung zu. Dort, wo eine echte Fehlerkultur gelebt wird, sind die Befragten ca. 6-mal so hoch emotional gebunden, als in Organisationen, in denen die Beschäftigten dies eher verneinen (www.gallup.de; siehe auch Ausführungen zur psychologischen Sicherheit in diesem Buch sowie bei Goller und Laufer 2018, S. 15).

Kommunikationsfähigkeiten' (wie z. B. Feedback geben oder Zuhörfähigkeit) als weitaus relevanter angesehen werden als die ‚monologischen Kommunikationsfähigkeiten' (wie z. B. Storytelling oder Rhetorik). Der Dialog mit den Mitarbeitern ist somit signifikant relevanter als der Monolog zu den Mitarbeitern" (IFIDZ 2019, S. 4). Schon jetzt wird deutlich, dass soziale und kommunikative Gestaltungsaspekte im Führungsprozess bedeutsame Auswirkungen auf das Erleben, die Motivation und die Leistungsaspekte der Arbeit haben (Schütz et al. 2020, 102 ff.; Schaper 2019, S. 430 ff.; Blessin und Wick 2017, S. 93 ff., 253, 265 ff.; Eilers et al. 2016; Weibler 2016, S. 368 ff.; Humphrey et al. 2007).

Gleichzeitig muss hinsichtlich der Kommunikationsqualität und der Frage, was wie ankommt, hier (beim Reden wie beim Zuhören) eine zum Teil deutliche Lücke zwischen Selbst- und Fremdwahrnehmung festgestellt werden (z. B. Franken 2019, S. 161 f.; Clifton und Harter 2019; Eilers et al. 2016; ifz 2016; Akademie für Führungskräfte der Wirtschaft 2008, S. 14 f.).[21] Fragt man Führungskräfte nach wichtigen kommunikativen Kompetenzen, so entsteht nicht selten folgende Reihenfolge: 1.) grundlegende rhetorische Fähigkeiten, Präsentationskompetenz und erfolgreiche Verhandlungsführung, 2.) monologisch-orientierte Kommunikation (zielgereichtet Informationen/Anweisungen geben, Aufgaben delegieren, Besprechungen leiten etc.), 3.) standardisierte Mitarbeitergespräche sowie 4.) Kompetenzen für schwierige Mitarbeiter-/Kundengespräche.

---

[21] „ ‚Kommunikation? Ach, das machen wir doch jeden Tag'. Und genau deshalb wird Kommunikation in den Führungsetagen oft unterschätzt – als Erfolgshebel in Veränderungsprozessen, als kulturprägender Faktor und als Investment in die Glaubwürdigkeit von Management-Entscheidungen. Dabei ist es am Ende die Kongruenz von Wort und Tat, die Sicherheit gibt, die Vertrauen wachsen lässt. Und Vertrauen ist das Fundament für Veränderungserfolg in einer Welt, die sich zunehmend radikaler und schneller verändert..." (Kühn und Kühn 2017, S. 481). Allein die quantitative Betrachtung zeigt die Bedeutung der Führungskommunikation. Vorgesetzte verwenden 50–90 % ihrer Zeit für verbale Kommunikation, die weitgehend aus einer großen Zahl ungeplanter, reaktiver Gespräche von sehr kurzer Dauer besteht und in ca. 60 % auf die Kommunikation mit Mitarbeitenden entfällt, wobei hier nur die interne Kommunikation analysiert wurde (Wahren 1992; auch Lippmann 2019, S. 352; Kauffeld et al. 2019, S. 127; Porter und Nohria 2018; Blessin und Wick 2017, S. 93 ff., 253; Kals und Gallenmüller-Roschmann 2017, S. 151 ff.). Sicher ist: Viele Führungskräfte geben sich richtig Mühe mit ihrer Kommunikation. Doch sicher ist (leider) auch: Es kommt viel weniger an als gedacht/gehofft und noch weniger so, wie Führungskräfte es annehmen (z. B. Sackmann 2019; Eilers et al. 2016). Sich immer wieder direkt bei den Empfänger*innen kommunikativer Impulse rückzuversichern, was wie angekommen ist und welche Reaktionen diese auslösen, ist ein wichtiger Bestandteil gelingender Kommunikation und wirksamer Personalführung. Ergänzend muss man auch betonen, dass (im Vergleich zur Kommunikationsforschung insgesamt) explizite Forschung zu Führungskommunikation eher rar gesät ist (Sackmann 2019, S. 13 f.).

Schaut man sich jedoch Analysen zur wirksamen (Führungs-)Interaktion und Kommunikation an, so ergibt sich eine andere Reihenfolge (auch für herausfordernde Gespräche, Konfliktlösung und erfolgreiche Verhandlungen):

1) Fragen, Zuhören und Verstehen wie Verstanden werden (absichern);
2) dialogisch-orientierte, empathische Kommunikation (Gespräch mit ähnlichen Gesprächsanteilen, Feedback, moderierende Aufgaben).[22]

Danach folgen selbstverständlich auch Kompetenzen, die zuvor bereits benannt wurden (Führungsrhetorik, Verhandlungskommunikation, Konfliktgespräche etc.). Gleichwohl sind es vor allem dialogische Gespräche (mit aufrichtigem Interesse an der Sichtweise des Gegenübers), in denen Motivation, Veränderung, Wachstum und neue Einsichten angeregt werden können (z. B. Jonassen 2019, S. 339 ff.; Kals und Gallenmüller-Roschmann 2017, S. 151 ff.; Weibler 2016, S. 373 ff.; Gergen 2002, S. 186). Dabei ist nicht nur Reden ein bedeutendes Kommunikationselement, sondern z. B. auch Zuhören. Fragt man Menschen, wie gut sie zuhören können, so ordnen sich rund 80 % als gute Zuhörer*innen ein. Fragt man dann, welche Kommunikationskompetenzen sie bei anderen Menschen vermissen, so gehört Zuhören zu den meistgenannten Fähigkeiten. Für die meisten Führungskräfte ist klar, dass sozial-kommunikative Fähigkeiten sehr zentral für Führungserfolg sind. Ebenso klar ist, dass mit ausgewiesenen rhetorischen Fähigkeiten und Verhandlungsgeschick oder gar bewusst eingesetzten (Manipulations-)Techniken oft eine schnelle Einflussnahme möglich ist. Gleichwohl ist diese nur selten dauerhaft wirksam und u. a. mit Vertrauensverlust verbunden (Kals und Gallenmüller-Roschmann 2017, S. 153). Dies gilt auch, wenn (vermeintlich) wenig Zeit zur Verfügung steht und es schnell gehen muss. Man muss sich, soll es nachhaltig wirken, dennoch ein wenig Zeit nehmen (was meist auch nicht viel länger dauert, als eine ausufernde Argumentation auf Seiten der Führungskraft). Auch hier gilt die Regel für wirksame Einflussnahme und Überzeugung: Zuhören - Verstehen - Verstanden werden - Vertrauen - Veränderung (oder anders ausgedrückt: „Gras wächst nicht schneller, wenn man daran zieht"). Es lohnt daher, sich etwas vertiefter mit den Wirkmechanismen wirksamer Kommunikation und guter Gesprächsführung auseinanderzusetzen. Dafür sind bestimmte Grundannahmen der Führungskraft

---

[22] Eilers et al. (2016) stellen dazu u. a. fest: „Im Bereich Kommunikation werden dem offenen Umgang mit kritischen Themen (81 %), der wertschätzenden Kommunikation zwischen Führungskräften und Mitarbeitern (72 %) sowie der Etablierung einer Feedbackkultur (69 %) höchste Bedeutung beigemessen. Bei diesen drei wichtigen Themen klaffen jedoch gravierende Lücken zwischen Soll und Ist... ."

kommunikations- und beziehungsförderlich, wie z. B.: Mitarbeitende kennen sich selbst am besten, wollen sich positiv entwickeln, benötigen Rückmeldungen, suchen Vertrauen und gute Beziehungen, kennen oft selbst die beste Lösung für ein Problem bzw. entscheiden auch ohne Impuls meist ähnlich wie ihre Führungskraft, möchten Unterstützung – wenn sie es wünschen – und eher Hilfe zur Selbsthilfe statt ungefragte Ratschläge (Voss und Jochum 2017, S. 296; Ryan und Deci 2017; Miller und Rollnick 2015). Bereits an dieser Stelle kann man als **Merksatz** festhalten: Ein Geheimnis nachhaltig erfolgreicher Führungskommunikation ist ein positives Menschenbild, interessiertes Zuhören, sich ehrlich zu verbinden und die Einsicht, dass Sie niemanden (nachhaltig) beeinflussen können (i.S.v. Führungsinterventionen), die/der nicht glaubt, gehört, gesehen und verstanden zu werden![23]

Das Kommunikationsthema ist sehr umfassend und nicht annähernd in einem Lehrbuch für Personalführung abzuhandeln. Wir wollen uns auf einige ausgewählte Bereiche beschränken, die Ihnen helfen können, Gespräche im Tagesgeschäft[24] wertschätzend und wirksam zu führen (und dabei die üblichen kommunikativen Stolperfallen des Alltags zu vermeiden). Die hier vorgestellten Ideen basieren auf klassischen Erkenntnissen, wie z. B.:

- das Sender-Empfänger-Modell n. Shannon und Weaver (1949),[25]
- die 5 Axiome der Kommunikation von Watzlawick (Watzlawick et al. 2016),[26]

---

[23] Wenn Sie es einmal ausprobieren, mehr zuzuhören, werden Sie feststellen, wie schwer es ist, das Gesagte nicht sofort zu kommentieren oder die Gesprächsführung doch wieder an sich zu reißen. Hilfreich mag dann die Erinnerung an folgendes Zitat sein: *„Das größte Problem in der Kommunikation ist, dass wir nicht zuhören, um zu verstehen. Wir hören zu, um zu antworten“* (Marshall B. Rosenberg).

[24] Die Tatsache zugrunde legend, dass die meisten Gespräche nicht planbar und eher kurz sind.

[25] „Das Modell behandelt nicht die Bedeutung der Botschaft, sondern lediglich deren Übertragung und Empfang … Ausgangspunkt des Kommunikationsprozesses ist die Informationsquelle (der Sender). Diese wählt eine Nachricht aus und übermittelt sie mit Hilfe eines Sendegeräts (dem Kodierer) in Form von Signalen. Die Signale werden in einem spezifischen Kanal übertragen und vom Adressat (dem Empfänger) mit Hilfe eines Empfangsgeräts (dem Dekodierer) aufgenommen und entschlüsselt. … Der Vorgang der Signalübertragung ist allerdings möglichen Störungen (z. B. Rauschen) ausgesetzt …“ (Röhner und Schütz 2020, S. 29f.).

[26] 1.) Der Mensch kann nicht nicht kommunizieren, 2.) Jede Kommunikation hat einen Inhalts- und einen Beziehungsaspekt, wobei Letzterer den ersten bestimmt, 3.) Die Beziehung zwischen Kommunikationspartnern ist durch die Interpunktion von Kommunikationsabläufen geprägt, 4.) Menschliche Kommunikation bedient sich digitaler und analoger Modalitäten, 5.) Kommunikation kann auf symmetrischen und komplementären Beziehungen beruhen (Weibler 2016, S. 371 f.).

- die grundlegenden Werthaltungen von Rogers (1991),[27]
- das Vier-Seiten-Modell der Kommunikation n. Schulz von Thun (2016),[28]
- die Maxime der Kommunikation nach Grice (1980)[29] oder
- die Transaktionsanalyse nach Berne (1984)[30] sowie weitere Impulse zur gelingenden Beziehungsgestaltung und Gesprächsführung (z. B. Rosner und Winheller 2019; Frindte und Geschke 2019; Nerdinger 2019b; Röhner und Schütz 2016).

Hinzu treten Aspekte der Selbstbestimmungstheorie n. Ryan und Deci (2017) als Rahmenkonzept der Führung und Beziehungsgestaltung, Elemente der sogenannten Motivierenden Gesprächsführung (Motivational Interviewing; MI n. Miller und Rollnick 2015) sowie ausgewählte Erkenntnisse der Führungskommunikation bzw. Führungsforschung (Kap. 1 und 2 in diesem Buch sowie z. B. Schütz et al. 2020, S. 102 ff.; Gabrisch 2019; Lippmann 2019; Franken

---

[27] Rogers (1991) geht aus humanistischer Perspektive davon aus, dass jeder Mensch nach Autonomie und Selbstverwirklichung strebt. Um diese Bestrebungen zu unterstützen (wie auch für gelingende Gespräche insgesamt), formuliert er 3 Basismerkmale: einfühlendes Verstehen (Empathie), Echtheit (Kongruenz) und emotionale positive Wertschätzung.

[28] Menschen senden und empfangen mehrere Botschaften gleichzeitig. Dafür hat er 4 Ebenen beschrieben (4 Schnäbel des Senders und 4 Ohren des Empfängers); Sach-, Appell-, Beziehungs- und Selbstoffenbarungsebene.

[29] Die 4 Maxime n. Grice (1980, siehe auch Röhner und Schütz 2020, S. 34) lauten: Quantität (Mache deinen Beitrag so informativ wie für den gegebenen Zweck nötig. Vermeide überflüssige Information), Qualität (Sage nichts, was du für falsch hältst. Sage nichts, wofür dir angemessene Gründe fehlen), Relevanz (Sage, was zum Thema gehört. Sage nichts, was nicht zum Thema gehört), Klarheit (Vermeide Unklarheit und Vagheit des Ausdrucks.
Vermeide Mehrdeutigkeit. Vermeide Weitschweifigkeit. Orientiere dich an logischen zeitlichen Folgen).

[30] „Die Transaktionsanalyse geht davon aus, dass Denken, Handeln und Fühlen eines Menschen durch drei verschiedene Bewusstseinszustände (Ich-Zustände) beeinflusst werden: Erwachsenen-Ich (durchdachtes Konzept des Handelns aufgrund rationaler Analyse und Entscheidungsfindung), Eltern-Ich (moralische Einstellungen, die auf die Elternerziehung zurückgehen), Kindheits-Ich (spontane, kreative Komponente des Handelns)" (Franken 2019, S. 150). Eine Tendenz möchten wir hier betonen: Kommt eine Aussage zu einer anderen Person aus dem kritischen Elter-Ich, tendiert die darauffolgende Reaktion eher zum Negativen. Kommt eine Aussage aus dem Erwachsenen-Ich, tendiert das nachfolgende Verhalten des Gegenübers eher zum Positiven. Dies wird später bei der Frage „Gesprächsstörer /-förderer" nochmals beispielhaft aufgegriffen.

2019, S. 127 ff.; Voss und Jochum 2017; Kals und Gallenmüller-Roschmann 2017, S. 150 ff.; Weibler 2016, S. 368 ff.; Fiege et al. 2014; Felfe 2009).

Um das bisher Gesagte kurz zusammenzufassen: Führungskommunikation (und -interaktion) hat in der heutigen VUCA-Welt eine ganze Reihe von Aufgaben zu erfüllen (vgl. auch Kap. 6). Darunter sind zum einen Klarheit und Eindeutigkeit, damit alle wissen, woran sie sind und zum anderen eine Beziehungsgestaltung, die von Wertschätzung und Respekt geprägt ist, die es den Mitarbeitenden überhaupt erst ermöglicht, die Sachbotschaften ohne Reaktanz anzunehmen. Die Autor*innen sprechen vereinfachend auch von **wertschätzender Klarheit** als zentrales Element der Führungskommunikation.

Kommunikative Prozesse werden darüber hinaus von verschiedenen Faktoren beeinflusst. So spielen u. a. die Kommunikationsumgebung, die spezifische Situation sowie die Eigenschaften der Beteiligten eine große Rolle. Eric Lippmann (2019, S. 355, siehe auch Voss und Jochum 2017, S. 294; Weibler 3.2016, S. 376) nennt 7 Faktoren, die auf Führungskommunikation im Rahmen von Gesprächen mit Mitarbeitenden Einfluss nehmen und von der Führungskraft bedacht werden sollten:

- **Gesprächsleitung/-partner**
  Zum Beispiel Rolle, Status, Erfahrung, Einstellungen, Werte, Bedürfnisse, Erwartungen, Wahrnehmungen, Verhaltensweise, rhetorische Fähigkeiten, Persönlichkeitsstruktur
- **Ziel und Situationsvariablen**
  Ziele, die verfolgt werden, Art und Situation des Mitarbeitergesprächs (z. B. Beratungsgespräch, Maßnahmengespräch, Einzel- und Gruppengespräch)
- **Prozess- und Interaktionsvariablen**
  Beziehung zwischen den Gesprächspartnern, Vertrauen, Akzeptanz, Bereitschaft zur Offenheit, Art und Weise des Gesprächsverlaufs
- **Außenvariablen**
  Gesprächsrahmen (z. B. formell/informell); Zeitaspekte: Zeit, die zur Verfügung steht, Zeitpunkt, der gewählt bzw. bestimmt wird; räumliche Verhältnisse: z. B. Ort, Sitzordnung, für Außenstehende beobachtbar oder nicht
- **Variablen zur Gruppenzugehörigkeit**
  Soziale Rolle und Status der Beteiligten (z. B. Außenseiter*in; Lieblingsmitarbeiter*in eines Vorgesetzten; Fachexperte usw.); personelle Faktoren,

wie z. B. Alter, Geschlecht, Nationalität, Dienstalter; Stereotype/Vorurteile z. B. aufgrund obiger Faktoren; andere wichtige Personen (z. B. Vorgesetzte, Kollegen und deren Erwartungen an das Gespräch; Art und Weise, wie sie involviert sind usw.)

- **Historische Variable**
  Einflüsse aus früheren Erfahrungen der Gesprächspartner miteinander oder in anderen ähnlichen Gesprächssituationen
- **Einflüsse der Organisation und der Gesellschaft**
  Zum Beispiel betriebliche Strukturen/Regelungen; Gewerkschaften; rechtliche und kulturelle Rahmenbedingungen

Es wird deutlich, dass bereits im Vorfeld eines Gesprächs viele verschiedene Aspekte von der Führungskraft bedacht werden müssen. In der Praxis ist eine umfassende Analyse der o. g. Punkte sicher nicht immer umsetzbar. Sich jedoch regelmäßig bewusst zu machen, dass Kommunikation von diversen Einflussfaktoren (mit-)bestimmt wird und es Gelingensbedingungen gibt, sollte für jede*n Vorgesetzte*n selbstverständlich sein.

Kommunikation hat zudem viel mit **Wahrnehmung** (und mit den vielen menschlichen Anfälligkeiten für Wahrnehmungsverzerrungen) zu tun (z. B. Frindte und Geschke 2019, S. 121 ff.; Myers 2014, S. 577 ff., 595 ff.). Auch dieses hochspannende Feld können wir nur kurz streifen. Als ein Beispiel, wie 2 Menschen unterschiedlich auf ein Ereignis blicken, soll an dieser Stelle kurz die Attributionstheorie bzw. der fundamentale Attributionsfehler genannt werden. Diese hat auch in Führungssituationen wie in dialogischer Kommunikation eine entsprechende Relevanz: „Wir können das Verhalten anderer entweder inneren Veranlagungen (dispositionale Attribution) oder äußeren Situationen (situationale Attribution) zuschreiben … Da Menschen dauerhafte Persönlichkeitsmerkmale haben, treffen solche Attributionen manchmal zu. Allerdings unterliegen wir oft dem fundamentalen Attributionsfehler … indem wir den Einfluss der Persönlichkeit überschätzen und die Bedeutung von Situationen unterschätzen" (Myers 2014, S. 597, siehe auch Voss und Jochum 2017, S. 300 f.; Pettigrew 1979; Nisbett et al. 1973). Wir selbst unterliegen bei Betrachtungen, die uns ebenfalls betreffen, eher *nicht* diesem Phänomen.

Etwas verkürzt und überspitzt folgendes Beispiel:[31] Die Eltern eines Jugendlichen beschweren sich bei Ihnen (Führungskraft) über das Verhalten eines Sozialarbeiters. Wenn Sie – als Führungskraft – nun Aspekten der Wahrnehmungsverzerrung unterliegen (was nicht unwahrscheinlich ist), fokussieren sie sich z. B. mehr auf die Person des Sozialarbeiters und auf sein Verhalten *(„Der Sozialarbeiter hätte einfach freundlicher mit dem jungen Mann umgehen müssen. Er muss echt noch was in*

---

[31] An dieser Stelle die Anmerkung, dass hier (und auch in unserem Alltag) mehrere sozialpsychologische Phänomene wirken, die wir in dem Beispiel verkürzend zusammenfassen. So kann die Ursachenzuschreibung auch umgekehrt stattfinden (dass Mitarbeitenden z. B. Ihre gute Leistung kleinreden). Neben dem fundamentalen Attributionsfehler können hier noch **Self-serving Bias** genannt werden (Tendenz von Menschen, Erfolg sich selbst – dispositionale Attribution – und Misserfolg der Situation zuzuschreiben; Pettigrew 1979; Myers 2014, S. 588 ff.). Zudem: **Falscher-Konsensus-Effekt** (Tendenz, das eigene Verhalten, eigene Beurteilungen oder Meinungen als ziemlich weit verbreitet anzusehen, während konträres Verhalten, Meinungen anderer eher als ungewöhnlich und Einzelmeinung angesehen werden; Ross et al. 1977); **Akteuer-Beobachter-Divergenzen** (Menschen tendieren dazu, vor allem bei Problemen ihr eigenes Verhalten situativen Kausalbedingungen zuzuschreiben, Beobachter hingegen schreiben dieses Verhalten Persönlichkeitseigenschaften des Gegenübers zu; Nisbett et al. 1973); **Confirmation Bias** (Selbstbestätigungsfehler; die Neigung, Informationen so auszuwählen und zu interpretieren, dass sie die eigenen Erwartungen bestätigen. Es werden eher Informationen gesucht, die der eigenen Meinung entsprechen – andere werden bewusst überhört/-lesen; Myers 2014, S. 370 f.). Der **Wahrheitseffekt** (Truth Effect, Illusory Truth Effect; die Tendenz, Aussagen, die zuvor bereits gehört oder gelesen wurden, einen größeren Wahrheitsgehalt zuzusprechen als solchen, die erstmals gehört werden; Hasher et al. 1977). **Selbstüberschätzung** unserer Kompetenz zur Einschätzung einer (für uns unsicheren) Situation (Kruger und Dunning 1999; siehe auch Myers 2014, S. 583 ff.). **Selektiv-optimistische Erinnerung** fördert unsere (positive) Sicht auf früheres Handeln (blendet Probleme aus) und führt nicht selten zu Überschätzung der eigenen Leistung und Fähigkeiten (Zimmermann 2020). All diese (und noch mehr) Faktoren tragen auch ein wenig dazu bei, dass Führungskräfte sich in Umfragen bzgl. ihres Führungs- oder Kommunikationsverhaltens besser einschätzen als z. B. der Durchschnitt (Myers 2014, S. 589) oder als die (ebenfalls befragten) Mitarbeitenden (z. B. ifz 2016). So waren u. a. bei den Items *respektvoller Umgang, Anerkennung der Leistung der MA, hält sich an Absprachen, steht zu Entscheidungen, gibt klare, verständliche Anweisungen, legt Wert auf die Meinung der Mitarbeitenden* Abweichungen von meist über 20 Prozentpunkten (!) zu verzeichnen (Führungskräfte schätzten sich durchweg besser ein als die Mitarbeitenden). Bei den Punkten *Begründet den Mitarbeitern, wenn sich Veränderungen in der Arbeit bzw. im Arbeitsumfeld ergeben* und *Offenheit für Kritik* lag die Abweichung gar bei rund 30 Prozentpunkten (zu Selbstwahrnehmung vs. Fremdwahrnehmung in puncto Führungsansätze bzw. Führungskompetenz siehe z. B. auch Nier 2020; Regnet 2020, S. 267 f.; Sackmann 2019, S. 16; Pela und Zimmermann 2019; Diestel et al. 2018, S. 12, 26; Nink 2017; Eilers et al. 2016).

Sachen Kommunikation lernen. Da hätte er sich mehr zusammenreißen sollen ... "). Der Sozialarbeiter wiederum schreibt der Beschwerde eher situative Ursachen zu und geht daher bei der Ursachenbeschreibung weg von seiner Person *("Der Jugendliche ist echt schwierig in seinem Verhalten, außerdem habe ich von meinem Arbeitgeber viel zu wenig Zeit für die Betreuung. Zudem könnte sich meine Chefin viel mehr für mich interessieren. Ich hab´ mich richtig angestrengt – aber das sieht hier ja niemand ... ").* Stellen Sie sich nun die Kommunikationssituation vor, wenn Sie (dispositionale Attribution) auf Ihren Mitarbeiter (situationale Attribution) treffen. Schon vor dem ersten Wort herrscht ein Ungleichgewicht in den Vorannahmen des Gesprächs, denn aus der individuellen Perspektive ist „jeder in seinem Gehirn richtig" und wird versuchen, sein Richtig zu verteidigen. Und nicht selten werden solche Gespräche mit Sätzen wie *„Da hätten Sie aber besonnener reagieren müssen ... "* eingeleitet. Je, wie Sie als Führungskraft reagieren, geben sie dem Kommunikationsverlauf eine erste Richtung vor. Dabei ist es unerheblich was sie denken – entscheidend ist, was bzw. wie Sie kommunizieren und wie dies ankommt.

Daher ein weiterer **Merksatz:** Führungskräfte sollten sich in Kommunikationssituationen bzgl. ihrer Wahrnehmung bzw. Interpretation regelmäßig fragen *„Ist es so – oder könnte es auch anders sein?".* Vor allem die Sicht des Gegenübers sollten sie berücksichtigen. Wie bereits betont, heißt verstehen nicht unbedingt einverstanden sein, Perspektivübernahme heißt nicht, die eigene Meinung aufgeben (und das Handeln / die Meinung des Gegenübers einfach zu übernehmen) und mitfühlen bedeutet nicht mitleiden! Führungskommunikation ist das, was beim anderen ankommt.[32]

---

[32] So genügt es z. B. nicht, Danke zu denken, wenn Ihnen ein*e Mitarbeiter*in einen Auftrag abliefert, sondern es auszusprechen. Ein kommuniziertes Dankeschön wirkt führungstechnisch im Übrigen Wunder, indem es u. a. die Vertrauenswürdigkeit der Führungskraft wie auch das Selbstwertgefühl der Mitarbeitenden stärkt (Welpe et al. 2018, S. 150). Die Wirkung von Dankbarkeit wurde kürzlich für die E-Mail-Kommunikation unterstrichen. Das Unternehmen Boomerang hat 350.000 E-Mail-Verläufe analysiert und dabei die Grußformeln im Zusammenhang mit der Antwortrate und -geschwindigkeit (im Vergleich zur gesamten Antwortrate/ geschwindigkeit) untersucht: Zwei wichtige Ergebnisse: Eine Grußformel zu schreiben ist grundsätzlich wichtig. Die höchste Reaktionsrate hat die Formel *Danke im Voraus,* gefolgt von *Danke* (https://blog.boomerangapp.com/2017/01/ how-to-end-an-email-email-sign-offs/#footnotes; Abruf: 31.12.2020). Zudem helfen Fragen in E-Mails, die Antwortrate zu steigern (hier genügt als Führungskraft schon ein *„Ist das Vorgehen für Sie in Ordnung?"* – oder ähnliche Fragen *[„haben Sie Fragen zu der Mail oder benötigen Sie weitere Informationen dazu?"],* es sollten nur nicht zu viele sein). Sie geben ferner die Empfehlung, Mails eher kurz zu halten (50–125 Worte), einen kurzen Betreff (bis 4 Worte) zu verfassen und die Mail auch etwas Persönlichkeit zu verleihen. Hier wirken emotionale Worte mehr, als rein sachlich geschriebene Mails (positive Emotionen sind am wirksamsten, selbst leicht negative Anmerkungen verzeichnen ein besseres Antwortverhalten als rein neutral formulierte Mails).

Bevor wir uns einige Gelingensbedingungen und Kommunikationstechniken näher anschauen, nutzen wir das gerade geschilderte Beispiel, zunächst die problematische Seite der Kommunikation noch ein wenig zu vertiefen. Meist führen verschiedene kommunikative Muster bzw. Verhaltensweisen erst dazu, dass Menschen sich z. B. nicht verstanden fühlen, mit Gegenrede und Widerstand reagieren, eine konfliktäre Haltung einnehmen, sich demotiviert verhalten und Unzufriedenheit äußern. Schwieriges Führungsverhalten und problematische Kommunikation von Führungskräften sind mit die häufigsten Demotivations- und Kündigungsfaktoren (z. B. Nink 2017, 2018). Folgende Aspekte *erschweren* eine erfolgreiche Führungskommunikation (z. B. Voss und Jochum 2017, S. 295 f.; Fiege et al. 2014, S. 774 ff.; Rischar 2011, S. 10 ff.):

- Aktiv werden Gespräche durch die Führungskraft eher nur bei Problemen/ Schwächen/Kritik geführt (Anerkennung und Wertschätzung kommen zu kurz;[33] allgemein und auch bei Kritikgesprächen).
- Stark asymmetrische Verteilung der Redezeit (Monolog der Führung[34], sehr direktive Gesprächsführung).
- Distanziert-sachliche Gesprächsführung (kein Einlassen auf den/die Gesprächspartner*in, kein Verstehen wollen des Gegenübers, fehlende Empathie).
- Unterschiedliche Werte, Menschenbilder, die bei den Gesprächspartner*innen jeweils auf wenig Akzeptanz stoßen.
- Mangelnde Vorbereitung, wenig Zeit, keine Struktur sowie keine störungsfreie Umgebung.
- Geringe (dialogische) Kommunikationskompetenz der Führungskraft und wenig Selbstreflexion.
- Unklare Zielsetzung sowie keine klare Vereinbarung am Ende.
- Die „üblichen" Wahrnehmungs-/Kommunikationsprobleme (sowohl aufseiten der FK als auch auf der MA-Seite); z. B. Filtermechanismen und selektive Wahrnehmung, Überlastung mit Informationen, Verteidigungsmechanismen, Unklarheit).
- Häufige Verwendung von sogenannten Kommunikationssperren.

---

[33] „Anerkennung wird im Führungsalltag oft vergessen oder kommt zu kurz, erzielt jedoch nachhaltige Wirkungen: So stabilisieren wir unser Verhalten, sobald wir erfahren, dass es gewünscht ist (Informationsfunktion). Und wir wiederholen Verhalten eher, wenn es als Folge der Anerkennung mit positiven Emotionen verbunden ist (Lernfunktion). Zudem setzt eine Zeitnahme Anerkennung neue Kräfte frei (Motivationsfunktion)" (Voss und Jochum 2017, S. 295; s. a. Regnet 2020, S. 267 f.).

[34] Untersuchungen belegen, dass Führungskräfte im Durchschnitt ca. 70 % der Redezeit für sich beanspruchen (Voss und Jochum 2017, S. 295).

Kommunikationssperren beschreiben, was gutes Zuhören *nicht* ist, was einer gelingenden Beziehung und Kommunikation sowie tiefem Vertrauen in die Führung meist im Weg steht. Sie sind Ich-bezogen, führen zu einer ungleichen Beziehung und tragen allesamt eine unterschwellige Botschaft in sich: „Hör auf mich – ich weiß es besser" (Miller und Rollnick 2015, S. 70 f.). Im Sinne der Selbstbestimmungstheorie von Deci und Ryan könnte man ein solches kommunikatives Verhalten als starke Einschränkung der Autonomie, Reduzierung des Kompetenzempfindens sowie Störung der Verbundenheit beschreiben. Der Versuch, Veränderungen im Denken und Handeln mithilfe der nachfolgend aufgeführten Kommunikationssperren bei Mitarbeitenden hervorzurufen, ist nur selten mit dauerhaftem Erfolg verbunden. Dennoch begegnen uns diese Muster im Alltag oft. Auch wenn deren Einsatz vor allem aus der Über-Unterordnungsperspektive von Führungskräften auf den ersten Blick attraktiv, wirksam und zeitsparend erscheinen, stärkt es jedoch eher das Verharren im Status quo[35] (ich will so bleiben wie ich bin) oder führt gar zu wachsendem Widerstand bzw. zu Handlungen, die bewusst das Gegenteil von dem darstellen, was die Führungskraft mit ihrem kommunikativen Einwirken anstoßen wollte (Rosengren 2015, S. 25).[36]

Einige Kommunikationssperren sind (in Anlehnung an Gordon 2005, S. 83 ff.):[37]

- bewerten,[38] urteilen, moralisieren, Vorwürfe machen, Stellungnahmen abgeben (v. a. ungefragt);

---

[35] Verlustaversion schmerzt stärker und setzt mehr Energie zum Erhalt des Status quo frei, wie eine Gewinnerwartung (Rose 2019, S. 55).

[36] Hier spricht man auch von Reaktanz. Die sogenannte Reaktanztheorie erklärt die Reaktionen von Personen, deren Handlungs- bzw. Entscheidungsfreiheit bedroht ist, indem Menschen versuchen, sich der Bevormundung zu entziehen oder den ursprünglichen Spielraum zurückzugewinnen. Reaktionen können von Frustration, aktivem Widerstand oder Aggression über Veränderung der Bedeutung des entsprechenden Bereichs, Gleichgültigkeit bis hin zu Passivität oder erlernter Hilflosigkeit reichen (Brehm 1966; s. a. Wirtz 2020; Weibler 2016, S. 23).

[37] Wir benennen hier einige der 12 Kommunikationssperren, die Miller und Rollnick (2015) von Thomas Gordon (2005) übernommen haben. Wir selektieren bewusst, weil diese sich ursprünglich auf den therapeutischen Kontext bezogen haben. Gordon (2005, S. 83 ff.) hat diesen Ansatz auf Führungssituationen übertragen, woran wir uns orientieren.

[38] Dabei können bereits vermeintliche Kleinigkeiten wertend verstanden werden. Worte, wie z. B. *„schon, immer, eigentlich, überhaupt, jedes Mal, meistens ..."* lassen die Kommunikation möglicherweise wertend ankommen (z. B. Voss und Jochum 2017, S. 293). An dieser Stelle der Hinweis, dass es nicht darum geht, dies alles zu vermeiden, sondern sich der möglichen Wirkung der Worte bewusst(er) zu sein.

- belehrend Ursachen aufzeigen, widersprechend diskutieren;
- (ungefragt) Ratschläge geben/Lösungen anbieten/überreden;
- warnen, drohen, befehlen;
- von sich reden, ausufernde Monologe, nicht ausreden lassen;
- herunterspielen/nicht-ernst-nehmen/lächerlich machen;
- unkonkrete, unpersönliche („man könnte mal"), negativ besetzte, absolutistische Aussagen.

Als weiteren **Merksatz** wollen wir an dieser Stelle Winston Churchill zitieren: *„Die meisten Menschen sind bereit zu lernen, aber nur die wenigsten, sich belehren zu lassen."* Das bedeutet, Menschen sind grundsätzlich veränderungs-fähig und -willig (vor allem, wenn sie dies – so gut es geht – selbstbestimmt steuern können). Sie wehren sich jedoch dagegen, verändert und bevor-mundet zu werden. An dieser Stelle wird ein Führungsdilemma[39] deutlich: Einfluss zu nehmen als eine zentrale Führungsfunktion – zugleich die Selbst-bestimmung nicht zu stark einzuschränken, um Widerstand zu vermeiden. Aus der Kommunikations- und Führungsforschung stehen jedoch vielfältige Erkennt-nisse zur Verfügung, wie mit diesen Herausforderungen umgegangen werden kann. Denn so, wie es Kommunikationssperren gibt, sind auch Kommunikations-förderer vorhanden. Dabei sind es meist *nicht* große kommunikative Kniffe, die ein Gespräch nachhaltig beeinflussen, sondern sogenannte **kommunikative Mikroimpulse**, die eine enorme Wirkung entfalten können.[40] Einige Punkte stellen wir nachfolgend vor:[41]

---

[39] Verstanden als eine Situation, in der eine Entscheidung zu treffen ist, indem man zwischen mindestens 2 gegebenen, gleichwertigen und gegensätzlichen Alternativen wählen muss (vertiefend Blessin und Wick 2017, S. 459 ff.).

[40] Wenn in Ihnen bei den nachfolgenden Handlungsempfehlungen z. B. der Gedanke *„das mach' ich doch alles"* aufkommt, so denken Sie bitte auch an die bereits vorgestellten Formen der Wahrnehmungsverzerrung. Letztendlich kann nur das individuelle Gespräch mit Ihren Mitarbeitenden (oder anonyme Befragungen etc.) Ihnen Aufschluss darüber geben, was bei Ihren Gesprächspartner*innen wie ankommt. Zudem hören sich die Impulse und Techniken recht einfach an. Doch ohne umfassende Erfahrung (und/oder Training) und die regelmäßige Reflexion der eigenen kommunikativen Wirkung wird man bei der tatsächlichen praktischen Anwendung schnell an seine Grenzen stoßen. Das Wissen über Gesprächsführungstechniken genügt nicht, um qualitativ hochwertige Gespräche zu führen und vor allem nachhaltigen kommunikativen Erfolg zu haben.

[41] Vertiefend Schütz et al. 2020, S. 102 ff.; Boden 2020; Gabrisch 2019; Ryan und Deci 2017; Voss und Jochum 2017; Kals und Gallenmüller-Roschmann 2017, S. 141 ff.; Weibler 2016, S. 374 ff.; Miller und Rollnick 2015; Gordon 2005.

- Eine kommunikations- und beziehungsförderliche innerliche und äußerliche Haltung.[42]
Die innerliche Haltung bezieht sich auf die grundsätzliche (positive) Sichtweise auf Menschen und Kommunikationsprozesse. Dazu wurden bereits in den vorherigen Abschnitten Ausführungen gemacht. Dennoch wollen wir nochmals auf Rogers (1991) und die Basismerkmale für gelingende Gespräche hinweisen: einfühlendes Verstehen (Empathie), Echtheit (Kongruenz) und emotionale positive Wertschätzung.[43] Vor allem Wertschätzung wird von Mitarbeiter*innen als zufriedenheits- und motivationsfördernd beschrieben – zugleich beklagen viele von ihnen eine mangelnde Wertschätzung am Arbeitsplatz. Zudem bietet die Berücksichtigung der 3 psychologischen Grundbedürfnisse zum Erhalt und zur Verbesserung der Selbstbestimmung (Ryan und Deci 2017) einen wichtigen kommunikativen Rahmen: Unterstützung der Autonomie (Wahl-/Entscheidungsmöglichkeiten, Meinung des Gegenübers mit einbeziehen...), Stärkung der Selbstwirksamkeit und Kompetenzförderung (Ideen berücksichtigen, an Lösungen beteiligen...) sowie Intensivierung der sozialen Verbundenheit (siehe Abschn. 2.2.3). Als äußerliche Haltung verstehen wir den gezielten, kommunikationsförderlichen Einsatz der Körpersprache (z. B. Gestik, Mimik, Blickkontakt) sowie den Einsatz von die Kommunikation begleitenden Elementen (wie Tonfall, Pausen, Sprechgeschwindigkeit). Auch wenn diese Punkte in nahezu allen Ratgebern zu erfolgreicher Gesprächsführung aufgeführt werden, so ist der angemessene Einsatz (die Stimmigkeit von Person, Anliegen und Körpersprache) meist schwieriger als angenommen (Weibler 2016, S. 375).
- Zuhören und Verstehen (absichern).
Zuhören und Verstehen (absichern sowie dies auch dem Gegenüber zu signalisieren) sind sehr entscheidende Aspekte wirksamer Kommunikation und Führungsinteraktion. „Zuhören geht mit bewusster Aufmerksamkeitszuwendung und Sinnzuschreibung einher ... . Entsprechend benötigt der Prozess viel Energie ..." (Weibler 2016, S. 374). Wesentlich für das Gelingen von Gesprächen ist, dass das Gegenüber merkt, dass *Sie* präsent sind. Aufmerksamkeit kann durch ermunternde Gesten und Ausdrücke (z. B. ah, mmm, Kopfnicken, Lächeln etc.) gezeigt werden. Hier sollte allerdings darauf

---

[42] An dieser Stelle wollen wir nochmals die Aussage von Rose (2019, S. 172) betonen: „Das positive Menschenbild einer Führungskraft ist die stärkste Führungstechnik überhaupt."

[43] „Haltung der Achtung und des Respekts vor der anderen Person, die ihr unabhängig von besonderen Merkmalen, Leistungen oder Anlässen entgegenzubringen ist ..." (Weibler 2016, S. 369).

geachtet werden, dass diese Gesten nicht als inhaltliche Zustimmung miss-
interpretiert werden. Dabei hilft es, ab und zu diese Gesten mit einem kleinen
Kommentar zu belgeiten, wie etwa: *„Ich verstehe ...".*
Die wesentlichen Techniken einer zielführenden Kommunikation sind Wiederholen, Paraphrasieren und Zusammenfassen sowie dem Verbalisieren von
Emotionen. So wird das Zuhören zum sogenannten **aktiven Zuhören.** Zum
einen wird dadurch Interesse am Gesagten signalisiert, zum anderen wird
klar, ob das Gesagte tatsächlich richtig verstanden wurde. Hier ergibt sich
eine hervorragende – und in der Realität oft leider viel zu selten genutzte –
Möglichkeit, Missverständnisse zu klären oder zu vermeiden. Die Wiederholung besteht in der wörtlichen Wiederholung der zentralen Aussage. Die
Paraphrase gibt das Gesagte in einer eigenen Formulierung wieder. Das gilt
auch für Zusammenfassungen, die sich dadurch unterscheiden, dass sie sich
auf längere Gesprächsabschnitte beziehen. Ein wichtiges Gespräch sollte
nie ohne eine Zusammenfassung enden. Zudem sollte für das Zutreffen der
Zusammenfassung vom Gegenüber nochmals Zustimmung eingeholt werden.
Insbesondere bei tiefergehenden (Beratungs-)Gesprächen, aber auch in
konflikthaften bzw. herausfordernden (Führungs-)Situationen empfiehlt
sich als Erweiterung das sog. Emotionalisieren bzw. Verbalisieren von
Emotionen. Hier wird nicht das wiederholt, was gesagt wurde, sondern
es wird angesprochen, welche Befindlichkeit hinter der Aussage vermutet
wird: *„Das hat Sie ziemlich gestresst", „Das klingt so, als hätten Sie sich
über X geärgert", „Verstehe ich das richtig, das Sie sich durch meine Aussage zu Ihrem Verhalten Y gegenüber, gekränkt gefühlt haben?"* (z. B. Culley,
2015). Diese „Basics" sind essenziell für gelingende Kommunikation. Sie
sind die Grundlage für gute Arbeitsbeziehungen, für Glaubwürdigkeit und
Vertrauen sowie für eine wirksame Einflussnahme als Führungskraft. Studien
zur Lösung schwieriger Kommunikationssituationen (wie z. B. Konflikte,
starker Widerstand in Change Prozessen oder emotionale, zeitkritische Verhandlungen) konnten zeigen, dass die hier skizzierten Aspekte die entscheidenden Gelingensbedingungen darstellen. Es ist dabei ratsam, dass sie
in einer ernstgemeinten, schrittweise Reihenfolge eingesetzt werden. Denn
es konnte auch festgestellt werden, dass herausfordernde Kommunikationssituationen daran gescheitert sind, dass der/die Verhandlungsführer*in (bzw.
Führungskraft) z. B. zu schnell durch die Phasen („Verstehen - verstanden
Werden - Vertrauen - Verändern) geht, vorzeitig durch (ungebetene) Vorschläge das Problem lösen möchte, zu schnell die Eigeninterpretation die
Oberhand gewinnt oder die Aufrichtigkeit (also z. B. echte Empathie) fehlt
und dies durch den Gegenüber wahrgenommen wird.

Das zuvor Dargestellte hört sich leicht an - ist es aber meist nicht. Die richtige Anwendung ist anspruchsvoll und benötigt viel Übung (und Selbstreflexion). Wenn Sie es schwierig finden, zuzuhören, üben Sie. Und machen Sie sich Zusammenfassungen zur Regel! Wenn Sie im Anschluss an die Zusammenfassung eines Redebeitrags dann fragen, ob Sie das richtig verstanden haben und im Falle einer Verneinung nachfragen, wird sich sowohl bei Ihnen als vermutlich auch bei Ihren Mitarbeitern eine neue Routine etablieren, genauer zuzuhören. Zudem werden Sie spüren, dass schrittweise Vertrauen wächst und die Beziehung sich verbessert. Nicht umsonst stehen die Menschen, mit denen wir eng verbunden sind und die uns uneingeschränkt vertrauen, unseren Ratschlägen offener gegenüber (und umgekehrt ist es doch auch meistens bei uns der Fall).

- Mehr Fragen statt zu viel sagen.
  Fragen sind mit der beste (und leichteste) Weg in die Welt des Gegenübers. Fragen steuern nicht nur Gespräche – sie signalisieren Interesse an der Meinung des anderen und beziehen diesen aktiv in die Klärungsphase eines Gesprächs mit ein. Es empfiehlt sich, eher kurze, offene Fragen zu stellen. Geschlossene Fragen – also Fragen, die nur mit ja oder nein zu beantworten sind – wirken sich eher ungünstig auf den Gesprächsverlauf aus. Mit 3 oder 4 geschlossenen Fragen ist fast jedes Gespräch zum Erliegen gebracht. Häufig ist ein versiegendes Gespräch Folge eines eher als inquisitorisch wahrgenommen Fragestils und nicht notwendigerweise – wie von Führungskräften dann möglicherweise unterstellt – Ausdruck einer mangelnden Gesprächsbereitschaft des Gegenübers. Offene Fragen signalisieren dagegen Interesse und lassen dem Gegenüber ausreichend Selbstbestimmung. Zudem wirken sie aktivierend, was vor allem im Kontext motivationaler oder veränderungsförderlicher Gespräche von großer Bedeutung ist.

- Behutsam mit Ratschlägen umgehen – Selbststeuerung stärken.
  Die Redewendung „jemanden mit Rat schlagen" drückt schon aus, wie Ratschläge häufig empfunden werden. Während die meisten Personen, sich wünschen, dass Ihnen das Gegenüber zuhört, wenn sie irgendetwas drückt, werden andere oft mit guten Ratschlägen beglückt. Diese sind selten erfolgreich und führen häufig zu Widerstand (Reaktanz).[44] Stattdessen ist es sinnvoll,

---

[44] Reaktanz bezeichnet den Drang, die eingeengte oder verlorene Freiheit wiederzuerlangen. Sie ist eine Reaktion auf empfunden Druck oder die wahrgenommene Einschränkung der Selbstbestimmung. Das Konzept erinnert an die Eigenschaft Trotz, ist aber spezifischer (Wirtz 2020). Siehe auch die Ausführungen im Bereich der Kommunikationssperren weiter oben.

durch die geschilderten Mikroimpulse des aktiven Zuhörens und mit offenen
Fragen die Situation, deren Einschätzung und möglicherweise eine bestehende
Veränderungsabsicht und oder Veränderungszuversicht zu explorieren
(siehe auch die Ausführungen zur Motivierenden Gesprächsführung von Miller
und Rollnick 2015 weiter unten im Text). Auch die weiter oben angeführten
Schlussfolgerungen aus der Selbstbestimmungstheorie, insbesondere jene zur
Förderung der Autonomie, sind hier hilfreich.

- Sich über die kommunikativen Vorlieben mit den Mitarbeitenden austauschen.
Metakommunikation, also das Sprechen über das Sprechen, ist hilfreich,
wenn die Kommunikation langfristig verbessert werden soll. Sie ist vor allem
dann notwendig, wenn die Kommunikation nicht gelingt. Fragen z. B. zur
Art und Weise von Rückmeldungen, zu Wegen bzw. zur Regelmäßigkeit des
Austauschs, ob ausreichend wie auch verständliche Informationen gegeben
werden, stehen dabei im Mittelpunkt. Wichtig ist hierbei zunächst wieder
zuzuhören. Gehört zu werden heißt dabei nicht notwendigerweise auch zu
bekommen was man möchte (verstanden bedeutet nicht gleich einverstanden).
Aber das Gefühl, dass die eigene Position wahrgenommen wird, trägt bereits
wesentlich zum Empfinden eines wertschätzenden Umgangs bei. In ver-
fahrenen Situationen kann die Moderation, Mediation oder Supervision durch
eine erfahrene Person sinnvoll sein. Diese hat dann insbesondere die Aufgabe,
die Mitarbeitenden dabei zu unterstützen in ihrer Position Gehör zu finden.
Zu explorieren, wer welche Vorlieben oder Schwierigkeiten hat oder ganz
konkret über das Miteinander in Sitzungen, im direkten Zweierkontakt oder
vor anderen zu sprechen, kann Hinweise auf mögliche Fettnäpfchen geben
und wird wiederum als wertschätzend erlebt. Dies gilt dabei nicht nur in die
eine Richtung. Auch Vorgesetzte können davon profitieren, wenn die Mitarbeitenden wissen, worauf sie ggf. Rücksicht zu nehmen haben. Rollen-
übernahme und u. U. sogar Perspektivwechsel können die Zusammenarbeit
langfristig deutlich erleichtern (vgl. hierzu auch Abschn. 4).

- Klarheit durch prägnante Formulierungen, Transparenz und anschauliche
Erläuterungen.
Die Bedeutung von Verständlichkeit haben wir bereits hervorgehoben. Einfache, kurze Sätze, mit für die Gesprächspartner verständlichen Wörtern sind
ebenso sinnvoll, wie eine klare Struktur der Argumente. Hinzu kommt in Zeiten
einer – selbst, wenn manche und mancher das gerne anders hätte – zunehmend
komplexen (VUCA-)Welt, dass ein Mehr an Transparenz unabdingbar
scheint, um Unsicherheit, Überlastung und Verwirrung zu begrenzen. Offenheit ist zudem ein wesentlicher Faktor bei der Entstehung von Glaubwürdigkeit und Vertrauen. Neben Einfachheit, Strukturiertheit und Prägnanz tritt
die Nutzung von Unterstützungsmöglichkeiten, die die Klarheit des Gesagten

unterstützen (wie z. B. Begründungen oder Beispiele, die konkret nachvoll-
zogen werden können). Dies führt in der Regel auch zu einem interaktiven
Mehrwert, da sich das Gegenüber so ernster genommen fühlt.

- Regelmäßige Reflexion der Gesprächsführungsqualität.
  Hierbei können Fragebögen helfen, wie z. B. die von Wolfram und Mohr
  (2014) oder Mohr und Kolleg*innen (2014), die Sie selbst oder (noch besser)
  gemeinsam mit Ihren Mitarbeiter*innen bearbeiten können. Einige Fragen
  hieraus sind:
  – Mein/e Vorgesetzte/r gibt mir genaue Rückmeldungen zu meiner Arbeit.
  – Bei meiner/meinem Vorgesetzten kann ich Dinge direkt loswerden.
  – Mein/e Vorgesetzte/r formuliert schwierige Sachverhalte verständlich.
  – Mein/e Vorgesetzte/r gibt mir klare und verständliche Anweisungen.
  – Mein/e Vorgesetzte/r erkennt meine Meinung an.
  – Mein/e Vorgesetzte/r lobt mich, nachdem ich schwierige Aufgaben bewältigt
    habe.
  – Mein/e Vorgesetzte/r hilft mir beim Finden von Problemlösungen.
  – Nach Fehlern muntert mich mein/e Vorgesetzte/r auf.

Die gerade skizzierten Impulsfragen können als eine Möglichkeit der Führungskraft verstanden werden, sich bei den Mitarbeitenden Rückmeldung (Feedback)
über die Gestaltung der Führungsbeziehung und -kommunikation einzuholen. **Feedback**[45] geben und nehmen ist essenziell für eine erfolgreiche

---

[45] Führungsfeedback: Eine zeitnahe, rückwärtsgewandte und konkrete Betrachtung
des durch die Führungskraft wahrgenommenen Verhaltens einer Person (inklusive der
Auswirkungen) mit der Intention, Reflexion wie dialogischen Austausch anzuregen,
erwünschtes Verhalten zu stärken und unerwünschtes Verhalten zu reduzieren bzw.
neue Perspektiven zu evozieren (in Anlehnung an Schütz et al. 2020, S. 26 ff., 104 ff.;
Gabrisch 2019, S. 25 ff.; Bungard 2018; Jöns 2018; Goetz und Reinhardt 2017, S. 1 ff.;
Weibler 2016, S. 375; Zygar 2015; Rischar 2011, S. 58). Es soll betont werden, dass
gelingendes Feedback keine Einbahnstraße darstellt sowie erst dann besonders wirksam wird, wenn es (neben bestimmten Grundregeln; z. B. Schütz et al. 2020, S. 28 f.;
Jöns 2018; Werther 2015) vor allem auch den (positiven) Blick nach vorne beinhaltet
(Feedforward; z. B. Gabrisch 2019). Denn nur rückgewandte und/oder negatives Feedback
führt zu Demotivation, verstärkten Aktivitäten, sich eine neue Arbeitsstelle zu suchen, und
zunehmender Schlechtleistung (z. B. Wigert und Dvorak 2019; Clifton und Harter 2019;
Kluger und Nir 2010; Kluger und DeNisi 1996). Zudem ist die Wirkung von Feedback
– betrachtet man es isoliert – nicht immer sehr hoch. Erst in Kombination mit anderen
Führungsinstrumenten (z. B. transaktionale und transformationale Führung, Empowerment,
Förderung der Selbstbestimmung, weitere Elemente der Arbeitszufriedenheit n. Hackman
und Oldham 1980, konkrete Ziele, Aufgaben, Rollenerwartungen) kann es eine bedeutende
Wirkung entfalten (z. B. Schütz et al. 2020, Tagliabue et al. 2020; Ryan und Deci 2017).

Kommunikation (Regnet 2020, S. 275). Über die enorme Bedeutung von Feedback für die individuelle Motivation, Zufriedenheit und Weiterentwicklung bzw. Leistungssteigerung sowie die Verbesserung des Austauschs von Fremd- und Selbstwahrnehmung der Beteiligten stimmen Führungskräfte wie Mitarbeitende sowie empirische Forschung weitgehend überein (Haufe 2020; Schütz et al. 2020, S. 26 f.; Ryan und Deci 2017, 2019; Zygar 2015; Hackman und Oldham 1980). Auch, was die Notwendigkeit entsprechender Qualitätskriterien sowie beispielsweise Fragen der Regelmäßigkeit, Ehrlichkeit, Konstruktivität (also das WIE?) betrifft, besteht auf allen Ebenen weitgehend Einigkeit (z. B. Haufe 2020; Schütz et al. 2020, S. 26 ff., 104 ff.; Weibler 2016, S. 375). Obwohl sich Führungskräfte wie Mitarbeitende einig sind, dass eine gute Feedbackkultur sehr relevant ist, so beurteilen mehr als 50 % diese als gar nicht gut oder eher nicht gut – über 80 % sehen Verbesserungspotenzial bei der Feedbackkultur in ihrem Unternehmen (Haufe 2020). Andere Untersuchungen weisen auch auf deutliches Optimierungspotenzial sowie auf recht unterschiedliche Einschätzungen[46] bzgl. der Qualität (u. a. ausreichend Wertschätzung/Lob/Anerkennung, angemessenes Verhältnis von positiver zu negativer Rückmeldung, konkrete, hilfreiche Rückmeldung, partizipativ und gegenseitig) und Quantität (u. a. regelmäßig, zeitnah, ausreichend) hin (z. B. Haufe 2020; Wigert und Dvorak 2019; Clifton und Harter 2019; Rose 2019, S. 155 f., 179 ff.; Gallup 2019; Nink 2017, 2018; Wigert und Harter 2017; Weibler 2016, S. 375).

Feedback hat als Führungsinstrument und -kompetenz eine hohe Bedeutung (z. B. Schütz et al. 2020, S. 26 f.; Franken 2019, S. 19 ff.; IFIDZ 2019; Strack et al. 2014, 2018) und zugleich werden beispielsweise Art und Weise (Gestaltung des Feedbackprozesses) sowie Wirkung (was nimmt die Person, die Feedback erhält, tatsächlich an) mitunter emotional diskutiert und besitzen, wie zuvor skizziert, deutliches Verbesserungspotenzial.

> „Letztlich wirkt Feedback vor allem deshalb, weil blinde Flecken des Mitarbeiters, der Führungskraft, der Abteilung oder der Organisation identifiziert und damit sichtbar gemacht werden" (Werther 2015, S. 6).

Dabei ist Feedback zunächst als neutrale Kommunikationsform zu verstehen.[47] Es beinhaltet positive wie negative Rückmeldungen. Und nicht selten endet just an

---

[46] Von Führungskräften im Gegensatz zu den Mitarbeitenden.
[47] Weitere Funktionen z. B. bei Bungard 2018, S. 22.

dieser Stelle schon die Neutralität (wir haben zuvor bereits zu individueller Wahrnehmung und Kommunikation verschiedene Fallstricke beschrieben, die auch beim Feedback gelten). Denn Feedbackprozesse können als kommunikativer Austauschprozesse der gegenseitigen **Selbst- und Fremdwahrnehmung** verstanden werden, die in der Praxis nicht selten auseinander liegen. Wenn dann noch durch die Führungskraft Wertungen, Interpretationen oder sonstige Kommunikationssperren geäußert werden oder auf der Seite der Feedbackempfänger*innen starke Wahrnehmungsverzerrungen, geringe soziale Selbstsicherheit oder frühere negative Erfahrungen mit Feedback vorliegen, so wird die Brisanz von Feedback schnell ersichtlich.[48] Das führt in Organisationen u. a. dazu, dass Feedback zu wenig oder gar selten bis nie gegeben wird (z. B. Haufe 2020; Bungard 2018, S. 24; Wigert und Harter 2017) oder deutliche qualitative Mängel aufweist (z. B. Rose 2019, S. 180; Wigert und Dvorak 2019; Wigert und Harter 2017), da es z. B. eher allgemein gehalten wird, um in kein „Feedbackfettnäpfchen" zu treten – was nachfolgendes Zitat verdeutlicht:

> *„Bei uns beschränkt sich allgemeine Rückmeldung auch in ‚Hast du gut gemacht. Hast du nicht gut gemacht. Kannst du das noch machen?' Das hat für mich jetzt nicht so viel tollen gewinnbringenden Inhalt, dass ich sage, diese Rückmeldung brauche ich unbedingt".[49]*

Menschen wünschen und benötigen Rückmeldung. Sie erhalten dadurch u. a. Informationen darüber, wie das eigene Verhalten oder auch die Beziehung zueinander von anderen wahrgenommen wird, bekommen Impulse für die Entwicklung ihres Selbstbilds/-wertgefühls, erfahren im organisationalen Kontext Orientierung bzw. Reduzierung von Unsicherheit und haben im Dialog die Möglichkeit, unterschiedliche Perspektiven erkennen und diskutieren bzw. ihr Handeln erklären zu können (z. B. Franken 2019, S. 159 ff.; Jöns 2018, S. 31 ff.).

Neben dem Fokus auf mögliche Soll-/Ist-Diskrepanzen ist Feedback für den Aufbau einer qualitativ hochwertigen Führungs-Mitarbeitenden-Beziehung, für

---

[48] Basierend auf einem umfangreichen Forschungsdatensatz nennen Wigert und Harter (2017, S. 8 ff.) verschiedene Hindernisse, die der Motivation und Zufriedenheit der Mitarbeiter*innen im Rückmelde-/ Leistungsbeurteilungsprozess vor allem im Weg stehen: seltenes Feedback, Mangel an Klarheit, Voreingenommenheit der Führungskraft, unerwünschte Reaktionen der Führung auf Bewertung und Feedback durch die Mitarbeitenden, zu starke Konzentration auf Lohnanreize.

[49] Antwort im Rahmen einer Befragung (Masterthesis aus dem Jahr 2020) im Ambulant-Betreuten-Wohnen.

den gegenseitigen Informationsaustausch und zur Förderung der Kompetenzentwicklung bedeutsam. Zugleich trägt eine Rückmeldung von außen jedoch
meist eine Wertung in sich (so wird es zumindest vom Feedbackempfänger
interpretiert), denn Menschen werden von anderen Menschen häufig anders
wahrgenommen, als diese sich selbst sehen, was u. a. auf unterschiedliche Einstellungen, Gefühle oder Ausdrucksvermögen aufseiten des Empfängers und
Senders zurückzuführen ist (Jöns 2018, S. 31; Werther 2015, S. 36 f.; siehe auch
die vorherigen Ausführungen in Abschn. 3.1 und 3.2). Eine weitere Erklärung
für verschiedene Sichtweisen bietet das sogenannte **Johari-Fenster,**[50] das unser
Bewusstsein in 4 Felder unterteilt und Erklärungen für die unterschiedliche (zum
Teil weit auseinander liegende) Selbst- und Fremdwahrnehmung liefert (Schütz
et al. 2020, S. 104 f.; Regnet 2020, S. 275 f.; Werther 2015, S. 6 f.):

- öffentlicher Bereich (Informationen,[51] die mir und anderen bekannt sind bzw.
  zur Verfügung stehen),
- blinder Fleck (Informationen, die ich selbst wenig bis gar nicht – andere
  jedoch recht deutlich wahrnehmen),
- privater Bereiche (Aspekte meines Denkens und Handelns, die ich vor anderen
  bewusst verberge),
- unbewusster Bereich (Informationen, die weder mir noch anderen bekannt
  sind, jedoch in mir wohnen und erforscht werden können).

Neben der persönlichen Offenlegung, die den privaten Bereich reduziert und andere
mehr an meinem Wissen und mir als Person teilhaben lässt, ist vor allem Feedback
geeignet, um den individuellen blinden Fleck zu reduzieren, indem man bewusst
Rückmeldung einfordert und ein qualitativ hochwertiges Feedback von anderen
erhält. Doch viele Menschen fühlen sich beim Geben wie beim Nehmen von Rückmeldung nicht besonders wohl. Dies ist (verkürzt) damit zu erklären, dass wir in
unserer Sozialisation eher gelernt haben, v. a. keine negativen Wertungen zu geben
oder zumindest zurückhaltend dabei zu sein, um unsere sozialen Verbindungen
nicht zu gefährden (Bungard 2018, S. 15; soziale Zugehörigkeit ist eine der 3

---

[50] Benannt nach den amerikanischen Sozialpsychologen Joseph Luft und Harry Ingham, die
dies 1955 entwickelt haben.

[51] Unter Informationen ist das Wissen über v. a. Verhaltensweisen und Denkmuster zu verstehen. Im organisatorischen Kontext können darunter aber auch tatsächlich Informationen
gemeint sein – also z. B. Inhalte, die die Führungskraft bewusst oder unbewusst für sich
behält und damit den Mitarbeitenden ggf. den blinden Fleck belässt oder gar vergrößert.

psychologischen Grundbedürfnisse; Ryan und Deci 2017). In dem Zusammenhang haben wir gelernt, dass es für Beziehungen förderlich ist, eher positive Aussagen zu tätigen. Diese positiven Aussagen bilden somit die Basis (Grundlinie) für unser Miteinander, was wiederum dazu führt, dass jegliche negative Äußerung neben der Warnfunktion deutlich „lauter" (i. S. v. kritischer als vom Sender beabsichtig bzw. eingeschätzt) wahrgenommen wird, wir uns damit auf diese konzentrieren (oft dann das Positive überhören, schnell vergessen) und sich dies stärker auf das emotionale Wohlbefinden auswirkt als positive Rückmeldungen (Liebrecht et al. 2019; Rose 2019, S. 53 ff.; Ebner 2019, S. 315 f.; Welpe et al. 2018, S. 197; Baumeister et al. 2001).[52] Auch bleibt Negatives länger im Gedächtnis erhalten als positive Erlebnisse[53] (Drath 2015, S. 39).

Folglich gilt für die Arbeitswelt:

> Damit Menschen auf der Arbeit engagiert und leistungsfähig bleiben, brauchen sie mehr positive als negative Interaktionen (Rose 2019, S. 55).

Das bedeutet *nicht* (!), Menschen in Watte zu packen oder ihnen kritische Rückmeldungen zu ersparen. Jedoch kommt es auf die *Qualität der Beziehung* (z. B. Coleman 2018, S. 17; Ryan und Deci 2017, 2019; Kühn und Kühn 2017, S. 481; Gottfredson und Aguinis 2017; CIPD 2016, S. 10; siehe auch Abschn. 3.1 sowie Kap. 2), die *Dosierung* sowie die *Art und Weise der Rückmeldung* an, ob und

---

[52] Im Kontext des blinden Flecks, von Rückmeldungen allgemein und besonders auch negativem/kritischem Feedback verweisen wir an dieser Stelle an unsere vorherigen Ausführungen, die wir v. a. in vorherigen Fußnoten erläutert haben: Z. B. Attributionstheorie, Reaktanztheorie, Self-serving Bias, Falscher-Konsensus-Effekt, Akteuer-Beobachter-Divergenzen, Confirmation Bias, Selbstüberschätzung unserer Kompetenz zur Einschätzung einer (für uns unsicheren) Situation, Selektiv-optimistische Erinnerung.

[53] Kränkungen führen im Gehirn zu ähnlichen neuronalen Signalen wie physische Schmerzen (Eisenberger 2012), und schwere Kränkungen werden selbst über lange Jahre nicht vergessen. Doch es muss nicht eine starke Kränkung sein, die sich auf das Wohlbefinden negativ auswirkt: In einer finnischen Längsschnittstudie über einen Zeitraum von 11 Jahren konnte gezeigt werden, dass „unbefriedigende Anerkennung und Wertschätzung am Arbeitsplatz" das Risiko einer Verschlechterung der Arbeitsfähigkeit mehr als verdoppelt (Ilmarinen und Tempel 2002; Tuomi et al. 1997). „Mitarbeiter, die sich nicht respektiert fühlen, leiden eher unter Schlafstörungen ... sowie Depressionen ..., sind häufiger krank ... und haben höhere Fehlzeiten..." (Decker und Van Quaquebeke 2016, S. 31). Im Gegensatz dazu können positive Erlebnisse u. a. Ressourcen stärken, Motivation und Zufriedenheit fördern sowie die Leistung der Organisation steigern (z. B. Ebner 2019, S. 121 ff.).

wie Rückmeldungen auf- und vor allem angenommen werden (z. B. CIPD 2016; Kluger und DeNisi 1996).[54] Das Verhältnis **3:1** (3 positive zu einer kritischen/ negativen Erfahrungen bzw. Rückmeldungen) scheint einen kommunikativen Anhaltspunkt für Führungskräfte zu bieten,[55] wenn es um Feedback zu Verhalten, Leistung, Zielerreichung etc. geht. Damit Feedback die gewünschte (nachhaltige) Wirkung entfaltet, gibt es nützliche Regeln. Einige wichtige Aspekte werden nachfolgend in Anlehnung an Schütz et al. (2020, S. 28 ff.) und Zygar (2015) sowie auf Basis weiterer wissenschaftlicher Erkenntnisse[56] kurz ausgeführt:

- **Ausgewogenes Day-to-Day-Feedback.**
  Feedback sollte positive wie negative (entwicklungsorientierte) Aspekte enthalten – wobei die positiven in der Regel überwiegen sollten. Dabei sollte jegliches Feedback so zeitnah (und damit so nachvollziehbar) wie möglich

---

[54] Wie in vorherigen Ausführungen (z. B. zur Führung allgemein, zur Arbeitszufriedenheit und Motivation) betont, kommen situative und personale Faktoren hinzu, die Einfluss nehmen. Es wurde zudem herausgefunden, dass die Reaktion auf das Feedback (also die dadurch ausgelöste Emotionen) stärker auf die Leistung Einfluss nimmt als das Feedback selbst (der Inhalt; CIPD 2016).

[55] Andere Befunde gehen im Verhältnis deutlich höher und benennen ein Verhältnis von 5:1 oder mehr (für Vertiefungen zum Verhältnis positive und negative Emotionen bzw. Rückmeldungen siehe z. B. Rose 2019, S. 50 ff.; Coleman 2018; Welpe et al. 2018, S. 197; Boyatzis et al. 2015; Kugler 2015; Fredrickson 2013; Heaphy und Dutton 2008; Losada und Heaphy 2004). Andererseits gibt es auch Kritik an den Zahlen und der Berechnung (z. B. Ebner 2019, S. 124). Ohne sich auf eine der Zahlen unverrückbar festzulegen, halten wir in der Praxis die 3:1-Regel für umsetzbar (zumindest sollte das Positive überwiegen; Rose 2019, S. 54; Ebner 2019, S. 125 ff.; Weibler 2016, S. 375). Gleichwohl kommt es weniger auf die konkrete Zahl an, sondern darum, als Führungskraft regelmäßig bewusst positive Momente und Rückmeldungen zu schaffen und nicht ausschließlich bei Fehlern, Steuerungsbedarf oder Kritik aufzutauchen. Auch die Regelmäßigkeit der Kommunikation zeigt Wirkung (so bewerten Mitarbeiter*innen ihre Führungskraft entsprechend häufiger als respektvoll, je mehr Kommunikation stattfindet; Decker und Van Quaquebeke 2016, S. 31).

[56] Es wurden zudem Erkenntnisse aus folgenden Publikationen berücksichtigt, die Ihnen verschiedene Aspekte noch vertiefend darstellen: Regnet 2020; Haufe 2020; Boden 2020; Gabrisch 2019; Wigert und Dvorak 2019; Rose 2019; Ebner 2019; Clifton und Harter 2019; Ryan und Deci 2017, 2019; Welpe et al. 2018, S. 108 ff., 139; Goetz und Reinhardt 2017; Wigert und Harter 2017; CIPD 2016; Weibler 2016, S. 375; Werther 2015; Miller und Rollnick 2015; Kluger und DeNisi 1996 sowie unsere Ausführungen im gesamten Kap. 3.

gegeben werden[57] – optimal sofort, in der konkreten Situation. Regelmäßiges (informelles) Feedback unterstützt die Kompetenzentwicklung und führt dazu, dass besser gelernt wird, Feedback anzunehmen und umzusetzen. Dennoch sollten Sie sich wesentliche Aspekte (für Rückfragen, bei Verzögerung oder auch für Jahresgespräche) notieren.

- **So konkret wie möglich, so ausführlich wie nötig und sich dabei auf kontrollierbare Aspekte konzentrieren.**
Einzelne Beobachtungen werden klar (i. S. von ehrlich sowie verständlich) und spezifisch (konkretes Verhalten) beschrieben. Dabei vermeiden Sie die zuvor ausgeführten Kommunikationssperren. Indem Sie zunächst nur so umfassend wie nötig eine Rückmeldung geben, überfordern Sie nicht die Verarbeitungsfähigkeit des Gegenübers und haben vielfältige Gelegenheiten, den in der Kommunikation wichtigen Punkt des Verstehens und Verstanden-Werdens zu berücksichtigen (Zuhören als wichtige Führungskompetenz). Zur Frage, worauf man sich beim Feedback am besten konzentriert, hat die Forschung herausgefunden, dass unterschiedliche Schwerpunktesetzungen verschiedenartige Wirkung entfalten:

– Fokus auf die Beherrschung der Aufgabe (Kompetenzorientierung; am wirksamsten),

– Fokus auf die Aufgabenmotivation (Zielorientierung; am zweitwirksamsten),

– Fokus auf übergeordnete, personenbezogene Prozesse (Eigenschaftsorientierung; am wenigsten wirksam).

Um die Wirkung noch zu erhöhen, können Sie bei positiven Rückmeldungen das konkret erwünschte Verhalten durch die Mitarbeiterin oder den Mitarbeiter nochmals explizit formulieren lassen (z. B. *„Erzählen Sie mir doch mal, wie haben Sie diese großartige Leistung denn konkret geschafft? Welche Rahmenbedingungen haben Sie unterstützt, was haben Sie dafür geleistet?"*). Bei

---

[57] So sollten z. B. formelle Leistungs-/Potenzialbeurteilungen oder Mitarbeiterjahresgespräche u. a. auf Basis des unterjährigen, regelmäßigen Feedbacks beruhen. Überraschungen oder auch Unmut der Mitarbeitenden (z. B. über ungerechtfertigte oder nur schwer nachvollziehbare Einschätzungen durch die Führungskraft) dürften somit nur im geringen Maße (oder besser gar nicht) entstehen. Wir weisen an dieser Stelle nochmals auf die bereits zuvor ausgeführten Wahrnehmungsverzerrungen hin – insbesondere auf die mit zunehmender Dauer steigende optimistische Erinnerung an die Vergangenheit. „Die wahrgenommene Richtigkeit des Feedbacks ist ein ausschlaggebender Faktor dafür, ob Feedback einen Anreiz für mehr Einsatz bietet und schließlich zu besserer Leistung führt" (Zygar 2015, S. 1).

problematischen Rückmeldungen ist es ebenso wichtig, dass die betroffene Person selbst formuliert, was sie wie in Zukunft anders angehen möchte, wie konkret sie diese Veränderung sicherstellen kann und ob sie Unterstützung benötigt (und welche).

- **WWW ... als grundsätzliche Regel**:
  - „What went well?"

Ein stärkenfokussierter Ansatz hilft, dass Kritik, die ohnehin im Mittelpunkt der Wahrnehmung steht, nicht ausschließlich das Gespräch dominiert. Zudem entwickelt sich der Bereich vor allem weiter, worauf man seine Aufmerksamkeit lenkt. Trotz einer positiven Blickrichtung müssen auch kritische Punkte angegangen werden. Hierbei sollten Sie kleine Schritte der Veränderung ins Auge fassen, die meist mehr Wirkung entfalten als große Ziele. Zudem sollten (so gut es geht) von der Person beeinflussbare Aspekte herausgearbeitet werden (Growth-Mindset-Ansatz; z. B. Dweck 2007) und Unterstützungsangebote durch die Führungskraft formuliert werden (ob diese angenommen werden, bestimmt jedoch unser Gegenüber):

- Wertschätzung wirkt Wunder.

Dieser Satz betont die Bedeutung, die Grundlagen guter Beziehungsgestaltung und einfühlsamer Kommunikation zu beachten und dabei Kommunikationssperren zu vermeiden. Wertschätzend wirkt bereits, den/die Feedbackempfänger*in um Erlaubnis zu fragen, ob Feedback erwünscht ist.[58] Bei Rückmeldungen die Person und ihr Tun nicht gleich frontal und/oder wertend

---

[58] An diese Stelle nehmen wir in Führungsseminaren regelmäßig die Frage wahr: *„Aber was soll ich tun, wenn mein Gegenüber das Feedback ablehnt?"* Und möglicherweise gehen Ihnen ähnliche Gedanken durch den Kopf. Wir stellen vor einer Antwort meist eine andere Frage: *„Wie häufig kommt es vor, dass Mitarbeitende Rückmeldungsangebote von Führungskräften ablehnen?"* Die Antwort lautet dann nahezu immer: *„Selten oder gar nicht"*. Und trotzdem: Das bewusste Einholen des Einverständnisses ist ein wichtiger Schritt, damit die Aufmerksamkeit für den Kommunikationsprozess steigt, die nachfolgenden Informationen besser angenommen werden und auch erwünschte Veränderungen erzeugt werden (z. B. Miller und Rollnick 2015, S. 167 ff.; siehe auch unsere Ausführungen zur Motivierenden Gesprächsführung am Ende des Abschn. 3.2). Feedback soll wohlwollend sein und ist durch den Angebotscharakter gekennzeichnet. Sollte eine Mitarbeiterin oder ein Mitarbeiter das Angebot tatsächlich ablehnen, müssen Sie sich zunächst ohnehin Gedanken über Ihre Beziehung, die Organisationskultur oder zur Motivation und Arbeitszufriedenheit der betreffenden Person machen. Denn ein solches Verhalten hat meist eine Geschichte. Auch, wenn es eher selten vorkommt, so stellen wir Ihnen eine Reaktionsmöglichkeit vor. Sollte es sich um *kein* Gespräch handeln, was unbedingt geführt werden muss (also aufgrund eines z. B. arbeitsvertraglichen Fehlverhaltens

kritisieren. Daher zunächst eher auf die Situation eingehen.[59] Können Sie für jeden Mitarbeitenden folgende Fragen beantworten: *„Wie will die Person positive Rückmeldungen erhalten? Wie soll ich ihr Problematisches/ Negatives zurückmelden? Wie ist sie in der Vergangenheit mit Rückmeldungen umgegangen – was war hilfreich, was eher hinderlich?":*

– Wahrnehmung – Wirkung – Wunsch.

Vor allem bei **kritischen** Rückmeldungen hat sich diese 3-W-Regel bewährt.[60] Zunächst beschreiben Sie so konkret und knapp wie möglich Ihre **Wahrnehmung** (*„Frau/Herr XY, der für vergangenen Freitag versprochene Bericht liegt mir bis heute noch nicht vor"*; eine andere Formulierung könnte sein: *„Mir ist gestern, als Sie in unserem Teammeeting Ihre Bedenken vortrugen, aufgefallen, dass ..."; „Ich habe gerade Rückmeldungen von Ihren Klienten erhalten ..."*). Dann verdeutlichen Sie, was es bei Ihnen auslöst – also welche **Wirkung** das Verhalten Ihrer Meinung nach entfaltet. Dabei können Sie beispielsweise Folgen für die Person, die Organisation oder ein Ziel beschreiben (*„Dies kann dazu führen, dass ..."; „Ich sehe die Gefahr, dass ..."; „Ich frage mich hierbei, ob ..."*). Sie können jedoch auch die bei Ihnen ausgelösten Emotionen thematisieren (*„Das löst bei mir XY aus"; „Ich sorge mich ..."; „Ich bin beunruhigt ..."; „Mit diesem Ergebnis bin ich nicht zufrieden ..."; „Das Verhalten ärgert mich/kann ich nur schwer akzeptieren ..."*). Abschließend formulieren Sie Ihren **Wunsch** (Bitte, Forderung, Anweisung; *„Ich bitte Sie daher ..."*) oder nutzen bereits an dieser Stelle die Möglichkeit, die Sichtweise Ihres Gegenübers zu erfahren (*„Meine Frage an Sie ist ..."; „Wie sehen Sie das?"*).

---

oder massiver Beschwerden über die Person die Notwendigkeit besteht und es somit wenig bis keinen Verhandlungsspielraum zur Frage „ob man es führen möchte" gibt), so könnten sie folgendermaßen antworten: *„Schade, dass Sie kein Interesse an einer Rückmeldung haben, aber es ist Ihre Entscheidung. Natürlich bin ich auch an den Gründen interessiert, weshalb Sie keine Rückmeldung wünschen. Wenn Sie vielleicht später mit mir darüber möchten, können Sie sich jederzeit bei mir melden."* Sollte das Verhalten es notwendig werden lassen, dass es bei der Rückmeldung keine Wahlmöglichkeit gibt (es somit auch kein Angebot ist), so ist die Frage nach Erlaubnis nicht angebracht. An dieser Stelle ist es jedoch ratsam, dass Sie vor der eigentlichen Rückmeldung Ihre Rolle nochmals kommunizieren (*„In meiner Funktion als Ihre Teamleiterin möchte ich mit ihnen über Ihren Umgang mit Herrn X sprechen"*).

[59] Also eher *„Das scheint ja ganz schön schwierig STATT Da hätten Sie lieber ... Oder da haben Sie sich aber schwer getan... ."*

[60] Wir benennen nun einige Kommunikationsbeispiele für problematische/kritische Rückmeldungen. Natürlich können Sie die 3-W-Regel auf für positive Rückmeldungen nutzen.

- **Einen echten, konstruktiven Feedbackdialog ermöglichen**
  Können sich Mitarbeitende in den Feedbackprozess einbringen, erleben Sie innerhalb eines eindeutigen Rahmens Gestaltungsmöglichkeiten, spüren sie Wertschätzung ihrer Kompetenz (u.a. Feedback ist kompetenzangemessen, Anstrengungen werden durch die Führungskraft bewusst wahrgenommen) und soziale Verbundenheit zum Feedbackgeber (*„Sie/er ist echt an mir als Person und an dem, was ich hier leiste, interessiert…"*, *„Sie/er ist um Fairness bemüht"*, *„Ich kann ihr vertrauen"*), so steigert dies u. a. die Motivation, Zufriedenheit, Veränderungsbereitschaft und somit auch die Wirkung des Feedbacks. Zugleich werden negative Emotionen und Stress verringert. Fragen Sie Ihre Mitarbeitenden nach deren Sichtweise, nach Beweggründen, wahrgenommenen Rahmenbedingungen oder möglichen Verhaltensalternativen. Eine einfache, jedoch wichtige Frage hierfür kann folgende sein: *„Wie sehen Sie das?"*.[61] Zudem fordern Sie als Führungskraft auch regelmäßig Rückmeldung zu Ihrem Feedback und zu Ihnen als Führungskraft insgesamt ein. Vor allem durch Ihre Vorbildfunktion und die Art und Weise, wie Sie mit empfangenem Feedback (v. a. auch mit Kritik) umgehen, fördern Sie die Feedbackkultur in Ihrem Team und der Organisation.
- **Zu Feedback gehört auch Feedforward**
  Rückmeldungen und die Gespräche über Vergangenes sollten letztendlich immer auch konstruktiv wie ressourcenorientiert in die Zukunft gerichtet sein (*„Was benötigen Sie von mir an Unterstützung? Was nehmen Sie für kommende Aufgaben aus dieser Erfahrung mit? Welche Ideen haben Sie für das nächste Mal?" Warum könnte das für Sie in Zukunft hilfreich sein?"*…). Lassen Sie den Mitarbeitenden Wahlmöglichkeiten und unterstützen Sie deren Selbstwirksamkeit. Sie enden mit konkreten Vereinbarungen für zukünftige Verhaltensweisen und versichern sich, sollte der Vorschlag (oder die Anweisung) von Ihnen als Führungskraft kommen, ob die Person dies annehmen kann: *„Können Sie sich das so vorstellen?"*.[62]

---

[61] Wir hatten bereits folgenden Satz betont: *„Man kann niemandem nachhaltig beeinflussen, die/der nicht glaubt, gesehen, gehört und verstanden zu werden!"*

[62] An dieser Stelle äußern Studierende oder Trainingsteilnehmer*innen hin und wieder die Sorge, dass nun ein *„Nein!"* als Antwort folgt (siehe unsere Ausführungen beim Feedback). Neben der Tatsache, dass dies in dieser absoluten Form eher selten der Fall ist (sofern die Beziehung zumindest einigermaßen intakt ist), wäre ein *„Nein!"* oder die Äußerung sonstiger Bedenken doch eine klare Rückmeldung durch die/den Mitarbeitenden und der Anknüpfungspunkt für weitere Gespräche. Zumindest kann die Führungskraft dann weiter im Dialog sein (z. B. *„Was wäre Ihr Vorschlag?; Was wünschen Sie sich?; Was steht der Umsetzung Ihrer Meinung nach im Weg?"*).

Feedback geben wie Feedback (an-)nehmen ist mitunter herausfordernd. Zugleich ist es eine hervorragende Möglichkeit, Fremd- und Selbstbild ab-/anzugleichen, Denk- und Handlungsweisen auszutauschen und nachzuvollziehen, Selbstwirksamkeit zu unterstützen und Menschen zu empowern. Beachtet man einige Regeln, so ist Feedback ein bedeutendes, wirksames Führungsinstrument, das u. a. auch die Akzeptanz Ihrer Führung und die Motivation, Zufriedenheit wie das Wohlbefinden Ihrer Mitarbeiter*innen fördern kann.

Bevor wir mit dem spezifischen Abschnitt über Mitarbeitergespräche auf die Zielgerade dieses Kapitels einbiegen, soll noch kurz ein kommunikativer Ansatz erwähnt werden, auf den im Text bereits verwiesen wurde und der nach dem Verständnis der Autor*innen in hohem Maße geeignet scheint, die geschilderten Aufgaben einer dialogischen Führungskommunikation zu bewältigen: Die motivierende und veränderungsförderliche Führungskommunikation auf Basis der Motivierenden Gesprächsführung nach Miller und Rollnick (2015).

Motivierende Gesprächsführung (MI) ist ein klientenzentrierter (kooperativer – nicht konfrontativer) und zugleich geleitender (zielorientierter) Gesprächsführungsansatz, der Menschen dabei unterstützen soll, die persönliche Motivation für und die Selbstverpflichtung auf ein spezifisches Ziel zu stärken und somit Veränderungen (proaktiv) herbeizuführen, hilfreiche Verhaltensweisen zu steigern und nicht hilfreiche Verhaltensweisen abzubauen (Sann et al. 2020; Strait 2018; Miller und Rollnick 2015, S. 47).

Warum heben wir einen motivations- und veränderungsförderlichen Gesprächsansatz als besonders geeignet für die Führungskommunikation hervor? Zunächst einmal ist die Förderung von Motivation, Stärkung der Arbeitszufriedenheit sowie die Unterstützung von Veränderung in einer Organisation, ob bei den handelnden Personen oder in den Organisationsstrukturen insgesamt, ein Thema, dem kaum eine Führungskraft im sozialwirtschaftlichen Bereich aus dem Weg gehen kann (z. B. Marshall und Sogaard Nielsen 2020, siehe auch Kap. 6), für das sich jedoch die wenigsten hinreichend gut gewappnet fühlen. Zum anderen wird Personalführung in einer sich schnell wandelnden (VUCA-)Umwelt (siehe auch Kap. 6) immer stärker mit – mitunter auch einschneidenden – Veränderungsnotwendigkeiten und steigenden Belastungen auf allen Ebenen verbunden sein. Im betrieblichen Gesundheitsmanagement kommen daher viele Einsatzmöglichkeiten für eine entsprechend veränderungsmotivierende Gesprächsführung hinzu. Und vor allem (Sie haben die Vorliebe der Autor*innen für sogenannte Mikroimpulse schon kennengelernt): Sind nicht auch normale Arbeitstage mit hohen Anforderungen an die Selbstregulation verbunden oder Gelegenheiten für gute Gespräche? Für manche Mitarbeiter*innen (und Führungskräfte) mag es Zeiten geben – insbesondere, wenn die Arbeitssituation angespannt ist und möglicherweise noch persönliche Krisen oder gar Erkrankungen hinzutreten – die die Notwendigkeit der Selbstüberwindung, zugleich den Erhalt bzw. die Stärkung des Wohlbefindens vielleicht sogar zu einem alltäglichen Begleiter machen. Immer, wenn irgendetwas nicht von selbst gut läuft, kommen Veränderungsanforderungen ins Spiel. Eine veränderungsmotivierende Gesprächsausrichtung erscheint damit höchst alltagstauglich. Zudem hat eine wertschätzende Beziehungsgestaltung, wie sie empirisch als zentral für eine gelungene Führungskommunikation belegt wurde (siehe z. B. Kap. 1, 2, Abschn. 3.1), einen besonderen Stellenwert in der Motivierenden Gesprächsführung. Darüber hinaus stellt MI einen Kommunikationsansatz dar, der die Umsetzung der Philosophie der Selbstbestimmungstheorie von Deci und Ryan im Führungsalltag gut unterstützen kann (Vansteenkiste und Sheldon 2006; Markland et al. 2005). Schließlich ist das breite Arsenal klassischer Gesprächsführungstechniken in MI inkorporiert oder damit gut kompatibel.

MI geht grundsätzlich davon aus, dass Menschen entsprechende intrinsische Motivation für Lernen und Entwicklung in sich tragen, Veränderungen jedoch nur dann nachhaltig gelingen, wenn diese selbstbestimmt gestaltet werden können, ausreichend Sinn und Notwendigkeit gesehen wird und Menschen die Fähigkeiten wie die Zuversicht für diese Veränderungen selbst spüren. Ursprünglich als Beratungstechnik in der Suchtbehandlung entwickelt, wird MI heute in unterschiedlichsten Feldern eingesetzt[63] – so auch im Führungskontext (Endrejat und Meinecke 2021; Marshall und Sogaard Nielsen 2020; Wilcox et al. 2017; Miller und Rollnick 2015, S. 401 f.).[64] Gerade der Umgang mit Widerstand und Unsicherheit (z. B. wenn Neues eingeführt werden soll oder eine schwierige bzw. unliebsame Aufgabe delegiert wird) ist ein zentrales Handlungsfeld für den MI-Ansatz. MI bietet Führungskräften konkretes Handwerkszeug, um beispielsweise ihre Zuhör- und Problemlösungsfähigkeiten zu verbessern, qualitativ hochwertigere Beziehungen zu schaffen, ihren Korrekturreflex zu reduzieren (also in einer nichtwertenden Art und Weise dialogisch zu kommunizieren) und die Motivation von Mitarbeiter*innen wie auch deren Zuversicht in die eigenen Stärken zu fördern. Der Ansatz der Motivierenden Gesprächsführung verfügt über spezifische Kern-Elemente, die an dieser Stelle nur kurz skizziert werden können (siehe auch van Merendonk 2021; Endrejat und Meinecke 2021, S. 22 ff.; Marshall und Sogaard Nielsen 2020; Wilcox et al. 2017, S. 34 ff.; Miller und Rollnick 2015):

---

[63] Für den Bereich der Sozialen Arbeit siehe z. B. Hohman 2021.

[64] Wilcox et al. (2017) betonen z. B., dass MI und der transformationale Führungsansatz gut kompatibel sind.

Der MI-Geist (die Grundhaltung) beschreibt einen Rahmen, in dem ein Gespräch (z. B. über Veränderungen) stattfindet. Er umfasst 4 Aspekte:

- Partnerschaftlichkeit (die Gesprächspartner sind auf ihren Gebieten Expert*innen und begegnen sich mit tiefem Respekt auf Augenhöhe. Das bedeutet, sowohl die eigene Erwartung als auch die Erwartung des Gegenübers im Blick zu haben – den eigenen Korrekturreflex zu reduzieren),
- Akzeptanz (das Gegenüber wird mit bedingungsfreier, positiver Wertschätzung so angenommen, wie sie/er ist – was nicht bedeutet, alles gutzuheißen oder damit einverstanden zu sein. Vor allem das Autonomiestreben wird respektiert und unterstützt. Andere Meinungen sind erwünscht und erhalten angemessenen Raum),
- Mitgefühl (das Wohlergehen des Gegenübers soll explizit unterstützt[65] und ihre/seine Bedürfnisse berücksichtigt werden),
- Evokation (die zentralen Punkte für die eigene Entwicklung trägt jeder Mensch in sich, man muss sie nur hervorlocken - die Selbstüberredung stärken).

Der sogenannte MI-Prozess stellt den grundsätzlichen Ablauf eines Gesprächs vor und hilft, einen roten Faden für die Gesprächsführung zu haben.

MI-Methoden (MI-Kernkompetenzen) liefern konkrete Unterstützung und Techniken, auf die sich die Akteure während des Gesprächs stützen können. Hier werden oft bekannte Kommunikationsstrategien genutzt – ergänzt um MI-spezifische Kommunikationselemente,[66] die besonders für die Stärkung der Selbstüberredung, der Förderung der intrinsischen Motivation und der Zuversicht eingesetzt werden. Die MI-Methoden werden oft mit dem engl. Akronym OARS+I beschrieben:

- **O**pen Questions (offene Fragen, um die Erfahrungen, Perspektiven und Ideen der Mitarbeitenden herauszuarbeiten),
- **A**ffirmation (ausdrückliche, positive Bestätigungen die verwendet wird, um z.B. die Stärken der Mitarbeitenden, ihre Motivation, ihren Willen zum Dialog etc. anzuerkennen),

---

[65] Im Führungskontext ist dies ein wichtiger Bestandteil der humanen Ziele der Führungstätigkeit (siehe Kap. 1).
[66] Für vertiefte Informationen siehe z. B. Miller und Rollnick 2015.

- Reflective Listening (reflektierendes bzw. aktives Zuhören als eine grundlegende Fähigkeit von MI und eine Möglichkeit, das eigene Verstehen abzusichern, Empathie auszudrücken und dialogisch zu kommunizieren),
- Summary (Zusammenfassungen, die im Grunde genommen ausführliche
  Reflektionen sind).

Das I steht für Informationsaustausch bzw. auch für Situationen, in denen
Sorgen geäußert oder Führungsimpulse gegeben werden. Die Weitergabe
von Informationen (Sorgen, Impulsen...) ist im MI-Verständnis eine 2-seitige
Angelegenheit. und muss auf das eingehen, was die Mitarbeitenden denken
und sagen. Zentral beim Austausch von Informationen ist, dass man zunächst
um Erlaubnis bittet, Informationen (Feedback etc.) geben zu können.[67] Nach
kurzem (!) Input folgt hier umgehend eine evokative Frage, um Autonomie
und Selbstüberredung zu fördern (z. B. *„Was bedeuten diese Informationen
für Sie?"; „Welche Gedanken kommen Ihnen dabei?"; „Warum könnten diese
Informationen für Sie wichtig sein?"*). Erst im Zusammenspiel von Geist –
Prozess – Methoden entsteht der MI-spezifische Flow, der sich z. B. im Rahmen
von Führungskräftetrainings gut entwickeln lässt.

3.3   Mitarbeitergespräche

Der Führungsalltag besteht zwar meist aus kurzen, ungeplanten Gesprächssituationen, jedoch sollten auch geplante dialogische Kommunikationsformate
nicht zu kurz kommen. Eines dieser Gesprächsformen ist das Mitarbeitergespräch
(MAG). Neben sogenannten anlassbezogen Mitarbeitergesprächen (wie z. B. aufgrund der Übernahme einer neuen Aufgabe, einer besonderen Leistung oder auch
bei stark abweichendem Verhalten), sind Jahresgespräche eine bekannte Form
des gemeinsamen Austauschs. „Das formalisierte Mitarbeitergespräch, häufig

---

[67] Vor allem von Führungskräften (aber auch von Lehrer*innen) hören wir mitunter, dass
es doch nicht angemessen sei, um Erlaubnis zu fragen, denn es sei ja die ureigenste Aufgabe, Informationen (Wissen etc.) weiterzugeben. Hier antworten wir (ohne an dieser Stelle
weiter darauf eingehen zu können), dass das Einholen des Einverständnisses zugleich die
Aufmerksamkeit (zentral für Lernprozesse) stärkt und die Wahrscheinlichkeit, dass die
Informationen tatsächlich produktiv umgesetzt werden deutlich steigt. Gleichzeitig ist uns
bewusst, dass dies nicht ständig stattfinden kann (und auch nicht sollte). Wenn Sie jedoch
mit ihren Impulsen tatsächlich nachhaltige Wirkung erzielen möchten, so laden wir Sie ein,
dies einmal zu versuchen.

auch als Beurteilungsgespräch oder Jahresgespräch … bezeichnet, ist ein mehr oder minder strukturiertes Gespräch über Leistungen und das Verhalten des Mitarbeiters innerhalb einer bestimmten Periode und wird vorzugsweise jährlich, manchmal aber auch in größeren Abständen von Führenden durchgeführt. Das Mitarbeitergespräch löst die standardisierte Mitarbeiterbeurteilung ab, weil es die dort bestehende kommunikative Einseitigkeit vermeidet" (Weibler 2016, S. 405). MAG haben u. a. folgende Zielsetzung (Boden 2020, S. 127 ff., 159 ff.; Hossiep et al. 2020; Voss und Jochum 2017, S. 295; Weibler 2016, S. 405):

- Mitarbeiterförderung und -entwicklung;
- Selbstreflexion und ergänzendes Feedback vonseiten der Führungskraft (z. B. Abgleich Selbst-/ Fremdwahrnehmung);
- Klärung, Überprüfung und Vereinbarung von Erwartungen, Zielen, Aufgaben, Projekten;
- Motivation von Mitarbeitern durch Partizipation und Gestaltungsmöglichkeiten. Aufgaben und Rahmenbedingungen gestalten, die zur Person, deren Vorlieben und Kompetenzen passen sowie Motivation und Zufriedenheit unterstützen;
- gegenseitiger Austausch von Informationen und Behebung von Unklarheiten, Missverständnissen und Reibungsverlusten sowie Schaffung von klaren Rahmenbedingungen (z. B. Definition von Handlungsspielräumen, Anforderungen sowie Verantwortlichkeiten und der Rolle im Team/in der Organisation, Einordnen des individuellen Beitrags in die Gesamtstrategie/ Erklären des Warums? – Sinngebung);
- Verbesserung der Vertrauensbasis und der Qualität der Zusammenarbeit zwischen Führungskraft und Mitarbeiter*in (u. a. durch gegenseitige Rückmeldung, wertschätzende Kommunikation, Reduzierung des blinden Flecks und des privaten Bereichs auf beiden Seiten).

Kurzum: Es geht um wertschätzende Klarheit auf beiden Seiten.

„Mitarbeitergespräche bringen doch nichts … sie kosten nur viel Zeit … und sind mit viel Dokumentationsaufwand verbunden", sagen nicht selten Führungskräfte. *„Mitarbeitergespräche sind für eine Organisation sehr wichtig …"*, sagt oft die Geschäftsführung oder HR-Abteilung. *„In solchen Gesprächen bekommst du nur deine Schwächen um die Ohren gehauen oder viele allgemeine Floskeln zu hören – die eigene Meinung zählt nicht …"*, sagt ein nicht geringer Teil von Beschäftigten oder auch eine Gallup-Befragung (Nink 2017). *„Mitarbeitergespräche sind eine gute Möglichkeit, über meine Arbeit, meine Stärkung und mein Verhältnis zu meiner Führungskraft zu sprechen"*, teilen meist motivierte

und mit der Organisation fest verbundene Mitarbeitende mit, die gute Mitarbeitergespräche erlebt haben (Nink 2017). Wenngleich die kritischen Töne nicht von
der Hand zu weisen sind (z. B. Boden 2020, S. 160; Kauffeld et al. 2019, S. 132;
Franken 2019, S. 159 f.; Voss und Jochum 2017, S. 259; Weibler 2016, S. 405),
so bestätigt die Forschung jedoch, dass gut geführte Mitarbeitergespräche eine
motivierende und leistungsförderliche Wirkung entfalten sowie die Bindung zum
Arbeitgeber wie zur direkt vorgesetzten Führungskraft verbessern (Grunau und
Wolter 2019; BMAS 2018, 2019, S. 35; Ryan und Deci 2017; Nink 2017; Wolter
et al. 2016; Kampkötter et al. 2015). Insgesamt steigen Motivation, Zufriedenheit und Verbleibbereitschaft um die Zeit, die sich eine Führungskraft für den
jeweiligen Mitarbeitenden nimmt (ebd.).[68]

Es ist daher ratsam, sich mit MAG auseinanderzusetzen und die Zeit, die
diese sicherlich in Anspruch nehmen, so gut wie möglich einzusetzen, um für alle
Beteiligten ein zufriedenstellendes Ergebnis zu erhalten und die vielfältigen Vorteile eines solchen Kommunikationsformats zu nutzen, wie z. B. (Hossiep et al.
2020, S. 15 ff.):

- *Mitarbeitende* spüren Anerkennung und Wertschätzung, bekommen Rückmeldung zu bisherigen Leistung, zur Wahrnehmung ihrer Stärken und
  Schwächen, sie können eigene Unklarheiten oder Probleme besprechen,
  sich an der Weiterentwicklung ihres Tätigkeitsfelds, des Teams und der
  Organisation beteiligen oder über ihre Zukunft und Möglichkeiten der Weiterentwicklung sprechen.
- *Vorgesetzte* lernen ihre Mitarbeitenden, deren Sichtweise, Ziele, Wünsche
  besser kennen. Sie verstehen bestimmte Handlungen und kennen notwendige
  Qualifikationsbedarfe. Rahmen und Handlungsspielräume können besprochen
  und konkret benannt werden. Der Sinn von Entscheidungen kann ausgeführt
  werden. Zudem kann niemand besser als die Mitarbeitenden selbst mögliche

---

[68] Mit Hinweis auf unsere Ausführungen zum Feedback möchten wir an dieser Stelle die
Bedeutung von regelmäßigen Rückmeldungen im konkreten Arbeitsprozess für MAG
betonen. Das Jahresgespräch stellt im optimalen Fall lediglich die Summe (Zusammenfassung) aller Feedbacks (und Feedforwards) bzw. der sonstigen kommunikativen Aus-
tausche zwischen Führungskraft und Mitarbeitenden eines Jahres dar. Was bedeutet, dass
es eher weniger Diskussionen um die richtige Sichtweise gibt – denn die Rückmeldungen
wurden bereits gegeben. Findet dies unterjährig jedoch nicht oder eher selten statt, so ist
klar (allein schon aus den unterschiedlichen Wahrnehmungsverzerrungen), dass es vermutlich vielfältigen Diskussionsbedarf – insbesondere bei den kritischen Rückmeldungen –
geben wird.

Verbesserungspotenziale hinsichtlich deren konkreten Arbeitsbedingungen, der Teamzusammenarbeit, der allgemeinen Arbeitsatmosphäre oder der Führungs- sowie Kunden-/ Klientenbeziehung benennen (so setzen sich Führungskräfte mit der Realität des Tagesgeschäfts auseinander).[69] Schließlich ist es für Führungskräfte eine gute Gelegenheit, Rückmeldung zum eigenen Führungsverhalten zu bekommen.

• Für die *Organisation* sind u. a. Verbesserung der Arbeitsergebnisse, Zufriedenheit, zusätzliches Engagement, Mitarbeiterbindung, Zielklarheit wichtige Ergebnisse guter Mitarbeitergespräche. Die Summe der Rückmeldungen bilden zudem eine fundierte Basis für die organisatorische Weiterentwicklung, für Personal – und Qualifizierungsplanung, für Entscheidungen zu strategischer Ausrichtung, zu neuen Geschäftsfeldern und für Innovationen.[70]

Gespräche mit Mitarbeiter*innen sollen als ein Dialog auf Augenhöhe verstanden und geführt werden. Wie bereits beim wirksamen Feedback betont, stellt dies an beide Seiten hohe Anforderungen. Daher ist eine gute Vorbereitung für Mitarbeitende und Führungskraft ein wichtiges Fundament für erfolgreiche MAG.

Für Mitarbeitende stellt Martina Boden (2020, S. 162) einen Musterleitfaden vor, den Führungskräfte diesen zur Vorbereitung auf das anstehende Gespräch zukommen lassen können:

„Ich freue mich auf Ihre Anregungen und Fragestellungen zu unserem anstehenden Jahresgespräch! Hier ein paar Ideen für Ihre Vorbereitung auf unser Treffen:

• Welche Erwartungen haben Sie an das Gespräch?
• Was halten Sie für Ihre wichtigste Aufgabe?
• Was gefällt Ihnen an Ihrer aktuellen Arbeit?
• Welche Dinge gefallen Ihnen nicht?

---

[69] „Partizipation ... ist der einzige Weg, möglichst viel Wissen, das in einer Organisation vorhanden ist, in eine Entscheidung einfließen zu lassen ... Daher liegt es im ureigenen Interesse jener Führungskräfte, die gute und richtige Entscheidungen treffen möchten, möglichst viel von dem Wissen und der Urteilskraft, die bei den Mitarbeitern vorhanden ist, zu nutzen ..." (Malik 2001, S. 226 f.).

[70] Mitarbeitende gelten als eine der wichtigsten Ideen-/Innovationsquellen für Unternehmen. Zudem versprechen ihre Impulse einen vergleichsweise hohen Markterfolg (z. B. Scheer GmbH 2015, S. 16).

- Was würde Ihre Zufriedenheit steigern?
- Haben Sie Ideen, wie Aufgaben und Abläufe effizienter gestaltet werden könnten? Wenn ja, welche?
- Können Sie Ihre Fähigkeiten und Kenntnisse in der aktuellen Tätigkeit gut einsetzen?
- Wo sehen Sie Ihre Stärken? Wo wollen Sie noch dazulernen oder sicherer werden?
- Welche Ihrer Kompetenzen und Fähigkeiten würden Sie gerne mehr einsetzen? Von welchen bisher ungenutzten Kompetenzen könnte unsere Arbeit noch profitieren?
- Können Sie sich einen Aufgabenbereich vorstellen, für den Sie ebenfalls oder gar besser geeignet wären?
- Wie sehen Sie Ihre langfristige berufliche Entwicklung? Welchen Fortbildungs- oder Weiterbildungsbedarf sehen Sie in dieser Hinsicht?"

Auch die Führungskraft sollte sich gut vorbereiten. Basis der Vorbereitung sind insbesondere die konkreten, im gesamten Jahr (sinnvollerweise schriftlich fixierten), positiven wie negativen Eindrücke und Rückmeldungen (siehe Feedback!), die (wenn möglich) bereits ausgetauscht wurden sowie die im vorangegangenen Gespräch vereinbarten Ziele, Aufgaben, Entwicklungspläne etc.

- Was ist der konkrete Anlass, was sind die Themen und Ziele des Gesprächs, welche Informationen und Unterlagen benötige ich?
- Welche Beziehung habe ich zur/zum Mitarbeitenden und diese*r zu mir (Wie stehe ich zu ihr/ihm und wie sieht sie/er mich? Wie verliefen vergleichbare Gespräche in der Vergangenheit)?
- Was weiß ich über die/den Mitarbeitende*n (die Stärken und Kompetenzen, die Entwicklungsbedarfe, ihre/seine Rolle in der Organisation und die persönliche Situation, wie sie/er gelobt bzw. kritisiert werden möchte …)?
- Wie beurteile ich die Leistung (was wurde erreicht, was wird insgesamt geleistet, was ist der konkrete Beitrag des Mitarbeitenden) sowie die Kommunikation und Zusammenarbeit (z. B. im Team, mit mir, mit Klient*innen …) und woran mache ich dies konkret fest?
  - Was unterstützt die/den Mitarbeitende*n bei der täglichen Arbeit?
  - Was könnte im Weg stehen?
  - Erfährt mein/e Gesprächspartner*in Bedeutsamkeit (Gestaltungsmöglichkeiten, Vielfalt etc.) und Sinnhaftigkeit der eigenen Arbeitstätigkeit? Spürt sie/er Verantwortung für die Ergebnisse der eigenen Arbeitstätigkeit und liegt ihr/ihm Wissen über die aktuellen Resultate, vor allem die Qualität der eigenen Arbeit vor?

- Wie sieht es mit der individuellen Selbstbestimmung (Autonomie, Kompetenz, Verbundenheit) aus?
- Wo sind Stärken, die erhalten und ausgebaut werden sollten?
- Wo sind Handlungsfelder, an denen gearbeitet werden muss/kann?
- Wie könnte die Mitarbeiterin bzw. der Mitarbeiter all' diese Punkte einschätzen?
- Wohin will die Organisation, das Team, der/die Mitarbeitende und welchen Beitrag können die Beteiligten konkret leisten?
  - Entsprechen die Aufgaben (die Ziele, das Projekt etc.) ihren/seinen Neigungen und Vorstellungen?
  - Sind die Ziele SMART?
  - Verfügt die/der Mitarbeitende über die erforderlichen Kenntnisse/Fähigkeiten bzw. was muss getan werden, damit dies ermöglicht werden kann?
- Wo bestehen Gestaltungsspielräume in der konkreten Tätigkeit, bei den Zielen, bei den Rahmenbedingungen?
- Was könnten – ganz allgemein – Wünsche, Themen, Schwerpunkte sein, die meiner Gesprächspartnerin/meinem Gesprächspartner am Herzen liegen?

Das eigentliche Mitarbeitergespräch soll (neben der guten Vorbereitung) ohne Zeitdruck und Störungen erfolgen. Felfe (2009, S. 74 ff.)[71] gliedert das Gespräch folgendermaßen:

1) Einstiegs-/Eröffnung (oder Kontaktphase)
   Hier geht es vor allem darum, um ein entspanntes Ankommen zu ermöglichen sowie für Offenheit und Vertrauen zu sorgen (Beziehungsebene, Kommunikationsrahmen). Zudem soll Transparenz über den Inhalt und Ablauf des Gesprächs hergestellt werden (Sachebene). Über den Ablauf sollte Einigkeit erzielt werden, bevor es thematisch richtig losgeht.
2) Mitarbeiterorientierte Phase
   Felfe (2009, S. 75) betont, dass den Mitarbeitenden frühzeitig Gelegenheit gegeben werden sollte, ihre Sicht der Dinge, ihren Rückblick, ihre Themen zu platzieren. Vor allem die Bereiche vergangene Ziele, Einschätzung der Stärken und Schwächen, Handlungsfelder aus Sicht der Mitarbeitenden sollen besprochen werden. Selbstverständlich können weitere Punkte, die wir zuvor

---

[71] Weibler (2016, S. 405) schlägt einen Verlauf in 3 Schritten vor: Rückblick – Standortbestimmung – Ausblick. Vertiefend mit konkreten Kommunikationshilfen für verschiedene Situationen siehe z. B. Gabrisch 2019.

aufgeführt haben (siehe auch Boden 2020, S. 162), zur Sprache kommen. Hier gilt es aus Sicht der Führungskraft vor allem zuzuhören, das eigene Verstehen abzusichern und das ‚Den-anderen-verstehen-wollen' zu verdeutlichen (nachfragen etc.; siehe Abschn. 3.2) – jedoch nicht bereits jetzt in eine kritische Diskussion (korrigieren, bewerten, „ja … aber") einzusteigen.

3) Abgleich- oder Feedbackphase
   An dieser Stelle hat die Führungskraft die Möglichkeit, ihre Perspektiven auszuführen. Zunächst sollten die Gemeinsamkeiten oder gar Punkte, die die Führungskraft besser sieht, herausgehoben werden (und mit Beispielen durch die Führungskraft verdeutlicht werden; siehe Feedback). Dann folgen die Punkte, bei denen die Führungskraft eine unterschiedliche Auffassung vertritt. Vor allem an dieser Stelle sollten die vorherigen Hinweise zu guter Führungskommunikation und zu gelingendem Feedback beachtet werden.

4) (ggf.) Klärungs- oder Problemlösungsphase
   Sind stärkere Differenzen vorhanden (oder entwickeln sich diese im Laufe des Gesprächs), sollte dies in einer gesonderten Phase diskutiert werden. Findet sich zu einem Punkt keine Lösung, kann das Thema (wenn alle einverstanden sind) ausgeklammert und in einem gesonderten Gespräch behandelt werden.

5) (ggf.) Zielvereinbarungsphase
   Je nach Gesprächsziel und Handhabung in der Organisation, werden innerhalb des Gesprächs auch die künftigen Ziele ausgehandelt (besprochen etc.).

6) Abschlussphase
   In der letzten Phase werden die zentralen Punkte zusammengefasst (am besten durch den Mitarbeitenden) und (ggf.) schriftlich festgehalten. Zudem erfolgt ein gegenseitiges Feedback zum Gesprächsverlauf.

Für Mitarbeitergespräche, die Sie zwar strukturiert, jedoch vielleicht unterjährig (und somit nicht formalisiert) führen möchten, die dennoch etwas ausführlicher als übliche Feedbacks sein sollen, können Sie sich an folgender Grobstruktur orientieren (die zeitlichen Hinweise sollen Ihnen lediglich eine Schwerpunktsetzung der einzelnen Phasen verdeutlichen, wobei dies – je nach Thema und Gesprächspartner*in – variieren kann. Auch inhaltlich sollen Sie die Hinweise als Impuls verstehen, den Sie individuell anpassen können):

- Smalltalk zum Einstieg (ca. 1 bis max. 5 min).
  Steigen Sie z.B. mit einer offenen Frage ein („*Wie geht es Ihnen?*"; „*An welchen Themen arbeiten Sie gerade?*"; „*Wie läuft es im Team/ Projekt …*"). Die Einstiegsfrage sollte nie „floskelhaft" eingesetzt werden

(wenn z.B. jemand auf die Frage „*Wie geht es Ihnen?*" z. B. „*nicht so gut...*" antwortet, müssen Sie darauf eingehen und dürfen dies **nicht** überhören (oder es mit dem Korrekturreflex einfach einordnen, wie „*jaja, das geht uns allen mal so...*"). Sagen Sie dann, über was Sie sprechen möchten und fragen Sie, ob die Mitarbeiterin/der Mitarbeiter Zeit für ein solches Gespräch hat. An dieser Stelle können Sie auch etwas über sich preisgeben („*Mich treibt zurzeit folgende Frage um: ...*"; „*Ich hätte gerne Ihren Rat zu ...*") – jedoch nicht zu viel Platz für sich beanspruchen, es soll ein Dialog auf Augenhöhe sein.

- Gespräch über die bisher geleistete Arbeit, Erfahrungen, Stärken, Hemmnisse (5 bis max. 10 min).

An dieser Stelle kann Ihr*e Mitarbeiter*in über die Arbeit, konkrete Fortschritte auf dem Weg zu den beruflichen Zielen und über das, was seit dem letzten Treffen erreicht wurde, erzählen. Sie können dies z. B. mit folgenden Fragen bzw. Aussagen unterstützen: „*Was haben Sie seit unserem letzten Treffen erreicht – auf was sind Sie dabei stolz?*"; „*Woran haben Sie die letzte Zeit gearbeitet, was für mich vielleicht nicht richtig sichtbar war?*"; „*Welche Aufgaben gehen Ihnen leicht von der Hand?*"; „*Wo spüren Sie stärkere Herausforderungen oder brauchen Unterstützung?*". Hier ist auch der Zeitpunkt, die Leistung wie die Offenheit zu loben.

- Blick nach vorne (ca. 10 min)

Fragen Sie nach Unterstützungsmöglichkeiten im Kontext der vorherigen Punkte (z. B. „*Was brauchen Sie konkret von mir/vom Team/der Organisation, damit Sie weiterhin gut arbeiten können?*"). Sagen Sie, was auf Ihre*n Mitarbeitende*n in den nächsten Tagen (Wochen/Monaten) zukommen wird (natürlich nur das, was Sie wissen bzw. vorhersehen können) – welche Erwartungen, Aufgaben, Projekte Sie andenken. Auch hier holen Sie sich die Sichtweise Ihres Gegenübers ein. Vereinbaren Sie an dieser Stelle konkrete Handlungsaufträge (für sich und Ihren Gesprächspartner) und holen Sie sich das Einverständnis der anderen Seite ab.

- Offener Diskurs (ca. 5–15 min).

Nun bekommt Ihr*e Mitarbeiter*in nochmals das Wort: „*Gibt es etwas, über das Sie noch gerne mit mir sprechen würden?*". Hier gilt es zuzuhören und auch Pausen (Schweigen) zu ertragen. Wenn es für Sie danach aussieht, dass Ihrem Gegenüber etwas auf dem Herzen liegt, sie/er es jedoch nicht sagen möchte, dann sprechen Sie dies ruhig (sorgsam) an: „*Ich habe das Gefühl, irgendetwas beschäftigt Sie. Sie sind sich jedoch nicht klar darüber, ob Sie mit mir darüber sprechen möchten. Das ist okay. Wenn Sie später darüber reden möchten, bin ich für Sie da*".

- Abschluss (ca. 1–5 min).
Auch hier ist es am Ende wichtig, dass die wichtigsten Punkte nochmals zusammengefasst werden (lassen Sie dies, wenn möglich, Ihre*n Mitarbeiter*in tun). Besprechen Sie vorhandene Unsicherheiten bzw. Unklarheiten. Treffen Sie abschließend konkrete Vereinbarungen und bedanken Sie sich für die Zeit und die Offenheit, die Ihr*e Mitarbeiter*in Ihnen entgegengebracht hat.

Impulse für die Praxis
- Wirksame Führungskommunikation ist (in Anlehnung an Sackmann 2019, S. 16) gekennzeichnet durch einen auf gegenseitiger Wertschätzung basierenden, respektvollen Umgang miteinander, einer möglichst guten Passung der Kommunikationsstile der Beteiligten (u. a. durch einen dialogischen Ansatz i. S. v. verstehen wollen und verstanden werden) sowie eine klare Kommunikation (inhaltlich wie auch in der Ausdrucksweise): Gute Führungskommunikation ist vor allem durch wertschätzende Klarheit gekennzeichnet.
- Das Zeigen von Respekt und Wertschätzung in Interaktions- und Kommunikationssituationen führt zu guten Beziehungen und psychologischer Sicherheit, was wiederum Arbeitszufriedenheit, Wohlbefinden und Leistungsbereitschaft fördert.
- Gerechtigkeit und Vertrauen sind das Fundament gelingender Interaktionen und Kommunikation sowie guter Führung.
- „Mitarbeiter sollten das Gefühl haben, dass Aufgaben, Belastungen und Ressourcen fair und nachvollziehbar verteilt sind, damit die Arbeitsmotivation erhalten bleibt" (Becker 2019, S. 73): Dies können Sie nur im Dialog mit Ihren Mitarbeitenden herausarbeiten.
- Vertrauen erwirbt eine Führungskraft durch Integrität (Wort und Tat stimmen überein), Wohlwollen (d. h., auch selbst Vertrauen schenken), Verwundbarkeit (z. B. eigene Fehler/Unsicherheit zugeben) und wahrgenommene Führungsfähigkeiten (Wissen und Kompetenz) – was durch die Führungskraft (mehr oder weniger) beeinflussbare Aspekte sind. Aber auch „Verstehen und Verstanden werden" können Vertrauensprozesse fördern und die Einflussmöglichkeit (Überzeugungskraft) der Führungskraft stärken - insbesondere in anspruchsvollen (und auch zeitkritischen) Kommunikationssituationen.

- *„Es gibt nichts Gutes, außer man tut es"*: Haltung zeigt sich erst im Verhalten. Haltung ohne Handlung bleibt wirkungslos, Handlung ohne Haltung wird als unecht wahrgenommen und die Wirkung verpufft ebenfalls.
- Kommunikative Mikroimpulse machen den Unterschied: Aufrichtiges Interesse und echte Dialoge durch aktives Zuhören und offene Fragen stellen sind die unscheinbaren Stars einer motivationsförderlichen Kommunikation (Mitarbeiter*innen interessieren sich insbesondere dann für die Sicht (Ideen, Meinung...) von Führungskräften, wenn sich Führungskräfte auch aufrichtig für die Sicht (Ideen, Meinung...) der Mitarbeiter*innen interessieren). Oder anders ausgedrückt: Sie beeinflussen niemanden nachhaltig, wenn sie/er nicht glaubt, gehört, gesehen und verstanden zu werden und die/den Sie nicht ausreichend verstehen.
- Feedback geben (können) und annehmen (können) ist essenziell für eine erfolgreiche Kommunikation. Sprechen über das Miteinanderreden (Metakommunikation) kann langfristig die Kommunikation wie die Zusammenarbeit insgesamt deutlich verbessern.
- Eine motivierende und veränderungsförderliche Gesprächsführung ist notwendiger Bestandteil der Führungskommunikation in der VUCA-Welt.
- Die Zeit für eine gute Vorbereitung von regelmäßig durchgeführten Mitarbeitergesprächen ist gut angelegt! Richtig geführt, sind solche Gespräche nicht mehr nur lästige Pflicht, sondern ein zentrales Führungsinstrument, das Ihnen letztlich immens viel Arbeit, Konflikte und Irrwege erspart sowie die Zufriedenheit der Mitarbeitenden fördert.

Kritisch nachgefragt
- Welche Faktoren sind zentral für ein gelingendes Miteinander am Arbeitsplatz?
- Warum ist das Gefühl von psychologischer Sicherheit so wichtig für positive Führungsbeziehungen? Und wie lässt sie sich fördern?
- Inwiefern sollte eine Führungskraft auch ein Rollenmodell sein?
- Warum ist Empathie für Führungskräfte so bedeutsam und was sind die Risiken bei einer *zu* emphatischen Haltung?
- Welche Rückschlüsse lassen sich aus der Selbstbestimmungstheorie n. Deci und Ryan für die Führungsinteraktion ableiten?

- In welchen Situationen ist es nicht möglich, Mitarbeitenden mehr Autonomie zu geben? Prüfen Sie kritisch, ob diese erste Einschätzung auch standhält, wenn Sie nochmal genauer überlegen!
- Wie lässt sich Vertrauen aufbauen oder stärken?
- Was ist horizontaler Respekt? Was ist vertikaler Respekt?
- Wie lässt sich eine wertschätzende Haltung in Verhalten umsetzen?
- Überlegen Sie, ob/wie Führungskräfte (bzw. Sie ganz konkret) die „Frageskala zur Respektvollen Führung" Ihren Mitarbeitenden geben können, um eine Rückmeldung für sich zu erhalten. Wie könnten dann die Erkenntnisse gemeinsam aufgearbeitet werden?
- Welche Formen von Gerechtigkeit sind wichtig für gute Führungsbeziehungen?
- Diskutieren Sie die Elemente wirksamer Führungskommunikation. Wo sehen Sie die größten Erfolgshebel und aus welchen Gründen?
- Diskutieren Sie, wie wesentlich die eigene Klarheit der Führungskraft über ihre Absichten für das Gelingen der Führungskommunikation ist.
- Wie kann eine Führungskraft ihren eigenen Redeanteil reduzieren und zugleich die dialogische Führungskommunikation fördern? Was könnte dabei im Weg stehen und wie könnte die Führungskraft mit möglichen Hindernissen umgehen?
- Nennen Sie die Einflussfaktoren auf die Führungskommunikation nach Lippmann. Welche liegen in Ihrem Einflussbereich?
- Welche Aspekte erschweren eine erfolgreiche Führungskommunikation? Wie können Sie diesen Faktoren begegnen?
- Weshalb besitzt Feedback (geben und nehmen) einen solch hohen Stellenwert in der Führungskommunikation? Wie ist es, legt man empirische Erkenntnisse zugrunde, um die Feedbackkultur in Deutschland bestellt? Wie könnte diese verbessert werden?
- Nennen und diskutieren Sie einige kommunikative Mikroimpulse. Welchen davon könnten Sie ab sofort in Ihrer Führungskommunikation einsetzen?
- Was kann das Problem beim Geben guter Ratschläge aus Sicht der Führungskraft und aus Sicht der Mitarbeitenden sein?
- Wieso eignet sich Motivierende Gesprächsführung (engl.: Motivational Interviewing) besonders als Führungskommunikation?
- Diskutieren Sie den Nutzen von Mitarbeitergesprächen im Allgemeinen und für Ihre Arbeitseinheit im Besonderen.

Literatur

Akademie für Führungskräfte der Wirtschaft (2008). *Führung beim Wort nehmen. Wie kommunizieren deutsche Manager?* Von https://akafu.cdn.prismic.io/akafu%2F0123c928-e8cb-41d7-a863-72d522870567_akademie-studie-2008.pdf am 20.05.2020 abgerufen

Apps, M. A., Grima, L. L., Manohar, S., & Husain, M. (2015). The role of cognitive effort in subjective reward devaluation and risky decision-making. *Scientific Reports, 5, 16880.*

Avolio, B. J., Reichard, R. J., Hannah, S. T., Walumbwa, F. O., & Chan, A. (2009). A meta-analytic review of leadership impact research: Experimental and quasi-experimental studies. *The Leadership Quarterly, 20,* S. 764–784.

Bashshur, M. R., & Oc, B. (2015). When voice matters: A multilevel review of the impact of voice in organizations. *Journal of Management, 41 (5),* S. 1530–1554.

Baumeister, R. F., Bratslavsky, E., Finkenauer, C., & Vohs, K. D. (2001). Bad is stronger than good. *Review of General Psychology, 5,* S. 323–370.

Blessin, B., & Wick, A. (2017). *Führen und führen lassen.* Konstanz und München: UVK Verlagsgesellschaft mbH.

Blickle, G. (2004). Interaktion und Kommunikation. In H. Schuler, *Organisationspsychologie 2 – Gruppe und Organisation. Enzyklopädie der Psychologie (Bd. D/III/4)* (S. 55–128). Göttingen: Hogrefe Verlag.

BMAS - Bundesministerium für Arbeit und Soziales. (2018). *Arbeitsqualität und wirtschaftlicher Erfolg: Längsschnittstudie in deutschen Betrieben. Forschungsbericht 505.* Von http://ftp.zew.de/pub/zew-docs/gutachten/Arbeitsqualitaet_und_wirtschaftlicher_Erfolg_2018 am 20.09.2020 abgerufen

BMAS - Bundesministerium für Arbeit und Soziales. (2019). *ZWISCHENBILANZ „Arbeitsqualität und wirtschaftlicher Erfolg". Die bisherigen Ergebnisse auf einen Blick.* Von https://www.bmas.de/SharedDocs/Downloads/DE/PDF-Publikationen/a892-zwischenbilanz-arbeitsqualitaet-und-wirtschaftlicher-erfolg.pdf?__blob=publicationFile&v=1 am 20.09.2020 abgerufen

Boden, M. (2020). *Mitarbeitergespräche führen. Situativ, typgerecht und lösungsorientiert.* Wiesbaden: Springer Fachmedien.

Boyatzis, R. E., Rochford, K., & Taylor, S. N. (2015). The role of the positive emotional attractor in vision and shared vision: toward effective leadership, relationships, and engagement. *Front. Psychol., 6: 670.*

Brehm, J. W. (1966). *A theory of psychological reactance .* New York : Academic Press.

Bungard, W. (2018). Feedback in Organisationen: Stellenwert, Instrumente und Erfolgsfaktoren. In I. Jöns, & W. Bungard, *Feedbackinstrumente im Unternehmen (S. 3–28).* Wiesbaden: Springer Fachmedien.

Cameron, C. D., Hutcherson, C. A., Ferguson, A. M., Scheffer, J. A., Hadjiandreou, E., & Inzlicht, M. (2019). Empathy is hard work: People choose to avoid empathy because of its cognitive costs. *Journal of Experimental Psychology: General 148 (6),* S. 962–976.

Christian, M. S., Garza, A. S., & Slaughter, J. E. (2011). Work engagement: A quantitative review and test of its relations with task and contextual performance. *Personnel Psychology, 64 (1),* S. 89–136.

CIPD - Chartered Institute of Personnel and Development. (2016). *Rapid evidence assessment of the research literature on the effect of performance appraisal on workplace performance.* Von Technical report, December 2016: https://www.cipd.co.uk/Images/rapid-evidence-assessment-of-the-research-literature-on-the-effect-of-performance-appraisal-on-workplace-performance_tcm18-16902.pdf am 15.09.2020 abgerufen

Clifton, J., & Harter, J. (2019). *It´s the Manager.* New York: Gallup.

Coleman, P. T. (2018). Conflict Intelligence and Systemic Wisdom:Meta-Competencies for Engaging Conflict in a Complex, Dynamic World. *Negotiation Journal, 34 (1)*, S. 7–35.

Colquitt, J. A., Scott, B. A., Rodell, J. B., Long, D. M., Zapata, C. P., Conlon, D. E., & Wesson, M. J. (2013). Justice at the Millennium, a Decade Later: A Meta-Analytic Test of Social Exchange and Affect-Based Perspectives. *Journal of Applied Psychology, 98 (2)*, S. 199–236.

Culley, S. (2015). *Beratung als Prozess. Lehrbuch kommunikativer Fertigkeiten.* Weinheim und Basel: Beltz.

De Jonge, J., & Scherm, M. (2015). Führung und Vertrauen – Konzepte und neue Befunde. In J. Felfe, *Trends der psychologischen Führungsforschung. Neue Konzepte, Methoden und Erkenntnisse* (S. 203–212). Göttingen: Hogrefe.

Deci, E. L., & Ryan, R. M. (2015). The Importance of Universal Psychological Needs for Understanding Motivation in the Workplace. In M. Gagné, *The Oxford Handbook of Work Engagement, Motivation, and Self-Determination Theory* (S. 13–32). New York: Oxford University Press.

Decker, C., & Van Quaquebeke, N. (2016). Respektvolle Führung fördern und entwickeln. In J. Felfe, & R. van Dick, *Handbuch Mitarbeiterführung: Wirtschaftspsychologisches Praxiswissen für Fach- und Führungskräfte* (S. 27–40). Berlin, Heidelberg: Springer Verlag.

DeRue, S. D., Nahrgang, J. D., Wellman, N., & Humphrey, S. E. (2011). Trait and behavioral theories of leadership: an integration and meta-analytic test of their relative validity. 64, . *Personnel Psychology, 64 (1)*, S. 7–52.

Diestel, S., Dettmers, S., Jochmann, W., Hermann, A., Fastenroth, L. M., & Pela, P. (2018). *Die Kunst des Führens in der digitalen Revolution.* Düsseldorf, Dortmund: StepStone GmbH, Kienbaum Institut.

Dollinger, A., Fehse, K., & Haasis, K. (2019). Komplexitätstraining für Führende erfolgreich leiten. Bonn: managerSeminare Verlag.

Drath, K. (2015). *Neuroleadership. Was Führungskräfte aus der Hirnforschung lernen können.* Freiburg: Haufe-Lexware.

Dulebohn, J. H., Bommer, W. H., Liden, R. C., Brouer, R., & Ferris, G. R. (2012). A meta-analysis of the antecedents and consequences of leader-member exchange: Integrating the past with an eye toward the future. *Journal of Management, 38*, S. 1715–1759.

Dweck, C. S. (2007). *Mindset: The new psychology of success. How we can learn to fulfill our potential.* New York: Ballantine Books.

Ebner, M. (2019). *Positive Leadership. Erfolgreich führen mit PERMA-Lead: die fünf Schlüssel zur High Performance.* Wien: Facultas AG.

Eilers, S., Möckel, K., Rump, J., & Schabel, F. (2016). *HR-Report 2015/2016: Schwerpunkt Unternehmenskultur. Eine empirische Studie des Instituts für Beschäftigung und Employability IBE im Auftrag von Hays für Deutschland, Österreich und die Schweiz.* Von Mannheim/Zürich/Wien: Hays plc: https://www.hays.de/documents/10192/118775/hays-studie-hr-report-2015-2016.pdf am 20.09.2020 abgerufen

Eisenberger, N. I. (2012). Broken Hearts and Broken Bones: A Neural Perspective on the Similarities Between Social and Physical Pain. *Current Directions in Psychological Science 21 (1)*, S. 42–47.

Ellis, A., Schwartz, D., & Jacobi, P. (2004). *"Coach dich". Rationales Effektivitäts-Training zur Überwindung emotionaler Blockaden.* Würzburg: Hemmer/Wüst Verlagsgesellschaft mbH.

Endrejat, P. C., & Meinecke, A. L. (2021). *Kommunikation in Veränderungsprozessen. Psychologische Grundlagen für die Arbeit mit Individuen und Gruppen*. Wiesbaden: Springer Fachmedien.

Felfe, J. (2009). *Mitarbeiterführung*. Göttingen: Hogrefe.

Fiege, R., Muck, P. M., & Schuler, H. (2014). Mitarbeitergespräche. In H. Schuler, & U. P. Kanning, *Lehrbuch der Personalpsychologie* (S. 765–811). Göttingen: Hogrefe.

Fisher, R., Ury, W., & Patton, B. (2011). *Getting to Yes: Negotiating Agreement Without Giving In (3rd ed.)*. New York: Penguin Books.

Franken, S. (2019). *Verhaltensorientierte Führung. Handeln, Lernen und Diversity in Unternehmen, 4., vollständig überarbeitete Auflage*. Wiesbaden: Springer Fachmedien.

Frazier, M. L., & Bowler, W. M. (2015). Voice climate, supervisor undermining, and work outcomes: A group-level examination. . *Journal of Management, 41 (3)*, S. 841–863.

Fredrickson, B. L. (2013). Updated thinking on positivity ratios. *Am. Psychol., 68*, S. 814–822.

Frindte, W., & Geschke, D. (2019). *Lehrbuch Kommunikationspsychologie*. Weinheim, Basel: Beltz.

Gabrisch, J. (2019). *Führungsinstrument Mitarbeiterkommunikation. Wie gute Gesprächsführung im Team gelingt – Mitarbeitergespräche gekonnt führen*. Bonn: Manager Seminare Verlags GmbH.

Gallup. (2019). *The Manager Experience. Top Challenges & Perks of Managers*. Washington D.C.: Gallup.

Gergen, K. (2002). *Konstruierte Wirklichkeiten. Eine Hinführung zum sozialen Konstruktionismus*. Stuttgart: Kohlhammer.

Gilbert, S. L., & Kelloway, E. K. (2015). Leadership. In M. Gagné, *The Oxford handbook of work engagement, motivation, and self-determination theory* (S. 181–198). Oxford: Oxford University Press.

Goetz, D., & Reinhardt, E. (2017). *Führung: Feedback auf Augenhöhe. Wie Sie Ihre Mitarbeiter erreichen und klare Ansagen mit Wertschätzung verbinden* . Wiesbaden: Springer Fachmedien.

Google_re:Work. (2020). *Teams*. Von https://rework.withgoogle.com/subjects/teams/, am 06.04.2020 abgerufen

Google_re:Work. (2020a). *Return Path: Reorienting HR around team effectiveness*. . Von https://rework.withgoogle.com/case-studies/return-path-team-effectiveness/, 05.04.2020 abgerufen

Gordon, T. (2005). *Managerkonferenz: Effektives Führungstraining*. München: Heyne Verlag.

Gottfredson, R. K., & Aguinis, H. (2017). Leadership behaviors and follower performance: Deductive and inductive examination of theoretical rationales and underlying mechanisms. *Journal of Organizational Behavior, 38*, S. 558–591.

Gregersen, S., Vincent-Höper, S., & Nienhaus, A. (2016). *Forschungsstudie Führung und Gesundheit*. Hamburg: Berufsgenossenschaft für Gesundheitsdienst und Wohlfahrtspflege.

Grice, H. P. (1980). *Studies in the way of words*. . Cambridge: Harvard.

Grunau, P., & Wolter, S. (2019). Personalmaßnahmen: (K-)ein Treiber für Unternehmenswertschöpfung? *Personal quarterly, Jg. 71, H. 1*, S. 14–19.

Hackman, J. R., & Oldham, G. R. (1980). *Work redesign*. Reading, MA: Addison-Wesley.

Häfner, A., Pinneker, L., & Hartmann-Pinneker, J. (2019). *Gesunde Führung. Gesundheit, Motivation und Leistung fördern*. Heidelberg, Berlin: Springer Verlag.

Hasher, L., Goldstein, D., & Toppino, T. (1977). Frequency and the conference of referential validity. *Journal of Verbal Learning and Verbal Behavior, 16*, S. 107–112.

Haufe. (2020). *Feedback-Studie 2020. Feedback-Kultur in Untermehmen*. Freiburg: Haufe-Lexware.

Heaphy, E. D., & Dutton, J. E. (2008). Positive social interactions and the human body at work: Linking organizations and physiology. *Academy of Management Review, 33 (1)*, S. 137–162.

Hohman, M. (2021). *Motivational Interviewing in Social Work Practice*. New York: Guilford Press.

Hossiep, R., Zens, J. E., & Berndt, W. (2020). *Mitarbeitergespräche: Motivierend, wirksam, nachhaltig*. Göttingen: Hogrefe Verlag.

Humphrey, S. E., Nahrgang, J. D., & Morgeson, F. P. (2007). Integrating motivational, social, and contextual work design features: A metanalytic summary and theoretical extension of the work design literature. *Journal of Applied Psychology, 92 (5)*, S. 1332–1356.

IFIDZ. (2019). *IFIDZ-Meta-Studie 2019. Führungskompetenzen im digitalen Zeitalter*. Abgerufen am 3. 12 2019 von https://ifidz.de/digital-leadership-beratung/

ifz - Initiative Zukunftsfähige Führung e.V. Stuttgart. (2016). *Was macht Führung zukunftsfähig? Ergebnisse einer repräsentativen Befragung von Führungs- und Nachwuchskräften in Privatwirtschaft und öffentlichem Dienst*. Von http://www.izfev.de/wordpress/wp-content/uploads/2016/01/izf-Allensbach-Studie-c-izf-e.V.-und-Institut-für-Demoskopie-Allensbach-GmbH.pdf, am 19.08.2020 abgerufen

Ilmarinen, J., & Tempel, J. (2002). *Arbeitsfähigkeit 2010: Was können wir tun, damit Sie gesund bleiben?* . Hamburg: VSA-Verlag.

Jäckel, A. (2020). Vertrauen und Führung im Kontext digitaler Arbeit. *GIO - Gruppe.Interaktion.Organisation, 51*, S. 169–176.

Jonassen, M. (2019). Kommunikation. In E. Lippmann, A. Pfister, & J. Urs, *Handbuch Angewandte Psychologie für Führungskräfte* (S. 327–341). Heidelberg, Berlin: Springer Verlag.

Jones, D. A. (2009). Getting even with one's supervisor and one's organization: relationships among types of injustice, desires for revenge, and counterproductive work behaviors. *Journal of Organizational Behavior, 30*, S. 525–542.

Jöns, I. (2018). Feedbackprozesse in Organisationen: Psychologische Grundmodelle und Forschungsbefunde. In I. Jöns, & W. Bungard, *Feedbackinstrumente im Unternehmen* (S. 29–48). Wiesbaden: Springer Fachmedien.

Kahn, W. A. (1990). Psychological conditions of personal engagement and disengagement at work. *Academy of Management Journal, 33 (4)*, S. 692–724.

Kals, E., & Gallenmüller-Roschmann, J. (2017). *Arbeits- und Organisationspsychologie kompakt*. Weinheim, Basel: Beltz Verlag.

Kampkötter, P., Laske, K., Müller, D., Petters, L., & Sliwka, D. (2015). *Fachkräftesicherung und -bindung * aktuelle Ergebnisse einer Betriebs- und Beschäftigtenbefragung. (Monitor)*. Berlin: BMAS.

Kauffeld, S., Endrejat, P. C., & Richter, H. (2019a). Organisationsentwicklung. In S. Kauffeld, *Arbeits-, Organisations- und Personalpsychologie für Bachelor* (S. 73–104). Heidelber, Berlin: Springer Verlag.

Kauffeld, S., Ianiro-Dahm, P. M., & Sauer, N. C. (2019). Führung. In S. Kauffeld, *Arbeits-, Organisations- und Personalpsychologie für Bachelor* (S. 105–138). Heidelberg, Berlin: Springer Verlag.

Keller, H., Robelski, S., Harth, V., & Mache, S. (2017). Psychosoziale Aspekte bei der Arbeit im Homeoffice und in Coworking Spaces. *ASU - Zeitschrift für medizinische Prävention, 52*, S. 840–845.

Kivimäki, M., Leino-Arjas, P., Luukkonen, R., Riihimäi, H., Vahtera, J., & Kirjonen, J. (2002). Work stress and risk of cardiovascular mortality: prospective cohort study of industrial employees . *BMJ, 325*, S. 857 .

Kluger, A. N., & DeNisi, A. S. (1996). The effects of feedback interventions on performance: A historical review, a meta-analysis, and a preliminary feedback intervention theory. *Psychological Bulletin, 119*, S. 254–284.

Kluger, A. N., & Nir, D. (2010). The feedforward interview. *Human Resource Management Review, 20* , S. 235–246.

Knight, C., Patterson, M., & Dawson, J. (2017). Building work engagement: A systematic review and meta_analysis investigating the effectiveness of work engagement interventions. *Journal of Organizational Behavior, 38 (6)*, S. 792–812.

Kool, W., McGuire, J. T., Rosen, Z. B., & Botvinick, M. M. (2010). Decision making and the avoidance of cognitive demand. *Journal of Experimental Psychology: General, 139*, S. 665–682.

Kruger, J., & Dunning, D. (1999). Unskilled and unaware of it: How difficulties in recognizing one's own incompetence lead to inflated self-assessments. *Journal of Personality and Social Psychology, 77*, S. 1121–1134.

Kugler, K. (2015). *The dynamics of moral conflict: An experimental study. PhD Dissertation.* München: Ludwig-Maximilians-Universität .

La Torre, G., Esposito, A., Sciarra, I., & Chiappetta, M. (2019). Definition, symptoms and risk of techno-stress: A systematic review. *International Archives of Occupational and Environmental Health, 92(1)*, S. 13–35.

Lencioni, P. M. (2020). *Die 5 Dysfunktionen eines Teams überwinden. Ein Wegweiser für die Praxis.* Weinheim: Wiley-VCH.

Lippmann, E. (2019). Gesprächsführung. In E. Lippmann, A. Pfister, & J. Urs, *Handbuch Angewandte Psychologie für Führungskräfte* (S. 351-368). Heidelberg, Berlin: Springer Verlag.

Losada, M., & Heaphy, E. (2004). The role of positivity and connectivity in the performance of business teams: A nonlinear dynamics model. *American Behavioral Scientist 47*, S. 740–765.

Malik, F. (2001). *Führen. Leisten. Leben. Wirksames Management für eine neue Zeit. 7. Auflage.* München und Stuttgart: Heyne.

Markland, D., Ryan, R. M., Tobin, V. M., & Rollnick, S. (2005). Motivational Interviewing an Self-Determination Theory. *Journal of Social and Clinical Psychology, 24 (6)*, S. 811–831.

Marshall, C., & Sogaard Nielsen, A. (2020). *Motivational Interviewing for Leaders in the Helping Professions. Facilitating Change in Organizations.* New York: The Guilford Press.

Martin, R., Thomas, G., Guillaume, Y., Lee, A., & Epitropaki, O. (2016). Leader-Member Exchange (LMX) and Performance: A Meta-analytic Review. *Personnel Psychology, 69*, S. 67–121.

Miller, W. R., & Rollnick, S. (2015). *Motivierende Gesprächsführung. 3. Auflage (deutsch).* Freiburg: Lambertus.

Mohr, G., Wolfram, H.-J., Schyns, B., Paul, T., & Günster, A. (kein Datum). *Kommunikationsqualität Führungskräfte und MitarbeiterInnen.* Von Zusammenstellung sozialwissenschaftlicher Items und Skalen (ZIS), https://doi.org/10.6102/zis27: https://zis.gesis.org/pdfFiles/Antwortbogen/Mohr%2B_Kommunikationsqualitaet_ Fuehrungskraefte_und_MitarbeiterInnen_Antwortbogen_c.pdf am 26.08.2020 abgerufen

Montua, A. (2020). *Führungsaufgabe Interne Kommunikation. Erfolgreich in Unternehmen kommunizieren – im Alltag und in Veränderungsprozessen.* Wiesbaden: Springer Fachmedien.

Myers, D. G. (2014). *Psychologie.* Berlin und Heidelberg: Springer Verlag.

Nerdinger, F. W. (2019). Führung von Mitarbeitern. In F. Nerdinger, G. Blickle, & N. Scharper, *Arbeits- und Organisationspsychologie* (S. 95–117). Heidelberg, Berlin: Springer Verlag.

Nerdinger, F. W. (2019a). Arbeitsmotivation und Arbeitszufriedenheit. In F. Nerdinger, G. Blickle, & N. Scharper, *Arbeits- und Oragnisationspsychologie* (S. 463–486). Heidelberg, Berlin: Springer Verlag.

Nerdinger, F. W. (2019b). Interaktion und Kommunikation. In F. W. Nerdinger, G. Blickle, & N. Schaper, *Arbeits- und Organisationspsychologie* (S. 63–80). Berlin: Springer Verlag.

Ng, T. W., & Feldman, D. C. (2012). Employee voice behavior: A meta-analytic test of the conservation of resources framework. *Journal of Organizational Behavior, 33 (2),* S. 216–234.

Ng, T. W., & Feldman, D. C. (2015). Ethical leadership: Meta-analytic evidence of criterion-related and incremental validity. *Journal of Applied Psychology, 100 (3),* S. 948–965.

Nier, H. (2020). *Wunsch und Wirklichkeit bei Führungskräften.* Von Statista: https://de.statista.com/infografik/20637/umfrage-wunsch-und-wirklichkeit-bei-fuehrungskraeften/ am 26.03.2021 abgerufen

Nink, M. (2017). *ENGAGEMENT INDEX DEUTSCHLAND 2016.* Von Pressegespräch am 22.03.2017: https://www.steauf.de/wp-content/uploads/2017/11/Gallup-Engagement-Index-2016.pdf am 06.09.2021 abgerufen

Nink, M. (2018). *Engagement Index. Die neuesten Daten und Erkenntnisse der Gallup-Studie.* München: Redline Verlag.

Nisbett, R. E., Caputo, C., Legant, P., & Marecek, J. (1973). Behavior as seen by the actor and as seen by the observer. *Journal of Personality and Social Psychology, 27,* S. 154–164.

Paul, T., & Schyns, B. (2014). *Deutsche Leader-Member Exchange Skala (LMX MDM).* Von Zusammenstellung sozialwissenschaftlicher Items und Skalen (ZIS): https://doi.org/10.6102/zis25; am 27.04.2020 abgerufen

Pela, P., & Zimmermann, T. (2019). *Erfolgsgeheimnis Team - People Tech Insights. Stepstone Befragung.* Von https://www.stepstone.de/wissen/teamfaehigkeit am 26.03.2021 abgerufen

Pettigrew, T. F. (1979). The Ultimate Attribution Error: Extending Allport's Cognitive Analysis of Prejudice. *Personality and Social Psychology Bulletin, 5 (4)* , S. 461–476.

Peus, C., & Hauser, A. (2020). Herausforderung Digitalisierung - acht Thesen für zukunftsorientiertes Führungshandeln. *Wirtschaftspsychologie aktuell, 2,* S. 21–26.

Porter, M., & Nohria, N. (2018). How CEOs Manage Time. *Harvard Business Review, 96 (4),* S. 42–51.

Regnet, E. (2020). Kommunikation als Führungsaufgabe. In L. v. Rosenstiel, E. Regnet, & M. E. Domsch, *Führung von Mitarbeitern. Handbuch für erfolgreiches Personalmanagement* (S. 267–280). Stuttgart: Schäffer-Poeschel Verlag.

Rich, B. L., Lepine, J. A., & Crawford, E. R. (2010). Job engagement: Antecedents and effects on job performance. *Academy of Management Journal, 53 (3),* S. 617–635.

Rischar, K. (2011). *Schwierige Mitarbeitergespräche.* Hamburg: Windmühle Verlag.

Robbins, S. P., Coulter, M., & Fischer, I. (2014). *Management. Grundlagen der Unternehmensführung.* Hallbergmoos: Pearson.

Rogers, C. R. (1991). *Die klientenzentrierte Gesprächspsychotherapie. Client-Centered Therapy.* Frankfurt a. M.: Fischer Taschenbuch.

Röhner, J., & Schütz, A. (2020). *Psychologie der Kommunikation.* Wiesbaden: Springer Fachmedien.

Rose, N. (2019). *Arbeit besser machen. Positive Psychologie für Personalarbeit und Führung.* Freiburg: Haufe-Lexware .

Rosengren, D. B. (2015). *Arbeitsbuch Motivierende Gesprächsführung.* Lichtenau/Westf.: G.P. Probst Verlag.

Rosner, S., & Winheller, A. (2019). *Gelingende Kommunikation – revisited: ein Leitfaden für partnerorientierte Gesprächsführung, professionelle Verhandlungsführung und lösungsfokussierte Konfliktbearbeitung.* Augsburg, München: Rainer Hampp.

Ross, L. D., Amabile, T. M., & Steinmetz, J. L. (1977). Social Roles, Social Control, and Biases in Social-Perception Processes. *Journal of Personality and Social Psychology, 35 (7),* S. 485–494.

Roth, G. (2013). *Persönlichkeit, Entscheidung und Verhalten.* Stuttgart: Klett-Cotta.

Ryan, R. M., & Deci, E. L. (2017). *Self-determination theory: Basic psychological needs in motivation, development, and wellness.* New York, NY: The Guilford Press.

Ryan, R. M., & Deci, E. L. (2019). Supporting autonomy, competence, and relatedness: The coaching process from a self-determination theory perspective. In S. English, J. M. Sabatine, & P. Brownell, *Professional Coaching. Principles and Practice* (S. 231–246). New York: Springer.

Sackmann, S. (2019). Führungskommunikation. In S. Einwiller, S. Sackmann, & A. Zerfaß, *Handbuch Mitarbeiterkommunikation.* Wiesbaden: Springer Fachmedien.

Sann, U., Unger, F., Martin, C., & Wiesmann, D. (2020). Beziehungsförderliche, klientenorientierte und motivierende Gesprächsführung im Jobcenter lernen und anwenden können, wollen und dürfen. In M. Krämer, J. Zumbach, & I. Deibl, *Psychologiedidaktik und Evaluation XIII* (S. 283–292). Aachen: Shaker Verlag.

Schaper, N. (2019). Arbeitsgestaltung in Produktion und Verwaltung. In F. W. Nerdinger, G. Blickle, & N. Schaper, *Arbeits- und Organisationspsychologie* (S. 411–434). Berlin, Heidelberg: Springer Verlag.

Scheer GmbH. (2015). *Scheer Report. Innovationen im Fokus.* Von https://www.scheer-group.com/Scheer/uploads/sites/2/2016/04/Scheer-Report_Innovation-im-Fokus.pdf am 24.09.2020 abgerufen

Schermuly, C. C. (2019). *New Work – Gute Arbeit gestalten. Psychologisches Empowerment von Mitarbeitern.* Freiburg: : Haufe-Lexware.

Schulz von Thun, F., Enkemann, J., Leßmann, H., & Steller, W. (1987). *Verständlich informieren und schreiben. Trainingsprogramm Deutsch für Schuler.* Freiburg i. Br.: Herder-Bücherei.

Schulz von Thun, F., Ruppel, J., & Stratmann, R. (2016). *Miteinander reden: Kommunikationspsychologie für Führungskräfte.* Reinbek bei Hamburg: Rowohlt.

Schütz, A., Köppe, C., & Andresen, M. (2020). *Was Führungskräfte über Psychologie wissen sollten.* Bern: Hogrefe Verlag.

Schyns, B., & Knoll, M. (2015). LMX – Leader-Member Exchange. In J. Felfe, *Trends der psychologischen Führungsforschung. Neue Konzepte, Methoden und Erkenntnisse* (S. 55–65). Göttingen: Hogrefe.

Shannon, C. E., & Weaver, W. (1949). *The mathematical theory of communication.* Urbana Champaign: University of Illinois Press.

Slemp, G. R., Kern, M. L., Patrick, K. J., & Ryan, R. M. (2018). Leader Autonomy Support in the Workplace: A Meta-Analytic Review. *Motivation and Emotion, 42 (5)*, S. 706–724.

Spehar, I., Forest, J., & Stenseng, F. (2016). Passion for Work, Job Satisfaction, and the Mediating Role of Belongingness. *Scandinavian Journal of Organizational Psychology 8 (1)*, S. 17–26.

Staar, H., Gurt, J., & Janneck, M. (2019). Gesunde Führung in vernetzter (Zusammen-) Arbeit – Herausforderungen und Chancen. In B. Badura, A. Ducki, H. Schröder, J. Klose, & M. Meyer, *Fehlzeiten-Report 2019. Digitalisierung - gesundes Arbeiten ermöglichen* (S. 217–235). Berlin, Heidelberg: Springer Verlag.

Steinert, C., & Büser, T. (2018). *Spot-Leadership. Nachhaltige Führung in einer agilen Unternehmenswelt.* Wiesbaden: Springer Fachmedien.

Stocker, D., Jacobshagen, N., Krings, R., Pfister, I. B., & Semmer, N. K. (2014). Appreciative leadership and employee well-being in everyday working life. *Zeitschrift für Personalforschung, 28 (1-2)*, S. 73–95.

Strack, R., Booker, M., Kovács-Ondrejkovic, O., Antebi, P., & Welch, D. (2018). *Decoding global talent 2018.* Von https://www.bcg.com/de-de/publications/2018/decoding-global-talent am 14.07.2020 abgerufen

Strack, R., von der Linden, C., Booker, M., & Strohmayr, A. (2014). *Decoding global talent.* Von https://www.bcg.com/de-de/publications/2014/people-organization-human-resources-decoding-global-talent am 04.08.2020 abgerufen

Strait, G. G. (2018). School-Based Motivational Interviewing: Promoting Student Success One Conversation at a Time. *Communiqué 47 (2)*, S. 31–32.

Tagliabue, M., Sigurjonsdottir, S. S., & Sandaker, I. (2020). The effects of performance feedback on organizational citizenship behaviour: a systematic review and meta-analysis. *European Journal of Work and Organizational Psychology*, S. 1–21.

Thibaut, J. W., & Kelley, H. H. (1959). *The social psychology of groups.* John Wiley.

Tuomi, K., Ilmarinen, J., Seitsamo, J., Huuhtanen, P., Martikainen, R., Nygård, C.-H., & Klockars, M. (1997). Summary of the Finnish research project (1981–1992) to promote the health and work ability of aging workers. *Scandinavian Journal of Work, Environment & Health, 23 (1)*, S. 66–71.

van Merendonk, S. (2021). *Motivierende Gesprächsführung kompakt.* Freiburg i. Bsg.: Lambertus-Verlag.

Vansteenkiste, M., & Sheldon, K. M. (2006). There's nothing more practical than a good theory: Integrating motivational interviewing and self-determination theory. *British Journal of Clinical Psychology, 45*, S. 63–82.

Voss, A., & Jochum, E. (2017). Aus der Praxis: Kommunikation als Erfolgsfaktor der Führung. In K. Häring, & S. Litzcke, *Führungskompetenzen lernen. Eignung, Entwicklung, Aufstieg* (S. 293–312). Stuttgart: Schäffer-Poeschel.

Wahren, H.-K. (1992). *Zwischenmenschliche Kommunikation und Interaktion in Unternehmen: Grundlagen, Probleme und Ansätze zur Lösung.* Berlin: De Gruyter.

Waltersbacher, A., Maisuradze, M., & Schröder, S. (2019). Arbeitszeit und Arbeitsort – (wie viel) Flexibilität ist gesund? In B. Badura, A. Ducki, H. Schröder, J. Klose, & M. Meyer, *Fehlzeiten Report 2019. Digitalisierung – gesundes Arbeiten ermöglichen* (S. 77–108). Berlin: Springer-Verlag.

Walumbwa, F. O., Mayer, D. M., Wang, P., Wang, H., Workman, K., & Christensen, A. L. (2011). Linking ethical leadership to employee performance: The roles of leader-member exchange, self-efficacy, and organizational identification. *Organizational Behavior and Human Decision Processes, 115 (2)*, S. 204–213.

Wang, H., Sui, Y., Luthans, F., Wang, D., & Wu, Y. (2014; Paper 123.). *Impact of authentic leadership on performance: Role of followers' positive psychological capital and relational processes.* Abgerufen am 2. 12 2019 von Management Department Faculty Publications: https://digitalcommons.unl.edu/managementfacpub/123/?utm_source=digitalcommons.unl.edu%2Fmanagementfacpub%2F123&utm_medium=PDF&utm_campaign=PDFCoverPages

Watzlawick, P., Beavin, J. B., & Jackson, D. D. (2016). *Menschliche Kommunikation: Formen, Störungen, Paradoxien.* Bern: Hogrefe.

Weibler, J. (2016). *Personalführung.* München: Vahlen.

Welpe, I. M., Brosi, P., & Schwarzmüller, T. (2018). *Digital Work Design. Die Big Five für Arbeit, Führung und Organisation im digitalen Zeitalter.* Frankfurt a. M.: Campus Verlag.

Werther, S. (2015). *Einführung in Feedbackisntrumente in Organisationen. Vom 360°-Feedback bis hin zur Mitarbeiterbefragung.* Wiesbaden: Springer Fachmedien.

Whitener, E., Brodt, S. E., Korsgaard, M. A., & Werner, J. M. (1998). Managers as initiators of trust: An exchange relationship framework for understanding managerial trustworthy behavior. *Academy of Management Review, 23,* S. 513–530.

Wigert, B., & Dvorak, N. (2019). *Feedback Is Not Enough.* Von https://www.gallup.com/workplace/257582/feedback-not-enough.aspx am 08.09.2020 abgerufen

Wigert, B., & Harter, J. (2017). *Re-Engineering Performance Management.* Washington: Gallup.

Wilcox, J., Kersh, B. C., & Jenkins, E. (2017). *MI LEAD. Motivational Interviewing für Leadership.* Gray Beach Publishing.

Wirtz, M. A. (2020). *Dorsch – Lexikon der Psychologie (19., überarb. Aufl.).* Weinheim: Hogrefe.

Wolfram, H.-J., & Mohr, G. (2014). *Führungsbeziehungsqualität. Version MitarbeiterInnen.* Von Zusammenstellung sozialwissenschaftlicher Items und Skalen (ZIS), https://doi.org/10.6102/zis26: https://zis.gesis.org/pdfFiles/Antwortbogen/Wolfram%2B_Fuehrungsbeziehungsqualitaet__Version_MitarbeiterInnen_Antwortbogen_c.pdf am 26.08.2020 abgerufen

Wolter, S., Broszeit, S., Frodermann, C., Grunau, P., & Bellmann, L. (2016). Mehr Zufriedenheit und Engagement in Betrieben mit guter Personalpolitik. *IAB-Kurzbericht 16/2016,* S. 1–6.

Yongxing, G., Hongfei, D., Baoguo, X., & Lei, M. (2017). Work engagement and job performance: the moderating role of perceived organizational support. *Anales de psicología, 33 (3),* S. 708–713.

Young, H. R., Glerum, D. R., Wang, W., & Joseph, D. L. (2018). Who are the most engaged at work? A meta-analysis of personality and employee engagement. *Journal of Organizational Behavior, 39 (1),* S. 1330–1346.

Zimmermann, F. (2020). The Dynamics of Motivated Beliefs. *American Economic Review, 110 (2),* S. 337–361.

Zwingmann, I., Wegge, J., Wolf, S., Rudolf, M., Schmidt, M., & Richter, P. (2014). Is transformational leadership healthy for employees? A multilevel analysis in 16 nations. *Zeitschrift für Personalforschung, 28 (1-2),* S. 24–51.

Zygar, C. (2015). *Sinnvoll Feedback geben am Arbeitsplatz.* Von Evidenzbasierte Wirtschaftspsychologie, (1). Ludwig-Maximilians-Universität München: http://www.psy.lmu.de/evidenzbasiertesmanagement/dokumente/ebm_dossiers/ebm_01_feedback.pdf am 08.09.2020 abgerufen

Weiterführende Literaturempfehlungen

Boden, M. (2020). *Mitarbeitergespräche führen. Situativ, typgerecht und lösungsorientiert.* Wiesbaden: Springer Fachmedien.

Gabrisch, J. (2019). *Führungsinstrument Mitarbeiterkommunikation. Wie gute Gesprächsführung im Team gelingt – Mitarbeitergespräche gekonnt führen.* Bonn: Manager Seminare Verlags GmbH.

Regnet, E. (2020a). Kommunikation als Führungsaufgabe. In L. v. Rosenstiel, E. Regnet, & M. E. Domsch, *Führung von Mitarbeitern. Handbuch für erfolgreiches Personalmanagement* (S. 267–280). Stuttgart: Schäffer-Poeschel Verlag.

Sackmann, S. (2019). Führungskommunikation. In S. Einwiller, S. Sackmann, & A. Zerfaß, *Handbuch Mitarbeiterkommunikation.* Wiesbaden: Springer Fachmedien.

Voss, A., & Jochum, E. (2017). Aus der Praxis: Kommunikation als Erfolgsfaktor der Führung. In K. Häring, & S. Litzcke, *Führungskompetenzen lernen. Eignung, Entwicklung, Aufstieg* (S. 293–312). Stuttgart: Schäffer-Poeschel

Sholihin, M., Pike, R., Mangena, M., & Li, J. (2011). Goal-setting participation and goal commitment: examining the mediating roles of procedural fairness and interpersonal trust in a UK financial services organisation. *British Accounting Review, 43 (2),* S. 135–146.

Frazier, M. L., Fainshmidt, S., Klinger, R. L., Pezeshkan, A., & Vracheva, V. (2017). Psychological Safety: A Meta-Analytic Review and Extension . *Personnel Psychology, 70,* S. 113–165.

Edmondson, A. C. (2020). *Die angstfreie Organisation: Wie Sie psychologische Sicherheit am Arbeitsplatz für mehr Entwicklung, Lernen und Innovation schaffen.* München: Vahlen.

Fuhrmann, B. (2018). *Stark führen. Aktivierend, effizient und wirkungsvoll agieren.* Wiesbaden: Springer Fachmedien.

Kühn, A., & Kühn, F. H. (2017). Schlüsselkompetenz Kommunikation: Pulsschlag der Veränderung. In G. Baltes, & A. Freyth, *Veränderungsintelligenz. Agiler, innovativer, unternehmerischer den Wandel unserer Zeit meistern* (S. 481–540). Wiesbaden: Springer Fachmedien.

Liebrecht, C., Hustinx, L., & van Mulken, M. (2019). The Relative Power of Negativity: The Influence of Language Intensity on Perceived Strength. *Journal of Language and Social Psychology, 38 (2),* S. 170–193.

Theorell, T., Nyberg, A., Leineweber, C., Magnusson Hanson, L. L., Oxenstierna, G., & Westerlund, H. (2012). Non-Listening and Self-Centered Leadership – Relationships to Socioeconomic Conditions and Employee Mental Health. *PLOS One, 7 (9),* S. 1–9.

Brandstätter, V. (2020). Motivation von Mitarbeitenden. In L. v. Rosenstiel, E. Regner, & M. E. Domsch, Führung von Mitarbeitern. *Handbuch für erfolgreiches Personalmanagement* (S. 237–249). Stuttgart: Schäffer-Poeschel.

Waltersbacher, A., Schröder, H., & Klein, J. (2020). Gerechtigkeitserleben bei der Arbeit und Gesundheit. Ergebnisse einer repräsentativen Befragung von Erwerbstätigen zum Gerechtigkeitserleben im Unternehmen und gesundheitliche Beschwerden. In B. Badura, A. Ducki, H. Schröder, J. Klose, & M. Meyer, *Fehlzeiten-Report 2020. Gerechtigkeit und Gesundheit* (S. 99–131). Berlin, Heidelberg: Springer.

Goller, I., & Laufer, T. (2018). *Psychologische Sicherheit in Unternehmen. Wie Hochleistungsteams wirklich funktionieren.* Wiesbaden: Springer Fachmedien.

Berne, E. (1984). *Spiele der Erwachsenen.* Reinbek: Rowohlt.

Becker, F. (2019). *Mitarbeiter wirksam motivieren.* Berlin, Heidelberg: Springer Verlag.

Teams leiten und entwickeln

4

Zusammenfassung

Teamarbeit ist eine weit verbreitete Form der Zusammenarbeit in Organisationen, deren Beliebtheit stetig wächst. Dabei werden Begriffe wie (Arbeits)Gruppen und Teams oft synonym verwendet. Doch gerade ein Team ist mehr als die (mitunter nur räumliche) Verbindung von Einzelpersonen und mehr als die Vernetzung ihrer individuellen Fähigkeiten und Fertigkeiten. Teams stellen eine besondere Form der Gruppe dar, die sich insbesondere durch spezifische Aufgaben-, Ziel- und Leistungsorientierung auszeichnen. Auch Leitungskräfte versprechen sich durch Teamarbeit vielfältige Vorteile, so z. B. im Bereich der kompetenzorientierten Arbeitsteilung und Flexibilität, der besseren Steuerung und gegenseitigen Unterstützung sowie der Stärkung von Kooperation, Kommunikation, Kreativität. Damit sollen auch Erfolge im Umgang mit Komplexität, steigender Veränderungsgeschwindigkeit sowie der Förderung von Innovationen erzielt werden. Empirische Forschungsergebnisse zeigen Vorteile von Teamarbeit auf, weisen jedoch zugleich auf einige Problemfelder hin. Denn die Annahme, dass Teams automatisch mehr als die Summe ihrer Einzelteile sind, ist nicht eindeutig belegt. In Teams entstehen Reibungsverluste, u. a. durch notwendige und nicht immer gut funktionierende Abstimmungsprozesse, unterschiedliche bzw. unklaren Ziele, Rollen- und Aufgabenverständnisse oder den Rückzug von Teammitgliedern sowie unzureichender Teamführung. Teams können auch sehr erfolgreich sein, was jedoch nicht selbstverständlich ist und nachhaltig gepflegt werden muss. Neben gemeinsam geteilten Zielen, wirksamer Kommunikation, psychologischer Sicherheit und Teamzusammenhalt, sind vor allem eine gute Teamführung, teamförderliche Rahmenbedingungen sowie bestimmte Eigenschaften der Teammitglieder wichtig für den nachhaltigen Teamerfolg. Das Feld der

© Springer Fachmedien Wiesbaden GmbH, ein Teil von Springer Nature 2022   241
F. Unger et al., *Personalführung in Organisationen der Sozialwirtschaft,*
Basiswissen Sozialwirtschaft und Sozialmanagement,
https://doi.org/10.1007/978-3-658-36119-8_4

Teamentwicklung bietet hierzu Gestaltungsansätze im Bereich der Umwelt von Teams, der Arbeitsaufgabe bzw. der Zielsteuerung und insbesondere Aspekte, die das Team selbst wie die Führungskraft betreffen. Wie im individuellen Führungskontext gilt auch hier: humaner Erfolg ist die Basis von Teamerfolg. Für die Führungskraft ist entscheidend, eine angemessene Balance zu finden zwischen integrierendem Coach, Moderator*in und Autonomieunterstützer*in auf der einen Seite und zielorientiertem Teamleader auf der anderen Seite, um die vereinbarten Ziele innerhalb der Organisation zu erreichen und zugleich einen guten, resilienten Teamspirit zu entwickeln bzw. zu erhalten.

Lernziele
Nach der Bearbeitung dieses Kapitels können Sie …

- die typischen Merkmale einer Gruppe und die Besonderheiten von (Arbeits-)Teams sowie wichtige strukturelle Aspekte und zentrale Teamprozesse (Phasen der Teamentwicklung) erläutern und diskutieren.
- die Erfolgsfaktoren wie auch die Grenzen der Teamarbeit und die damit verbundenen Führungsaufgaben darstellen, Teams entsprechend analysieren sowie daraus Schlussfolgerungen für die eigene Organisation und Führungstätigkeit entwickeln.
- Anlässe und Handlungsansätze für Teamentwicklungsmaßnahmen erarbeiten, umsetzen und die Ergebnisse kritisch reflektieren.

4.1 Merkmale von Gruppen und Teams

▶ **Definition** „Eine *Gruppe* ist eine Mehrzahl von Personen, die über längere Zeit in direktem Kontakt stehen, wobei sich Rollen ausdifferenzieren, gemeinsame Normen entwickelt werden und Kohäsion, d. h. ein Wir-Gefühl, besteht" (Nerdinger 2019c, S. 120; siehe auch Rosenstiel und Kaschube 2020, S. 410; Hervorh. d.d. Autor*innen).

„Ein *Arbeitsteam* stellt eine spezifische Form der Gruppe dar. Es besteht aus wenigen Mitgliedern, deren Zusammenarbeit durch Ergebnisorientierung und kollektive Verantwortlichkeit geprägt sein soll. Ergänzend werden eine geringe hierarchische Binnenstruktur und eine intensive Bindung der Mitglieder an das gemeinsame Team genannt …" (Kals und Gallenmüller-Roschmann 2017, S. 124 f.; siehe auch Kauffeld und Schulte 2019, S. 212; Hervorh. d.d. Autor*innen).

Gruppen- bzw. Teamarbeit ist eine weit verbreitete Organisationsform,[1] deren Beliebtheit spürbar zunimmt – derzeit auch durch eine wachsende Tendenz zur virtuellen Zusammenarbeit (z. B. Gernadt et al. 2020; Zeuge et al. 2020; Stepstone 2020; Lindner 2020). Teamwork stellt eine wesentliche Antwort von Organisationen auf die vielfältigen, sich schnell verändernden, anspruchsvollen Herausforderungen der heutigen Arbeitswelt dar,[2] indem sie beispielsweise Menschen mit verschiedenen Interessen, Fertigkeiten und Fähigkeiten zusammenbringt, um u. a. Aufgaben zu lösen, die eine Person alleine nur (noch) bedingt bewältigen kann. Sie ist jedoch auch eine organisationale Antwort auf den Wunsch nach Selbst- und Mitbestimmung (Autonomie und Partizipation), mehr Selbstwirksamkeit (Kompetenzerleben) und insbesondere nach mehr Kooperation (soziale Verbundenheit; z. B. Rosenstiel und Kaschube 2020, S. 409 f.; Lacerenza et al. 2018, S. 517). Fragt man Beschäftigte nach dem Für und Wider von Teamarbeit, so befürwortet eine große Mehrheit diese Arbeitsform.[3] Trotz der positiven Einschätzung stellt sich die Frage, ob Teams in jedem Fall als Ideallösung für die gegenwärtigen Aufgaben und Probleme von Organisationen taugen, ob Teams uneingeschränkt besser sind als Individuen oder ob mehr Autonomie bzw. geteilte Verantwortung möglicherweise zu weniger Rollenklarheit und individueller Verantwortungsübernahme, mehr Abstimmungsbedarfen und damit zu einem höheren Steuerungsaufwand führen kann (Hasebrook et al. 2020, S. 2 ff.)?[4] Handelt es sich denn um echte Teams und was macht diese aus? Gibt es bestimmte Bedingungen, die die Wirkung und somit den Erfolg von Teams fördern oder eher hemmen? Welche Rolle(n) nimmt die Führung ein? Wird Führung überhaupt noch gebraucht oder ist sie in Teams gar besonders notwendig?

---

[1] „Weltweit wird geschätzt, dass 50–90 % aller Mitarbeitenden in Teams arbeiten …" (Kauffeld und Schulte 2019, S. 215). Auch wenn die genaue Zahl schwer zu ermitteln ist, so zeigt eine große Untersuchung von Deloitte (McDowell et al. 2016) in 130 Ländern, dass Teamwork *der* Arbeitstrend Nummer 1 ist.

[2] Siehe hierzu vertiefende Ausführungen im Kap. 6 dieses Buches oder bei Unger 2019.

[3] In einer Umfrage von WRIKE (2019, S. 3) stimmen in der Summe 82 % der Befragten folgenden 3 Aussagen zu: „Teamarbeit macht meine Arbeit angenehmer", „Teamarbeit steigert meine Produktivität" und „Teamarbeit hat mir und meinem Team ermöglicht, unsere Ergebnisse zu skalieren."

[4] Also: Gibt es möglicherweise (empirisch belegbare) Zweifel an der bekannten Synergieeffektformel des Wirtschaftswissenschaftlers Harry Igor Ansoff: $2 + 2 = 5$?

Bevor wir uns diesen Fragen und weiteren Aspekten widmen, blicken wir
zunächst auf Merkmale von Gruppen bzw. Teams, auf Formen und Ziele der
Zusammenarbeit sowie auf grundsätzliche Erkenntnisse zur Teamarbeit, die dann
in den folgenden Abschnitten vertieft werden. Vor allem konzentriert sich das
Kapitel auf die Zusammenhänge von Führung und Teamerfolg. Florian Becker
(2016, S. 6 f.) nennt Merkmale von Gruppen, die zum Teil bereits in der vorherigen Definition von Nerdinger (2019c) zu finden sind:

- Mehrere Individuen[5]
- Interaktion
- Gemeinsame Normen
- Rollendifferenzierung und Struktur
- Grenzen nach außen
- Eine gemeinsame Aufgabe
- Stabilität über die Zeit
- Eine gemeinsame Identität.

Hinsichtlich der Unterscheidung des Teams vom allgemeinen Gruppenbegriff
fokussiert Becker (2019, S. 7 f.) die *Aufgabe,* auf die ein Team sich ganz
besonders ausrichtet. Im Vergleich kommt er zu den nachstehenden Punkten, die
er als Besonderheiten von Teams bezeichnet:

- Teamziele sind an der übergeordneten Aufgabe ausgerichtet.
- Anzahl und Eigenschaften der Personen sind an der Aufgabe orientiert.
- Rollen, Hierarchiestruktur und Zusammensetzung der Gruppe sind ebenfalls
  von der Aufgabe abhängig.
- Soziale Interaktion dient in erster Linie dem Erfolg bei der Aufgabe.
- Ist die Aufgabe abgeschlossen, wird das Team häufig aufgelöst, die Stabilität
  über die Zeit ist also auch an der Aufgabe ausgerichtet.

Es wird an verschiedenen Details und Schwerpunktsetzungen deutlich, dass
es zwar möglich ist, (feine) Unterschiede zwischen einer Gruppe, Arbeitsgruppe und dem Teambegriff herauszuarbeiten. Gleichwohl ist eine eindeutige

---

[5] Hier wird bereits diskutiert, ob man von Gruppen ab 2 oder erst ab 3 Personen
sprechen kann (bzw. sollte). Mit Nerdinger (2019c, S. 120), sind 3 und mehr Personen
als Gruppe anzusehen, „… da sich erst ab dieser Zahl wichtige Gruppenphänomene wie
Mehrheitsbildungen, Koalitionen und Wechsel von Koalitionen beobachten lassen"
(siehe auch Rosenstiel und Kaschube 2020, S. 411 f.).

Unterscheidung schwierig (Nerdinger 2019c, S. 120; Kals und Gallenmüller-Roschmann 2017, S. 124 f.). Der Teambegriff soll sicherlich noch stärker die Konzentration auf die Aufgaben bzw. Ziele, auf die Erwartung eines besonderen Zusammenhalts, die gemeinsame Verantwortung sowie die engere Kooperation und damit verbunden einer höheren Wirksamkeit in der Zielerreichung betonen (Nerdinger 2019c, S. 120 ff.; Kals und Gallenmüller-Roschmann 2017, S. 124 ff.; Weibler 2016, S. 70). Insofern könnte man Teams z. B. auch als *„besonders effektive Arbeitsgruppen"* ansehen (Weibler 2016, S. 70). Damit ist u. a. die Hoffnung verbunden, dass in Teams jedes Teammitglied so gut wie möglich individuelles Wissen, die jeweiligen Fähigkeiten und Fertigkeiten beisteuert (mit den anderen teilt), was in der Kombination einen überdurchschnittlichen Erfolg ermöglicht (Kauffeld und Schulte 2019, S. 212). Zugleich müssen Teammitglieder bereit und in der Lage sein, sich zurückzunehmen, sich gegenseitig zu vertrauen[6] und sich zu unterstützen sowie die Kompetenzen wie Rollen der anderen Teammitglieder nicht nur anzuerkennen (zu respektieren), sondern bewusst wertzuschätzen und wirksam mit den eigenen Kompetenzen oder Rollen zu verbinden. Nicht umsonst ist die Fähigkeit, in einer Gruppe kooperativ zusammenzuarbeiten (oder auch der Begriff der Teamfähigkeit), eine der meistgenannten Eigenschaften in Stellenanzeigen (Pela und Zimmermann 2019) und kennzeichnet ein wesentliches Element erfolgreicher Gruppen- und Teamarbeit.[7] Da der Begriff Team in der Arbeitswelt gut verankert ist, nutzen wir im weiteren Text die Begriffe (Arbeits-)Gruppe und Team synonym.

---

[6] „Keine Eigenschaft, kein Charakteristikum ist wichtiger als Vertrauen" (Lencioni 2020, S. 23). Bereits in den Abschn. 1.2 und Kap. 3 haben wir vertiefende Aspekte zum Vertrauen skizziert.

[7]Wie schon zuvor betont (z. B. Kap. 1), sei jedoch vor einem rein eigenschaftstheoretischen Konzept von Teamfähigkeit gewarnt. Es geht nicht nur um die Förderung von teamfähigen Einzelpersonen, sondern auch um die Passung der Teammitglieder und ihrer Eigenschaften und Kompetenzen zueinander und zur Aufgabe. Zudem spielt die konkrete Interaktion in einem Team eine wichtige Rolle. Und noch ein Blick auf die dunkle Seite der Teamdynamik: Aus der Mobbingforschung ist bekannt, dass es kein Bündel von Eigenschaften gibt, welches eine Person gänzlich davor schützen würde, Mobbingopfer zu werden. Für jede und jeden gibt es irgendwo ein Team, in dem sie oder er die Person wäre, die als andersartig, seltsam und unangemessen agierend angesehen würde. Gleichzeitig gibt es Teams, in denen diese Person hervorragend passt und überdurchschnittlich performen kann.

4.1.1   Teamstrukturen und Formen der Zusammenarbeit

Teams können z. B. nach ihrem Formalisierungsgrad, der Größe, dem Zusammen-gehörigkeitsgefühl, der Dauer der Zusammenarbeit, der Spezialisierung, der Hierarchie (bzw. Autonomie, Handlungs-/Entscheidungsspielraum) oder auch der Komplexität der Aufgabe bzw. der Vernetzung des Teams unterschieden werden (z. B. Kauffeld und Schulte 2019, S. 212 ff.; Kals und Gallenmüller-Roschmann 2017, S. 133 ff.; Becker 2016, S. 10 ff.; Weibler 2016, S. 69 f.; Hofert und Visbal 2015, S. 25 ff.). Nachfolgend werden einige Teamarten exemplarisch aufgeführt (siehe z. B. Antoni 2020; Schaper 2019a, S. 440 ff.; Kauffeld und Schulte 2019, S. 212 ff.; Kals und Gallenmüller-Roschmann 2017, S. 133 ff.):

- *Klassische Arbeitsgruppen ...*
  sind dauerhafte Gruppen, die funktions- und arbeitsteilig organisiert sind, wobei die Mitarbeitenden von ihrer Führungskraft Anweisungen zur Erfüllung der gemeinsamen Arbeitsaufgabe erhalten. Hier ist zu diskutieren, ob es sich tatsächlich um eine Gruppe oder gar ein echtes Team im zuvor beschriebenen Verständnis handelt (und sich auch umfassende Gruppenprozesse vollziehen) oder ob sich die Gruppenmitglieder eher als Individuen einer inhaltlich oder räumlich zusammengefassten Organisationseinheit sehen, die zwar an einer Aufgabe oder einem Ziel arbeiten, dies jedoch nur bedingt miteinander tun bzw. voneinander abhängig sind, sondern es sich eher um Einzelleistungen handelt.
- *Teilautonome Arbeitsgruppen ...*
  können als sich selbst regulierende Arbeitsgruppen verstanden werden, die dauerhaft in der regulären Arbeitsorganisation verankert sind. Sie übernehmen eigenverantwortlich ganzheitliche Aufgaben, d. h. die Gruppe führt selbst Steuerungsfunktionen innerhalb vorgegebener Rahmenbedingungen aus. Diese Form der Arbeitsorganisation stellt eine quantitative Arbeitserweiterung (Job Enlargement) wie eine qualitative Arbeitsbereicherung (Job Enrichment) dar. Da bei teilautonomen Arbeitsgruppen z. B. die Planung, Steuerung und Kontrolle der übertragenen Aufgaben zumindest teilweise selbst durch-geführt wird, werden hier besondere Anforderungen an die organisationalen Rahmenbedingungen (klarer Rahmen und Raum, eindeutige Rollen-, Kommunikations- und Schnittstellenkonzepte, Verantwortlichkeiten etc.), an die Leitung sowie an die Kompetenzen der Gruppenmitglieder selbst gestellt (so beeinflusst z. B. die Reflexivität der Gruppenmitglieder, deren proaktives Verhalten, ihre Problemlösungs-, Kommunikations- und Koordinations-kompetenzen die ökonomischen wie sozialen Effekte teilautonomer

Arbeitsgruppen; vertiefend z. B. Schaper 2019a, S. 446ff.). Obwohl teilautonome Arbeitsgruppen sich deutlich näher am Grundverständnis eines Teams orientieren (im Vergleich zu klassischen Arbeitsgruppen), ist deren Wirksamkeit nicht so eindeutig belegbar, wie man es zunächst vermuten könnte. Diese Form der Teamarbeit wird zudem eher wieder zurückgeführt. Aktuell findet man oft eine Mischung aus klassischer und teilautonomer Arbeitsgruppe in der Praxis wieder.

- *Projektteams …*
  sind überwiegend heterogen zusammengesetzte, abteilungsübergreifende, temporäre Gruppen, die meist bei neuartigen, komplexen Problemstellungen, besonderen Aufträgen oder für die Entwicklung innovativer Produkte bzw. Prozesse eingesetzt werden. Sie sind in der Regel nicht in die klassische Organisation integriert. Je nach Projektorganisation treffen sich die Mitglieder nur von Zeit zu Zeit oder arbeiten mitunter auch kontinuierlich zusammen. Neben der Art der Organisation (z. B. Zusammensetzung und Führung) bestimmen vor allem die zur Verfügung gestellten Ressourcen (z. B. Zeit, Geld, Personal) die Erwartungen an die Projektgruppe und deren Wirksamkeit.

- *Qualitätszirkel …*
  sind kleine, temporäre Gruppen von 5–10 Mitarbeitenden (v. a. der sogenannten ausführenden Ebene), die sich (meist freiwillig) zur Bearbeitung selbstgewählter Probleme aus ihrem Arbeitsbereich treffen. Insbesondere der (am besten moderierte) Austausch praktischer Erfahrungen soll dabei zu (neuen) Lösungsvorschlägen führen, um Probleme zu bearbeiten oder die Qualität von Prozessen oder Produkten (Dienstleistungen) sowie der Zusammenarbeit zu optimieren, diese Ideen gleich in der Praxis zu testen und daraus wiederum Impulse für Verbesserungen zu erhalten. Werden Qualitätszirkel durch die Leitung unterstützt, so ist dies eine praktikable Form der Partizipation und Mitarbeitendenorientierung. Sie können durchaus zur Förderung von Autonomie, Kompetenzerleben und zur Stärkung der sozialen Verbundenheit genutzt werden. Gleichzeit sind sie keine Selbstläufer. Daher stellt sich zur zuvor genannten Freiwilligkeit möglicherweise die organisationale Herausforderung, Qualitätszirkel dauerhaft zu installieren und konkrete Ziele für deren Arbeit zu formulieren. Inwieweit dann der Grundgedanke dieser Form der Teamarbeit verloren geht, muss konkret beobachtet werden. Strukturierter im Ablauf und zusammengesetzt aus unterschiedlichen Hierarchien (u. a. ggf. auch aus Expert*innen von außen) stellen KVP-Teams eine besondere Form der Qualitätsanalyse und -steigerung in Organisationen dar. Die Abkürzung KVP steht für „kontinuierlicher Verbesserungsprozess" und ist eine stärker institutionalisierte Form der nachhaltigen Prozess- und Qualitätsentwicklung.

- *Virtuelle Teams …*

sind Gruppen, die aus geografisch und/oder organisational verteilten wie auch
organisationsübergreifenden Teammitgliedern bestehen und (oft) unabhängig
von festen Zeiten und räumlichen Grenzen zusammenarbeiten.[8] Die Besonderheit und zugleich bedeutende Herausforderung ist, dass die Interaktion weitgehend medial erfolgt. Die Vorteile virtueller Teams (z. B. Flexibilität,
Diversität, zeit- und ortsunabhängige Kommunikation) können zugleich auch
die größten Probleme dieser Arbeitsform sein. Vor allem für Führungskräfte
sind Themen wie Qualität der Kommunikations- und Kooperationsprozesse,
Beziehungsgestaltung (Feedback, eine gute Balance zwischen ausreichend
Handlungsspielraum und zugleich „da sein für die Mitarbeitenden" etc.),
Konfliktlösungen, ständige Erreichbarkeit bzw. ein gemeinsames Zeitmanagement, E-Mail-Flut, kurzfristige Steuerung von Teamprozessen und
Aufgaben nur einige von zahlreichen Aufgabenstellungen (Blessin und Wick
2017, S. 372 ff.). Dass die Tendenz zur virtuellen Teamarbeit spürbar wächst,
unterstreicht auch die Erhebung von Pela und Zimmermann (2019): 84 % aller
befragten Beschäftigten in Teams arbeiten überwiegend digital, 67 % zeitlich
flexibel, 36 % in internationalen Teams.[9] Die Covid-19-Pandemie hat dieser
Entwicklung noch einen weiteren Schub verliehen (z. B. Morrison-Smith und
Ruiz 2020; Gernadt et al. 2020; Zeuge et al. 2020; Stepstone 2020; Lindner
2020, S. 4 ff.).

Wie viele Mitarbeitende sollten Ihrer Meinung in einem Team sein, damit es gut
zusammenarbeiten und die gesteckten Ziele erreichen kann? Wenn Sie ein Team
leiten (bzw. leiten würden): Welche Teamgröße empfinden Sie als ideal? Ist
weniger mehr oder bringt eher ein großes Team erst richtige Effekte?

Pela und Zimmermann (2019) haben in einer Analyse die Teamgrößen in
unterschiedlichen Bereichen untersucht. Im Durchschnitt besteht ein Team in
Deutschland aus 11 Personen. Die Größen variieren jedoch von durchschnittlich
8 Personen im Finanzbereich bis zu 17 Personen in der Pflege; insgesamt also
eine große Spannweite. In der Literatur liest man des Öfteren von Teamgrößen
zwischen 5 und 9 Personen, die als optimal angesehen werden (Rosenstiel und
Kaschube 2020, S. 411 f.; Streich 2016, S. 66 f.; Hofert und Visbal 2015, S. 19 f.,

---

[8]Virtueller Teamarbeit bzw. Personalführung schenken wir im Kap. 6 dieses Buches noch
vertiefte Aufmerksamkeit.

[9]Zur Digitalisierung der Arbeitswelt siehe z. B. Statista 2020; Lindner 2020; Käufer 2019.

29 ff.; Wheelan 2009; Mathieu et al. 2008; Pearce und Herbik 2004) – macht dies jedoch u. a. von den Aufgaben und der Struktur des Teams abhängig (z. B. Rosenstiel und Kaschube 2020, S. 409; Nerdinger 2019c, S. 120 f.) sowie auch von den Führungskompetenzen der Teamleitung. In der praktischen Umsetzung sind es meist größere Leitungsspannen, die eine Führungskraft zu bewältigen hat, was die oben stehende Auswertung verdeutlicht. Die Empfehlung einer Teamgröße zwischen 10–12 Personen (z. B. Weibler 2016, S. 72 f.) entspricht den Erkenntnissen der aktuellen Teamgrößen, die Pela und Zimmermann (2019) herausgefunden haben, wenngleich eine größere Zahl an Teammitgliedern zumindest mehr Abstimmungsbedarf,[10] Rollen-/Verantwortungsunklarheiten oder auch die Gefahr der Bildung von Untergruppen sowie vermehrte Konflikte mit sich bringt und die Leistung abnehmen kann. Es gilt grundsätzlich für die Größe von Teams schon der Satz „Weniger ist meist mehr" (Galesic et al. 2018; Becker 2016, S. 46 ff.; Hofert und Visbal 2015, S. 19 f., 29 ff.; Mueller 2012; Aubé et al. 2011; Wheelan 2009; Mathieu et al. 2008; Shepperd 1993).

Eine abschließende, eindeutige Antwort zur optimalen Teamgröße (unter Einbezug der Realität der Arbeitswelt) kann es somit nicht geben. Wenn wir jedoch den Ansatz guter Führung berücksichtigen, wie er bereits in den vorherigen Kapiteln ausgeführt wurde, so kann man zumindest konstatieren, dass es mit zunehmender Anzahl von Teammitgliedern der Leitung schwerer fallen wird, qualitativ hochwertige Beziehungen aufzubauen, regelmäßige und wertvolle Feedbacks zu geben (und zu nehmen), für eindeutige Aufgaben und Verantwortung zu sorgen oder eine individuelle Kompetenzförderung zu unterstützen.[11] Andererseits bietet die Abkehr von einem stark hierarchisch-steuernden, mikrokontrollierenden Führungsverhalten, die digitalen

---

[10] Eine Gruppe von 7 Personen hat 21 Verbindungen, 12 Personen haben bereits 66, 15 Teammitglieder über 100. Der Aufwand einer dialogischen Kommunikation, Koordination und Einbeziehung steigt deutlich an. Qualitativ hochwertige Verbindungen werden schwieriger (oder es bilden sich Untergruppen).

[11] Neben allen anderen Anforderungen an Leitungskräfte. Im Kontext der Bedeutung, dass Führungskräfte es schaffen, allen Teammitgliedern (auch den eher ruhigen, zurückhaltenden) entsprechende Aufmerksamkeit zukommen zu lassen, betonen z. B. Shim et al. (2020), dass allein eine Verschiebung der visuellen Aufmerksamkeit der Leitung zu einer Steigerung der Gruppeneffektivität führen kann. Es handelte sich um eine experimentelle Umgebung, der Praxistest steht noch auch. Gleichwohl konnten Behrend und Alves (2015) u. a. Blickkontakt, sichtbare Emotionen und persönliche Worte als wichtige Verhaltensweisen erfolgreicher Teamleiter*innen herausarbeiten.

Entwicklungen und die Tendenz, z. B. ein empowermentorientiertes Führungsverständnis oder den Ansatz der Förderung der Selbstbestimmung stärker zu fokussieren, Chancen, auch mit größeren Teams nachhaltige Wirkung zu erzielen. Es wird an dieser Stelle deutlich, dass die Effektivität der Führungsspanne nicht lediglich von der Zahl der Personen eines Teams abhängt, sondern z. B. von der Führungskraft, den Kompetenzen und der Motivation der Mitarbeitenden, der Art der Aufgabe und den internen wie externen Rahmenbedingungen der Organisation.

4.1.2 Teamprozesse, Teamzusammensetzung und Leistung

Ein Blick auf die verschiedenen Teamarten zeigt, dass Teams aus unterschiedlichen Gründen entstehen. Wenngleich die Aufgabe ein wesentliches Merkmal für die Ein- und für die Ausrichtung des Teams ist, so werden mit der Teambildung zugleich weitere Ziele (neben dem der Aufgabenerfüllung) verfolgt. Ähnlich, wie bei den übergeordneten Zielen von Führung, können auch im Hinblick auf die Ziele von Teams ökonomische Ziele (z. B. Wettbewerbsfähigkeit, Kostenreduktion, Verbesserung der Ergebnisse, Qualitätssteigerung, Flexibilität und Innovation sowie Kundenzufriedenheit) und humane Ziele (z. B. Förderung der Arbeitszufriedenheit, Motivationssteigerung, Persönlichkeits-/Kompetenzförderung, Unterstützung des sozialen Zusammenhalts und der Kommunikation) genannt werden (Weibler 2016, S. 70). Für gelingende Teamarbeit gilt daher ebenso, dass humaner Erfolg die Basis von nachhaltigem Teamerfolg darstellt und eine reine Orientierung an einer Aufgabe bei der Frage, was Teams erfolgreich macht, zu kurz greift. Einfluss- und Wirkungsfaktoren der Teamarbeit wie auch mögliche Erfolge von Teams sind zwar enorm vielschichtig – können dennoch z. B. durch Teameffektivitätsmodelle in Grundzügen gut und plausibel erläutert werden.[12] Ein bekanntes Modell stellt das Input-Prozess-Output-Modell (IPO-Modell; Abb. 4.1) dar, welches verschiedene Einflussfaktoren auf die Leistung, Ergebnisse und Erfolge eines Teams visualisiert.

---

[12] „Gruppeneffektivität kann nach Hackman (1987) über drei Kriterien für den Erfolg einer Arbeitsgruppe definiert werden: 1. Das Gruppenergebnis muss die Leistungsstandards der Personen erfüllen oder übertreffen, die dieses Ergebnis erhalten oder beurteilen. 2. Die sozialen Prozesse bei der Gruppenarbeit erhalten oder fördern die Fähigkeit der Gruppenmitglieder, auch bei künftigen Aufgaben zusammenzuarbeiten. 3. Die Erfahrung der Gruppenarbeit sollte die Bedürfnisse der einzelnen Gruppenmitglieder mehr befriedigen als frustrieren" (Schaper 2019a, S. 454, Nummerierung F.U.; siehe auch National Research Council 2015, S. 59). Erinnern Sie sich an die Selbstbestimmungstheorie im Motivationskapitel?

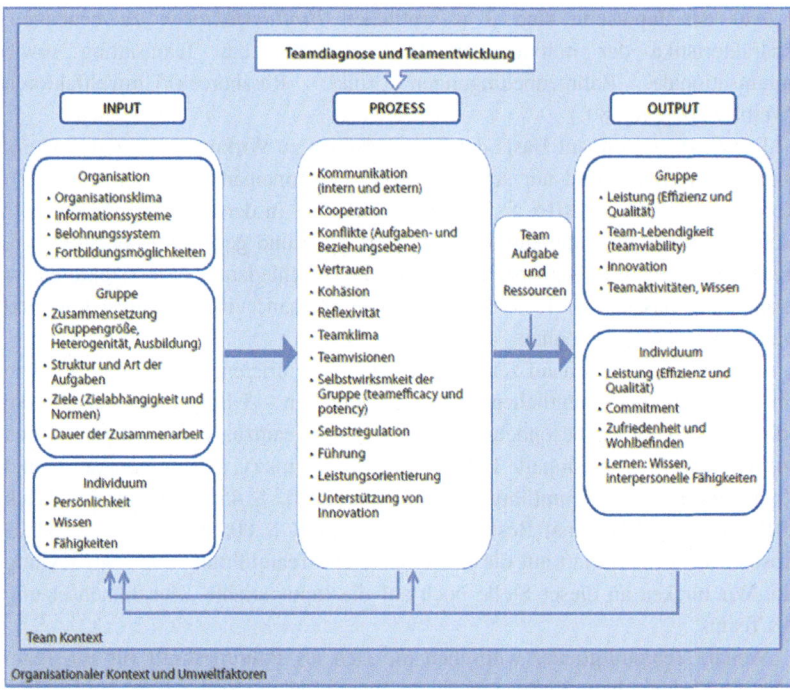

Abb. 4.1 Überblick über relevante Input-, Prozess- und Outputvariablen (IPO-Modell) der Teamarbeit. Entn. aus Kauffeld und Schulte 2019, S. 218, mit freundlicher Genehmigung des Springer Verlags

Schaut man sich die Outputvariablen an, so kann man zusammenfassend feststellen, dass vor allem 3 *Ergebnisse* eine erfolgreiche Teamarbeit kennzeichnen: (Gruppen-)Leistungen, Zusammenarbeit und Wohlbefinden der Gruppenmitglieder (Kauffeld und Schulte 2019, S. 220 f.; Schaper 2019a, S. 454; Weibler 2016, S. 78 ff.; National Research Council 2015, S. 59; Mathieu et al. 2008).

Der Bedürfnisbegriff wird dort bereits im Sinne der ersten beiden Hackmann-Kriterien gefüllt: Kompetenzerleben (also das Erleben, dass die eigenen Leistungsstandards erreicht oder übertroffen werden) und Zugehörigkeit zur Gruppe. Hinzu kommt bei Deci und Ryan noch das Autonomieerleben, also quasi das Bedürfnis, das die Bedeutung der Einzelperson gegenüber der Gruppe betont.

Auf der Inputseite sind 3 wesentlichen *Einflussfaktoren* zu benennen: Charakteristika der individuellen Teammitglieder, das Teamsetting sowie organisationale Rahmenbedingungen (inkl. Ressourcen)/Umweltfaktoren (Weibler 2016, S. 78 f.).

Die *Prozesse,* die auf Basis der Inputvariablen zu Wirkungen führen (sollen), sind sehr vielfältig und nur schwer unabhängig voneinander zu betrachten. Zu Recht weist Weibler (2016, S. 79) darauf hin, dass in der täglichen Praxis viele kleine IPO-Episoden, die sich oftmals überlappen und gegenseitig beeinflussen, stattfinden. Ein differenzierter Blick auf die verschiedenen Prozessfaktoren ist ratsam, um das eigene Team und dessen Performance näher analysieren (und weiterentwickeln) zu können.

Will man sich jedoch auf zentrale Aspekte konzentrieren, so kann man – neben der Gestaltung der eigentlichen Ziele/Teamaufgaben – 3 Bereiche benennen, die erfahrungsgemäß von besonderer Bedeutung sind: Teamzusammensetzung (Klima und Kohäsion), professionelle Entwicklung des Teams (v. a. Kommunikation und Kooperation)[13] und Teamführung (Hornstein 2020, S. 455; Blessin und Wick 2017, S. 348 ff.; National Research Council 2015, S. 80; Zaccaro et al. 2001). Abschn. 4.3 geht vertieft auf die Prozessbereiche Teamführung und -entwicklung ein. Wir blicken an dieser Stelle noch auf die Inputvariable „Zusammensetzung des Teams".

Welche Teammitglieder wünschen *Sie* sich als Führungskraft für Ihr Team oder als Kollegin bzw. Kollege in einem Team? Welche Rollen bzw. notwendige Arbeitsfunktionen sind zu berücksichtigen und sollte ein Team eher homogen oder heterogen zusammengestellt werden?

Sicherlich gehen die Vorstellungen einer optimalen Teamzusammensetzung auseinander. Was rund 14.000 befragte Fach- und Führungskräfte unter Teamfähigkeit verstehen bzw. welche Eigenschaften sie als essenziell für den Teamerfolg ansehen, fassen Pela und Zimmermann (2019, S. 14 ff.) zusammen: 85 % halten Kommunikationsfähigkeit sowie Zuverlässigkeit für sehr wichtig. 82 % sehen Organisationsfähigkeit als bedeutende Eigenschaft. Danach folgen Kritikfähigkeit, Kooperationsbereitschaft und Verantwortungsbewusstsein, Lernbereitschaft, Toleranz und sorgfältiges Arbeiten. Es sind (auch heute noch) eher klassische Eigenschaften, die als Basis für gute Teamarbeit als wichtig erachtet

---

[13] Teamentwicklung kann (neben der Teamführung) viele wichtige Themen des IPO-Modells und damit die Qualität der Zusammenarbeit (Blessin und Wick 2017, S. 348 f.) berücksichtigen, wie z. B. Kommunikation und Kooperation, Teamklima und ausgewogene Beteiligung, Vertrauen, Kohäsion (Teamzusammenhalt), Engagement und Verantwortlichkeiten (auch Rollen, Aufgaben, Prozesse etc.).

oder möglicherweise gerade wegen der zunehmenden Veränderungsgeschwindigkeit, Komplexität und Unsicherheit als besonders notwendig angesehen werden. Unabhängig von diesen fachübergreifenden Eigenschaften, die je nach Ausprägung die Teamarbeit positiv fördern können,[14] ist ein Team vor allem auch durch eine gewisse Unterschiedlichkeit in der Zusammensetzung gekennzeichnet (Hofert und Visbal 2015). Dies kann sich beispielsweise in demografischen Merkmalen, Aus-/Weiterbildung wie Berufserfahrung, Wertesystem oder sozialem Status ausdrücken (Weibler 2016, S. 75, siehe auch Ladwig 2020, S. 471). Im Zusammenspiel zwischen den Eigenschaften, Vorstellungen und Erfahrungen, die jede Person in ein Team mit(ein)bringt, differenzieren sich unterschiedliche Rollen[15] und Funktionen in dem Team aus (Ladwig 2020; Rosenstiel und Kaschube 2020, S. 415 f.). Das Vorhandensein verschiedener Rollen wird grundsätzlich als förderlich (bzw. gar notwendig) für die Teamarbeit und -leistung angesehen. Es gibt verschiedene **Rollenüberlegungen und -modelle.**[16] Neben dem oft dargestellten Rollenansatz nach Meredith Belbin (1993) haben auch Margerison und McCann (1985) unterschiedliche

---

[14] So werden beispielsweise auch die kognitiven Fähigkeiten, sozial-kommunikative Kompetenzen, Selbstständigkeit und Gewissenhaftigkeit sowie ein bestimmtes Maß an Verträglichkeit mit Teamerfolg in Verbindung gebracht und dies deutlicher als z. B. die Einflüsse von demografischen Merkmalen oder auch Spezialistenwissen (z. B. Reynolds und Lewis 2017; Becker 2016; National Research Council 2015, S. 84). Daneben ist eine grundsätzlich positive emotionale Grundstimmung von Bedeutung (Becker 2016, S. 62). Es gibt jedoch auch Studien, die Hinweise zu Einflüssen demografischer Merkmale geben. Z. B. fördert ein gewisser Mindestanteil an weiblichen Teammitgliedern die kollektive Intelligenz der Gruppe, unterstützt die Fähigkeit der Gruppe, eine Vielzahl von Aufgaben zu erfüllen und verbessert insgesamt die Zusammenarbeit, was sich allesamt auf die Ergebnisse des Teams auswirkt (National Research Council 2015, S. 86 f.; Woolley et al. 2010). Außerdem zeigen z. B. Reynolds und Lewis (2018), dass die kognitiven Fähigkeiten von Teams erst dann richtig zur Entfaltung kommen, wenn **psychologische Sicherheit** vorhanden ist (siehe auch Edmondson 2020; Frazier et al. 2017; Edmondson und Lei 2014).

[15] „In jeder Gruppe bestehen Erwartungen an die einzelnen Mitglieder, wie sie sich in bestimmten, für die Gruppe wichtigen Situationen verhalten sollten. Die Summe dieser Erwartungen wird als Rolle bezeichnet" (Nerdinger 2019c, S. 122).

[16] Ein sehr bekannter Ansatz ist der nach Belbin, der verschiedene Rollen beschreibt, die sich den Bereichen kommunikationsorientierte, handlungsorientierte und wissensorientierte Rollen zuordnen lassen. Die Teamrollen sind gut mit den Big-Five-Persönlichkeitseigenschaften (siehe Abschn. 1.2.1) anschlussfähig und beschreiben Verhaltenspräferenzen von Menschen, die sich jedoch in Abhängigkeit mit der Umgebung und der Situation erst zeigen (oder nicht). Belbin (1993) nennt folgende Rollen, die möglichst im Team vorhanden sein sollten: Koordinator*in, Gestalter*in, Ideengeber*in, Umsetzer*in, Netzwerker*in, Teamworker*in, Perfektionist*in, Spezialist*in, Beobachter*in.

Arbeitsfunktionen (Rollenaufteilung) in Gruppen identifiziert (siehe Weibler 2016, S. 76 f.; Tscheuschner und Wagner 2008):[17]

- Informierte*r Berater*in (z. B. Beschaffung und Verteilung von Informationen sowie interne Beratungsfunktion beispielsweise bei anstehenden Entscheidungen. Kommunikativ, fachlich kompetent, strukturiert)
- Kreative*r Innovator*in (Entwicklung neuer Ideen und experimentierend; fantasievoll, breites Interesse, unangepasst)
- Entdeckende*r Promotor*in (greifen Impulse bzw. neue Ideen gerne auf, probieren aus, versuchen, andere zu überzeugen und setzen um; offen, abenteuerlustig, gesprächig, emotional, unbeständig, praktisch – jedoch nicht detailverliebt)
- Auswählende*r Entwickler*in (analytische Bewertung und Weiterentwicklung von Ansätzen; offen, eher theoretisch, komplex-denkend, beherrscht)
- Zielstrebige*r Organisator*in (fokussierte Planung und Umsetzung von Ideen, Prozessen und Aufgaben; zuversichtlich, energisch, konventionell, beharrlich)
- Systematische*r Umsetzer*in (praktische Umsetzer*innen, Pläne und Standards werden entwickelt und umgesetzt; organisiert, gründlich, ordentlich, beherrscht, enges Interesse)
- Kontrollierende*r Überwacher*in (achten auf Einhaltung von Regeln und Sicherungssystemen, konzentrieren sich auf Details und spüren schnell Fehlentwicklungen auf)
- Unterstützende*r Stabilisator*in (sorgen – meist im Hintergrund – für die korrekte Umsetzung von Aufgaben, sie arbeiten mit einer hohen

---

[17] 8 (von 9) Rollen werden 4 Präferenzpolen zugeordnet (Berater*in, Entdecker*in, Organisator*in, Controller*in; der/die Verbinder*in steht in der Mitte) und laufen – je nach Schwerpunkt – ineinander über. Margerison und McCann (1985) bezeichnen alle diese Funktionen als wichtig für gelingende Teamarbeit. Sie betonen, dass Teammitglieder 2–3 Rollen wahrnehmen können (gehen jedoch von Haupt- und Nebenpräferenzen aus). Die jeweiligen Rollen (Funktionen), die Mitglieder übernehmen, liegen bzgl. des Inhalts (Aufgabentyps) meist dicht beieinander (Weibler 2016, S. 76 f.). Die Zuordnungen und Beschreibungen in Klammer beziehen sich auf Ausführungen bei Weibler (2016, S. 77) und enthalten Ergänzungen der Autor*innen, die auf deren Trainings-/Coachingerfahrungen sowie den Erkenntnissen der Big-Five-Persönlichkeitseigenschaften (siehe Ausführungen in Abschn. 1.2.1 oder Blessin und Wick 2017, S. 52 ff.) beruhen. Insgesamt basieren die Rollenbeschreibungen auf idealtypischen Annahmen. Teams bestehen nicht selten auch aus Mitgliedern, die andere Rollen innehaben, die z. B. auch nicht leistungsförderlich sind oder nicht in die zuvor beschriebenen Annahmen passen. Lehmann-Willenbrock, Beck und Kauffeld (2016) konnten in Analysen von Teammeetings z. B. auch folgende 2 Rollen identifizieren: Jammerer und Indifferente.

Gewissenhaftigkeit die Aufträge des Teams ab und setzen sich für den Erhalt des Status quo ein)

- Verbinder*in (sie verbinden die unterschiedlichen Rollen; sind kommunikativ/ offen, kooperativ, freundlich und einfühlend; zugleich behalten sie auch die Aufgabenstellungen sowie die jeweiligen Stärken der Teammitglieder im Auge; sie nehmen auch Führungsfunktionen ein).

Ob man nun den hier beschrieben Ansatz von Margerison und McCann (1985), die Rollenaufteilung nach Belbin (1993) oder andere Aspekte der Teamzusammensetzung eher teilt bzw. berücksichtigt:[18] **Heterogenität** stellt einen wichtigen Bedingungsfaktor für die Effektivität von Teams dar – allerdings in Abhängigkeit davon, welche Aspekte der Heterogenität man betrachtet (Schaper 2019a, S. 456) und auch abhängig von der Frage, welche zentrale Aufgabe/welche Ziele das Team hat. „Bunt zusammengewürfelte Gruppen sind 20 % produktiver als Gruppen, in denen alle die gleichen Voraussetzungen mitbringen" (Stroebe 2015, S. 100). Auch wenn dieser Satz nicht uneingeschränkt gilt (Nerdinger 2019c, S. 129 f.; siehe auch Rosenstiel und Kaschube 2020, S. 416 ff.; Ladwig 2020, S. 472 ff.; Becker 2016, S. 50 ff.; Abschn. 4.2), wäre es für die Praxis von Bedeutung, die Unterschiedlichkeit der Gruppenmitglieder als eine zentrale Ressource der Gruppe wahrzunehmen, wertzuschätzen und zu nutzen. Häufig wird aber Unterschiedlichkeit und erst recht daraus resultierende Kritik oder Widerspruch (beides erwächst notwendigerweise aus einem offenen Umgang mit Unterschiedlichkeit) als unerwünscht oder störend erlebt, statt als eine Chance für verschiedene Perspektiven auf Probleme und mögliche Lösungen angesehen.

Eine Besonderheit im Sinne der Heterogenität findet sich in verschiedenen Feldern der Sozialwirtschaft wieder:[19] **interdisziplinäre Zusammenarbeit**

---

[18] Beispielsweise nennen Clifton und Harter (2019, S. 106) auf Basis umfangreicher empirischer Analysen (insgesamt wurden 11.441 Teams untersucht) 4 Bereiche (bzw. Typen), die sich in einer guten Balance in Teams wiederfinden sollten: Ausführungs-/ Umsetzungskräfte, Beeinflusser*innen/Impulsgeber*innen, beziehungs-/teamorientierte Personen und strategisch denkende/handelnde Teammitglieder. Fisher et al. (1998) unterscheiden (nach Analysen des Belbin-Modells) nur 2 Bereiche: Ein guter Mix aus aufgaben- und beziehungsorientierten Teammitgliedern.

[19] „Je nach Situation geht es um Wissen aus den Bereichen Psychologie, Medizin, Psychiatrie, Soziologie, Recht, ... Gesundheit, Ethnologie, Ökonomie, Erziehungswissenschaft ..." (Wilder 2013, S. 10). „An interdisciplinary team is founded on the premise that different expertise and complementary skills, knowledge and disciplinary perspectives are

bzw. Teams. Hierunter kann die (gleichzeitige) Arbeit im Hinblick auf eine gemeinsame Sache von verschiedenen Personen, mit unterschiedlichen Aufgaben und verschiedenem beruflichen Hintergrund (verschiedenen Professionen und mitunter auch unterschiedlichen Zuständigkeiten, Freiheits- oder Entscheidungskompetenzen etc.) verstanden werden. Gerade hier treffen Vorteile von Vielfalt auf mögliche Grenzen. Führungskräfte stehen vor zahlreichen Herausforderungen – haben zugleich jedoch einen wesentlichen Einfluss darauf, ob interdisziplinäre Zusammenarbeit gelingt und sich die gewünschte Wirkung entfaltet (z. B. Homan et al. 2020, Ladwig 2020, S. 477 f.; Smith et al. 2018; Espinoza et al. 2018; siehe auch Abschn. 4.2). Wird tatsächlich interdisziplinäre Teamarbeit ermöglicht und gelebt, so weisen solche Teams meist eine bessere Teamleistung und Wirkung auf (Korner 2010; siehe auch Smith et al. 2018).

Zusammenfassend kann man festhalten, dass es nicht die lediglich eine Frage der Gleichheit oder Unterschiedlichkeit – auch nicht der überdurchschnittlichen Fachlichkeit – ist, was den Teamerfolg spürbar fördert oder hemmt. Es ist die Art und Weise der Zusammenarbeit, **das gemeinsame Mindset,** was viel bedeutendere Auswirkungen besitzt. McCallin und Bamford (2007) betonen in diesem Zusammenhang die wichtige Rolle der emotionalen Intelligenz.[20] Man könnte auch von einer Art **Teamempathie** sprechen. Ähnlich argumentieren Clifton und Harter (2019, S. 106; siehe auch Homan 2019). Sie betonen u. a., dass nicht ausschließlich die Ausgeglichenheit verschiedener Charaktere (und damit eine entsprechende „balancierte" Heterogenität) der entscheidende Punkt für Teamengagement und -leistung ist, sondern das Bewusstsein der Teammitglieder, wer welche Stärke ins Team einbringen kann sowie eine Haltung, die

---

required to deliver a specialist service for clients who have complex clinical and social problems. Team diversity assumes that if a team collects expertise, cohesive team practice will follow …" (McCallin und Bamford 2007, S. 388). Die besondere Wirkung soll entstehen durch die interaktiven Bemühungen der interdisziplinären Teammitglieder, wobei einige Verantwortlichkeiten geteilt werden – andere nicht, was u. a. eine gemeinsame Planung und Entscheidungsfindung erfordert (Smith et al. 2018, S. 453). Neben z. B. psychiatrischen Einrichtungen finden sich weitere Felder z. B. im frühkindlichen Bereich, Case Management im Gesundheitswesen, der Arbeitsförderung etc.

[20] Sie nennen 4 Fähigkeiten, die hierfür bedeutend sind: Selbstwahrnehmung, Selbstmanagement, soziales Bewusstsein und soziale Fähigkeiten (McCallin und Bamford 2007, S. 387). „Team effectiveness improved when colleagues were emotionally secure with each other" (ebd., S. 389).

Verschiedenheit (und zugleich Einzigartigkeit) der Teammitglieder ausdrücklich anerkennt, wertschätzt und zielgerichtet nutzt bzw. fördert.[21]

Es ist daher darauf zu achten, „dass bei der Zusammensetzung der Arbeitsgruppe die kognitiven, fachlichen und sozialen Kompetenzen der Mitarbeiter genauso wie deren Persönlichkeitsmerkmale und Motive der Gruppenaufgabe entsprechen" (Schaper 2019a, S. 457). Jörg (2019, S. 415) skizziert einige Fragen, die sich die Teamleitung hinsichtlich geeigneter Teammitglieder stellen kann:

- Welche Erfahrung bzgl. Teamarbeit bringt die Person mit?
- Wie motiviert ist die Person, in einem Team zu arbeiten?
- Welche besonderen Fähigkeiten zur Teamarbeit bringt die Person mit?
- Welche Teamrollen bevorzugt die betreffende Person und wie gut passen diese bevorzugten Teamrollen zum betreffenden Team?
- Wie gut passen die persönlichen Motive zur Teamarbeit?
- Wie gut passt die Persönlichkeit zu Teamarbeit bzw. zum betreffenden Team?

Der richtige Mix ist entscheidend, doch dies ständig optimal umzusetzen, gestaltet sich insbesondere bei dauerhaft installierten Teams sehr schwierig, da diese im Laufe der Zeit sich wechselnden Aufgabenschwerpunkten oder Zieldefinitionen sowie Änderungen in der Teamzusammensetzung oder auch veränderte Rollendefinitionen wie organisationalen Rahmenbedingungen gegenübersehen.[22] Jedoch weisen die Modelle und empirischen Erkenntnisse

---

[21] „When we meet people who think differently than we do …we should see opportunity and possibility. We should recognize that a talented ‚I' and a talented ‚they' can become even more talented ‚we.' …" (Page 2007, S. 375). Auch z. B. in Bezug auf das Geschlecht sind gemischt besetzte Teams in der Regel erfolgreicher. Forscher des Instituts für Weltwirtschaft in Kiel konnten z. B. zeigen, dass Frauen, die tendenziell eher versuchen Entscheidungen im Konsens zu treffen und dafür auch längere Entscheidungsprozesse in Kauf nehmen, in einer reinen Frauengruppe weniger risikobereit sind, während Männer, die im Schnitt risikobreiter sind als Frauen, in der Gruppe ein noch höheres Risiko hinnehmen als bei ihren Individualentscheidungen (Friedl et al. 2020; siehe auch Fn. 14). Auch für ethnisch gemischte Teams gilt in der Regel, dass sie erfolgreicher sind (z. B. McKinsey 2020). Die aktuellen Befunde bekräftigen, dass Inklusion und Diversität wichtige Faktoren für den Geschäftserfolg sind.

[22] Auf die zunehmend problematisch werdende Fachkräftethematik sowie die Auswirkungen des demografischen Wandels und Aspekte wie Urlaub, Krankheit, Weiterbildung, Projektabordnungen, Schichtarbeit, Untergruppenbildung etc., die allesamt Einfluss auf die Teamperformance nehmen können, soll an dieser Stelle nur kurz hingewiesen werden.

darauf hin, dass es bestimmte Persönlichkeitseigenschaften[23] und Verhaltensweisen gibt, die die Qualität der Zusammenarbeit verbessern können. Diese zu
beachten, die Chancen und Grenzen von homogenen wie heterogenen Teams
zu berücksichtigen und eine gewisse Einseitigkeit bei der Personalauswahl und
-entwicklung zu vermeiden (Weibler 2016, S. 77, siehe auch Rosenstiel und
Kaschube 2020, S. 417 ff.), ist eine entscheidende Führungsaufgabe. Daher
kommt der Teamführung, vor allem im Tagesgeschäft, eine bedeutende Rolle
zu, denn Teamführung nimmt nachweislich Einfluss auf die Teamleistung (z. B.
Clifton und Harter 2019, S. 103, 105 ff.; siehe auch Ladwig 2020, S. 477 f.; Herre
et al. 2019; Salas et al. 2015; van Dick und West 2013; Stewart 2006; Zaccaro
et al. 2001).[24]

4.2   Vorteile und Grenzen von Teamarbeit

Teams werden als eine wirksame Antwort auf die vielfältigen Herausforderungen
unserer vernetzten, komplexen Arbeitswelt angesehen. Die Entscheidung, Aufgaben in Teamarbeit zu erledigen bzw. gemeinsame Ziele als Gruppe zu verfolgen,
basiert vor allem auf der Annahme, dass diese Form der Arbeit klare Vorteile
im Vergleich zur Einzelarbeit mit sich bringt. Und schaut man sich Aufgabenstellungen innerhalb der Sozialwirtschaft an (z. B. die zuvor bereits beschriebene,
notwendige interdisziplinäre Zusammenarbeit verschiedener Fachdisziplinen),
so wird auch hier die Bedeutung evident. Zahlreiche Untersuchungen bestätigen
die Stärken von Teamarbeit – sie zeigen jedoch auch, dass eine solche Arbeitsform Grenzen oder gar Nachteile (mitunter mehr Nachteile als Vorteile) haben
kann (z. B. Rosenstiel und Kaschube 2020, S. 419 ff.). Nachfolgend werden

---

[23] Aus Sicht der Big Five sind Offenheit für Neues, soziale Verträglichkeit und Gewissenhaftigkeit bei Teammitgliedern besonders vorteilhaft. Eher schwierig sind Dominanz-
streben und emotionale Instabilität (Neurotizismus). Pela und Zimmermann (2019) nennen
dazu noch folgende Eigenschaften, die Fachkräfte als bedeutend für Teamfähigkeit einschätzen: Organisationsfähigkeit, Zeitmanagement/Pünktlichkeit, Sorgfalt, Zuverlässigkeit,
Kommunikationsstärke, Kritikfähigkeit, Kreativität.

[24] Wie bereits in vorherigen Kapiteln kritisch erwähnt, stimmen die Wahrnehmung von
Führungskräften, wie diese die Aufgaben und ihre Rolle ausfüllen und die Wahrnehmung
der Mitarbeitenden nicht immer überein (Pela und Zimmermann 2019, S. 21 f.); z. B.
bei der Aussage *„Die Teamleitung unterstützt uns, aus Fehlern zu lernen"* (Zustimmung
von 97 % der Führungskräfte vs. 60 % der MA) oder „Die Teamleitung erkennt gute
Leistungen und besondere Anstrengungen an" (Zustimmung von 97 % der Führungskräfte
vs. 57 % der MA).

Chancen bzw. Vorteile sowie Grenzen bzw. Nachteile von Teamarbeit beleuchtet. Dabei wird durch das bereits ausgeführte IPO-Modell (Input-, Prozess- und Outputvariablen) der Teamarbeit deutlich, dass es nur wenig lineare und leicht zu überblickende Wirkungsmuster gibt. Man könnte auch sagen, dass in Teamarbeit zwar große Ressourcen und vielfältige Leistungsmöglichkeiten stecken, diese jedoch nicht voraussetzungsfrei sind. Nicht selten ermöglicht Teamarbeit durch das Zusammenwirken von Beteiligten (und hier auch der Teamführung) sowie bestimmten Rahmenbedingungen neue Impulse und eine höhere Performance – gleichwohl kann sie auch in Konflikte und Leistungsminderung münden.

Als Vorteile und **Chancen von Teamarbeit** können genannt werden (Graf et al. 2020; Hasebrook et al. 2020; Lencioni 2020; Rosenstiel und Kaschube 2020, S. 419 ff.; Ladwig 2020; Pela und Zimmermann 2019; Franken 2019, S. 168 ff.; Kauffeld und Schulte 2019; Nerdinger 2019c; Lieber 2017, S. 224 ff.; Weibler 2016, S. 69 ff.; Becker 2016; Hofert und Visbal 2015):

- Teams schaffen Multiperspektivität in unsicheren Zeiten und bei komplexen Problemlagen (kollektive Intelligenz durch geteilte Informationen, Wissen, spezifische Kompetenzen). Durch die Kombination der unterschiedlichen Kompetenzen der einzelnen Mitglieder und einer guten Zusammenarbeit werden Teams zu **erfolgreichen Problemlösern,** um vor allem schwierige Aufgaben (herausfordernde Ziele, zeitkritische Projekte, komplexe Themenstellungen von Kund*innen/Kleint*innen, flexible Anforderungen der Organisation etc.) zu bewältigen. Man könnte auch von einer Summierung von Kräften, Wissen, Fertigkeiten und Fähigkeiten sprechen. Dabei ergänzen sich die einzelnen Mitglieder, bringen ihre jeweiligen Stärken zielgerichtet ein und gleichen zudem unterschiedliche Fähigkeiten aus.
- **Leistungsunterschiede** innerhalb eines Teams können gut ausgeglichen werden. Zudem gibt es Hinweise, dass sich Menschen im Team mehr anstrengen (sogenannter Köhler-Effekt), sofern entsprechende soziale (Leistungs-)Normen im Team vorhanden sind.[25]

---

[25] „*Soziale Normen* regeln das Verhalten in Teams und sozialisieren neue Mitglieder. Eine soziale Norm beschreibt letztendlich, welches Verhalten die Mitglieder in einem Team voneinander erwarten. Keiner möchte gerne von den Normen abweichen, denn Abweichungen werden mit negativen Reaktionen sanktioniert. Wer die Normen im Team erfüllt, erfährt dagegen Zustimmung und positive Reaktionen. Damit wirken die in einem Team ausgeprägten Normen stark motivierend und schlagen auf das konkrete Verhalten der Mitglieder und damit auf die Ergebnisse durch – beispielsweise auf Kundenzufriedenheit …'' (Becker 2019, S. 89). Entsprechende Normen und geteilte Werte wirken sich u. a. auch

- Stärkung von Autonomie sowie kompetenzorientierter Einsatz der einzelnen Teammitglieder **reduziert Hierarchien** sowie Leitungs-/Besprechungs-/Abstimmungsaufwand und führt zu **mehr Verantwortung der Teammitglieder.**
- **Geteiltes Wissen**[26] macht u. a. gegenseitige Vertretung, schnelleren Informationsaustausch und flexiblen Einsatz der Teammitglieder möglich. Ausfälle z. B. durch Weiterbildung, Arbeitsunfähigkeit oder Jobwechsel sind leichter zu kompensieren. Zudem werden das (informelle) Lernen und die persönliche Weiterentwicklung unterstützt.
- Partizipation (stärkt u. a. Akzeptanz von Entscheidungen) und Gemeinschaft (i. S. sozialer Verbundenheit, soziale Orientierung/Vorbilder etc.). Gegenseitige Unterstützung und Rückmeldung führen zu mehr **Arbeitszufriedenheit, Motivation**

---

auf Motivation, Teamzusammenhalt, Kreativität, Lernen, Klient*innenorientierung und Arbeitssicherheit aus (ebd., S. 90; Graf et al. 2020, S. 19 ff.). Becker (2019, S. 93) weist auf eine Stärke von Normen hin, die zugleich auch (angesichts der aktuellen Arbeitswelt) eine Schwäche im Team darstellen kann: Normen stabilisieren Verhalten und führen zu Konformität. Dies verhindert jedoch z. B. Flexibilität, Veränderungsbereitschaft/-fähigkeit wie auch eine Innovationskultur oder fördert Gruppendenken (was nicht immer sinnvoll ist; Nerdinger 2019c, S. 126). Die Teamleistung hängt ferner vom Zusammenhalt **(Team-Kohäsion)** ab. Teams mit hohen Leistungsansprüchen und hohem Zusammenhalt sind motivierter und leisten mehr. Ist der Zusammenhalt zwar hoch – jedoch der Leistungsanspruch gering, tritt das Gegenteil ein (Becker 2019, S. 94 ff.; siehe auch Rosenstiel und Kaschube 2020, S. 416 f.).

[26] Nerdinger (2019c, S. 123 f.) spricht von **Team-Kognition** („… ist ein … durch die Interaktion in der Gruppe neu entstehender Zustand, in dem das für das Funktionieren der Gruppe wichtige Wissen mental organisiert, repräsentiert und im Team verteilt wird. Dieses Wissen erlaubt es den Teammitgliedern, Handlungen zu antizipieren und auszuführen … Die Grundannahme lautet hier, dass die Effektivität der Teamarbeit sich in dem Maße verbessert, in dem die Teammitglieder ein geteiltes Verständnis von der gemeinsamen Aufgabe, *dem Team, der Ausstattung und der Arbeitssituation aufweisen …* "). Wenn auch die Forschung hierzu noch nicht sehr ausgeprägt ist, so werden einige Vorteile, die im Wesentlichen auf dem Phänomen der Teamkognition beruhen, sichtbar (Nerdinger 2019c, S. 123 ff.; siehe auch Kauffeld und Schulte 2019, S. 217; Kozlowski und Bell 2013; DeChurch und Mesmer-Magnus 2010): Gemeinsame Wissensbasis reduziert Abstimmungsprozesse und Schnittstellenproblematiken, Spezialisierung bzw. Differenzierung des Wissens führt zu mehr Expertentum bei gleichzeitig vielen, flexibel einsetzbaren Expert*innen eines Teams, was die Wirkung von Teams erhöht, Teamlernen/-entwicklung wird gefördert. Zudem steigen Motivation und Zusammenhalt (Kohäsion) im Team.

und Wohlbefinden (u. a. schon deshalb, weil Teamarbeit von Beschäftigten meist die bevorzugte Arbeitsweise darstellt).[27]

- Diversität und Erfahrungsvielfalt nutzt zielgerichtet **Expertentum,** stärkt Kreativität (reduziert Gruppenblindheit, differenziert Perspektiven, führt meist zu mehr Alternativen, besseren Entscheidungen) und fördert **Innovationen.**

Die verschiedenen Synergieeffekte, die mit Teamarbeit verbunden sind (bzw. erwartet oder erhofft werden), sind nicht in jedem Fall so wirksam oder positiv, wie man es vermuten würde (oder sich wünscht). Als klassisches Beispiel wird hier oft der sogenannte Ringelmann-Effekt angeführt.[28] Auf Teams übertragen bedeutet dies, dass eine Zunahme an Teammitgliedern nicht mit einer eindeutigen (linearen) Leistungssteigerung einhergehen muss, da es in Gruppen (im Vergleich zur Einzelleistung) zu spürbaren Leistungsabnahmen der Gruppenmitglieder kommen kann. „Offenbar reicht die bloße Präsenz von anderen Personen aus, damit sich die Leistung bei produktiven Tätigkeiten reduziert" (Becker 2016, S. 47).

Es sind also durchaus verschiedene Grenzen bzw. **Nachteile von Teamarbeit** feststellbar. So können die zuvor ausgeführten Stärken zu Schwächen werden, wenn bestimmte Parameter unzureichend (z. B. fehlendes Vertrauen und geringer Teamzusammenhalt) oder zu stark (sehr hohe Kohäsion mit extremem Gruppendenken und schädlicher Risikobereitschaft) vorhanden sind. Folgende Probleme bzw. Grenzen von Teamarbeit werden häufiger benannt (Graf et al. 2020; Hasebrook et al. 2020; Lencioni 2020; Rosenstiel und Kaschube 2020, S. 419 ff.; Ladwig 2020; Pela und Zimmermann 2019; Franken 2019, S. 168 ff.; Kauffeld und Schulte 2019; Nerdinger 2019c; Giersiepen et al. 2017; Lieber 2017, S. 224 ff.; Weibler 2016, S. 69 ff.; Becker 2016; Hofert und Visbal 2015):

- Höherer Absprache-, Besprechungs- und Koordinierungsaufwand (**Zeitaufwand**)

---

[27] „Wer Unterstützung im Team wahrnimmt, leistet mehr" (Becker 2019, S. 14; siehe auch Xanthopoulou et al. 2009; Saks 2006). Gemeinsames Arbeiten fördert auch den Spaß an der Arbeit (Nerdinger 2019c, S. 124).

[28] Ringelmann untersuchte, wie gut Maschinen, Ochsen, Pferde und Menschen Lasten ziehen können. Dabei stellte er u. a. fest, dass sich die Zugkraft von Menschen (im Gegensatz von Maschinen oder Tieren) nicht einfach addieren lässt. „Je mehr Menschen gemeinsam an einem Seil ziehen, desto geringer wird die Einzelleistung: Bei wenigen Personen sinkt sie zunächst besonders stark, mit wachsender Gruppengröße immer weniger. Dieser Effekt ist bis heute in der Sozialpsychologie als ‚Ringelmann-Effekt' bekannt …" (Hasebrook et al. 2020, S. 18; siehe auch Becker 2016, S. 46 f.).

- (mit steigender Anzahl der Teammitglieder) Verzerrte Informationsverarbeitung sowie herausfordernde, langwierige und nicht selten **qualitativ schlechtere Entscheidungen** (u. a. durch vielfältige Beteiligungswünsche/-notwendigkeiten, dominante Gruppenmitglieder, unzureichende oder zu stark steuernde Führung, geringe persönliche Verantwortungs-/Risikoübernahme)
- Steigende Wahrscheinlichkeit, dass Nebenschauplätze bearbeitet werden, Untergruppen sich bilden[29] und **Konflikte** entstehen (div. Eigendynamiken innerhalb des Teams, jedoch auch mit anderen Teams, eines Teams mit der Gesamtorganisation etc.), was insgesamt zu **Energieverlust** und großem Führungsaufwand im Team führen kann
- Teamkohäsion wie auch Kooperation und Leistungsbereitschaft sinken mit der Zunahme der Teamgröße und/oder bei zu starker Heterogenität (so können sich z. B. sogenannte Trittbrettfahrer bewusst hinter dem Team verstecken oder die Kooperation/Motivation anderer negativ beeinflussen; **Motivationsverlust** entsteht, weil der eigene Beitrag nicht ausreichend sichtbar ist, man Trittbrettfahrer beobachtet und nicht mehr der „Dumme sein möchte" – Gimpel-Effekt – oder man annimmt, dass die anderen auch nicht mehr leisten,[30] was zu sozialem Müßiggang – Social Loafing – führen kann; tiefes Vertrauen wird mit zunehmender Teamgröße schwierig)
- Unklare Aufgaben-/Rollenverteilung und insbesondere fehlendes Verantwortungsgefühl bzw. Resultatverantwortung **(Verantwortungsdiffusion)**[31]

---

[29] Dies wird auch als **Gruppenbruchlinien** bezeichnet. *„Gruppenbruchlinien sind hypothetische Trennlinien,*die eine Gruppe oder ein Team in zwei oder mehr Subgruppen aufteilen, wobei die Aufteilung auf einem oder mehreren individuellen Attributen beruht … Stärkere Gruppenbruchlinien führen zu stärkeren Beziehungskonflikten, aufgabenbezogenen Konflikten und geringerer Kohäsion. Zudem führen starke Gruppenbruchlinien zu geringerer Arbeitszufriedenheit und geringerer Leistung …" (Nerdinger 2019c, S. 130). Vor allem eine zu starke demografische Diversität begünstigt dieses Phänomen (ebd. und Ladwig 2020; Thatcher und Patel 2012).

[30] **Teamziele** verlieren ab einer Gruppengröße von etwa 8 Personen mit jedem hinzukommenden Mitglied an Handlungsrelevanz für den Einzelnen. Bei etwa 15 Teammitgliedern wird der eigene Beitrag zu den Teamzielen nicht mehr als ausreichend wahrgenommen, um sich besonders zu engagieren (Wolf 2018, S. 242).

[31] Die einzelnen Personen einer Gruppe fühlen sich für die Gruppenleistung weniger verantwortlich, als wenn jeder für sich an der Aufgabe arbeiten würde (die Verantwortung diffundiert; Werth et al. 2020, S. 412; Kals und Gallenmüller-Roschmann 2017, S. 131; Schmithüsen und Steffgen 2015, S. 137). Dies konnte auch für E-Mails festgestellt werden: Einer Bitte per E-Mail wird tendenziell weniger entsprochen, wenn die Nachricht offensichtlich an viele Empfänger*innen statt an wenige oder nur einen Empfänger verschickt

- Gruppendenken/Konformitätsneigung (**Group Think**)[32] und **Risky-Shift-Effekt.**[33]

Bei der Aufzählung zuvor wird deutlich, dass Vorteile und Nachteile nicht selten dicht beieinander liegen. Diese Tatsache soll an dieser Stelle anhand der Aspekte des Group Think Effekts sowie der damit zusammenhängenden Thematik „Heterogenität in Teams" vertieft werden. Dabei wird auch exemplarisch verdeutlicht, wie die Chancen genutzt und die Gefahren weitgehend vermieden werden können.

---

wurde (Blair et al. 2005). „Teammitglieder übernehmen nur dann eigene Verantwortung für die Arbeit im Team, wenn ihre Grundbedürfnisse nach Autonomie, Zugehörigkeit, Kompetenz und Selbstwirksamkeit erfüllt werden. Das ist besonders bedeutsam, wenn Teams unter Druck stehen, da die Erfüllung dieser Bedürfnisse dann leicht übersehen wird" (Hasebrook et al. 2020, S. 177 f.; auch Jungert et al. 2018; Ryan und Deci 2017). „Teams werden weitgehend immun gegen unethisches Verhalten, wenn sie Verantwortung für ihr Handeln übernehmen, Fehler eingestehen, Perspektivwechsel zulassen und immer auch die Folgen ihrer Handlungen bedenken. Und schließlich: Jedes System muss sicherstellen, dass persönliche Entscheidungsfreiheit nicht für die eigene Sicherheit aufgegeben werden muss" (Hasebrook et al. 2020, S. 179; auch Zimbardo 2008).

[32] Die Teammitglieder tendieren dazu, sich der Meinung der Mehrheit im Team (**Gruppendenken**) anzuschließen, ohne sie infrage zu stellen. „*Konformität* bedeutet allgemein Zustimmung zu Mehrheitsmeinungen, Einhaltung sozialer Regeln und Erfüllung sozialer Erwartungen. Ein Einzelner verhält sich besonders konform, wenn … er unsicher und inkompetent ist, die Gruppe aus drei und mehr Personen besteht, die anderen Gruppenmitglieder sich einig sind, bei einem ausgeprägten Status oder hoher Attraktivität der Gruppe, der Einzelne in der Gruppe beachtet wird, die Beachtung sozialer Standards in der Kultur des Einzelnen als wichtig erachtet wird" (Franken 2019, S. 169, siehe auch Werth 2020, S. 206 ff.; Kals und Gallenmüller-Roschmann 2017, S. 130 ff.; Weibler 2016, S. 80 ff.; Janis 1991). Insgesamt ist das Group-Think-Phänomen in der Praxis vorhanden – jedoch könnten die empirischen Belege hierfür umfassender sein; auch werden andere Aspekte aktuell miteinbezogen (z. B. Akhmad et al. 2020; Werth et al. 2020, S. 209; Rose 2011).

[33] **Gruppenentscheidungen** fallen möglicherweise (bewusst oder unbewusst) risikoreicher aus als individuelle Entscheidungen, weil sich z. B. niemand mehr so recht für die Entscheidung verantwortlich fühlt (Risikodiffusion), risikofreudigere Teammitglieder andere mitziehen oder insgesamt risikofreudiges Entscheiden als positive Eigenschaft angesehen wird (Hasebrook et al. 2020, S. 93 f.; Werth 2020, S. 206 ff.; Franken 2019, S. 170; Kals und Gallenmüller-Roschmann 2017, S. 130 ff.; Weibler 2016, S. 80 ff.; Janis 1991; Stoner 1968). Dieser Gruppeneffekt ist jedoch nicht eindeutig belegt (i. S. Gruppen treffen immer risikoreichere Entscheidungen). Zudem kann – je nach Teamkonstellation – auch der gegenteilige Effekt (Vorsichtsschub, konservative oder gar keine Entscheidungen) eintreten (Weibler 2016, S. 82 f.).

Gruppen können – aufgrund der Unterschiedlichkeit der Mitglieder – verschiedene Expertisen und Sichtweisen klug zusammenbringen (i. S. kollektiver Intelligenz),[34] um in einer Multioptionswelt komplexe Probleme zu lösen, schwierige Entscheidungen sinnvoll zu treffen oder innovative Lösungsideen zu generieren. Auf der anderen Seite sind Teamentscheidungen nicht immer schneller und/oder besser als Individualentscheidungen (Lunenburg 2010, siehe auch Rosenstiel und Kaschube 2020, S. 421 f.). Obwohl anzunehmen ist, dass Gruppen bzw. die (meisten) Gruppenmitglieder das Ziel verfolgen, ausgewogene Entscheidungen zu treffen, die beste Lösung für ein Problem zu finden oder reichlich Energie in Innovationsprozesse zu investieren, fällen Gruppen nicht selten riskantere und insbesondere schlechtere Entscheidungen (Hasebrook et al. 2020, S. 94; Weibler 2016, S. 80 ff.). Eine Erklärung hierfür liefert das sogenannte Gruppendenken (**Group-Think-Effekt**; Janis 1991, siehe auch Rose 2011; Lunenburg 2010). Vor allem in Teams mit gutem Klima und starkem Zusammenhalt (hohe Gruppenkohäsion) kann sich ein solcher problematischer Konformitätsprozess entwickeln.[35] Herrscht beispielsweise ein hohes Streben nach Harmonie vor oder spürt das Team starken Druck, werden Meinungen mitunter zurückgehalten, Diskussionen oder Konflikte vermieden, um das Teamklima zu erhalten. Man versucht, möglichst schnell Entscheidungen zu treffen, die dem Mainstream entsprechen oder auf Impulse von meinungsstarken Teammitgliedern (und/oder der Führungskraft) beruhen. Basierend auf Forschungserkenntnissen von Janis (1991) können folgende Komponenten bzw. Merkmale von Gruppendenken benannt werden (siehe auch Werth et al. 2020, S. 209 ff.; Nerdinger 2019c, S. 126 ff.; Kals und Gallenmüller-Roschmann 2017, S. 132; Giersiepen et al. 2017; Weibler 2016, S. 82, Rose 2011, Lunenburg 2010):

---

[34] „Je mehr Sichtweisen, Meinungen und Erfahrungen in den Prozess der Wissensgenerierung involviert wird, desto höher die Wahrscheinlichkeit, innovative Ideen und Lösungen zu finden" (Franken 2019, S. 244). „Eine intelligente Vernetzung des verteilten Wissens aller Mitarbeiter und die Fähigkeit eines Unternehmens, seine kollektive Intelligenz schnell und flexibel zu mobilisieren, ist ein entscheidender Wettbewerbsfaktor" (ebd., S. 134; siehe auch Ladwig 2020).

[35] Weibler (2016, S. 82, siehe auch Rose 2011) stellt noch weitere Vorbedingungen vor: Strukturelle Mängel der Organisation (z. B. Isolation der Gruppe, fehlende prozedurale Normen, Homogenität, keine unparteiische oder zu stark dominierende Führung) und situativer Kontext (z. B. hoher Druck/Stress, externe Bedrohung/Rechtfertigungs-/Sanktionsangst, geringes Selbstwertgefühl durch vergangene Misserfolge).

- **Überschätzung** der Gruppe
  - Illusion der Unverwundbarkeit/Unanfechtbarkeit verleitet zu übermäßigem Optimismus und erhöhter Risikobereitschaft
  - Glaube, hohe moralische Standards zu vertreten bzw. Abbau moralischer Bedenken (Gruppennormen werden nicht reflektiert, Überzeugungen nicht hinterfragt oder als ethisch unbedenklich angesehen)[36]
- **Engstirnigkeit**
  - Kollektive Rationalisierung (wenn viele Mitglieder *eine* Meinung stützen bzw. Entscheidung gut begründen, werden eigene Überzeugungen nicht mehr ausreichend bedacht oder auch Warnzeichen ignoriert; d. h. man gesteht sich das eigentliche Motiv des Handelns nicht ein, sondern konstruiert vernünftige Gründe für das Tun)
  - Stereotype Wahrnehmung von Außenstehenden (Teammitglieder ignorieren oder verteufeln gar Meinungen, die von außen an die Gruppe herangetragen werden; so werden ggf. wichtige Ideen oder Informationen bewusst ausgeblendet)
- **Druck** zur Einstimmigkeit (Uniformitätsdruck)
  - Gruppendruck (Konformitätsdruck wird oft auf Teammitglieder ausgeübt, die Fragen stellen oder die die Entscheidung bzw. das Handeln der Gruppe infrage stellen; diese werden oft als illoyal oder verräterisch angesehen)
  - Selbstzensur (Teammitglieder, die Zweifel haben, verbergen bewusst ihre Ängste oder Bedenken; anstatt mitzuteilen, was sie denken, bleiben sie still und gehen davon aus bzw. überreden sich selbst, dass die Gruppe es am besten wissen muss)
  - Selbsternannte Gesinnungswächter*innen (bestimmte Teammitglieder und/ oder die Leitung fungieren als Zensoren oder Beschützer, um problematische Informationen vor der Gruppe zu verbergen; anstatt wichtige Informationen zu teilen, schweigen sie oder verhindern aktiv das Teilen von Wissen)
  - Illusion der Einstimmigkeit (die Teammitglieder glauben, dass alle einer Meinung sind oder der überwiegende Teil des Teams entsprechend so

---

[36] Eine Erklärung, dass z. B. die Gruppenregeln für die Ziele des Projekts geopfert werden, kann das sozialpsychologische Phänomen der Kognitiven Dissonanz liefern: „Wenn das eigene Verhalten nicht zum eigenen Anspruch passt, neigen Menschen dazu, diese Unstimmigkeit oder ‚Dissonanz‘ < < zu verringern … Wenn Teams gegen ihre eigenen Werte verstoßen, können sie z. B. passende Erklärungen finden: ‚Für das Fortkommen des Projekts ist es besser, wenn wir diese Regel nicht einhalten‘, und damit kognitive Dissonanz reduzieren. Das Team kann die Bedeutung eines Verstoßes herunterspielen: ‚Im Vergleich zum Gesamtziel ist diese kleine Abweichung unwichtig‘ … " (Hasebrook et al. 2020, S. 90).

empfinden, wie es offen ausgesprochen wird; wobei die tatsächliche, individuelle Meinung nie abgefragt wurde).

Weibler (2016, S. 82) nennt einige Konsequenzen des Group-Think-Effekts (typische Entscheidungsdefekte; siehe auch Werth et al. 2020, S. 209 ff.; Nerdinger 2019c, S. 126 ff., Rose 2011):

- Unzureichende bzw. selektive Informationssuche/-verarbeitung und unvollkommene Alternativensuche
- Ein fehlender genauer Abgleich der Lösung mit dem zu erreichenden Ziel
- Eine mangelhafte Risikoüberprüfung der gewählten Lösung
- Versäumnis, Vorkehrungen für sich ändernde Bedingungen festzulegen oder nicht berücksichtige Alternativen detaillierter zu prüfen.

Becker (2016, S. 41) rät Führungskräften dazu, u. a. auf folgende Aspekte im Team sensibel zu achten:

- Annahmen werden nicht mehr infrage gestellt, als alternativlos hingestellt und tabuisiert
- Zweifler*innen und Abweichler*innen werden unter Druck gesetzt und sanktioniert,
- Die Mitglieder trauen sich nicht mehr, ihre abweichenden Meinungen zu äußern
- Es entsteht in der Gruppe als Konsequenz die Illusion, dass alle einer Meinung sind.

Ist ein stärkerer Group Think vorhanden, können bestimmte Methoden, die grundsätzlich die kollektive Intelligenz und Vielfalt der Gruppe zur Sammlung innovativer Ideen oder Problemlösungen nutzen möchten, auch durchaus problematisch sein. Eine recht bekannte Form, Teammitglieder an Problemlösung oder Entscheidungsfindung zu beteiligen, ist die sogenannte **Brainstorming Methode.**[37] Im Gegensatz zur großen Beliebtheit dieser Methode in der Praxis zeigen empirische Befunde, dass in der Gruppe eher weniger Einfälle produziert werden, als wenn Personen alleine denken (Nerdinger 2019c, S. 125; Hertel und Hüffmeier 2014; Stroebe und Nijstad 2004). Je nachdem, wie die Methode eingesetzt wird, kann sie somit auch den Group Think stärken bzw. bei bereits sich eingeschliffenem Gruppendenken nur eingeschränkte Perspektiven unterstützen und

---

[37] „Brainstorming ist eine Gruppentechnik zur Ideengenerierung, die auf zwei Prinzipien beruht: Aufschub von Kritik, d.h., produzierte Ideen dürfen zunächst nicht bewertet werden, und Quantität erzeugt Qualität, d.h., es sollen möglichst viele Ideen produziert werden. Erwartet wird, dass dann auch mehr gute Ideen produziert werden..." (Nerdinger 2019c, S. 125).

somit nicht unbedingt zu guten Ideen, Entscheidungen oder innovativen Lösungen führen. Brainstorming funktioniert nicht automatisch, es muss angemessen eingesetzt werden. So sollten in einem ersten Schritt alle Teammitglieder zunächst „alleine denken" und ihre Ideen aufschreiben. Dann werden diese präsentiert und in einem nächsten Schritt wird dies als Auftakt eines weiteren Durchgangs genutzt (dies kann dann z. B. auch in Kleingruppenarbeit geschehen).[38]

Um die positive Kraft des Teams zu nutzen und dem Group-Think-Effekt entgegenzuwirken, können Führungskräfte bzw. Teams folgende Impulse berücksichtigen (Kals und Gallenmüller-Roschmann 2017, S. 132; Weibler 2016, S. 81 f.; Becker 2016):

- Das Team über die Gefahren des Gruppendenkens aufklären
- Führungskräfte sollten ausdrücklich alle Teammitglieder einladen (regelmäßig – nicht nur in Teambesprechungen oder Workshops), Einwände und Kritik offen zu äußern, sich gegenseitig Feedback zu geben und mit kritischen Rückmeldungen wertschätzend wie konstruktiv umzugehen (dies muss ggf. gelernt werden; hier ist die Führungskraft selbst ein wichtiges Vorbild und Coach zugleich)[39]
- Die Führungskraft sollte sich zu Beginn mit eigenen, zu klaren (bzw. festen) Positionierungen zurückhalten, um das Mitmachpotenzial und die vielfältigen Ideen im Team zunächst hervorzulocken
- Bildung von mehreren Teil-/Projektgruppen (Kleingruppen 3–5 Teilnehmende aus dem Team), die getrennt voneinander am gleichen Thema arbeiten

---

[38] Ein Ansatz, der ein solches Vorgehen nutzt, ist die Methode 1-2-4-All (https://www. liberatingstructures.de/liberating-structures-menue/1-2-4-all/; letzter Abruf: 28.12.2020). Gut funktioniert z. B. auch elektronisches Brainstorming (d. h. es gibt eine Plattform, auf der die Teammitglieder zeit-/ ortsunabhängig innerhalb eines gewissen Zeitraums ihre Sichtweise/Ideen einbringen können). Ähnlich kann es auch mit einer Ideenwand (z. B. Moderationspinnwand mit Packpapier) ohne digitale Unterstützung gestaltet werden. Hier steht die Wand an einem für alle Personen gut zugänglichen Ort und das Problem (die Aufgabe, Frage etc.) ist für alle niedergeschrieben. Teammitglieder können im Vorbeigehen Ideen zufügen, ergänzen, infrage stellen etc. Nach einer Frist wird die Wand in einer Teamsitzung besprochen und abgearbeitet.

[39] Dies ist nicht immer einfach. Neben zeitlichen Restriktionen, sind die Teammitglieder unterschiedlich engagiert. Wichtig ist hier vor allem, auch den „Leisen" die Möglichkeit zu eröffnen, sich ausreichend einzubringen. Dies kann im Team in Form einer Besprechungsroutine eingeübt werden: Zu Beginn oder am Ende einer Besprechung oder eines Themas hat reihum jedes Teammitglied die Gelegenheit, Stellung zu beziehen. Dafür ist neben Vertrauen auch Humor im Team nicht zu unterschätzen (Lachen und gemeinsam Spaß haben, sind wichtig und schaffen Verbindung).

- Übernahme der Rolle des Advocatus Diaboli durch ein Gruppenmitglied; dies kann z. B. durch bewusste Zuspitzungen und übertrieben Gegenpositionen andere Sichtweisen einbringen; wichtig ist nur, dass die Rolle zuvor klar kommuniziert wurde und im Team anerkannt ist sowie in regelmäßigen Abständen die Rolle zwischen den Teammitgliedern wechselt
- Impulse von Außenstehenden einholen
- Trotz Entscheidung (sofern Zeit vorhanden) nach einigen Tagen kurz zusammenkommen und die Konsequenzen bedenken
- Führung und Teammitglieder in verschiedenen Kreativitätstechniken sowie in Analyse- und Entscheidungsprozessen schulen
- Fehler sind erlaubt – psychologische Sicherheit bieten (hierfür auch regelmäßig sozial-emotionale Gruppenprozesse als Führungskraft beobachten und im Team analysieren. Dies kann durch sog. ‚Prebriefings' (konkrete Situations-Vorbesprechungen und Simulationen von ‚Echtfällen') sowie ‚Debriefings' (Teamreflexion/Nachbesprechung von Ereignissen, die Teamarbeit, den Zusammenhalt, die Abläufe etc. betreffen) erfolgen. Hier wird die Führungskraft mit fundierten Moderations-, Coaching- und Feedbackkompetenzen benötigt).

Eine weitere Möglichkeit, Group Think zu reduzieren und vielfältige Meinungen zu fördern, bietet die Förderung der **Heterogenität in Teams.** Homogene Teams haben häufig einen guten Teamzusammenhalt, neigen jedoch auch mehr zu Gruppendenken. Wir haben in Abschn. 4.1 bereits betont, dass Heterogenität einen wichtigen Bedingungsfaktor für die Effektivität von Teams darstellt. Ihre Wirkung hängt allerdings u. a. davon ab, welche Ziele das Team bzw. die Organisation verfolgt und welche Aspekte der Heterogenität man betrachtet (Schaper 2019a, S. 456). Wenngleich heterogene Teams im Schnitt als produktiver gelten (Stroebe 2015, S. 100),[40] so kann z. B. eine zu starke Heterogenität zu Gruppenbruch-linien, Kohäsions- und Motivationsverlusten führen (z. B. Ladwig 2020, S. 470 ff.; Nerdinger 2019c, S. 129 f.; Becker 2016, S. 50 ff.). Diversität in Organisationen

---

[40]„Vor allem bei einer hohen Aufgabendiversität und Entscheidungsaufgaben erzielt eine heterogen zusammengesetzte Gruppe (in Bezug auf die Erfahrungen und Fähigkeiten der Gruppenmitglieder) bessere Leistungen …" (Schaper 2019a, S. 456). Es gibt im Gegensatz dazu auch Befunde, die die Überlegenheit homogener Teams herausstellen (z. B. Becker 2016, S. 51 ff.; zum Teil Srikanth et al. 2016; auch Apesteguia et al. 2012; Wegge et al. 2008; Williams und O'Reilly 1998).

und Teams wird aktuell intensiv diskutiert.[41] Die wichtigsten Größen für Vielfalt in Teams sind (Ladwig 2020; Nerdinger 2019c, S. 129; Weibler 2016, S. 75):

- Demografische Merkmale (z. B. Alter, Geschlecht, körperliche Konstitution, kultureller Hintergrund, Ausbildung, Familienstand …)
- Know-how und Erfahrungen (z. B. aufgabenbezogenes Wissen, Fähigkeiten aus unterschiedlichen Karrierewegen, frühere Einsatzgebiete, Berufserfahrungen …)
- Wertesystem (z. B. Werte, Glauben bzw. Überzeugungen, Mindset …)
- Charakter bzw. Persönlichkeit (z. B. Verhalten, Auftreten, Arbeitsorganisation …)
- Sozialer Status (z. B. Rang, Position bzw. Hierarchie, Macht bzw. Autorität, Netzwerkzugehörigkeit …).

Vielfalt ist jedoch nicht immer ausschließlich mit Vorteilen oder einem besseren Wirkungsgrad der Teamleistung verbunden (Ladwig 2020, S. 470; Schaper 2019a, S. 457). Untersuchungen über die Leistung von Organisationen legen nahe, dass Vielfalt zwar unter bestimmten Bedingungen Leistungsvorteile bietet, aber nicht selten auch zu Schwierigkeiten – vor allem hinsichtlich des Gruppenzusammenhalts – führen kann (Becker 2016, S. 50 ff.; Srikanth et al. 2016).[42]

---

[41] So ist es u. a. auch zu einem Schlagwort im Kontext der Corporate Social Responsibility geworden. Es entstehen daraus u. a. Forderungen an Organisationen, die Vielfalt zu verbessern, damit diese die Gesellschaft, in der sie tätig sind, widerspiegeln. *„Diversität in der Belegschaft bedeutet Gemeinsamkeiten und Unterschiede zwischen den Mitarbeitern in Bezug auf Alter, kulturellen Hintergrund, körperliche Fähigkeiten und Behinderungen, Rasse, Religion, Geschlecht und sexuelle Orientierung. Keine zwei Menschen sind gleich. Menschen unterscheiden sich … auch in ihren Sichtweisen und Vorurteilen …"* (Saxena 2014, S. 76; übersetzt d. d. Autoren; siehe auch Ladwig 2020). In vielen organisationalen Diskussionen beschränkt sich Diversität meist auf Geschlecht, Alter oder kulturelle Gegebenheiten – zum Teil noch auf die Dauer der Organisationszugehörigkeit und der beruflichen Expertise. Diese Sichtweise greift aus unserer Sicht zu kurz und kratzt eher nur an der Oberfläche einer komplexen Thematik, wie die „Größen von Diversität" verdeutlichen (z. B. Nerdinger 2019c, S. 129, siehe auch Ladwig 2020, S. 471 ff.). Es geht daher auch um Persönlichkeitsmerkmale, Kompetenzen, soziale Eingebundenheit, Wertesysteme u. v. m.

[42] Oft wird hier vom „Zweischneidigen Schwert der Team-Diversität" gesprochen (z. B. Srikanth et al. 2016, die jedoch zugleich das duale Modell skeptisch betrachten und für eine mehr dynamische Sichtweise plädieren, welche sich nicht zu stark auf Fragen der Zugehörigkeit und Identität konzentriert, um z. B. Team-Kohäsion und Kooperation in heterogenen Teams aufzubauen, sondern vielmehr auf ein gemeinsames Verständnis hinzuarbeiten, dass alle Gruppenprozesse Fehler, Missverständnisse und Koordinationsfehler beinhalten können. Spätestens hier kommt wieder die Bedeutung der psychologischen Sicherheit ins Spiel). Für eine differenziertere Betrachtungsweise plädiert u. a. auch Homan 2019.

Geringe Diversität (i. S. homogener Teams) unterstützt eher eine effektive Kommunikation, reduziert Konfliktpotenziale[43] sowie Fluktuation, beschleunigt Abstimmungs-/Entscheidungsprozesse und wirkt sich leistungsförderlich aus, v. a. wenn es sich um die Umsetzung von konkreten Aufgabenstellungen handelt (Nerdinger 2019c, S. 129 f.; Becker 2016, S. 50; Srikanth et al. 2016). Heterogenität (i. S. einer größeren Diversität) in Teams kann wiederum zu kreativeren und innovativeren Lösungen führen (Nerdinger 2019c, S. 130; auch Ladwig 2020; Lorenzo et al. 2017; Becker 2016, S. 50 ff.) und die Performance der Organisation insgesamt steigern (Dixon-Fyle et al. 2020; McKinsey 2020; Eswaran 2019; Kersley et al. 2019). Forschungsergebnisse unterstreichen diese positive Wirkung, indem sie belegen, dass diverse Teams (unter bestimmten Umständen) bessere Leistung zeigen (Shoreibah et al. 2019; Kearney und Voelpel 2012), zu mehr Vertrauen, Zufriedenheit und Engagement beitragen können (Perry und Li 2019; McCallaghan et al. 2019), im Durchschnitt erfolgreicher bei der Rekrutierung und Bindung von Talenten sind (Travis et al. 2020), Wissensaustausch und Kreativität fördern (Ladwig 2020; Lorenzo et al. 2017; Hofhuis et al. 2016) oder den Group Think reduzieren und die Entscheidungsfindung optimieren (Homan 2019; Weibler 2016, S. 81 ff.; Galinsky et al. 2015). Kearney und Voelpel (2012) fassen ihre Befunde folgendermaßen zusammen: Sowohl demografische als auch arbeitsplatzbezogene Vielfalt besitzt Potenzial zur Leistungssteigerung. Die positiven Effekte scheinen bei arbeitsplatzbezogener Vielfalt etwas größer zu sein als bei demografischer Vielfalt. Umgekehrt ist das Risiko, dass Vielfalt negative Auswirkungen hat, bei demografischer Diversität etwas größer als bei der arbeitsplatzbezogenen. Auch sie kommen zum Schluss, dass alle Arten von Vielfalt unter den richtigen Bedingungen die Leistung fördern können – unter den falschen Bedingungen können alle Arten von Vielfalt die Leistung ernsthaft behindern. „Der Erfolg von Diversity Teams hängt demnach nicht de facto davon ab, dass sie heterogen zusammengesetzt sind, sondern wie sie in ihrer Heterogenität gemanagt werden bzw. sich eigenständig managen" (Ladwig 2020, S. 478).

Es bieten sich gleichwohl zahlreiche Ansätze (Instrumente, Strukturen, Führung, Teamentwicklung etc.) an, damit Diversität im Team motivations-,

---

[43] Menschen, die sich stark voneinander unterscheiden, haben möglicherweise Schwierigkeiten, miteinander zu kommunizieren und den Beitrag des anderen zu schätzen (z. B. Ladwig 2020, S. 470 ff.; Becker 2016; Bassett-Jones 2005; Williams und O´Reilly 1998). Zudem „… kann z. B. eine unterschiedliche Interpretation des Gruppenziels, eine unterschiedliche Einstellung zur Gruppenarbeit sowie eine unterschiedliche Arbeitsmotivation und Gewissenhaftigkeit zu Problemen innerhalb der Gruppe führen, die sich wiederum in geringeren Leistungen widerspiegeln …" (Schaper 2019a, S. 457).

zufriedenheits- und leistungsfördernde Wirkungen erzielt (Ladwig 2020, S. 478 ff.; Hornstein 2020; Saxena 2014). Um als Organisation von einer heterogenen Belegschaft profitieren zu können, müssen Führungskräfte wie Mitarbeiter*innen in der Lage sein, mit Menschen mit unterschiedlichem Hintergrund konstruktiv zusammenzuarbeiten. Ein inklusionsorientiertes Verständnis hilft den Beschäftigten, die Unterschiede der anderen zu verstehen, zu schätzen und sinnvoll im Team zu nutzen. Die Förderung der Vielfalt sollte daher Hand in Hand mit der Förderung der eines inklusiven Mindsets [44] gehen, dann können positive Wirkungen im Team entstehen, die u. a. Leistung, Effizienz und Produktivität steigern (z. B. McKinsey 2020; Hunt et al. 2015; Saxena 2014; Bassett-Jones 2005). Doch wenn auch von Teams Vielfalt als wertvoll und wichtig ansehen wird, bevorzugen Teammitglieder im *eigenen* Team eher Personen, die ihnen ähnlich sind (Jaffé et al. 2019; Kearney und Voelpel 2012). Hieran wird ersichtlich, dass Heterogenität in Teams nicht einfach umzusetzen ist und dass das Management einer vielfältigen Belegschaft eine Herausforderung für Führungskräfte darstellt (und die es lohnt, sie anzunehmen). Daher ist die Art und Weise, wie eine heterogene Belegschaft geführt wird, eine wichtige Determinante für die Beziehung zwischen Vielfalt und Leistung (Sanyang und Othman 2019; Kearney und Voelpel 2012; Bassett-Jones 2005; Williams und O'Reilly 1998). Wir kommen an dieser Stelle nochmals auf ein Statement zu Heterogenität von Teams von Clifton und Harter (2019, S. 106) zurück, welches wir bereits in Abschn. 4.1 herausgestellt haben: ein entscheidender Punkt für Teamengagement und -leistung ist das Bewusstsein der Teammitglieder, wer welche Stärke ins Team einbringen kann sowie eine Haltung (bzw. eine entsprechende Teamkultur), die Verschiedenheit (und zugleich Einzigartigkeit) der Teammitglieder ausdrücklich anerkennt, wertschätzt und zielgerichtet nutzt bzw. fördert. Hierbei spielt die Führung eine entscheidende Rolle (siehe auch Ladwig 2020; Homan 2019; Salas et al. 2018, S. 613; Srikanth et al. 2016; Kearney und Voelpel 2012).

---

[44] Wenn Mitarbeiter*innen Inklusion am Arbeitsplatz erleben, berichten sie, dass sie sich wertgeschätzt, vertraut, authentisch und psychologisch sicher fühlen (was hier bedeutet, dass sie sich frei fühlen, ihre eigene und damit auch abweichenden Meinungen zu vertreten. Fehler zu machen, ohne dafür bestraft zu werden. In Bezug auf Risikobereitschaft fühlen sie sich sicher genug, schwierige Themen anzusprechen oder Risiken einzugehen; in Anlehnung an Travis et al. 2020; übersetzt d. d. Autor*innen).

Fassen wir die vielfältigen Aspekte, die wir zu den Chancen[45] und Risiken bzw. Kosten[46] von Teamarbeit zusammen, so kann man insgesamt zur Erkenntnis gelangen, dass bestimmte Rahmenbedingungen die Teamleistung fördern oder mindern können. Dabei wird mehr oder weniger ersichtlich, dass ein gemeinsames, die Diversität förderndes Team-Mindset, klare Zielorientierung inkl. Verantwortungsübernahme, eine in ihrer Vielfalt ausgeglichene und zur Aufgabe passende Teamzusammenstellung und vor allem das Gefühl der psychologischen Sicherheit hohe Bedeutung für gelingende Teamarbeit darstellt (Hasebrook et al. 2020, S. 96; Edmondson 2020; Pela und Zimmermann 2019; Rozovsky 2015).[47] Es liegt an allen Teammitgliedern – besonders jedoch auch an der Führungskraft – eine Umgebung zu schaffen bzw. zu erhalten, die es zulässt, zwischenmenschliche Risiken einzugehen (z. B. Hilfe zu erbitten, Fehler zuzugeben, ein Projekt, eine Entscheidung oder eine Meinung zu kritisieren). Eine positive Beziehung zwischen Führungskraft und Mitarbeitenden wie auch der Teammitglieder untereinander sowie gute sozial-emotionale Kompetenzen aller Beteiligten haben entscheidenden Einfluss auf die Entstehung des Sicherheitsgefühls und eines leistungsfähigen Teams (Edmondson 2020; Kim et al. 2020; Clark 2020; Fraizer et al. 2017; Rozovsky 2015; Edmondson und Lei 2014). An dieser Stelle soll noch auf einen wesentlichen Bedingungsfaktor guter Beziehungs- und Interaktionsqualität und damit für gelingende Teamprozesse hingewiesen werden: **Teamreflexivität**. Kauffeld und Schulte (2019, S. 229) bezeichnen Teamreflexivität als „… das Ausmaß, in dem Teammitglieder gemeinsam Ziele, Strategien und Prozesse des Teams reflektieren und über diese kommunizieren sowie darauf basierend ihr Verhalten anpassen." Diesem Ansatz

---

[45] Z. B. Multiperspektivität, Ausgleich von Leistungsunterschieden, Stärkung von Autonomie und Verantwortungsübernahme, Wissenstransfer, höhere Arbeitszufriedenheit und Motivation aufgrund von Partizipation und gemeinsamem Handeln, Nutzung einer größeren Expertise sowie bessere Entscheidungen.

[46] Z. B. Zeitaufwand für Koordinierung, Konflikte, Gefahr von Trittbrettfahrern, Verantwortungsdiffusion Gruppendenken.

[47] Rozovsky (2015) erläutert 5 zentrale Aspekte des Google-Projekts Aristoteles (die Suche nach dem perfekten Team), die erfolgreiche Teams ausmachen: Psychologische Sicherheit (können wir in diesem Team Risiken eingehen, ohne uns unsicher oder peinlich berührt zu fühlen?); Verlässlichkeit (können wir uns darauf verlassen, dass wir pünktlich qualitativ hochwertige Arbeit leisten?); Struktur und Klarheit (sind Ziele, Rollen und Ausführungspläne in unserem Team klar?); Sinn der Arbeit (arbeiten wir an etwas, das für jeden von uns persönlich wichtig ist?); Auswirkung der Arbeit (glauben wir grundsätzlich, dass die Arbeit, die wir tun, wichtig ist?). Hier sind wiederum Verbindungen zu unseren Ausführungen in den Kapiteln 2 (Zufriedenheit und Motivation) und 3 (Interaktion und Kommunikation) zu erkennen.

liegt die Annahme zugrunde, dass Teams dauerhaft besonders wirksam sind, die gleichzeitig beziehungsorientiert und aufgaben-/leistungsorientiert arbeiten (Kals und Gallenmüller-Roschmann 2017, S. 130; siehe auch Rosenstiel und Kaschube 2020, S. 422; Ladwig 2020).[48] Hierbei spielt – neben der psychologischen Sicherheit – eine gute Interaktions-/Kommunikationsfähigkeit der Teammitglieder eine wichtige Rolle (siehe Kap. 3). Auch die Art und Weise, wie die Führungskraft Reflexivität anregt und ermöglicht sowie diese selbst vorlebt, hat bedeutende Auswirkungen (Kauffeld und Schulte 2019, S. 229).[49]

Es wird deutlich, dass Teams einerseits ein riesiges Motivations- und Erfolgspotenzial besitzen sowie menschliche Grundbedürfnisse wie Kompetenzerleben, soziale Verbundenheit und sogar Autonomie (Ryan und Deci 2017) befriedigen können (was u. a. Leistung, Zusammenhalt und Wohlbefinden steigern kann; siehe Kap. 2). Andererseits sind vielfältige Fallstricke und Leistungsgrenzen vorhanden. „Auf der Suche nach Optimierung von Teamergebnissen geht es um Aufgabengestaltung, Kooperation und Führung" (Blessin und Wick 2017, S. 349). Für Leitungskräfte ergeben sich hier – im Vergleich zur Führung von Einzelpersonen – weitere komplexe Aufgabenstellungen und Herausforderungen (Weibler 2016, S. 80, 83; Zaccaro et al. 2001). Denn neben der Tatsache, dass die Teammitglieder innerhalb und außerhalb eines Teams verschiedenartig vernetzt sind, was für sich bereits eine hohe Komplexität mit sich bringt, sind diese auch innerhalb der Organisation eingebettet, was weitere Wechselwirkungen zur Folge hat. „Der Bezug des Führungshandelns liegt folglich auf den Aufgaben des Teams, den Relationen der Teammitglieder und der Interaktion des Teams mit seinem Umfeld" (Blessin und Wick 2017, S. 349, siehe auch Rosenstiel und Kaschube 2020, S. 422). Da sich alle vorherigen Parameter nicht statisch verhalten, sondern die Teamdynamik sich im VUCA-Umfeld[50] noch steigert,

---

[48] „Während reflektierende Teams z. B. detailliert planen, Langzeitkonsequenzen beachten und mehr Umweltfaktoren mit einbeziehen, zeichnen sich nichtreflektierende Teams dadurch aus, dass sie Zielen, Strategien und der Umwelt wenig Aufmerksamkeit zukommen lassen und an bewährten Verhaltensmustern festhalten ..." (Kauffeld und Schulte 2019, S. 229).

[49] Geeignete Führungsansätze haben wir in Abschn. 1.2 beschrieben und werden dazu in Abschn. 4.3 noch teamorientierte Aussagen treffen.

[50] Das (engl.) Akronym VUCA steht für Volatilität, Unsicherheit, Komplexität (engl. Complexity) und Ambiguität. Es beschreibt eine Welt, die zunehmend durch (sprunghafte, unvorhersehbare) Veränderungen, mehr Unsicherheit aufgrund ungewisser Situationen, einer Vielzahl und Vielfalt situativer Elemente und Mehrdeutigkeit (Multioptionswelt, widersprüchliche Umwelt, zunehmende Entscheidungsmöglichkeiten und -notwendigkeiten) gekennzeichnet ist (z. B. Hatfield und Winkler 2020, S. 474 f.; Regnet 2020, S. 59 ff.; Unger 2019; Petry 2019, 2018; Mack und Khare 2016).

sind vor allem Teamführung und -entwicklung (z. B. Struktur, Teamkultur, Zusammenarbeit/Kommunikation) als zentrale Elemente für gelingende Teamarbeit anzusehen (Graf et al. 2020; Hasebrook und Hackl 2020; Hornstein 2020; Clifton und Harter 2019; Pela und Zimmermann 2019; Kauffeld und Schulte 2019, S. 215 ff.; Blessin und Wick 2017, S. 348 ff.; Weibler 2016, S. 80 ff.; Becker 2016; Hackl und Gerpott 2015; Rozovsky 2015; Burke et al. 2006; Jöns et al. 2005).

4.3   Teamführung und -entwicklung

Wir haben in den vorherigen Abschnitten versucht zu zeigen, dass organisationale Rahmenbedingungen, Teamgröße und -zusammensetzung (Homogenität vs. Heterogenität sowie bestimmte teamförderliche Persönlichkeitseigenschaften und Verhaltensweisen), klare Teamziele-/Aufgaben, die Teamkultur sowie der Zusammenhalt (und damit Kommunikation und psychologische Sicherheit) wichtige Faktoren erfolgreicher Teamarbeit darstellen. Im besten Fall bieten Teams ideale Strukturen, um Wissen zu generieren und zu teilen, die Leistung zu steigern und die Zufriedenheit der Teammitglieder zu verbessern (Tannenbaum et al. 1996). Doch Teamarbeit ist nicht in jedem Fall der individuellen Leistungsfähigkeit überlegen und vor allem sind die erhofften Synergiegewinne und Teameffekte nicht voraussetzungsfrei. Es kommt also auch darauf an, die richtigen Aufgabenstellungen in die Hände von Teams zu geben. In Zukunft wird es zunehmend Aufgaben geben, die wegen ihrer Komplexität und ihres inter- und transdisziplinären Charakters, die wirksame Zusammenarbeit im Team dringend erfordern. Es wird vermutlich noch mehr darum gehen, Individuen als Teams zusammenzubringen, -zuhalten und weiterzuentwickeln. Dafür ist es wichtig, ein Umfeld zu schaffen, das die Autonomie des Teams unterstützt und Verantwortungsübernahme ermöglicht (Team-Empowerment), die Kompetenzen der Teammitglieder wertschätzt, sinnvoll einsetzt und entwickelt sowie die soziale Verbundenheit (Vertrauen, Sicherheit, Zusammenhalt) stärkt (Ryan und Deci 2017). Die Teamführung hat hierbei eine wichtige Funktion. Aufgrund der großen Zahl von Bedingungen und Einflussgrößen für (nachhaltigen) Teamerfolg und der zunehmenden Komplexität wie Veränderungsgeschwindigkeit kann jedoch nur schwer ein optimales Teamdesign einmalig (z. B. zur Gründung eines Teams) entwickelt und aufrechterhalten werden. Daher hat neben der Teamführung das Feld der Teamentwicklung eine wichtige Bedeutung für wirksame Teamarbeit (Hornstein 2020).

4.3.1 Teamführung und Teamerfolg

Teams zu leiten, bedeutet in einem ersten Schritt die Gestaltung individueller Führungsbeziehungen. Denn für erfolgreiche Teamführung muss sich die Leitung zunächst an den einzelnen Teammitgliedern orientieren (z. B. Huettermann et al. 2017; Wu et al. 2010). Demzufolge kann auch Teamführung als bewusste, zielorientierte und sozial akzeptierte Einflussnahme auf Menschen (deren Erleben und Verhalten) sowie als wechselseitiger Prozess in einem bestimmten Kontext zur Einhaltung gemeinsamer Werte, Erfüllung von Aufgaben bzw. Erreichung von Zielen verstanden werden (siehe Definition von Personalführung in Kap. 1). Und auch für die Führung von Teams gilt: Humaner Erfolg im Team ist die Basis für Teamleistung und -erfolg (siehe vertiefend Abschn. 1.2). Doch Teamführung ist mehr (Kauffeld und Schulte 2013): Als besondere Herausforderung für Führungskräfte kommt hinzu, einen zusätzlichen Blick auf die Aufgaben und Ziele des Teams (Teamziele), die Beziehungskonstellationen der Teammitglieder untereinander (Teamkohäsion/Teaminteraktion) und den Austausch des Teams mit seinem Umfeld (Teamvernetzung) zu legen (Rosenstiel und Kaschube 2020; Blessin und Wick 2017, S. 349). Ein starkes Wir-Gefühl und einen klaren Fokus auf die gemeinsamen Ziele unter Berücksichtigung jedes individuellen Beitrags sowie die Förderung des internen wie externen Informationsaustausches rückt zusätzlich ins Aufgabenportfolio der Führungskraft. Das Ziel ist, eine gemeinsame Identität und ein Teamverständnis zu entwickeln, die von allen Teammitgliedern geteilt werden.[51] Huettermann et al. (2017) betonen hierzu, dass dies nicht von außen oder durch die Führungskraft verordnet werden kann und sollte, sondern vielmehr in einem aktiv-partizipativen Prozess der Teammitglieder geschehen muss. Die bereits behandelten Aspekte der empowermentorientierten oder transformationalen Führung (z. B. Abschn. 1.2, Herre et al. 2019; Schermuly 2019; Welpe et al. 2018, S. 115 ff.; Braun et al. 2013; Wang et al. 2011), der Selbstbestimmungstheorie (Ryan und Deci 2017; Gilbert und Kelloway 2015) sowie die zentrale Stellung einer qualitativ hochwertigen Beziehungsgestaltung (z. B. Chiniara und Bentein 2018; Martin et al. 2016) stützen diese Überlegung.

---

[51] Wofür stehen wir (z. B. in Bezug auf unsere Vision, Werte, Ziele und Prioritäten)? Was zeichnet uns aus? Was unterscheidet uns von anderen Teams (innerhalb und außerhalb der Organisation)? Was sind unsere Ziele? Wie gehen wir miteinander um? Wie tauschen wir uns aus? Wenn alle Mitglieder eines Teams diese Fragen beantworten können und die Antworten auch ähnlich ausfallen, kann besondere Energie und auch Teamproduktivität entstehen (z. B. Metaanalyse von Steffens et al. 2017, siehe auch Hauser et al. 2008).

Zudem weist die Notwendigkeit des aktiven Einbezugs auf die Bedeutung von Teamreflexivitätskompetenz oder Teamentwicklung als Führungsaufgaben hin (Hornstein 2020; Kauffeld und Schulte 2019, S. 229). In diesem Zusammenhang werden wir im Folgenden auch die (Aus-)Wirkungen besonderer Führungsansätze wie Servant Leadership (z. B. Eva et al. 2019; Chiniara und Bentein 2018; Walumbwa et al. 2018; Mahembe und Engelbrecht 2013; Schaubroeck et al. 2011[52]) und Distributed/Shared Leadership (z. B. Wu et al. 2018; Weibler 2016, S. 578 ff.; Wang et al. 2014)[53] auf verschiedene Teamfaktoren diskutieren.

In einer aktuellen Untersuchung stellen Hasebrook und Hackl (2020) einen sich auf den ersten Blick widersprechenden Befund vor: Teams möchten mehr

---

Zudem reduziert ein gutes Team Stress sowie Burn-out und führt zu mehr Zufriedenheit und Wohlbefinden (ebd. sowie Kelly und Hearld 2020; Jungert et al. 2018; Welpe et al. 2018, S. 176 f.; Steffens et al. 2017; Nielsen et al. 2009). In einer Untersuchung vom Personal Psychiatrischer Akutaufnahmestationen in Großbritannien (über 6600 Befragte) stellten Bowers et al. (2011) u. a. fest, dass Führung sich auf die Teamarbeit auswirkt und die Teamarbeit sich wiederum auf die Struktur auswirkt. Eine klare, stabile Struktur beeinflusst Burn-out und Burn-out beeinflusst die Einstellung zu schwierigen Patient*innen. Die Art und Weise, wie die Mitarbeiter*innen als Team ‚funktionieren‘ und untereinander Klarheit über die Stationsorganisation und das Stationsprogramm haben, kann somit einen Einfluss auf die Vermeidung von Burn-out und Erschöpfung der Mitarbeitenden haben sowie sich förderlich auf den Umgang mit Patient*innen auswirken.

[52] Servant Leadership (Dienende Führung) ist der transformationalen Führung insofern ähnlich, als dass sie großen Wert auf Integrität, Mitgefühl und ethische Arbeit von Mitarbeiter*innen und Führungskräften legt. Die Hauptunterschiede zwischen den beiden Führungsstilen beziehen sich jedoch auf den Fokus der Führungskräfte und die Art der Beziehung zwischen Führungskraft und Mitarbeiter*innen (Kelly und Hearld 2020, siehe auch Hoch et al. 2018; Greenleaf 1998). Es scheint, dass dieser Führungsstil auch in sozialen Organisationen, Bildungsinstitutionen oder in Verwaltungen sehr positive Effekte mit sich bringen kann (z. B. Schwarz et al. 2016; Parris und Peachey 2012; Schneider und George 2011; Cerit 2009; siehe auch Kelly und Hearld 2020).

[53] Unter Shared Leadership wird eine geteilte Führung verstanden (u. a. auch kollektive Führung oder verteilte Führung). Hierbei übernehmen Teams mehr oder weniger gemeinsam Führungsverantwortung. Unter Bedingungen geteilter Führung wird Führung als eine Reihe von Rollenfunktionen betrachtet, die (z. B. je nach Thema) von jedem Mitglied der Gruppe ausgeführt werden kann oder als eine sich entwickelnde Teameigenschaft, bei der Führungseinfluss und Verantwortlichkeiten auf mehrere Personen verteilt sind (Wu et al. 2018, S. 1): Partizipative, die Teammitglieder einbindende, wie auch geteilte Führungsansätze bahnen sich (wenn auch schrittweise) z. B. im öffentlichen Sektor oder im Bildungsbereich ihren Weg (z. B. Carvalho und Mansur 2020; Ospina 2017).

Selbstständigkeit und zugleich eine klare Führung.[54] Das klingt zunächst paradox, ist aber psychologisch durchaus verständlich, da Selbstständigkeit zwar
einerseits Autonomie ermöglicht, aber durch die Möglichkeit von Scheitern auch
die eigene Kompetenzwahrnehmung bedrohen kann und aufgrund des Über-
nehmen-*Müssens* von Verantwortung meist auch mit einem Mehraufwand verbunden ist. Führungskräfte sollten hier nicht in die Falle des häufigen „Wasch‘
mich, aber mach mich nicht nass"-Lamentos tappen und den Mitarbeiterwunsch
nach einem Mehr an Selbstständigkeit und Verantwortung als Lippenbekennt-
nis abtun. Vielmehr geht es darum, diese nachvollziehbare Ambivalenz entsprechend zu begleiten: Das „Schmiermittel" (oder der Bindestoff) zwischen
Führung und Selbstständigkeit bzw. zwischen Teamzielen und Teamwork ist wie
in der dyadischen Führung vor allem die Beziehungsgestaltung (z. B. Gilbert und
Kelloway 2015, S. 183, 195; siehe auch Kap. 1 und 3). Zentral hierfür bleiben
die Erkenntnisse, die wir in den vorherigen Kapiteln herausgestellt haben und
die z. B. in der Selbstbestimmungstheorie[55] u. a. durch die Förderung der Autonomie durch Rahmen (klare Führung) und Raum (Selbstständigkeit) verdeutlicht
werden (Ryan und Deci 2017; Kap. 2). Bevor wir noch vertiefter auf die Folgen
der Ambivalenz der Teammitglieder gegenüber der eigenen Autonomie für die
Leitung von Teams eingehen, blicken wir zunächst noch auf die Frage „Was
macht Teamwork aus und wie kann es entwickelt werden?".

Unter **Teamwork** können gemeinsame Verhaltensweisen (d. h. was die Teammitglieder tun), Einstellungen (d. h. was die Teammitglieder fühlen oder glauben)
und Kognitionen (d. h. was die Teammitglieder denken oder wissen) verstanden
werden, die für Teams notwendig sind, um Teamaufgaben zu erfüllen (Salas
et al. 2015, S. 600;[56] siehe auch Rosenstiel und Kaschube 2020, S. 410 ff.;

---

[54] „Mehr als drei Viertel der Befragten wünschen sich sowohl eine starke Teamorientierung als auch eine klare Führung von außen. Weit abgeschlagen auf Platz zwei
(14 % Zustimmung) landen selbstverantwortliche und selbstorganisierte Teams. Besonders
unbeliebt (drei Prozent Zustimmung) ist die Variante, in der Teams nichts verantworten und
das Management von außen alles steuert" (Hasebrook und Hackl 2020, S. 79; siehe z. B.
auch Dicke et al. 2012).

[55] Selbstverständlich vereinen auch andere Führungsansätze (wie z. B. transformationale
oder empowermentorientierte Führung, aber auch transaktionale Perspektiven oder die
angemessene Verbindung von aufgabenorientiertem und mitarbeiterorientiertem Führungsstil) diese beiden Pole.

[56] Lencioni (2020, S. 159) versteht darunter einen „Zustand, der von einer Personengruppe
erreicht wird, die zusammenarbeitet und sich dabei vertraut, gesunde Konflikte austrägt,
sich für Entscheidungen engagiert, einander zur Rechenschaft zieht und sich auf kollektive
Ziele konzentriert."

Reyes et al. 2019; Salas et al. 2018) bzw. diese Erfüllung zu erleichtern. Obwohl die Konzentration auf die Teamaufgaben /-ziele überwiegend der Hauptfokus für Teams ist (und meist auch für die Organisation), ist es das Teamwork, also die Art und Weise der Zusammenarbeit, die dazu beiträgt, dass Teams effektiv zusammenarbeiten. Salas et al. (2015, S. 603) haben auf Basis einer umfassenden Literaturstudie zentrale Aspekte (i. S. v. erfolgskritischen Faktoren) für gelingendes Teamwork herausgearbeitet:[57]

- *Kooperation*
  Gilt als motivierender Treiber der Teamarbeit. Im Wesentlichen sind dies die Einstellungen, Überzeugungen und Gefühle des Teams, die das gemeinsame, teamorientierte Verhalten antreiben. Grundlage hierfür bilden Vertrauen und (psychologische) Sicherheit sowie das Zurückstellen persönlicher Bedürfnisse oder Prioritäten im Sinne von Aspekten, die für das Team wichtig sind. Kooperationsförderung ist ein nie endender Prozess und ein zentrales Thema im Feld der Teamentwicklung. Vor allem sozial-kommunikative Kompetenzen sind hierbei entscheidend (wir haben im Kapitel zur Kommunikation verschiedene Aspekte aufgeführt, die vertrauensfördernd und beziehungssatbilisierend wirken).
- *Konflikt(-kompetenz)*
  Die wahrgenommenen Unvereinbarkeiten in den Interessen, Überzeugungen oder Ansichten, die von einem oder mehreren Teammitgliedern vertreten werden und die Fähigkeit wie Bereitschaft damit produktiv im Sinne des Teams *und* der Teamziele umzugehen. Es geht hierbei um die Sache – persönliche Angriffe werden vermieden. Klare Rahmenbedingungen, Prozesse, Kommunikationsroutinen und Verantwortlichkeiten sind proaktive Konfliktvermeidungsmaßnahmen.
- *Koordination*
  Die Umsetzung und Steuerung von Verhaltens- und kognitiven Mechanismen (Mindset), die notwendig sind, um eine Aufgabe auszuführen und Teamressourcen

---

[57] Sie betonen, dass diese Erkenntnisse mitunter in der Praxis mehr Fragen aufwerfen als Antworten bieten. Gleichwohl sind es wichtige Aspekte, die auch nachweislich bedeutende praktische Relevanz (wie empirische Belege) besitzen. Sie ergänzen zudem, dass die Faktoren, die keine Hierarchie aufweisen, sich gegenseitig beeinflussen und somit alle Berücksichtigung finden sollten, wenngleich – je nach Team, Aufgabe, Situation – die Bedeutung wie die Wirkung unterschiedlich ausgeprägt sein kann, was einen reflektierten Einsatz in der Praxis bedeutet (Salas et al. 2015, S. 602). Es wurde bewusst eine verkürzende wie eingängliche (9 C's) Darstellungsform gewählt, die wir hier überwiegend in Form von K-Begriffen vorstellen und zum Teil ergänzen (z. B. auf Basis von Lencioni 2020).

in Ergebnisse umzuwandeln (Teamengagement und Verantwortungsübernahme). Hier geht es u. a. um Rollenklarheit und Verantwortlichkeiten, die eindeutig sind – jedoch ausreichend Gestaltungsspielraum lassen (Rahmen und Raum). Regelmäßige Teamreflexionen (wo sind Themen, Bedürfnisse, Unklarheiten etc.) helfen, Handlungsbedarfe zu erkennen und zu bearbeiten. Vor allem Vorbesprechungen (Übung von „Echtsituationen", in denen echtes Teamwork benötigt wird) und Nachbesprechungen bei besonderen Ereignissen können die Teamleistung um bis zu 25 % verbessern (Tannenbaum und Cerasoli 2013).

- *Kommunikation*
  Ein wechselseitiger Prozess des Sendens und Empfangens von Informationen durch Teammitglieder, der die Einstellungen, Verhaltensweisen und Denkweisen eines Teams formt bzw. neu formt. Hier gilt im Prinzip: Es kann nicht genug Austausch geben – zugleich sollte er in einem gewissen Rahmen und mit guter Qualität stattfinden. Es sollten formelle (Teambesprechungen mit Tagesordnung und Protokoll) wie informelle (Kaffeeecke, Teamtreffpunkt o. Ä.) Kommunikationsgelegenheiten vorhanden sein. Offener Austausch gilt vor allem für virtuelle Teams als bedeutsam – auch hier sind (neben formellen) informelle Begegnungsmöglichkeiten zu schaffen. Insgesamt wird ein sogenanntes Closed-Loop-Kommunikationsverfahren[58] empfohlen (durch Rückbestätigung sollen Fehler vermieden und für einen eindeutigen Handlungsablauf gesorgt werden). Die Art und Weise der Teamkommunikation wirkt sich auf die Teamleistung aus, wie Marlow et al. (2018) in einer Metaanalyse zum Zusammenhang von Teamkommunikation und Teamleistung feststellen. Sie betonen, dass deutlich weniger die Quantität, sondern vielmehr die Qualität der Kommunikation im Team entscheidend ist (siehe hierzu auch unsere Ausführungen im Kapitel zur Führungskommunikation). Zu ähnlichen Erkennt-

---

[58] Das **Closed-Loop-Kommunikationsverfahren** stammt ursprünglich aus dem Militärbereich und findet heute in verschiedenen Gebieten Anwendung – insbesondere in komplexen, stressigen (Notfall-)Situationen (z. B. in Krankenhäusern). Es beschreibt eine geschlossene Schleife der Gesprächsführung, die darauf basiert, dass auf jede Nachricht des Senders eine Antwort des Empfängers mit der Wiederholung der Nachricht folgt (Henn 2020). Untersuchungen belegen die deutliche Überlegenheit dieses Kommunikationsstils gegenüber üblicher Kommunikation (im Sinne: Anweisung – Ausführung; Aussage – Reaktion). Daher wird es nicht nur in schwierigen, zeitkritischen Situationen eingesetzt, sondern vermehrt auch zu Verbesserung der Teamkommunikation /-zusammenarbeit (z. B. zur Optimierung der Arbeit interdisziplinärer Teams). Wenn es im Teamalltag sicherlich nicht der ständigen und genauen Rückmeldung (1:1 Wiederholungen) bedarf, so ist zugleich eine klare, reflektierende Kommunikation (wie wir sie im Kap. 3 vorstellen) für wirksame Teamarbeit empfehlenswert.

nissen gelangen Fredrickson und Losada (2005, siehe auch Losada und Heaphy 2004), die u. a. feststellten, dass das Verhältnis von positiver zu negativer Teamkommunikation eine hohe Vorhersagekraft auf die Teamperformance hat[59]

- *Coaching (verstanden als Teamführung)*
  Das Einsetzen von geeignetem Führungsverhalten (siehe „gute Führung", Abschn. 1.3), um Ziele zu setzen und die Richtung vorzugeben sowie die Zusammenarbeit zu gestalten, die zur erfolgreichen Erreichung dieser Ziele führt. Eine wichtige Aufgabe ist das Diagnostizieren und aktive, gemeinsame Bearbeiten von Teamproblemen. Hierbei gilt es, einen angemessenen Ausgleich zwischen der Berücksichtigung der Team- und Individualperspektive zu schaffen. Burke et al. (2006) stellten in einer Metaanalyse fest, dass das Vorhandensein oder Fehlen folgender Führungsaspekte Leistungsunterschiede im Team erklären können: Coaching, Feedback, Leistungsmonitoring, partizipatives Verhalten. Dabei betonen sie die Bedeutung der Beziehungsgestaltung.

- *Kognition*
  Ein gemeinsames Verständnis unter den Teammitgliedern, das sich als Ergebnis der Interaktionen zwischen den Teammitgliedern entwickelt hat, einschließlich der Kenntnis der Rollen und Verantwortlichkeiten, der Ziele und Normen der Teammission und der Vertrautheit mit den Kenntnissen, Fertigkeiten und Fähigkeiten der Teammitglieder. Hier finden sich zahlreiche Ideen in Teamentwicklungsmaßnahmen. Auch gegenseitige Hospitationen (um die Aufgaben und die Perspektive der anderen kennenzulernen) sind empfehlenswert.

- *Teamzusammensetzung*
  Dieser Punkt meint die Berücksichtigung der individuellen Faktoren, die für die Teamleistung relevant sind (also das, was ein gutes Teammitglied ausmacht, was die beste Zusammenstellung von Wissen, Fähigkeiten und Einstellungen

---

[59] Sie empfehlen ein Verhältnis von 3:1 oder besser 5:1 von positiven zu negativen Statements bzw. Erlebnissen. Ab einer Rate von 10:1 scheint sich der positive Effekt wieder ins Gegenteil zu verkehren (Fredrickson und Losada 2005; Losada und Heaphy 2004). Unter positiven Statements/Begegnungen und einer entsprechenden Haltung kann man z. B. Folgendes verstehen: konstruktive, wertschätzende Kommunikation und auch Kritik (ehrlich, unterstützend, konkret). Sich gegenseitig gut zugehören, positive Aspekte der Teamzusammenarbeit werden hervorgehoben (inkl. Dankbarkeit und Unterstützung), man spürt Freude in der gemeinsamen Zusammenarbeit, die auch verbal artikuliert wird. Negative Einflüsse sind z. B. nonverbale Kommunikation wie geringschätzige Blicke, mangelnde Aufmerksamkeit und Zuwendung oder auch abwertende verbale Kommentare. Zudem zynische und sarkastische Bemerkungen, Meinungen ignorieren, aggressive Kritik, nörgelndes Hinterfragen, bewusst Informationen nicht teilen oder nur mit bestimmten Gruppenmitgliedern.

der Teammitglieder ist und welche Rolle Diversität für die Teameffektivität spielt). Als eine der wichtigsten Eigenschaften wird die Teamfähigkeit genannt (diese wird. z. B. durch die Persönlichkeitseigenschaft „Verträglichkeit" unterstützt), damit die Teammitglieder bereit und in der Lage sind, kooperativ zu arbeiten (Pela und Zimmermann (2019) konkretisieren dies; siehe auch Abschn. 4.1). Zudem muss die Zusammenstellung der jeweiligen Aufgabe entsprechen. Gleichzeitig sind bestimmte Persönlichkeitseigenschaften (z. B. ein Mindestmaß an Gewissenhaftigkeit und Verträglichkeit) förderlich.

- *Kontext*
  Situative Merkmale oder Ereignisse (Rahmenbedingungen), die das Auftreten und die Bedeutung von Verhalten beeinflussen, sowie die Art und Weise und das Ausmaß, in dem verschiedene Faktoren die Teamergebnisse beeinflussen. Organisationen sollten bedenken, dass Rahmenbedingungen auf das Teamwork einwirken. Soll der Teamgedanke forciert werden, so kann dies z. B. durch die Einführung von Belohnungen auf der Grundlage der Teamleistung oder die Schaffung von kollaborativen und offenen Arbeitsbereichen, gemeinsamen Events oder regelmäßigen Teamentwicklungsangeboten unterstützt werden.

- *Kultur*
  Annahmen über die Beziehungen von Menschen zueinander und zu ihrer Umwelt, die von einer identifizierbaren Gruppe von Menschen (z. B. Team, Organisation, Nation) geteilt werden und sich in den Werten, Überzeugungen, Normen für soziales Verhalten und Artefakten des Einzelnen manifestieren. Hier wird u. a. die Frage „Homogenität vs. Heterogenität" diskutiert (siehe unsere Ausführungen in Abschn. 4.2). Auch Salas und Kollegen (2018, S. 613) betonen, dass Heterogenität vorteilhaft sein kann, wenn die Teammitglieder in der Lage sind, ihre kulturellen Werte zu einer neuen, hybriden Teamkultur zu verschmelzen, die die Gemeinsamkeiten der Teammitglieder anerkennt und zugleich die Unterschiede respektiert (Ladwig 2020).

Die zuvor skizzierten Faktoren wirken z. B. in Abhängigkeit der Teamzusammenstellung, der Aufgabe, der Rahmenbedingungen etc. durchaus unterschiedlich stark auf den Teamerfolg. Salas et al. (2018, S. 596) führen jedoch 3 Teamkompetenzen auf, die auf Basis aktueller Forschungsergebnisse „transportabel" sind – also unabhängig von Team und Aufgabe eingesetzt werden können und positive Wirkung auf die Teamleistung und die -zusammenarbeit entfalten:

- **Koordination** (Zusammenarbeit, individuelle Kompetenzen und Abläufe auf ein gemeinsames Ziel ausrichten)
- **Kommunikation** (qualitativ hochwertige, empathische, klare, dialogische Kommunikation)

- **Anpassungsfähigkeit** (auch Lern-/Veränderungsfähigkeit; die flexible Anpassung von Verhaltensweisen und Strategien aufgrund sich verändernder Umstände).

Wir haben zuvor darauf hingewiesen, dass für erfolgreiche Teamarbeit sowohl eine hohe Ziel-/Leistungsorientierung als auch ein starker Zusammenhalt (qualitativ hochwertige Beziehungen/Wirgefühl) essenziell sind (siehe auch Rosenstiel und Kaschube 2020, S. 416 f., 422; Burke et al. 2006). In Anlehnung an Stock-Homburg und Groß (2019, S. 621 f., siehe auch Rosenstiel und Kaschube 2020; Reyes et al. 2019; Pela und Zimmermann 2019; Salas et al. 2018) skizzieren wir nachfolgend einige Indikatoren, die im Rahmen einer Teamanalyse Hinweise darauf geben können, wie stark beide Bereiche im Team ausgeprägt sind (daneben können auch die gerade ausgeführten erfolgskritischen Faktoren für gelingendes Teamwork genutzt werden):

Analyseaspekte der Ziel-/Leistungsorientierung (Aufgaben-/Sachebene):
- In Teams existieren: klare Normen (ein klares Verständnis) in Bezug auf die Aufgaben/Ziele, eindeutige Verantwortlichkeiten, transparente Kommunikationsprozesse, aufgabenspezifische Kooperationsnotwendigkeiten sowie Leistungserwartungen an die Teammitglieder
- Ziele sind (bestenfalls) gemeinsam erarbeitet und smart formuliert
- Jede*r kennt ihren/seinen individuellen Beitrag zur (Team-)Zielerreichung, ihre/seine Rolle und Befugnisse. Sie/er wertschätzt die Fachlichkeit/Expertise der Kolleg*innen (bzw. greift gezielt auf die verschiedenen Expertisen zu)
- Das Team ist bestrebt, besondere Leistungen zu erbringen
- Die Teammitglieder wenden zielgerichtet Problemlösungstechniken an
- Informationen werden im Team systematisch und regelmäßig (z. B. durch Besprechungen und Protokolle) weitergegeben (und/oder eingeholt)
- Das Team prüft / diskutiert im Vorfeld von Entscheidungen kritisch mögliche Alternativen und deren Umsetzbarkeit
- Die Teammitglieder sind entsprechend den zentralen Zielen/Aufgaben fachlich-methodisch kompetent und erhalten zielgerichtete, individuelle Entwicklungsmöglichkeiten
- Regelmäßige Feedbacks werden aktiv eingefordert und gegenseitig konstruktiv gegeben.

Analyseaspekte der Team-Kohäsion (Zusammenhalt; Beziehungsebene)
- Bei der Auswahl der Teammitglieder wurden (werden) auch sozial-kommunikative Kompetenzen sowie wichtige Aspekte der Teamfähigkeit

berücksichtigt, die z. B. im Rahmen von Fortbildungen weiterentwickelt werden (können)

- Die Teammitglieder sind sich gegenseitig sympathisch, wertschätzen die Unterschiedlichkeit der Charaktere und sind in der Lage, aufeinander einzugehen (es herrschen überwiegend positive Gefühle)
- Die Teammitglieder haben Spaß an der Arbeit im Team
- Zwischen den Teammitgliedern gibt es selten persönliche (d. h. unsachliche) Auseinandersetzungen
- Die Teammitglieder unterstützen sich gegenseitig in fachlichen und (wenn erwünscht) in persönlichen Problemen. Sie reflektieren gemeinsam besondere Ereignisse, Teamprozesse etc.
- Räumliche Nähe oder zumindest regelmäßige Gelegenheiten des formellen wie informellen Austausches sind erwünscht und gegeben (hier auch auf Chancen für direkt-persönliche Kommunikation achten).

Wir ergänzen die Beziehungsaspekte noch um die Fragen nach der *Psychologischen Sicherheit* (Edmondson 2020, 2018), die Sie als Teamleitung allen Ihren Teammitgliedern (z. B. in Form einer anonymen Befragung) stellen können:

- Wenn ich im Team einen Fehler mache, wird mir das nicht vorgeworfen
- Die Teammitglieder sind fähig, Probleme und schwierige Fragen oder Konflikte offen anzusprechen
- Menschen in diesem Team lehnen niemals andere ab, weil sie in irgendeiner Weise anders sind
- In diesem Team ist es sicher, ein Risiko einzugehen
- Es ist einfach, andere Teammitglieder um Hilfe zu bitten
- Niemand in diesem Team würde bewusst meine Leistung oder Anstrengungen untergraben
- Wenn ich mit diesem Team arbeite, merke ich, dass meine einzigartigen Fähigkeiten und Talente gebraucht und wertgeschätzt werden.

Führungskräfte müssen also Bedingungen schaffen, unter denen ein Team leistungsfähig sein kann, damit die Zusammenarbeit funktioniert und das Wohlbefinden der Gruppenmitglieder gefördert wird (Kauffeld und Schulte 2019, S. 220 f.; 2013, S. 391). Das in Abschn. 4.1 vorgestellte IPO-Modell bietet mannigfaltige Ansatzpunkte und Gestaltungsmöglichkeiten für Führungskräfte. Es können beispielsweise organisatorische Fragen (Teamgröße und -zusammensetzung, Wissens- und Besprechungsmanagement etc.), die Bereitstellung von Ressourcen oder auch inhaltliche Themen, wie die Verteilung und Bearbeitung von Aufgaben (Rollen, Verantwortlichkeiten, Standards/Prozesse etc.) bearbeitet werden. Kauffeld und Schulte (2013, S. 391 ff.) gliedern die vielfältigen Führungsaufgaben in 4 Bereiche: Aufgaben-, Beziehungs-, Veränderungs- und mikropolitisches Management. Lencioni (2020) konzentriert sich darauf, die 5 Dysfunktionen eines Teams zu überwinden.[60] Busch und v. d. Oelsnitz (2018, S. 73 ff.; siehe auch Busch 2015, S. 79 ff.; Zaccaro et al. 2001, S. 458 ff.) nutzen einen anderen Zugang und sehen 4 **Schlüsselprozesse der Teamführung:**

- **Kognitiven Teamprozesse:** Ziele verdeutlichen, Sinn vermitteln, das Lernen im Team ermöglichen sowie eine Team-Mindset entwickeln. Dies kann die Führungskraft z. B. unterstützen durch partizipative Prozesse, Stärkung der Kommunikations- und vor allem Feedbackkompetenz der Teammitglieder wie der Teamreflexion (z. B. Was gelingt uns weshalb gut, wieso fällt uns XY schwer, was nehmen wir für uns an Entwicklungsimpulsen mit?). Die Führungskraft nimmt hierbei vor allem eine moderierende/coachende Rolle ein.
- **Motivationale Teamprozesse** dienen vor allem dazu, den Zusammenhalt zu stärken (wir *wollen* gemeinsam etwas erreichen), den Glauben an den Teamerfolg zu fördern (wir *können* gemeinsam etwas erreichen) und herausfordernde Leistungserwartungen zu formulieren (wir *sollen* etwas gemeinsam erreichen). Es geht hier vor allem um die Förderung des Teamworks durch herausfordernde Ziele, Förderung der individuell-fachlichen wie teamorientierten Kompetenzen, motivationsförderliche Führung (siehe auch Kap. 1 und 2 sowie Selbstbestimmungstheorie n. Deci und Ryan 2015).
- **Affektive Teamprozesse** beziehen sich auf interpersonale Beziehungen im Team. Die Führung muss für Stimmungen empfänglich sein und entsprechend reagieren können. Es geht hier auch darum, Konfliktpotenzial zu erkennen, Konflikte im Team zu kontrollieren (Verfahrensmuster zu haben, wie man im Team mit Konflikten umgeht; siehe auch Hauser 2020) und ein positives Teamklima zu schaffen (z. B. durch psychologische Sicherheit und entsprechende Teamentwicklungsimpulse, siehe Hornstein 2020). Klare Strukturen, Prozesse, Verantwortlichkeiten wie eine wertschätzende Interaktions-/Kommunikationskultur sind hierfür essenziell (Rosenstiel und Kaschube 2020, S. 422).

---

[60] Diese sind: geringes bzw. fehlendes Vertrauen, Scheu vor Konflikten, fehlendes Engagement, Angst vor Verantwortungsübernahme, fehlende Ergebnisorientierung (Lencioni 2020).

- **Koordinative Teamprozesse** können als all jene Führungstätigkeiten verstanden werden, die die Arbeit einzelner Teammitglieder gestalten, damit die gemeinsame Aufgabe des Teams bestmöglich erfüllt werden kann (siehe Kap. 2). Stichworte sind Struktur, Orientierung, Ressourcenverteilung, Information-/Kommunikation, auf veränderliche Rahmenbedingungen reagieren. Hierzu gehören auch System- und Prozessüberwachung sowie Rückmeldung zu individuellen Leistungen, zur Zielerreichung oder auch zu Verhaltensweisen von Teammitgliedern (siehe Kap. 3).

Die Übergänge zwischen den einzelnen Prozessen sind fließend und mitunter schwer zu trennen. Auch ist die Frage offen, wie stark sich die Führungskraft selbst einbringt (Führungskraftzentrierung) oder eher coachend ihre Rolle interpretiert (Teamzentrierung). Je, wie sich Führung positioniert und ihre Rolle auslegt, bietet es für das Team verschiedene Möglichkeiten der Mitbestimmung, Verantwortungsübernahme und Performance (Kauffeld und Schulte 2012; siehe auch Hasebrook und Hackl 2020, S. 80 – mit einer leicht veränderten Differenzierung oder Stock-Homburg und Groß 2019, S. 629 ff.). Agiert die Leitung eher führungskraftorientiert, so steht sie in der Verantwortung für Entscheidungen. Sie informiert, legt fest, delegiert und kontrolliert meist selbst (oder ist zumindest daran wesentlich beteiligt). Gleichwohl bieten sich auch hier Möglichkeiten, dem Team Spielräume zukommen zu lassen und dieses einzubeziehen, was ein Schritt auf dem Weg zu einer stärker teamorientierten Führung sein kann. Bei dieser Art der Führung fördert die Leitung die Selbstständigkeit (Selbstbestimmung) des Teams und übernimmt vermehrt eine unterstützende Rolle (z. B. Servant Leadership). Die Teammitglieder sind spürbar mehr in Fragen der Ziele, Prozesse, Problemlösungen und Entscheidungen eingebunden. Dies setzt jedoch deutlich mehr Kompetenzen und Fähigkeiten der Teammitglieder (z. B. Kommunikations-/Unterstützungskultur, Teamreflexion, Verantwortungsübernahme, Konfliktfähigkeit) sowie deren Bereitschaft für ein solches Modell voraus. Als am geringsten (oder gar nicht mehr) die Führungskraft fokussierend kann schließlich die geteilte Führung oder vollständig autonome Form der Teamarbeit angesehen werden. Abgesehen von autonom agierenden Teams (sogenannten führungslosen Teams), geht es bei geteilter Führung (Distributed Leadership oder Shared Leadership) um eine Auf-/Verteilung von Führungsaufgaben im Team und damit um eine (ggf. nur temporale) Übernahme von Führungsverantwortung durch mehrere Teammitglieder (Antoni 2020, S. 428; Endres und Weibler 2019; Weibler 2016, S. 578 ff.). Teams dieser Organisationsform gestalten nicht nur die Ausführung der Teamarbeit oder steuern die Arbeitsprozesse, sondern sind auch für weitere Rahmenbedingungen (wie z. B. Teamzusammensetzung und Ressourcen) verantwortlich.

Aus diesen Möglichkeiten ergeben sich für uns 3 **Stufen der Teamführung und -entwicklung.** Wir nutzen zur Verdeutlichung hinsichtlich des Einbezugs der Teammitglieder die Partizipationsstufen bzw. die Partizipationspyramide nach Straßburger und Rieger (2019, S. 232) und übertragen die dort beschriebenen Ebenen auf den Teamkontext (Steigerung der Partizipation, Selbstbestimmung, Steuerungs- und Verantwortungsübernahme).

Stufe 1: Teamwork ermöglichen – die Basis erfolgreicher Teamführung
Auf der ersten Stufe der Teamführung sollte die Führungskraft die individuelle Perspektive der Mitarbeiter*innen mit der Teamorientierung verbinden. Dafür sollten alle Teammitglieder eine individuelle Arbeitsumgebung sowie Aufgaben/Rollenerwartungen vorfinden, die motivations- und zufriedenheitsförderlich sind (siehe Kap. 2, z. B. Hackman und Oldham 1980; Ryan und Deci 2017). Der Führungsansatz – bezogen auf jedes einzelne Teammitglied – sollte gut abgestimmte aufgaben-/beziehungsorientierte sowie transaktionale/transformationale Elemente enthalten (siehe Abschn. 1.2 und 1.3). Autonomieunterstützung, Kompetenzorientierung und gute Beziehungen stellen einen geeigneten wie notwendigen Rahmen dar. Hinzu kommt, dass sich die Teamleitung auf die Ausrichtung aller Teammitglieder auf das gemeinsame Ziel/die gemeinsame Aufgabe konzentriert und zugleich das Wir-Gefühl (Team-Kohäsion) aufbaut bzw. erhält und stärkt. Dies fördert sie u. a., indem eine gute Beziehungsebene, vor allem ausreichend Vertrauen, bei allen Teammitgliedern vorhanden ist sowie eine individuelle Aufgaben-/Resultatverantwortung (jedoch auch mit dem Blick auf gemeinsame Teamziele) übernommen wird. Vertrauen, Fairness, gute Beziehungen und das Gefühl, dass Führung die tatsächlichen Anforderungen des täglichen Arbeitslebens an die Mitarbeitenden wahrnimmt und versteht, wachsen, wenn die Führungskraft als echter Teil des Teams angesehen wird. Dies kann durch häufige Anwesenheit (hier genügen oft informelle ‚5-Minuten-Gespräche‘), partizipative Teamdiskussionen und intensive Kommunikation erfolgen (dabei wird vor allem auch ‚Zuhören‘ explizit gewünscht). Zudem sind die zuvor genannten Führungsansätze (Abschn. 1.2) und die Erkenntnisse zu „guter Führung" (s. Abschn. 1.3) auch auf der Teamebene wirksam (z. B. Herre et al. 2019; Braun et al. 2013; Kauffeld und Schulte 2013, S. 390; Wang et al. 2011; Burke et al. 2006).
Für die Teamführung bedeutet dies z. B.:

- Rollen und Erwartungen, Teamziele, Werte sowie die Art und Weise der Zusammenarbeit sind eindeutig geklärt und allen bekannt (Teams arbeiten Aufgaben zielorientiert ab. Die Führungskraft gibt die Ziele und Rahmenbedingungen vor und kontrolliert die Arbeitsprozesse und -ergebnisse – ohne in eine Art Mikrokontrolle zu verfallen).

- Sie nutzt klassische Instrumente der Teamführung, wie z. B. Etablieren von Teamnormen, das Führen durch Teamziele, Zeit- und Konfliktmanagement (z. B. Stock-Homburg und Groß 2019, S. 660 ff.). Zudem Anreiz-/Rückmeldeinstrumente wie Besprechungen, individuelles Feedback, Mitarbeiterbeurteilungen, Teamentwicklung und Teamevents (z. B. Hornstein 2020; Blessin und Wick 2017, S. 348 ff., 373 ff.).
- Führung informiert Teammitglieder klar und ausreichend über anstehende Entscheidungen und macht diese transparent.
- Sie holt sich Meinungen des Teams und/oder anderer Expert*innen im Vorfeld ein. Insgesamt steht sie in einem regelmäßigen Dialog mit ihren Teammitgliedern und berücksichtigt deren individuelle Expertise.
- Im Team bestehen ausreichend Gelegenheiten des formellen und informellen Informationsaustausches, Feedbackmöglichkeiten und konstruktiv-kritische Diskussionen.
- Entscheidungen, die das Team betreffen, werden gemeinsam diskutiert und abgestimmt.

Stufe 2: Selbstbestimmung und Selbstwirksamkeit stärken
Auf dieser Stufe sind die Teams deutlich mehr selbst dafür verantwortlich, dass Aufgaben erledigt, Prozesse eingehalten und optimiert, Probleme gelöst und Entscheidungen getroffen werden. Zudem organisieren sie die Ausführung, Kommunikation und steuern selbstständiger die Arbeitsprozesse. Für die Teamführung bedeutet dies zusätzlich zu den Aspekten der Stufe 1, dass Führungseinfluss reduziert und Entscheidungskompetenzen teilweise abgegeben werden (i. S. Team-Empowerment). Dies betrifft sowohl den individuellen Aufgaben-/Verantwortungsbereich der Teammitglieder (z. B. Job Crafting) als auch Themen, die das gesamte Team (oder einen Teil davon) betreffen (z. B. Entwicklung von Zielvorstellungen, Sicherstellung der Zielerreichung und von Qualitätsprozessen, Aufteilung neuer Aufgaben, (Teil-)Budgetverantwortung, Urlaubs-/Schichtpläne abstimmen/erstellen, Netzwerkarbeit bis hin zur Mitsprache bei der Auswahl eines neuen Teammitglieds).
Für die Teamführung bedeutet dies z. B.:

- Intensiver Einsatz des Führungsinstruments „Delegation" und Befähigung wie Stärkung der sogenannten verteilten und/oder virtuellen Teamarbeit
- Die Selbstbestimmung des Teams stärken, z. B. durch
  - Stärkung von Autonomie, Kompetenzerleben und sozialer Verbundenheit (siehe Abschn. 2.2.3) oder

- Team-Empowerment (Sinnstiftung, individuelle Berücksichtigung, Partizipation, Verantwortung, Kompetenzentwicklung, idealisierter Einfluss; siehe Abschn. 1.2.5 sowie Schermuly 2019)
- Teamentwicklungsmaßnahmen (z. B. zur Stärkung des Teamworks, zur Verbesserung der Teamkommunikation – v. a. in verteilten, digitalen Arbeitsszenarien) werden intensiver eingesetzt und die Lern- und Veränderungskompetenz des Teams wird gefördert (z. B. Einsatz agiler Instrumente wie Design Thinking o. Ä.; z. B. Hatfield und Winkler 2020; Hofmann und Regnet 2020; Blessin und Wick 2017, S. 372 ff.).

Ein möglicher Führungsansatz hierfür ist der des **Servant Leaderships** (Dienende Führung). Dieser Ansatz ist der transformationalen Führung ähnlich (die als Teamführungsansatz nachweislich positive Wirkung entfaltet). Beide Ansätze betonen u. a. Wertschätzung, aktives Zuhören sowie Empowerment als Basis erfolgreicher Führung (Rosenstiel und Nerdinger 2020, S. 48 f.). Servant Leadership hat jedoch einen veränderten Fokus auf die Rolle der Führungskräfte und die Art der Beziehung zwischen Führungskraft und Mitarbeiter*innen (Kelly und Hearld 2020, Hoch et al. 2018; Weibler 2016, S. 512 ff.; Greenleaf 1998). Die Grundphilosophie unterstreicht die unteilbare Verantwortung der Führung für die anvertrauten Mitarbeiter*innen, die Organisation wie auch die Gesellschaft (siehe auch Corporate Social Responsibility). Stellt die transformationale Führung den Organisationserfolg in den Mittelpunkt des Ziels aller Führungsinterventionen (und ist auch eher auf die aktiv-beeinflussende Rolle der Führungskraft ausgerichtet), kommen beim Servant Leadership die Mitarbeitenden (und deren Wohlergehen) zuerst (Führung übernimmt eher eine unterstützende Funktion). Empirische Befunde belegen die positive Wirkung auf das Wohlbefinden der Beschäftigten und zeigen auch entsprechenden organisationalen Erfolg (z. B. Eva et al. 2019; Weibler 2016, S. 514 ff.; etwas kritischer einordnend: Rosenstiel und Nerdinger 2020, S. 48 f.). Andererseits weisen vielfältige Forschungserkenntnisse darauf hin, dass ohne eine gewisse Leistungsorientierung (verstanden als Führung durch ausschließliche Mitarbeitendenorientierung und einer fehlenden Ziel-/Aufgabenorientierung) der Team-/Organisationserfolg langfristig nicht gelingt. Möchte die Führung jedoch die Selbstbestimmung wie die Selbstwirksamkeit des Teams stärken, kommt sie nicht umhin, sich bewusst zurückzunehmen. Zudem kann eine dienende Führung (als Vorbild) in (sozialen) Dienstleistungszweigen durchaus die Klient*innen-Orientierung der Mitarbeitenden fördern (in Anlehnung an Rosenstiel und Nerdinger 2020, S. 48 f.). Wie dies gelingen kann, zeigen z. B. Ryan und Deci (2017, siehe auch Gilbert und Kelloway 2015) oder auch Schermuly (2019) und Rose (2019).

Stufe 3: Selbststeuerung und Selbstständigkeit fördern
Für die Teamführung bedeutet diese Ebene zusätzlich zu den Aspekten der Stufen 1 und 2, dass das Team alle (bzw. viele) wichtigen Entscheidungen gemeinsam – meist ohne die Führung – trifft. Die Führungskraft fungiert z. B. als Coach, Moderator*in, Netzwerker*in, Prozessbegleiter*in – behält dennoch die dienstliche wie fachliche Möglichkeit, steuernd einzugreifen (was sie jedoch nur in Notfällen einsetzen sollte). Auf der Erkenntnis basierend, „dass erfolgreiche Teams häufig weder formale Führungsstrukturen aufweisen noch einen (formal) Führenden an ihrer Spitze haben (müssen) ..." (Weibler 2016, S. 578), entstanden teamorientierte Führungskonzepte, die eher kollektive Führungsverantwortungen bevorzugen. Sie sind unter verschiedenen Namen bekannt, wie z. B. Collective Leadership, Distributed Leadership oder Shared Leadership. Die Basis dieser Ansätze konzentriert sich auf die Wichtigkeit sozialer Beziehungen, auf Partizipations- und Empowerment-Bedürfnisse von Menschen. Dahingehend schließen diese Konzepte direkt an Stufe 2 des hier vorgestellten Modells an. Partizipative, die Teammitglieder einbindende, wie auch geteilte Führungsansätze bahnen sich (wenn auch schrittweise) z. B. im öffentlichen Sektor oder im Bildungsbereich ihren Weg (z. B. Carvalho et al. 2020; Ospina 2017). Auch in sozialen Organisationen finden sich (meist kleine) sich selbst steuernde Einheiten. Ferner wirkt das Konzept besonders für die Arbeit interdisziplinärer Teams überzeugend, indem – je nach (akuten) Bedarfen der Klient*innen – das Teammitglied mit der besten Expertise für eine gewisse Zeit die Teamführung übernimmt. Studien belegen die Wirksamkeit geteilter Führung (Wu et al. 2018; Wang et al. 2014) – zeigen jedoch auch vielfältige Einschränkungen bzw. zusätzliche Herausforderungen auf (siehe vertiefend Weibler 2016, S. 589 ff.). Vor allem zusätzlicher Koordinations- und Kommunikationsaufwand, die zunehmende Komplexität, Fragen der Verantwortungsübernahme (von „niemand möchte die Verantwortung für ein bestimmtes Thema übernehmen" bis zu Konflikten, wer die Führung übernehmen darf/sollte etc.) oder die Tatsache, dass nicht wenige Teammitglieder eine führende Rolle weder übernehmen möchten noch (ggf.) können (siehe Hasebrook und Hackl 2020) sowie Macht- und Statuseinschränkungen sind nur einige Aspekte, die zu diskutieren sind und den unbestrittenen Vorteilen (zumindest teilweise) gegenüberstehen. Andererseits wird hier ein gesellschaftlicher Trend aufgenommen, der sich von einem Heroic Leadership (Weibler 2016, S. 591) weitgehend verabschiedet und sich für ein Führungsverständnis entscheidet, welches u. a. auf einem (freiwillig) Geführtwerden beruht. Der Ansatz der verteilten Führung schließt jedoch eine Führungskraft (i.S. vertikaler Führung) nicht unbedingt aus (bzw. mach diese nicht überflüssig). Vor allem in dem aktuellen, unsicheren Arbeitsumfeld wünschen sich Mitarbeitende

tendenziell Orientierung und Unterstützung durch Führungskräfte. So wurde z.B. festgestellt, dass der shared leadership Ansatz in der Kombination ‚horizontale/verteilte und verikale Führung' besonders gut wirkt – also, wenn sich beide ergänzen.

Welche Stufe Führungskräfte, Teams bzw. Organisationen für ihr(e) Team(s) wählen, ist von verschiedenen Faktoren abhängig. Nicht in jedem Fall ist die dritte Stufe, mitunter auch nicht die zweite Stufe des Teamworks die erfolgversprechendste. Auch ist es in der Praxis nicht immer so, dass Teammitglieder bereit oder in der Lage sind, die eher selbststeuernden Teamformen, die zwar mit vielen Freiheiten und Mitbestimmungsmöglichkeiten, aber zugleich mit steigender Verantwortung und möglicherweise zunehmenden Belastungen verbunden sind, im Alltag umzusetzen. Wie zuvor in verschiedenen Ausführungen zum „richtigen Führungsstil" betont, kommt es auch hier u. a. auf das Team (und somit auf die Menschen), die Aufgabe, die jeweilige Situation sowie die organisationalen Rahmenbedingungen an, was gerade sinnvoll und wirksam sein kann. So können auch flexible Schritte zwischen den einzelnen Stufen angezeigt sein. Diese Art des Vorgehens wird auch von Pawlowsky und Steigenberger (2012), die sogenannte Hochleistungsteams analysiert haben, festgestellt: Diese bewegen sich „… meist zwischen managergeführt und sich selbst führend. Sie zeichnen sich durch ein flexibles, an die Situation angepasstes Verhalten aus, das zugleich hoch effizient ist" (Hasebrook und Hackl 2020, S. 80).[61] Hasebrook und Hackl (2020, S. 81) betonen ebenso die psychologische Sicherheit als Basis für Teamlernen und -leistung. Zu ähnlichen Ergebnissen kommt Stock (2005, zit. n. Stock-Homburg und Groß 2019, S. 631):[62] Eine zu dominante Form der Führung oder ein zu stark die Führungskraft fokussierender Ansatz ist nicht zu empfehlen, wie auch zu wenig oder keine Führung im Vergleich eine geringere Wirkung erzielt. Interessanterweise stellte sie dies auch für Konflikte im Team fest (Konflikte aus Führungssicht einfach laufen zu lassen oder zu ignorieren ist genauso wenig ratsam, wie jeglichen Konflikt per Führungsentscheidung bzw. patriarchisch zu lösen bzw. lösen zu wollen; siehe auch Hauser 2020). Ebenso gilt eine mittlere Ausprägung bei der Festlegung von Normen (Prozesse, Zusammenarbeit …) als am

---

[61] In unserer Taxonomie wäre dies sich zwischen den Stufen 1 und 2 bewegend. Die Autoren kommen zu folgendem Schluss: „Starke Teams und starke Führung sind also kein Widerspruch, sondern im Idealfall eine funktionierende Partnerschaft: Führungsstrukturen und -personen im Unternehmen schaffen die Rahmenbedingungen für Teamarbeit. Teams steuern sich in diesem Rahmen und entwickeln sich selbstgesteuert weiter. Alle Studien zeigen: Klarheit über gemeinsame Ziele und Selbstmanagement von Teams sind entscheidend für den Erfolg" (Hasebrook und Hackl 2020, S. 81).

[62] Befragung von rund 240 Teams verschiedener Branchen.

erfolgversprechendsten (Stock-Homburg und Groß 2019, S. 663). Vieles davon erinnert an die Erkenntnisse des Abschn. 1.2. Die Empfehlung für die Führungskraft wäre demnach: Vermeide extreme Führungsansätze (autoritär oder gar Bad Leadership auf der einen Seite sowie lLaissez-faire auf der anderen Seite) und bewege dich den Mitarbeitenden wie dem Kontext angepasst auf der Klaviatur dazwischen (Burke et al. 2006). Beachte dabei den **Grundsatz guter Führung**, den wir an dieser Stelle auf das Team erweitern: Gute Teamführung stellt konsequent den Menschen und das Team sowie dessen Wohlergehen in den Mittelpunkt des Führungshandelns und nutzt legitime Mittel der Führung, um (Spitzen-) Leistung zu erzeugen, Teamziele zu erreichen sowie gesellschaftlich positive Wirkung zu entfalten. Gute Teamführung basiert auf einer umfassenden Sicht: Organisations- und Teamerfolg, das Wohl der Beschäftigten und gesellschaftliche Verantwortung gehen Hand in Hand (siehe Abschn. 1.3).[63]

Alle 3 Stufen (sollen sie dauerhaft erfolgreich sein), wie wirksame Teamarbeit insgesamt, verlangen sowohl von der Führungskraft als auch von allen Teammitgliedern große Anstrengungen und vielfältige Kompetenzen, regelmäßige Reflexionen sowie den Teamerfolg förderliche Rahmenbedingungen. Um den Status quo des Teamworks herauszuarbeiten, die Leistungsfähigkeit, den Zusammenhalt des Teams sowie die Teamkompetenzen zu fördern, bieten sich, neben verschiedenen, regelmäßigen Interaktions- und Besprechungsformaten, Maßnahmen der Teamentwicklung an (Hornstein 2020). Hierbei sollten sich Führungskräfte auf 4 Bereiche bzw. Fragestellungen besonders konzentrieren, die regelmäßig gepflegt werden müssen:

- Wohin wollen wir als Team (Zielklarheit)?
- Wie arbeiten wir zusammen (Teamarbeits- und Kommunikationsprozesse)?
- Wer übernimmt welche Aufgaben (Rollen- und Verantwortungsklarheit)?
- Wie gehen wir miteinander um (Team-/Beziehungsorientierung)?

---

[63]Wir fassen an dieser Stelle kurz die Aussagen zu guter Führung zusammen (siehe Abschn. 1.3.1): Wir verstehen gute Führung als ein vertrauenswürdiges, gerechtes wie verantwortungsvolles Handeln, dem es nachhaltig gelingt, sowohl humane als auch wertschöpfende Ziele in einer für alle Beteiligten guten Balance zu verfolgen (siehe auch Frey und Schmalzried 2013, S. 4 ff., 29). Gute Führung entsteht aus einer ethisch-basierten Motivation und Haltung – zugleich hat sie die Wirksamkeit ihrer Interventionen im Blick. Führungskräfte denken und handeln somit in einer Art und Weise, die beides ist: ethisch und effektiv (Newstead et al. 2019, S. 3 f.; Wang und Hacket 2016; Ciulla 2014; zu diesen Perspektiven auf Teamebene siehe z. B. Hasebrook et al. 2020, S. 114 sowie Hackl und Gerpott 2015).

4.3.2 Teamentwicklung und Teamerfolg

Teams können durch vielfältige Interventionen leistungsstark und weiterentwickelt werden. Hierzu zählen Maßnahmen im Bereich der Umwelt des Teams (Rahmenbedingungen), der Arbeitsaufgabe, aber vor allem Ansätze, die das Team selbst betreffen. Teambuilding oder Teamentwicklung „zielt auf soziale und aufgabenbezogene Prozesse innerhalb bereits bestehender Teams, um in direkter Interaktion mit den Teammitgliedern – durch Gruppen- und Einzelgespräche, Workshops, Trainings etc. – Barrieren abzubauen, Rollenbilder zu klären und zwischenmenschliche Beziehungen zu verbessern …" (Nerdinger 2019c, S. 130 f.).

Eine Metastudie von McEwan und Kolleg*innen (2017) belegt, dass Teamworkinterventionen einen signifikant positiven Einfluss auf die Teamleistung und die Zusammenarbeit haben. Dabei wirken Entwicklungsmaßnahmen auf verschiedene Kontexte bzw. Aufgabenstellungen ein. Bei jungen Teams (i. S. v. neu zusammengestellt) wirken die Interventionen besser als bei schon länger zusammenarbeitenden Teams. Hinsichtlich der Frage, welche Art von Impulsen entsprechende Effekte mit sich bringen, scheinen vor allem die folgenden 3 Bereiche empfehlenswert:

- **Teamworkshops,** die z. B. interaktive Diskussionen über die Zwecke und Ziele des Teams beinhalten
- **Simulationstrainings,** bei denen Teams verschiedene Fähigkeiten üben (z. B. Sann und Heringer 2012), die sie auch tatsächlich anwenden (z. B. schwierige Gesprächssituationen, gegenseitiges Feedback geben, Design-Thinking-Prozesse, „Notfallsituationen"; hier fällt mitunter der Begriff des ‚Prebriefings' - konkrete Situations-Vorbesprechungen und Simulationen von ‚Echtfällen'. Sie dienen u.a. dazu, das Handeln im Team zu koordinieren, Informationen und Wissen im Vorfeld auszutauschen und effektiv zu interagieren)[64]
- Situative **Teamreflexionen,** bei denen sich die Teammitglieder gegenseitig in Echtzeit Feedback zur Arbeit geben (z. B. gegenseitige Hospitationen mit strukturiertem Feedback; ‚Debriefing' - Nachbesprechung von Ereignissen, die die Teamarbeit, den Zusammenhalt, die Abläufe etc. betreffen. Es bietet Führungskräften (zeitnah) Gelegenheit, auf Erfolge hinzuweisen und sich für das Engagement zu bedanken. Zudem können kritische Ereignisse, Fehler und Verbesserungsmöglichkeiten diskutiert werden).

---

[64] Diese können unterschiedlichster Gestalt sein und orientieren sich an den zentralen Aufgaben und Verantwortlichkeiten des Teams, z. B.: Ein Teil der IT fällt aus; es kommt zu Drohungen oder einem Übergriff eines Klienten/Kunden bzw. einer Klientin/Kundin; Kürzung bestimmter Finanzmittel oder Projektlaufzeiten werden reduziert; ein Teil des Teams fällt z. B. krankheitsbedingt aus; es kommen überdurchschnittlich viele Aufträge bzw. Kund*innen auf das Team zu (oder umgekehrt – sehr wenige) etc.

Es sind folglich vor allem Ansätze, die die (inter-)aktive Einbindung aller Team-mitglieder ermöglichen (siehe auch Lacerenza et al. 2018; Salas et al. 2015a, 2012).[65] Der Hinweis, dass die Interventionen je nach Dauer des Bestehens von Teams unterschiedlich ausfallen, deutet darauf hin, dass Teams verschiedene Entwicklungs-phasen durchlaufen (Hornstein 2020, S. 457; Kauffeld und Schulte 2019, S. 221). Diese wirken sich auch unterschiedlich auf deren Leistung sowie Zusammenarbeit aus und haben daher u. a. Folgen für die Führungskraft bzw. das Führungshandeln.

Wie sieht es nun in Ihrem Team – wie mit der Teamkultur – aus? Wo stehen Sie in Ihrer Teamentwicklung, was sind die Bereiche, die Sie erhalten und pflegen müssen, wo sollten Sie stärker Ihre Optimierungskraft hinlenken? Eine anschau-liche Möglichkeit, auf die allgemeine Situation von Teams zu blicken, bietet das viel zitierte Modell von Bruce W. Tuckman (1965; siehe auch Tuckman und Jensen 1977; Cassidy 2007; Becker 2016, S. 75 ff.; Nerdinger 2019c, S. 121; Ebner 2019, S. 212 ff.; Jones 2019). Danach agieren Teams vor allem in 4 Phasen: **Forming, Stroming, Norming, Performing.**[66] Diese 4 Phasen stehen prototypisch dafür, dass die Dauer der Zusammenarbeit Auswirkungen auf die Leistung wie den Zusammenhalt des Teams hat. Wenn die Phasen auch nicht immer vollumfänglich und von jeder Gruppe durchlaufen werden, so steht jedoch fest, dass Teams eine gewisse Zeit brauchen, bis sie volle Leistung bringen.[67] Gleichzeitig verbleiben Teams auch nicht ständig auf höchstem Leistungsniveau (Performing). Arbeiten Teams zu lange zusammen, kann es durchaus zu verminderter Leistungsfähigkeit

---

[65] Analysen zu Erfolgsfaktoren von Führungskräfteentwicklungsprogrammen kommen zu ähnlichen Ergebnissen: echte Lernerfahrungen (realistische Situationen), Coaching und Mentoring, konkretes, individuelles (Leistungs-)Feedback und Gelegenheiten zur Reflexion mit Mentoren, Coaches oder Peers (Dunst et al. 2018, S. 20; Lacerenza et al. 2017). Man könnte es auch in Anlehnung an Arnold (2012) mit einem Akronym zusammenfassen: Team- und Führungskräfteentwicklung macht **SPASS** (Situativ-realistisch, Problem-orientiert-konkret, Aktiv, Sozial, Selbstgesteuert-unterstützend). Zur Verbesserung des Lerntransfers siehe auch Bürgle 2018.

[66] Nach diesem grundlegenden Modell von Tuckman (1965) hat er später noch eine fünfte Phase hinzugefügt: Adjourning (Beendigung der Arbeit und Auflösung des Teams; siehe Tuckman und Jensen 1977, auch Cassidy 2007, S. 413; Ebner 2019, S. 212 f.). Es gibt weitere Phasenmodelle (siehe Kauffeld und Schulte 2019, S. 222 oder Jones 2019; Becker 2016), auf die wir hier nicht weiter eingehen. Auch könnte man vor der Auflösung eine Alterungsphase (Becker 2016, S. 75 ff.) einfügen, was auch den Hinweisen von Nerdinger (2019c, S. 121) zur verminderten Leistungsfähigkeit aufgrund der Dauer der Zusammenarbeit entspräche.

[67] Auch kann eine Gruppe wieder in eine Vorphase zurückfallen (Hornstein 2020, S. 457). Dafür muss ggf. nur ein Teammitglied die Gruppe verlassen bzw. eine längere Zeit aus-fallen oder ein neues Mitglied hinzukommen etc.

kommen (Nerdinger 2019c, S. 121). Es macht somit Sinn, dass sich Teams und/oder Teamleitungen orientieren, wo sie aktuell stehen und ob ggf. Interventionen (z. B. Teamentwicklungsmaßnahmen) angezeigt sind. In Anlehnung an Seelhofer (2020, S. 161; auch Hornstein 2020; Nerdinger 2019c, S. 121; Ebner 2019, S. 213 ff.; Stern et al. 2017; Cassidy 2007; Tuckman und Jensen 1977, Tuckman 1965) stellen wir die 4 Phasen vor und beschreiben die Rolle der Führungskraft sowie mögliche Führungsinterventionen (Tab. 4.1).[68]

Neben einer allgemeinen Orientierung am Phasenmodell nach Tuckman (1965), bietet es sich an, dass Führungskräfte auch mit für das jeweilige Team passenden, ganz spezifischen Analysefragen an ihr Team herantreten und wesentliche Sichtweisen und Prozesse herausarbeiten (vertiefend z. B. Kauffeld und Schule 2019, S. 223 ff.).

An dieser Stelle blicken wir zunächst nochmals auf einige Erkenntnisse zu erfolgreichen Teams, die in Teamanalysen berücksichtigt werden könnten. Die Modelle sind vielfältig, setzen unterschiedliche Schwerpunkte, ähneln sich aber im Kern. Praktisch alle enthalten die Komponenten Vertrauen und Sicherheit (vermitteln). Tab. 4.2 zeigt einige Modelle zu Faktoren erfolgreicher Teamarbeit.

Ergänzend bieten Salas et al. (2009, siehe auch Lacerenza et al. 2018) zentrale **Teamkompetenzen für erfolgreiche Teamarbeit**:

- Einstellungsbezogene Kompetenzen
  - Team-Kohäsion (Zusammenhalt)
  - Verpflichtung zur Teamarbeit (Schätzen der Teamarbeit, Teamfähigkeit)
  - Vertrauen
  - Psychologische Sicherheit
  - Kollektive Wirksamkeitsorientierung
- Teamfähigkeitsbezogene Kompetenzen
  - Koordination und Netzwerkarbeit
  - Kommunikation
  - Konfliktlösung
  - Shared leadership (i. S. v. gemeinsamer Verantwortung)
- Wissensbasierte Kompetenzen
  - Bewusstsein für die Situation (Achtsamkeit)

---

[68] Selbstverständlich handelt es sich um beispielhafte Ausführungen, die weder Anspruch auf Vollständigkeit noch auf lineare Wirksamkeit in der entsprechenden Situation erheben. Auch hier gilt, dass Reflexion der Interventionen ein grundlegendes Führungsinstrument darstellt.

Tab. 4.1 Phasen der Teamentwicklung n. Tuckman (1965) sowie mögliche Handlungs-ansätze für Führungskräfte (in Anlehnung an Seelhofer 2020)

PHASE	Teamperspektive	Rolle der Führungskraft
FORMING (Kontakt)	Individueller, neugieriger, mitunter auch unsicherer/ängstlicher Blick sowie Freundlichkeit, Offenheit und meist Zurückhaltung prägen das Zusammenkommen (Wer und wie sind die anderen?). Die Ziele und Herausforderungen werden zur Kenntnis genommen. Konkrete Ziel-/Leistungsorientierung oder auch eine Innovationskultur ist nur bedingt vorhanden. Die Zusammenarbeit ist eher von Oberflächlichkeit, Orientierung und Austesten gekennzeichnet. Rangordnung, Normen oder Rollen sind weitgehend unklar.	Bereits in der Vorphase kann durch eine kluge Auswahl der Teammitglieder die Teamleistung und -entwicklung gestaltet werden. Hier können bereits Maßnahmen der Teamentwicklung geplant werden, um die ersten 3 Phasen recht schnell zu überwinden. In der ersten Phase ist die Führungskraft stark gefragt (Präsenz zeigen, als Vorbild agieren). Ein eher direktiver Führungsstil ist angebracht (Grundregeln der Zusammenarbeit und Aufgaben eindeutig aufzeigen) – zugleich sollten die Teammitglieder aktiv eingebunden werden (gegenseitiges Kennenlernen in den Mittelpunkt stellen, Rollenverteilung, Verantwortlichkeiten, einzubringende Kompetenzen etc.). Es ist wichtig, dass die Leitung klar und regelmäßig das gemeinsame Ziel und die Bedeutung der Zusammenarbeit kommuniziert, dabei alle wertschätzend einbezieht. Wenn nicht im Vorfeld geschehen, sollte spätestens hier ein Teamentwicklungsworkshop geplant (besser bereits umgesetzt) werden.

(Fortsetzung)

Tab. 4.1 (Fortsetzung)

PHASE	Teamperspektive	Rolle der Führungskraft
STORMING (Konflikt)	Das eher vorsichtige Abtasten endet. Gruppenbelange treten in den Vordergrund. Zugleich entstehen Meinungsverschiedenheiten über Gruppenwerte und individuelle Sichtweisen sowie über die Aufgabe, die Ziele und Prozesse der Gruppe. Mitglieder versuchen, Unabhängigkeit von der Gruppe herzustellen (Autonomiestreben), wetteifern um die Kontrolle oder um Einfluss und suchen ihre Rolle in der Gruppe (Macht-/Kompetenzstreben). Persönlichkeitskonflikte, egoistisches Verhalten, Vorurteile treten zutage. Jedoch auch Unsicherheit, Motivationsverluste oder Rückzug können vorkommen. Die Teamleistung reduziert sich und die Aufgabe gerät mitunter aus dem Blickfeld. Zudem können sich Untergruppen (Koalitionen) bilden. Oft übernimmt man hier nur Verantwortung für sein Tätigkeitsfeld und lässt Auswirkungen auf das Team außer Acht. Dies ist eine kritische Phase, in der Gruppen durchaus auseinanderfallen bzw. scheitern können.	Auch – oder gerade – in dieser Phase muss die Führung Präsenz zeigen. Konflikte sollten weder nicht beachtet (bzw. dem Team überlassen) – noch allein durch die Führung gelöst werden. Daher sollte die Teamleitung die Richtung der gemeinsamen Zusammenarbeit regelmäßig betonen (stabil bleiben und Orientierung bieten sowie zielgerichtet Struktur und Normen anstreben, d. h. aktiv die Phase 3 angehen, Grüppchenbildung ansprechen und gegensteuern). Zugleich auch Verständnis für Meinungsverschiedenheiten, Ärger, Ängste, Unsicherheiten etc. zeigen (Verschiedenheit wertschätzen, aktives Zuhören häufig einsetzen, Empathie zeigen) und zur gemeinsamen Problemlösung einladen (siehe auch Hauser 2020). Bevor man sich ausschließlich auf die Leistung (Sachebene) konzentriert, müssen die zwischenmenschlichen Themen behandelt werden (Beziehungsebene, Regeln der Zusammenarbeit etc. klären). Dabei sollte auf den Ton/Umgang im Team geachtet werden. Parteilichkeit der Führung sollte vermieden werden (auf gleiche Behandlung aller Wert legen). Schließlich sollte die Teamleitung auf sich achten, da dies eine sehr belastende Phase für die Leitungskraft selbst sein kann (siehe auch Kap. 5).

(Fortsetzung)

Tab. 4.1 (Fortsetzung)

PHASE	Teamperspektive	Rolle der Führungskraft
NORMING (Kontrakt)	Die Art und Weise, die Aufgaben und Verantwortlichkeiten der anderen Teammitglieder werden zunehmend akzeptiert und mit dem eigenen Arbeitsbereich verbunden. Gruppengefühl und Zusammenhalt entwickeln sich zusehends (das Wir-Gefühl wächst), neue (auch implizite) Normen entstehen. Rollen und Verantwortungen werden angenommen und im Alltag gelebt. Im Bereich der Aufgabe werden vermehrt persönliche Meinungen geäußert. Die Ziel-/Zweckorientierung steigt. Die Zufriedenheit nimmt zu, die Auseinandersetzung mit Kritik wird offener, Schuldzuweisungen und starke Koalitionspole verschwinden. Motivation und Leistungsfähigkeit steigen.	An dieser Stelle kann sich die Führungskraft etwas zurücknehmen und das Team bei der Rollenfindung, Aufgabenverteilung und Normenerarbeitung mehr einbeziehen und unterstützen (den Rahmen vergrößern). Dabei sollten verschiedene Perspektiven bewusst herausgearbeitet werden, alle Mitglieder (nicht nur die „Lauten") sollten sich einbringen können. Empowerment und Partizipation sowie Motivation, Zufriedenheit und Zuversicht sind zentrale Themen der Führung. Kreativität und Innovation sollten stimuliert werden. Zugleich sollte weder der Überblick verloren gehen noch sollte man sich zu detailverliebt mit Prozessformulierungen (etc.) befassen. Interaktions- und Kommunikationsroutinen sowie Teamreflexionsprozesse müssen etabliert werden. Aufgabe und Teamwork werden gleichgewichtig im zentralen Blickpunkt des Teams verankert. Schnelle erste gemeinsame Erfolge müssen ausdrücklich anerkannt und gefeiert werden.

(Fortsetzung)

Tab. 4.1 (Fortsetzung)

PHASE	Teamperspektive	Rolle der Führungskraft
PERFORMING (Leistung)	Das Team (die zwischenmenschliche Struktur, Wir-Gefühl) wird zur Basis der Teamarbeit. Die Rollen werden flexibel und funktional ausgefüllt. Strukturelle Probleme wurden gelöst, Verantwortungsübernahme und Interaktions-/Kommunikationsprozesse funktionieren sehr gut. Motivation und Leistungsfähigkeit sowie Vertrauen, gegenseitige Anerkennung und Unterstützung befinden sich auf dem Höhepunkt. Alle bringen sich mit ihren jeweiligen Stärken zielgerichtet ein.	Die Führungskraft kann sich in der Leistungsphase stärker zurücknehmen und sollte nur eingreifen, wenn es wirklich erforderlich ist (jedoch nicht mit Laissez-faire-Führung verwechseln, sondern sich eher als Coach, Unterstützer*in, Entwicklungs-/Lernbegleiter*in verstehen). Leitung kann sich um Netzwerk-/Außenarbeit kümmern, das Team nach außen gut darstellen und weitere Ressourcen für das Team erschließen. Mikrokontrolle vermeiden (gleichwohl Leistungsentwicklung, Zielerreichung beachten und zurückmelden, Team inspirieren und stimulieren) sowie Selbstbestimmung stärken (Empowerment). Gleichzeitig Augen und Ohren offenhalten für unterschwellige Konflikte, Unzufriedenheiten, wachsender Group Think etc. Motivationale und die Zufriedenheit stärkende Interventionen einsetzen, Teamreflexionen sowie regelmäßige Teamentwicklungsmaßnahmen planen und umsetzen.

Tab. 4.2 Erkenntnisse zu Faktoren erfolgreicher Teamarbeit

Pela und Zimmermann 2019 *Erfolgsgeheimnis Team*	Rozovsky 2015 *Google Project*	Lencioni 2020 *Die 5 Dysfunktionen eines Teams überwinden*
• Psychologische Sicherheit • Klare Zielorientierung • Kommunikations-/ Feedbackkultur • Gute Teamführung	• Psychologische Sicherheit • Verlässlichkeit • Struktur (Prozesse) und Klarheit (Ziele und Rollen) • Sinn der Arbeit (individuelle Bedeutsamkeit) • Wirkung der Teamarbeit	• Vertrauen aufbauen • Konflikte bewältigen • Engagement erreichen (Klarheit und Zusammenarbeit) • Verantwortung übernehmen (gute Führung) • Auf Teamergebnisse konzentrieren

- Transaktives Memory-System (gemeinsame Wissensspeicherung und -nutzung)[69]
- Geteilte mentale Modelle (gemeinsam geteilte Vorstellungen)[70]

Auf Basis der vorherigen Bereiche kann man sich auf **4 Entwicklungsformen** für das Team konzentrieren (Lacerenza et al. 2018):

1) Teamtraining[71]
2) Teamführungstraining[72]
3) Teambildung[73]
4) Teamlernen (Diskussionen, Vor-/Nachbesprechungen, Supervision u. Ä.)

Es bieten sich vielfältige **Anlässe** für Entwicklungsmaßnahmen (Kauffeld und Schulte 2019, S. 222; siehe auch Hornstein 2020, S. 457 f.):

---

[69] U. a. von Wegner (1987) beschrieben. Ein entsprechender Austausch ist z. B. auch für das sogenannte Teamlernen bedeutsam (z. B. Koeslag-Kreunen et al. 2018).

[70] Z. B. über die Art und Weise, wie Aufgaben zu erledigen sind, Zusammenarbeit und Kommunikation gestaltet sowie Medien genutzt werden (z. B. Cannon-Bowers et al. 1993). Geteilte mentale Modelle wirken sich positiv auf viele Teamprozesse aus, wie z. B. Erleichterung von Anpassungsprozessen der Teammitglieder an neue Situationen, Verbesserung der Arbeitssituation, gesteigerte Teamleistung, bessere Koordinierung und Leistung bei virtuellen Teams (z. B. Happ et al. 2015). Gerade in den aktuellen Zeiten der Informationsflut können gut funktionierende Team-Wissens-Modelle die Qualität des Informationsflusses verbessern, Stress reduzieren und die Teamleistung optimieren (ebd.).

[71] Teamtraining definieren Shuffler et al. (2011, S. 368) als eine Reihe von theoretisch fundierten Strategien oder Unterrichtsprozessen, die auf wissenschaftlichen Erkenntnissen und der Praxis zur Gestaltung und Durchführung von Schulungen bzw. Trainings basieren, um das Verständnis und die Umsetzung angemessener Teamkompetenzen sicherzustellen. Es wird verwendet, um sowohl Störungen im Kontext der Teamarbeit zu beheben als auch, um Teams auf Teamarbeit bzw. besondere Aufgaben vorzubereiten.

[72] Führungskräftetrainings können verstanden werden als Maßnahmen bzw. Programme, Coaching/Mentorin etc., die systematisch entwickelt wurden, um das Wissen, die Fertigkeiten, die Fähigkeiten und/oder andere Komponenten von Führungskräften zu entwickeln und zu verbessern (Lacerenza et al. 2017, S. 1687).

[73] Teambuilding kann definiert werden als eine „Reihe von Strategien, die dazu dienen, zwischenmenschliche Beziehungen und soziale Interaktionen zu verbessern. Auch entwickelt, um das Erreichen von Ergebnissen, das Erreichen von Zielen und das Erledigen von Aufgaben zu verbessern. Wird verwendet, um Probleme zu lösen, die in Teams auftreten ..." (Shuffler et al. 2011, S. 368, übers. d. d. Autor*innen; siehe auch Salas et al. 2015).

- ein Team wird neu gebildet,
- dem Team fehlen Regeln oder Strukturen,
- das Team unterliegt negativen gruppendynamischen Prozessen,[74]
- es liegt ein im Vorfeld klar definiertes Problem vor,
- das Team arbeitet ineffektiv,
- die mangelnde Kommunikation zwischen Teammitgliedern führt zu Missverständnissen oder Konflikten,
- es mangelt an unterstützenden Techniken,
- das Team möchte zu den Besten gehören,
- persönliche positive Erfahrung mit Teamentwicklung,
- Führungskräfteentwicklung, die das Team mit in den Blickpunkt nimmt,
- der Abschluss eines Projekts,
- Teamkrisen oder
- eine Eskalation, sodass nichts mehr im Team geht.

Damit Sie als Führungskraft die Schwerpunkte der Teamentwicklung festlegen können, sollten Sie zu Beginn eine Analyse im (besser mit dem) Team durchführen (Hornstein 2020, S. 459 ff.; Lacerenza et al. 2018). Wir stellen Ihnen mit dem sogenannten Teamkulturradar nachfolgend eine Möglichkeit vor, die wir im Rahmen der Arbeit mit Teams nutzen.[75] Der Teamkulturradar beleuchtet verschiedene Facetten des Teamerfolgs:

- Psychologische Sicherheit/soziale Verbundenheit
- Strukturen, Prozesse sowie klare Ziele und Rollen

---

[74] Es gibt ausreichend Befunde, dass u. a. emotionale Intelligenz, soziale Sensibilität und prosoziales Verhalten trainierbar sind – alles sehr wichtige Teameigenschaften (Böckler et al. 2018; Riess und Neporent 2018; Baumanns et al. 2016, S. 26 f.; Singer und Bolz 2013).

[75] Selbstverständlich gibt es vielfältige Fragebögen und standardisierte Testverfahren, wie z. B. act4teams (Kauffeld et al. 2009), das Instrument zur Codierung von Diskussionen (IKD) von Schermuly und Scholl (2012), der Fragebogen zur Arbeit im Team (FAT; Kauffeld 2004), Team-Arbeit-Kontext-Analyse-Inventar (TAKAI; Hagemann 2011), Fragen zur Psychologischen Sicherheit (Edmondson 2020), zum Thema Vertrauen, z. B. das Leadership Trust Inventory (de Jonge und Scherm 2015), Fragen zur gesunden und leistungsförderlichen Führung im Team (Häfner et al. 2019, S. 185 ff.), Fragebogen zur Messung des Teamgeistes in multiprofessionellen Teams (Philipp 2019), Analyse und Entwicklung der Teamkultur (Schweickhardt 2018) oder Analyse und Impulse zur Verbesserung von Identifikation und Commitment in Teams (van Dick 2017) sowie die Analyse der 5 Dysfunktionen im Team n. Lencioni (2020, S. 126 f.).

- Kommunikations-/Feedbackkultur, Vernetzung nach innen und außen
- Bedeutsamkeit, Innovations-/Kundenorientierung sowie Flexibilität
- Verantwortung, kollektive Resultatorientierung
- Autonomie-/Kompetenzunterstützung
- Teamführung[76]

Ein Auszug des von uns genutzten Fragenkatalogs stellen wir nachfolgend vor:[77]

- Ich bin insgesamt sehr zufrieden hier im Team (ich fühle mich dem Team verbunden; wir halten zusammen, unterstützen uns und leisten gute Arbeit; ich bin froh hier zu sein).
- Wenn ich im Team einen Fehler mache, wird mir das nicht übelgenommen.
- Wir begegnen uns gegenseitig mit Respekt, schätzen die Vielfalt der Kompetenzen, geben uns gegenseitig Feedback: Die Zusammenarbeit ist konstruktiv und vertrauensvoll.
- Wenn meine Kollegen sagen, dass sie etwas tun, halten sie sich auch daran.
- Teammeetings sind gut vorbereitet, werden ergebnisorientiert geführt. Wir können unsere Ideen mit einbringen.
- Probleme/Konflikte im Team werden offen und sachlich angesprochen. Insgesamt ist die Kommunikation im Team klar und wertschätzend.
- Ich fühle mich für meine Tätigkeit ausreichend kompetent und trage eine angemessene Verantwortung. Ich identifiziere mich mit meiner Tätigkeit.
- Es sind gute Weiterentwicklungsmöglichkeiten vorhanden (individuelle und teamorientierte Reflexions-, Lern-, Entwicklungsmöglichkeiten).
- Ich habe ausreichend Gestaltungsfreiheit (Autonomie) und kann mich und meine Ideen im Team gut einbringen – meine Meinung zählt (Partizipation).

---

[76] Zu Fragen der Führung können Sie sich auch an den in Kap. 1, 2 oder 3 dargestellten Fragebögen orientieren.

[77] Wir nutzen eine 6-stufige Skala: (1) trifft überhaupt nicht zu, (2) trifft selten zu, (3) trifft mehr oder weniger zu, (4) trifft eher zu, (5) trifft zu, (6) trifft sehr zu. Sie können, um einen doppelten Blick zu erhalten, die Frage einmal der Person stellen, die den Fragebogen erhält und zugleich diese Person fragen, wie sie das bei den anderen Teammitgliedern im Durchschnitt einschätzt, z. B.: „Strategie, Ziele, Prozesse und Verantwortlichkeiten im Team sind mir insgesamt klar; Strategie, Ziele, Prozesse und Verantwortlichkeiten sind insgesamt allen im Team klar". Je, welchen Bereich Sie ggf. auch vertiefen möchten, können Sie aus dieser Frage auch 4 individuelle Fragen machen und die Aspekte Strategie, Ziele, Prozesse und Verantwortung einzeln abfragen. Dieses Vorgehen kann zum Teil auch bei den anderen Fragen genutzt werden. Oft setzen wir ein Spinnennetzdiagramm als Visualisierungshilfe ein (siehe z. B. Goetz und Reinhardt 2017, S. 24 f.).

- Wir haben einen guten, strukturierten Entscheidungsprozess.
- Entscheidungen im Team bzw. der Führung werden transparent, klar und nachvollziehbar kommuniziert (das ‚Warum?‘ wird erklärt).
- Strategie, Ziele, Prozesse und Verantwortlichkeiten (Zuständigkeiten, Regeln und Rollen) im Team sind mir insgesamt klar.
- Ich identifiziere mich mit den zentralen Zielen, der Strategie und der generellen Arbeitsweise im Team. Das, was ich beitrage, macht Sinn.
- Wir bieten (z. B. unseren Kunden/Klienten) sehr gute Lösungen mit hoher Qualität. Unser Angebot fühlt sich richtig an. Ich stehe dahinter.
- Wir agieren vorausschauend bzw. reagieren flexibel auf Anforderungen – ohne unsere zentralen Aufgaben dauerhaft zu vernachlässigen (agil und stabil; Veränderungskompetenz).
- Die teamübergreifende Zusammenarbeit funktioniert (Vernetzung nach innen und außen).
- Wir beschäftigen uns intensiv mit den Bedürfnissen unserer Kunden/Klienten und entwickeln uns und unsere Angebote dadurch weiter (Kundenorientierung und Teamlernen).
- Meine Führungskraft ist fair und konsistent in Wort und Tat – ich kann ihr vertrauen.
- Meine Leitung weiß genau, was ich benötige, um gute Arbeit leisten zu können.
- Meine Leitung weiß genau, wie sie mich loben und kritisieren kann (soll).

Wir haben in der Einleitung zur Teamentwicklung auf die Studie von McEwan et al. (2017) hingewiesen, die 3 zentrale Maßnahmenempfehlungen geben: interaktive Workshops, Simulationstrainings, Teamreflexionen. Lacerenza et al. (2018) vertiefen dies, indem sie, neben allgemeinen Hinweisen, noch weitere Aspekte für Teamtrainings betonen, die wir hier mit ergänzenden Impulsen vorstellen:[78]

- **Allgemeine Trainingshinweise**:
  - Verwenden Sie mehrere und vor allem effektive Schulungsmethoden (z. B. Kombination aus Information, Demonstration, Übung, Feedback; nutzen Sie viele interaktive Elemente, die sich nah an der Realität orientieren).
  - Führen Sie zu Beginn eine Bedarfsanalyse durch.[79]

---

[78] Siehe auch Unger und Sann 2020; Salas et al. 2015. Zur Vorbereitung, Durchführung, Transfersicherung und Evaluation siehe vertiefend Hornstein 2020, S. 459 ff.

[79] Vertiefend z. B. Unger und Sann 2020a.

- Geben Sie diagnostisches Feedback (siehe Kap. 3).
- Stellen Sie sicher, dass die Erwartungen der Beteiligten mit den Zielen der Schulung übereinstimmen (dies erfahren Sie am besten in dialogischen Verfahren).
- Schaffen Sie lernförderliche Arbeitsumgebungen, damit die gelernten Inhalte tatsächlich praktisch eingesetzt werden können (bzw. müssen).[80]
- **Führungstraining** für Teamleitungen[81]
  - Soft Skills (d. h. sozial-kommunikative, intrapersonelle und spezifische Führungskompetenzen) ansprechen, um das Teamwork der Teammitglieder zu verbessern.
  - Schulung von Führungsstilen in Bezug auf die Förderung der Teamarbeit (z. B. transformationale Führung, empowermentorientierte Führung, Selbstbestimmungstheorie n. Deci und Ryan, Servant und Shared Leadership, gesundheitsorientierte Führung …).
  - Entwickeln Sie Führungsfähigkeiten in Bezug auf das Teammanagement (z. B. aufgabenorientierte Führungsthemen, Management der Arbeitsbelastung im Team …).
  - Evaluieren Sie regelmäßig die aufgaben-/beziehungsorientierten Inhalte der Workshops.
- **Teamtraining**
  - Setzen Sie Trainingsziele v. a. auf Teamebene.
  - Evaluieren Sie Teamprozesse (z. B. Kommunikation) und Ergebnisse (z. B. Leistung), um das Training zu bewerten.
  - Achten Sie auf den Erhalt wie die Förderung der psychologischen Sicherheit während des Trainings.
- **Teambuilding**
  - Klären Sie vorab konkret die Bedürfnisse des Teams, um herauszufinden, welche Komponenten (z. B. Problemlösung, zwischenmenschliches Beziehungsmanagement, Zielsetzung oder Rollenklärung) für die Verbesserung des Teams am nötigsten sind.
  - Integrieren Sie Diskussionen und Übungen, die es dem Team ermöglichen, selbst Themen-/Problemstellungen zu erkennen, die ihre Effektivität beeinträchtigen können.

---

[80] **Lernförderliche Arbeitsumgebungen** bzw. die **das Lernen unterstützende Führung** sind mit die bedeutendsten Hebel für die Umsetzung von Workshops und für nachhaltigen Trainingserfolg (z. B. Unger und Sann 2020; Richter et al. 2020; Hughes et al. 2019; Hughes 2018; Bürgle 2018; Massenberg et al. 2017).

[81] Zu Führungskräfteentwicklung siehe auch Lacerenza et al. 2017.

- Leiten Sie das Team an, *konkrete* Aktionspläne/Vereinbarungen und Verantwortlichkeiten zu entwickeln.
- Behalten Sie die Pläne/Vereinbarungen im Blick, um die Verantwortlichkeit aufrechtzuerhalten und das Thema nachhaltig zu verankern (dies kann bis zu 12 Monate dauern).

- **Teamlernen und Teambesprechung/-reflexion**
  - Achten Sie darauf, dass ein psychologisch sicheres Teamklima herrscht.
  - Wenn möglich, setzen Sie eine*n geschulte*n Moderator*in ein (bei größeren Besprechungen, Reflexionen, Workshops etc.).
  - Sorgen Sie für eine ausreichende Strukturierung der Besprechung/Reflexion (Tagesordnung, Ablauf, Zeitschiene etc.) sowie für Möglichkeiten, dass sich alle miteinbringen können (dialogische Besprechungskultur).
  - Konzentrieren Sie sich auf leistungs- und teamarbeitsbezogene Kategorien, anstatt die Ereignisse chronologisch zu besprechen oder in der Gruppe „nur ins Erzählen zu kommen" (bzw. dort zu verharren).
  - Diskutieren Sie (vor allem) positive, aber auch negative Beispiele von Verhalten/Ereignissen und erarbeiten Sie gemeinsam, wie Sie Positives erhalten und stärken können und wie Sie mit problematischen Situationen künftig besser umgehen können (was das Team aus Fehlern lernen kann).
  - Dokumentieren Sie Schlussfolgerungen sowie getroffene Vereinbarungen und bleiben Sie hinsichtlich Verantwortlichkeiten, Umsetzungen etc. als Führungskraft am Thema dran.

Verschiedene Befunde zeigen, dass sich die zeitlichen, wie finanziellen Investitionen in Teamentwicklungsmaßnahmen auszahlen und Teammitglieder zufriedener sind sowie leistungsfähiger zusammenarbeiten (z. B. Lacerenza et al. 2018; Marlow et al. 2018; McEwan et al. 2017; De Jong et al. 2016; Salas et al. 2015; Delise et al. 2010; Klein et al. 2009).

Impulse für die Praxis

- Erfolgreiche Teamarbeit benötigt vor allem eine gemeinsame Aufgabe (Teamziele), klare Strukturen und Verantwortlichkeiten sowie eine gut abgestimmte, vertrauensvolle Zusammenarbeit (Teamwork). Der Teambegriff betont (im Vergleich zur Arbeitsgruppe) noch stärker das „Wir-Gefühl". So verstanden sind (echte) Teams noch zielfokussierter und leistungsorientierter, die Teammitglieder arbeiten gerne zusammen, man teilt (so gut es geht) sein individuelles Wissen, steuert zielgerichtet seine

Fertigkeiten und Fähigkeiten bei und unterstützt sich gegenseitig. Zugleich sind die Teammitglieder in der Lage, sich (im Sinne des Teams / der Teamziele) zurückzunehmen, sich gegenseitig zu vertrauen, offen ehrliche Rückmeldungen zu geben und mit Fehlern und Kritik konstruktiv umzugehen.

- Die Teamfähigkeit der Mitglieder eines Teams ist dabei ein entscheidender Gelingensfaktor. Eigenschaften wie Zuverlässigkeit, Organisationsfähigkeit, Verträglichkeit, Gewissenhaftigkeit und sozial-kommunikative Kompetenzen sind besonders wichtig.
- Neben Teamzielen, Teamzusammensetzung und guter Teamkommunikation/Teamzusammenhalt sind es vor allem die psychologische Sicherheit sowie die Teamführung, die einen spürbaren Unterschied hinsichtlich des Teamerfolgs ausmachen.
- Eine positive (i. S. v. qualitativ hochwertige) Beziehung zwischen Führungskraft und Mitarbeitenden wie auch der Teammitglieder untereinander sowie gute sozial-emotionale Kompetenzen aller Beteiligten (Teamempathie) haben entscheidenden Einfluss auf die Entstehung des Sicherheits-/Zusammenhaltgefühls und eines leistungsfähigen Teams.
- Teams entwickeln sich. Die Führungskraft muss eine gute Resonanzfähigkeit besitzen, wo das Team insgesamt, aber wo auch jedes einzelne Teammitglied steht. Dies geht am besten, wenn die Führungskraft nah am Team ist (ohne ‚überkontrollierend' zu werden) und regelmäßige, dialogische Kommunikation stattfindet. Daraus ergeben sich dann teamorientierte und individuelle Führungsimplikationen.
- Die Organisation insgesamt wie die jeweilige Teamleitung sollten die Teams dabei unterstützen, in der Verantwortungsübernahme und Selbstständigkeit zu wachsen - zugleich darauf achten, dass Rahmen und Raum in einem für das Team angemessenen Verhältnis stehen. Dafür können 3 Stufen der Teamführung Orientierung bieten:
  - Stufe 1: Teamwork ermöglichen – als Basis erfolgreicher Teamführung
  - Stufe 2: Selbstbestimmung und Selbstwirksamkeit stärken
  - Stufe 3: Selbststeuerung und Selbstständigkeit fördern
- Teamentwicklungsmaßnahmen bieten vielfältige Ansätze, um die Leistung und den Zusammenhalt des Teams zu stärken. Verschiedene Angebote sollten mehrmals im Jahr stattfinden. Dabei sind die Maßnahmen so zu gestalten, dass sie insbesondere interaktive und praxisrelevante Elemente beinhalten (so können z.B. folgende Fragen im Team diskutiert werden: „Was können wir im Team tun, um unsere Leistung und unsere

Teamkultur zu verbessern?"; „Was oder wer fehlt in unserem Team?";
„Welche Rahmenbedingungen können unsere Teamarbeit noch besser
unterstützen?"). Eine lernförderliche Arbeitsumgebung (ob dies tatsächlich so ist, können nur die Teammitglieder selbst einschätzen) und ein
klares Lerntransferkonzept sind Grundbedingungen für eine nachhaltige
praktische Umsetzung.

- Gleich in welchem Team sie arbeiten: Fördern Sie täglich das Bewusstsein der Teammitglieder, gut darauf zu achten, wer welche Stärke ins
  Team einbringen kann sowie eine Haltung aller Teammitglieder, die
  Verschiedenheit (und zugleich Einzigartigkeit) der Teammitglieder ausdrücklich anerkennt, wertschätzt und zielgerichtet nutzt (die Führungskraft übernimmt hierbei tagtäglich Vorbildfunktion).

Kritisch nachgefragt

- Welche Gründe sprechen angesichts der aktuellen Entwicklung der
  Arbeitswelt aus Sicht von Organisationen für den Einsatz von Teams?
- Welche persönlichen Gründe haben Menschen, um in Teams zu arbeiten?
- Ihre Entscheidung: Wann würden Sie eher auf Teamarbeit setzen – wann
  eher nicht?
- Nennen Sie einige Rollen, die in Teams vorkommen können. Erkennen
  Sie einige davon in Ihrem Team? Wenn ja, woran konkret?
- Welche Eigenschaften und Verhaltensweisen von Teammitgliedern
  fördern deren Teamfähigkeit sowie das Teamwork?
- Diskutieren Sie die Bedeutung von Teamzielen und Team-Kohäsion als
  Basis erfolgreicher Teamleistung. Welche (förderliche wie hinderliche)
  Rolle kann hierbei das Phänomen des Group Think spielen?
- Wo liegen die Vorteile von homogenen Teams – wo die von heterogenen
  Teams? Wo sehen Sie Grenzen der jeweiligen Teamform?
- Was verstehen Sie unter Teamreflexivität? Weshalb ist diese für
  gelingende Teamarbeit so essenziell?
- Nennen Sie einige zentrale Aspekte (erfolgskritische Faktoren) für
  gelingendes Teamwork nach Salas et al. 2015.
- Welche besonderen (weiteren) Führungsaufgaben kommen auf
  Führungskräfte im Kontext der Teamführung zu (im Vergleich zur
  individuellen Mitarbeitendenführung)?

- Beschreiben Sie das Führungskonzept des Servant Leadership. Weshalb ist dies gerade im Rahmen der Teamführung von Interesse?
- Was versteht man im Rahmen der Führung von Teams unter Shared Leadership? Wo liegen die Chancen – wo mögliche Grenzen bzw. Gefahren bei diesem Ansatz?
- Erläutern Sie den Begriff der Psychologischen Sicherheit: Weshalb ist dieses Konzept so bedeutend für erfolgreiche Teamarbeit und was bedeutet dies für die Führungskraft?
- Beschreiben Sie die „Phasen der Teamentwicklung nach Tuckman (1965)" und skizzieren Sie jeweils kurz die besonderen Herausforderungen für die Teamleitung.
- Was versteht man unter Teamentwicklungsmaßnahmen?
- Welche Arten von Teaminterventionen kennen Sie?
- Auf welche Teamkompetenzen für erfolgreiche Teamarbeit (n. Salas et al. 2009) sollten Sie sich im Rahmen der Konzeption von Teamentwicklungsinterventionen konzentrieren?
- Was können Sie zu Wirkung von Teamentwicklungsmaßnahmen sagen: Worauf sollten Sie als verantwortliche Person besonders bei der Planung und Durchführung achten?

Literatur

Akhmad, M., Chang, S., & Deguchi, H. (2020). Closed-mindedness and insulation in groupthink: their effects and the devil's advocacy as a preventive measure. *Journal of Computational Social Science.* https://doi.org/10.1007/s42001-020-00083-8.

Antoni, C. (2020). Gruppenarbeitskonzepte. In L. von Rosenstiel, E. Regnet, & M. E. Domsch, *Führung von Mitarbeitern. Handbuch für erfolgreiches Personalmanagement* (S. 425–436). Stuttgart: Schäffer-Poeschel Verlag.

Apestegula, J., Azmat, G., & Iriberri, N. (2012). The impact of gender composition on team performance and decision making: Evidence from the field. *Management Science, 58 (1)*, S. 78–93.

Arnold, R. (2012). *Wie man lehrt, ohne zu belehren. 29 Regeln für eine kluge Lehre. Das LENA-Modell.* Heidelberg: Carl-Auer.

Aubé, C., Rousseau, V., & Tremblay, S. (2011). Team size and quality of group experience: The more the merrier? *Group Dynamics: Theory, Research, and Practice, 15 (4)*, S. 357–375.

Bassett-Jones, N. (2005). The Paradox of Diversity Management, Creativity and Innovation. *Creativity and Innovation Management, 14*, S. 169–175.

Baumanns, M., Bidmon, C., Sandhu, P. E., Leipprand, T., & Triebel, O. M. (2016). Die Haltung entscheidet: Neue Führungspraxis für eine digitale Welt. *Supervision 2*, S. 24–33.

Becker, F. (2016). *Teamarbeit, Teampsychologie, Teamentwicklung: So führen Sie Teams!* Berlin, Heidelberg: Springer Verlag.

Becker, F. (2019). *Mitarbeiter wirksam motivieren*. Berlin, Heidelberg: Springer Verlag.

Behrend, P., & Alves, S. (2015). Erfolg als Führungskraft: Drei relevante Verhaltensstrategien. *Wirtschaftspsychologie aktuell 1/2015*, S. 21–26.

Belbin, R. M. (1993). *Team roles at work*. Oxford: Butterworth-Heinemann.

Blair, C. A., Thompson, L. F., & Wuensch, K. L. (2005). Electronic helping behavior: The virtual presence of others makes a difference. *Basic and Applied Social Psychology, 27*, S. 171–178.

Blessin, B., & Wick, A. (2017). *Führen und führen lassen*. Konstanz und München: UVK Verlagsgesellschaft mbH.

Böckler, A., Tusche, A., Schmidt, P., & Singer, T. (2018). Distinct mental trainings differentially affect altruistically motivated, norm motivated, and self-reported prosocial behavior . *Scientific Reports, 8, 13560, DOI:* https://doi.org/10.1038/s41598-018-31813-8.

Braun, S., Peus, C., Weisweiler, S., & Frey, D. (2013). Transformational leadership, job satisfaction, and team performance: A multilevel mediation model of trust. *The Leadership Quarterly, 24 (1)*, S. 270–283.

Bürgle, N. (2018). *Zum einen Ohr herein, zum anderen wieder hinaus? – Vier Maßnahmen für einen verbesserten Lerntransfer.* Von F. C. Brodbeck (Hrsg.), Evidenzbasierte Wirtschaftspsychologie, (24). Ludwig-Maximilians-Universität München: http://www.evidenzbasiertesmanagement.de am 10.01.2021 abgerufen

Burke, C. S., Stagl, K. C., Klein, C., Goodwin, G. F., Salas, E., & Halpin, S. M. (2006). What type of leadership behaviors are functional in teams? A meta-analysis. *The leadership quarterly, 17 (3)*, S. 288–307.

Busch, M. W. (2015). *Management und Dynamik teambezogener Lernprozesse.* München: Rainer Hamp Verlag.

Cannon-Bowers, J. A., Salas, E., & Converse, S. A. (1993). Shared Mental Models in Expert Team Decision-Making. In N. J. Castellan Jr., *Individual and Group Decision Making* (S. 221–246). Hillsdale: Lawrence Erlbaum.

Carvalho, J. S., & Mansur, J. (2020). Exploring shared leadership in public organizations: evidence from the educational arena. *Revista de Administração Pública, 54 (3)*, S. 524–544.

Cerit, Y. (2009). The effects of servant leadership behaviours of school principals on teachers' job satisfaction. *Educational Management Administration & Leadership, 37*, S. 600–623.

Chiniara, M., & Bentein, K. (2018). The servant leadership advantage: When perceiving low differentiation in leader-member relationship quality influences team cohesion, team task performance and service OCB. *The Leadership Quarterly, 29*, S. 333–345.

Ciulla, J. (2014). *Ethics, the heart of leadership*. Santa Barbara, California: Praeger.

Clark, T. R. (2020). *The 4 Stages of Psychological Safety: Defining the Path to Inclusion and Innovation*. Oakland: Berrett-Koehler Publishers.

Clifton, J., & Harter, J. (2019). *It's the Manager.* New York: Gallup.

De Jong, B. A., Dirks, K. T., & Gillespie, N. (2016). Trust and Team Performance: A Meta-analysis of Main Effects, Moderators, and Covariates. *Journal of Applied Psychology, 101 (8)*, S. 1134–1150.

De Jonge, J., & Scherm, M. (2015). Führung und Vertrauen – Konzepte und neue Befunde. In J. Felfe, *Trends der psychologischen Führungsforschung. Neue Konzepte, Methoden und Erkenntnisse* (S. 203–212). Göttingen: Hogrefe.

DeChurch, L. A., & Mesmer-Magnus, J. R. (2010). The cognitive underpinning of effective teamwork: a meta-analysis. *Journal of Applied Psychology, 93*, S. 32–53.

Deci, E. L., & Ryan, R. M. (2015). The Importance of Universal Psychological Needs for Understanding Motivation in the Workplace. In M. Gagné, *The Oxford Handbook of Work Engagement, Motivation, and Self-Determination Theory* (S. 13–32). New York: Oxford University Press.

Delise, L. A., Gorman, C. A., Brooks, A. M., Rentsch, J. R., & Steele-Johnson, D. (2010). The effects of team training on team outcomes: A meta-analysis. *Performance Improvement Quarterly, 22 (4)*, S. 53–80.

Dicke, R., Roghé, F., & Strack, R. (2012). Spielräume statt Regeln. Was überdurchschnittlich erfolgreiche Unternehmen auszeichnet. *ZFO - Zeitschrift Führung + Organisation, 81 (1)*, S. 51–57.

Dixon-Fyle, S., Dolan, K., Hunt, V., & Prince, S. (2020). *Diversity Wins: How Inclusion Matters.* Von McKinsey & Company, May 19, 2020: https://www.mckinsey.com/featured-insights/diversity-and-inclusion/diversity-wins-how-inclusion-matters; am 28.12.2020 abgerufen

Dunst, C. J., Bruder, M. B., Hamby, D. W., Howse, R., & Wilkie, H. (2018). Meta-analysis of the relationships between Different Leadership Practices and Organizational, Teaming, Leader, and Employee Outcomes. *Journal of International Education and Leadership, 8 (2).*

Ebner, M. (2019). *Positive Leadership. Erfolgreich führen mit PERMA-Lead: die fünf Schlüssel zur High Performance.* Wien: Facultas AG.

Edmondson, A. C. (2018). *The Fearless Organization: Creating Psychological Safety in the Workplace for Learning, Innovation, and Growth.* Hoboken, NJ: Wiley.

Edmondson, A. C. (2020). *Die angstfreie Organisation: Wie Sie psychologische Sicherheit am Arbeitsplatz für mehr Entwicklung, Lernen und Innovation schaffen.* München: Vahlen.

Edmondson, A. C., & Lei, Z. (2014). Psychological safety: The history, renaissance, and future of an interpersonal construct. *Annual Review of Organizational Psychology and Organizational Behavior, 1 (1)*, S. 23–43.

Endres, S., & Weibler, J. (2019). *Plural Leadership: Eine zukunftsweisende Alternative zur One-Man-Show.* Wiesbaden: Springer Fachmedien.

Espinoza, P., Peduzzi, M., Agreli, H. F., & Sutherland, M. A. (2018). Interprofessional team member's satisfaction: a mixed methods study of a Chilean hospital. *Human Resources for Health 16 (30)*, https://doi.org/10.1186/s12960-018-0290-z.

Eswaran, V. (2019). *The Business Case for Diversity Is Now Overwhelming.* Von World Economic Forum, April 29, 2019: https://www.weforum.org/agenda/2019/04/business-case-for-diversity-in-the-workplace/ am 28.12.2020 abgerufen

Eva, N., Robin, M., Sendjaya, S., van Dierendonck, D., & Liden, R. C. (2019). Servant Leadership: A systematic review and call for future research. *The Leadership Quarterly, 30 (1)*, S. 111–132.

Fisher, S. G., Hunter, A. T., & Macrosson, W. D. (1998). The Structure of Belbin´s Team Roles. *Journal of Occupational and Organizational Psychology, 71 (3)*, S. 283–288.

Franken, S. (2019). *Verhaltensorientierte Führung. Handeln, Lernen und Diversity in Unternehmen, 4., vollständig überarbeitete Auflage.* Wiesbaden: Springer Fachmedien.

Frazier, M. L., Fainshmidt, S., Klinger, R. L., Pezeshkan, A., & Vracheva, V. (2017). Psychological Safety: A Meta-Analytic Review and Extension . *Personnel Psychology, 70*, S. 113–165.

Fredrickson, B. L., & Losada, M. F. (2005). Positive Affect and the Complex Dynamics of Human Flourishing. *American Psychologist, 60 (7)*, S. 678–686.

Frey, D., & Schmalzried, L. (2013). *Philosophie der Führung. Gute Führung lernen von Kant, Aristoteles, Popper & Co.* Berlin, Heidelberg : Springer Verlag.

Friedl, A., Pondorfer, A., & Schmidt, U. (2020). Gender differences in social risk taking. *Journal of Economic Psychology 77, Art. 102182.*

Galesic, M., Barkoczi, D., & Katsikopoulos, K. (2018). Smaller crowds outperform larger crowds and individuals in realistic task conditions. *Decision, 5 (1)*, S. 1–15.

Galinsky, A. D., Todd, A. R., Homan, A. C., Phillips, K. W., Apfelbaum, E. P., Sasaki, S. J., Richeson, J. A., Olayon, J. B., & Maddux, W. W. (2015). Maximizing the Gains and Minimizing the Pains of Diversity: A Policy Perspective. *Perspectives on Psychological Science, 10 (6)*, S. 742–748.

Gernadt, N., Schnitzer, M., & Viete, S. (2020). Räumliche Flexibilisierung durch zunehmende Homeoffice-Nutzung. *Wirtschaftsdienst 100. Jahrgang, 2020, Heft 9*, S. 661–666.

Giersiepen, A., Wanzel, S., & Schulz-Hardt, S. (2017). Entscheidungsprozesse in Gruppen. In H. W. Bierhoff, & D. Frey, *Kommunikation, Interaktion und soziale Gruppenprozesse. Enzyklopädie der Psychologie* (S. 635–665). Göttingen: Hogrefe.

Gilbert, S. L., & Kelloway, E. K. (2015). Leadership. In M. Gagné, *The Oxford handbook of work engagement, motivation, and self-determination theory* (S. 181–198). Oxford: Oxford University Press.

Goetz, D., & Reinhardt, E. (2017). *Führung: Feedback auf Augenhöhe. Wie Sie Ihre Mitarbeiter erreichen und klare Ansagen mit Wertschätzung verbinden .* Wiesbaden: Springer Fachmedien.

Goller, I., & Laufer, T. (2018). *Psychologische Sicherheit in Unternehmen. Wie Hochleistungsteams wirklich funktionieren.* Wiesbaden: Springer Fachmedien.

Graf, N., Rascher, S., & Schmutte, A. M. (2020). *Teamlead – Führung 4.0. So führen Sie Teams synergetisch zu Höchstleistungen.* Wiesbaden: Springer Fachmedien.

Greenleaf, R. K. (1998). *The power of servant-leadership.* San Francisco, CA: Berrett-Koehler.

Hackl, B., & Gerpott, F. (2015). The relationship of ethical leadership, Co-worker support, job satisfaction and team performance. *Academy of Management Annual Meeting Proceedings, 2015 (1)*, 11688.

Hackman, J. R., & Oldham, G. R. (1980). *Work redesign.* Reading, MA: Addison-Wesley.

Häfner, A., Pinneker, L., & Hartmann-Pinneker, J. (2019). *Gesunde Führung. Gesundheit, Motivation und Leistung fördern.* Berlin, Heidelberg: Springer Verlag.

Hagemann, V. (2011). *Trainingsentwicklung für High Responsibility Teams – Eine systematische Analyse von High Responsibility Team-Arbeitskontexten und Ableitung der High Responsibility Teamspezifischen kritischen Situationen sowie der Trainingsziele mit anschließender...* Lengerich: Pabst Verlag.

Happ, C., Rack, O., Gurtner, A., & Ellwart, T. (2015). Die Kraft mentaler Modelle: Informationsüberflutung in Teams besiegen. *PERSONALquarterly 04/15*, S. 44–51.

Hasebrook, J., & Hackl, B. (2020). Starke Führung, starke Teams. *Personalmagazin 02.20*, S. 79–81.

Hasebrook, J., Hackl, B., & Rodde, S. (2020). *Team-Mind und Teamleistung. Teamarbeit zwischen Managementmärchen und Arbeitswirklichkeit.* Berlin, Heidelberg: Springer Verlag.

Hatfield, S., & Winkler, K. (2020). Agiles Arbeiten und Führen. In L. v. Rosenstiel, E. Regnet, & M. E. Domsch, *Führung von Mitarbeitern. Handbuch für erfolgreiches Personalmanagement* (S. 747–759). Stuttgart: Schäffer-Poeschel Verlag.

Hauser, B. (2020). Konflikte in und zwischen Gruppen. In L. v. Rosenstiel, E. Regnet, & M. E. Domsch, *Führung von Mitarbeitern. Handbuch für erfolgreiches Personalmanagement* (S. 437–453). Stuttgart: Schäffer-Poeschel Verlag.

Hauser, F., Schubert, A., Aicher, M., Fischer, L., Wegera, K., Erne, C., & Böth, I. (2008). *Unternehmenskultur, Arbeitsqualität und Mitarbeiterengagement in den Unternehmen in Deutschland. Ein Forschungsprojekt des BMAS.* Berlin: Bundesministeriums für Arbeit und Soziales.

Henn, A. (2020). Effektive Reanimation durch richtige Kommunikation. *intensiv 28*, S. 68–72.

Herre, C., Klumb, P. L., & Schaffner, J. (2019). One Best Way? Leader Behavior and Different Aspects of Team Performance. *Zeitschrift für Arbeits- und Organisationspsychologie, 63 (1)*, S. 32–47.

Hertel, G., & Hüffmeier, J. (2014). Teamarbeit: Wirkmechanismen und Rahmenbedingungen. In H. Schuler, & K. Moser, *Lehrbuch Organisationspsychologie* (S. 221–262). Bern: Huber.

Hoch, J., Bommer, W. H., Dulebohn, J. H., & Wu, D. (2018). Do ethical, authentic, and servant leadership explain variance above and beyond transformational leadership? A meta-analysis. *Journal of Management, 44*, S. 501–529.

Hofert, S., & Visbal, T. (2015). *Die Teambibel. Das Praxisbuch für erfolgreiche Teamarbeit.* Offenbach: GABAL Verlag.

Hofhuis, J., van der Rijt, P. G., & Vlug, M. (2016). Diversity climate enhances work outcomes through trust and openness in workgroup communication. *SpringerPlus 5, 714*, https://doi.org/10.1186/s40064-016-2499-4.

Hofmann, L. M., & Regnet, E. (2020). Digitale Führung und Zusammenarbeit in virtuellen Strukturen. In L. v. Rosenstiel, E. Regnet, & M. E. Domsch, *Führung von Mitarbeitern. Handbuch für erfolgreiches Personalmanagement* (S. 761–777). Stuttgart: Schäffer-Poeschel Verlag.

Homan, A. C. (2019). Dealing with Diversity in Workgroups: Preventing Problems and Promoting Potential. *Social and Personality Psychology Compass, 13 (5)*, https://doi.org/10.1111/spc3.12465.

Homan, A. C., Gündemir, S., Buengeler, C., & van Kleef, G. A. (2020). Leading diversity: Towards a theory of functional leadership in diverse teams. *Journal of Applied Psychology, 105 (10)*, S. 1101–1128.

Hornstein, E. v. (2020). Qualifikation für Gruppenarbeit: Teamentwicklungstraining. In L. v. Rosenstiel, E. Regnet, & M. E. Domsch, *Führung von Mitarbeitern. Handbuch für erfolgreiches Personalmanagement* (S. 455–468). Stuttgart: Schäffer-Poeschel Verlag.

Huettermann, H., Doering, S., & Boerner, S. (2017). Understanding the Development of Team Identification: A Qualitative Study in UN Peacebuilding Teams. *Journal of Business and Psychology, 32*, S. 217–234.

Hughes, A. M. (2018). A checklist for facilitating training transfer in organizations. *Journal of Training and Development, 22 (4)*, S. 334–345.

Hughes, A. M., Zajac, S., & Salas, E. (2019). The Role of Work Environment in Training Sustainment: A Meta-Analysis. *Human Factors. The Journal of the Human Factors and Ergonomics Society*, S. 1–18; DOI: https://doi.org/10.1177/0018720819845988.

Hunt, V., Layton, D., & Prince, S. (2015). *Why diversity matters.* Von https://www.mckinsey.com/business-functions/organization/our-insights/why-diversity-matters am 28.12.2020 abgerufen

Jaffé, M. E., Rudert, S. C., & Greifeneder, R. (2019). You should go for diversity, but I'd rather stay with similar others: Social distance modulates the preference for diversity. *Journal of Experimental Social Psychology, 85, 103881.*

Janis, I. (1991). Groupthink. In E. Griffin, *A first look at communication theory* (S. 235–246). New York: McGrawHill.

Jones, A. (2019). The Tuckman's Model Implementation, Effect, and Analysis & the New Development of Jones LSI Model on a Small Group. *Journal of Management, 6 (4)*, S. 23–28.

Jöns, I. (2015). *Erfolgreiche Gruppenarbeit: Konzepte, Instrumente, Erfahrungen.* Wiesbaden: Springer Fachmedien.

Jöns, I., Hodapp, M., & Weiss, K. (2005). Kurzskala zur Erfassung der Unternehmenskultur (KUK). *Mannheimer Beiträge zur Wirtschafts- und Organisationspsychologie, 3*, S. 3–10.

Jungert, T., Van den Broeck, A., Schreurs, B., & Osterman, U. (2018). How colleagues can support each other's needs and motivation: An intervention on employee work motivation. *Applied Psychology: An International Review, 67 (1)*, S. 3–29.

Kals, E., & Gallenmüller-Roschmann, J. (2017). *Arbeits- und Organisationspsychologie kompakt.* Weinheim, Basel: Beltz Verlag.

Käufer, T. (2019). *Neue Arbeitswelt. Statista Dossierplus zu Veränderungen der Arbeitswelt in Deutschland.* Hamburg: Statista GmbH.

Kauffeld, S. (2004). *Der Fragebogen zur Arbeit im Team (FAT).* Göttingen: Hogrefe.

Kauffeld, S., & Schulte, E.-M. (2012). Teamentwicklung und Teamführung. In P. Heimerl, & R. Sichler, *Strategie - Organisation - Personal - Führung* (S. 559–594). Wien: falcultas wuv (UTB).

Kauffeld, S., & Schulte, E.-M. (2013). Führung in Teams. In M. Landes, & E. Steiner, *Psychologie der Wirtschaft* (S. 385–402). Wiesbaden: Springer VS.

Kauffeld, S., & Schulte, E.-M. (2019). Teams und ihre Entwicklung. In S. Kauffeld, *Arbeits-, Organisations- und Personalpsychologie für Bachelor* (S. 211–236). Berlin, Heidelberg: Springer Verlag.

Kauffeld, S., Tiscar-Lorenzo, G., Montasem, K., & Lehmann-Willenbrock, N. (2009). act4teams®: Die nächste Generation der Teamentwicklung. In S. Kauffeld, S. Grote, & E. Frieling, *Handbuch Kompetenzentwicklung* (S. 191–215). Stuttgart: Schäffer-Poeschel.

Kearney, E., & Voelpel, S. C. (2012). Diversity research—what do we currently knowabout how to manage diverse organizational units? *Z Betriebswirtschaft, 82*, S. 3–18.

Kelly, R. J., & Hearld, L. R. (2020). Burnout and Leadership Style in Behavioral Health Care: a Literature Review. *J Behav Health Serv Res, 47 (4)*, S. 581–600.

Kersley, R., Klerk, E., Boussie, A., Longworth, B. S., Anamootoo Natzkoff, J., & Ramji, D. (2019). *The CS Gender 3000 in 2019: The Changing Face of Companies.* Von Credit Suisse Research Institute, October 10, 2019: https://www.credit-suisse.com/about-us-news/en/articles/news-and-expertise/cs-gender-3000-report-2019-201910.html am 28.12.2020 abgerufen

Kim, S., Lee, H., & Connerton, T. P. (2020). How psychological safety affects team performance: Mediating role of efficacy and learning behavior. *Frontiers in Psychology - online, https://doi.org/*https://doi.org/10.5465/amd.2018.0242.

Klein, C., DiazGranados, D., Salas, E., Le, H., Burke, C. S., Lyons, R., & Goodwin, G. F. (2009). Does Team Building Work? . *Small Group Research, 40*, S. 181–222.

Koeslag-Kreunen, M., Van den Bossche, P., Hoven, M., Van der Klink, M., & Gijselaers, W. (2018). When Leadership Powers Team Learning: A Meta-Analysis. *Small Group Research, 49 (4)*, S. 475–513.

Korner, M. (2010). Interprofessional teamwork in medical rehabilitation: a comparison of multidisciplinary and interdisciplinary teamapproach . *Clinical Rehabilitation, 24 (8)*, S. 745–755.

Kozlowski, S. W., & Bell, B. S. (2013). Work groups and teams in organizations. In N. W. Schmitt, & S. Highhouse, *Handbook of psychology: Industrial and organizational psychology (Bd. 12)* (S. 412–469). Hoboken: Wiley.

Lacerenza, C. N., Marlow, S. L., Tannenbaum, S. I., & Salas, E. (2018). Team Development Interventions: Evidence-Based Approaches for Improving Teamwork. *American Psychologist, 73 (4)*, S. 517–531.

Lacerenza, C. N., Reyes, D. L., Marlow, S. L., Joseph, D. L., & Salas, E. (2017). Leadership training design, delivery, and implementation: A meta-analysis. *Journal of Applied Psychology, 102*, S. 1686–1718.

Ladwig, D. H. (2020). Team-Diversity – Die Führung gemischter Teams. In L. von Rosenstiel, E. Regnet, & M. Domsch, *Führung von Mitarbeitern. Handbuch für erfolgreiches Personalmanagement* (S. 469–484). Stuttgart: Schäffer-Poeschel Verlag.

Lehmann-Willenbrock, N., Beck, S. J., & Kauffeld, S. (2016). Emergent team roles in organizational meetings: Identifying communication patterns via cluster analysis. *Communication Studies 67*, S. 37–57.

Lencioni, P. (2020). *Die 5 Dysfunktionen eines Teams überwinden. Ein Wegweiser für die Praxis.* Weinheim: Wiley-VCH.

Lieber, B. (2017). *Personalführung... leicht verständlich!* Konstanz und München: UVK Verlagsgesellschaft mbH.

Lindner, D. (2020). *Virtuelle Teams und Homeoffice. Empfehlungen zu Technologien, Arbeitsmethoden und Führung.* Wiesbaden: Springer Fachmedien.

Lorenzo, R., Voigt, N., Schetelig, K., Zawadzki, A., Welpe, I. M., & Brosi, P. (2017). *The Mix That Matters: Innovation Through Diversity (The Boston Consulting Group).* Von https://www.bcg.com/publications/2017/people-organization-leadership-talent-innovation-through-diversity-mix-that-matters am 12.12.2020 abgerufen

Losada, M. F., & Heaphy, E. (2004). The role of positivity and connectivity in the performance of business teams: A nonlinear dynamics model. *American Behavioral Scientist, 47(6)*, S. 740–765.

Lunenburg, F. C. (2010). Group decision making: The potential for groupthink.. *International Journal of Management, Business, and Administration,13 (1)*.

Luu, T. T., Rowley, C., & Vo, T. T. (2019). Addressing Employee Diversity to Foster Their Work Engagement. *Journal of Business Research, 95*, S. 303–315.

Mack, O., & Khare, A. (2016). Perspectives on a VUCA World. In O. Mack, A. Khare, A. Krämer, & T. Burgartz, *Managing in a VUCA World* (S. 3-20). Heidelberg, New York: Springer.

Mahembe, B., & Engelbrecht, A. S. (2013). The relationship between servant leadership, affective team commitment and team effectiveness. *Journal of Human Resource Management, 11 (1), DOI:* https://doi.org/10.4102/sajhrm.v11i1.495.

Männle, P. (2019). Der Weg zum Hochleistungsteam. *Personalmagazin 11/19*, S. 49–52.

Marlow, S. L., Lacerenza, C. N., Paoletti, J., Burke, C. S., & Salas, E. (2018). Does team communication represent a one-size-fits-all approach?: A meta-analysis of team communication and performance. *Organizational Behavior and Human Decision Processes, 144*, S. 145–170.

Martin, R., Thomas, G., Guillaume, Y., Lee, A., & Epitropaki, O. (2016). Leader-Member Exchange (LMX) and Performance: A Meta-analytic Review. *Personnel Psychology, 69*, S. 67–121.

Massenberg, A.-C., Schulte, E.-M., & Kauffeld, S. (2017). Never too early: Learning Transfer System Factors Affecting Motivation to Transfer Before and After Training Programs. *Human Resource Development Quarterly, 28 (1)*, S. 55–85.

Mathieu, J., Maynard, M. T., Rapp, T., & Gilson, L. (2008). Team effectiveness 1997-2007: A review of recent advancements and a glimpse into the future. *Journal of management, 34 (3)*, S. 410–476.

McCallaghan, S., Jackson, L. T., & Heyns, M. M. (2019). Examining the Mediating Effect of Diversity Climate on the Relationship Between Destructive Leadership and Employee Attitudes. *Journal of Psychology in Africa, 29 (6)*, S. 563–569.

McCallin, A., & Bamford, A. (2007). Interdisciplinary teamwork: is the influence of emotional intelligence fully appreciated? *Journal of Nursing Management, 15*, S. 386–391.

McDowell, T., Agarwal, D., Miller, D., Okamoto, T., & Page, T. (2016). *Organizational design. The rise of teams. Human capital trends 2016 survey*. Oakland, CA: Deloitte University. Von httpa//doeumenta.deloitte.com/inaighta/HCTrenda2016 am 10.12.2020 abgerufen

McEwan, D., Ruissen, G. R., Eys, M. A., Zumbo, B. D., & Beauchamp, M. R. (2017). The Effectiveness of Teamwork Training on Teamwork Behaviors and Team Performance: A Systematic Review and Meta-Analysis of Controlled Interventions . *PLoS ONE, 12 (1), doi:* https://doi.org/10.1371/journal.pone.0169604.

McKinsey. (2020). *Diversity wins. How inclusion matters*. Von https://www.mckinsey. de/~/media/mckinsey/locations/europe%20and%20middle%20east/deutschland/ news/presse/2020/2020-05-19%20diversity%20wins/report%20diversity-wins-how-inclusion-matters%202020.pdf am 30.08.2021 abgerufen

Meyer, H. A., Wrba, M., & Bachmann, T. (2018). Psychologische Sicherheit: Das Fundament gelingender Arbeit im Team. In S. Hess, & H. Fischer, *Mensch und Computer 2018 – Usability Professionals* (S. 189–201). Dresden: Gesellschaft für Informatik e. V. und die German UPA e. V.

Morrison-Smith, S., & Ruiz, J. (2020). Challenges and barriers in virtual teams: a literature review. *SN Appl. Sci. 2, 1096* .

Mueller, J. S. (2012). Why individuals in larger teams perform worse. *Organizational Behavior and Human Decision Processes, 117 (1)*, S. 111–124.

National Research Council. (2015). *Enhancing the Effectiveness of Team Science*. Washington, DC: The National Academies Press.

Nerdinger, F. W. (2019c). Teamarbeit. In F. Nerdinger, G. Blickle, & N. Scharper, *Arbeits- und Organisationspsychologie* (S. 119–134). Berlin, Heidelberg: Springer Verlag.

Newstead, T., Dawkins, S., Macklin, R., & Martin, A. (2019). We don't need more leaders – We need more good leaders. Advancing a virtues-based approach to leader(ship) development. *The Leadership Quarterly, online 101312*.

Nielsen, K., Yarker, J., Randall, R., & Munir, F. (2009). The mediating effects of team and selfefficacy on the relationship between transformational leadership, and job satisfaction and psychological well-being in healthcare professionals: A cross-sectional questionnaire survey. *International Journal of Nursing Studies, 46 (9)*, S. 1236–1244.

Niermeyer, R. (2016). *Teams führen*. Freiburg: Haufe-Lexware.

Ospina, S. M. (2017). Collective Leadership and Context in Public Administration: Bridging Public Leadership Research and Leadership Studies. *Public Administration Review, 77 (2)*, S. 275–287.

Page, S. E. (2007). *The Difference: How the Power of Diversity Creates Better Groups, Firms, Schools, and Societies*. Princeton: Princeton University Press.

Parris, D. L., & Peachey, J. (2012). Building a legacy of volunteers through servant leadership: A cause-related sporting event. *Nonprofit Management & Leadership, 23*, S. 259–276.

Pawlowsky, P., & Steigenberger, N. (2012). *Die HIPE-Formel: Empirische Analysen von Hochleistungsteams*. Frankfurt am Main: Verlag für Polizeiwissenschaft.

Pearce, C. L., & Herbik, P. A. (2004). Citizenship behavior at the team level of analysis: the effects of team leadership, team commitment, perceived team support, and team size. *Journal of Social Psychology, 144(3)*, S. 293–310.

Pela, P., & Zimmermann, T. (2019). *Erfolgsgeheimnis Team - People Tech Insights. Stepstone Befragung*. Von https://www.stepstone.de/wissen/teamfaehigkeit am 26.03.2021 abgerufen

Perry, E. L., & Li, A. (2019). Diversity Climate in Organizations. In *Oxford Research Encyclopedia of Business and Management* . Oxford: Oxford University Press.

Petry, T. (2018). Agile Führung als Antwort auf eine VUCA-Umwelt. *PERSONALquarterly 03*, S. 18–23.

Petry, T. (2019). *Digital Leadership. Erfolgreiches Führen in Zeiten der Digital Economy*. Freiburg: Haufe-Lexware.

Philipp, E. (2019). *Multiprofessionelle Teams auf den Punkt gebracht*. Frankfurt: Debus Pädagogik.

Regnet, E. (2020). Der Weg in die Zukunft - Anforderungen an die Führungskraft. In L. v. Rosenstiel, E. Regnet, & M. E. Domsch, *Führung von Mitarbeitern. Handbuch für erfolgreiches Personalmanagement* (S. 55–75). Stuttgart: Schäffer-Poeschel Verlag.

Reyes, D. L., Dinh, J., & Salas, E. (2019). What Makes a Good Team Leader? *The Journal of Character & Leadership Development, 6 (1)*, S. 88–101.

Reynolds, A., & Lewis, D. (2017). *Teams Solve Problems Faster When They're More Cognitively Diverse*. Von Harvard Business Review: https://hbr.org/2017/03/teams-solve-problems-faster-when-theyre-more-cognitively-diverse am 03.12.2020 abgerufen

Reynolds, A., & Lewis, D. (2018). *The Two Traits of the Best Problem-Solving Teams*. Von Harvard Business Review: https://hbr.org/2018/04/the-two-traits-of-the-best-problem-solving-teams am 03.12.2020 abgerufen

Richter, G., Ribbat, M., Mühlenbrock, & I. (2020). *Lernförderliche Arbeitsgestaltung im Dienstleistungssektor am Beispiel der Sachbearbeitung: Die doppelte Rolle der Führungskraft (baua: Focus)*. Dortmund: Bundesanstalt für Arbeitsschutz und Arbeitsmedizin.

Riess, H., & Neporent, L. (2018). *The Empathy Effect: 7 Neuroscience-Based Keys for Transforming the Way We Live, Love, Work, and Connect Across Differences* . Boulder: Sounds True Inc.

Rose, J. D. (2011). Diverse perspectives of the groupthink theory – a literary review. *Emerging Leadership Journeys, 4 (1)*, S. 37–57.

Rose, N. (2019). *Arbeit besser machen. Positive Psychologie für Personalarbeit und Führung*. Freiburg: Haufe-Lexware .

Rosenstiel, L. v., & Kaschube, J. (2020). Die Arbeitsgruppe. In L. V. Rosenstiel, E. Regnet, & M. E. Domsch, *Führung von Mitarbeitern. Handbuch für erfolgreiches Personalmanagement* (S. 409–424). Stuttgart: Schäffer-Poeschel Verlag.

Rosenstiel, L. v., & Nerdinger, F. W. (2020). Grundlagen der Führung. In L. v. Rosenstiel, E. Regnet, & M. E. Domsch, *Führung von Mitarbeitern. Handbuch für erfolgreiches Personalmanagement* (S. 21–53). Stuttgart: Schäffer-Poeschel Verlag.

Rozovsky, J. (2015). *The five keys to a successful Google team*. Von https://rework. withgoogle.com/blog/five-keys-to-a-successful-google-team/ am 30.03.2021 abgerufen

Ryan, R. M., & Deci, E. L. (2017). *Self-determination theory: Basic psychological needs in motivation, development, and wellness*. New York, NY: The Guilford Press.

Saks, A. (2006). Antecedents and consequences of employee engagement. *Journal of Managerial Psychology, 21 (7)*, S. 600–619.

Salas, E., Reyey, D. L., & McDanie, S. H. (2018). The Science of Teamwork: Progress, Reflections, and the Road Ahead. *American Psychologist, 73 (4)*, S. 593–600.

Salas, E., Rosen, M., Burke, C. S., & Goodwin, G. F. (2009). The wisdom of collectives in organizations: An update of the teamwork competencies. In E. Salas, G. F. Goodwin, & C. S. Burke, *Team effectiveness in complex organizations* (S. 39–79). New York, NY: Taylor.

Salas, E., Shuffler, M. L., Thayer, A. L., Bedwell, W. L., & Lazarra, E. H. (2015). Understanding and improving teamwork in organizations: a scientifically based practical guide. *Human Resource Management, 54 (4)*, S. 599–622.

Salas, E., Tannenbaum, S. I., Kozlowski, S. W., Miller, C. A., Mathieu, J. E., & Vessey, W. B. (2015a). Teams in space exploration: A new frontier for the science of team effectiveness. *Current Directions in Psychological Science, 24 (3)*, S. 200–207.

Sann, U., & Heringer, F. (2012). Simulationsklienten in der Sozialen Arbeit. In M. Krämer, S. Dutke, & J. Barenberg, *Psychologiedidaktik und Evaluation IX* (S. 339–346). Aachen: Shaker Verlag.

Sanyang, L., & Othman, K. (2019). Work Force Diversity and Its Impact on Organisational Performance. *Journal of Islamic Social Sciences and Humanities, 20 (2)*, S. 23–35.

Saxena, A. (2014). Workforce Diversity: A Key to Improve Productivity. *Procedia Economics and Finance, 11*, S. 76–85.

Schaper, N. (2019a). Gruppenarbeit in der Produktion. In F. W. Nerdinger, G. Blickle, & N. Schaper, *Arbeits- und Organisationspsychologie* (S. 435–462). Berlin, Heidelberg: Springer Verlag.

Schaubroeck, J., Lam, S. S., & Peng, A. C. (2011). Cognition-based and affect-based trust as mediators of leader behavior influences on team performance. *Journal of Applied Psychology, 96*, S. 863–871.

Schermuly, C. C. (2016). Empowerment: Die Mitarbeiter stärken und entwickeln. In J. Felfe, & R. van Dick, *Handbuch Mitarbeiterführung. Wirtschaftspsychologisches Praxiswissen für Fach- und Führungskräfte* (S. 15–26). Berlin, Heidelberg: Springer Verlag.

Schermuly, C. C. (2019). *New Work – Gute Arbeit gestalten. Psychologisches Empowerment von Mitarbeitern.* Freiburg: : Haufe-Lexware.

Schermuly, C. C., & Scholl, W. (2012). *Instrument zur Kodierung von Diskussionen (IKD).* Göttingen: Hogrefe.

Schmithüsen, F., & Steffgen, G. (2015). Sozialpsychologie. In F. Schmithüsen, *Lernskript Psychologie* (S. 95–157). Berlin, Heidelberg: Springer.

Schneider, S. K., & George, W. M. (2011). Servant leadership versus transformational leadership in voluntary service organizations. *Leadership & Organization Development Journal, 32 (1)*, S. 60–77.

Schwarz, G., Newman, A., Cooper, B., & Eva, N. (2016). Servant leadership and follower job performance: The mediating effect of public service motivation. *Public Administration, 94*, S. 1025–1041.

Schweickhardt, A. (2018). *Teamkultur entwickeln: Das Tool- und Mindset für Führungskräfte, damit Teamarbeit Spaß macht und produktiv ist.* Bonn: managerSeminare Verlags GmbH.

Seelhofer, D. (2020). *Das Leadership Buch.* Hallbergmoss: Pearson.

Shepperd, J. A. (1993). Productivity loss in performance groups: A motivation analysis. *Psychological Bulletin, 113 (1)*, S. 67–81.

Shim, S.-H., Livingston, R. W., Phillips, K. W., & Lam, S. S. (2020). The impact of leader eye gaze on disparity in member influence: Implications for process and performance in diverse groups. *Academy of Management Journal, https://doi.org/*https://doi.org/10.5465/amj.2017.1507.

Shoreibah, A., Marshall, G. W., & Gassenheimer, J. B. (2019). Toward a Framework for Mixed-Gender Selling Teams and the Impact of Increased Female Presence on Team Performance: Thought Development and Propositions. *Industrial Marketing Management, 77*, S. 4–12.

Shuffler, M. L., DiazGranados, D., & Salas, E. (2011). There's a Science for That: Team Development Interventions in Organizations. *Current Directions in Psychological Science, 20*, S. 365–372.

Singer, T., & Bolz, M. (2013). *Mitgefühl: In Alltag und Forschung.* Leipzig: Max-Planck-Institut für Kognitions- und Neurowissenschaften.

Smith, T., Fowler-Davis, S., Nancarrow, S., Ariss, S. M., & Enderby, P. (2018). Leadership in interprofessional health and social care teams: a literature review. *Leadership in Health Services, 31 (4)*, S. 452–467.

Srikanth, K., Harvey, S., & Peterson, R. S. (2016). A Dynamic Perspective on Diverse Teams: Moving from the Dual-Process Model to a Dynamic Coordination-based Model of Diverse Team Performance. *Academy of Management Annals, 10 (1)*, S. 453–493.

Statista. (2020). *Digitalisierung der Arbeit.* Hamburg: Statista GmbH.

Steffens, N. K., Haslam, S. A., Schuh, S. C., Jetten, J., & van Dick, R. (2017). A Meta-Analytic Review of Social Identification and Health in Organizational Contexts. *Personality and Social Psychology Review, 21 (4)*, S. 303–335.

Stepstone. (2020). *Arbeit in der Corona-Krise.* Von https://www.stepstone.de/wissen/arbeit-corona-status-quo/ am 03.12.2020 abgerufen

Stern, A., Drewes, S., & Schulz-Hardt, S. (2017). Gruppenleistung. In H. W. Bierhoff, & D. Frey, *Kommunikation, Interaktion und soziale Gruppenprozesse. Enzyklopädie der Psychologie* (S. 599–634). Göttingen: Hogrefe.

Stewart, G. L. (2006). A meta-analytic review of relationships between team design features and team performance. *Journal of Management, 32 (1)*, S. 29–55.

Stock, R. (2005). Kann Teamführung zu intensiv sein? Theoretische Überlegungen und empirische Untersuchung nicht-linearer Wirkungsbeziehungen. *Zeitschrift für betriebswirtschaftliche Forschung, 57*, S. 33–52.

Stock-Homburg, R., & Groß, M. (2019). *Personalmanagement. Theorien – Konzepte – Instrumente*. Wiesbaden: Springer Fachmedien.

Stoner, J. A. (1968). Risky and cautious shifts in group decisions: The influence of widely held values. *Journal of Experimental Social Psychology, 4 (4)*, S. 442–459.

Straßburger, G., & Rieger, J. (2019). *Partizipation kompakt: Für Studium, Lehre und Praxis sozialer Berufe*. Weinheim und Basel: Beltz Juventa.

Stroebe, R. W. (2015). *Grundlagen der Führung*. Hamburg: Edition Windmühle.

Stroebe, W., & Nijstad, B. (2004). Warum Brainstorming in Gruppen Kreativität vermindert: Eine kognitive Theorie der Leistungsverluste beim Brainstorming . *Psychologische Rundschau, 55*, S. 2–10.

Suzuki, N., Imashiro, M., Shoda, H., Ito, N., Sakata, M., & Yamamoto, M. (2018). Effects of Group Size on Performance and Member Satisfaction. In S. Yamamoto, & H. Mori, *Human Interface and the Management of Information. Information in Applications and Service* (S. 191–199). Cham: Springer.

Tannenbaum, S. I., & Cerasoli, C. P. (2013). Do team and individual debriefs enhance performance? A meta-analysis. *Human Factors: The Journal of the Human Factors and Ergonomics Society, 55 (1)*, S. 231–245.

Tannenbaum, S. I., Salas, E., & Cannon-Bowers, J. A. (1996). Promoting team effectiveness. In M. A. West, *Handbook of work group psychology* (S. 503–529). West Sussex: Wiley.

Thatcher, S. M., & Patel, P. C. (2012). Group faultlines: A review, integration, and guide to future research. *Journal of Management, 38*, S. 969–1009.

Travis, D. J., Shaffer, E., & Thorpe-Moscon, J. (2020). *Getting Real About Inclusive Leadership: Why Change Starts With You (Catalyst, 2020)*. Von https://www.catalyst.org/wp-content/uploads/2020/03/Getting-Real-About-Inclusive-Leadership-Report-2020update.pdf am 28.12.2020 abgerufen

Tscheuschner, M., & Wagner, H. (2008). *TMS - Der Weg zum Hochleistungsteam*. Offenbach: Gabal.

Tuckman, B. W. (1965). Developmental sequence in small groups. *Psychological Bulletin, 63*, S. 384–399 .

Tuckman, B. W., & Jensen, M. A. (1977). Stages of small-group development revisited. *Group & Organization Studies, 2 (4)*, S. 419–427.

Unger, F. (2019). Leben und Lernen in der VUCA-Welt. In J. Rocholl, J. Mitsiadis, & M. Pohl, *Zukunft der Bildung – Bildung der Zukunft* (S. 88–120). Frankfurt a. M.: Wochenschau Verlag.

Unger, F., & Sann, U. (2020). Führungskräfte-Coaching in der Öffentlichen Verwaltung als Beitrag zur Entwicklung von Führungskräftekompetenzen für das 21. Jahrhundert. In

J. Groß, *Führung im Öffentlichen Dienst. Perspektive, Trends und Herausforderungen.* Hamburg: Maximilian Verlag.

Unger, F., & Sann, U. (2020a). Empirische Forschung als Fundament gelingender Bedarfs- und Zielgruppenanalysen für wissenschaftliche Weiterbildungsformate sowie als Gestaltungselement teilnehmendenorientierter Lernsettings. In W. Jütte, M. Kondratjuk, & M. Schulze, *Hochschulweiterbildung als Forschungsfeld: Kritische Bestandsaufnahmen und Perspektiven* (S. 241–257). Bielefeld: wbv Media.

van Dick, R. (2017). *Identifikation und Commitment fördern.* Göttingen: Hogrefe.

van Dick, R., & West, M. A. (2013). *Teamwork, Teamdiagnose, Teamentwicklung.* Göttingen: Hogrefe.

Walumbwa, F. O., Muchiri, M. K., Misati, E., Wu, C., & Meiliani, M. (2018). Inspired to perform: A multilevel investigation of antecedents and consequences of thriving at work. *Journal of Organizational Behavior, 39* , S. 249–261.

Wang, D., Waldman, D. A., & Zhang, Z. (2014). A meta-analysis of shared leadership and team effectiveness. *Journal of Applied Psychology, 99 (2),* S. 181–198.

Wang, G., & Hackett, R. D. (2016). Conceptualization and measurement of virtuous leadership: Doing well by doing good. *Journal of Business Ethics, 137 (2),* S. 321–345.

Wang, G., Oh, I.-S., Courtright, S. H., & Colbert, A. E. (2011). Transformational leadership and performance across criteria and levels: A meta-analytic review of 25 years of research. *Group & Organization Management 36(2),* S. 223–270.

Wegge, J., Roth, C., Neubach, B., Schmidt, K. H., & Kanfer, R. (2008). Age and gender diversity as determinants of performance and health in a public organization: the role of task complexity and group size. *Journal of Applied Psychology, 93 (6),* S. 1301-1313.

Wegner, D. M. (1987). Transactive memory: a contemporary analysis of group mind. In B. Mullen, & G. R. Goethals, *Theories of group behavior* (S. 185–208). New York: Springer Verlag.

Weibler, J. (2016). *Personalführung.* München: Vahlen.

Werth, L. S., Seibt, B., & Mayer, J. (2020). *Sozialpsychologie – Der Mensch in sozialen Beziehungen. Interpersonale und Intergruppenprozesse.* Berlin: Springer.

Wheelan, S. A. (2009). Group Size, Group Development, and Group Productivity. *Small Group Research, 40 (2),* S. 247–262.

Wilder, D. (2013). Soziale Arbeit und Interdisziplinarität. Begriff, Bedingungen und Folgerungen für die Soziale Arbeit. *SozialAktuell, 4 (April 2013),* S. 10–13.

Williams, K., & O'Reilly, C. A. (1998). Demography and Diversity in Organizations: A review of 40 Years of Research. *Organizational Behaviour, 20,* S. 77–140.

Wolf, G. (2018). *Zielvereinbarungen in der Praxis. Aufwand reduzieren, Nutzen maximieren, Chancen realisieren.* Freiburg: Haufe.

Woolley, A. W., Chabris, C. F., Pentland, A., Hashmi, N., & Malone, T. W. (2010). Evidence for a Collective Intelligence Factor in the Performance of Human Groups. *Science 330,* S. 686–688.

Wrike. (2019). *Wrike Happiness Index Team-Zusammenarbeit.* San Jose, CA: Wrike.

Wu, J. B., Tsui, A. S., & Kinicki, A. J. (2010). Consequences of differentiated leadership in groups. *Academy of Management Journal, 53,* S. 90–106.

Wu, Q., Cormican, K., & Chen, G. (2018). A Meta-Analysis of Shared Leadership: Antecedents, Consequences, and Moderators. *Journal of Leadership & Organizational Studies, 27 (1),* DOI: https://doi.org/10.1177/1548051818820862.

Xanthopoulou, D., Bakker, A. B., Demerouti, E., & Schaufeli, W. B. (2009). Reciprocal relationships between job resources, personal resources, and work engagement. *Journal of Vocational Behavior, 74 (3)*, S. 235–244.

Zaccaro, S. J., Rittman, A. L., & Marks, M. A. (2001). Team leadership. *The Leadership Quarterly, 12 (4)*, S. 451–483.

Zeuge, A., Oschinsky, F., Weigel, A., Schlechtinger, M., & Niehaves, B. (2020). *Leading Virtual Teams – A Literature Review*. Von https://www.microsoft.com/en-us/research/uploads/prod/2020/07/NFW-Zeuge-et-al.pdf am 03.12.2020 abgerufen

Zimbardo, P. (2008). *The Lucifer effect. Understanding how good people turn evil*. New York: Random House Paperback.

Weiterführende Literaturempfehlungen

Becker, F. (2016). *Teamarbeit, Teampsychologie, Teamentwicklung: So führen Sie Teams!* Berlin, Heidelberg: Springer Verlag.

Hasebrook, J., Hackl, B., & Rodde, S. (2020). *Team-Mind und Teamleistung. Teamarbeit zwischen Managementmärchen und Arbeitswirklichkeit*. Berlin, Heidelberg: Springer Verlag.

Kauffeld, S., & Schulte, E.-M. (2019). Teams und ihre Entwicklung. In S. Kauffeld, *Arbeits-, Organisations- und Personalpsychologie für Bachelor* (S. 211–236). Berlin, Heidelberg: Springer Verlag.

Lencioni, P. (2020). *Die 5 Dysfunktionen eines Teams überwinden. Ein Wegweiser für die Praxis*. Weinheim: Wiley-VCH.

Rosenstiel, L. v., & Kaschube, J. (2020). Die Arbeitsgruppe. In L. V. Rosenstiel, E. Regnet, & M. E. Domsch, *Führung von Mitarbeitern. Handbuch für erfolgreiches Personalmanagement* (S. 409–424). Stuttgart: Schäffer-Poeschel Verlag.

Salas, E., Tannenbaum, S. I., Kraiger, K., & Smith-Jentsch, K. A. (2012). The Science of Training and Development in Organizations: What Matters in Practice. *Psychological Science in the Public Interest, 13 (2)*, S. 74–101.

Cassidy, K. (2007). Tuckman Revisited: Proposing a New Model of Group Development for Practitioners. *Journal of Experiential Education, 29 (3)*, S. 413–417.

Bowers, L., Nijman, H., Simpson, A., & Jones, J. (2011). The relationship between leadership, teamworking, structure, burnout and attitude to patients on acute psychiatric wards. *Social Psychiatry and Psychiatric Epidemiology, 46*, S. 143–148.

Streich, R. K. (2016). *Fit for Leadership. Führungserfolg durch Führungspersönlichkeit*. Wiesbaden: Springer Fachmedien.

Margerison, C. J., & McCann, D. J. (1985). Team Management Profiles: Their use in Managerial Development. *Journal of Management Development, 4 (2)*, S. 34–37.

Jörg, U. (2019). Führen von Gruppen und Teams. In E. Lippmann, A. Pfister, & U. Jörg, *Handbuch Angewandte Psychologie für Führungskräfte. Führungskompetenz und Führungswissen* (S. 408–455). Berlin, Heidelberg: Springer.

Welpe, I. M., Brosi, P., & Schwarzmüller, T. (2018). *Digital Work Design. Die Big Five für Arbeit, Führung und Organisation im digitalen Zeitalter*. Frankfurt a.M.: Campus Verlag.

Busch, M., & v.d. Oelsnitz, D. (2018). *Teammanagement: Grundlagen erfolgreichen Zusammenarbeitens*. Stuttgart: Kohlhammer.

Führungstätigkeiten und Führungsinstrumente

5

Zusammenfassung

Vor Führungskräften wird hinsichtlich professioneller Mitarbeitendenführung sehr viel verlangt. Um täglich die vielen Herausforderungen meistern zu können, muss die Führungskraft aus einer soliden Basis heraus agieren, denn nachhaltig erfolgreiche Führung beginnt zunächst bei jeder Führungskraft selbst. Nur wer sich selbst führen kann, sich seiner Stärken und Entwicklungsfelder, seiner Wirkung und Ziele „selbst-bewusst" ist, kann andere Menschen wirksam anleiten. Zur Führung der eigenen Personen gehören u. a. Selbstreflexion, Selbstmanagement, Selbstfürsorge und die eigene (Führungs-) Kompetenzentwicklung.

Zur Bewältigung der Aufgabenvielfalt und zur Gestaltung von guten Arbeitsbedingungen steht Führungskräften ein großes Repertoire von Instrumenten zur Verfügung. Diese können sich auf die Beziehungsgestaltung und Führungskommunikation, die Entwicklung einer motivierenden, zufriedenheitsförderlichen wie gesunden Arbeitsumgebung sowie auf Fragen von Ziel-, Feedback- oder Anreizsystemen beziehen und somit zur Erreichung humaner, ökonomischer und gesellschaftlicher Ziele beitragen. Einige Führungswerkzeuge und die damit verbundenen Führungstätigkeiten werden ausgeführt:

- Auswahl, Integration, Beurteilung und Entwicklung von Mitarbeiter*innen
- Orientierung geben durch Rahmen und Ziele
- Motivieren durch Delegation
- Entscheidungen treffen, kommunizieren und umsetzen
- Partizipation, Kreativität und Innovation fördern

© Springer Fachmedien Wiesbaden GmbH, ein Teil von Springer Nature 2022   321
F. Unger et al., *Personalführung in Organisationen der Sozialwirtschaft*, Basiswissen Sozialwirtschaft und Sozialmanagement, https://doi.org/10.1007/978-3-658-36119-8_5

Lernziele

Nach der Bearbeitung dieses Kapitels können Sie …

- die Zusammenhänge von gelingender Selbst- und Mitarbeiten-denführung erläutern und die wesentlichen Erkenntnisse auf die eigene (Führungs-)Situation übertragen.
- die Bedeutung verschiedener Führungsinstrumente für die Motivation, Zufriedenheit und Bindung von Mitarbeiter*innen erklären.
- zentrale Elemente verschiedener Führungsinstrumente nennen und im Kontext des eigenen Arbeitsbereichs diskutieren.
- Erfolgsfaktoren wie auch die Grenzen verschiedener Führungs-instrumente darstellen, Ihre eigene Arbeitssituation diesbezüglich analysieren sowie daraus Schlussfolgerungen für die Organisationen und die eigene Führungstätigkeit entwickeln.

Praxisbeispiel

Herr Schulze ist Teamleiter in einer Jugendhilfeeinrichtung. Die Einrichtung bietet stationäre (12 Wohngruppen), teilstationäre (5 Tagesgruppen) und ambulante (Sozialpädagogische Familienhilfe) Hilfen an. Herr Schulze ist für den Bereich der ambulanten Hilfen zuständig und für 15 Mitarbeiter*innen verantwortlich. Das Alltagsgeschäft bietet für Herrn Schulze vielfältige Herausforderungen und ein interessantes Arbeitsfeld. In letzter Zeit kann er sich jedoch eher selten auf seine Führungsaufgaben konzentrieren. In Krankheitsfällen oder bei Personalengpässen muss er selbst Familien übernehmen und diese begleiten. Er steht damit oft im Konflikt zwischen Leitungshandeln und praktischer Tätigkeit. Zudem sind die Führungsgrundsätze in der Einrichtung weitgehend unklar, was ihm zu Beginn einige Freiheiten ermöglicht hatte, doch gerade in stressigen Situationen die Orientierung wie eine Schwerpunktsetzung erschwert. Bereichs- und Einrichtungsleitung verfolgen verschiedene Führungsmodelle, die entscheidende Auswirkungen auf die Partizipation von Mitarbeiter*innen und die Gestaltung von Arbeitsabläufen haben. Durch diese unterschiedlichen Vorstellungen erhält Herr Schulze verschiedene Arbeitsaufträge (von verschiedenen Führungsebenen) und sieht sich mit teils widersprüchlichen Anforderungen konfrontiert. Die Bereichsleiterin Frau Wiegand arbeitet partizipativ, während die Einrichtungsleiterin Frau Falter eher einen direktiven Führungsstil pflegt. Die Differenzen in den Führungs-ebenen hat er noch nie angesprochen, da er befürchtet einen Konflikt aus-zulösen. Gleichzeitig führen die unterschiedlichen Herangehensweisen in seinem Team zu Verunsicherungen, da Zuständigkeiten unklar sind und Entscheidungen verschleppt werden. Zu seinem eigenen Führungs-verhalten macht sich Herr Schulze wenig Gedanken und führt meist, wie es ihm gerade angemessen erscheint. Am liebsten wäre ihm, dass die Kolleg*innen von alleine wissen, was zu tun ist. Bisher ist er eigentlich ganz gut zurechtgekommen – nimmt er an. Auch wenn ihm manchmal, wenn die Kolleg*innen sich nicht an die Vorgaben des Trägers halten, auch der Kragen platzt. Wie sein Führungsverhalten bei seinen Mitarbeitenden ankommt, weiß er allerdings nicht so richtig. Er traut sich nicht nachzu-fragen – die Antwort könnte ja vielleicht unangenehm sein. Er könnte sein Verhalten nicht begründen und vor einem negativen Feedback fürchtet er sich. Er müsste sich dem Thema dringend widmen. Dafür wäre eine etwas ruhigere Phase notwendig. Derzeit ist er jedoch mit dem Alltagsgeschäft und dessen Strukturierung sehr beschäftigt und es ist kaum absehbar, wann er endlich Zeit für sich und sein Führungsverhalten hat. Auch die Pflege seiner externen Netzwerke möchte er eigentlich nicht vernachlässigen. Doch dazu kommt er ebenfalls kaum. Diese Herausforderungen führen dazu, dass Herr Schulze bis in die späten Abendstunden arbeitet und nicht selten zu Hause die Dinge nacharbeitet, die am Tag nicht möglich waren (Mails beantworten, Berichte lesen, Abrechnungen versenden etc.). Zudem mag er die Abendstunden und kann dort anstehende Entscheidungen in Ruhe für sich durchdenken und ohne Gegenrede eigenständig entscheiden. Im hektischen Alltag gehen Entscheidungen manchmal unter und irgend-jemand muss die Entscheidung ja treffen. Sein Familienleben leidet zwar in letzter Zeit etwas, aber seine Partnerin übernimmt (noch) große Teile der familiären Verpflichtungen – obwohl es so eigentlich nicht verein-bart war. Seine Frau hat ihm schon häufiger empfohlen, eine Fortbildung für Führungskräfte zu absolvieren. Aber momentan hat er dafür nun mal keine Zeit und er wüsste auch nicht, welchen Themen er sich als erste widmen sollte, geschweige denn, ob Führungstrainings überhaupt wirken. Hinzu kommt, dass in jüngster Zeit 2 Mitarbeitende gekündigt haben und aufgrund einiger Nachlässigkeiten Maßnahmen seitens des Jugendamtes beendet wurden.

Reflektieren Sie bitte kurz:

1) Welche Schwierigkeiten in der Arbeitsgestaltung sehen Sie bei Herrn Schulze?
2) Wie beurteilen Sie seine Planung und Prioritätensetzung?
3) Weshalb könnte sich die Situation so entwickelt haben?
4) Herr Schulze bittet Sie um Rat: Welche Empfehlungen können Sie ihm geben? Was wären die 3 dringendsten Punkte, die er bearbeiten müsste?
5) Haben Sie Ähnliches in Ihrem Arbeitsumfeld erlebt? Was löst(e) das bei Ihnen aus?
6) Welche Bedeutung messen Sie einer guten Selbstführung bei?
7) Was glauben Sie: Wirken Führungskräfteentwicklungsprogramme? Was sind dafür wichtige Hebel?
8) Wo sehen Sie für sich 2–3 Handlungsfelder, die Sie für Ihre eigene Entwicklung angehen möchten (sollten)?

Im Bereich der Sozialwirtschaft fallen viele der moderneren Führungsansätze, in denen es u. a. um Partizipation, Verantwortungsdelegation und insbesondere gegenseitige Wertschätzung geht, aufgrund eines zunächst einmal häufig wohlwollenden Menschenbildes der handelnden Personen durchaus auf fruchtbaren Boden. Wir erleben bei unseren Studierenden wie auch in Workshops und Weiterbildungen, dass in vielen Einrichtungen im Sozial- und Gesundheitssystem sowie auch in Verwaltungsorganisationen ein den Bedürfnissen der Beteiligten gerecht werdender Umgang zu weniger Widerspruch führt als in manchen Bereichen der Privatwirtschaft. Allerdings passt das Zitat von Erich Kästner: „Es gibt nichts Gutes außer man tut es" auch auf den Bereich des Führungshandelns in der Sozialwirtschaft.

Oft scheint es so, dass die Umstände es dann doch nicht zulassen, ein bewusstes und fundiertes Führungsverhalten auch praktisch umzusetzen. „Keine Zeit", „konfliktscheu", „fehlendes Training", „das bringt doch nichts", „dafür bin ich nicht die/der Richtige", „das ist bei uns so nicht gewollt", „das mach ich doch so ungefähr – eigentlich", sind nach unserer Erfahrung die häufigsten Begründungen dafür, dass nicht umgesetzt wird, was grundsätzlich für richtig gehalten wird. Häufig ist es auch einfach das Gewohnheitstier in uns und fehlende Unterstützung, welche es uns schwer machen, Veränderungen unseres Verhaltens in Angriff zu nehmen.

Im folgenden Kapitel geht es (noch mehr als in den übrigen, bei denen wir uns auch sehr bemüht haben, die praktische Relevanz und die konkrete Umsetzung mitzuliefern oder zumindest anzudeuten) um das konkrete Tun. Was tut die Führungskraft und welche Instrumente helfen ihr dabei, ihre Ziele zu erreichen.

In den vorherigen Kapiteln wurden bereits wesentliche Faktoren erfolgreicher Führung vorgestellt: Die (Aus-)Wirkungen verschiedener Führungsansätze, die zentrale Bedeutung der Beziehungsgestaltung, von Empowerment bzw. Unterstützung der Selbstbestimmung sowie der dialogischen Führungskommunikation (Gespräche sind *das* zentrale Führungsinstrument), Möglichkeiten der Entwicklung motivierender Arbeitsbedingungen sowie Fragen von Feedback- und Anreizsystemen. Zudem wurden die Besonderheiten von Teams und die Konsequenzen für Führungskräfte diskutiert. Dies bildet den Rahmen für die nachfolgenden Ausführungen.

Neben dem Wissen, was in welcher Weise auf den Führungsprozess Einfluss nimmt, setzen Führungskräfte unterschiedliche Instrumente ein, die sie bei der Umsetzung ihrer Aufgaben im Arbeitsalltag unterstützen, der Führungskraft wie den Mitarbeitenden Orientierung, Struktur und Rückmeldung geben (Rahmen) sowie individuelle Gestaltungs- sowie Partizipationschancen[1] eröffnen (Raum) und damit die Wirksamkeit von Führung erhöhen *können* (Kauffeld et al. 2019, S. 130; Ryan und Deci 2017). Die Frage, was als Führungsinstrument verstanden wird, wie diese wirken, angewendet oder auch kategorisiert werden können, ist nicht einheitlich zu beantworten (z. B. Kauffeld et al. 2019, S. 130 ff.; Stock-Homburg und Groß 2019, S. 593 ff.; Daigeler et al. 2017; Weibler 2016, S. 365 ff.; Schirmer und Woydt 2016, S. 213 ff.; Becker 2015, S. 12 ff.). Letztendlich sind es – entsprechend unserer Definition von Personalführung – *Techniken bzw. Werkzeuge für den Führungsalltag zur bewussten, zielorientierten und sozial akzeptierten Einflussnahme auf Menschen (verstanden als wechselseitiger Prozess) in einem bestimmten Kontext zur Einhaltung gemeinsamer Werte, Erfüllung von Aufgaben bzw. Erreichung von*

---

[1] M. Rolfe (2019, S. 164) stellt eine Definition von partizipativer Führung vor „Die Grundidee dieses Führungskonzeptes besteht darin, die Mitarbeiter in die Definition von Zielen, in Meinungsbildung und Entscheidungen einzubeziehen, um ihre Motivation, Identifikation und Selbständigkeit zu fördern und Empowerment zu stärken (Grasmick et al. 2012). Neben der Delegation von Aufgaben wird auch eine Kultur gefördert, die Fehler als Lernchance sieht und auf die Suche nach und Bestrafung von Schuldigen verzichtet (Rossberger und Krause 2014; Khan et al. 2015; Iqbal et al. 2015). Studien unter hochqualifizierten virtuellen Mitarbeitern zeigen, dass partizipativer Führungsstil zu hoher Zufriedenheit bei der Arbeit führt (Sinani 2016)."

Zielen. (siehe Kap. 1). Es liegt auf der Hand, dass Führungshandlungen wie
-werkzeuge (z. B. im Kontext der Zielerreichung) in unterschiedlichen Ausprägungen (z. B. kontrollierend, Druck/Angst erzeugend oder auch inspirierend,
motivierend, kompetenzstärkend) zum Einsatz kommen können und in der Praxis
auch entsprechend verschiedenartig eingesetzt werden. In Anlehnung an Weibler
(2016, S. 648 ff.) sollen die nachfolgenden Tätigkeiten und Instrumente auf
Basis ethischer Führung als gute (legitime) Mittel der Führung verstanden und
angewendet werden (siehe auch Ng und Feldman 2015; Frey 2015; Blessin und
Wick 2017, S. 425 ff. sowie unsere Ausführungen in Abschn. 1.3).[2] Wie zuvor
betont, liegt es u. a. am Wertesystem der Organisation und am Mindset der
jeweiligen Führungskraft, ob humane und ökonomische Ziele gleichberechtigt
angesehen werden (und tatsächlich auch so agiert wird, was wir für notwendig
erachten) oder lediglich als Mittel zum Erreichen der ökonomischen Ziele eingesetzt werden (auch Schütz et al. 2020, S. 89 f.; Kovács und Stief 2020).

Die hier diskutierten Ansätze wirken auf verschiedenen Ebenen (z. B. Weibler
2016, S. 365; Felfe und Franke 2014, S. 11), so z. B. hinsichtlich der Qualifikation **(Können),** Motivation **(Wollen)** und der Arbeitssituation/-gestaltung
(Dürfen/Ermöglichen). Das Person-Umwelt-Modell der Leistung (Brandstätter
2020, S. 239) verdeutlicht, dass Leistung als Produkt von Können und Wollen
verstanden werden kann. Beide Faktoren wiederum entstehen jeweils aus einem
Zusammenspiel von Person (z. B. Kompetenzen für das Können; Bedürfnisse
für das Wollen) und Situation/Umwelt (z. B. Arbeitsmittel im Bereich Können
und Anreize im Feld Wollen). Es braucht somit Fähigkeiten und Antriebs-
kräfte in der Person sowie dazu passende Gelegenheiten (in der Umwelt), damit
Leistung entsteht. Gut eingesetzte Führungsinstrumente können solche externen
Impulse sein, die Können und/oder Wollen stärken, um Leistung zu ermöglichen bzw. zu fördern. Trotz der Betonung des Kontextes (bzw. der Situation)
können (bzw. sollten) aus einmalig eingesetzten Impulsen durchaus Routine-
prozesse werden, was die Einordnung, Vorhersehbarkeit und Anwendung, wie

---

[2]Wir verstehen gute Führung als ein vertrauenswürdiges, gerechtes wie verantwortungsvolles Handeln, dem es nachhaltig gelingt, sowohl humane als auch wertschöpfende Ziele
in einer für alle Beteiligten guten Balance zu verfolgen (z. B. Frey und Schmalzried 2013,
S. 4 ff., 29). Gute Führung entsteht aus einer ethisch-basierten Motivation und Haltung –
zugleich hat sie die Wirksamkeit ihrer Interventionen im Blick. Führungskräfte denken und
handeln somit in einer Art und Weise, die beides ist: ethisch und effektiv (Kovács und Stief
2020; Newstead et al. 2019, S. 3 f.; Wang und Hacket 2016; Frey 2015; Ciulla 2014; zu
diesen Perspektiven auf Teamebene siehe z. B. Hasebrook et al. 2020, S. 114 sowie Hackl
und Gerpott 2015).

auch die Beurteilung von Chancen und Grenzen für alle Beteiligten erleichtert. Doch wie für Führung allgemein gilt für Führungsinstrumente ebenso, dass ein einmaliger Impuls bzw. ein einziges Instrument *nicht* zwangsläufig zu einem bestimmten (gewünschten, v. a. nachhaltigen) Ergebnis führt. Die Entstehung, Aufrechterhaltung sowie Intensivierung von Motivation, Leistung oder Zufriedenheit ist ein vielschichtiger Prozess (Brandstätter 2020, S. 237 ff.; Schütz et al. 2020, S. 15 ff., 46 ff.; siehe auch Kap. 2–4). Kein einzelnes Instrument wirkt immer und überall. Das heißt auch, dass Vorsicht in der Beurteilung geboten ist, ob der Einsatz einer Technik erfolgreich war oder nicht. Liegt es an der Technik per se, dass ein gewünschtes Ergebnis erzielt werden konnte oder nicht, an (un) günstigen Rahmenbedingungen oder an einer (noch) unzureichenden Umsetzung? Andererseits ist auch nicht jede Technik in jeder Situation und für jede Person (sowohl Mitarbeitende als auch Führungskräfte) geeignet. Aufschluss kann hier nur die Analyse des Geschehens geben. Nicht zuletzt darum sollten Wirkung und Einsatz von Techniken regelmäßig reflektiert werden. Setzt man Führungsinstrumente jedoch sinnvoll und im zuvor geschilderten Grundverständnis ein, so entfalten sie positive Wirkung, wie verschiedene Untersuchungen belegen (z. B. BMAS 2019, S. 26 ff., 2018; Grunau und Wolter 2019; Wolter et al. 2016, S. 5; Weibler 2016, S. 367 f.; Felfe und Franke 2014, S. 11; Dicke et al. 2012; Hauser et al. 2008). Zentral für eine Verbesserung des eigenen Führungshandelns ist, dass Fehlerkultur nicht nur ein Wort bleibt, sondern, dass Fehler (bei sich selbst und bei anderen) erlaubt sind, ehrlich betrachtet und analysiert werden können und insbesondere als Gelegenheit zum Lernen begriffen werden. Auch gravierende Fehler offen gestehen zu können, macht es erst möglich, dass sie behoben statt geleugnet werden.

Neben der zielgerichteten Verwendung von Führungsinstrumenten ist es für den langfristigen Führungserfolg bedeutsam, sich selbst gut zu kennen sowie gut und vor allem gesund zu führen. Denn erst dann kann man für andere dauerhaft ein authentisches Vorbild sein und die Akzeptanz für den Einsatz verschiedener Techniken grundsätzlich herstellen bzw. erhöhen.

5.1 Führung der eigenen Person

Nur wenige Menschen sehen ein, dass sie letztendlich nur eine einzige Person führen können und auch müssen. Diese Person sind sie selbst (Peter F. Drucker).

Die Coronakrise erinnerte uns spürbar daran, in welchem komplexen, sich zunehmend wandelnden und damit unsicheren Territorium wir uns bewegen. Doch nicht nur in Krisen gehören insbesondere für Führungskräfte eine hohe

Arbeitsdichte und Zeitdruck, veränderliche oder gar fehlende Strukturen sowie der Umgang mit unsicheren, schwierigen Führungssituationen und Konflikten zum Arbeitsalltag (Thomson et al. 2020; Unger und Sann 2020; Rolfe 2019, S. 160 f.; Strack et al. 2018, S. 3; Hays 2017, S. 23; Schwarzmüller et al. 2017, S. 620 ff.). Ziele zu entwickeln, Prioritäten zu setzen, Risiken einzugehen, Ergebnisse zu erzielen und Entscheidungen zu treffen, deren Wirkungen nur teilweise bekannt sind, für die man aber letztendlich verantwortlich ist, sind nur einige Herausforderungen, denen Führungskräfte tagtäglich begegnen (z. B. Regnet 2020). Dabei trotz zunehmender, teils sprunghafter Veränderungen berechenbar, glaubhaft und Vorbild zu sein (Hays 2017, S. 23), machen einerseits den Reiz des Gestaltens, die Besonderheit des Führens aus – andererseits stellen sie die Führungskraft vor hohe Erwartungen, die nicht selten in Druck und Stress münden können (Scharnhorst 2019, S. 194 f.; Rolfe 2019; Zimber 2018). Solche emotional belastenden Situationen erfordern konstruktive Verarbeitung und eine gute Selbststeuerung, will man handlungsfähig, einigermaßen gelassen und vor allem in Balance bleiben (z. B. Linneweh und Hofmann 2020; Scharnhorst 2019; Rolfe 2019, S. 162 ff.; Zimber 2018). Doch auch ohne explizite Führungsverantwortung fordert die moderne Arbeitswelt in vielen Bereichen, selbstständig zu agieren und unser „Leben selbstverantwortlich zu steuern und so zu gestalten, dass Leistungsfähigkeit, Leistungsbereitschaft, Wohlbefinden und Balance gestärkt und langfristig erhalten werden" (Graf 2019, S. 12 zit. n Graf und Olbert-Bock 2019, S. 287; siehe auch Rolfe 2019, S. 102 ff.). Es liegen entsprechende Befunde vor, dass Menschen, die sich selbst gut führen und ihre Ressourcen sinnvoll einsetzen, besser mit beruflichen Herausforderungen fertig werden und zufriedener mit ihrem (Arbeits-)Leben sind (Linneweh und Hofmann 2020, S. 14 f.; Kuhn 2020; Scharnhorst 2019; Müller und Braun 2009).

Selbstführung oder allgemeiner gesprochen auch Selbstregulation kann verstanden werden als „eine zielorientierte Steuerung des Selbst, der eigenen Gefühle und Stimmungen und des Verhaltens, mit der es uns gelingt, kurzfristige Bedürfnisbefriedigungen oder Ablenkungen zugunsten von übergeordneten, langfristigen Zielen zu überwinden" (Keller und Knafla 2019, S. 139). Die Führung der eigenen Person (Selbstführung) ist eine entscheidende Voraussetzung, um andere Menschen motivieren und führen zu können (Rolfe 2019, S. 162 ff.). Nur wenn man den eigenen Kompass kennt, kann man den Menschen, die einem anvertraut sind, auch Orientierung und Sicherheit geben. Die Haltung der unmittelbaren Führungskraft ist für die Mitarbeiterinnen und Mitarbeiter entscheidend und hat einen großen Einfluss auf die Leistungsfähigkeit von Führungskräften. „Das zielgerichtete Handeln mit Fokussierung resultiert aus …

Werten und Führungskompetenzen wie Klarheit, Vertrauen oder Verantwortung, also aus der Haltung als Führungskraft. Will jemand wie ein Leader führen, so braucht er Zeiten des Rückzugs, um über Visionen, Strategien und Entwicklungen nachzudenken – und über seine Mitarbeitenden" (Lüneburg 2019, S. 110).

Selbstführung beschäftigt sich zunächst mit der inneren Haltung (und der Beziehung zu sich selbst), dem Verhältnis zu seiner Umwelt und (nicht nur als Führungskraft) mit Fragen der Führung der eigenen Person. Zur Selbstführung gehört damit auch **Selbstmanagement.** Darunter können – im organisationalen Kontext – vor allem Kompetenzen zusammengefasst werden, die uns befähigen, selbstständig konkrete Aktivitäten zu planen, zu steuern, umzusetzen und bei Bedarf an aktuelle Veränderungen anzupassen, um Aufgaben zu bewältigen und Ziele zu erreichen. Die Führung der eigenen Person heißt darüber hinaus auch, auf sich und seine Ressourcen zu achten **(Selbstfürsorge)** sowie sich seiner Potenziale bewusst zu sein, diese wirksam einzusetzen und zielgerichtet weiterzuentwickeln (Selbstreflexion und Persönlichkeitsentwicklung; z. B. Müller und Braun 2009).

Schaut man sich die aktuelle Führungsliteratur an, so entsteht mitunter der Eindruck, dass Führungskräfte übermenschliche Fähigkeiten besitzen müssen, um den vielen Anforderungen gerecht zu werden (siehe auch Regnet 2020; Linneweh und Hofmann 2020; als kritische Anmerkung: unser Buch leistet hierzu auch einen kleinen Beitrag – beschwichtigende Anmerkung: aber, wie hoffentlich deutlich wird, auch zur Bewältigung dieser Herausforderungen). Die Befundlage ist klar: der Druck auf Führungskräfte nimmt zu und die Anforderungen an moderne, wirksame Führung wirken sich auf die Gesundheit und Leistungsfähigkeit aus (z. B. BAuA 2020, S. 107; Gallup 2019, 2019a; Scharnhorst 2019, S. 194 ff.; Lin et al. 2018; Scholl et al. 2018; Zimber 2018, S. 12 ff.; Schwarzmüller et al. 2017, S. 625). Selbstfürsorge ist daher grundlegend für eine wirksame Führungskraft.

Selbstführung und Selbstfürsorge kann nur gut gelingen, wenn man regelmäßig über sich nachdenkt – auf sich selbst achtet (z. B. Matyssek 2020; Rolfe 2019). Es gilt somit zunächst, weniger zu klären, was andere über Führung denken, sondern, was man selbst darüber denkt. Dies ist das Fundament, auf dessen Basis man beginnen kann zu handeln. **Selbstreflexion** ist die Königsdisziplin von professioneller Führungstätigkeit. Dabei sollte man weder zu kritisch noch zu überheblich auf die eigene Person zu blicken – jedoch immer mit einer wachstumsorientierten Haltung (siehe auch „Growth Mindset"; Dweck und Yeager 2019; Rolfe 2019, S. 168 ff.; Seitz und Seitz 2018, S. 370 ff.).

Wir haben umfassende theoretische wie empirische Befunde zur Personalführung in den vorherigen Kapiteln ausgeführt. Diese bilden die Basis für die nun folgenden Aspekte und Handlungsempfehlungen, die wir in vielen Bereichen

nur kurz erläutern können.[3] Einiges von dem, was wir hier präsentieren, wird für
Sie nicht neu sein – gleichwohl halten wir die nachfolgenden Punkte für absolut
bedeutend, wenn gute Führung nachhaltig gelingen soll und verweisen dazu auf
ein Zitat von R. A. Mackenzie: „Viele Lösungen sind selbstverständlich und nur
wenige neu. Wir wissen, was wir tun sollten. Uns fehlt jedoch einfach die Ent-
schlossenheit oder die Disziplin zur Ausführung."[4] Wir laden Sie somit zu einem
ehrlichen Blick auf sich, Ihre Situation, Ihre Erwartungen an die Führungsrolle wie Ihre berufliche Zukunft sowie zur Reflexion der bisher eingesetzten
Führungsinstrumente und -techniken in Ihrem beruflichen Umfeld ein.

5.1.1 Selbstführung

Selbstführung ist eine entscheidende Voraussetzung, um andere Menschen wirksam motivieren und erfolgreich führen zu können. Als Führungskraft stehen
Sie u. a. im Blickfeld Ihrer Mitarbeiter*innen, Führungskräftekolleg*innen,
Kund*innen/Klient*innen, Netzwerkpartner*innen. Sie und Ihr Verhalten werden
beobachtet (ob Sie wollen oder nicht) und gerade für die Mitarbeiterinnen und
Mitarbeitern sind Sie ein wichtiges Vorbild, wenn es um die Reflexion und Entwicklung des individuellen Profils oder auch um die Entscheidung geht, ob
man Ihnen folgen will. Mitarbeiter*innen erwarten von Ihnen Orientierung und
schauen genau hin, ob das, was Sie von anderen erwarten auch für Sie richtungs-
leitend ist. Dabei geht es weniger um Ihre fachliche Qualifikation, sondern vor
allem darum, ob Ihre „Einstellungen, Ansprüche und moralischen Wertmaßstäbe
mit Ihrem eigenen Tun im Einklang stehen" (Kunz 2014, S. 21 f.).

---

[3] Es liegt unzählige Literatur zu jedem einzelnen Punkt dieses Kapitels vor, sodass wir hier
lediglich einen sehr knappen Überblick bieten können. Damit ist verbunden, dass wir eine
Schwerpunktsetzung und folglich eine deutliche Reduzierung der vielfältigen, wertvollen
Erkenntnisse zum Bereich der Selbstführung sowie der Führungsinstrumente/-techniken
vornehmen, nur bedingt die Stärken und Grenzen der jeweiligen Aspekte diskutieren und
Sie daher einladen, die Literatur im Quellenverzeichnis zu Vertiefungen heranzuziehen
sowie sich reflektierend mit Ihrer konkreten Situation auseinanderzusetzen. Dafür werden
wir Ihnen an verschiedenen Stellen Checklisten bzw. Reflexionsfragen anbieten.
[4] Zit. n. Stroebe und Stroebe 2020, S. 3. Alec Mackenzie ist u. a. Autor des Buches *Die
Zeitfalle* (*The Time Trap: The Classic Book on Time Management*, 1972). Leider steht uns
hier nicht selten die sogenannte Intentions-Verhaltens-Lücke im Weg (Sheeran und Webb
2016). Diese Lücke bedeutet, dass wir Menschen, trotz guter Absichten, diese oftmals nicht
in die Tat umsetzen (möglicherweise denken Sie jetzt gerade an Ihre guten Vorsätze zum
Neuen Jahr). Neben dem mitunter fehlenden Willen, sind es beispielsweise ungünstige
Rahmenbedingungen, die der Umsetzung im Weg stehen.

Weshalb sind Sie Führungskraft geworden bzw. aus welchen Gründen planen Sie, eine Führungsposition zu übernehmen? Was sind IHRE zentralen Motive?[5]

Das Hernstein Institut für Management und Leadership (2020) hat über 1500 Führungskräfte u. a. auch zu den ausschlaggebenden Motiven für die Wahl von deren aktueller Position befragt und u. a. folgende Erkenntnisse herausgearbeitet:

- 72 % der Führungskräfte haben sich wegen der Tätigkeit an sich für ihren aktuellen Job entschieden, 28 % wegen des Unternehmens.
- Auf die Frage „Was motiviert Sie für Ihren Job" geben 19 % Arbeitsklima und Team an. Dahinter folgen mit 18 % die „Abwechslung", also ein inhaltliches Motiv, und mit 15 % „Kontakt mit Menschen" wiederum ein soziales. 12 % nennen das Einkommen als Motivation. Auf der gleichen Ebene (12 %) liegen Freiheit und Flexibilität.
- Unter ausgewählten Statements zum persönlichen Verhältnis zur Arbeit wird „Dass ich die Tätigkeit selbst gerne mache" die höchste Bedeutung beigemessen (sehr große Bedeutung: 62 %). 58 % sehen „Dass die Arbeit Sinn macht" und 56 % „Dass der Job zu mir passt" als sehr bedeutend an. Die relativ geringste Bedeutung hat die Vereinbarkeit Job und Privatleben mit 47 %.

---

[5] Jeder Mensch hat bestimmte Vorstellungen, die sein Leben und Denken bestimmen und die eine gewisse Wichtigkeit besitzen. Hermann (2014) hat einen Fragebogen dazu konstruiert, den Sie für sich nutzen können. Speziell für Führungskräfte nennt Fuhrmann (2018, S. 46 f.) einige Gründe, um die Reflexion etwas zu erleichtern. Darunter z. B. *Ich wollte schon immer den Ton angeben, Führung macht Spaß, Ich habe eine Vision und die kann ich nur mit dem Team erfüllen, Die Führungsposition ist nur ein logischer Schritt meiner Karriere, Als Führungskraft kann man mehr bewegen, Ich liebe Verantwortung, Ich wollte weniger Fremdbestimmung und mehr Selbstbestimmung in meinen Alltag bekommen, Ich bin gefragt worden und hatte bisher nicht über eine Führungsposition nachgedacht, Nur als Führungskraft kann ich die wirklich wichtigen Themen vorantreiben, Ich liebe die Arbeit mit Menschen, Die Bezahlung ist besser, Führung ist ein klasse Etikett und unterstreicht meine Wichtigkeit …* Neben diesen oder ähnlichen (meist primären) Aspekten kommen weitere Folgen der Entscheidung hinzu, die Sie in einem zweiten Schritt mit einbeziehen können und die sich vorteilhaft oder auch nachteilig auswirken können, z. B. Unabhängigkeit steigt vs. sinkt, mehr Geld vs. weniger Zeit (für Familie, Hobbys etc.), mehr Aufgaben vs. viel Ablenkung, tun was ich will vs. viele Zusatztermine, mehr Anerkennung vs. schlechtere Gesundheit etc.

Aus Ihrer Persönlichkeit und den Vorstellungen (Werte, Normen, Ansprüche …), die Ihr Denken und Handeln prägen, den Motiven, die im Zusammenhang mit der Führungsrolle Auswirkungen haben, den unterschiedlichsten Erfahrungen, die Sie im Laufe Ihres Lebens u. a. als Geführte*r bzw. als Führungskraft gesammelt haben und vielen anderen Eindrücken, entwickelt sich Ihr persönliches, wertegeleitetes Führungsverständnis. Zwar ist das Selbstbild subjektiv, wird jedoch als eigene Realität wahrgenommen. Und so, wie dieses Verständnis „in Ihnen wohnt", so blicken Sie auf sich und Ihre Umgebung, so nehmen Sie wahr, so bewerten Sie, so kommunizieren Sie, so setzen Sie Schwerpunkte etc. Hinzu kommen Kenntnisse und Fertigkeiten im Zusammenhang mit der Führungsaufgabe/-rolle sowie Ihre Entscheidung, welche Art der Führung und Zusammenarbeit Sie insbesondere praktizieren möchten (siehe zu den vielfältigen Möglichkeiten, zu den Vor-/Nachteilen v. a. Abschn. 1.2 und 1.3).

> Es geht somit um die eigene, persönliche Profilbildung, um die Entwicklung der inneren Haltung als Führungskraft – und nicht um eine uniforme Ausbildung oder die reine Vermittlung von Methoden. Jeder und jede führt anders – und das ist gut so, wenn er oder sie sich mit Menschen, Organisationen und ihren Eigenheiten ebenso gut auskennt wie mit sich selbst … (Lüneburg 2019, S. 2).

Um eine klares Führungsverständnis – Ihren persönlichen **Führungskompass** – zu entwickeln, können Sie sich u. a. folgende Fragen beantworten (siehe Gerhardt 2020, S. 43; Lüneburg 2019, 2020; Fuhrmann 2018, S. 43 ff., 67 ff.; Spisak 2017; Kunz 2014):[6]

- Warum möchte ich eine Führungsrolle übernehmen (bzw. habe diese übernommen)?
- Warum würden andere wollen, dass ich diese leitende Rolle übernehme?
- Funktioniert Antwort 1 auch für Frage 2? Wenn nein: Welche Gründe hat dies?
- Wofür stehe ich als Führungskraft – was können die Mitarbeitenden von mir erwarten und was erwarte ich von den Mitarbeiter*innen?
- Welche wesentlichen Führungsverantwortungen trage ich bzw. möchte ich vor allem übernehmen?

---

[6] Auch wenn man hier sehr viel zu jedem einzelnen Punkt herausarbeiten kann, versuchen Sie einmal, sich auf maximal 3 Antworten (3 Aspekte) pro Frage zu beschränken. Weitere Reflexionsfragen finden Sie in z. B. in Abschn. 1.2, wenn es u. a. um Fragen zur Führungspersönlichkeit und -kompetenzen geht.

- Wo sehe ich meine wichtigsten Ziele und Aufgaben als Führungskraft?[7]
- Was treibt mich an? Wofür stehe ich ein?
- Welches Menschenbild, welche Werte und Normen, die ich auch als Basis meiner Zusammenarbeit mit den Mitarbeiter*innen sehe, leiten mich insbesondere?[8]
- Die Beziehungsgestaltung sollte auf Respekt/Wertschätzung sowie auf Ehrlichkeit, Offenheit und Transparenz (was alles das Vertrauen fördert) beruhen: Wie konkret werde ich das im Tagesgeschäft dauerhaft umsetzen?[9]

---

[7] Zu Zielen von Führung und dem Führungsprozess insgesamt verweisen wir v. a. auf unsere Ausführungen im Kap. 1.

[8] Aus unseren Ausführungen aller vorherigen Kapitel wird sicher deutlich, dass wir für ein humanistisches Menschenbild plädieren. Dies meint insbesondere, eine*n Mitarbeiter*in als Mensch wahrzunehmen und sie/ihn so anzuerkennen, wie sie/er ist. Die Führungskraft erkennt die Einzigartigkeit der Persönlichkeit an und handelt entsprechend (Lüneburg 2019, S. 99, 102). Daher haben wir auch mehrfach darauf hingewiesen, dass nachhaltiger Organisationserfolg auf humanem Erfolg basiert und auch eine entsprechende Definition „guter Führung" in diesem Buch herausgestellt. Wir zitieren an dieser Stelle nochmals Lüneburg (2019, S. 107): „Wenn eine positive Grundhaltung in der Führung fehlt, spiegeln das die Mitarbeitenden durch mangelnde Motivation und ‚Dienst nach Vorschrift'. Führungskräfte mit negativer innerer Haltung (und ggf. negativem Menschenbild) lassen Lob und Anerkennung vermissen, werden schnell ungehalten, kritisieren früh und unsachlich und vernachlässigen aufgrund ihrer Ausrichtung auf die eigene Karriere nicht nur ihre Mitarbeitenden, sondern auch ihre Aufgaben – die dann die Mitarbeitenden mitmachen müssen. Wer jedoch grundsätzlich eine positive Haltung hat (schlechte Tage haben alle Menschen), strahlt das aus: Gegenüber Mitarbeitenden, Vorgesetzten, Kollegen. Damit ist nicht Zweckoptimismus gemeint, sondern eine Haltung, das Leben, den Beruf, das Unternehmen und die Mitmenschen positiv zu sehen und mit Fehlern, Missverständnissen oder Konflikten konstruktiv umzugehen. Diese Haltung zeichnet sich durch die bereits erwähnten Punkte wie gutes Menschenbild, Vertrauen, Verantwortung oder emotionale Verbundenheit aus."

[9] Gerade für die Interaktion mit den Mitarbeitenden empfiehlt sich, regelmäßig Feedback einzuholen, z. B. zu folgenden Fragen: „*Fühlen sie sich so einbezogen, wie ich es mir vorgenommen habe bzw. die Mitarbeitenden es sich wünschen? Besteht ein gutes Vertrauensverhältnis? Lobe und kritisiere ich aus deren Sicht angemessen und konstruktivwertschätzend? Gestalte ich eine motivierende Arbeitsumgebung? Spüren Mitarbeitende Respekt und Wertschätzung? Sind die Ziele/Aufgaben/Verantwortlichkeiten tatsächlich allen klar, haben die Mitarbeitenden alles, was diese für gute Leistungserbringungen und Zufriedenheit benötigen?*"

- Wo liegen meine Stärken – wo meine Schwächen? Was muss ich (vor allem im Blick auf künftige Herausforderungen) entwickeln/ausbauen?[10]
- Wie ausgeprägt ist mein Selbstwertgefühl, mein Selbstvertrauen?[11]
- Schaffe ich es, mich oft genug zurückzuhalten, um empowermentorientiert zu führen? Bin ich selbstbewusst genug, um demütig zu handeln? Bin ich bereit, mich zurückzunehmen, um anderen zu helfen, nach vorn zu treten und deren Selbstbestimmung und -wirksamkeit zu stärken?
- Will ich jedoch (zugleich) Verantwortung übernehmen, klar kommunizieren, Entscheidungen treffen, den Rahmen abstecken, Orientierung bieten und auch mit schwierigen, nicht selten stressigen Situationen umgehen?

Die Führungshaltung wirkt sich unmittelbar auf die Zufriedenheit der Mitarbeitenden aus (Nink 2018; siehe auch Abschn. 1.2) und die Grundlage guter Führung beginnt bei Ihnen und mit Ihnen – in Ihrem Kopf. Eine intensive, regelmäßige Auseinandersetzung und die Entwicklung klarer Antworten zu Fragen des Selbstkonzeptes, Menschenbildes, Führungsstils, der individuellen Führungskompetenzen sowie der Führungsvorhaben, die einen leiten und motivieren, sind die Basis erfolgreich agierender Führungskräfte. Aus all diesen Punkten entwickelt sich ein (Führungs-)Selbstbewusstsein und Führungssouveränität. Der Weg zur erfolgreichen Selbstführung erfordert Mut und Ehrlichkeit zum Kennenlernen der eigenen Persönlichkeit und die Bereitschaft, die Verantwortung dafür zu übernehmen. Dabei steht uns manches im Weg (z. B. das Phänomen des blinden Flecks; siehe Kap. 3 sowie Schütz et al. 2020, S. 104 ff.). Den Weg zu gehen, lohnt sich jedoch – für sich selbst und die Menschen, die

---

[10] Hier können Sie eine individuelle SWOT-Analyse zu Ihren Führungskompetenzen durchführen (z. B. Fuhrmann 2018, S. 63 ff.; sie können dies aber auch von vertrauten Menschen aus Ihrem näheren Umfeld ausfüllen lassen).

[11] Ein stabiles Selbstwertgefühl (was sich auf das „Standing" und die Einflusskraft auswirkt) ist ein wichtiger Faktor für gute Selbstführung und Führung der Mitarbeitenden (Spisak 2017, S. 9 ff.; die Thematik ist deutlich umfassender und kann z. B. bei Spisak vertiefend nachgelesen werden). Führungskräfte benötigen Selbstvertrauen, um Herausforderungen zu bestehen und ihre Aufgaben zu erfüllen. Ein jedoch übertriebenes Selbstwertgefühl (bzw. die fehlende Selbstreflexion) kann wiederum dazu führen, dass Menschen nur noch sich und ihre Person sehen, sich bewusst über andere stellen und keine Kritik zulassen. Auch ein solches Verhalten kann zumindest kurzfristigen Führungserfolg mit sich bringen (siehe Donald Trump und hierzu die Ausführungen von Ronay et al. 2019). Die Führungsforschung zeigt, dass dies langfristig jedoch negative Folgen mit sich bringt (für sich und die anderen; z. B. Kaluza et al. 2020).

einem anvertraut sind, sowie auch für die Organisationen, die diese reflexiven Prozesse unterstützen. Zur Frage „Wie baue ich nun mein Leadership-Konzept auf?" stellen wir 7 Handlungsimpulse von Spisak (2017, S. 46) vor:

1. Nehmen Sie die Verantwortung für die eigene Entwicklung in die eigene Hand!
2. Trainieren und pflegen Sie die eigene Selbstwahrnehmung und „selfawareness"!
3. Nutzen Sie Selbstreflexion, Selbstbeobachtung sowie Feedback von außen, und lernen Sie mit Sparringspartner*innen sowie im Rahmen von Coaching!
4. Bestimmen Sie Ihren individuellen Weg zur Gestaltung und Veränderung Ihrer Ressourcen und Strategien im Umgang mit sich selbst und mit anderen!
5. Fordern Sie Unterstützung seitens der Organisation ein, und greifen Sie aktiv auf das Unterstützungsangebot der Organisation zu!
6. Setzen Sie Ihre geplanten Wege und Lernprozesse um!
7. Kontrollieren und reflektieren Sie die Wirkung der Umsetzung bewusst und konsequent.

Insbesondere in der veränderlichen Arbeitswelt, in der sich Führungskräfte heute bewegen und behaupten müssen, ist eine stabile Selbstführung, die einem Struktur gibt und handlungsleitend wirkt, sehr entscheidend (Keller und Knafla 2019, S. 138). Nicht nur für Führungskräfte selbst ist daher die Frage der gelingenden Selbstführung von Bedeutung – auch für die Mitarbeitenden (z. B. Matyssek 2020; Scharnhorst 2019). Somit gilt es für die Führungskraft, auch die Selbstführung der Mitarbeiterinnen und Mitarbeiter zu stärken.[12] Neben dem Bereich, wie man auf sich und sein Führungsverständnis blickt und welche Konsequenzen sich daraus für das tägliche Führungshandeln ergeben, benötigen Führungskräfte umfassende Kompetenzen, um mit den Anforderungen

---

[12] „Durch entsprechende Strategien der Selbstführung können Führungskräfte und Mitarbeitende ihr Arbeitsverhalten selber initiieren und steuern, Ziele laufend anpassen und Gedanken, Gefühle und Handlungen so beeinflussen und regulieren, dass diese für die Zielerreichung förderlich sind. Führungskräfte sind darüber hinaus gefordert, nicht nur die eigenen Handlungen und Gefühle zu regulieren, sondern auch bis zu einem gewissen Grad die ihrer Teammitglieder … Gute Selbstführungskompetenzen dienen … neben der beruflichen Arbeitsleistung auch dem Wohlbefinden sowie der Gesundheit, die wiederum mit der beruflichen Arbeitsleistung in Wechselwirkung stehen" (Keller und Knafla 2019, S. 139 f.). Um z. B. die Ideen der Selbstbestimmungstheorie, von transformationaler und empowermentorientierten Führung oder dem Shared-Leadership-Ansatz in Teams zu fördern: All diese Führungsstile benötigen selbstständig denkende und handelnde Mitarbeiter*innen.

des Arbeitsalltags erfolgreich umgehen zu können (u. a. Zeit- und Selbstmanagement).

5.1.2 Zeit- und Selbstmanagement

Wie schätzen Sie Ihr Zeit- und Selbstmanagement ein? Fühlen Sie sich oft
gehetzt bzw. gestresst? Geraten Sie häufiger vor Meetings oder Deadlines
ins Schwitzen? Ist Ihr Schreibtisch aufgeräumt? Können Sie regelmäßig eine
qualitativ hochwertige Mittagspause genießen und gut vom Arbeitskontext
abschalten? Haben Sie in der Woche mehrere Stunden Arbeitszeit zu Verfügung, die Sie frei für die von Ihnen als wichtig eingestuften Themen – v. a. für
strategische Themen – nutzen können? Würden Sie sagen, dass Ihre Work-Learn-
Life-Balance gut funktioniert und Sie für Ihr persönliches Glück, Ihre Gesundheit, Entspannung und sozialen Kontakte ausreichend Zeit finden?[13] Bräuchten
Sie eigentlich ein wenig mehr Arbeitszeit? Wie beurteilen Sie die Nutzung
digitaler Geräte – kommen diese auch außerhalb der Arbeitszeit oft zu beruflichen
Zwecken zum Einsatz?[14]

Mehr als 2/3 der im Rahmen von Trainings befragten Führungskräfte sagen,
dass sie 20 % *mehr* Zeit pro Woche benötigen. In einer anderen Studie gibt *1*
Führungskraft von 100 an, genügend Zeit zu haben (Stroebe und Stroebe 2020,
S. 11). Fremdsteuerung und ungeplante Ereignisse kennzeichnen den Alltag
der meisten Führungskräfte.[15] Als besonders häufig vorkommende „Zeitver-
schwendungen" geben Führungskräfte an: zu viele Besprechungen, zu viel zu
lesen (v. a. E-Mails), Schwierigkeiten mit Vorgesetzten, zu viele Telefonate,

---

[13] Führungskräfte berichten über stärkere Belastungen, eine schlechtere Work-Life-Balance
und über ein schlechteres körperliches Wohlbefinden als die einzelnen Mitarbeiter*innen
des Teams (z. B. Clifton und Harter 2019, S. 120; Zimber 2018).

[14] Auf die Frage „Wie oft checken Sie am Tag normalerweise Ihre beruflichen E-Mails
außerhalb der normalen Arbeitszeit?", antworteten lediglich 24 % mit „NIE". Die meisten
(39 %) sagten „alle paar Stunden" (Adobe 2018).

[15] Wir haben in Kap. 3 darauf verwiesen, dass Führungskräfte 50–90 % ihrer Zeit für
verbale Kommunikation einsetzen, die weitgehend aus einer großen Zahl ungeplanter,
reaktiver Gespräche von sehr kurzer Dauer besteht (Wahren 1992; auch Stroebe und
Stroebe 2020, S. 12 ff.; König und Kleinmann 2020, S. 173; Lippmann 2019, S. 352; Kauffeld et al. 2019, S. 127; Blessin und Wick 2017, S. 93 ff., 253; Kals und Gallenmüller-
Roschmann 2017, S. 151 ff.). Daneben führen weitere, ungeplante Notwendigkeiten zu
eher unstrukturierter Führungstätigkeit (Stroebe und Stroebe 2020, S. 12 ff.).

Themen von Mitarbeitenden und die eigene Zeiteinteilung (Stroebe und Stroebe 2020, S. 14; siehe auch König und Kleinmann 2020). Blickt man auf die Entwicklung der modernen (digitalen) Arbeitswelt, werden Störungen wie die Herausforderung „vieles gleichzeitig am Laufen zu halten" nicht weniger und die Anforderungen[16] an, wie der Druck auf Führungskräfte wird weiter zunehmen (z. B. Clifton und Harter 2019; Scharnhorst 2019, S. 194 ff.; Lin et al. 2018; Zimber 2018; Scholl et al. 2018). Es ist daher unerlässlich, dass sich Führungskräfte mit der Thematik des Zeit- und Selbstmanagements und der Förderung der eigenen Balance (Selbstfürsorge; Abschn. 5.1.3) vertieft beschäftigen (Graf und Olbert-Bock 2019, S. 287 ff.). Wie bereits bei der Selbstführung (Abschn. 5.1.1) betont, kann man nur aus der eigenen Stärke heraus und auf einem guten Fundament andere Menschen erfolgreich führen und entwickeln (Rolfe 2019).

Anke Lüneburg (2019, S. 152) versteht unter **Selbstmanagement** (zusammen mit Zeitmanagement) „die Fähigkeit,

- selbstständig Ziele zu setzen, die möglichst mit eigenen Werten übereinstimmen und dafür Verantwortung zu übernehmen
- fokussiert zu handeln, indem Prioritäten gesetzt und das wirklich Wichtige im Blick behalten wird
- Aufgaben, Sitzungen und Projekte durch Zeitmanagementfähigkeiten gut vorzubereiten und zu planen
- sich selbst mithilfe der eigenen Stärken und Werte zu steuern."

Es geht in diesem Abschnitt somit um die zielgerichtete Beeinflussung des eigenen Verhaltens hinsichtlich der persönlichen Arbeitsmethodik und des Zeitmanagements.[17] Die zentralen Ziele hierbei sind: Leistungsfähigkeit,

---

[16] die u. a. auch durch moderne Führungsstile entstehen können.

[17] „Zeit- und Selbstkompetenz umfasst das Zeit- und Selbstmanagement einer Person und meint damit die aktive und individuell nützliche Ziel-, Prioritätensetzung und Planung einer Person. Es meint auch das Setzen und die Verfolgung von Zielen durch die aktive Auseinandersetzung einer Person mit den eigenen Bedürfnissen, Stärken und Entwicklungsfeldern. Dabei schafft die Person sich selbst unterstützende Bedingungen, die hilfreich für die eigene Persönlichkeit und deren Entwicklung sowie die Steuerung des persönlichen Verhaltens sind. Neben der Beschäftigung mit kurzfristigen Lösungen und nützlichen Methoden werden Selbstreflexionsprozesse angeregt, die sich mittel- und langfristig positiv auf die Entwicklung von Zeit- und Selbstmanagement, die eigene Zufriedenheit und Leistungsfähigkeit im Berufs- und Privatleben auswirken ..." (Weisweiler et al. 2013, S. 77).

Leistungsbereitschaft, Wohlbefinden und Balance selbstverantwortlich zu fördern und langfristig zu erhalten (Graf 2019, S. 12, 385 ff.). Wir werden kurz einige Strukturierungshilfen, Arbeitsmethoden und Zeitmanagementimpulse skizzieren.[18]

Hinweise zur Verbesserung des persönlichen Zeitmanagements:
In welchen Bereichen verlieren Sie Ihrer Meinung zu viel Zeit (in Anlehnung an Stroebe und Stroebe 2020; sowie Meier 2021; König und Kleinmann 2020; Blickle 2019a, S. 343 f.; Rolfe 2019; Scharnhorst 2019; Fuhrmann 2018, S. 95 ff.; Weisweiler et al. 2013, S. 88 ff.):

Aufschieben, zu wenig Planung, es fällt schwer „nein" zu sagen, Ablenkungen und Unterbrechungen (z. B. durch andere Personen, Lärm, durch digitale Geräte, aber auch durch fehlende Selbstdisziplin/Konzentrationsfähigkeit), zu wenig Delegation (zu viel selbst übernehmen), zu wenig Pausen/Ausgleich/Freizeit, schlechte Ordnung am Arbeitsplatz/unklare Ziele und Prioritäten (hierzu zählen z. B. auch Suche nach Notizen, Präsentationen, Besprechungsunterlagen, Kontaktdaten …), Unklarheiten über die Zeitverwendung, Unterschätzung der Aufgabendauer, mangelnde Berücksichtigung von Leistungsschwankungen über

---

[18] Auch diese Thematik werden wir nur exemplarisch ausführen und verweisen auf Publikationen von z. B. Stroebe und Stroebe 2020; König und Kleinmann 2020; Lüneburg 2020, 2019; Böttger et al. 2019; Graf 2019; Negri 2019; Bernsmann et al. 2018; Fuhrmann 2018, S. 81 ff.; Franze 2016; Weisweiler et al. 2013. Wenn Sie tatsächlich an Veränderungen Ihres Zeit- und Selbstmanagements interessiert sind und diese erfolgreich angehen möchten, so benötigen Sie ehrliche Reflexion und kleinschrittige Zielpläne (siehe z. B. Stroebe und Stroebe 2020; Graf 2019, S. 377 ff.; Keller und Knafla 2019; Graf und Olbert-Bock 2019, S. 300 ff.; Weisweiler et al. 2013, S. 22 ff.). Sich damit zu beschäftigen oder entsprechende Trainings zu besuchen, kann beachtlich positive Wirkung entfalten (Weisweiler et al. 2013, S. 30 ff.). Dennoch ist Zeitmanagement „nur" ein Teil für eine wirksame und (zumindest meist) ausbalancierte Führung. Es gibt noch viele andere Fallen/Störer/Stressoren, an denen die Führungskraft arbeiten sollte (z. B. Fuhrmann 2018, S. 97 ff.). Weisweiler et al. 2013 fassen die goldenen Regeln im Zeitmanagement folgendermaßen zusammen: Ausdauer, Konsequenz, Selbstdisziplin, Belohnung (z. B. die gewonnene Zeit für sich selbst nutzen), Freude und Spaß (siehe auch König und Kleinmann 2020).

den Tag,[19] Vergessen von Vorhaben, gleichzeitige Wahrnehmung verschiedener Aufgaben (Multitasking), viele (v. a. unvorhersehbare) Besprechungen, mangelnde Koordination/Zusammenarbeit im Team, unnötige Wartezeiten (z. B. weil sich andere verspäten).

Halten Sie kurz inne und vervollständigen Sie folgenden Satz mit mind. 3 verschiedenen Aspekten: *Zeit ist ...* (schauen Sie bitte erst in die dazugehörige Fußnote, nachdem Sie 3 Sätze gebildet haben).[20]

Um an Ihrem Zeitmanagement etwas zu arbeiten, könnten Sie über folgende Punkte nachdenken und den ein oder anderen Aspekt austesten:

- Smarte Ziele definieren (max. 3–5 Ziele gleichzeitig) und feste Meilensteine im Kalender eintragen
- Tagesablauf erfassen, Zeiträuber identifizieren und so gut es geht ausschalten; dazu Kalender und Listen konsequent zur Analyse (und zur realistischeren Einschätzung von Bearbeitungsdauern), jedoch auch zur Tages-/Wochen-/Monats-Planung verwenden
- Aufgaben schriftlich festhalten (entlastet das Gehirn), priorisieren, Dauer abschätzen, Zeitpuffer einbauen, schrittweise abarbeiten (3-W-Regel: Welche Arbeitsschritte sind zu tun? Wie lange werden sie dauern? Welche Zeitpuffer plane ich ein?)

---

[19] Unser Energiereservoir ist über den Tag verteilt verschieden stark aufgefüllt (neben der Tatsache, dass es auch unterschiedliche Tagesformen gibt). Jeder Mensch hat über den Tag hinweg mehrere Leistungshöhe- und -tiefpunkte, die individuell sehr unterschiedlich verteilt sein können (u. a. schon durch den Unterschied Früh-/ Spätaufsteher; Stroebe und Stroebe 2020, S. 139). Sehr vereinfachend kann man jedoch sagen, dass unsere Leistungsfähigkeit vor allem in der Zeit zwischen 8.00 und 11.00 Uhr und zwischen 16.00 und 20.00 Uhr überdurchschnittlich hoch ist (Böttger et al. 2019, S. 27 ff.; Graf 2019, S. 237 ff.; Weisweiler et al. 2013, S. 123 ff.). Doch nicht nur über den Tag verteilt, verfügen wir über ein gewisses Energiereservoir, über das man sich regelmäßig Gedanken machen sollte (i. S. v. was stärkt es, was leert es ...; Rolfe 2019, S. 132 ff.).

[20] Setzen Sie nun das Wort LEBEN ein und sagen Sie sich diesen Satz laut vor: „Zeit ist Leben.". Was geht Ihnen hierbei durch den Kopf? Was ist Ihnen Ihre Lebenszeit wert? Wir stellen oft in Führungstrainings eine weitere Frage: „Was ist Ihnen im Leben besonders wichtig?" Die häufigsten Antworten sind: Gesundheit, gute Partnerschaft bzw. Familie und Freundschaften. Danach fragen wir: „Und weshalb verbringen Sie so wenig Zeit damit bzw. wie können Sie mehr Zeit damit verbringen?"

- Multitasking vermeiden (führt nachweislich dazu, dass man eher ermüdet und Aufgaben/Entscheidungen im Durchschnitt schlechter ausführt)
- Mails max. 3- bis 4-mal pro Tag abrufen, priorisierte und feste Abarbeitungszeiten („jetzt mache ich die Post") festlegen (insgesamt sollten Sie Routinearbeiten dann erledigen, wenn Ihre Leistungskurve eher abflacht)
- Den Tag nicht völlig verplanen und sich störungsfreien Raum, die sogenannte goldene (oder stille) Stunde, schaffen (und wenn es nur für 30 min pro Tag ist – *zusätzlich* zu Pausen)
- Aufgaben delegieren
- Besprechungen so gut es geht zeitlich begrenzen (max. 2 h pro Besprechung); für Kurz-Abstimmungen im Team bietet es sich an, am Morgen (z.B. im Stehen mit einer Tasse Kaffee oder Tee...) für max. 15 min zusammenzukommen
- Qualitativ hochwertige Pausen einlegen[21] und Batterien (tagsüber wie nach der Arbeit) aufladen
- Am Tagesende die To-do-Liste für den Folgetag erstellen und priorisieren
- Arbeitsmethoden für Führungskräfte lernen/trainieren und zielgerichtet nutzen
- Grenzen setzen und lernen, wertschätzend „nein" zu sagen[22]
- Respekt vor der Zeitsouveränität anderer haben

Ausgewählte Arbeitsmethoden für Führungskräfte[23]
Pareto-Prinzip[24]
Vilfredo Pareto (1848–1923), stellte fest, dass sich 80 % der Ergebnisse mit 20 % des Ressourceneinsatzes (Zeit, Geld, Personal etc.) erreichen lassen und

---

[21] „Regelmäßige Pausen erhalten die Leistungsfähigkeit" (König und Kleinmann 2020, S. 177; Matysek 2020; Scharnhorst 2019, S. 155 ff.; Arbeitszeitpausen sollten folgende 4 Aspekte beinhalten: Bewegung, frische Luft, mentales Loslassen der Arbeitsinhalte (und des Smartphones) sowie soziale Kontakte (z. B. Fladerer 2016).

[22] Ideen dazu z. B. bei Brüggemeier 2020 oder Hyll und Hofmann 2015, S. 234 ff.

[23] Vertiefend: Stroebe und Stroebe 2020; Lüneburg 2019, 2020; Negri 2019; Graf 2019, S. 234 ff.; Bernsmann et al. 2018; Fuhrmann 2018; Franze 2016; Weisweiler 2013). Weitere Führungsinstrumente, wie Delegation, werden wir in nachfolgenden Abschnitten behandeln.

[24] Negri (2019, S. 204) nennt folgende Beispiele: 20 % der Kunden oder Waren bringen 80 % des Umsatzes, 20 % der Produktionsfelder verursachen 80 % des Ausschusses, 20 % eines Artikels enthalten 80 % der Nachrichten, 20 % der Beziehungen bringen 80 % des persönlichen Glücks, 20 % der Besprechungszeit bewirkt 80 % der Beschlüsse (siehe auch Meier 2021, S. 73 f.).

mit den restlichen 80 % der Zeit nur 20 % der Ergebnisse erzielt werden (Pareto-Prinzip). Es handelt sich hierbei um eine sehr grobe Regel, doch gerade diese starke Vereinfachung macht das Pareto-Prinzip zu einem nützlichen und einfach anzuwendenden Tool des Selbstmanagements. Denn tatsächlich ist es in der Führungspraxis nicht selten, dass man sich ständig mit Kleinigkeiten beschäftigt und auf Feinheiten fokussiert, die sich hinterher als nur bedingt oder gar nicht relevant erweisen.

Fragen Sie sich: Lohnt sich der Aufwand wirklich? Finden Sie Ihre 20/80-%-Regel in Ihrem beruflichen und privaten Bereich heraus (z. B. mit einer Liste). Welche Themen davon gehören zu den 20 % der Aufgaben, aus denen 80 % Ihrer Ergebnisse und Ihres Erfolges entstehen können? Hier sollten Sie deutlich mehr Zeit und Energie investieren als in andere Felder.

ABC-Analyse oder Eisenhower-Methode

Die beiden Methoden sind in ihren Grundannahmen wie in den Schlussfolgerungen ähnlich. Es geht letztendlich darum, Aufgaben (Ereignisse, Post, Termine …) nach bestimmten Kriterien zu analysieren, zu priorisieren und abzuarbeiten (oder nicht).

Die *ABC-Analyse* nutzen Sie, um vor allem aufgrund der Dimension Wert(-Schöpfung) zu entscheiden, wie viel Ressourcen Sie einsetzen. Ähnlich wie beim Pareto-Prinzip basiert die ABC-Analyse auf der Annahme, dass man mit einem kleinen Prozentsatz an Aufgaben einen insgesamt hohen Wert erzielen kann. Die Größenordnungen sind ein wenig verändert: Etwa 15 % der Aufgaben (auch weniger) machen einen hohen Wert für z. B. die Zielerreichung aus (das Modell nimmt ca. 65 % an). Dies sind sogenannten A-Aufgaben, die man entweder mit hoher Dringlichkeit selbst erledigt oder zumindest umgehend bestimmte Veranlassungen trifft (z. B. delegiert mit konkreten Meilensteinen, Informationen beschaffen lassen, im Team abstimmen etc.). Auch wenn es nur ein geringer Teil der Aufgaben sind, die solche Bedeutung haben, so sollte man den größeren Teil seiner Zeit/Energie dafür investieren (65 % des Arbeitstages). B-Aufgaben machen ca. 20 % der Gesamtaufgaben aus, haben einen Anteil von 20 % an der Wertschöpfung und sollten 20 % des Arbeitstages ausfüllen. Wenn möglich, sollten diese Aufgaben delegiert, ggf. auch in ihrer Bedeutung reduziert werden oder mit einem bestimmten Termin für das Bearbeiten versehen werden. C-Aufgaben sind eher unwichtige Aufgaben (15 % oder weniger an der Wertschöpfung/Zielrelevanz), die jedoch einen größeren Prozentsatz an den Gesamtaufgaben ausmachen (65 %). Der Rat hier ist, sich solcher Aufgaben zu entledigen (wenn möglich). Da dies jedoch in der Praxis nicht immer so leicht ist, sollte man zumindest darauf achten, max. 15 % seiner Tagesenergie für diese Aufgaben zu investieren. Zu den Begriffen der Dringlichkeit und Wichtigkeit merken Stroebe und Stroebe (2020, S. 95 f.) an, dass man sich nicht dem Druck dieser Worte ergeben sollten: Wichtigkeit (i. S. Wert für die Ziele) geht vor Dringlichkeit und Dringlichkeit vor Perfektionismus.[25] Die *Eisenhower-Matrix* ist eine leicht verständliche Darstellung, wie Sie die komplexe Aufgabenvielfalt Ihres Führungsalltags analysieren und aufteilen können. Sie stammt von Dwight D. Eisenhower, der eine Methode zur Identifizierung der Prioritäten von Aufgaben entwickelt hat. Die Überlegung hinter dieser Matrix ist ähnlich wie die der ABC-Methode, arbeitet jedoch mit 4 Feldern auf den Achsen „Wichtigkeit" und „Dringlichkeit":

- A-Aufgaben: sind dringend und zugleich wichtig (oft Unvorhergesehenes, krankheitsbedingte Ausfälle, Kündigungen oder sonstige Personalverschiebungen, Beschwerden, Ausfall des IT-Systems oder sonstiger wichtiger Leistungskomponenten, Anfragen der übergeordneten Führungskraft o. Ä.). Sie müssen sich selbst diesen schnellstmöglich annehmen.
- B-Aufgaben: besitzen eine hohe Wichtigkeit, sind aber nicht besonders dringlich (z. B. strategische Entscheidungen, Innovationen, allgemeine Anfragen von Kunden, Projekte, Zielplanung, Mitarbeitergespräche). Sie können etwas warten, sollten jedoch terminiert und wenn möglich delegiert (und kontrolliert) werden (Gespräche mit Mitarbeitenden können natürlich nicht delegiert werden).
- C-Aufgaben: haben keine hohe Wichtigkeit, sind jedoch dringend (Tagesgeschäft, wie Statistiken, Berichte, Reisekostenabrechnungen; Unterlagen für feststehende Termine erstellen etc.). Sie sollten diese Aufgaben delegieren oder innerhalb eines bestimmten Zeitraumes (nachrangig) erledigen.
- D- oder Papierkorb-Aufgaben: Aufgaben, die weder dringlich noch wichtig sind. Diese sollten umgehend „entsorgt" werden.

Diese Methode kann z. B. auch mit dem Team in bestimmten Abständen (z. B. alle ½ Jahre) genutzt werden, um Aufgaben neu zu bewerten und sich systematisch von Altbeständen zu verabschieden.

---

[25] Das Fazit von Stroebe und Stroebe (2020, S. 96): Wenn jemand zu Ihnen kommt und sagt „Das eilt sehr!", fragen Sie sich und ihn: **Für welches Ziel?** Wenn jemand zu Ihnen sagt „Das ist sehr wichtig!", fragen Sie (sich) bitte: **Wozu?** Entspricht es den vereinbarten Zielen und Prioritäten? Wie ist es einzuordnen?

Alpen-Methode

Diese Methode ist eine einfache Methode zur strukturierten Tagesplanung. „Mit dieser Vorgehensweise können Sie in durchschnittlich 8 min Ihren Tag relativ einfach und gut planen. Es ist günstig, den Tagesplan schon am Vorabend zu erstellen und diesen schriftlich festzuhalten …" (Negri 2019, S. 202; siehe auch Meier 2021, S. 74 f.; Franze 2016):

1. Aufgaben, Termine und geplante Aktivitäten (auch Unerledigtes vom Vortag) notieren
2. Länge schätzen (voraussichtlich benötigte Zeit für jede Aufgabe kalkulieren)
3. Pufferzeiten einplanen (planen Sie ca. 50 % – max. 60 % der Zeit für geplante, 20 % für unerwartete (Störungen) und 20 % für spontane Aktivitäten, sogenannte kreative Zeiten, ein)
4. Entscheidungen treffen (da Sie vermutlich den Aufgabenkatalog kürzen müssen, sollten Sie max. 60 % des Tages verplanen. Aufgaben/Termine, wenn möglich, kürzen, delegieren, verschieben/terminieren …)
5. Nachkontrolle: ehrlich und selbstkritisch, am Abend die Umsetzung des Tagesplanes kontrollieren, Unerledigtes übertragen und Zeitfresser analysieren

Umgang mit verschiedenen **Situationen, die das konzentrierte Arbeiten erschweren** (entn. aus Stroebe und Stroebe 2020, S. 145 f.):

• Wenn das Telefon klingelt:

a) Wichtiges sofort kurz und präzise erledigen, b) unwichtiges Gespräch nicht aufkommen lassen. Freundlich, aber bestimmt beenden, c) Gespräche/Themen, die Sie nicht betreffen, schnell weiterleiten

• Wenn man Sie „wieder einmal schnell benötigt":

a) einen Termin vorschlagen, zu dem Sie können, b) wenn möglich, an andere (Zuständige) verweisen

• Wenn jemand ungerufen ins Zimmer kommt:

a) Frage nach Wünschen, wenn sofort mit geringem Zeitaufwand zu erledigen, erledigen Sie's – die Störung, die schon läuft, wird kürzer, b) sonst Termin absprechen und Besucher „entlassen", c) wenn möglich: Besucher an feste Sprechzeiten gewöhnen

- Wenn Lärm stört:

a) sich abfinden mit dem Unvermeidbaren, wenn Ursache nicht zu ändern, b) bewusst nicht hinhören – keine Gedanken auf die Störung richten – nicht schimpfen, c) intensiver arbeiten (nicht mit einem Ohr an der Geräuschquelle/am Nachbartisch), sie nehmen dadurch weniger Lärm wahr, d) wenn's gar nicht geht: Lärmstop gibt es in jeder Apotheke

- Zeitdruck:

a) Zeit einteilen hilft Zeit sparen, b) nicht mehr Arbeit annehmen, als Sie bewältigen können, c) besonders sorgfältig arbeiten: richtig beim ersten Mal! Hast führt zu Fehlern, schnell kommt man langsam zum Ziel

- Wenn Zeiten nicht ausgefüllt sind:

a) Nutzen Sie Wartezeiten zum Vorausdenken (machen Sie sich Notizen), b) tragen Sie Lesestoff bei sich, um die Wartezeit zu nutzen, c) nutzen Sie leere Zeiten für bewusste Entspannung: Muskeln lockern, tief und gleichmäßig atmen (Achtsamkeitsübungen)

- Multitasking droht:

a) jede gute Arbeit erfordert alle Gedanken, deshalb immer eins nach dem anderen tun, b) jede Arbeit einzeln abschließen, c) anhalten und sofort Priorisierungen vornehmen

5.1.3   In Balance bleiben (Selbstfürsorge)

Die moderne Arbeitswelt eröffnet neue Möglichkeiten, sie verlangt jedoch auch sehr viel – von Beschäftigen wie Führungskräften (z. B. Wellmann et al. 2020; Albrecht 2020; Rolfe 2019; Scharnhorst 2019; Welpe et al. 2018; Zimber 2018; Schwarzmüller et al. 2017). Verdichtung von Informationen und des Arbeitsvolumens, erhöhte Arbeitsanforderungen, Termindruck sowie Arbeitsunterbrechungen, steigende Veränderungsgeschwindigkeiten, zunehmender Dokumentationsaufwand (z. B. im Kontext des Qualitätsmanagements), neue

Technologien und Formen der Kommunikation wie Zusammenarbeit[26] sind nur einige Aspekte, die einen Rahmen setzen, der viele Möglichkeiten mit sich bringt und gleichzeitig auch vor allem die psychische Belastung erhöhen kann (z. B. Fehn 2020; Meyer et al. 2020; Kastner 2017, 2020; Hirsch-Kreinsen und Wienzek 2019; Schermuly und Koch 2019; Staar et al. 2019; Schaff 2019; Rolfe 2019; Scharnhorst 2019, S. 194; Poppelreuter und Mierke 2018; Sonnentag und Frese 2012).[27] Die zuvor vorstellten Techniken für Zeit- und Selbstmanagement sind wirksame Möglichkeiten, um mit den vielfältigen Anforderungen und Einflüssen des Tagesgeschäfts umzugehen. An der richtigen Stelle konsequent eingesetzt, *können* sie helfen, doch immer seltener sind sie eine ausreichende Antwort auf die Herausforderungen unserer Arbeitswelt, die alle deutlich stärker beansprucht. Eine solch dauerhafte Beanspruchung der körperlichen und seelischen Kräfte in Reaktion auf Druck (Stressor) – wie z. B. durch aufgabenbezogene oder soziale Einflüsse der Arbeitswelt – kann zu Stress führen (Stroebe und Stroebe 2020, S. 28; Fehn 2020; Kastner 2020, 2020a; Rose 2019).[28] Dass

---

[26] „Die Mitarbeitenden empfangen täglich rund 40 geschäftliche E-Mails, davon bis zu 2/3 von Absendern aus dem eigenen Unternehmen. Dabei werden nur etwa 40 % der erhaltenen Mails vom Empfänger als wichtig eingestuft. „Normale Arbeitnehmer" verwenden täglich durchschnittlich 2 h ihrer Arbeitszeit zur E-Mail-Bearbeitung, bei Managern liegt der Wert noch darüber. Hinzu kommt eine ständige Verfügbarkeit: 2/3 der Berufstätigen sind außerhalb ihrer regulären Arbeitszeit für Kollegen, Vorgesetzte und Kunden per Handy oder Internet ansprechbar, 1/3 der Beschäftigten ist sogar jederzeit erreichbar, auch am Wochenende. Das kann erheblichen Stress bedeuten …" (Poppelreuter und Mierke 2018, S. 35 f.).

[27] „Aus dem jährlich publizierten Bericht „Sicherheit und Gesundheit bei der Arbeit" des Bundesministeriums für Arbeit und Soziales (BMAS) und der Bundesanstalt für Arbeitsschutz und Arbeitsmedizin (BAuA) geht hervor, dass sich jeder zweite Erwerbstätige müde, matt und erschöpft fühlt, etwa jeder Dritte sich von nächtlichen Schlafstörungen sowie Nervosität und Reizbarkeit betroffen, jeder Vierte sich emotional erschöpft und jeder Fünfte sich niedergeschlagen fühlt …" (Meschede et al. 2020, S. 357; BMAS 2019a; für Führungskräfte siehe z. B. Scharnhorst 2019, S. 195; Zimber 2018).

[28] „Stress entsteht aus einer subjektiven Bewertung von Situationen im Hinblick auf das eigene Wohlbefinden und der Einschätzung, ob ausreichende Bewältigungsfähigkeiten und -möglichkeiten zur Verfügung stehen" (Fehn 2020, S. 64; Rolfe 2019, S. 109 ff.; Scharnhorst 2019). Als mögliche Belastungsfaktoren in der Arbeitswelt werden vor allem die Bereiche Arbeitsinhalt/-aufgabe, Arbeitsorganisation, soziale Beziehungen, Arbeitsumgebung angesehen (Dettmers und Krause 2020, S. 101; Matyssek 2020; Scharnhorst 2019). Es sind, wenn es um die Frage geht „Was stresst?", jedoch auch die individuellen Erlebens- und Verhaltensmuster der Menschen, die zu berücksichtigen sind (Fehn 2020, S. 66).

die aktuellen Einflüsse tatsächlich mit steigenden Belastungen verbunden sind, belegen beispielsweise die Gesundheitsstatistiken, die seit Jahren eine zunehmende Zahl an psychischen Erkrankungen feststellen (Meyer et al. 2020; Scharnhorst 2019; Rothe et al. 2017).[29]

Berufe der Sozialwirtschaft gehören insgesamt zu den Berufen, in denen starke psychische Belastungen vorhanden sind.[30] Der Erhalt eines hohen Niveaus an Gesundheit und Wohlbefinden der Mitarbeiter*innen ist ein wichtiges Anliegen für jegliche Organisation (z. B. Prümper 2020; Häfner et al. 2019; Rose 2019; von Wahlert 2018). Es ist gut belegt, dass gesündere Mitarbeiter qualitativ wie quantitativ bessere Leistungen zeigen, seltener kündigen, eher bereit sind, Extraaufgaben zu übernehmen und insgesamt motivierter und zufriedener sind (z. B. Rudolph et al. 2020, Rolfe 2019, S. 5 ff.; Ryan und Deci 2017). In diesem Zusammenhang ist die Bedeutung der Führung für die Gesundheit der Mitarbeitenden vielfältig belegt (z. B. Fehn 2020, S. 75 ff.; Matyssek 2020; Rudolph et al. 2020; Gregersen et al. 2020; Häfner et al. 2019; Scharnhorst 2019; Rose 2019; Pundt et al. 2018; Poppelreuter und Mierke 2018; Welpe et al. 2018, S. 194 ff.; Montano et al. 2017; Rothe et al. 2017; Arnold 2017; Franke et al. 2018).[31]

---

[29] Eine kritische Auseinandersetzung mit Aussagen zu steigenden Zahlen psychischer Erkrankungen bieten Meschede et al. 2020. Sie konstatieren jedoch auch, „dass psychische Beeinträchtigungen stark verbreitet und aus Sicht der Erwerbstätigen angestiegen sind. Sie erlauben isoliert betrachtet jedoch keine Rückschlüsse auf zugrundeliegende Ursachen. Allerdings ist die wissenschaftliche Evidenz … inzwischen so umfassend, dass keine Zweifel bestehen, dass die Arbeits- und Organisationsbedingungen einen erheblichen Einfluss auf die psychische Gesundheit nehmen …" (ebd., S. 357; auch Meyer et al. 2020, S. 402 ff.).

[30] So gelten z. B. Berufe im Gesundheits- und Sozialwesen oder auch in Erziehung, Unterricht oder (Sozial-)Verwaltung als überdurchschnittlich von psychischen Erkrankungen betroffen (Meyer et al. 2020, S. 422 ff.). Weitere Befunde belegen ebenso die hohe psychische Beanspruchung in diesen Arbeitsfeldern (z. B. Wellmann et al. 2020, S. 36 f.; Dahl 2017, 2019; Dathe und Paul 2011). Berufe der Sozialarbeit/Sozialpädagogik; Pflege sowie in der Sozialverwaltung/-versicherung zählen zu den 10 Berufsgruppen mit den meisten AU-Tagen aufgrund von Burn-out-Erkrankungen (Meyer et al. 2020, S. 429 ff.).

[31] Zum Beispiel betonen Gregersen et al. (2020, S. 468 f.): „wenn Beschäftigte ihre Führungskraft als Vorbild für Gesundheit wahrnehmen, [haben, F. U.] sie vier Monate später ein fast vierfach geringeres Stresserleben und halb so viele psychosomatische Beschwerden … verglichen mit Beschäftigten, die ihre Führungskraft nicht als Vorbild sehen." Auch Wertschätzung, Dankbarkeit und positives Feedback wirken gesundheitsförderlich (Fehn 2020, S. 75; auch Meier 2021, S. 98 ff.; Matyssek 2020; Scharnhorst 2019, Rolfe 2019).

Führungskräfte selbst agieren gleichsam in der zuvor beschriebenen Arbeits-welt.[32] Führungshandeln findet heute mehr denn je unter komplexen Rahmen-bedingungen und hoher Unsicherheit statt (Stichwort VUCA-Welt;[33] Regnet 2020; Kastner 2017, 2020; Unger 2019a; Rolfe 2019, S. VII; Welpe et al. 2018, S. 20, 57 ff.; Bickerich und Michel 2018, S. 76; siehe auch Kap. 6). Landes et al. (2020, S. 1) beschreiben z. B. ein Spannungsfeld „von Kontrolle und Vertrauen, Nähe und Distanz sowie Integration und Loslassen" als eine Herausforderung. Neue Führungsansätze, die z. B. Empowerment und Partizipation, Individuali-tät wie Flexibilität, Ziel- und Mitarbeitendenorientierung in den Mittelpunkt stellen, sind zwar vergleichsweise wirksam (siehe auch Abschn. 1.2), jedoch durchaus anspruchsvoll, für Führungskräfte herausfordernd oder gar belastend (Gallup 2019a; Lin et al. 2018; Scholl et al. 2018; Zimber 2018, S. 12 ff.). Auch die gesundheitsförderliche und zugleich leistungsorientierte Führung sind aktuell Forderungen, denen sich Führungskräfte – neben klassischen Anforderungen – stellen müssen (Regnet 2020, S. 71; Matyssek 2020; Weibler 2016, S. 467 ff., 504 ff.). Demzufolge sind Führungskräfte ebenso vielfältigen gesundheitlichen Belastungen ausgesetzt (z. B. Kastner 2020; Wellmann et al. 2020, S. 31 f.; Zimber 2018; Schwarzmüller et al. 2017, S. 625; Franke et al. 2018, S. 256). So bringt es Zimber (2018, S. 31) folgendermaßen auf den Punkt: „zu viel Belastung, zu wenig Erholung". Er weist jedoch auch darauf hin, dass Führungskräfte mit vergleich-baren Anforderungen (oder Belastungen) unterschiedlich umgehen und somit auch die Auswirkungen der zuvor genannten Einflüsse verschieden sind (Zimber 2018).[34]

---

[32] Veränderungsprozesse sind häufig für alle Betroffenen mit Belastungen verbunden – oft sind Führungskräfte jedoch besonders betroffen. Dies steigt, je mehr sie operativ umsetzen müssen, ohne zuvor in die strategische Planung einbezogen gewesen zu sein (z. B. Bickerich und Michel 2018, S. 76; Nielsen 2018; Kriegesmann und Kley 2014).

[33] Das (engl.) Akronym VUCA steht für Volatilität, Unsicherheit, Komplexität (engl. Complexity) und Ambiguität. Es beschreibt eine Welt, die zunehmend durch (sprunghafte, unvorhersehbare) Veränderungen, mehr Unsicherheit aufgrund ungewisser Situationen, einer Vielzahl und Vielfalt situativer Elemente und Mehrdeutigkeit (Multioptionswelt, widersprüchliche Umwelt, zunehmende Entscheidungsmöglichkeiten und -notwendig-keiten) gekennzeichnet ist (z. B. Hatfield und Winkler 2020, S. 474 f.; Regnet 2020, S. 59 ff.; Unger 2019; Petry 2018, 2019; Mack und Khare 2016).

[34] „Wir wissen aus der Gesundheitspsychologie auch, dass Menschen sich generell darin unterscheiden, wie widerstandsfähig sie gegenüber Belastungen sind. Studien haben ergeben, dass einige Menschen selbst aus sehr fordernden oder sogar traumatisierenden Erlebnissen relativ unbeschadet hervorgehen, sich also im Umgang mit Krisen als „resilient" erweisen ... Wer resilient ist, zeigt eine geringe Verwundbarkeit angesichts von Krisen und anderen bedrohlichen Ereignissen, diese prallen gewissermaßen von ihm ab, und können darüber hinaus sogar konstruktiv zur Entwicklung genutzt werden ..." (Poppelreuter und Mierke 2018, S. 208).

Erschöpfte Führungskräfte schaden nicht nur sich selbst, sondern auch den ihnen anvertrauten Mitarbeiterinnen und Mitarbeitern (z. B. Gregersen et al. 2020; Matyssek 2020; Schütz et al. 2018; Montano et al. 2017). Somit gilt es, neben der Perspektive der Mitarbeitenden, für sich selbst gut zu sorgen – wovon wiederum die Organisation, die Mitarbeiter*innen, jedoch zuvörderst man selbst profitiert (z. B. Meier 2021; Rolfe 2019)! Dazu ist es von Bedeutung, Belastungen zu erkennen und mit diesen konstruktiv umzugehen (z. B. Warnzeichen wahrnehmen, Ärger kontrollieren), seine persönlichen Risikofaktoren (wie z. B. Verausgabungstendenzen, Leistungsstreben, Perfektionismus) zu analysieren und an diesen zu arbeiten, sich gesundheitsbewusst zu verhalten sowie seine persönlichen Ressourcen zu stärken (z. B. Entspannung, Achtsamkeit, Genuss, soziale Beziehungen, persönliche Bewertungen von Situationen) und schließlich mit besonderen Situation konstruktiv umzugehen (z. B. Misserfolge, Krisen entsprechend verarbeiten; Zimber 2018; s. a. Meier 2021; Fehn 2020; Matyssek 2020, Paulsen und Kortsch 2020; Rolfe 2019; Sonnentag und Frese 2012).

Sich selbst zu führen bedeutet (neben dem Abbau von Belastungen) folglich auch, die eigenen Ressourcen im Griff zu haben (Ressourcenaufbau zur Stressbewältigung und Steigerung des persönlichen Wohlbefindens).[35] Also, als Führungskraft das private und berufliche Umfeld aktiv zu gestalten und die eigene Persönlichkeit so zu stärken, dass eine angemessene Balance zwischen Beruf und Privatleben gefunden wird (Linneweh und Hofmann 2020, S. 138). „Selbstfürsorge ist ein Begriff, der im konstruktiven Selbstumgang auch Aspekte der Sicherung von psychischen Grundbedürfnissen und seelischen

---

[35] „Arbeitsressourcen sind körperliche, psychische, soziale oder organisationsbezogene Aspekte der Arbeit, die Arbeitsanforderungen … und die damit verbundenen körperlichen und psychologischen Kosten reduzieren, persönliches Wachstum, Lernen und Entwicklung fördern und einer Person helfen, ihre Arbeitsziele zu erreichen …“ (Fehn 5.2020, S. 69; siehe auch Kastner 2020, S. 162 ff.; Rolfe 2019). Im Arbeitskontext wird hier z. B. genannt: Handlungsspielraum, Weiterbildungs-/Entwicklungsmöglichkeiten, Unterstützung durch Kolleg*innen und Führungskräfte, Partizipation, konstruktives Feedback und Autonomieerleben (ebd.; siehe auch Meier 2021; Kastner 2020, S. 168 ff.; Scharnhorst 2019; Ryan und Deci 2017). Paulsen und Kortsch (2020, S. 44 ff.) unterteilen Ressourcen in psychische Ressourcen (z. B. Optimismus, Offenheit, Widerstandsfähigkeit, Selbstwert), intellektuelle Ressourcen (z. B. Bildung/Kompetenzen, Problemlösefähigkeit, Sinn in der Aufgabe, Selbstwirksamkeit), physische Ressourcen (z. B. Gesundheit, körperliche Fitness, ausgewogene Ernährung) und soziale Ressourcen (z. B. gute Beziehungen im Team, soziale Unterstützung).

Wachstums und Wohlbefindens einschließt" (von Wahlert 2018a, S. 71; siehe auch Scharnhorst 2019).

Es gibt viele Ideen und Empfehlungen, wie Selbstfürsorge gestaltet werden kann (z. B. Meier 2021; Matyssek 2020; Dahl 2019; Rolfe 2019; Zimber 2018). Als eine individuelle Analyse der eigenen aktuellen Situation schlagen Paulsen und Kortsch (2020, S. 41 f.) z. B. ein Stressoren-Radar vor, das verschiedene Bereiche, in denen aufgrund bestimmter Situationen/Ereignisse (Reize) eine Stressreaktion entstehen kann, analysiert[36] (Abb. 5.1):

Dahl (2019) führt z. B. folgende Felder auf, die zur individuellen Analyse dienen können und zugleich erste Ansätze für Selbstfürsorge bieten:

- Körperliche Selbstfürsorge: auf Signale des Körpers achten; sich entspannen (Ferien, Pausen, Schlafen); körperliche Aktivitäten, die Spaß machen; im Krankheitsfall daheim bleiben …
- Emotionale Selbstfürsorge: Gefühle wahrnehmen; persönlich wichtige Beziehungen pflegen; Möglichkeiten zum Lachen und zur Lebensfreude suchen; sich Zeit nehmen für sich; genießen …
- Kognitive Selbstfürsorge: sich Zeit nehmen zum Nachdenken und Reflektieren; auf eigene Gedanken, Meinungen, Glauben, Haltungen achtgeben; seinen Geist für neue Bereiche öffnen …

---

[36] Innerhalb der einzelnen Bereiche können dann vertiefende Stressoren aufgeschrieben und durch die Nähe zum Mittelpunkt (zum ICH) die persönliche Bedeutung (also die Wirkung auf mich und meine Verfassung) verdeutlicht werden. Paulsen und Kortsch (2020, S. 38 ff.) benennen verschiedene Stressoren (siehe auch Kaluza 2018). Bezogen auf die Arbeit z. B. Arbeitsaufgabe (wenig Tätigkeitsspielraum, Intensität, Emotionsarbeit, Störungen …), Arbeitszeit (atypische Arbeitszeiten, hohe Erreichbarkeitsanforderungen, wenig Pausen/ selten Abschalten können, geringe Work-Life-Balance …), Technik und Umgebung (Lärm, Klima, Licht, digitale Einflüsse …), Führung und Organisation (die vorgesetzte Führungs kraft, Probleme mit sozialen Beziehungen, organisatorische Ungerechtigkeiten, Arbeitsplatzunsicherheit …). Stressoren im persönlichen Umfeld können z. B. Hobbys, Familie und Freunde, die Wohnumgebung etc. sein. Hinzu kommen sogenannte innere Antreiber – Glaubenssätze, die uns und unseren Blick auf die Welt (und auf z. B. Herausforderungen) „rahmen". In Anlehnung an Kaluza (2018, der auch umfangreiche Ausführungen zu weiteren Stressoren/zum Umgang mit Stress bietet) können z. B. folgende innere Antreiber genannt werden: *Sei perfekt!*, *Sei beliebt!*, *Sei stark!*, *Sei vorsichtig!*, *Ich kann nicht!*. Wie Sie mit diesen Antreibern produktiv (i. S. v. gesundheitsförderlich) umgehen können, beschreiben z. B. Meier 2021, S. 66 ff.; Libicky-Mayerhofer 2018; Pracht und Michel 2015; Sattler et al. 2010.

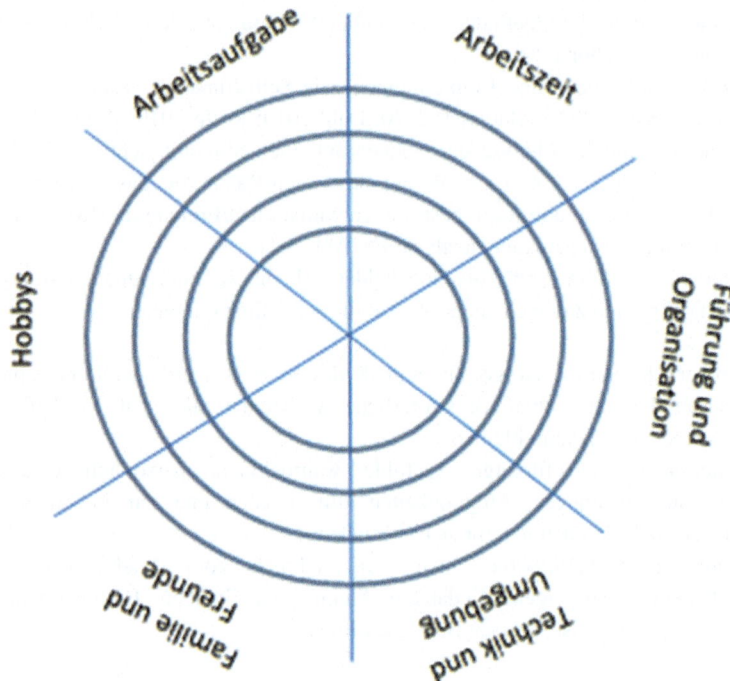

Abb. 5.1 Stressoren-Radar n. Paulsen und Kortsch (2020, S. 42), eigene Darstellung

- Soziale Selbstfürsorge: Pflege von sozialen Kontakten durch Begegnungen, gemeinsame Erlebnisse; Konflikte ansprechen und klären; anderen Menschen verschiedene Facetten der eigenen Person zeigen …
- Spirituelle Selbstfürsorge: persönlichen Werten einen eigenen Platz im Leben einräumen; Dankbarkeit, Bescheidenheit; Akzeptanz und Hingabe; Beten; Meditieren; sich mit der Natur verbinden u. a.

Als Basis gesunder Selbstführung (Self Care) nennen Franke et al. (2018, siehe auch Fehn 2020, S. 76; Gregersen et al. 2020; Matyssek 2020) 3 Bereiche:

- Wichtigkeit („Meine Gesundheit ist mir wichtig")
- Achtsamkeit („Ich merke, wenn ich mir zu viel zumute")
- Verhalten („Ich tue etwas für meine Gesundheit" und „Ich bin davon überzeugt, dass ich meine Arbeitsbedingungen positiv beeinflussen kann")

Konkret für Führungskräfte beschreibt Andreas Zimber (2018, S. 18 ff.; siehe vertiefend auch Kastner 2020a; Scharnhorst 2019) 7 Warnzeichen, die recht gut vorhersagen, ob eine Führungskraft „*... ihre psychischen Belastungen bewältigt oder einen ‚Crash' erleiden wird*":

- Überlauf – „*Mir ist alles zu viel!*" (das Gefühl, fast ausschließlich hinterherzulaufen – beruflich wie privat …)
- Schweigen – „*Ich kann bzw. will mit niemandem darüber sprechen!*" (Belastung als Tabuthema – bei sich selbst, im Team, in der Organisation, zu Hause …)
- Blinder Fleck – „*Das hat nichts mit mir zu tun!*" (zu stark mit der Arbeit verbunden und nichts mehr drumherum wahrnehmen)
- Verharmlosung – „*Das geht schon wieder weg!*" (Belastungen werden als begrenzt interpretiert – wenn der Stress nachlässt, ist alles wieder in Ordnung; nur kommt dann der nächste Auftrag; zudem werden gesundheitliche Risikofaktoren [Rauchen, häufiger Alkoholkonsum, hoher Blutdruck etc.] bewusst verharmlost)
- Lange Bank – „*Das geht jetzt nicht!*" (Ambivalenz: man kennt zwar die Bedeutung der eigenen Work-Life-Balance, schafft die Umsetzung jedoch nicht, weil es gerade nicht passt)
- Machtlosigkeit – „*Ich kann ohnehin nichts daran ändern!*" (man fühlt sich weitgehend fremdgesteuert und denkt daher, sein Verhalten nicht anpassen zu können)
- Überlegenheit – „*So was brauche ich doch nicht!*" (Führungskräfte müssen vorangehen und sind stärker als der Durchschnitt; um Gesundheitsthemen sollen sich andere kümmern)

Erkenntnisse sind ausreichend vorhanden – die Umsetzung (auf allen organisationalen Ebenen) ist das zentrale Handlungsfeld. „Jeder ist seines Glückes Schmied" gilt auch als Basis für Gesundheit und Leistungsfähigkeit. Dahl (2019, S. 70; Matyssek 2020; Rolfe 2019, S. 129 f.) betont, dass „bereits alltägliche Aktivitäten und grundlegende Bedürfnisse Gegenstand der Selbstfürsorge sein können und sollten: Essen, Bewegen,[37] Körperpflege, Schlafen."

---

[37] Häufiges Sitzen und keine körperliche Aktivität verdoppeln das Risiko, einen kardiovaskulären Tod zu sterben, lautet das Ergebnis einer Studie von Stamatakis et al. 2019. Nur 50 min Joggen pro Woche genügen, um die Lebenserwartung um bis zu 27 % zu steigern. Zudem verbessert bereits leichtes Training (10 min pro Tag) die Gehirnleistung. Menschen, die berufsbedingt häufig mit digitalen Geräten arbeiten (müssen), können z. B. Kopfschmerzen, die dadurch entstehen, durch sportliche Betätigung verringern.

Neben qualitativ hochwertigen sozialen Beziehungen (privat wie am Arbeitsplatz; z. B. Ryan und Deci 2017),[38] sind heute auch Fragen der achtsamen Nutzung digitaler Geräte (hier v. a. Selbstdisziplin, bewusster Verzicht, Pausenzeiten etc.) wie der persönlichen Erholung während und außerhalb der Arbeitszeit von großer Bedeutung.[39] Denn dauerhaft gelingt gute Leistung nur mit entsprechenden Erholungsphasen (qualitativ hochwertigen Pausen). Arbeitszeitpausen sollten folgende 4 Aspekte beinhalten:

- Bewegung
- Frische Luft
- Mentales Loslassen der Arbeitsinhalte (und des Smartphones)
- Soziale Kontakte[40]

---

[38] „Soziale Unterstützung gilt in der Gesundheitspsychologie … als einer der bedeutsamsten Stresspuffer überhaupt. Interessanterweise ist es dabei nicht nur hilfreich, selbst Unterstützung durch andere zu erhalten, sondern es wirkt sich ebenso gesundheitsförderlich und stressmildernd aus, für andere da sein zu können … Soziale Unterstützung zu leisten und anzunehmen und so die eigene Resilienz zu fördern, liegt in der Hand des Individuums …" (Poppelreuter und Mierke 2018, S. 209).

[39] Sabine Sonnentag forscht intensiv zur Thematik „Stress und Erholung". Sie betont u. a., dass erfolgreiche Erholung von der Arbeit des Vortags im Zusammenhang mit Gefühlen von Energie und Effektivität steht. Dabei ist das mentale Loslösen von der Arbeit wichtig. Zudem unterstützen Entspannung, das Erleben von Selbstbestimmung und Selbstwirksamkeit sowie körperliche Aktivitäten die Erholung. Im Gegensatz dazu erschwert stressige Arbeit die Erholung. Wirksame Erholungspraktiken können erlernt werden – es genügen mitunter einige Minuten, um sich zu entspannen (Sonnentag 2018, S. 4, 13; Wendsche und Lohmann-Haislah 2016, 2017, 2018; Lohmann-Haislah und Wendsche 2017; Sonnentag und Frese 2012).

[40] Schon 10 min Sitzen oder Spazierengehen in der Natur dient dem Wohl der Psyche – und dieser Effekt bleibt für längere Zeit erhalten (Meredith et al. 2020). Wir möchten an dieser Stelle betonen, dass wir digitale Medien wie das Smartphone nicht in ein negatives Licht rücken wollen. Wir verwenden es zur Kommunikation, zur Recherche, als Uhr, Terminkalender etc. Sowohl im privaten als auch im beruflichen Kontext machen uns digitale Geräte das Leben sicherlich in einigen Bereichen komfortabler. Auf der anderen Seite stellen Untersuchungen z. B. erhöhte Ablenkbarkeit, einen Drang, andauernd das Smartphone zur Hand nehmen zu müssen (und auch außerhalb der Arbeitszeit beruflich erreichbar zu sein) sowie Zusammenhänge von schlechterer Gesundheit im Kontext mit der Nutzung digitaler Geräte fest (z. B. Deloitte 2020; Sohn et al. 2019; Welledits et al. 2019). Die Forschung hierzu steht noch am Beginn und die Erkenntnisse sind nicht so, dass es ausschließlich als Problem gesehen werden sollte (z. B. Liebherr et al. 2020). Um in einer guten Balance bzgl. der Vor-/Nachteile digitaler Medien zu sein (zu bleiben), kann man zunächst durch Reflexion sein Verhalten analysieren (z. B. Wie oft nehme ich das Smartphone in die Hand? Aus welchem Grund? Und wie geht es mir damit? Wie geht es mir ohne Smartphone?), das Smartphone zu gewissen Zeiten weglegen, Hinweistöne ausschalten, Mails nur zu bestimmten Zeiten checken etc. (z. B. Welledits et al. 2019).

Jedoch auch im privaten Umfeld muss das Thema Erholung und Ausgleich wieder eine stärkere Bedeutung erhalten. Der aktuelle Freizeitreport zeigt, dass wir zunehmend mehr Stress auch außerhalb der Arbeitszeit spüren (bzw. uns selbst verursachen), häufiger digitale Geräte nutzen (siehe auch Deloitte 2020), dafür weniger soziale Aktivitäten genießen. Seit Jahren sinkt die bewusste Erholung in der Freizeit. Somit ist der wachsende (digitale) Stress nicht lediglich ein Arbeitsweltphänomen, sondern findet ähnlich stark im Privatleben statt (Unger 2021). Möglichkeiten, sich gesundheitsförderlich zu verhalten und seine eigene digitale Balance positiv zu beeinflussen, gibt es viele und bestimmtes Wissen darüber ist bei den meisten Menschen vorhanden. Leider steht uns nicht selten die sogenannte *Intentions-Verhaltens-Lücke* im Weg. Diese Lücke bedeutet, dass wir Menschen trotz guter Absichten diese oftmals nicht in die Tat umsetzen (Sheeran und Webb 2016). Neben dem mitunter fehlenden Willen, sind es beispielsweise ungünstige Rahmenbedingungen, die der Umsetzung im Weg stehen. Und an dieser Stelle können Führungskräfte, das jeweilige Team wie die Organisation mit (niederschwelligen) Impulsen eine nachhaltige Umsetzung oder auch erste gesundheitliche Schritte unterstützten (z. B. Fehn 2020, S. 73 ff.; Matyssek 2020; Gregersen et al. 2020). Es gibt gute Möglichkeiten, gesundheitsförderliches Verhalten zu lernen. So belegt beispielsweise Dahl (2019) die Wirkung eines Trainingskonzepts zur Verbesserung der Selbstfürsorge (Vorbeugen von arbeitsbedingten Belastungsfolgen bei psychosozialen Fachkräften und die langfristige Förderung von deren Gesundheit; die meisten Teilnehmer*innen waren Sozialarbeiter*innen, Pädagog*innen, Erzieher*innen und Psycholog*innen). Sie betont u. a., dass das Konzept der Selbstfürsorge trotz des geringen Zeitansatzes (20 h) auch langfristig einen präventiven Nutzen bietet.

Wir haben Ihnen in den vorherigen Abschnitten einige Aspekte zu den Bereichen Selbstführung, Zeit- und Selbstmanagement sowie Selbstfürsorge vorgestellt. Wir betonen an dieser Stelle jedoch nochmals, dass es (trotz oder aufgrund der großen Vielfalt von Impulsen) entscheidend ist, was **SIE** über sich, (Selbst)Führung, Gesundheit und Ihre Rolle als Führungskraft denken. Aus einer reflexiven Sicht entwickeln Sie sich und Ihre individuelle Führungsrolle – sind jedoch auch immer dadurch bereit, sich zu hinterfragen und weiterzuentwickeln. Studien belegen, dass Reflexion ein Schlüsselelement auf dem Weg zu einer wirksamen Führungskraft ist (z. B. Knipfer et al. 2017; Sparr et al. 2017; Göker und Bozkuş 2017; Di Stefano et al. 2016). Es braucht dafür Offenheit und Mut, eigene Schwächen und Fehler zu erkennen – zugleich einen positiven Blick auf die eigenen Stärken (gepaart mit Demut, um nicht überheblich zu werden). Fragen Sie sich regelmäßig z. B. (in Anlehnung an Berger 2018):

- Weshalb habe ich mich (irgendwann einmal) entschieden, Führungsverantwortung zu übernehmen – haben sich Rahmenbedingungen für diese Entscheidung geändert (wenn ja – inwiefern)?
- Welche Einstellungen, Werte und Überzeugungen prägen mein Verhalten, wie haben sich diese Bereiche entwickelt und welchen Einfluss haben diese auf meine beruflichen Handlungen?
- Was sind meine Ziele (hinterfragen Sie verschiedene Rollen – z. B. als Führungskraft, als Partner*in, in meinem ehrenamtlichen Engagement etc.)?
- Wann war ich in meinem Leben am besten, am zufriedensten, am meisten bei mir?
- Wann ist mir etwas misslungen – und was habe ich daraus gelernt?
- Wofür stehe ich heute ein? Ist es das, was ich immer wollte?
- Was ist derzeit der beste, sinnreichste Einsatz von Zeit – für mich und für das Team?
- Bin ich auch heute noch bereit, mich zu hinterfragen und mich weiterzuentwickeln?

Gelingende Selbstführung ist jedoch nicht so zu verstehen, dass Sie sich einmalig die vorherigen Fragen (oder andere) beantworten, sondern als „fortwährenden Prozess der Selbstreflexion und Überprüfung des eigenen Agierens, der inneren Ursachen für dieses Handeln und des Strebens nach einer offenen, alle in der Persönlichkeit angelegten Handlungsoptionen nutzenden Führungstätigkeit" (Schrör 2016, S. 133).

Selbstmanagement ist häufig vor allem Emotionsmanagement. Problematische Emotionen (wie Wut, Angst, Langeweile oder Scham) sind nicht nur unangenehm, sie führen in allen Lebensbereichen zu Vermeidungsverhalten oder impulsivem Verhalten, das unter Umständen die Erreichung der eigenen Ziele torpediert (Sann 2020). Auch Führungskräfte werden dadurch in ihrer Entscheidungsfähigkeit, ihrem Konzentrationsvermögen, ihrer Selbstdisziplin sowie in der Gestaltung einer angemessenen Beziehung zu Mitarbeiter*innen, Vorgesetzten oder auch Konkurrent*innen behindert. Andererseits geben Emotionen immer auch Hinweise auf die eigene Wert- und Bedürfnisstruktur und sind daher unbedingt zu beachten wie ernst zu nehmen, um langfristig im Einklang mit sich und nicht gegen die eigenen persönlichen Bedürfnisse zu agieren sowie nicht in eine Abwärtsspirale aus Unmut und problematischem Verhalten gegenüber anderen (und sich selbst) zu geraten. Ein Ansatz zum Selbstcoaching, der sich explizit mit der Bewältigung von starken, die Arbeitsfähigkeit und das Erreichen der eigenen Ziele unterminierenden, emotionalen Reaktionen auf äußere Ereignisse oder inneres Erleben beschäftigt, ist das aus der Rational-Emotiven-Verhaltenstherapie hervorgegangene Rationale Effektivitätstraining (Ellis et al. 2004). Eine Kerntechnik dabei ist das Disputieren (Infragestellen) von gewohnten Bewertungsmustern und deren Ersetzung durch eine neue, nicht absolutistische Lebens- und Arbeitsphilosophie, die eine Bewältigung und langfristig auch eine Prophylaxe emotionaler Problemlagen ermöglicht.[41]

Wie in den Abschn. 1.2 und 1.3 ausgeführt, konnten Studien belegen, dass bestimmte Persönlichkeitseigenschaften Einfluss auf den Führungserfolg (ökonomisch, human, eigene positive Entwicklung der FK) nehmen und die Wahrscheinlichkeit des Führungserfolgs erhöhen können. Doch konnten wir auch zeigen, dass gute Führung erlernbar ist (z. B. Lacerenza et al. 2017; Felfe und Franke 2014, S. 6 ff. und Abschn. 1.3). Eine gute Selbstführung legt das Fundament, auf das Sie Ihren Führungsansatz aufbauen und stetig weiterentwickeln können.

5.2 Führungstätigkeiten und -instrumente

Führungskräfte nehmen vielfältigen Einfluss auf Mitarbeiterinnen und Mitarbeiter, Teams oder Bereiche sowie Ziele bzw. den Erfolg von Organisationen. Eine wesentliche Herausforderung ist hierbei, dass die meisten Situationen, in denen Führung tatsächlich gefordert ist, selten Standardaufgaben sind, die einfach bzw. mit bestimmten Führungsroutinen (linear) gelöst werden können (Regnet 2020, S. 55 f.; Blessin und Wick 2017, S. 229 ff., 281, 459 ff.). Zudem steigen im Kontext der Arbeitswelt der Zukunft die Anforderungen an Führungskräfte spürbar und die Bandbreite an Führungsaufgaben/-themen nehmen weiter zu

---

[41] Betrachtet werden in dieser Analyse (auch hier wurde das beliebte Akronym der ABC-Analyse gewählt, das bei komplexitätsreduzierenden Modellen hoch im Kurs steht) die folgenden Elemente: A: Aktivierendes Ereignis (engl. Activating Events); das Geschehnis in der Welt oder in unserem Kopf, das eine starke, möglicherweise hinderliche oder sogar selbstschädigende Verhaltensweise nach sich zieht. B: Bewertung (engl. Beliefs); die Grundannahmen, mit denen WIR SELBST uns in Ärger, Angst usw. versetzen. C: Konsequenzen (engl. Consequences); die gefühlte Emotion in der Situation und mit der bisherigen Grundannahme. D: Disputieren (engl. Dispute); ist die bisherige Grundannahme logisch, realistisch und/oder den eigenen Zielen dienlich. E: Effekt (engl. Effect); es geht um den Effekt auf die Emotion und damit indirekt auf das ihr folgende Verhalten, also die neue (etwas realistischere, etwas logischere oder zielführendere) Sichtweise, die damit verbundene, (meist etwas abgeschwächte) Emotion und die (vermutlich ansatzweise funktionalere) Reaktion auf das Ereignis.

(z. B. Kap. 6; Kastner 2020; Regnet 2020; Unger 2019a, S. 8; Schermuly 2019; Franken 2019; Gerdenitsch und Korunka 2019; Scharnhorst 2019; Hofert 2018; Weibler 2016, S. 467 ff.), wie z.b.:[42]

- Umgang mit technologischen Entwicklungen, Komplexität und Ambiguität, Orientierung geben[43] und Entscheidungen treffen unter zunehmender Unsicherheit,
- vermehrte Koordinations- und Netzwerkarbeit im Innen- und Außenverhältnis,[44]
- mehr Zeit für (individuelle) Führung unter Berücksichtigung von Flexibilitäts- sowie Partizipationswünschen der Mitarbeitenden oder auch Themen wie virtuelle, empowerment- und gesundheitsorientierte Führung,[45]
- die Gestaltung vielfältiger Veränderungsprozesse sowie die Initiierung und erfolgreiche Umsetzung von Projekten.

Um den bereits vorhandenen Aufgaben und den in Zukunft noch aufkommenden Herausforderungen gerecht zu werden, benötigen Führungskräfte vielfältige Fähigkeiten und Fertigkeiten bzw. müssen sich verschiedenen Themen stellen, die Regnet (2020, S. 66 ff.) folgendermaßen beschreibt:

---

[42] Für den sozialen Bereich siehe z. B. Kortendieck 2017, S. 14 ff.; für den öffentlichen Sektor z. B. Gourmelon et al. 2018, S. 1 ff.

[43] Komplexität macht führungsanfällig. So geben Führungskräfte auch künftig Orientierung (zeigen Haltung, fördern Vertrauen und Gerechtigkeit, kommunizieren klar und zugleich mitarbeitendenorientiert etc.), lassen jedoch ausreichend Raum und agieren somit verstärkt z. B. als Coach (Maigatter et al. 2020; Rusca und Huber 2020).

[44] Führungskräfte werden zu Gestalter*innen von Kooperation, sie denken und arbeiten verstärkt interdisziplinär und stärken die Eigenverantwortung der Mitarbeitenden. Sie geben Sicherheit und Orientierung in einer unsicheren Welt und müssen diese zugleich für sich auch finden und erhalten. Sie erleben sich nicht selten in einem Spannungsfeld „von Kontrolle und Vertrauen, Nähe und Distanz sowie Integration und Loslassen …" (Landes et al. 2020, S. 1). Die fachliche Führung wird zwar bleiben, jedoch weniger möglich und auch nötig werden.

[45] Hier verorten wir auch klassische Themenbereiche wie Arbeitszufriedenheit und -motivation, die jedoch angesichts aktueller Rahmenbedingungen und des oft zitierten Wertewandels neue Anforderungen mit sich bringen. Gerade (wertschätzende) Kommunikation, Feedback und vertrauensvolle, hochwertige Beziehungsgestaltungen treten (noch) mehr in den Vordergrund.

- Motivationsfähigkeit
- Lernfähigkeit und Lernbereitschaft, lebenslanges Lernen, Employability
- Interkulturelle Managementfähigkeiten
- Teamarbeit
- Management of Diversity
- Veränderungsmanagement
- Kommunikative Kompetenz
- Gesundheit und Belastbarkeit
- Systematisches, ganzheitliches Denken

Dies sind sicherlich bedeutende Aspekte gelingender Führungsarbeit, die in verschiedenen Richtungen noch präzisiert und erweitert werden könnten. Einen umfassenden Überblick über Führungskompetenzen der Zukunft bietet z. B. auch die IFIDZ-Metastudie (2019) ‚Führungskompetenzen im digitalen Zeitalter'.

Um Mitarbeiterinnen und Mitarbeiter wirksam führen und humane, ökonomische sowie gesellschaftliche Ziele erreichen zu können, benötigen Führungskräfte neben Selbst- und Personalführungskompetenz oder dem Wissen zu Führungsansätzen, Kommunikation und Motivation auch „Hilfsmittel zur Unterstützung bei der Umsetzung im operativen Alltag, die bei einer Vielzahl unterschiedlicher Aufgaben eingesetzt werden können" (Kauffeld et al. 2019, S. 130; siehe auch Stock-Homburg und Groß 2019, S. 595; Weibler 2016, S. 365)[46] – kurz: **Führungsinstrumente.** Diese sind zahlreich (z. B. Kauffeld et al. 2019,

---

[46] Wir vertiefen an dieser Stelle nicht die (mögliche) Frage, ob es sich um Führungs- oder Managementinstrumente handelt (siehe Kap. 1). Einen Überblick über viele praktikable Managementtools bietet z. B. Lippold (2020). Eine Zusammenführung bzw. Schwerpunktsetzung von Führungs- und Managementperspektiven mit den sich daraus ergebenden Aufgaben stellen z. B. Dörr et al. (2012) vor (siehe auch Schirmer und Woydt 2016, S. 213 f.). Wir haben Handlungsfelder bzw. Aufgabenstellungen, die im Führungsalltag häufig vorkommen, als Grundlage unserer Auswahlentscheidung genutzt, um diese aus Führungssicht und in dem in diesem Buch ausgeführten Führungsverständnis vorzustellen. Wie einleitend in Kap. 5 erläutert, verstehen wir Führungsinstrumente als Techniken bzw. Werkzeuge für den Führungsalltag zur bewussten, sozial akzeptierten Einflussnahme auf Menschen in einem bestimmten Kontext zur Einhaltung bzw. Erreichung gemeinsamer Werte und Ziele (siehe auch Weibler 2016, S. 365). Innerhalb dieses Buches wurde häufiger betont, dass ein linear-mechanistisches Denken und Handeln nicht geeignet ist, dauerhaft als Führungskraft erfolgreich zu sein. Weibler (2016, S. 365) betont dies auch für Führungsinstrumente (Tools, Werkzeuge, Techniken ...), indem er die o. g. lineare Vorstellung als irreführend beschreibt, „falls angenommen würde, es funktionierte automatisch als Reiz-Reaktions-Abfolge in der Führungspraxis."

S. 131) und können unterschiedlich kategorisiert werden. Weibler (2016, S. 366) unterteilt beispielsweise in primär aktive Führungsinstrumente (z. B. Führungsgespräche, Anerkennung und Kritik, Konfliktlösungsstrategien) und sekundär aktive Führungsinstrumente (z. B. Instrumente der Personalentwicklung/-beurteilung, Zielvereinbarungen, betriebliche Anreizsysteme). Schirmer und Woydt (2016, S. 213 ff.) in monologorientierte (z. B. Information, Anweisung, Delegation), dialogorientierte (z. B. Personalentwicklungsgespräch), nichtverbale (z. B. motivierende Arbeitsgestaltung, Führungsgrundsätze) und prozessorientierte Führungsinstrumente (z. B. Moderation, Coaching). Stock-Homburg und Groß (2019, S. 595) wählen die Unterscheidung in Kommunikationsinstrumente (z. B. Feedbackgespräch, Mitarbeiterbesprechung) und Koordinationsinstrumente (z. B. Führen durch Delegation oder Partizipation). Aus der Vielzahl von Instrumenten und Möglichkeiten stellen wir nachfolgend eine kleine Auswahl vor, die dazu dienen (soll), die Führungsfähigkeit und -wirksamkeit zu stärken, Mitarbeitende zu beteiligen, zu motivieren und zu entwickeln sowie die Ziele guter Führung zu erreichen.[47]

5.2.1 Auswahl, Integration, Beurteilung und Entwicklung von Mitarbeiter*innen

Kompetente, engagierte sowie leistungsstarke Mitarbeiterinnen und Mitarbeiter sind *die* entscheidende Säule erfolgreicher Organisationen der Sozialwirtschaft. Nicht zuletzt deshalb gelten Qualifikation und Motivation als sehr wichtige Ressourcen (Brandstätter 2020; Kolhoff 2018; Hölzle 2017).[48] Entsprechend unserer Grundlage „guter Führung" ist der humane Erfolg auch ein bedeutendes Ziel (bzw. die Voraussetzung) erfolgreicher Führung. Dies wiederum ist u. a. davon abhängig, dass man zur richtigen Zeit die richtigen Mitarbeiter*innen zu den passenden Arbeitsplätzen findet (Analyse, Suche und

---

[47] Dies geschieht überblicksartig und mit dem Fokus auf ausgewählte Aspekte. Für Vertiefungen empfehlen wir die in den jeweiligen Abschnitten angegebene Literatur.

[48] „Aufgrund des steigenden Fachkräftebedarfs, zunehmender Spezialisierung und des demografischen Wandels wird es für soziale Organisationen immer wichtiger, attraktive Arbeitsplätze anbieten zu können, um den eigenen Personalbedarf zu decken und passende Mitarbeiterinnen und Mitarbeiter zu finden …" (Schimpf und Wojczechowski 2014, S. 6). Gleiches gilt für Verwaltungsorganisationen (Unger 2019b).

Auswahl), diesen ein gutes fachliches wie soziales Ankommen ermöglicht (Einarbeitung und Integration), ihnen regelmäßig Rückmeldungen gibt und sich auch selbst Rückmeldung einholt (z. B. im Rahmen der Beurteilung) sowie sie in ihrer Persönlichkeit und Kompetenz fördert (Personalbindung und -entwicklung).[49] Personalarbeit ist Führungssache! Und gute Personalarbeit zahlt sich für Organisationen mehrfach aus.[50]Der Entwicklungsstand professioneller Personalarbeit ist in der Sozialwirtschaft jedoch noch sehr unterschiedlich ausgeprägt (z. B. Hölzle 2017), was z. B. auf unterschiedliche Organisationsgrößen (in vielen Fällen gibt es keine Personalabteilung bzw. Ressourcen für Personal in der Personalentwicklung o. Ä.) zurückzuführen ist.

Instrumente der Personalauswahl

Eine erfolgreiche Personalauswahl[51] beginnt mit einer fundierten Bedarfsplanung und Anforderungsanalyse.[52] Unter Berücksichtigung z. B. der Kultur, strategischen Ausrichtung und Ziele, dem aktuellen wie sich abzeichnenden

---

[49]Wir gehen nur knapp auf die verschiedenen Themenfelder ein und weisen auf vertiefende Literatur hin, wie z. B. Schuler 2020 sowie Kauffeld und Grohmann 2019 (Auswahl); Bröckermann 2020 (Onboarding); Domsch 2020 (Planung und Entwicklung); Nerdinger 2020 (Beurteilung), sowie für die verschiedenen Aufgabenbereiche: Schütz et al. 2020; Treier 2019; Stock-Homburg und Groß 2019; Hölzle 2017; Lindner-Lohmann et al. 2016; Schimpf und Wojczechowski 2014.

[50]In einer Metaanalyse haben Jiang et al. (2012) Aspekte einer leistungsförderlichen Personalarbeit untersucht. Sie stellen 3 Bereiche vor, die – je besser sie realisiert werden – nachhaltige Wirkung für Organisationen mit sich bringen: 1.) Erhaltung und Verbesserung der Fähigkeiten, Fertigkeiten und des Wissens der Mitarbeiter*innen. 2.) Motivierung der Mitarbeiter*innen (z. B. durch Leistungsrückmeldungen und Karriereentwicklungsmöglichkeiten). 3.) Konkrete Verbesserung im Tagesgeschäft (z. B. Möglichkeiten, sich aktiv einzubringen, Optimierung der Arbeitsumgebung/-abläufe, Teamarbeit, Information/ Transparenz).

[51]„*Personalauswahl* bezeichnet die Zuweisung von sich bewerbenden Personen zu Stellen in der Organisation durch Rekrutierung und den Einsatz von Auswahltechniken, die auf einer Anforderungsanalyse beruhen und der Identifizierung der am besten geeigneten sich bewerbenden Person dienen" (Kauffeld und Grohmann 2019, S. 140).

[52]Zur **Personalbedarfsplanung** gehören alle „Maßnahmen zur Ermittlung des derzeitigen und zukünftigen quantitativen und qualitativen Bedarfs an Führungskräften und Mitarbeitern" einer Organisation (Stock-Homburg und Groß 2019, S. 122). „Als *Anforderungsanalyse* bezeichnet man Prozesse und Methoden, welche die für eine bestimmte Tätigkeit erforderlichen erfolgsrelevanten Merkmale einer Person erfassen" (Schütz et al. 2020, S. 130).

Personalbestand[53] sowie der gemeldeten Personalsituationen der Teams sozial-wirtschaftlicher Organisationen wird der kurz-, mittel- und langfristige Bedarf an Personal ermittelt (z. B. Domsch 2020; Hölzle 2017, S. 57 ff.).[54] Es soll erkannt werden, wie viele Mitarbeiter*innen (quantitativer Bedarf) die Organisation bzw. einzelne Bereiche mit welchen Qualifikationen und Erfahrungen (qualitativer Bereich) künftig benötigen. Viele Schritte der Planung wie auch der Analyse können durch (digitale) Tools sowie interne (z. B. Mitarbeiter*innen, Personal-bereich) oder externe Expertise (z. B. Beratungsangebote, Verbände, Arbeits-agentur, Literatur) unterstützt werden.[55] Sofern Bedarf vorhanden ist, geht es darum, die konkreten Anforderungen der Stelle herauszuarbeiten (Anforderungs-analyse), geeignete Mitarbeiter*innen anzusprechen (Personalmarketing)[56] und zu finden (Personalauswahl).

---

[53] Z. B. unter Berücksichtigung von Entwicklungspotenzialen der Beschäftigten; Arbeits-marktentwicklungen, wie beispielsweise Ausbildungs-/Studierendensituation, Fluktuation/Krankheitsstand, sich abzeichnenden Eintritte in den Ruhestand.

[54] Gleich, ob Sie aktuellen Personalbedarf haben, sollten Sie mindestens einmal im Jahr ermitteln, wie viele Arbeitskräfte wann und wo insgesamt benötigt werden und welche Qualifikationen diese aufweisen müssen oder wo Personalüberhänge entstehen könnten (Schimpf und Wojczechowski 2014, S. 12). Zumindest mittelfristig (die kommenden 5 Jahre) sollten Organisationen ihre Personalplanung im Auge behalten und regelmäßig anpassen.

[55] Z. B. spezielle Personalsoftware/Personalcontrolling/Kennzahlen, die Erkenntnisse aus Instrumenten der Potenzialanalyse (Mitarbeitergespräche, Potenzialbeurteilungen, Beschäftigtenbefragungen …), Informationen im Personalbereich (sofern vorhanden), thematische Fach-/ Führungskräftezirkel, Kapazitätsanalysen, z. B. durch Aufgaben- und Zeitstudien der Beschäftigten.

[56] *Personalmarketing* dient der langfristigen Gewinnung und Bindung von quali-fizierten Mitarbeitenden" (Kauffeld und Grohmann 2019, S. 141). Aktuell wird in diesem Zusammenhang häufiger von **Employer Branding** gesprochen: „Eine Strategie zum Auf-bau eines positiven Arbeitgeberimages ..., dessen Ziel es ist, die Organisation als Marke („brand") auf dem Arbeitsmarkt bekannt zu machen und so zu positionieren, dass im Ideal-fall potenzielle Bewerber/innen sich selbst darum bemühen, in der Organisation arbeiten zu wollen" (Hölzle 2017, S. 67). Hölzle (ebd.) beschreibt ein Beispiel des Paritätischen Wohlfahrtverbandes Hamburg, dessen Employer-Branding-Projekt „Mehr Männer in Kitas" innerhalb von 2 Jahren zu einer Zunahme von Fach- und Führungskräften in einer Höhe von 20 % geführt hat. Impulse für Öffentlichkeitsarbeit für soziale Berufe bieten Schimpf und Wojczechowski (2014, S. 22 ff.). Der sogenannte Kampf um Talente lässt immer neue Ideen und Wege der Personalansprache entstehen, die vor allem auch durch den Trend der Digitalisierung innovative Perspektiven eröffnen (z. B. Treier 2019, S. 138 ff.; Kauffeld und Grohmann 2019, S. 142 ff.).

Anforderungen von Stellen können auf unterschiedlichste Art analysiert und erfasst werden. Eine Möglichkeit bietet Schuler (2020, S. 191; siehe auch Schütz et al. 2020, S. 130 ff.): Eigenschaftsanforderungen (z. B. Fähigkeiten, relativ stabile Persönlichkeitseigenschaften und Interessen), Verhaltensanforderungen (Fertigkeiten, um vielfältige Anforderungen praktisch zu beherrschen und Gewohnheiten), Qualifikationsanforderungen (Kenntnisse – Sachwissen und Handlungswissen sowie arbeitsplatzbezogene Fertigkeiten) und Ergebnis-anforderungen (z. B. Problemlösung und Qualitätsstandards).[57] Aus diesen Analysen ergibt sich dann eine Stellenbeschreibung, die Grundlage für die Personalauswahl (interne/externe Personalrekrutierung) liefert.

Die eigentliche Personalauswahl beginnt meist mit der Sichtung der Bewerbungsunterlagen. Dies kann z. B. mithilfe der ABC-Analyse erfolgen.[58] Schuler (2020, S. 196) nennt verschiedene Bewertungskriterien, wie z. B. formale Aspekte (Qualität der Unterlagen, Übereinstimmung von Lebenslauf und Belegen, wie Zeugnisse), erforderliche Ausbildung und Spezialkenntnisse (inkl. entsprechender Nachweise), Schulnoten sowie Ausbildungs-/Studienleistungen,[59] Arbeitszeugnisse/Referenzen und sonstige spezifische Anforderungen (Berufs-erfahrungen, Mobilität etc.). Im Anschluss werden verschiedene Personal-auswahlverfahren eingesetzt, von denen das Einstellungsgespräch sicherlich die bekannteste und meistgenutzte Form darstellt und auch – richtig durch-geführt – zu den validen Auswahlmethoden gezählt werden kann (Schuler 2020, S. 198, 220; Schmidt et al. 2016).[60] Zwar gelten strukturierte Inter-

---

[57] Andere Taxonomien wären eine Aufteilung nach Fach-, Methoden-, Sozial- und Persön-lichkeitskompetenz (Lindner-Lohmann et al. 2016, S. 53 f.) oder eine Einteilung nach der KSAO-Logik (**K**nowledge – Kenntnisse, **S**kills – Fertigkeiten, **A**bilities – Fähigkeiten, **O**ther Characteristics – andere Merkmale; Schütz et al. 2020, S. 130 f.).

[58] „A-Kandidaten sollten unbedingt näher betrachtet und eingeladen werden. Bei B-Kandidaten ist unsicher, ob die Bewerbung brauchbar ist. C-Kandidaten kann abgesagt werden, da sie für die Stelle nicht infrage kommen ..." (Lindner-Lohmann et al. 2016, S. 62). Vielfältige Checklisten zur Personalauswahl für die Sozialwirtschaft sind zu finden bei Schimpf und Wojczechowski (2014, S. 46 ff.).

[59] Schuler (2020, S. 196) verweist auf die gute Vorhersagekraft von Noten hinsichtlich weiterer Bildungserfolge bzw. der Lernleistung. Schränkt deren Aussagekraft z. B. hin-sichtlich der Berufsleistung (vor allem bei zunehmender Berufserfahrung) ein.

[60] Schütz et al. (2020, S. 136 f.) klassifizieren verschiedene Verfahren in Eigenschafts-ansätze (Analyse der relativ stabilen Eigenschaften), Simulationsansätze (berufsrelevantes Verhalten prüfen, durch z. B. Arbeitsproben und realitätsnahe Aufgaben) und biografische Ansätze (vergangenes Verhalten als gute Vorhersagebasis für künftiges Verhalten). Einige Auswalmethoden mit einer vergleichsweisen hohen Vorhersagekraft für berufliche Leistung

views als vorhersagekräftiger, jedoch sind auch teil- bzw. unstrukturierte Interviews[61] durchaus geeignet, angemessene Eindrücke zu erhalten, die mit weiteren Informationen (z. B. Bewerbungsunterlagen) ein gutes Bild vermitteln. Dennoch sollten Interviews bestimmte Minimalanforderungen enthalten: Sie basieren auf einer konkreten Anforderungsanalyse, enthalten einen rudimentären Fragen-/ Themenkatalog (die allen Bewerber*innen gleichermaßen gestellt werden), die Interviewer*innen sind in diesem Format geschult und es gibt festgelegte Einstufungsskalen (die am besten zunächst unabhängig von allen Beurteiler*innen bewertet und erst am Ende abgeglichen und diskutiert werden).

Personalintegration (Onboarding)

Ist die passende Mitarbeiterin bzw. der passende Mitarbeiter gefunden, soll schnell Arbeits- und Leistungsfähigkeit hergestellt werden. Zudem sollen neue Mitarbeiter*innen sich wohl fühlen, die Organisationskultur kennenlernen und umgehend Anschluss finden (soziale Beziehungen aufbauen). Gezielte personalwirtschaftliche Aktivitäten, die die schnelle und zugleich nachhaltige, fachliche

---

sind (siehe Schütz et al. 2020, S. 136 ff.; Schuler 2020; Schmidt et al. 2016): Arbeitsproben (diese reichen von arbeitsprobigen Testverfahren, über Arbeitssimulationen, Probearbeit bis zur Probezeit). Dabei gilt (grob), je näher an der Echtsituation, je aussagekräftiger. Allgemeine kognitive Fähigkeitstests (Intelligenz-/ Persönlichkeitstests, die jedoch aufgrund von möglichen Eingriffen in die Persönlichkeitsrechte von Bewerber*innen nicht immer als unproblematisch angesehen werden; siehe auch Treier 2019, S. 135. Bei der Persönlichkeit gilt v. a. die Gewissenhaftigkeit als recht guter Prädiktor für beruflichen Erfolg). Interviews (strukturierte I. sind aussagekräftiger als unstrukturierte I.). Assessment-Center (AC; multiple Verfahrenstechnik zur Einschätzung aktueller Kompetenzen oder Prognose künftiger beruflicher Entwicklung). Die Vorhersagekraft von AC steigt mit der Zahl der (unterschiedlichen) Aufgaben und der Beurteiler*innen (die nicht nur aus der jeweiligen Fachschiene sein sollten, sondern z. B. aus dem Personalbereich, geschulte Beobachter*innen/Psycholog*innen o. Ä.). Die Wirkung von AC sollte nicht überschätzt werden, dennoch bieten sie vielfältige Eindrücke von Bewerber*innen. Erhalten sie fundierte Einzelverfahren (kognitiver Test, Rollenspiel und z. B. ein Situational-Judgment-Test sowie ein halbstrukturiertes Interview, welches z. B. situative und biografische Fragen enthält – siehe MMI [Multimodales Interview n. Schuler]) – so bieten sie eine auch heute noch gute Entscheidungsgrundlage (z. B. Schütz et al. 2020, siehe 137 ff., 148 ff.; einen groben Aufbau des multimodalen Interviews bieten Stock-Homburg und Groß 2019, S. 223 ff.; Lindner-Lohmann et al. 2016, S. 70).

[61] Bei unstrukturierten Interviews rät z. B. Schuler (2020, S. 198) zum Einbau weiterer Elemente wie Kurzreferate oder kleine Arbeitsproben bzw. den Einsatz zusätzlicher Beurteiler*innen.

wie soziale Integration neuer Mitarbeiter*innen sicherstellen sollen, werden als Onboarding-Prozesse tituliert (Bröckermann 2020, S. 227; Lindner-Lohmann et al. 2016, S. 84). Solche bewusst geplanten „An Bord nehmen"-Prozesse sind sehr bedeutend, da viele Neueinstellungen die Organisation schon im ersten halben Jahr wieder verlassen und eine gute Aufnahme in die Organisation das Commitment ebenso wie die Arbeitszufrieden steigert und die Gefahr von Fluktuation oder innerer Kündigung reduzieren (Bröckermann 2020, S. 227; Treier 2019, S. 177). Ein gelungener Start im neuen Job wirkt sich direkt darauf aus, wie engagiert und motiviert sich Mitarbeiter*innen einarbeiten und in die Organisation integrieren. Der Prozess sollte mindestens 6 Monate dauern und (wenn möglich) schon eine gewisse Zeit vor dem ersten Arbeitstag beginnen, weil es durchaus häufiger Vorkommt, dass in der Zeit zwischen Vertragsunterzeichnung und dem eigentlichen Start mitunter schon wieder seitens der Arbeitnehmer*innen gekündigt wird. Der Führungskraft kommt hierbei eine entscheidende Rolle bei der Umsetzung des Einarbeitungsplans und vor allem bzgl. des Gebens und Nehmens von Feedback zu. Neben der Führungskraft können Paten (als Rollenvorbilder) sowie gruppenorientierte Maßnahmen (Teamaktivitäten – siehe auch Teamphasen n. Tuckman, Teilnahme an fachspezifischen Schulungen, wichtige Ansprechpartner*innen in der Organisation persönlich vorstellen) und individuelle Unterstützungsangebote (Checklisten, schriftlicher Einarbeitungsplan, Coaching/Mentoring, Jour fixe mit Personalverantwortlichen) für ein gutes Ankommen genutzt werden. Wichtig ist eine gute Vorbereitung, wie z. B. einen individuellen Einarbeitungsplan (mit konkreten Themen, Terminen, Ansprechpartner*innen etc.) zu erstellen, das betroffene Team/die künftigen Kolleg*innen über den Neuzugang rechtzeitig zu informieren, den Arbeitsplatz umfassend vorzubereiten und vor allem die ersten Tage klar zu strukturieren (eine Checkliste für den Onboarding-Prozess bieten Bröckermann 2020, S. 231 sowie Schimpf und Wojczechowski 2014, S. 59 ff.).

Personalbeurteilung

Personal- oder Mitarbeiterbeurteilungen sind eine bedeutende (nicht delegierbare) Führungsaufgabe. Es gehört auch zur Grundanlage von uns Menschen und unserem Zusammenleben, Einschätzungen über andere Menschen oder Situationen vorzunehmen, um u. a. uns und unsere Rolle besser einordnen zu können (Nerdinger 2020, S. 251). Ebenso zählen verschiedenste Formen von Gesprächen mit Mitarbeiter*innen zum zentralen Portfolio von Führungskräften (siehe Kap. 3 sowie Neumann 2020; Regnet 2020a). Dennoch sind Personalbeurteilungen, verstanden als „sämtliche Formen der systematischen Einschätzung des Personals einer Organisation" (Weibler 2016, S. 404), etwas

Besonderes und Herausforderndes. Man kann sie als Bilanzierung des Verhaltens und der Leistung von Beschäftigten in Bezug auf Organisations- und Teamziele beschreiben (Hölzle 2017, S. 240), was ihnen eine gewisse Bedeutung verleiht. Sie sind meist sehr strukturiert, um den Prozess transparent und nachvollziehbar zu gestalten sowie Subjektivität und Fehleranfälligkeit zu reduzieren (gänzlich lässt sich dies nicht vermeiden; Nerdinger 2020, S. 251). Diese Struktur kann jedoch auch einengend oder herausfordernd sein, verlangt sie zugleich eine hohe Individualität, soziale Kompetenz und umfassende Beobachtungsfähigkeiten der Führungskräfte. Personalbeurteilungen haben häufig Auswirkungen auf die persönliche Weiterentwicklung (Tätigkeitseinsatz, Karriereplanung) oder auf das Gehalt. Weitere Ziele können z. B. sein (Nerdinger 2020, S. 251): Leistungsverbesserung durch Rückmeldung, Maßnahmen der Personalentwicklung, personelle Entscheidungen (z. B. Beförderung, Versetzung, Übernahme, Kündigung), Gestaltung von Arbeitsbedingungen, Gehalts-/Lohnabstimmungen, Verdeutlichung von Anforderungen. Bezieht sich der Begriff der Personalbeurteilung noch auf alle Mitglieder einer Organisation, so spezifiziert der Begriff der Beurteilung von Mitarbeiter*innen (eine der häufigsten Formen der Personalbeurteilung) die beteiligten Akteure: Führungskräfte und deren direkten Mitarbeiter*innen. Meist gliedern sich Beurteilungen nach 3 Perspektiven (Nerdinger 2020, S. 253 f.; Weibler 2016, S. 405): Rückblick (Was war wie?), Standortbestimmung (Wo steht man wie und weshalb?), Ausblick (Was soll sein? Wie kommen wir dort hin?). Das Mitarbeiterjahresgespräch wird nicht selten kritisiert: Es sei aufwendig, sehr von der subjektiven Einschätzung der Führungskraft abhängig, viele Leistungen (oder auch Schwächen) können durch die Führungskraft oft gar nicht angemessen eingeschätzt werden etc. Praktiker*innen können diese Kritikpunkte sicherlich mehr oder weniger nachvollziehen. Andererseits zeigen Untersuchungen, dass gut geführte Mitarbeitergespräche, wie wertschätzende, klare und regelmäßige Kommunikation insgesamt, eine motivierende und leistungsförderliche Wirkung entfalten (z. B. Regnet 2020a, S. 267). Sie verbessern die Bindung zum Arbeitgeber allgemein wie zur direkt vorgesetzten Führungskraft im Speziellen. Insgesamt steigen Motivation, Zufriedenheit und Verbleibsbereitschaft um die Zeit, die sich eine Führungskraft für den jeweiligen Mitarbeitenden nimmt (Hossiep et al. 2020; Grunau und Wolter 2019; BMAS 2016, 2018, 2019, S. 35; Wolter et al. 2016, 2018). Um die kritischen Aspekte zu entschärfen, finden thematische Führungskräftetrainings sowie verschiedene Weiterentwicklungen statt (z. B. Feedback der Teammitglieder sowie Selbstbeurteilungen, 360°-Feedback), die Chancen eröffnen, jedoch auch nicht immer risikofrei bzw. mit geringem Aufwand durchzuführen sind (Nerdinger 2020, S. 252; Weibler 2016, S. 406 ff.). Einigen Schwierigkeiten kann man

als Führungskraft vorbeugend entgegentreten, indem das Mitarbeiterjahresgespräch „nur" die Zusammenfassung vieler, unterjähriger (Feedback-)Gespräche
zwischen Führungskraft und Mitarbeiter*innen darstellt (siehe dazu und zur
kommunikativen Vorgehensweise Kap. 3).

Personalentwicklung
„Unter dem Begriff Personalentwicklung werden alle geplanten Maßnahmen
(im Unterschied zur Sozialisation) gefasst, die geeignet sind, die individuelle
berufliche Handlungskompetenz (in Abgrenzung zur Organisationsentwicklung)
der Mitarbeitenden zu entwickeln und zu erhalten" (Kauffeld und Grothe 2019,
S. 168). Berufliche Handlungskompetenz setzt sich aus 4 Kompetenzbereichen
zusammen (Schütz et al. 2020, S. 159; Kauffeld und Grothe 2019, S. 170 ff.):
Fachkompetenz (spezifische Kenntnisse, Fertigkeiten und Fähigkeiten, die der
Bewältigung bekannter beruflicher Herausforderungen dienen), *Methoden-
kompetenz* (situationsübergreifende Kenntnisse, Fertigkeiten und Fähigkeiten
für die Bewältigung neuartiger und komplexer Aufgaben), *Sozialkompetenz*
(kooperative und kommunikative Fertigkeiten und Fähigkeiten zur Realisierung
von Zielen in sozialen Interaktionssituationen), *Selbstkompetenz* (Kenntnis über
die eigenen Fähigkeiten und Stärken, um damit situationsgerecht umgehen zu
können). Die Ziele der Personalentwicklung sind vielfältig, können jedoch in 3
zentralen Bereiche zusammengefasst werden (Weibler 2016, S. 395): Persönlichkeitsentwicklung, Verhaltensmodifikation, Wissensvermittlung. Die sich daraus
ergebenden Themenstellungen und Ansatzpunkte für die Personalentwicklung
sind variantenreich und reichen von z. B. einstündigen onlinegestützten Selbst-
lernangeboten bis zu mehrjährigen Karriereentwicklungspfaden. Für die konkrete
Personalentwicklung spielen vor allem folgende Verfahren bzw. Angebote eine
besondere Rolle (Blickle 2019, S. 351 f.): persönlichkeits- und erlebnisorientierte
Verfahren, verhaltensorientierte Maßnahmen, kommunikationsorientierte Verfahren, selbstmanagementorientierte Verfahren, die Zuweisung von entwicklungs-
förderlichen Aufgaben, Coaching und Mentoring.
     Die Kategorisierung von PE-Maßnahmen erfolgt unterschiedlich (Schütz
et al. 2020, S. 160). Zum Beispiel nach Ort (am Arbeitsplatz, in der Organisation,
außerhalb der Organisation),[62] Zeit (verschiede Dauern von Stunden bis Jahre,

---

[62] Die Kategorisierung nach dem Ort ist auch unter folgenden Begrifflichkeiten bekannt
(Weibler 2016, S. 397): „into the job" (z. B. Berufsausbildung, Einarbeitung), „on the
job" (z. B. Trainings- oder Aufgabengestaltung, wie Job Enlargement, Job Enrichment,
Job Rotation), „parallel the job" (z. B. Coaching, Mentoring, Mitarbeitergespräch),
„near the job" (z. B. Qualitätszirkel, Projekte), „off the job" (z. B. Studium, Netzwerke,
Konferenzen, Vorträge), „out off the job" (z. B. Ruhestandsvorbereitung, Outplacement).

unterschiedlicher Verlauf von massiert - zu einem bestimmten Zeitpunkt - bis über einen längeren Zeitraum verteilt, bestimmte Phasen des Berufslebens) oder nach methodisch-didaktischen Aspekten (verschiedene Medien, von festen Präsenztrainings bis zu individuellen, orts-/zeitunabhängigen sowie selbst-gesteuerten Individualangeboten). Dabei haben sich verschiedene wirksame PE-Instrumente herauskristallisiert, die sich jedoch (gerade auch aufgrund der wachsenden digitalen Möglichkeiten) anpassen und verändern (Stichwort: Multimediales Lernen, AR-/VR- Technik etc.). Auch wird aktuell zwischen formellen (systematische Entwicklungs- und Durchführungsprozesse) und informellen PE-Maßnahmen (selbstinitiierte und -gesteuerte, meist in der alltäg-lichen Arbeitswelt stattfinde Entwicklung) unterschieden.[63] Weltweit investieren Organisationen gewaltige Summen in die Aus- und Weiterbildung ihrer Mit-arbeiter*innen.[64] Doch hier wird nicht selten die Kritik laut, dass die hohen Investitionen vergleichsweise wenig Erfolg mit sich bringen (z. B. Schütz et al. 2020, S. 157).[65] Bedeutend für die Wirkung von Weiterbildung sind vor allem (ebd., S. 167 ff.):

---

[63] Eine in der Personalentwicklung oft zitierte Faustformel lautet: 70-20-10. Demnach ent-wickeln wir ca. 70 % unserer bedeutenden Kompetenzen direkt am Arbeitsplatz bzw. im täglichen Handeln (vor allem durch das Lösen herausfordernder Aufgaben), 20 % durch Feedback von Vorgesetzten, in Teams bzw. im Austausch mit Kolleg*innen oder durch Coaches etc. (soziales Lernen/Lernen am Modell) und ca. 10 % durch Schulungen, Work-shops, Lektüre etc. (insbes. formales Lernen). Wenngleich es auch deutliche Kritik an diesem vereinfachenden Modell gibt, da es u. a. einen bestimmtem Typus Mensch voraus-setzt oder auch formale Weiterbildungen standardisiert betrachtet, so weist diese Formel dennoch auf ein Problem hin, welches auch andere wissenschaftliche Studien unter-streichen: Nur wenig, was in den unzähligen Trainings (bzw. in vergleichbaren Formaten) angeboten und geübt wird, setzt sich dauerhaft in Denken und Handeln um. Doch unter Berücksichtigung wissenschaftlicher Erkenntnisse können nachhaltig wirksame PE-Inter-ventionen geplant und umgesetzt werden (z. B. Schütz et al. 2020, Unger und Sann 2020; Richter et al. 2020; Hughes et al. 2018, 2019; Kauffeld und Grothe 2019; Lacerenza et al. 2017, 2018; Bürgle 2018; Massenberg et al. 2017).

[64] Laut einer Studie des Instituts der deutschen Wirtschaft (Seyda und Placke 2020, S. 105) investierten 2019 Unternehmen in Deutschland 1236 € pro Mitarbeiter*in in Weiterbildung. Die Beschäftigten haben sich im Schnitt 18,3 h fortgebildet. Die Tendenz der letzten Jahre ist steigend und besonders durch die Digitalisierung getrieben.

[65] An dieser Stelle kann keine Diskussion zur Frage erfolgen, was kann bzw. sollte als Erfolg definiert werden. In Unternehmen wird hierfür z. B. der ROI (Return on Invest-ment) herangezogen, wenngleich es um viel mehr als um Geld gehen sollte (siehe humaner Führungserfolg). Meist finden noch direkt nach der PE-Maßnahme Zufriedenheits-

- Teilnehmendenmerkmale (wie kognitive Fähigkeiten, Persönlichkeitseigenschaften, Motivation und Umsetzungswille, erwarteter Trainingsnutzen)
- Trainingsgestaltung (fundierte Bedarfsanalyse, Konzeption und Durchführung, Information und Einbindung der Teilnehmer*innen bereits vor dem Training, Praxis-Transfer-Förderung während des Trainings sowie Umsetzungsunterstützung nach dem Training)[66]
- Arbeitsumgebung (transferförderliche Unternehmenskultur und Arbeitsumgebung, authentische Gestaltung eines positiven Lernklimas, soziale und inhaltliche Unterstützung – vor allem durch die Führungskraft)

Für den Bereich der **Führungskräfteentwicklung** kann man ebenso festhalten, dass gut geplante und professionell durchgeführte Programme deutliche Wirkung entfalten (z. B. Lacerenza et al. 2017; Weibler 2016, S. 392). So können

---

befragungen statt, was jedoch gerade über den nachhaltigen Trainingserfolg wenig aussagt (Kauffeld und Grothe 2019, S. 198). Vor allem Fragen des Lernerfolgs, des sich ändernden Verhaltens (ein wichtiger Aspekt im Kontext von Transfer) oder auch die konkreten Auswirkungen auf das Team bzw. die Organisation werden eher selten analysiert – wären jedoch bedeutend für die Einschätzung der Wirksamkeit von PE-Interventionen (Schütz et al. 2020, S. 176). „Während 78 % der Unternehmen Zufriedenheitserfolg messen, sind es beim Lernerfolg nur noch 32 %. Für den Transfererfolg interessieren sich nur noch 9 % und für den Unternehmenserfolg lediglich 7 %" (Kauffeld und Grothe 2019, S. 197; Schütz et al. 2020, S. 176 ff.).

[66] Ein Beispiel: Als Basis werden Mitarbeiter*innen zunächst über Online-Seminare und/oder kurze Präsenztrainings mit wichtigen Inhalten vertraut gemacht. Dies dient vor allem auch der Förderung der Anschlussfähigkeit, der individuellen Kompetenzorientierung, der Stärkung der sozialen Verbindung der Gruppe sowie dem Feintuning des Bildungsangebots. Anschließend sind die Mitarbeiter*innen gefordert, das Erlernte direkt im Arbeitsalltag anzuwenden (z. B. mithilfe von Lerntransfertagebüchern, regelmäßige Reflexion mit der direkt vorgesetzten Führungskraft, Austausch mit der Lerngruppe). Alle 2–3 Wochen finden Coaching-Sessions statt (bis zu einem halben Tag, virtuell oder persönlich), um inhaltliche Fragen zu klären, Praxiserfahrungen auszutauschen und nächste Schritte zu besprechen (wir trainieren beispielsweise besondere Beratungssituationen oder Führungskommunikation auch als Online-Video-Variante). Die verteilte Dauer im Blended-Learning-Format mit einem Fokus auf die Stärkung der Selbstbestimmung und -wirksamkeit fördert die Nachhaltigkeit. Ein besonderer Faktor für den Transfer ist die lern- und entwicklungsförderliche Unternehmenskultur und Arbeitsumgebung (z. B. Schütz et al. 2020, S. 167 ff.; Hughes et al. 2019 mit einer Metaanalyse). **Vor allem die direkt vorgesetzte Führungskraft kann den nachhaltigen Lerneffekt deutlich verstärken** (Richter et al. 2020). Für die Gestaltung wirksamer Führungskräftetrainings beschreiben Lacerenza et al. (2017) in ihrer Metaanalyse die zentralen Wirkfaktoren (siehe auch Unger und Sann 2020).

beispielsweise Coachingangebote bei der Aus- und Weiterbildung der Führungspersönlichkeit wichtige Impulse liefern (Unger und Sann 2020). Insgesamt ist es
wichtig, dass die Personalentwicklung mit all ihren Facetten und Möglichkeiten
gut in den Kontext der Organisation, des Personalmanagements insgesamt sowie
den strategischen Überlegungen integriert ist (Blickle 2019, S. 328; Kauffeld und
Grothe 2019). Besonders die direkt vorgesetzte Führungskraft hat als Personal-
entwickler*in vor Ort (Kauffeld und Grothe 2019, S. 169) einen hohen Anteil an
operativer Personalentwicklung sowie am Erfolg von Maßnahmen.

5.2.2 Orientierung geben durch Rahmen und Ziele

Die Gestaltung von motivations- und zufriedenheitsförderlichen Arbeitsbedingungen ist eine bedeutende und zugleich anspruchsvolle Führungsaufgabe (siehe Kap. 1 und 2). Die Einflussgrößen der Arbeitszufriedenheit liegen
in der Person und in den organisationalen Bedingungen. Motivation entsteht aus
individuellen Merkmalen von Menschen (Motiven, Bedürfnisse, Ziele) und den
Merkmalen einer Situation bzw. der Umwelt (Gelegenheit, Anreize, Normen,
Regeln). Es braucht somit eine entsprechende Umgebung (Rahmen und Raum)
sowie Menschen, die sich in dem jeweiligen organisatorischen Umfeld bewegen
können und wollen (Brandstätter 2020, S. 239). Eine Brückenfunktion zwischen
Umwelt und Mensch können Führungskräfte übernehmen. Auch Unternehmens-,
Team-, Individualziele sind dafür gut geeignet (ebd.).

Ziele begegnen uns im Alltag wie im Arbeitskontext auf vielfältige Art und
Weise. Im organisationalen Umfeld sind sie fester Bestandteil der Führungsarbeit. Sie finden sich auch im Bereich sozialer Organisationen („Leiten durch
Zielvereinbarungen"; Merchel 2010a, S. 93 ff.) sowie in der öffentlichen Verwaltung („Das *Jahreszielgespräch* wird zunehmend auch von Verwaltungen
als Instrument der Mitarbeiterführung und Motivation eingesetzt ..."; Hellmann und Hollmann 2017, S. 36, 57 ff.). Ohne konkrete, herausfordernde
Ziele kommen aktive Handlungen eher selten zustande und Mitarbeiter*innen
setzen sich „andere" (eigene) Ziele („Insbesondere schwierige und spezifische
Leistungsziele führen also zu guten Leistungen"; Hoch et al. 2009, S. 310;
siehe auch Brandstätter 2020; Weibler 2016, S. 414). Ziele informieren, sie
fokussieren die Energierichtung der Mitarbeiter*innen auf spezifische Punkte
und bündeln daher Kräfte und Aktionen und ermöglichen Erfolgserlebnisse. Ziele
haben dabei v. a. 5 positive Wirkungen: Ziele geben die Richtung an, stärken die
Motivation, erhöhen die Ausdauer, unterstützen Lern-/Veränderungsprozesse,
führen bei Erreichen zu Belohnung und zu weiterer Motivation (Becker 2019,

S. 118 f.; siehe auch Brandstätter 2020; Locke und Latham 1990, 2002; für den öffentlichen Sektor z. B. Favero et al. 2016). Auch für den Zusammenhalt (Kohäsion) und die Leistungsfähigkeit von Teams sind Ziele essenziell (Kauffeld und Schulte 2019, S. 215, 232).

Spezifische Ziele, z. B. für Bereiche, Teams, Mitarbeitende, entstehen im Kontext organisationaler Rahmenbedingungen. Dieser sogenannte normative Rahmen wird oft beschrieben durch die Vision (übergeordnete Unternehmensziele),[67] Mission, Leitbild[68] und dem sich daraus ableitenden strategischen Programm. Das strategische Programm legt im Wesentlichen fest, in welchem Markt und mit welchen Produkten bzw. Dienstleistungen eine Organisation aktiv sein möchte.[69] Es ist die Grundlage für die Zielplanung und -vereinbarung (Kolhoff 2018, S. 464).

---

[67] „Eine Vision ist ein bildhaftes, glaubwürdiges und attraktives Bild der zukünftigen Unternehmensentwicklung mit einem szenarischen Charakter, das eine bestimmte Richtung weist, ohne den Rahmen genau und verbindlich festzulegen. Visionen beantworten die Frage: Wo wollen wir langfristig hin? Sie sind in wenigen Worten zu fassen und dementsprechend leicht zu kommunizieren" (Vahs 2019, S. 124).

[68] „Leitbilder ... geben den Rahmen für die Unternehmensstrategie vor, die gewissermaßen den 'Weg zum Ziel' beschreibt ... Sie setzen die Vision in allgemeine, idealisierte und damit relativ abstrakte Aussagen über die anzustrebenden Ziele, Werte, Normen und Aktivitäten des Unternehmens um. Hierzu gehört die Einstellung beispielsweise zum Kunden, zur Gestaltung der zwischenmenschlichen Beziehungen in der Organisation, zum Wettbewerb oder zur Umwelt. Die Leitbilder weisen im Unterschied zu einer Vision einen deutlichen Gegenwartsbezug auf: Wie wollen wir uns verhalten, um unsere Ziele zu erreichen?" (Vahs 2019, S. 126). Das Leitbild kann auch als Mission bezeichnet werden (bzw. umgekehrt). Beide dienen dazu, klar herauszuarbeiten, was das Kerngeschäft einer Organisation ist, welche besonderen Kompetenzen diese besitzt und für welche Werte sie steht. Aus diesen Rahmenbedingungen können sich z. B. Führungsleitlinien (bzw. ein Führungsleitbild) entwickeln (Beispielleitbild z. B. bei Kortendieck 2017, S. 29; Gourmelon et al. 2018, S. 450).

[69] Durch Schwerpunktsetzung soll eine Strategie helfen, die Kräfte zu bündeln und eine gemeinsame Blickrichtung der Mitarbeiter*innen zu stärken. Sie ist auch heute noch sehr bedeutend, wenngleich die klassische Interpretation, dass Strategien mittel-/langfristige Ziele sind, nicht mehr sehr gebräuchlich ist. Angesichts zunehmender Veränderungsgeschwindigkeit ist „Segeln auf Sicht" eine nützliche Zeitdimension, die dennoch eine mittel- bis langfristige Ausrichtung nicht obsolet werden lässt. Als weiteres Kriterium kann man die Planungsebenen unterscheiden: Strategisch als grundsätzlicher Orientierungsrahmen und operativ als konkrete Orientierung für das tägliche (wöchentliche etc.) Handeln bestimmter Funktionsbereiche. Weitere Möglichkeiten der Unterscheidung bieten Kortendieck (2017, S. 18.) oder Gourmelon et al. (2018, S. 426 ff.).

In welchen Bereichen sollten Ziele entwickelt und vereinbart werden?
Es gibt verschiedene Zielschwerpunkte. Nicht alle Arten sind für jeden Bereich, jede Organisation, jede Aufgabe, jeden Mitarbeitenden geeignet. So können nach Watzka (2016, S. 22) folgende Bereiche für die Zielfindung /-vereinbarung genutzt werden:

- Aufgabenziele (z. B. Inhalte, Termine)
- Leistungsziele (z. B. Umsatz, Qualität)
- Ressourcenziele (z. B. Material, Zeit)
- Innovationsziele (z. B. Dienstleistung, Prozesse, Sozialinnovationen)
- Verhaltensziele (z. B. Zusammenarbeit, Kommunikation)
- PE-Ziele (z. B. Kompetenzentwicklung, Job Rotation)

Möchte man eine gute Übereinstimmung von der Mitarbeitendenperspektive und den organisationalen Rahmenbedingungen (Zielschwerpunkte und -inhalte) erreichen sowie attraktive Ziele entwickeln, bietet die Selbstbestimmungs-theorie (Ryan und Deci 2017) nützliche Anhaltspunkte, indem sie deutlich macht, was Menschen grundsätzlich wichtig ist (siehe Kap. 2; auch Brandstätter 2020, S. 239 ff.): Menschen möchten Herausforderungen meistern, (weit-gehend) Kontrolle über das Geschehen besitzen und sich als wirksam erleben (Kompetenzbedürfnis; d. h. Ziele müssen herausfordernd, zugleich erreichbar, persönlich wie für die Organisation bedeutend sein). Sie möchten in gewissen Rahmenbedingungen selbstbestimmt (autonom) denken, handeln – auch (mit-)entscheiden – können und weniger durch externe Kontrolle bzw. Druck bewegt werden (Autonomie-, Partizipationsbedürfnis; d. h., Ziele müssen klar sein, am besten gemeinsam entwickelt. Die Umsetzung erfolgt weitgehend selbst-gesteuert mit angemessenen Rückmeldesystemen). Schließlich streben Menschen nach qualitativ hochwertigen Beziehungen (soziales Bedürfnis; d. h. gemeinsame Ziele, Unterstützung, Anerkennung und Wertschätzung durch die Gruppe und die Führungskraft, aber auch z. B. durch Klient*innen/Kund*innen).

Wie kann man zu Zielen gelangen: Vorgabe oder Einbezug?
Es liegt auf der Hand, dass der Einbezug der Mitarbeiter*innen bei der Erarbeitung von Zielen in der Regel ein höheres Commitment zu diesen Zielen erzeugt. Gleichwohl konnten Forschungsergebnisse zeigen, dass auch Zielvor-gaben eine ähnlich hohe Leistungsmotivation auslösen können. Auch können nicht immer für alle Beschäftigten attraktive Ziele entwickelt werden. Dennoch ist das entscheidende Merkmal das A der SMART-Ziele. Wenngleich es unter-schiedlich übersetzt wird (z. B. Lippold 2020, S. 78), so ist die AKZEPTANZ der

Ziele eines der wichtigsten Vorhersagegrößen, ob Mitarbeiter*innen mit hoher Energie und sehr fokussiert die jeweiligen Ziele verfolgen.[70] Da in partizipativen Zielfindungsprozessen die Akzeptanz (meist) höher ist, spricht einiges für ein entsprechendes Vorgehen.

Wie sollte man Ziele formulieren?
Ziele können nach der sogenannten SMART – Formel erarbeitet werden (siehe 2.2.1; Lippold 2020, S. 78; Brandstätter 2020, S. 244):
Spezifisch (konkret, eindeutig – jedoch nicht zu detailliert), messbar (Zahlen helfen bei der Wirkung, zudem sind sie Rückmeldung gebend), akzeptiert (repräsentativ für die Aufgabe/Rolle des Mitarbeitenden, partizipative Erarbeitung sowie anspruchsvoll – gerne auch attraktiv), realistisch (zum Leistungsvermögen und Kompetenzniveau passend, das „r" wird mitunter auch als relevant übersetzt), terminiert (ein klarer Zeithorizont, der fordert – ohne zu überfordern).[71] Ziele wirken ohne Rückmeldung deutlich schwächer auf die Leistung und Motivation (Kleinbeck und Kleinbeck 2009, S. 69 ff.). Daher sind auch entsprechende Rückmeldesysteme (siehe auch Führungskommunikation und Feedback; Kap. 3) notwendig.[72]

Bei aller Euphorie zur Zielthematik und den Vorteilen (mit vielen empirisch bestätigten Untersuchungen) stellen Ziele und Zielvereinbarungen auch **Herausforderungen** für die Organisation, die Führung wie die Mitarbeitenden dar (z. B. Weibler 2016, S. 414). Ziele sollen fordernd sein – ohne zu überfordern, konkret sein – jedoch ausreichend Autonomie ermöglichen, messbar sein – aber auch schwer messbare Themen berücksichtigen etc. Zudem sollen Ziele den Fokus der Mitarbeiter*innen schärfen – können jedoch nie das gesamte Tätigkeitsspektrum abdecken und dürfen zugleich auch nicht Kreativität/Flexibilität einschränken. So muss auch hier die Begrenztheit eines transaktionalen Führungsverständ-

---

[70] Siehe Diskurs hierzu z. B. bei Lippold 2020, S. 78 ff.; Kehr et al. 2018, S. 597; Watzka 2016, S. 39 ff., 48 f.; Miner 2015; Kleinbeck und Kleinbeck 2009, S. 67 f.

[71] Für die gemeinsame Zielfindung und -formulierung bietet sich für Organisationen der Sozialwirtschaft z. B. das *Kursbuch Wirkung* an (Kurz und Kubek 2018).

[72] Als ein sinnvolles Controlling (Resonanzsystem) bietet sich z. B. die Balanced Scorecard (BSC) an. Sie „… versucht mittels ausgewogener Kennzahlen der Perspektiven ‚Finanziell', ‚Kunde', ‚interne Geschäftsprozesse' und ‚Lernen und Entwicklung' …, die in einem Ursache-Wirkungszusammenhang miteinander stehen, strategische Aktionen konkret zu ermöglichen und die Übersetzung in operative Aktionen zu leisten" (Kortendieck 2017, S. 177; hier findet sich auch eine Beispiel-BSC des hessischen Justizvollzugs, S. 180 ff.).

nisses (welches Ziel/Austauschprozesse in den Vordergrund stellt) betont werden. Ohne Mitarbeiter*innenorientierung, ohne transformationale wie ermächtigende Elemente der Führung helfen Ziele nur eingeschränkt, dass Mitarbeiter*innen dauerhaft motiviert, gebunden sowie gesund Leistung erbringen und damit eine Organisation erfolgreich werden lassen.[73] Hier sind Führungskräfte gefordert, eine angemessene, für die Organisation (Team etc.) passende und von den Mitarbeitenden mitgetragene Lösung zu entwickeln. Wie zuvor bereits skizziert, liegt es nahe, dass partizipative Ansätze (wie auch andere moderne Führungsansätze) hier ein gutes Resonanzsystem für Führungskräfte bieten können (Rolfe 2019, S. 164 ff.).

5.2.3 Motivieren durch Delegation

Das Führungsinstrument der Delegation ist für erfolgreiche Selbst- und Personalführung sehr bedeutend. Für die Führungskraft ist es eine nicht zu unterschätzende Möglichkeit, die eigene Arbeitskraft und Wirksamkeit zu erhöhen und selbst im Gleichgewicht zu bleiben (siehe Zeit- und Selbstmanagement; auch König und Kleinmann 2020, S. 174). Aus der Perspektive der Personalführung ist es zudem – richtig eingesetzt – ein enormer Motivations- und Personalentwicklungshebel sowie die Chance, die Kompetenz wie die Kreativität der Mitarbeiter*innen zielgerichtet zu fördern und für die Organisation nutzbar(er) zu machen Rose 2019, S. 151, 165 ff.). Doch werden viele mögliche Aufgaben aus den unterschiedlichsten Gründen[74] nicht bzw. fehlerhaft delegiert. Nicht wenige Führungskräfte „machen das lieber schnell selbst" bzw. „müssen das Thema selbst im Griff behalten" (z. B. König und Kleinmann 2020, S. 174; Zimber 2018, S. 41 ff.) oder verwechseln Delegation mit der Arbeitsanweisung bzw. haben

---

[73] Auch Aspekte, ob man sich auf die Zielsetzung (und strategische Ausrichtung) verlassen kann (Stichwort: Vertrauen) und die Beiträge der einzelnen Mitarbeitenden vergleichsweise fair verteilt, gewürdigt und entlohnt werden (Stichwort: Gerechtigkeit), sind zentrale Fragen, die beantwortet werden sollten.

[74] „Führung wird in der Praxis der ‚alten Welt' oft lediglich anhand des überkommenen Kontinuums als ‚hart' oder ‚weich' kategorisiert. Beteiligung bedeutete dort meist Machtverlust, Delegation oft die Inkompetenz, es im Zweifel selbst tun zu können. In den neuen Führungswelten wird es, allein schon aufgrund der immensen Komplexität, die es in der Führung zu bewältigen gilt, essenziell, Verantwortung für die Erledigung der Aufgaben dorthin zu bringen, wo sie hingehört: in die Hände des lernfähigen und ermächtigten Mitarbeiters …" (Gebhardt et al. 2015, S. 29).

Respekt vor einer z. B. ablehnenden Reaktion der Mitarbeiter*innen (Stroebe und Stroebe 2020, S. 109 ff.). Dadurch verpassen sie die zuvor genannten Möglichkeiten der eigenen Entlastung wie auch der Motivationsförderung der Mitarbeitenden.[75] Delegation kann definiert werden als die „Übertragung von Verantwortung und Kompetenzen für die Erfüllung einer oder mehrerer Aufgaben durch eine Führungsperson an die geführten Mitarbeiter" (Stock-Homburg und Groß 2019, S. 611).[76] Delegation unterstützt die 3 psychologischen Grundbedürfnisse der Selbstbestimmungstheorie (Ryan und Deci 2017; Forner et al. 2021, S. 82ff; Rose 2019, S. 151): Autonomie (Rahmen und Raum, mit einem hohen Anteil an Selbstbestimmung und keiner Mikrokontrolle), Kompetenz (herausfordernde, jedoch zu den individuellen Fertigkeiten und Fähigkeiten passende Aufgabe), soziale Verbindung (Wertschätzung und Vertrauen durch die Führungskraft, Anerkennung der Mitarbeitenden).

Erfolgreiche Delegation ist gekennzeichnet durch (Stroebe und Stroebe 2020, S. 113 ff.; Stock-Homburg und Groß 2019, S. 611; Zimber 2018, S. 43 ff.; Fuhrmann 2018, S. 207 ff.):

- Eine positive Einstellung zur Delegation (bei Führungskraft und Mitarbeitenden; Delegation als Vertrauensbeweis und Entwicklungsmöglichkeit; Fehler als Chance sehen; Zuversicht der Führungskraft in die Fähigkeiten der Mitarbeiter*innen; interessante Aufgaben vergeben)
- Eine gute Vorbereitung (Einschätzung der Fertigkeiten, Fähigkeiten, der Auslastung und der Motivation des Mitarbeiters im Kontext der Aufgabe,[77] Klarheit über die konkrete Aufgabe sowie die erwartete Qualität und Ergebnisse; rechtzeitiges Delegieren der Aufgaben)

---

[75] Mitarbeitende fühlen sich wertgeschätzt und ernst genommen, reagieren meist engagiert auf den Vertrauensvorschuss und stärken ihre Identifikation und Bindung mit der Führungskraft, dem Team und der Organisation (Zimber 2018, S. 42).

[76] „Delegation ist Weitergabe von Vertrauen – als Dank erhalten Sie mehr Lebenszeit" (Stroebe und Stroebe 2020, S. 111). Gleichwohl behält die Führungskraft die letztendliche Verantwortung (d. h. keine Fehler anderen zuschieben, sich angemessen informieren lassen etc.).

[77] Delegierbare Aufgaben sind z. B. Routine-, Detail-, Spezialisten- und vorbereitende Arbeiten (z. B. Problemanalysen, Lösungsvorschläge, Entscheidungsvorbereitungen). Nichtdelegierbare Aufgaben sind u. a. Führungs- und Beurteilungsaufgaben (Personalsachen), streng vertrauliche Themen, Aufgaben der Kategorie A (wichtig und dringend), Aufgaben/Entscheidungen mit hohem Risiko und/oder organisationsweiten Auswirkungen.

- Das gleichzeitige Übertragen von Aufgabe, Kompetenzen (Befugnisse, z. B. bestimmte Entscheidungen zu treffen, Personen mit einzubeziehen, festgelegte Ressourcen selbstbestimmt einzusetzen etc.) und Verantwortung (kurz: A-K-V; tatsächlich loslassen als Führungskraft)
- Eindeutig formulierte Aufgabenstellungen, das Bereitstellen aller für die Aufgabenerfüllung erforderlichen Informationen (vor allem auch das „Warum?" erklären) sowie klare Kommunikation darüber, wie das Ergebnis rückgemeldet werden soll und von der Leitung kontrolliert wird (Erwartungen formulieren und Vereinbarung treffen)
- Realistische Terminvorgaben für die Aufgabenerfüllung und Transparenz über Rückmeldungswünsche an die Führungskraft (Meilensteine)
- Ausreichende Möglichkeiten für Rückfragen der Mitarbeiter*innen (auch zu Fragen wie Termine, Ressourcen, Rückmeldungen/Unterstützungsbedarf; ob man sich für die Aufgabe gewachsen fühlt bzw. was noch benötigt wird etc.)
- Das Unterbinden von Rückdelegation (zugleich jedoch das aktive Fragen-stellen des Mitarbeiters bzw. Einholen von Unterstützung betonen)[78]
- Engagement und Leistung wertschätzen (sich bedanken; konstruktives Feedback geben und erbitten; gemeinsam Erkenntnisse reflektieren)

5.2.4 Entscheidungen treffen, kommunizieren und umsetzen

Probleme zu lösen und Entscheidungen zu treffen, gehört zum Arbeitsalltag jeder Führungskraft, die dabei sicherlich allesamt bestrebt sind, die (aus ihrer Sicht) jeweils beste Entscheidung zu finden. Doch ist dies in der Praxis schwieriger umzusetzen, als es oft von außen betrachtet erscheint bzw. es in Entscheidungs-ratgebern mitunter skizziert wird. Gerade in einer komplexen Welt (Stichwort: VUCA) erliegen wir (und damit auch Führungskräfte oder Berater*innen, die hinzugezogen werden) nicht selten einem linear-mechanistischen Trugschluss – nämlich der Idee, man könnte die Wirklichkeit (leicht) berechnen oder der Rückgriff auf vergangene, damals funktionierende Lösungen könnten künftige

---

[78] Fuhrmann (2018, S. 211) bietet einige Fragen, die Führungskräfte stellen können, wenn Rückdelegation droht: *„Wie würden Sie das Problem jetzt lösen, wenn ich nicht greif-bar wäre? Was haben Sie bisher schon probiert? Brauchen Sie Befugnisse oder weitere Kompetenzen? Was könnten Sie bei der Problemlösung diesmal anders machen? Was war bei ähnlichen Problemen bisher erfolgreich?"*

Probleme ähnlich wirksam beheben (z. B. Weibler 2016, S. 302; Gigerenzer 2014). Entscheidungen sind im organisationalen Kontext wichtig[79] – mitunter überlebenswichtig. Sie sollen plausibel, transparent und verständlich sein sowie vielfältige Meinungen bzw. Perspektiven gut integrieren (Kunz 2014, S. 61). Nicht zuletzt aus diesem Grund tun sich Führungskräfte nicht immer leicht: Entscheidungen werden hinausgezögert oder defensiv getroffen,[80] manchmal wird auch unüberlegt und überstürzt gehandelt (und in vielen Fällen haben die handelnden Personen ihre guten Gründe dafür).

Führungskräfte benötigen Entscheidungskompetenzen. Sauerland et al. (2018, S. 28 ff.) nennen folgende wichtige Fertigkeiten, Fähigkeiten und Strategien: Als Basis benötigen Führungskräfte ein festes Wertesystem sowie die Bereitschaft, einmal getroffene Entscheidungen auch tatsächlich umzusetzen. Gleichzeitig ist eine ausreichende Flexibilität erforderlich, sofern Änderungen oder Fehlentwicklungen erkennbar werden, Entscheidungen entsprechend anzupassen oder auch rückgängig zu machen. Zu Entscheidungen gehört ein ehrliches Worst-Case-Szenario, Best-Case-Szenario sowie ein Plan B. Zudem raten sie dazu, sich eine Außenperspektive zu verschaffen (also andere Personen bzw. vergleichbare Daten mit einzubeziehen), die Ziele im Vorfeld klar zu benennen und den Prozess daran auszurichten sowie die Entscheidung und ihre Folgen in bestimmten Abständen kritisch zu prüfen.

Die Wege, Entscheidungen zu treffen, sind vielfältig. So kann man rationale Techniken nutzen (z. B. Entscheidungsmatrix), intuitive Ansätze berücksichtigen (Heuristiken) oder auf kreative Möglichkeiten zurückgreifen (partizipative Methoden; Lippold 2020; Sauerland et al. 2018, S. 30; Weibler 2016, S. 282 ff.; Gigerenzer 2014). Ähnliche Vorgehensweisen bieten Robbins et al. (2014, S. 170 ff.; siehe auch Gigerenzer und Gaissmaier 2015; Gigerenzer 2014): Der **rationale Ansatz** geht davon aus, dass Entscheidungsfindungen im professionellen Führungskontext logisch und konsequent sind, passende Techniken bzw. Instrumente (ggf. IT-basiert) nutzen und bei schwierigen Entscheidungen Expert*innen hinzugezogen werden. Entscheidungen werden als 100 % (bzw. zu

---

[79] „Es zeigte sich, dass 5 bis 10 % in der Varianz des Unternehmenserfolges durch die Gestaltung des Entscheidungsprozesses vorhergesagt werden konnte …" (Götz und Hardt 2016, S. 220).

[80] Führungskräfte entscheiden nicht selten aus Unsicherheit, Angst vor Verantwortungsübernahme (oft aufgrund einer mangelnden Fehlerkultur in Organisationen) oder Respekt vor der Komplexität der Entscheidung eher defensiv (für die öffentliche Verwaltung: Artinger et al. 2018; siehe auch Gigerenzer 2014).

einem großen Teil) objektiv und logisch angesehen. Wenngleich es mitunter den Anschein hat, so ist dies meist weder möglich – noch in der Praxis realistisch. Und sollte der Eindruck entstehen, dass tatsächlich häufig auf diesem Weltbild basierend entschieden wird, so ist zumindest Vorsicht geboten. Dies erkennt der nächste Ansatz, die Entscheidungsfindung auf Basis der **eingeschränkten Rationalität,** an: Führungskräfte treffen mithilfe von verfügbaren Informationen und unter Einsatz von Hilfen (Techniken, Instrumente, Expert*innen etc.) tagtäglich Entscheidungen – unterliegen jedoch *nicht* der Illusion, immer die bestmögliche Entscheidung getroffen zu haben, sondern eine, die unter den gegebenen Umständen zufriedenstellend ist. Um Entscheidungen zu überprüfen, werden Resonanzsysteme eingesetzt (Prototyping, Simulationen, Projekte, Controlling, Befragungen etc.), um sich rückzuversichern bzw. sich schrittweise der besten (einer besseren) Lösung zu nähern. Hier wird bereits die Rolle des **Bauchgefühls**[81] sichtbar, denn komplexe Situationen können nicht alleine mit Mitteln der Rationalität erfasst werden.[82] Daher tauchen, in unterschiedlichen Variationen, die Aspekte Verstand (Ratio) und Gefühle (Intuition) im Kontext von Entscheidungsprozessen auf. Ist nun eines besser als das andere, wichtiger oder treffsicherer?[83] Beide Bereiche sollten bei Entscheidungen zum Einsatz kommen (Daigeler et al. 2017, S. 52; Gigerenzer 2014, S. 167). In manchen Fällen ist es sinnvoll, dass überwiegend der Verstand die Alternativen logisch prüft und stringent entscheidet, in anderen Fällen ist es ratsam, sich eher auf die Intuition[84] (die eigene und die der

---

[81] Intuition (oder auch Bauchgefühl) ist ein Urteil, das „rasch im Bewusstsein auftaucht … dessen tiefere Gründe uns nicht vollständig bewusst sind und das … stark genug ist, um uns danach handeln zu lassen …" (Gigerenzer 2014, S. 143).

[82] Umfragen ergaben, dass ca. 50 % der Führungskräfte häufiger intuitive Entscheidungen trafen, als formale Analysen durchzuführen (Robbins et al. 2014, S. 171). Gigerenzer nennt noch weitere Befunde: 2/3 der Führungsentscheidungen sind intuitiv. Je höher die Hierarchie, desto häufiger wird das Bauchgefühl genutzt. 72 % der befragten Führungskräfte gaben jedoch an, ihre Intuition zu verleugnen, wenn sie diese gegenüber Dritten rechtfertigen mussten (Gigerenzer und Gaissmaier 2015, S. 33 ff.; Gigerenzer 2014).

[83] „In einer ungewissen Welt reichen statistisches Denken und Risikokommunikation nicht aus …" (Gigerenzer 2014, S. 42).

[84] „Intuitionen sind keine Affektentscheidungen mit großer emotionaler Aufwallung, denn weder akute Angst noch euphorische Freude sind gute Ratgeber! Intuitionen sind dagegen vom Gehirn gespeicherte Muster-Erkennungs-Prozesse; wir erkennen viele Aspekte einer bereits erlebten Situation wieder und können dann simulieren, was wohl als Nächstes geschehen wird … Der Vorteil unserer Intuitionen ist, dass diese Form des Gedächtnisses eine enorm hohe Rechnerkapazität hat. Der Nachteil ist, dass unsere Intuitionen alles Gegenwärtige im Licht dieser gespeicherten Muster bewerten, und dies kann gehörig daneben gehen …" (Korte 2019, S. 194).

Vielen[85]) zu verlassen (Korte 2019, S. 193 ff.; Götz und Hardt 2016, S. 224 f.).
Als grobe Leitlinie für das Tagesgeschäft können folgende Hinweise gelten (Korte
2019, S. 194 ff.; Götz und Hardt 2016, S. 224 f.; Gigerenzer 2014): Routineent-
scheidungen oder schnelle Entscheidungen mit absehbaren Folgen können auf
Basis von Intuition und ohne tiefgreifende Reflexionsprozesse getroffen werden.
Rationales Durchdringen sowie der Einsatz von Berechnungs-/Entscheidungstools
ist insbesondere bei einfachen bis mittelschweren Entscheidungen sinnvoll, wenn
eine fundierte, ausreichend große Datenmenge zum Problem vorhanden ist, hin-
länglich Wissen (keine Vermutungen) besteht, alle (!) oder zumindest die wesentlichen Risiken bekannt sind und es wenige Alternativen gibt. Die deutlich stärkere
Berücksichtigung der Intuition ist dann angezeigt, wenn viele, unsichere Variablen
berücksichtigt werden müssen, ein hoher Vernetzungsgrad und zugleich kleine
bzw. unsichere Datenmengen vorliegen sowie vielfältige Erfahrungen vorhanden
sind. Huber und Wolf (2020, S. 14 ff.) beschreiben, ausgehend von verschiedenen
Denk- und Urteilsfehlern, den WRAP-Prozess[86] für gute Entscheidungen:

- **Weiten** der Wahlmöglichkeiten („Suchen Sie immer das Und – geben Sie sich
  nie mit einem Entweder-dies-oder-das zufrieden", dafür sollten z. B. Mitarbeiter*innen, Statistiken etc. einbezogen werden)
- **Realitätsprüfung** („Suchen Sie nachdrücklich und bewusst nach allem
  Gegenteiligen und Widersprüchlichen – also nach allen Informationen, die
  ihre Präferenzen, Vorlieben oder Weltbilder infrage stellen, stark relativieren

---

[85] Partizipation „… ist der einzige Weg, möglichst viel Wissen, das in einer Organisation
vorhanden ist, in eine Entscheidung einschließen zu lassen … Daher liegt es im ureigenen
Interesse jener Führungskräfte, die gute und richtige Entscheidungen treffen möchten,
möglichst viel von dem Wissen und der Urteilskraft, die bei den Mitarbeitern vorhanden
ist, zu nutzen …" (Malik 2001, S. 227, siehe auch Kunz 2014, S. 63 ff.). Das heißt unterschiedlichen Funktionsträger*innen in der Organisation die Frage zu stellen: *„Wie sehen
Sie das aus Ihrer Position heraus und mit Ihrer Erfahrung?"*. Dabei gilt, als Führungskraft
erst zuhören und am Ende des Austausches seine Sichtweise kommunizieren (siehe auch
Neumann 2020, S. 281 f.). Zudem ist es wichtig, zu berücksichtigen, wann und unter
welchen Umständen die Personen ihre Erfahrungen gemacht haben und ob diese noch up
to date sind (lassen Sie dies nicht nur durch die Person selbst, sondern durch andere, die die
Person kennen, einschätzen). Und es sollte auch bedacht werden, dass nicht immer mehrere
Beteiligte die bessere Entscheidung treffen (siehe auch unsere Ausführungen in Kap. 4 zu
Teamentscheidungen; auch Prelec et al. 2017).

[86] Basiert auf Forschungserkenntnissen von Dan und Chip Heath (Huber und Wolf 2020,
S. 14). WRAP steht für Weiten der Wahlmöglichkeiten, Realitätsprüfung, Abstand
gewinnen und Problemvorsorge.

oder gar außer Kraft setzen könnten. Seien Sie Ihr eigener Advocatus Diaboli!")

- **Abstand** gewinnen (sich und seinen Entscheidungsprozess von außen betrachten, indem man sich z. B. fragt „Wie wird es mir mit dieser Entscheidung in 10 min/10 Monaten/10 Jahren gehen" oder „Was würde ich in diesem Fall meinem besten Freund raten?"; der Satz „da muss ich eine Nacht darüber schlafen" ist vor allem bei schwierigen Entscheidungen ratsam)
- **Problemvorsorge** (sich auf einen möglichen Irrtum vorbereiten. „Sie sind ein Jahr in der Zukunft. Sie haben Ihren Plan umgesetzt, das Ergebnis ist aber eine Katastrophe. Schreiben Sie. in fünf bis zehn Minuten eine kurze Geschichte, warum es dazu kam").

Ein klassischer Entscheidungsprozess kann in folgende Schritte eingeteilt werden (Daigeler et al. 2017, S. 54 f.; Götz und Hardt 2016, S. 220; Robbins et al. 2014, S. 166 ff., 183):

1. Identifizieren des Problems
2. Informationssuche
3. Bestimmung der Motive, Ziele, Entscheidungskriterien und Gewichtung der Kriterien
4. Entwicklung von Alternativen und Analyse der Alternativen
5. Auswahl einer (geeigneten) Alternative und Umsetzung der Alternative
6. Beurteilung der Effektivität der Entscheidung

All diese Instrumente der Entscheidungsoptimierung helfen nicht, wenn das Hauptproblem eine unentschlossene Führungskraft ist. Sinnvoll ist dann eine ehrliche Analyse der Nachteile der Unentschlossenheit (siehe z. B. das Modell am Ende von Abschn. 5.1; Ellis et al. 2004) und die Arbeit an einer konstruktiven Selbstführung, statt eines in diesem Fall dann ungünstigen Delegierens der Verantwortlichkeit.

5.2.5 Partizipation, Kreativität und Innovation fördern

Für den Erfolg und die Weiterentwicklung von Organisationen in der VUCA-Welt wie auch für Problembewältigung und Entscheidungsprozesse sind Kreativität und Innovationen gefragt. Dabei bezeichnen Innovationen etwas Neuartiges, das Produkte, Dienstleistungen, Organisationsstrukturen etc. weiterentwickelt bzw. grundlegend verändert oder völlig neue Ideen hervorbringt

(Weibler 2016, S. 518). Neben innovationsförderlichen Rahmenbedingungen der Organisation,[87] dem Gefühl der psychologischen Sicherheit, Förderung von Partizipation (siehe Abschn. 5.2.4)[88] und Netzwerkarbeit, sind entsprechende Kompetenzen wie der Wille der Mitarbeiter*innen, sich in organisationale Fragen „einzumischen", bedeutend (z. B. Problemlösungs-/Methodenkompetenz, sozial-kompetentes und umsetzungsförderliches Denken und Handeln). Gerade auch die Führungskraft bzw. der Führungsprozess kann Mitarbeiter*innen anregen und ermutigen, den Status quo kritisch zu überdenken, nach Neuem zu suchen, mit alternativen Prozessen und Strukturen zu experimentieren und die Erkenntnisse wiederum in neue Überlegungen einfließen zu lassen.[89] Hierbei sind Kreativität gefragt sowie entsprechende Rahmenbedingungen und Kommunikationsansätze, die dies unterstützen (z. B. Neumann 2020, S. 294 ff.). Förderliche Führungs-ansätze sind z. B. die transformationale Führung, empowermentorientierte Ansätze[90] oder die Selbstbestimmungstheorie n. Deci und Ryan. Auch Ansätze zur Förderung der Arbeitszufriedenheit (siehe Kap. 2) können stärkend Einfluss

---

[87] Z. B. eine gelebte Fehlerkultur, d. h. die Führungskraft verdeutlicht regelmäßig, dass „Fehler ein unvermeidlicher Bestandteil menschlicher Entscheidungsprozesse sind" (Weibler 2016, S. 303).

[88] In einer Studie von Haufe-Lexware (2014) unter 11.880 Arbeitnehmer*innen (Angestellte, Beamte, Arbeiter, Auszubildende) aus Deutschland, Österreich und der Schweiz wurde u. a. festgestellt, dass sich 84 % mehr Mitsprache bei Unternehmensent-scheidungen wünschen. 77 % sagen, sie wären motivierter und leistungsbereiter, wenn sie mehr in Unternehmensentscheidungen einbezogen würden. 73 % glauben zudem, dass das eigene Unternehmen erfolgreicher wäre, wenn sich die Mitarbeiter*innen stärker einbringen könnten. Dies verdeutlicht die Bedeutung, dass Organisationen ihre Mitarbeitenden zunehmend als aktive Teile der Organisation begreifen (müssen), als Mitunternehmer*innen mit wichtigen Kompetenzen und erfolgskritischem Wissen (siehe auch Malik 2001, S. 226 ff.).

[89] Die skizzierten Charakteristika beschreiben das sogenannte Aktivitätsmuster der Exploration. Wenn Führung und Mitarbeiter*innen jedoch eher den Fokus auf Nutzung vorhandener Potenziale, Optimierung von Prozessen und Erhaltung/Stabilisierung der vor-handenen Situation anstreben, spricht man auch von Exploitation (Weibler 2016, S. 520). Zunächst wirken diese beide Perspektiven als Gegenpart und nicht vereinbar. Doch fordert das Konzept der **Ambidextrie** (Beidhändigkeit), dass Organisationen (und vor allem Führung), sich um die Gegenwart (eher Exploitation) und Zukunft (eher Exploration) gleichzeitig kümmern müssen bzw. eine angemessene Balance finden, die regelmäßig nachzusteuern ist (Kauffeld et al. 2019a, S. 63 f.).

[90] Wir haben z. B. bereits in Kap. 2 auf eine Metaanalyse von 142 Einzelstudien hin-gewiesen, die die positiven Auswirkungen des Empowerments auf Leistung, Engagement, Arbeitszufriedenheit und organisationale Bindung belegt (Seibert et al. 2011).

nehmen. Auf Teamebene ist vor allem das Teamklima (v. a. psychologischer Sicherheit) wichtig, wenn es um Kreativität und Innovation geht (siehe Kap. 4). Einige Instrumente, um Partizipation, Kreativität und Innovationsdenken zu fördern, stellen wir nachfolgend vor.

Design Thinking

„Beim Design Thinking werden die Nutzenden bzw. die Kundinnen und Kunden in den Mittelpunkt des Innovationsprozesses gestellt. Lösungen, die sich an den Nutzenden orientieren, werden mit strukturierten Innovationsmethoden entwickelt und der Innovationsprozess im Unternehmen strukturiert gestaltet …" (Kauffeld et al. 2019, S. 63). Die Idee bzw. der Prozess basiert vor allem auf 3 Kerngedanken: Multidisziplinarität, Nutzer*innensicht (aktives Einbinden), reflektierend/lernend vorankommen. Der Ablauf wird in bestimmte Schritte unterteilt:[91]

- Verstehen (gemeinsames Verständnis aller Beteiligten zum Problem und der sich daraus ergebenden Fragestellung)
- Beobachten (Klient*innenperspektive einnehmen, diese im konkreten Tun beobachten/ihnen zuhören und Annahmen der ersten Phase verifizieren, ändern, streichen …)
- Synthese (Schritte 1 & 2 zusammenführen und eine*n „ideale* Klient*in" beschreiben, die in besonderem Maße von dem Problem betroffen sind)
- Ideen zur Problemlösung (Ideensammlung, -bewertung, -priorisierung)
- Prototype (präferierte Idee wird als Lösung umgesetzt)
- Test (was sagen die Klient*innen in der Anwendung, iteratives Vorgehen, ständige Verbesserung; siehe auch Lippold 2020, S. 184 ff.; Kauffeld et al. 2019, S. 63; Hofert 2018, S. 184)

Ein Schwerpunkt ist die Situations-/Bedarfsanalyse und hierbei der Einbezug der Betroffenen, bevor Lösungen entwickelt werden. Die möglichen Lösungen werden umgehend getestet und in kleinen, wiederkehrenden Feedbackschleifen reflektiert und angepasst. Die Ressourcen werden stärker auf den Bereich des Handelns fokussiert und weniger auf einen perfekten Plan.

---

[91] Es gibt Konzepte mit 5, 6 oder auch bis zu 10 Schritten. Design Thinking wird nicht nur zu Neu-/ Weiterentwicklung von Produkten oder Dienstleistungen genutzt, sondern findet sich vermehrt auch im Bereich der Organisationsentwicklung wieder.

SWOT-Analyse

Die SWOT-Analyse[92] ist ein oft genutztes Werkzeug, wenn es um strukturierte Analysen, Bestandsaufnahmen, Zukunftsperspektiven und Strategieentwicklung geht (Lippold 2020, S. 52 ff.). In 4 Feldern werden die gegenwärtigen Stärken (Ressourcen, Fähigkeiten, Potenziale etc.) sowie Schwächen (Beschränkungen, Probleme etc.) der Organisation und deren direktes Umfeld (Kund*innen/ Klient*innen, Netzwerk, Wettbewerb, Stakeholder, Öffentlichkeit ...) analysiert. In einem weiteren Schritt werden dann mit einem stärker zukunftsorientierten Blick die Chancen (Vorteile, positive Trends ...) und Gefahren (negative Rahmenbedingungen, problematische Entwicklungen ...) zusammengetragen. Dies erfolgt unter Einbezug des weiteren Umfelds der Organisation (z. B. soziokulturelle, politisch-rechtliche, technologische Umweltfaktoren ...). Diese Analyse kann z. B. in Form eines World Cafés[93] erfolgen, was durch seinen partizipativen und ungezwungenen Charakter das Mitmachen und den gegenseitigen Austausch fördert.

---

[92] SWOT (engl.) steht für Strengths (Stärken), Weaknesses (Schwächen), Opportunities (Chancen/Möglichkeiten), Threats (Risiken). Ein Beispiel für eine SWOT-Analyse einer Hausgemeinschaft für körperlich behinderte Menschen ist zu finden bei Kortendieck 2017, S. 105.

[93] Das World Café ist eine von Juanita Brown und David Isaacs entwickelte Methode, mit der sich Menschen in einer Kaffeegesprächsatmosphäre zu einem bestimmten Thema treffen und dies aus unterschiedlichen Perspektiven zu beleuchten. Es dient u. a. der partizipativen Ideenfindung, führt Wissen und

Erfahrungen zusammen und kann das Wirgefühl steigern. „In wechselnden Kleingruppen entwickeln die Teilnehmenden eine Menge Ideen, lernen voneinander, verbinden ihre Erfahrungen und definieren konkrete Handlungsoptionen. Durch die wechselnden Runden sinken die Hürden, auf Menschen zuzugehen. Man muss nicht auf den passenden Moment warten, um mit bestimmten Personen ins Gespräch zu kommen, was auch die Beziehungsgestaltung untereinander fördert. Das World Café schafft einen großartigen Rahmen, um Wissen und Erfahrungen zusammenzubringen, Menschen zu vernetzen und Ideen voranzubringen ..." (Hofert und Visbal 2015, S. 124 f.; siehe auch Weibler 2016, S. 270). Das World Café fördert in seiner Grundausrichtung das Empowerment und die Selbstbestimmung: Die Menschen haben die Wahlmöglichkeiten, ob/wo/wie/wann sie sich einbringen (Autonomie und Sinn), können zielgerichtet ihr Wissen und ihre Erfahrungen platzieren bzw. werden entsprechend gefordert und erleben sich wirksam (Kompetenzförderung). Zudem kommen sie in Kontakt mit den anderen Akteur*innen und stärken ihre Netzwerke (soziale Verbindungen).

Planungs- und Kreativitätstechniken
Brainstorming/Brainwriting
Brainstorming ist eine sehr bekannte Methode, in kurzer Zeit viele Expert*innen in z. B. eine Ideenfindung miteinzubeziehen. „Es handelt sich dabei um die Methode eines gemeinsamen Nachdenkens innerhalb einer Problemlösungs-gruppe" (Lippold 2020, S. 111). Die Vorgehensweise ist strukturiert und gliedert sich in 3 Teile (ebd., S. 112):

1) Vorbereitungsphase
   Zusammenstellung der Gruppe (i. d. R. 5–12 Personen, je heterogener, desto kreativer), Vorbereitung (inkl. Material) des Treffens und Einführung durch Moderator*in
2) Durchführungsphase
   Regeln für die Teilnehmenden: keine Kommentare, Korrekturen, Kritik; viele Ideen in kürzester Zeit (15–30 min), „spinnen" erlaubt, Kombinieren und Auf-greifen von bereits geäußerten Ideen
   Regeln für Moderation: Regeleinhaltung überwachen, Ideen dokumentieren, Fragen stellen, Verbindungen von Ideen schaffen
3) Auswertungsphase
   Ideen werden vorgelesen, bewertet, sortiert, klassifiziert; Aussortieren von problemfernen Ideen; Bewertung und Diskussion kann von den gleichen Teil-nehmenden erfolgen oder durch eine andere Gruppe

Brainwriting ist die schriftliche Form des Brainstormings.[94] Die Teil-nehmer*innen sammeln in Ruhe und individuell ihre Ideen und fixieren diese schriftlich. Das weitere Vorgehen kann – ähnlich wie beim Brainstorming beschrieben – gewählt werden.

Methode 635 Eine besonders strukturierte Form des Brainwritings ist die Methode 635. Jedes Mitglied einer Gruppe aus 6 Teilnehmenden erhält ein

---

[94] Wir haben in Kap. 4 darauf hingewiesen, dass in der Gruppe eher weniger Einfälle produziert werden, als wenn Personen alleine denken. Je, wie die Methode eingesetzt wird, kann sie somit auch den Group Think stärken bzw. bei bereits sich eingeschliffenem Gruppendenken nur eingeschränkte Perspektiven unterstützen und somit nicht unbedingt zu guten Ideen, Entscheidungen oder innovativen Lösungen führen. Dennoch kann Brain-storming sinnvoll eingesetzt werden. So sollten in einem ersten Schritt alle Teammitglieder zunächst alleine denken und ihre Ideen aufschreiben (siehe Brainwriting).

gleich großes Blatt Papier, das in 3 Spalten und 6 Zeilen aufgeteilt ist (ein Muster finden Sie z. B. bei Lippold 2020, S. 113). Die Spalten sind mit den Ziffern 1, 2, 3 beschriftet, die 6 Zeilen mit Teilnehmer*in 1, Teilnehmer*in 2 etc. Jedes Gruppenmitglied schreibt nun in die erste Zeile seines Blattes (als jeweils Teilnehmer*in 1) 3 Ideen/Vorschläge zur Problemlösung (zu einem bestimmten Problemfeld, einer Fragestellung, einer Aufgabe …). Nach etwa 3–5 min werden die Blätter im Uhrzeigersinn weitergereicht. Die/der Nächste soll nun a) die Ideen der Vorgängerin/des Vorgängers lesen und darauf aufbauend die dort stehenden Ideen weiterentwickeln (diese müssen gar nichts mit seinen vorherigen Ideen zu tun haben) und dies in die zweite Zeile (Teilnehmer*in 2) eintragen. Dies wird so lange fortgeführt, bis alle Beteiligten jedes Blatt gesehen und kommentiert haben (jede Idee wird 5-mal weitergereicht). Am Ende muss ausreichend Zeit sein, die verschiedenen Vorschläge auf Übereinstimmungen, Weiterentwicklungen oder auch nicht umsetzbare Impulse zu prüfen und schrittweise zu verdichten (was z. B. der Auftakt zu einem Design-Thinking-Workshop sein könnte).

Osborn-Methode Die nach Alexander Osborn benannte Methode ist vor allem dann nützlich, wenn man bestehende Ideen, Produkte, Dienstleistungen, Projekte etc. weiterentwickeln möchte (Lippold 2020, S. 117 f.). Anhand einer strukturierten Frage-/Analyseliste wird das bestehende Thema (z. B. eine Dienstleistung oder Idee, die durch ein Brainstorming gefunden wurde und nun vertieft auf Möglichkeiten und Grenzen überprüft werden soll) untersucht: 1. alternative Verwendung (Wozu noch? Weitere Zielgruppen …?), 2. Anpassen (vergleichbare Probleme, Dienstleistungen …?), 3. Verändern (Was lässt sich ändern?), 4. Vergrößern (Was kann man hinzufügen, erweitern …?), 5. Verkleinern (was kann man weglassen, verkürzen, kompakter machen …?), 6. Umformen/Ersetzen (Reihenfolgen ändern, Inhalte austauschen …?), 7. Umkehren (Wie kann man es verschlechtern?), 8. Kombinieren (Mischung mit anderen Inhalten möglich, können Dienstleistungen/Ideen verbunden werden …?), 9. Transformieren (Kann die Reihenfolge/Struktur verändert werden …?).

Wir haben einige Instrumente erläutert, die im Alltag helfen können, dass Führungskräfte auf Basis eines entsprechenden Verständnisses von guter Führung humane wie ökonomische Wirkung erzielen und (bessere) Ergebnisse erreichen. Doch das beste Werkzeug kann seine Bestimmung verfehlen, wenn die Anwendung nicht korrekt ist bzw. das Handeln nicht regelmäßig reflektiert wird. Auf den Führungskontext übertragen bedeute dies, dass ohne eine entsprechende Haltung und gute Selbstführung die vermeintlich wirksamsten Instrumente ihr Ziel verfehlen. So gilt auch hier, den Menschen in den Mittelpunkt des Denkens und Handelns zu stellen. Oder, wie es Nico Rose ausdrückt (2019, S. 172): „Das positive Menschenbild einer Führungskraft ist die stärkste ‚Führungstechnik' überhaupt."

Kritisch nachgefragt

- Was spricht aus Ihrer Sicht dafür, eine Führungsaufgabe zu übernehmen? Orientieren Sie sich z. B. an den Reflexionsfragen in Abschn. 5.1.1.
- Wie steht es um Ihr Zeit-/Selbstmanagement? Analysieren Sie Ihre persönliche Situation anhand einer der folgenden Methoden: Pareto-Prinzip (Checkliste 80/20); ABC-Analyse (oder Eisenhower-Methode); ALPEN-Methode.
- Schauen Sie sich die Situationen, die das konzentrierte Arbeiten erschweren (entn. aus Stroebe und Stroebe 2020) im Abschn. 5.1.2 an. Vergleichen Sie die Empfehlungen dort mit Ihren aktuellen, tatsächlichen Reaktionen bei diesen Situationen. Woran möchten Sie arbeiten? Und: Wie konkret?
- Analysieren Sie anhand des Stressoren-Radars n. Paulsen und Kortsch (2020) Ihre aktuelle Situation.
- Welche Bedeutung hat gesundheitsförderliche Führung für die Führungskraft selbst und für die Mitarbeiter*innen?
- Wo sehen Sie Ihre Stressoren und Ihre Ressourcen (interne und externe)?
- Wie definieren Sie den Begriff „Führungsinstrumente" und welche Funktionen können diese im Rahmen der Führungstätigkeit einnehmen?
- Welche Auswahlinstrumente würden Sie nutzen, um geeignete Bewerber*innen für eine Stelle zu finden? Begründen Sie Ihre Wahl mit empirischen Erkenntnissen.
- Welche Bedeutung messen Sie Onboarding und Personalbeurteilung in Bezug auf Motivation, Zufriedenheit und Mitarbeiter*innenbindung in der Sozialwirtschaft bei? Begründen Sie Ihre Aussage.
- Job Enlargement, Job Enrichment, Job Rotation sind Instrumente der Personalentwicklung: Entwickeln Sie anhand dieser 3 Ansätze PE-Beispiele für Ihr konkretes Arbeitsfeld.
- Welche Funktionen können Ziele haben? Vertiefen Sie hierbei die Rolle der Motivationsförderung.
- Wie sollten Ziele entwickelt, wie formuliert werden? Diskutieren Sie den generellen Ansatz „Führen mit Zielen".
- Welche Gründe sprechen für die Delegation als Führungsinstrument – wo sehen Sie Grenzen? Was ist im Delegationsprozess insbesondere zu beachten?

- Warum tun sich Führungskräfte mitunter bei Entscheidungen schwer? Welchen Entscheidungsansatz, der in dem Text beschriebenen Möglichkeiten, setzen Sie überwiegend im Berufsalltag ein?
- Nennen und erläutern Sie 2 Methoden, die die Partizipation, Kreativität wie Innovation fördern können.
- Was spricht im Design-Thinking-Prozess dafür, Klient*innen (bzw. Kund*innen) miteinzubeziehen – was ggf. dagegen?
- Diskutieren Sie bitte folgende Aussage: *„Partizipative Ansätze fördern nicht nur Kreativität und Innovation. Richtig eingesetzt reduzieren Sie auch den Group Think im Team."*

Literatur

Adobe. (2018). *Wie oft checken Sie am Tag normalerweise Ihre beruflichen E-Mails außerhalb der normalen Arbeitszeiten?* Von Statista: https://de.statista.com/statistik/daten/studie/744223/umfrage/checken-beruflicher-e-mails-ausserhalb-der-arbeitszeit-in-deutschland/ am 08.01.2021 abgerufen.

Albrecht, A. (2020). Arbeitswelt 4.0. In L. v. Rosenstiel, E. Regnet, & M. E. Domsch, *Führung von Mitarbeitern. Handbuch für erfolgreiches Personalmanagement* (S. 733–745). Stuttgart: Schäffer-Poeschel Verlag.

Arnold, K. A. (2017). Transformational leadership and employee psychological well-being. A review and directions for future research. *Journal of Occupational Health Psychology, 22*, S. 381–399.

Artinger, F. M., Artinger, S., & Gigerenzer, G. (2018). C. Y. A.: Frequency and causes of defensive decisions in public administration. *Business Research, 12 (1)*, S. 9–25.

Avolio, B. J., Reichard, R. J., Hannah, S. T., Walumbwa, F. O., & Chan, A. (2009). A meta-analytic review of leadership impact research: Experimental and quasi-experimental studies. *The Leadership Quarterly, 20*, S. 764–784.

Bandura, A. &. (1989). Effect of perceived controllability and performance standards on self-regulation of complex decision-making. *Journal of Personality and Social Psychology, 56*, S. 805–814.

BAuA – Bundesanstalt für Arbeitsschutz und Arbeitsmedizin. (2020). *Stressreport Deutschland 2019. Psychische Anforderungen, Ressourcen und Befinden.* Dortmund: Bundesanstalt für Arbeitsschutz und Arbeitsmedizin.

Becker, F. (2015). *Psychologie der Mitarbeiterführung. Wirtschaftspsychologie kompakt für Führungskräfte.* Wiesbaden: Springer Fachmedien.

Becker, F. (2019). *Mitarbeiter wirksam motivieren.* Berlin: Springer Verlag.

Berger, W. (2018). *The book of beautiful questions: The powerful questions that will help you decide, create, connect, and lead.* London: Bloomsbury.

Bernsmann, A., Bohn, L., Haußmann, C., & Prigge, P. (2018). *Arbeitsmethodik für Führungskräfte. Praxiswissen für die Führungsaufgabe.* Wiesbaden: Springer Fachmedien.

Bickerich, K., & Michel, A. (2018). Change-Prozesse als Anwendungsfeld im Coaching. In S. Greif, H. Möller, & W. Scholl, *Handbuch Schlüsselkonzepte im Coaching* (S. 75-83). Berlin, Heidelberg: Springer Verlag.

Blessin, B., & Wick, A. (2017). *Führen und führen lassen.* Konstanz und München: UVK Verlagsgesellschaft mbH.

Blickle, G. (2019). Personalentwicklung. In F. W. Nerdinger, G. Blickle, & N. Scharper, *Arbeits- und Organisationspsychologie* (S. 325–355). Heidelberg, Berlin: Springer Verlag.

Blickle, G. (2019a). Methoden. In F. W. Nerdinger, G. Blickle, & N. Schaper, *Arbeits- und Organisationspsychologie* (S. 29–44). Berlin, Heidelberg: Springer Verlag.

BMAS – Bundesministerium für Arbeit und Soziales . (2019). *ZWISCHENBILANZ „Arbeitsqualität und wirtschaftlicher Erfolg". Die bisherigen Ergebnisse auf einen Blick.* Berlin: Bundesministerium für Arbeit und Soziales.

BMAS – Bundesministerium für Arbeit und Soziales. (2016). *Personalentwicklung und Weiterbildung. Aktuelle Ergebnisse einer Betriebs- und Beschäftigtenbefragung.* Von LPP-Beschäftigtenbefragung: http://www.bmas.de/SharedDocs/Downloads/DE/PDF-Publikationen/a876-monitor-personalentwicklung.pdf?__blob=publicationFile&v=4) am 15.01.2021 abgerufen.

BMAS – Bundesministerium für Arbeit und Soziales. (2018). *Arbeitsqualität und wirtschaftlicher Erfolg: Längsschnittstudie in deutschen Betrieben. Forschungsbericht 505.* Von http://ftp.zew.de/pub/zew-docs/gutachten/Arbeitsqualitaet_und_wirtschaftlicher_Erfolg_2018 am 20.09.2020 abgerufen.

BMAS – Bundesministerium für Arbeit und Soziales; BAuA – Bundesanstalt für Arbeitsschutz und Arbeitsmedizin. (2019a). *Sicherheit und Gesundheit bei der Arbeit 2018: Unfallverhütungsbericht Arbeit.* Berlin, Dortmund: BMAS.

BMAS. (2016). *Monitor „Personalentwicklung und Weiterbildung". Aktuelle Ergebnisse einer Betriebs- und Beschäftigtenbefragung.* Berlin: Bundesministerium für Arbeit und Soziales.

Böttger, M., Weilandt, M., & Braun, O. L. (2019). Zeitmanagement. In O. L. Braun, *Selbstmanagement und Mentale Stärke im Arbeitsleben* (S. 21–36). Berlin, Heidelberg: Springer Verlag.

Brandstätter, V. (2020). Motivation von Mitarbeitenden. In L. v. Rosenstiel, E. Regner, & M. E. Domsch, *Führung von Mitarbeitern. Handbuch für erfolgreiches Personalmanagement* (S. 237–249). Stuttgart: Schäffer-Poeschel.

Bröckermann, R. (2020). Onboarding. In L. v. Rosenstiel, E. Regnet, & M. E. Domsch, *Führung von Mitarbeitern. Handbuch für erfolgreiches Personalmanagement.* Stuttgart: Schäffer-Poeschel Verlag.

Brüggemeier, B. (2020). *Wertschätzende Kommunikation im Business: Wer sich öffnet, kommt weiter.* Paderborn: Junfermann Verlag.

Bürgle, N. (2018). *Zum einen Ohr herein, zum anderen wieder hinaus? – Vier Maßnahmen für einen verbesserten Lerntransfer.* Von F. C. Brodbeck (Hrsg.), Evidenzbasierte Wirtschaftspsychologie, (24). Ludwig-Maximilians-Universität München: http://www.evidenzbasiertesmanagement.de am 10.01.2021 abgerufen.

Ciulla, J. (2014). *Ethics, the heart of leadership.* Santa Barbara, California: Praeger.

Clifton, J., & Harter, J. (2019). *It's the Manager.* New York: Gallup.

Dahl, C. (2017). *Selbstfürsorge für psychosoziale Fachkräfte. Eine Studie zur psychischen Beanspruchung und zu beruflichen Belastungsfaktoren sowie Evaluation einer Gesundheitsförderungsmaßnahme zur Stärkung der Selbstfürsorge.* Landau: Verlag Empirische Pädagogik.

Dahl, C. (2019). Warum es sich lohnt, gut für sich zu sorgen. Über den langfristigen Nutzen der Selbstfürsorge – Ergebnisse zweier empirischer Studien. *Prävention und Gesundheitsförderung 14 (1),* S. 69–78.

Daigeler, T., Hölzl, F., & Raslan, N. (2017). *Führungstechniken.* Freiburg: Haufe-Lexware.

Dathe, D., & Paul, F. (2011). *Arbeitsintensität und gesundheitliche Belastungen aus der Sicht von Beschäftigten im Gesundheits-, Sozial- und Erziehungswesen. Eine Analyse mit dem DGB-Index Gute Arbeit.* Von ver.di.: http://archiv.verdi-gute-arbeit.de/upload/m4d9c622806060_verweis1.pdf am 14.01.2021 abgerufen.

Deloitte. (2020). *Media Consumer Survey 2020: Mediennutzung im „New Normal".* Düsseldorf: Deloitte GmbH.

Dettmers, J., & Krause, A. (2020). Der Fragebogen zur Gefährdungsbeurteilung psychischer Belastungen (FGBU). *Zeitschrift für Arbeits- und Organisationspsychologie 64 (2),* S. 99–119.

Di Stefano, G., Gino, F., Pisano, G., & Staats, B. R. (2016). Making Experience Count: The Role of Reflection in Individual Learning . *Harvard Business School NOM Unit Working Paper No 14–093.*

Dicke, R., Roghé, F., & Strack, R. (2012). Spielräume statt Regeln. Was überdurchschnittlich erfolgreiche Unternehmen auszeichnet. *ZFO – Zeitschrift Führung + Organisation, 81 (1),* S. 51–57.

Domsch, M. E. (2020). Personalplanung und Personalentwicklung für Fach- und Führungskräfte. In L. v. Rosenstiel, E. Regnet, & M. E. Domsch, *Führung von Mitarbeitern. Handbuch für erfolgreiches Personalmanagement* (S. 517–532). Stuttgart: Schäffer-Poeschel Verlag.

Dörr, S., Schmidt-Huber, M., & Maier, G. W. (2012). LEAD® – Entwicklung eines evidenzbasierten Kompetenzmodells erfolgreicher Führung. In S. Grote, *Die Zukunft der Führung* (S. 415–435). Berlin, Heidelberg: Springer Verlag.

Dweck, C. S., & Yeager, D. S. (2019). Mindsets: A View From Two Eras. *Perspectives on Psychological Science, 14 (3),* S. 481–496.

Elger, C. E. (2013). *Neuroleadership. Erkenntnisse der Hirnforschung für die Führung von Mitarbeitern.* Freiburg: Haufe-Lexware.

Ellis, A., Schartz, D., & Jacobie, P. (2004). *„Coach dich". Rationales Effektivitäts-Training zur Überwindung emotionaler Blockaden.* Würzburg: Hemmer/Wüst Verlagsgesellschaft mbH.

Favero, N., Meier, K. J., & O'Toole Jr., L. J. (2016). Goals, Trust, Participation, and Feedback: Linking Internal Management With Performance Outcomes. *Journal of Public Administration Research And Theory, 26 (2),* S. 327–343.

Fehn, T. (2020). Stress und Ressourcen im Arbeitskontext. In A. Schütz, C. Köppe, & M. Andresen, *Was Führungskräfte über Psychologie wissen sollten. Theorien und Praxis für den Umgang mit Mitarbeitenden* (S. 61–83). Bern: Hogrefe Verlag.

Felfe, J., & Franke, F. (2014). *Führungskräftetraining.* Göttingen: Hogrefe Verlag.

Fladerer, M. P. (2016). *Mehr schaffen in weniger Zeit – durch Pausen.* Von F. C. Brodbeck (Hrsg.), Evidenzbasierte Wirtschaftspsychologie, (9). Ludwig-Maximilians-Universität München: http://www.evidenzbasiertesmanagement.de am 10.01.2021 abgerufen.

Forner, V. W., Jones, M., Berry, Y., & Eidenfalk, J. (2021). Motivating workers: how leaders apply selfdetermination theory in organizations. *Organization Management Journal, 18 (2),* S. 76-94.

Franke, F., & Felfe, J. (2011). How does transformational leadership impact employees' psychological strain? Examining differentiated effects and the moderating role of affective organizational commitment. Leadership 7, S. 295–316.

Franke, F., Ducki, A., & Felfe, J. (2015). Gesundheitsförderliche Führung. In J. Felfe, *Trends in der psychologischen Führungsforschung* (S. 253–264). Göttingen: Hogrefe.

Franken, S. (2019). *Verhaltensorientierte Führung. Handeln, Lernen und Diversity in Unternehmen, 4., vollständig überarbeitete Auflage.* Wiesbaden: Springer Fachmedien.

Franze, C. (2016). *Wie Sie gefährliche Zeitfallen erkennen und vermeiden.* Von F. C. Brodbeck (Hrsg.), Evidenzbasierte Wirtschaftspsychologie, (12). Ludwig-Maximilians-Universität München.: http://www.evidenzbasiertesmanagement.de am 10.01.2021 abgerufen.

Frey, D. (2015). *Ethische Grundlagen guter Führung. Warum gute Führung einfach und schwierig zugleich ist.* München: Roman Herzog Institut e. V.

Frey, D., & Schmalzried, L. (2013). *Philosophie der Führung. Gute Führung lernen von Kant, Aristoteles, Popper & Co.* Berlin, Heidelberg: Springer Verlag.

Frost-Ebinger, S., & Herzig, M. (2018). *Führungsdilemmata in sozialen Organisationen.* Von Züricher Hochschule für angewandte Wissenschaften: https://www.zhaw.ch/storage/shared/sozialearbeit/News/zhaw-fuehrungsdilemma-soziale-organisationen.pdf am 31.03.2021 abgerufen.

Fuhrmann, B. (2018). *Stark führen. Aktivierend, effizient und wirkungsvoll agieren.* Wiesbaden: Springer Fachmedien.

Gallup. (2019). *Engagement Index Deutschland 2019.* Von https://www.gallup.com/de/engagement-index-deutschland.aspx am 27.03.2021 abgerufen.

Gallup. (2019a). *The Manager Experience. Top Challenges & Perks of Managers.* Washington D.C.: Gallup.

Gebhardt, B., Hofmann, J., & Roehl, H. (2015). *Zukunftsfähige Führung. Die Gestaltung von Führungskompetenzen und -systemen.* Gütersloh: Bertelsmann Stiftung .

Gerdenitsch, C., & Korunka, C. (2019). *Digitale Transformation der Arbeitswelt. Psychologische Erkenntnisse zur Gestaltung von aktuellen und zukünftigen Arbeitswelten.* Berlin, Heidelberg: Springer Verlag.

Gerhardt, C. (2020). *Zeitlose Elemente der Führung. Psychologisch sicher führen im Wandel.* Wiesbaden: Springer Fachmedien.

Gigerenzer, G. (2014). *Risiko: Wie man die richtigen Entscheidungen trifft.* München: btb Verlag.

Gigerenzer, G., & Gaissmaier, W. (2015). Intuition und Führung. In S. K.-B. M. W. Fröse, *Emotion und Intuition in Führung und Organisation* (S. 19–42). Wiesbaden: Springer.

Göker, S. D., & Bozkuş, K. (2017). Reflective Leadership: Learning to Manage and Lead Human Organizations. In A. Alvinius, *Contemporary Leadership Challenges* (S. 27–45). Rijeka: InTech.

Götz, K., & Hardt, C. (2016). Zur Theorie der Enstcheidung. In O. Geramanis, & K. Hermann, *Führen in ungewissen Zeiten. Impulse, Konzepte und Praxisbeispiele* (S. 219–234). Wiesbaden: Springer Fachmedien.

Gourmelon, A., Mroß, M., & Seidel, S. (2018). *Management im öffentlichen Sektor: Organisationen steuern – Strukturen schaffen – Prozesse gestalten.* Heidelberg, München: Rehm Verlag.

Graf, A. (2019). *Selbstmanagement-Kompetenz in Organisationen stärken. Leistung, Wohlbefinden und Balance als Herausforderung.* Wiesbaden: Springer Fachmedien.

Graf, A., & Olbert-Bock, S. (2019). Selbstmanagement als Kernkompetenz. In B. Badura, A. Ducki, H. Schröder, J. Klose, & M. Meyer, *Fehlzeiten-Report 2019. Digitalisierung – gesundes Arbeiten ermöglichen* (S. 285–306). Berlin: Springer Verlag.

Grasmick, L., Davies, D., & Harbour, C. (2012). Participative leadership: Perspectives of community college presidents. *Community College Journal of Research and Practice, 36,* S. 67–80.

Gregersen, S., Vincent-Höper, S., Schambortski, H., & Nienhaus, A. (2020). Führung und Gesundheit der Beschäftigten. In P. Kriwy, & M. Jungbauer-Gans, *Handbuch Gesundheitssoziologie* (S. 559–579). Wiesbaden: Springer Fachmedien.

Grunau, P., & Wolter, S. (2019). Personalmaßnahmen: (K-)ein Treiber für Unternehmenswertschöpfung? *Personal quarterly, 71 (1),* S. 14–19.

Hackl, B., & Gerpott, F. (2015). The relationship of ethical leadership, Co-worker support, job satisfaction and team performance. *Academy of Management Annual Meeting Proceedings, 2015 (1), 11688.*

Häfner, A., Pinneker, L., & Hartmann-Pinneker, J. (2019). *Gesunde Führung. Gesundheit, Motivation und Leistung fördern.* Berlin, Heidelberg: Springer Verlag.

Hasebrook, J., Hackl, B., & Rodde, S. (2020). *Team-Mind und Teamleistung. Teamarbeit zwischen Managementmärchen und Arbeitswirklichkeit.* Berlin, Heidelberg: Springer Verlag.

Hatfield, S., & Winkler, K. (2020). Agiles Arbeiten und Führen. In L. v. Rosenstiel, E. Regnet, & M. E. Domsch, *Führung von Mitarbeitern. Handbuch für erfolgreiches Personalmanagement* (S. 747–759). Stuttgart: Schäffer-Poeschel Verlag.

Haufe-Lexware GmbH & Co. KG. (2014). *Trendstudie "Mitarbeiter und Mitentscheider".* Von https://www.haufe.de/personal/hr-management/trendstudie-arbeitnehmer-wollen-mehr-mitentscheiden_80_235266.html am 15.01.2021 abgerufen.

Hauser, F., Schubert, A., Aicher, M., Fischer, L., Wegera, K., Erne, C., & Böth, I. (2008). *Unternehmenskultur, Arbeitsqualität und Mitarbeiterengagement in den Unternehmen in Deutschland. Ein Forschungsprojekt des BMAS.* Berlin: Bundesministeriums für Arbeit und Soziales.

Hays. (2017). *HR-Report 2017. Schwerpunkt Kompetenzen für eine digitale Welt.* Mannheim: Hays.

Hellmann, G., & Hollmann, J. (2017). *Führungskompetenz in der öffentlichen Verwaltung. Motivation, Teamleitung und Bürgerbeteiligung.* Wiesbaden: Springer Fachmedien.

Hermann, D. (2014). *Individuelle reflexive Werte.* Von Zusammenstellung sozialwissenschaftlicher Items und Skalen (ZIS), https://doi.org/10.6102/zis135: https://zis.gesis.org/skala/Hermann-Individuelle-reflexive-Werte am 07.01.2021 abgerufen.

Hernstein Institut. (2020). *Hernstein Management Report 2020. Werte und Selbst-findung: Identifizieren sich Führungskräfte mit ihrem Job?* Wien: Hernstein Institut für Management und Leadership.

Hirsch-Kreinsen, H., & Wienzek, T. (2019). Arbeit 4.0: Segen oder Fluch? In B. Badura, A. Ducki, H. Schröder, J. Klose, & M. Meyer, *Fehlzeiten-Report 2019. Digitalisierung – gesundes Arbeiten ermöglichen* (S. 17–28). Berlin: Springer Verlag.

Hoch, J. E., Wegge, J., & Schmidt, K.-H. (2009). Führen mit Zielen. *Reportpsychologie, 34, 7/8.*

Hofert, S. (2018). *Agiler führen. Einfache Maßnahmen für bessere Teamarbeit, mehr Leistung und höhere Kreativität.* Wiesbaden: Springer Fachmedien.

Hofert, S., & Visbal, T. (2015). *Die Teambibel. Das Praxisbuch für erfolgreiche Team-arbeit.* Offenbach: GABAL Verlag.

Hölzle, C. (2017). *Personalmanagement in Einrichtungen der Sozialen Arbeit: Grundlagen und Instrumente.* Weinheim, Basel: Beltz Juventa.

Hossiep, R., Zens, J. E., & Berndt, W. (2020). *Mitarbeitergespräche: Motivierend, wirk-sam, nachhaltig.* Göttingen: Hogrefe Verlag.

Huber, A., & Wolf, A. (2020). Die bessere Wahl. *Psychologie Heute compact. Heft 61,* S. 14–20.

Hughes, A. M. (2018). A checklist for facilitating training transfer in organizations. *Journal of Training and Development, 22 (4),* S. 334–345.

Hughes, A. M., Zajac, S., & Salas, E. (2019). The Role of Work Environment in Training Sustainment: A Meta-Analysis. *Human Factors. The Journal of the Human Factors and Ergonomics Society,* S. 1–18; DOI: https://doi.org/10.1177/0018720819845988.

Hyll, M., & Hofmann, M. (2015). Tool: Just say "No". In M. Hofmann, S. Recknagel, L. Reisert, & F. Michel, *Stress-Kompass. Strategisches Stress-Management für Ihr Unter-nehmen aufbauen – Konzepte und Umsetzung* (S. 234–239). Bonn: managerSeminare Verlags GmbH.

IFIDZ. (2019). *IFIDZ-Meta-Studie 2019. Führungskompetenzen im digitalen Zeitalter .* Von Institut für Führungskultur im digitalen Zeitalter (IFIDZ): https://ifidz.de/digital-leadership-beratung-metastudie/ am 15.01.2021 abgerufen.

Iqbal, N., Anwar, S., & Haider, N. (2015). Effect of leadership style on employee per-formance . *Arabian Journal of Business and Management Review, 5 (5), 1000146.*

Jiang, K., Lepak, D. P., Hu, J., & Baer, J. C. (2012). How does human resource management influence organizational outcomes? A meta-analytic investigation of mediating mechanisms. *Academy of Management Journal, 55,* S. 1264–1294.

Kals, E., & Gallenmüller-Roschmann, J. (2017). *Arbeits- und Organisationspsychologie kompakt.* Weinheim, Basel: Beltz Verlag.

Kaluza, A. J., Boer, D., Buengeler, C., & van Dick, R. (2020). Leadership behaviour and leader self-reported well-being: A review, integration and meta-analytic examination. *Work & Stress, 34 (1),* S. 34–56.

Kaluza, G. (2018). *Stressbewältigung. Trainingsmanual zur psychologischen Gesundheits-förderung.* Heidelberg: Springer Verlag.

Kastner, M. (2017). Dynaxität – Die schnelle und komplexe Welt der Führungskräfte. In K. Häring, & S. Litzcke, *Führungskompetenzen lernen.* (S. 23–43). Stuttgart: Schäffer-Poeschel.

Kastner, M. (2020). Umgang mit Belastung und Anforderungen. In L. v. Rosenstiel, E. Regnet, & M. E. Domsch, *Führung von Mitarbeitern. Handbuch für erfolgreiches Personalmanagement* (S. 159–172). Stuttgart: Schäffer-Poeschel Verlag.

Kastner, M. (2020a). Psychische Beeinträchtigungen und Burn-out. In L. v. Rosenstiel, E. Regnet, & M. E. Domsch, *Führung von Mitarbeitern. Handbuch für erfolgreiches Personalmanagement* (S. 357–368). Stuttgart: Schäffer-Poeschel.

Kauffeld, S., & Grohmann, A. (2019). Personalauswahl. In S. Kauffeld, *Arbeits-, Organisations- und Personalpsychologie für Bachelor* (S. 139–165). Berlin, Heidelberg: Springer Verlag.

Kauffeld, S., & Grothe, S. (2019). Personalentwicklung. In S. Kauffeld, *Arbeits-, Organisations- und Personalpsychologie für Bachelor* (S. 167–210). Berlin, Heidelberg: Springer Verlag.

Kauffeld, S., & Schermuly, C. C. (2019). Arbeitszufriedenheit und Arbeitsmotivation. In S. Kauffeld, *Arbeits-, Organisational- und Personalpsychologie für Bachelor* (S. 237–259). Berlin, Heidelberg: Springer Verlag.

Kauffeld, S., & Schulte, E.-M. (2019). Teams und ihre Entwicklung. In S. Kauffeld, *Arbeits-, Organisations- und Personalpsychologie für Bachelor* (S. 211–236). Berlin, Heidelberg: Springer Verlag.

Kauffeld, S., Ianiro-Dahm, P. M., & Sauer, N. C. (2019). Führung. In S. Kauffeld, *Arbeits-, Organisations- und Personalpsychologie für Bachelor* (S. 105–138). Berlin, Heidelberg: Springer Verlag.

Kehr, H., Strasser, M., & Paulus, A. (2018). Motivation und Volition im Beruf und am Arbeitsplatz. In J. Heckhausen, & H. Heckhausen, *Motivation und Handeln* (S. 593–614). Berlin, Heidelberg: Springer Verlag.

Keller, C., & Knafla, I. (2019). Selbstführung als zentrale Kompetenz in digitalen und flexiblen Arbeitswelten. Evidenzbasierte Strategien der Selbstregulation für Führungskräfte und Mitarbeitende. In C. Negri, *Führen in der Arbeitswelt 4.0, Der Mensch im Unternehmen: Impulse für Fach- und Führungskräfte* (S. 137–151). Berlin: Springer-Verlag.

Khan, M., Kahn, I., Qureshi, Q. A., Ismail, H. M., Rauf, H., Latif, A., & Tahir, M. (2015). The styles of leadership: A critical review. *Public Policy and Administration, 5 (3),* S. 87–92.

Kleinbeck, U., & Kleinbeck, T. (2009). *Arbeitsmotivation. Konzepte und Fördermaßnahmen.* Lengerich: Pabst Science Publishers.

Kluger, A. N., & DeNisi, A. S. (1996, 119). The effects of feedback interventions on performance: A historical review, a meta-analysis, and a preliminary feedback intervention theory. *Psychological Bulletin,* S. 254–284.

Knipfer, K., Ertel, N., & Kutschenko, N. (2017). *The reflective leader: Leadership learning from developmental job challenges. Paper presented at the EAWOP 2017 congress, Dublin, Ireland.*

Kolhoff, L. (2018). Personalmanagement und -führung. In K. Grunwald, & A. Langer, *Sozialwirtschaft. Handbuch für Wissenschaft und Praxis* (S. 452–473). Baden-Baden: Nomos Verlagsgesellschaft.

König, C. J., & Kleinmann, M. (2020). Zeitmanagement. In L. v. Rosenstiel, E. Regnet, & M. E. Domsch, *Führung von Mitarbeitern. Handbuch für erfolgreiches Personalmanagement* (S. 173–182). Stuttgart: Schäffer-Poeschel Verlag.

Korte, M. (2019). *Hirngeflüster. Wie wir lernen, unser Gedächtnis effektiv zu trainieren.* Berlin: Europa Verlag.

Kortendieck, G. (2017). *Strategisches Management im sozialen Bereich. Analyseinstrumente, Strategien, Planungshilfen.* Regensburg: Walhalla.

Kovács, L., & Stief, M. (2020). Ethik und Personalführung. In L. v. Rosenstiel, E. Regnet, & M. E. Domsch, *Führung von Mitarbeitern. Handbuch für erfolgreiches Personalmanagement* (S. 897–906). Stuttgart: Schäffer-Poeschel Verlag.

Kriegesmann, B., & Kley, T. (2014). „Gesund durch Veränderungsprozesse?!" Belastung und Erschöpfung von Führungskräften in Change-Management-Prozessen. *Arbeit, 23 (2),* S. 105–118.

Krüger, W. (2012). *Teams führen.* Freiburg: Haufe.

Kruse, P., & Schomburg, F. (2016). Ohne Paradigmenwechsel wird es nicht gehen. In O. Geramanis, & K. Hermann, *Führen in ungewissen Zeiten. Impulse, Konzepte und Praxisbeispiele* (S. 3–15). Wiesbaden: Springer Fachmedien.

Kuhn, D. (2020). *Resilienz am Arbeitsplatz.* Frankfurt a. M.: Mabuse-Verlag.

Kunz, G. C. (2014). *Personalführung. Die 20 wichtigsten Instrumente.* München: Beck Verlag.

Küpers, W. (2015). Zur Kunst praktischer Weisheit in Organisation und Führung. In M. Fröse, S. Kaudela-Baum, & F. E. Dievernich, *Emotion und Intuition in Führung und Organisation.* (S. 65–100). Wiesbaden: Springer Fachmedien.

Kurz, B., & Kubek, D. (2018). *Kursbuch Wirkung.* Berlin: PHINEO gAG.

Lacerenza, C. N., Marlow, S. L., Tannenbaum, S. I., & Salas, E. (2018). Team Development Interventions: Evidence-Based Approaches for Improving Teamwork. *American Psychologist, 73 (4),* S. 517–531.

Lacerenza, C. N., Reyes, D. L., Marlow, S. L., Joseph, D. L., & Salas, E. (2017). Leadership training design, delivery, and implementation: A meta-analysis. *Journal of Applied Psychology, 102,* S. 1686–1718.

Landes, M., Steiner, E., Wittmann, R., & Utz, T. (2020). *Führung von Mitarbeitenden im Home Office. Umgang mit dem Heimarbeitsplatz aus psychologischer und ökonomischer Perspektive.* Wiesbaden: Springer Fachmedien.

Latham, G. P. (2004). The motivational benefits of goal setting. *Academy of Management Executive, 18,* S. 126–129.

Libicky-Mayerhofer, B. (2018). *Gesund führen. Angewandte Psychologie für Führungskräfte und BeraterInnen.* Freiburg: Haufe Lexware.

Liebherr, M., Schubert, P., Antons, S., Montag, C., & Brand, M. (2020). Smartphones and attention, curse or blessing? – A review on the effects of smartphone usage. *Computers in Human Behavior Reports, 1,* 100005, https://doi.org/https://doi.org/10.1016/j.chbr.2020.100005.

Lin, S. H., Scott, B. A., & Matta, F. K. (2018). The dark side of transformational leader behaviors for leader themselves: A conservation of resources perspective. *Academy of Management Journal, 62(5),* S. 1556–1582.

Lindner-Lohmann, D., Lohmann, F., & Schirmer, U. (2016). *Personalmanagement.* Berlin, Heidelberg: Springer Verlag.

Linneweh, K., & Hofmann, L. M. (2020). Persönlichkeitsmanagement. In L. v. Rosenstiel, E. Regnet, & M. E. Domsch, *Führung von Mitarbeitern. Handbuch für erfolgreiches Personalmanagement* (S. 137–148). Stuttgart: Schäffer-Poeschel Verlag.

Lippmann, E. (2019). Gesprächsführung. In E. Lippmann, A. Pfister, & J. Urs, *Handbuch Angewandte Psychologie für Führungskräfte* (S. 351–368). Heidelberg, Berlin: Springer Verlag.

Lippold, D. (2020). *Die 75 wichtigsten Management- und Beratungstools. Von der BCG-Matrix zu den agilen Tools.* Berlin, Boston: de Gruyter.

Locke, E. A., & Latham, G. P. (1990). *A theory of goal setting and task performance.* Englewood Cliffs, NJ: Prentice Hall.

Locke, E. A., & Latham, G. P. (2002). Building a practically useful theory of goal setting and task motivation: A 35-year odyssey. *American Psychologist, 57,* S. 705–717.

Lohmann-Haislah, A., & Wendsche, J. (2017). Einfach mal Abschalten. Ein Beitrag zu wirksamer Erholung in der Ruhezeit. In R. Romahn, *Arbeitszeit gestalten: Wissenschaftliche Erkenntnisse für die Praxis* (S. 97–104). Marburg: Metropolis.

Lüneburg, A. (2019). *Auf dem Weg zur Führungskraft. Die innere Haltung entwickeln.* Wiesbaden: Springer Fachmedien.

Lüneburg, A. (2020). *Erfolgreich sein als Führungskraft in der Arbeitswelt 4.0.* Wiesbaden: Springer Fachmedien.

Mack, O., & Khare, A. (2016). Perspectives on a VUCA World. In O. Mack, A. Khare, A. Krämer, & T. Burgartz, *Managing in a VUCA World* (S. 3–20). Heidelberg, New York: Springer.

Maigatter, A., Weichbrodt, J., & Welge, K. (2020). Führungsherausforderungen mobil-flexibler Zusammenarbeit. In S. Wörwag, & A. Cloots, *Zukunft der Arbeit – Perspektive Mensch. Aktuelle Forschungserkenntnisse und Good Practices* (S. 289–298). Wiesbaden: Springer Fachmedien.

Malik, F. (2001). *Führen. Leisten. Leben. Wirksames Management für eine neue Zeit. 7. Auflage.* München und Stuttgart: Heyne.

Massenberg, A.-C., Schulte, E.-M., & Kauffeld, S. (2017). Never too early: Learning Transfer System Factors Affecting Motivation to Transfer Before and After Training Programs. *Human Resource Development Quarterly, 28 (1),* S. 55–85.

Matyssek, A. K. (2020). *Gesund führen – sich und andere.* Norderstedt: BoD – Books in Demand.

Meier, M. (2021). *Resilienzentwicklung für Führungskräfte. Wie Sie Ihre Handlungsfähigkeit durch Optimierung Ihrer Widerstandskraft gezielt stärken.* Bonn: managerSeminare Verlags GmbH.

Merchel, J. (2010a, 2. Auflage). *Leitung in der Sozialen Arbeit. Grundlagen der Gestaltung und Steuerung von Organisationen.* Weinheim, München: Juventa Verlag.

Meredith, G. R., Rakow, D. A., Eldermire, E. R., Madsen, C. G., Shelley, S. P., & Sachs, N, A, (2020). Minimum Time Dose in Nature to Positively Impact the Mental Health of College-Aged Students, and How to Measure It: A Scoping Review. *Front. Psychol 10:2942, doi:* https://doi.org/10.3389/fpsyg.2019.02942.

Meschede, M., Roick, C., Ehresmann, C., Badura, B., Meyer, M., Ducki, A., & Schröder, H. (2020). Psychische Erkrankungen bei den Erwerbstätigen in Deutschland und Konsequenzen für das Betriebliche Gesundheitsmanagement. In B. Badura, A. Ducki, H. Schröder, J. Klose, & M. Meyer, *Fehlzeiten-Report 2020. Gerechtigkeit und Gesundheit* (S. 331–364). Berlin: Springer Verlag.

Meyer, M., Wiegand, S., & Schenkel, A. (2020). Krankheitsbedingte Fehlzeiten in der deutschen Wirtschaft im Jahr 2019. In B. Badura, A. Ducki, H. Schröder, J. Klose, &

M. Meyer, *Fehlzeiten-Report 2020. Gerechtigkeit und Gesundheit* (S. 365–444). Berlin: Springer Verlag.

Miner, J. B. (2015). *Organizational behavior 1: Essential theories of motivation and leadership.* New York: Routledge.

Montano, D., Reeske, A., Franke, F., & Hüffmeier, J. (2017). Leadersip, followers' mental health and job performance in organizations: A comprehensive meta-analysis from an occupational health perspective. *Journal of Organizational Behavior, 38,* S. 327–350.

Müller, G. F., & Braun, W. (2009). *Selbstführung. Wege zu einem erfolgreichen und erfüllten Berufs- und Arbeitsleben.* Bern: Verlag Hans Huber.

Myers, D. G. (2014). *Psychologie.* Berlin und Heidelberg: Springer Verlag.

Nerdinger, F. W. (2019a). Arbeitsmotivation und Arbeitszufriedenheit. In F. Nerdinger, G. Blickle, & N. Scharper, *Arbeits- und Oragnisationspsychologie* (S. 463–486). Berlin, Heidelberg: Springer Verlag.

Nerdinger, F. W. (2020). Formern der Beurteilung. In L. v. Rosenstiel, E. Regnet, & M. E. Domsch, *Führung von Mitarbeitern. Handbuch für erfolgreiches Personalmanagement* (S. 227–236). Stuttgart: Schäffer-Poeschel Verlag.

Negri, C. (2019). Persönliche Arbeitstechnik. In E. Lippmann, A. Pfister, & U. Jörg, *Handbuch Angewandte Psychologie für Führungskräfte. Führungskompetenz und Führungswissen* (S. 196-210). Berlin, Heidelberg: Springer Verlag.

Neumann, P. (2020). Gespräche mit Mitarbeitenden effizient führen. In L. v. Rosenstiel, E. Regnet, & M. E. Domsch, *Führung von Mitarbeitern. Handbuch für erfolgreiches Personalmanagement* (S. 281–300). Stuttgart: Schäffer-Poeschel Verlag.

Newstead, T., Dawkins, S., Macklin, R., & Martin, A. (2019). We don't need more leaders – We need more good leaders. Advancing a virtues-based approach to leader(ship) development. *The Leadership Quarterly, online 101312.*

Ng, T. W., & Feldman, D. C. (2015). Ethical leadership: Meta-analytic evidence of criterion-related and incremental validity. *Journal of Applied Psychology, 100 (3),* S. 948–965.

Niederhäusern, G. v. (2015). Intuition als Führungskompetenz anerkennen und reflektieren. In M. W. Fröse, S. Kaudela-Baum, & F. E. Dievernich, *Emotion und Intuition in Führung und Organisation* (S. 179-192). Wiesbaden: Springer.

Nielsen, K. (2018). How workers' appraisals of change influence employee outcomes. In M. Vakola, & P. Petrou, *Organizational Change. Psychological effects and strategies für coping* (S. 78–89). Oxaon & New York: Routledge.

Nink, M. (2018). *Engagement Index. Die neuesten Daten und Erkenntnisse der Gallup-Studie.* München: Redline Verlag.

Oswald, A., & Köhler, J. (2013). Schnelles und langsames Denken in Projekten, Teil 1. Zur Beherrschung von Unsicherheit in komplexen Projekten. *Projekt Management, 5,* S. 30–36.

Paulsen, H., & Kortsch, T. (2020). *Stressprävention in modernen Arbeitswelten. Das „Einfach weniger Stress"-Manual.* Göttingen: Hogrefe.

Petry, T. (2018). Agile Führung als Antwort auf eine VUCA-Umwelt. *PERSONALquarterly 03,* S. 18–23.

Petry, T. (2019). *Digital Leadership. Erfolgreiches Führen in Zeiten der Digital Economy.* Freiburg: Haufe-Lexware.

Poppelreuter, S., & Mierke, K. (2018). *Psychische Belastungen in der Arbeitswelt 4.0. Entstehung – Vorbeugung – Maßnahmen.* Berlin: Erich Schmidt Verlag.

Pracht, G., & Michel, F. (2015). Tool: (Stress-)Umleitung – Think positive! In M. Hofmann, S. Recknagel, L. Reisert, & F. Michel, *Stress-Kompass. Strategisches Stress-Management für Ihr Unternehmen aufbauen – Konzepte und Umsetzung* (S. 176–184). Bonn: managerSeminare GmbH.

Prelec, D., Seung, S. H., & McCoy, J. (2017). A solution to the single-question crowd wisdom problem. *Nature 541*, S. 532–535.

Prümper, J. (2020). Betriebliches Gesundheitsmanagement. In L. v. Rosenstiel, E. Regnet, & M. E. Domsch, *Führung von Mitarbeitern. Handbuch für erfolgreiches Personalmanagement* (S. 779–795). Stuttgart: Schäffer-Poeschel Verlag.

Pundt, F., Thomson, B., Montano, D., & Reeske, A. (2018). Führung und psychische Gesundheit. *ASU – Zeitschrift für medizinische Prävention, Sonderheft (30.11.18).*

Regnet, E. (2020). Der Weg in die Zukunft – Anforderungen an die Führungskraft. In L. v. Rosenstiel, E. Regnet, & M. E. Domsch, *Führung von Mitarbeitern. Handbuch für erfolgreiches Personalmanagement* (S. 55–75). Stuttgart: Schäffer-Poeschel Verlag.

Regnet, E. (2020a). Kommunikation als Führungsaufgabe. In L. v. Rosenstiel, E. Regnet, & M. E. Domsch, *Führung von Mitarbeitern. Handbuch für erfolgreiches Personalmanagement* (S. 267–280). Stuttgart: Schäffer-Poeschel Verlag.

Richter, G., Ribbat, M., Mühlenbrock, & I. (2020). *Lernförderliche Arbeitsgestaltung im Dienstleistungssektor am Beispiel der Sachbearbeitung: Die doppelte Rolle der Führungskraft (BAuA: Focus).* Dortmund: Bundesanstalt für Arbeitsschutz und Arbeitsmedizin.

Robbins, S. P., Coulter, M., & Fischer, I. (2014). *Management. Grundlagen der Unternehmensführung.* Hallbergmoos: Pearson.

Rolfe, M. (2019). *Positive Psychologie und organisationale Resilienz. Stürmische Zeiten besser meistern.* Berlin, Heidelberg: Springer Verlag.

Ronay, R., Oostrom, J. K., Lehmann-Willenbrock, N., Mayoral, S., & Rusch, H. (2019). Playing the trump card: Why we select overconfident leaders and why it matters. *The Leadership Quarterly, 30, 101316.*

Rose, N. (2019). *Arbeit besser machen. Positive Psychologie für Personalarbeit und Führung.* Freiburg: Haufe-Lexware.

Rossberger, R., & Krause, D. (2014). Participative and team-oriented leadership styles, countries' education level and national innovation. *Cross Cultural Research, 49 (1),* S. 20–56.

Roth, G. (2013). *Persönlichkeit, Entscheidung und Verhalten.* Stuttgart: Klett-Cotta.

Rothe, I., Adolph, L., Beermann, B., Schütte, M., Windel, A., Grewer, A., Formazin, M. (2017). *Psychische Gesundheit in der Arbeitswelt – Wissenschaftliche Standortbestimmung.* Dortmund: Bundesanstalt fü.

Rudolph, C. W., Murphy, L. D., & Zacher, H. (2020). A systematic review and critique of research on "healthy leadership". *The Leadership Quarterly, 31 (1),* 101335.

Rusca, R., & Huber, S. (2020). Mit Haltung Unternehmen aktiv und zukunftsfähig entwickeln und gestalten. In S. Wörwag, & A. Cloots, *Wörwag, & A. Cloots, Zukunft der Arbeit – Perspektive Mensch. Aktuelle Forschungserkenntnisse und Good Practices* (S. 307–317). Wiesbaden: Springer Fachmedien.

Ryan, R. M., & Deci, E. L. (2017). *Self-determination theory: Basic psychological needs in motivation, development, and wellness*. New York, NY: The Guilford Press.

Sann, U. (2020). Motivation und Emotion. In S. Preiser, *Pädagogische Psychologie (3., vollständig überarbeitete Auflage)*. Weinheim: Beltz.

Sattler, J., Förster, L., Saller, T., & Studer, T. (2010). *Führen. Die erfolgreichsten Instrumente und Techniken*. Freiburg: Haufe.

Sauerland, M., Müller, G. F., & Gewehr, P. (2018). Entscheiden lernen – ein Modell für die Praxis. *Wirtschaftspsychologie aktuell 1/2018*, S. 28–34.

Schaff, A. (2019). Arbeit 4.0: Risiken für die psychische Gesundheit. In B. Hermeier, T. Heupel, & S. Fichtner-Rosada, *Arbeitswelten der Zukunft* (S. 303–321). Wiesbaden: Springer Fachmedien.

Scharnhorst, J. (2019). *Psychische Belastungen am Arbeitsplatz vermeiden. Burnoutprävention und Förderung von Resilienz in Unternehmen*. Freiburg: Haufe-Lexware.

Schermuly, C. C. (2019). *New Work – Gute Arbeit gestalten. Psychologisches Empowerment von Mitarbeitern*. Freiburg: Haufe-Lexware.

Schermuly, C. C., & Koch, J. (2019). New Work und psychische Gesundheit. In B. Badura, A. Ducki, H. Schröder, J. Klose, & M. Meyer, *Fehlzeiten-Report 2019* (S. 127–139). Berlin, Heidelberg: Springer Verlag.

Schimpf, M., & Wojczechowski, C. (2014). *Attraktive Arbeitsplätze in der Sozialwirtschaft. Arbeitshilfen und Best-Practices für kleine und mittlere Organisationen zu Personalgewinnung/-bindung und Diversity Management*. Stuttgart: Werkstatt PARITÄT gemeinnützige GmbH.

Schirmer, U., & Woydt, S. (2016). *Mitarbeiterführung*. Wiesbaden: Springer Fachmedien.

Schmidt, F. L., Oh, I.-S., & Shaffer, J. A. (2016). *The validity and utility of selection methods in personnel psychology: Practical and theoretical implications of 100 years of research findings. Working paper*. Von www.researchgate.net, DOI: https://doi.org/10.13140/RG.2.2.18843.26400: am 15.01.2021 abgerufen.

Scholl, A., de Wit, F., Ellemers, N., Fetterman, A. K., Sassenberg, K., & Scheepers, D. (2018). The Burden of Power: Construing Power as Responsibility (Rather Than as Opportunity) Alters Threat-Challenge Responses. *Personality and Social Psychology Bulletin 44 (7)*, S. 1024–1038.

Schrör, T. (2016). *Führungskompetenz durch achtsame Selbstwahrnehmung und Selbstführung. Eine Anleitung für die Praxis*. Wiesbaden: Springer Fachmedien.

Schuler, H. (2020). Auswahl von Mitarbeitern. In L. v. Rosenstiel, E. Regnet, & M. E. Domsch, *Führung von Mitarbeitern. Handbuch für erfolgreiches Personalmanagement* (S. 189–226). Stuttgart: Schäffer-Poeschel Verlag.

Schütz, A., Köppe, C., & Andresen, M. (2020). *Was Führungskräfte über Psychologie wissen sollten*. Bern: Hogrefe Verlag.

Schütz, A., Köppe, C., & Kammerhoff, J. (2018). Leader-follower crossover: exhaustion predicts somatic complaints via StaffCare behavior. *Journal of Managerial Psychology, 33(3)*, S. 297–310.

Schwarzmüller, T., Brosi, P., & Welpe, I. M. (2017). Führung 4.0 – Wie die Digitalisierung Führung verändert. In A. Hildebrandt, & W. Landhäußer, *CSR und Digitalisierung. Der digitale Wandel als Chance und Herausforderung für Wirtschaft und Gesellschaft* (S. 617–628). Berlin: Springer Verlag.

Stamatakis, E., Gale, J., Bauman, A., Ekelund, U., Hamer, M., & Ding, D. (2019). Sitting Time, Physical Activity, and Risk of Mortality in Adults. *Journal of the American College of Cardiology, 73 (16)*, S. 2062 – 2072.

Seibert, S. E., Wang, G., & Courtright, S. H. (2011). Antecedents and Consequences of Psychological and Team Empowerment in Organizations: A Meta-Analytic Review. *Journal of Applied Psychology, 96 (5)*, S. 981–1003.

Seitz, J., & Seitz, J. (2018). Digitale Kompetenzen: New Work = New Human? In H. R. Fortmann, & B. Kolocek, *Arbeitswelt der Zukunft* (S. 355–382). Wiesbaden: Springer Fachmedien.

Seyda, S., & Placke, B. (2020). IW-Weiterbildungserhebung 2020: Weiterbildung auf Wachstumskurs. *Vierteljahresschrift zur empirischen Wirtschaftsforschung, Jg. 47, IW-Trends 4/2020*, S. 105–123.

Sheeran, P., & Webb, T. L. (2016). The Intention–Behavior Gap. *Social and Personality Psychology Compass, 10 (9)*, S. 503–518.

Sinani, F. (2016). *The effects of participative leadership practices on job satisfaction of highly skilled virtual teams. Dissertation.* Von https://scholarworks.waldenu.edu/cgi/viewcontent.cgi?article=3485&context=dissertations am 29.03.2021 abgerufen.

Sohn, S., Rees, P., Wildridge, B., Kalk, N. K., & Carter, B. (2019). Prevalence of problematic smartphone usage and associated mental health outcomes amongst children and young people: a systematic review, meta-analysis and GRADE of the evidence. *BMC Psychiatry 19, 356, https://doi.org/*https://doi.org/10.1186/s12888-019-2350-x.

Sonnentag, S. (2018). Job-stress recovery: Core findings, future research topics, and remaining challenges. In W. S. Center, *Work Science Center Thinking Forward Report Series.* Atlanta GA: Georgia.

Sonnentag, S., & Frese, M. (2012). Stress in Organizations. In I. B. Weiner, *Handbook of Psychology, Volume 12, Industrial and Organizational Psychology, 2nd Edition* (S. 560–592). Hoboken, NJ: Wiley.

Sparr, J. L., Knipfer, K., & Willems, F. (2017). How leaders can get the most out of formal training: The significance of feedback-seeking and reflection as informal learning behaviors. *Human Resource Development Quarterly, 28(1)*, S. 29–54.

Spisak, M. (2017). Wie führe ich mich selbst? In M. Spisak, & M. Della Picca, *Führungsfaktor Psychologie. Fragen aus der Führungspraxis – Antworten der Psychologie* (S. 7–53). Berlin, Heidelberg: Springer.

Staar, H., Gurt, J., & Janneck, M. (2019). Gesunde Führung in vernetzter (Zusammen-) Arbeit – Herausforderungen und Chancen. In B. Badura, A. Ducki, H. Schröder, J. Klose, & M. Meyer, *Fehlzeiten-Report 2019. Digitalisierung – gesundes Arbeiten ermöglichen* (S. 217 235). Berlin, Heidelberg: Springer Verlag.

Stock-Homburg, R., & Groß, M. (2019). *Personalmanagement. Theorien – Konzepte – Instrumente.* Wiesbaden: Springer Fachmedien.

Strack, R., Booker, M., Kovács-Ondrejkovic, O., Antebi, P., & Welch, D. (2018). *Decoding global talent 2018.* Von https://www.bcg.com/de-de/publications/2018/decoding-global-talent am 26.03.2021 abgerufen.

Stroebe, R. W., & Stroebe, A. (2020). *Arbeitsmethodik. Energie-, Zeit- und Stressmanagement.* Hamburg: Edistion Windmühle.

Thomson, B., Steidelmüller, C., Schröder, T., Wittmers, A., Pundt, F., & Weber, C. (2020). Der Zusammenhang organisationaler Rahmenbedingungen und Gesundheit bei Führungskräften und Beschäftigten. Projekt F2436: „Führung und Organisation im Wandel". *ASU – Zeitschrift für medizinische Prävention, Sonderheft Führungsforschung, Mai 2020.*

Treier, M. (2019). *Wirtschaftspsychologische Grundlagen für Personalmanagement. Fach- und Lehrbuch zur modernen Personalarbeit.* Berlin: Springer.

Unger, F. (2019). Leben und Lernen in der VUCA-Welt. In J. Rocholl, J. Mitsiadis, & M. Pohl, *Zukunft der Bildung – Bildung der Zukunft* (S. 88–120). Frankfurt a. M.: Wochenschau Verlag.

Unger, F. (2019a). *Mitarbeiterführung unter den Anforderungen einer Arbeitswelt im Wandel. In PERSONALDIREKT, Ausg. 4, Oktober 2019.* Von http://www.pd-frankfurt.de/ ezine_10_2019/index.html am 20.02.2020 abgerufen.

Unger, F. (2019b). Lebenslanges Lernen in der Öffentlichen Verwaltung fördern: Bedarfserhebung und Handlungsansätze zur Entwicklung von Modulen wissenschaftlicher Weiterbildung. In L. Kolhoff, *Aktuelle Diskurse in der Sozialwirtschaft II* (S. 35–56). Wiesbaden: Springer Fachmedien.

Unger, F. (2021). *Die digitale Balance fördern: Gesund und leistungsfähig in der Arbeitswelt 4.0.* Von PERSONALDIREKT, Ausg. Nr. 1, Januar 2021: http://www.pd-frankfurt.de/ezine_01_2021/index.html am 26.03.2021 abgerufen.

Unger, F., & Sann, U. (2020). Führungskräfte-Coaching in der Öffentlichen Verwaltung als Beitrag zur Entwicklung von Führungskräftekompetenzen für das 21. Jahrhundert. In J. Groß, *Führung im Öffentlichen Dienst. Perspektive, Trends und Herausforderungen.* Hamburg: Maximilian Verlag.

Vahs, D. (2019). *Organisation: Ein Lehr- und Managementbuch. 10. Aufl.* Stuttgart: Schäffer-Poeschel.

von Wahlert, J. (2018). Gesundheit als Chefsache: Die Perspektive des Unternehmens. In M. Lohmer, B. Sprenger, & J. von Wahlert, *Gesundes Führen. Life-Balance versus Burnout im Unternehmen* (S. 18–31). Stuttgart: Schattauer.

von Wahlert, J. (2018a). Selbstmanagement, Selbstführung und Selbstfürsorge für Führungskräfte. In M. Lohmer, B. Sprenger, & J. von Wahlert, *Gesundes Führen. Life-Balanve versus Burnout im Unternehmen* (S. 71–81). Stuttgart: Schattauer.

Wahren, H.-K. (1992). *Zwischenmenschliche Kommunikation und Interaktion in Unternehmen: Grundlagen, Probleme und Ansätze zur Lösung.* Berlin: De Gruyter.

Wang, G., & Hackett, R. D. (2016). Conceptualization and measurement of virtuous leadership: Doing well by doing good. *Journal of Business Ethics, 137 (2),* S. 321–345.

Watzka, K. (2016). *Ziele formulieren. Erfolgsvoraussetzungen wirksamer Zielvereinbarungen.* Wiesbaden: Springer Fachmedien.

Weibler, J. (2016). *Personalführung.* München: Vahlen.

Weibler, J., & Petersen, M. (2017). Management von Unsicherheit bei Entscheidungen im polizeilichen Kontext. In J. Stierle, D. Wehe, & H. Siller, *Handbuch Polizeimanagement – Polizeipolitik – Polizeiwissenschaft – Polizeipraxis, Band 1* (S. 375–389). Wiesbaden: Springer Gabler.

Weisweiler, S., Dirscherl, B., & Braumandl, I. (2013). *Zeit- und Selbstmanagement. Ein Trainingsmanual – Module, Methoden, Materialien für Training und Coaching.* Berlin, Heidelberg: Springer Verlag.

Welledits, V., Schmidkonz, C., & Kraft, P. (2019). *Digital Detox im Arbeitsleben Methoden und Empfehlungen für einen gesunden Einsatz von Technologien* . Wiesbaden: Springer Fachmedien.

Wellmann, H., Hasselmann, O., & Lück, P. (2020). *iga.Barometer 2019. Erwerbstätigenbefragung zum Stellenwert der Arbeit – Schwerpunktthema „Sinn und Arbeit".* Dresden: Institut für Arbeit und Gesundheit der Deutschen Gesetzlichen Unfallversicherung.

Welpe, I. M., Brosi, P., & Schwarzmüller, T. (2018). *Digital Work Design. Die Big Five für Arbeit, Führung und Organisation im digitalen Zeitalter.* Frankfurt a. M.: Campus Verlag.

Wendsche, J., & Lohmann-Haislah, A. (2016). *Psychische Gesundheit in der Arbeitswelt. Pausen.* Dortmund: Bundesanstalt für Arbeitsschutz und Arbeitsmedizin (BAuA).

Wendsche, J., & Lohmann-Haislah, A. (2017). A meta-analysis on antecedents and outcomes of detachment from work. *Frontiers in Psychology (Online Journal), 7, No. 2072.*

Wendsche, J., & Lohmann-Haislah, A. (2018). *Arbeitspausen gesundheits- und leistungsförderlich gestalten.* Göttingen: Hogrefe.

Wimmer, R. (2016). Der wissenschaftliche Blick auf die Führung: Traditionen, Entwicklungen, Erkenntnisse. *supervision – Zeitschrift für Beraterinnen und Berater, 2,* S. 12–23.

Wolter, S., Broszeit, S., Frodermann, C., Grunau, P., & Bellmann, L. (2016). *Mehr Zufriedenheit und Engagement in Betrieben mit guter Personalpolitik. IAB-Kurzbericht 16/2016.* Nürnberg: IAB.

Wolter, S., Grunau, P., Mackeben, J., Scheuring, S., Steffens, S., Arnold, D., Maier, P. (2018). *Arbeitsqualität und wirtschaftlicher Erfolg: Längsschnittstudie in deutschen Betrieben; Endbericht. (Forschungsbericht/Bundesministerium für Arbeit und Soziales, FB505).* Nürnberg: Bundesministerium für Arbeit und Soziales; Institut für Arbeitsmarkt- und Berufsforschung der Bundesagentur für Arbeit (IAB); Universität Köln; Universität Tübingen; Zentrum für Europäische Wirtschaftsforschung (ZEW).

Zimber, A. (2018). *Führen und gesund bleiben. Ein Präventionsprogramm für Führungskräfte in Sandwich-Positionen.* Berlin: Springer.

Weiterführende Literaturempfehlungen:

Domsch, M. E. (2020). Personalplanung und Personalentwicklung für Fach- und Führungskräfte. In L. v. Rosenstiel, E. Regnet, & M. E. Domsch, *Führung von Mitarbeitern. Handbuch für erfolgreiches Personalmanagement* (S. 517–532). Stuttgart: Schäffer-Poeschel Verlag.

Fuhrmann, B. (2018). *Stark führen. Aktivierend, effizient und wirkungsvoll agieren.* Wiesbaden: Springer Fachmedien.

Häfner, A., Pinneker, L., & Hartmann-Pinneker, J. (2019). *Gesunde Führung. Gesundheit, Motivation und Leistung fördern.* Berlin, Heidelberg: Springer Verlag.

Lippold, D. (2020). *Die 75 wichtigsten Management- und Beratungstools. Von der BCG-Matrix zu den agilen Tools.* Berlin, Boston: de Gruyter.

Stroebe, R. W., & Stroebe, A. (2020). *Arbeitsmethodik. Energie-, Zeit- und Stress-management.* Hamburg: Edistion Windmühle.

Zimber, A. (2018). *Führen und gesund bleiben. Ein Präventionsprogramm für Führungs-kräfte in Sandwich-Positionen.* Berlin: Springer .

Rudolph, C. W., Murphy, L. D., & Zacher, H. (2020). A systematic review and critique of research on "healthy leadership". The Leadership Quarterly, 31 (1), 101335.

Stamatakis, E., Gale, J., Bauman, A., Ekelund, U., Hamer, M., & Ding, D. (2019). Sitting Time, Physical Activity, and Risk of Mortality in Adults. Journal of the American College of Cardiology, 73 (16), S. 2062 – 2072.

Zukunft der Führung – Führung in der Zukunft

Zusammenfassung

Führungskräfte haben bereits heute ein vielfältiges, herausforderndes wie verantwortungsvolles Aufgabenspektrum. Im Kontext der enormen Veränderungen der Arbeitswelt (VUCA-Welt) kommen dennoch weitere Themenfelder auf sie zu. Digitalisierung, steigende Komplexität der Arbeitsabläufe, Beschleunigung und verkürzte Halbwertszeit des Wissens, New Work, stärkere Mitarbeitendenorientierung und Fachkräftesicherung, organisationale Resilienz, gesellschaftliche Verantwortung, ökologisch nachhaltiges Wirtschaften, Stabilität bei gleichzeitiger Beweglichkeit sind nur einige Stichworte, die zurzeit diskutiert werden. Führungskräfte werden z. B. vermehrt virtuelle, interdisziplinäre Teams leiten und motivieren sowie außerdem den Teamzusammenhalt, die Ausrichtung auf gemeinsame Ziele wie auch die Innovationskraft der Organisation weiter stärken müssen. Dabei dürfen sie nicht vergessen, Aspekte wie Flexibilität, Selbstbestimmung und Empowerment, Personal- und Organisationsentwicklung in einem veränderlichen, unsicheren Umfeld zu forcieren und zugleich für Vertrauen, Gerechtigkeit, Orientierung und Sicherheit, wie auch für Freude und Wohlbefinden im Arbeitskontext zu sorgen. Dies bringt eine veränderte Schwerpunktsetzung für Personalführung bzw. die Führungsrolle mit. Es werden vor allem Führungskräfte gefragt sein, die Menschen, Werte und Sinn der Arbeit sowie Veränderungs- und Entwicklungsfähigkeit in den Vordergrund stellen, sich dabei mehr als Coach, Koordinator*in, Netzwerker*in begreifen – zugleich aber auch Ziele und Erwartungen klar kommunizieren. Die Herausforderung wird u. a. darin bestehen, einen eindeutigen Rahmen zu schaffen und zugleich ausreichend Raum zu ermöglichen, dass Mitarbeitende wie Führungskräfte verantwortungsvoll, selbstorganisiert, motiviert sowie gesund zusammenarbeiten, sich weiterentwickeln können und Wirkung für das Team, die Organisation sowie auf gesellschaftlicher Ebene erzielen: Also ausreichend loszulassen und zugleich mutig voranzugehen – vor allem durch wertschätzende Beziehungsgestaltung und motivierende Führungskommunikation. Dafür sind neben klassischen Führungsfertigkeiten vor allem sozialkommunikative, selbstreflexive und digitale Kompetenzen sowie Ambiguitätstoleranz bedeutende Skills wirksamer Führungskräfte.

Lernziele
Nach der Bearbeitung dieses Kapitels können Sie …

- die zentralen Entwicklungen der sogenannten Arbeitswelt 4.0 sowie die Folgen für Führungskräfte benennen und diskutieren.
- Chancen und Herausforderungen digitaler Führung und virtueller Zusammenarbeit erläutern sowie Handlungsansätze für den eigenen Arbeitsbereich entwickeln.
- die Begriffe Agilität und Ambidextrie erklären und deren Bedeutung für Führungskräfte in der Sozialwirtschaft skizzieren.
- Konsequenzen eines gesundheitsorientierten ebenso wie eines leistungsförderlichen Führungsverständnisses für Führungskräfte und Organisationen der Sozialwirtschaft diskutieren.
- verschiedene Aspekte der Personalführung der Zukunft in der Sozialwirtschaft benennen, die aktuelle Situation (z. B. anhand der eigenen Organisation) analysieren und entsprechende Schlussfolgerungen herausarbeiten und begründen.

6.1   Arbeitswelt 4.0 und die Folgen für Führungskräfte

Die Arbeitswelt wandelt sich mit enormer Geschwindigkeit. Die Bedeutung von Wirtschaftszweigen ändert sich, neue Berufsbilder entstehen – andere fallen weg. Dies wirkt sich nicht nur auf Jobs aus, sondern ebenso auf die Art und Weise, wie diese Tätigkeiten und die Mitarbeiter*innen organisiert und geführt werden.[1] Verschiedene Megatrends[2] nehmen Einfluss auf diese Entwicklung, wie z. B. Digitalisierung und technische Entwicklung,[3] Globalisierung/Internationalisierung, demografische Entwicklung, gesellschaftlicher Wertewandel (hier z. B. Aspekte von Gesundheit und Work-Life-Balance, Individualisierung, Nachhaltigkeit, Selbst-/Mitbestimmung) sowie Fragen von Ökonomie und Ökologie[4] (z. B. Albrecht 2020, Regnet 2020, S. 59 ff.; Statista 2020, 2020a; Unger 2019, Bruch et al. 2019; Blessin 2019; Daheim et al. 2019; Käufer 2019; Rumpf 2018; Hackl. et al. 2017; Bruch et al. 2016; Klös et al. 2016).[5] Mögliche Auswirkungen und Handlungsoptionen für die Arbeitswelt führen Daheim et al. (2019, S. 9) auf verschiedenen Ebenen aus:

- Wirtschaft und Arbeit:
  Es braucht neue Spielregeln bzw. einen neuen Gesellschaftsvertrag für eine sich verändernde Arbeitswelt, besonders die Förderung passender Rahmenbedingungen für neue Arbeitsformen und Selbstständigkeit – beispielsweise ein Äquivalent der Gewerkschaften für Freiberufler*innen.

---

[1] Hays (2020, S. 14) fasst die Ergebnisse einer „Coronabefragung" hinsichtlich des zukünftigen Führungsstils folgendermaßen zusammen: „Unabhängig von ihrem Führungsstil vor Corona ist es für Führungskräfte zukünftig von hoher Bedeutung, ein deutliches Vorbild zu geben. Sie wollen dies vorleben sowie locker und persönlich nah motivieren (je 47 %). Als fast ebenso wichtig bewerten sie mehr ziel- und ergebnisorientiertes Führen und zwischen den Teammitgliedern zu moderieren und zu vermitteln (45 % bzw. 44 %). Nur eine Minderheit spricht sich für autoritäre, klare Anweisungen aus (15 %). Ein eher distanziertes Verhältnis zu pflegen und die Mitarbeiter machen zu lassen, ist nur für jeden zehnten Befragten eine Option … [s]tärker ziel- und ergebnisorientiert führen wollen Führungskräfte mit Homeoffice-Erfahrung, während ‚locker und persönlich nah motivieren' häufiger von Befragten aus dem Dienstleistungsbereich angegeben wird, seltener von der Industrie und dem öffentlichen Sektor …".

[2] Ein Megatrend zeichnet sich 7 sieben Faktoren aus: Langfristigkeit, Verwurzelung, Komplexität, Robustheit, Globalität, Langsamkeit und Paradoxalität (Horx 2011).

[3] Zur Digitalisierung und Technisierung sozialer Dienstleistungen siehe z. B. Deckert und Langer 2018.

[4] Zur Ökologie und Nachhaltigkeit in der Sozialwirtschaft z. B. Tietze 2018.

[5] Für den Gesundheitsbereich z. B. stellt Horneber (2018, S. 256 ff.; 263 ff.) Zusammenhänge von Megatrends und Folgen vor. Fragen von Führung auf Distanz in sozialen Organisationen (unter Berücksichtigung von Megatrends) diskutieren z. B. Brandes und Santifaller (2018). Herausforderungen und Führungskompetenzen im Kontext der VUCA-Welt im Verwaltungsbereich führt z. B. Schmitt (2018) vertieft aus. Wie sich Führung im sogenannten Dritten Sektor ändert (ändern sollte), erläutern z. B. Hodges und Howieson 2017.

- Regierung und Governance:
  Auch der Staat muss sich mit entsprechenden Institutionen und Prozessen
  stärker an langfristigen Perspektiven ausrichten, um so proaktiver (nicht nur
  Arbeits- und Technologie-)Zukünfte zu antizipieren und gestalten.
- Wissenschaft und Technologie:
  Damit die rasante Entwicklung neuer Technologien weder unserem Verständ-
  nis noch unserer Kontrolle entgleitet, ist verstärkte transinstitutionelle und
  internationale Zusammenarbeit notwendig.
- Medien, Kultur und Kunst:
  Wir brauchen attraktive und konkrete Bilder positiver Formen von Arbeit und
  Technologienutzung der Zukunft, die aus einer neuen Allianz im Kultursektor
  entstehen können.
- Bildung und Lernen:
  Wir sollten Fähigkeiten statt (nur) Wissen vermitteln und Meta-Skills (wie die
  Fähigkeiten zur Kooperation, Kreativität und Problemlösung) fördern, um auf
  bewegte(re) Arbeitsbiografien vorzubereiten.

Die Entwicklungen der Arbeitswelt 4.0[6] führen u. a. zu organisatorischen wie
arbeitsplatzseitigen Veränderungen, neuen Arbeitsformen sowie der Notwendig-

---

[6]Arbeitswelt 4.0 kann folgendermaßen definiert werden: „Epoche …, in der die gesamt-
heitliche Integrität der Arbeitsleistung sich nicht (mehr) ausschließlich auf die Human
Resources beschränkt, sondern sich in immer größerem Ausmaß nicht-menschlicher
Arbeitskraft bedient. Das sind insbesondere Automaten und Roboter, mit oder ohne
künstliche Intelligenz (KI). Ein weiteres Kriterium ist die immer stärker gestaltete
virtuelle Arbeitsumgebung. Die Arbeitswelt 4.0 macht also – hinsichtlich Führung – neue
Kompetenzen, Arbeitsplätze, Organisationsformen und Umgangsformen notwendig"
(Albrecht 2020, S. 733). Andere Definitionen betonen gegenüber dieser eher techniknahen
Beschreibung eher Aspekte wie Flexibilität in Bezug auf Zeit und Ort der Arbeitsver-
richtung, Work-Life-Balance und Menschorientierung, neue Formen der Kommunikation
und Zusammenarbeit, stärkere Partizipation von Beschäftigten an Arbeits-, Entscheidungs-
und Veränderungsprozessen, zunehmende Werteorientierung und Sinnstiftung (z. B. Poethke
et al. 2019, S. 129 ff.). Ein solches Verständnis meint zwar auch die grundlegende und nachhaltige Veränderung der Arbeitswelt, stellt jedoch mehr die Interessen der Mitarbeiter*innen
in den Vordergrund (zur Begriffsdiskussion siehe z. B. Hackl et al. 2017, S. 28 ff.; auch
Hofmann et al. 2019). Wenn also nicht überwiegend die Digitalisierung, sondern Fragen
z. B. von Kompetenzen, Bedeutsamkeit, Selbstbestimmung und Einfluss am Arbeitsplatz
im Zentrum stehen, spricht man auch von New Work (Schermuly 2019, S. 51 ff.; Hackl.
et al. 2017, S. 44 f.; im internationalen Verständnis wird meist nur der „New Work"-Begriff
und selten Arbeit 4.0 genutzt). In diesem Verständnis wird auch eine veränderte Rolle von
Organisationen betont: „Sie sorgen nicht mehr nur für den Lebensunterhalt ihrer Mitglieder,
sondern tragen auch entscheidend zu Lebenslust, Glück und Wachstum bei …" (Lutze et al.
2019, S. 361; siehe auch Hofmann et al. 2019). Hier finden sich gute Verbindungen zur
Selbstbestimmungstheorie n. Deci und Ryan (2015, siehe auch Unger und Sann 2020).

keit, entsprechende Fertigkeiten und Fähigkeiten zu entwickeln (Albrecht 2020, S. 742 ff.; von Ameln und Wimmer 2016). Bruch et al. (2016, S. 25 f.) nennen 4 Bereiche, die für Erfolge im Sinne der sich wandelnden Arbeitswelt sorgen:

- Führung mit Vision, Inspiration und Zielorientierung,
- Vertrauenskultur mit positiven Führungsbeziehungen und einem Unterstützungsklima in der Organisation,
- Selbstkompetenzen und Identifikation der Mitarbeitenden mit der Organisation,
- Flexible Strukturen mit einer starken Dezentralisierung und wenig Formalisierung (siehe auch Bruch et al. 2019).

So, wie für die Arbeitswelt insgesamt, wirken sich diese (und mehr) Einflüssen auf die Führungslandschaft der Zukunft aus (z. B. Morgan 2020;[7] Thomson et al. 2020; Albrecht 2020; Regnet 2020; Hofmann et al. 2019; Majkovic und Negri 2019; Schermuly 2019; Bruch et al. 2019; Blessin 2019; Dunst et al. 2018; Weber et al. 2018; Schwarzmüller et al. 2017; Hays 2017; Weibler 2016, S. 467 ff.).[8] Im historischen wie auch nicht selten im derzeitigen Kontext war bzw. ist Führung vor allem dadurch gekennzeichnet, dass man sich gut auf Ziele und den ökonomischen Erfolg konzentriert und wirksam wie wirtschaftlich Ressourcen einsetzt. Effizienz, Effektivität, Kontrolle (und nicht selten Misstrauen), Steuerung und Austauschbeziehungen galten bzw. gelten als bedeutende Paradigmen

---

[7] Jacob Morgan (2020) hat basierend auf Interviews mit mehr als 140 Führungskräften (CEOs) u. a. aus dem Gesundheitsbereich, NPO und Verwaltung sowie durch Studien mit rund 14.000 Beschäftigten (u. a. aus Deutschland) Schlussfolgerungen für die Anforderungen an die Führungskraft der Zukunft herausgearbeitet (sicherlich ist dies eine von vielen Perspektiven. Siehe z. B. auch Regnet 2020; Albrecht 2020; Hatfield und Winkler 2020; Hofmann und Regnet 2020; Bruch et al. 2019, Blessin 2019; Stock-Homburg und Groß 2019, S. 514, 885ff.; Gebhardt et al. 2015).

[8] Hodges und Howieson (2017) betonen, dass gerade der Dritte Sektor sehr sensibel auf soziale, wirtschaftliche und politische Veränderungen reagiert. Dies übt einen erheblichen Druck auf traditionelle Führungsansätze aus, die sich mit dem externen Umfeld auseinandersetzen müssen, während sie sich gleichzeitig um interne organisatorische Belange kümmern.

(z. B. Bruch et al. 2019; Gebhardt et al. 2015, S. 27). Die heutige Arbeitswelt ist jedoch mit Betonung von Konformität und Standardisierung nur sehr eingeschränkt erfolgreich zu gestalten und Mitarbeitende sind damit nur bedingt zu motivieren und zu binden (zumal der Arbeitsmarkt aktuell vielfältige Möglichkeiten bietet, sich Organisationen zu suchen, die z.B. ein modernes Führungsverständnis und entsprechende Werte leben. Immer häufiger müssen Führungskräfte im sogenannten VUCA-Umfeld[9] agieren. Dies bedeutet z. B.:

- Veränderte Einflussmöglichkeiten von Führungskräften und vermehrter Umgang mit Komplexität, Dynamik und Ambiguität. Abkehr von linear-mechanistischen Vorstellungen der Führung (i.S.v. mehr Autonomieförderung und angemessene Unterstützung bzw. Begleitung statt kleinteiligem Controlling sowie detaillierten Vorgaben und damit „loslassen ohne fallen zu lassen"). Das Treffen von Entscheidungen im Kontext von vielfältigen Möglichkeiten, unter Unsicherheit (Trial-and-Error-Prinzip) und (Zeit-)Druck.
- Zunehmende Koordinations-, Kommunikations- und Netzwerkarbeit im Innen- und Außenverhältnis: Führungskräfte werden zu Gestalter*innen von Kooperationen und stärken die Eigenverantwortung wie Selbstführung der Mitarbeitenden sowie ihrer Teams (Raum geben). Sie haben möglicherweise weniger Weisungsbefugnis, müssen jedoch zugleich die Verantwortung tragen und als Vorbild agieren. Sie geben Sicherheit und Orientierung (Transparenz, Rahmen, fördern Vertrauenskultur) in einer unsicheren (flexiblen) Welt[10] und müssen diese zugleich für sich finden und erhalten.

---

[9] Das (engl.) Akronym VUCA steht für Volatilität, Unsicherheit, Komplexität (engl. Complexity) und Ambiguität. Es beschreibt eine Welt, die zunehmend durch (sprunghafte, unvorhersehbare) Veränderungen, mehr Unsicherheit aufgrund ungewisser Situationen, einer Vielzahl und Vielfalt situativer Elemente und Mehrdeutigkeit (Multioptionswelt, widersprüchliche Umwelt, zunehmende Entscheidungsmöglichkeiten und -notwendigkeiten) gekennzeichnet ist (z. B. Hatfield und Winkler 2020, S. 474 f.; Regnet 2020, S. 59 ff.; Unger 2019; Petry 2018, 2019; Mack und Khare 2016). „Mehr VUCA bedeutet also für Sie als Führungskraft: Weniger und kurzfristiger planen, mehr offener denken, mehr Expertise von anderen einholen, auf Vielfalt setzen und experimentieren – und durch unterschiedliche Perspektiven besser werden" (Hofert 2018, S. 24).

[10] Komplexität macht „führungsanfällig".

- Mehr Zeit für (individuelle,[11] vielfältige,[12] gerechte) Führung unter Berücksichtigung von Flexibilitäts-, Entwicklungs- und Partizipationswünschen der Mitarbeitenden (Führung auf Augenhöhe) oder auch Themenstellungen wie beziehungsförderliche, virtuelle oder gesundheitsorientierte Führung (bei allem Veränderungsdruck und angesichts wachsender Anforderungen sollten Erhalt und Stärkung von Wohlbefinden, Freude, wertschätzender Zusammenarbeit und Arbeitszufriedenheit zentrale Ziele von Führung und Organisationen bleiben).
- Die Gestaltung vielfältiger Veränderungsprozesse, Förderung von Innovationen sowie die Initiierung und erfolgreiche Umsetzung von Projekten.

Diese (zum Teil neuen) Herausforderungen verlangen Führungskräften viel ab. Immer seltener helfen reine Fachkompetenzen oder fixierte Mindsets, um erfolgreich die alltäglichen wie (zunehmend) nichtalltäglichen Aufgaben und Krisen zu bewältigen. „New Work steht auch für die veränderten Erwartungen der Mitarbeitenden in Bezug auf Beteiligung, Autonomie und Sinnstiftung durch die Arbeit. In der Konsequenz verändern sich Anforderungen an Führungskräfte und -systeme weg von Hierarchien hin zu einem coachenden, lateralen und unterstützenden Führungsverständnis …" (Hofmann et al. 2019, S. 5; siehe auch Bruch et al. 2019; Blessin 2019). Der mit den neuen Führungsansätzen, der veränder-

---

[11] „Die Individualisierung der Arbeit resultiert in Hierarchieabbau und zunehmendem Bedürfnis nach Autonomie und Selbstverwirklichung" (Kauffeld et al. 2019, S. 123; siehe auch Thomson et al. 2020, S. 4). Kritisch könnte man fragen: War dieses Bedürfnis nicht schon immer als psychologisches Grundbedürfnis vorhanden (Ryan und Deci 2017) und wurde es eher bewusst, z. B. von Organisationen, zurückgedrängt? Hat Führung nach dem „Input-Output-Prinzip" tatsächlich gut funktioniert?

[12] Vielfalt wertschätzen bedeutet auch, ein „Inclusive Leadership Mindset" zu entwickeln. „Inklusive Führungskräfte schätzen den Beitrag aller und inspirieren zu Innovationen und binden Einzelne ein, die durch Ausgrenzung gefährdet sind. Sie sind bereit, Macht abzugeben, Verantwortung zu teilen und die Weisheit der Gruppe zu nutzen, um alle – Einzelne und die Gesellschaft – profitieren zu lassen …" (Bortini et al. 2016, S. 5). Einfach gesagt: Führung ermöglicht Mitarbeiter*innen, sich individuell angemessen einzubringen (Wuffli 2016). „Inklusive Führung bedeutet, den Mut zu haben, bewusste Schritte zu setzen, um Barrieren für Menschen abzubauen, die Gefahr laufen, von der Gesellschaft ausgeschlossen zu werden. Inklusive Führungskräfte verinnerlichen eine Haltung, die Vielfalt schätzt, zur Beteiligung jedes Einzelnen einlädt und diesen begrüßt und die volle Einbeziehung in Entscheidungsprozesse und in die Gestaltung der Realität fördert. Das Ziel der inklusiven Führung ist, zu gestalten, zu verändern und innovativ zu sein und gleichzeitig die Bedürfnisse aller auszubalancieren …" (Bortini et al. 2016, S. 5).

lichen Arbeitswelt und den (Leistungs-)Anforderungen von Organisationen verbundene, wachsende Druck auf Führung sollte dabei nicht unterschätzt werden[13]
(Thomson et al. 2020, S. 4; Regnet 2020, S. 55 f.; siehe auch Kap. 5 – Selbstführung und Selbstfürsorge, die eigene Widerstandskraft stärken). Zudem werden
neue Fähigkeiten und Fertigkeiten oder zumindest eine veränderte Schwerpunktsetzung hinsichtlich wichtiger Führungskompetenzen nötig. Verkürzt kann man
sagen: **Soft Skills werden zu Hard Skills** (Daheim et al. 2019; Unger 2019).

Für die Führungskräfte bedeutende Themen bzw. Fertigkeiten und Fähigkeiten
sind z. B. (Regnet 2020; Morgan 2020; Hatfield und Winkler 2020; Hofmann
und Regnet 2020; IFIDZ 2019; Bruch et al. 2019; Blessin 2019; Franken 2016,
S. 247 ff.):[14]

- Es werden vor allem Führungskräfte gefragt sein, die den Menschen, ethische
  Werte und Sinn sowie Veränderungs-/Lernfähigkeit (der Organisation insgesamt, wie die jedes einzelnen Mitglieds)[15] in den Vordergrund stellen.

---

[13] „Auch auf Führungskräfte kommen zukünftig ganz neue Herausforderungen zu: Auf-
grund beschleunigter Prozesse wächst der Handlungs- und Entscheidungsdruck stetig.
Zunehmend flache Hierarchien, teamorientiertes Arbeiten, interkulturelle Teams und
Führung auf Distanz braucht vor allem eine hohe Sozial- und kommunikative Kompetenz
der Führungskräfte. Je instabiler sowie von mehr Veränderung geprägt das Umfeld der
Unternehmen ist, umso mehr sehnen sich Mitarbeiter nach Halt und Orientierung ...“
(Badura et al. 2019, S. VI.; siehe auch Regnet 2020). Daher muss die Gesundheit
der Führungskraft (natürlich wie die aller Beschäftigten) ein zentrales Feld in der
Organisationsstrategie einnehmen (z. B. Matyssek 2020; Prümper 2020; Scharnhorst 2019).

[14] Selbstverständlich bleiben auch klassische Eigenschafts-/Verhaltensweisen wichtig,
ebenso Fertigkeiten und Fähigkeiten, wie z. B. Gewissenhaftigkeit, Selbstführungskompetenzen, grundlegende fachliche Kenntnisse (die jedoch noch mehr an Bedeutung
verlieren), analytisches Denken, vorbildliches Handeln, überdurchschnittliche Einsatz-
bereitschaft, Loyalität oder Begeisterungsfähigkeit (z. B. Regnet 2020, S. 72 f.). Auch
Skills wie sozial-kommunikative Kompetenz waren sicher auch bisher schon gefragt,
werden jedoch deutlich an Bedeutung gewinnen (insbes. dialogische Fähigkeiten; IFIDZ
2019). Auch, dass weder Laissez-faire-Führung noch destruktive Führung (Bad/Dark
Leadership) ratsam noch nachhaltig erfolgversprechend sind (z. B. Rosenstiel und
Nerdinger 2020, S. 49; Bruch et al. 2019), bleibt zu beachten.

[15] Hier sind u. a. technisch-fachliche Veränderungsfähigkeiten sowie die entsprechenden
Qualifikationen der Mitarbeitenden gemeint, aber auch die Befähigung aller Menschen
in Organisationen, selbstständig Probleme zu lösen und sich weiterzuentwickeln (z. B.
Selbstlernkompetenz), in Teams zielgerichtet zu kommunizieren und zu kooperieren, um
Veränderungen zu ermöglichen oder auch der konstruktive Umgang mit Fehlern.

Darunter fallen auch Aspekte wie hohe Integrität und Vertrauensbereitschaft, Mitarbeiter*innen zu inspirieren, individuell zu unterstützen, gesund zu erhalten und zu entwickeln, Partizipation und Teamwork zu stärken sowie interne wie externe, interdisziplinäre Vernetzungen bzw. Zusammenarbeit zu forcieren.

- Erfolgreiche Führungskräfte müssen sich in der Zukunft mehr als Coach, Koordinator*in und Netzwerker*in verstehen. Sie sorgen für herausfordernde Ziele und kommunizieren ihre Erwartungen klar und zugleich wertschätzend.

- Sozial-kommunikative Kompetenzen stehen deshalb ganz oben auf der Liste künftig besonders relevanter Führungsfertigkeiten (d. h. emotionale Intelligenz sowie die Fähigkeit, qualitativ hochwertige Beziehungen zu gestalten, zuhören sowie dialogisch kommunizieren zu wollen und zu können - klassische Managementkompetenzen nehmen ab). Führungsaufgaben und überhaupt alle Vernetzungsaktivitäten erfordern immer mehr auch personenbezogene Kompetenzen.

- In unsicheren Zeiten werden zudem strategisch-reflexives Denken und Handeln, Innovationsorientierung, Problemlöse- und Entscheidungsfähigkeiten deutlich mehr im Mittelpunkt stehen. Hier gilt es, vor allem in komplexen Situationen, gelassen und zuversichtlich sowie partizipativ und zielorientiert zu sein.[16] Daher kommt vor allem auch der psychologischen Sicherheit in den Organisationen eine bedeutende Rolle zu (Innovation und Partizipation braucht Offenheit und Vertrauen).

- Zudem müssen auch digitale Fähigkeiten ausgebaut werden (was neben dem sicheren Umgang mit digitaler Infrastruktur auch Themen wie virtuelle Führung beinhaltet).

Vermutlich werden nicht alle zuvor genannten Aspekte in jeder Organisation, in jedem Team, in jeder Führungssituation von Bedeutung sein und schon gar nicht gleichzeitig vorkommen. Auch werden die skizzierten Fähigkeiten und Fertigkeiten nicht immer so umfassend benötigt. „Doch die Zukunft wird hohe Anforderungen an die Persönlichkeit und Menschenführung stellen" (Regnet 2020, S. 73). Daher sind in einem veränderlichen Umfeld, trotz (oder gar angesichts) der enormen Bedeutung der zuvor genannten Herausforderungen, eine

---

[16]Ambiguitätstoleranz (die Fähigkeit, mit Unsicherheiten, Mehrdeutigkeit und widersprüchlichen Handlungen/Informationen konstruktiv umzugehen) kann man lernen.

strategische Führungskräfteentwicklung[17] in der Sozialwirtschaft insgesamt sowie Selbstreflexions- und Lernkompetenzen wie die Pflege der Work-Life-Balance von Führungskräften eine entscheidende Basis für einen nachhaltigen, wertstiftenden Organisationserfolg. In diesem Kapitel gehen wir insbesondere auf die virtuelle Zusammenarbeit und die digitale Führung ein (Abschn. 6.2). Unter den Stichwörtern Agilität und Ambidextrie geht es dann um die schwierige, fast paradox erscheinende Aufgabe in einer unübersichtlichen VUCA-Welt den Mitarbeitenden psychologische Sicherheit zu vermitteln (Abschn. 6.3). Schließlich greifen wir das Thema einer gesundheitsorientierten Führung auf, in sich zunehmend verstetigenden Krisenzeiten aus unserer Sicht fast auch ein Megatrend. Dabei wollen wir nochmals hervorheben, dass gesundheitsorientierte und leistungsorientierte Führung keineswegs im Widerspruch stehen.

6.2   Digitale Führung und virtuelle Zusammenarbeit

Die Digitalisierung durchströmt alle Teile der Arbeitswelt und stellt zum Teil völlig neuartige Anforderungen – an Führungskräfte wie Mitarbeitende (Larson und DeChurch 2020; Albrecht 2020; Petry 2018, 2019, S. 23 ff.; Dörr et al. 2018; Deckert und Langer 2018).[18] Es entstehen neue Chancen, zugleich neue Herausforderungen (Regnet 2019, 2020) – auch für das Feld der Sozialwirtschaft (Deckert und Langer 2018; Martens 2017; Becka et al. 2017).[19] Digitale Möglich-

---

[17] Auch für Personalführung sollte die Maxime des lebenslangen Lernens gelten.

[18] „Age old questions of who emerges as influential, how leadership transitions and/or comes to be shared, and the leadership processes best promoting effectiveness take on new meaning when we envision crowds and intelligent robots, or ‚cobots‘ … working alongside humans in teams" (Larson und DeChurch 2020, S. 14).

[19] Für die soziale Dienstleistungsarbeit zeigen Becka et al. (2017; siehe auch Martens 2017) vielfältige Beispiele für den digitalen Trend auf (z. B. Pflegedokumentation, Emotionsrobotik, klientenorientierte Ansprache in neuen digitalen Sozialräumen, Onlineberatung, digitale Entscheidungshilfen …). Sie skizzieren Chancen (Unterstützung der Professionalisierung, z. B. aufgrund individuell angemessenen Diagnose-, Therapie- oder Betreuungsmöglichkeiten, schnellerer, virtueller Kontaktaufnahme, Arbeitserleichterungen im Bereich Arbeitsplanung und Dokumentation etc.) wie Herausforderungen (z. B. Polarisierung von Anforderungsprofilen und Berufen, Überforderung durch digitale Vorgaben, Dokumentationsaufwand, regelmäßige Wissensaktualisierung, starke Kontrollmöglichkeiten, Entgrenzung der Arbeit – Probleme der Work-Life-Balance, übersteigerte Erwartungen von Leitung und/oder Klient*innen etc.). Auch Deckert und Langer (2018, S. 884 f.) nennen für die Sozialwirtschaft verschiedene zu diskutierende Themenfelder, u. a. gleichberechtigte Nutzung, Sicherheitsfragen, Isolation und Beziehungsabbruch.

keiten erfordern eine neue Art des Miteinanderarbeitens, wirken sich auf die Art und Weise der Kommunikation und Partizipation sowie die Rolle der Führungskräfte aus (Hasenbein 2020, S. 7 f., 98 ff.). Mit Covid-19 hat diese Entwicklung eine zusätzliche Dynamik erhalten (Zeuge et al. 2020). Unternehmen insgesamt wie jede*r einzelne Beschäftigte mussten Themen wie flexibles, selbstgesteuertes Arbeiten, innovative Wege der Kommunikation nach innen wie nach außen, den Einsatz digitaler Tools oder virtuelle Führung und Zusammenarbeit teilweise über Nacht neu denken und umsetzen: Digital Leadership[20] und virtuelle Teamführung[21] sind derzeit in aller Munde und werden auch künftig ein Schwerpunkt für Organisationen und Führungskräfte darstellen (Unger 2021; Zeuge et al. 2020; Larson und DeChurch 2020). Hofmann und Regnet (2020, S. 762 ff.) beschreiben 3 wesentliche Formen der virtuellen Zusammenarbeit, die sie hinsichtlich der Anzahl der Personen und des Komplexitätsgrades unterscheiden:

- *Virtuelle Einzelarbeitsplätze* (auch mobiles Arbeiten oder Telearbeit, als spezifisch vom Arbeitgeber eingerichteter Arbeitsplatz außerhalb der Organisation,

---

[20] Beim digital (oder auch E-)Leadership spielen Kommunikation und Interaktion über digitale Medien eine zentrale Rolle (Hasenbein 2020, S. 100; Weibler 2016, S. 551). Digital zu führen bedeutet somit *nicht*, einen ganz bestimmten (nämlich digitalen) Führungsstil zu nutzen, sondern (wirksame) Führungsansätze und den Einsatz moderner Informationstechnologie zu kombinieren (siehe auch Hofmann und Regnet 2020, S. 761). „Digitale Führungskompetenz stellt keinen separaten Führungsstil dar, sondern beschreibt die Kompetenz, Menschen, Teams und Projekte im digitalen Zeitalter effektiv leiten zu können. Führungskräfte mit digitaler Führungskompetenz verfolgen eine Vision für die digitale Transformation sowie digitale Geschäftsmodelle und leben diese vor. Sie sind Vorreiter in der Nutzung digitaler Medien. Weiterhin lassen sie ihre Mitarbeiter ihren Arbeitsort frei wählen und verstehen es, Teams und Projekte aus der Distanz zu leiten. Digital kompetente Führungskräfte sind offen für neue Meinungen und Vorschläge und fördern partizipative Entscheidungsfindung" (Diestel et al. 2018, S. 23).

[21] Verstanden als geografisch verteilte Kooperationen, die sich auf Technologie zur Kommunikation und Zusammenarbeit stützen (Morrison-Smith und Ruiz 2020, S. 1). Die Besonderheit liegt hier bei der Gestaltung der Zusammenarbeit über eine räumliche und/oder zeitliche Distanz (Hofmann und Regnet 2020, S. 761). „Ob klassisch im Büro, aus dem Homeoffice oder von unterwegs: Im Mittelpunkt sollte stets die Fähigkeit zur Zusammenarbeit und zum Austausch im Team stehen. Als Vorbilder sollten sie [Führungskräfte, Anm. F.U.] aktiv digitale Medien nutzen und in der Lage sein, ihre Führungskompetenz auch via digitaler Medien im virtuellen Raum ausüben zu können. Die Kommunikationsfähigkeiten der Führungskräfte gewinnen im digitalen Umfeld klar an Bedeutung. Es müssen deutlich mehr unterschiedliche Kommunikationssituationen und -umfelder beherrscht werden …" (Diestel et al. 2018, S. 24).

bezeichnet; Homeoffice – Teleheimarbeit – stellt eine aktuell häufig diskutierte Form dar).[22]

- *Virtuelle Teamarbeit:* Hier arbeiten Mitglieder eines Teams nur noch zum Teil räumlich (Face-to-Face) miteinander. Sie kommunizieren und agieren häufiger über elektronische Medien (oft asynchron), greifen auf gemeinsame Datenbanken und moderne Kollaborationstools zu.
- *Virtuelle Organisationen* werden als ein auf Zeit zusammengeschlossenes Netzwerk von (autonomen) Unternehmen und Einzelpersonen bezeichnet, die für eine bestimmtes Thema, Projekt etc. zusammenarbeiten und für diese Zeit als ,virtuelle Organisation' nach außen auftreten.

Virtuelle Führung und Zusammenarbeit wird mit vielfältigen Vorteilen beschrieben: Zeit-/ Ortsunabhängigkeit und Flexibilisierung, reduzierte Reisekosten und insgesamt geringerer Zeitaufwand, leichtere interdisziplinäre Zusammenarbeit, verbesserte Autonomie, weniger Stress, bessere Work-Life-Balance, einfacher Zugriff auf Informationen, erhöhte Leistungsfähigkeit / Produktivität etc. Jedoch werden auch Grenzen oder gar stärkere Belastungen festgestellt, wie z. B. erschwerter Informationsfluss, Probleme mit der Erreichbarkeit, der Kommunikation und Zusammenarbeit bzw. dem Teamzusammenhalt, keine klare Trennung zwischen Berufs-/ Privatleben, wachsende IT-Abhängigkeit/ Datenschutzfragen. Auch lassen bestimmte Tätigkeiten diese Form der Arbeit (nur bedingt oder) nicht zu. Schließlich wird von Schwierigkeiten der Selbststeuerung und Motivation sowie Überforderung und Stress berichtet (z. B. DAK 2020a; Bonin et al. 2020; Landes et al. 2020, S. 11 ff.; Waltersbacher et al. 2019; Staar et al. 2019; Grunau et al. 2019; Regnet 2019, Käufer 2019; Welpe et al. 2018, S. 75 ff., 188 ff.; Keller et al. 2017; Böhm et al. 2016).

Virtuelle Strukturen sind für Führungskräfte mit (zusätzlichen) Herausforderungen verbunden, wie z. B. (Hofmann und Regnet 2020, S. 765 ff.; Biemann und Rack 2020; Hasenbein 2020, S. 128 ff.; Zeuge et al. 2020; Morrison-Smith und Ruiz 2020; Larson und DeChurch 2020; Welpe et al. 2018; Schwarzmüller et al. 2017):

- Koordination und Überblick gehen zum Teil verloren, vorhandene Ressourcen, aber auch Belastungen können schwer(er) identifiziert werden.

---

[22]Wir möchten kurz auf weitere Arten wie z. B. in verschiedenen Niederlassungen (national/international), mit externen Partner*innen oder in Netzwerken hinweisen (Hofmann und Regnet 2020, S. 764).

- Regelmäßige Beurteilung von Leistungen und entsprechendes Feedback ist nicht ohne Weiteres möglich (auch Förderung der Kompetenzentwicklung, Weiterbildungen etc.).
- In virtuellen Teams gibt es eine weniger offene Kommunikation, die aber gerade in virtuellen Teams wichtig für den Teamerfolg ist (hierunter leidet u. a. der Informationsaustausch, jedoch auch der generelle Zusammenhalt, zunehmende emotionale Distanzierung, reduzierte psychologische Sicherheit, Unsicherheiten bzgl. Gerechtigkeit im Team, geringere Motivation und Zufriedenheit …).
- Das Erkennen (und Lösen) von (fachlichen wie persönlichen) Schwierigkeiten bzw. Konflikten kann problematischer werden (es entstehen leichter Missverständnisse).
- Vertrauen ist in virtuellen Teams wichtiger für den Teamerfolg als in traditionellen Teams, aber gleichzeitig schwerer aufzubauen (oder schneller zu zerstören).
- Die üblichen Gespräche by the way, die bekannte offene Tür sowie kurze, gemeinsame Absprachen sind schwieriger möglich.
- Arbeitserfolg und auch Partizipation sind zum Teil von stabiler Hard-/Software, den zeitlichen Verfügbarkeiten, besonderen Kommunikationsformen und der digitalen Kompetenz abhängig.

Die Berücksichtigung folgender Aspekte kann für alle Beteiligten die Arbeit in virtuellen Teams erleichtern, das Wohlbefinden stärken und für gute Arbeitsergebnisse sorgen (z. B. Landes et al. 2020; Lindner 2020; Hofmann und Regnet 2020, S. 765 ff.; Biemann und Rack 2020; Hasenbein 2020, S. 128 ff.; Zeuge et al. 2020; Morrison-Smith und Ruiz 2020; Larson und DeChurch 2020; Welpe et al. 2018; Schwarzmüller et al. 2017):

- Vertrauen und Loslassen, zugleich ausreichend Orientierung, Kommunikationsmöglichkeiten und Unterstützung bieten, ist die Basis für gelingende virtuelle Führung (Empowerment und Partizipation).
- Ableitung klarer Teamziele, Teamrollen und Verantwortlichkeiten[23] (Rahmen und Raum). Dabei Hintergründe erklären, Zusammenhänge darstellen,

---

[23] Zum Übertrag von konkreten (Führungs-)Verantwortlichkeiten im Team schreiben Schwarzmüller et al. (2017, S. 622): „Je mehr Führung in virtuellen Teams zwischen den Teammitgliedern verteilt war, desto mehr Vertrauen entwickelte sich zwischen diesen – was auf längere Sicht wiederrum zu einer besseren Teamleistung führte."

Termine deutlich machen und motivierend delegieren (siehe Kap. 5). Sind die Aufgaben, die virtuell erledigt werden sollen, angemessen und in dieser Form bearbeitbar? Agieren die Mitarbeitenden zuverlässig und transparent? Sollte eine Definition von Kernarbeitszeiten überlegt werden?[24]

- Implementierung von transparenten und nachvollziehbaren Informations-, Kommunikations- und Kollaborationsprozessen, die Missverständnisse und Konflikteskalation verhindern, z. B.: eindeutige, gemeinsam erarbeitete Regeln für virtuelles Verhalten und Kommunikation (welches Kommunikations-medium für welchen Anlass? Häufigkeit? Gemeinsame Erreichbarkeitsfenster? Welcher Sprachstil? Wie Kritik äußern?). Regelmäßige „Kurz-online-Meetings" (virtuelle Morgenrunden) sowie dialogische Austausch-möglichkeiten (zwischen Führungskraft und Mitarbeiter*in). Schriftliche Kommunikation i. d. R. synchron (z. B. durch Mail) sowie Möglichkeiten des asynchronen Austauschens schaffen (z. B. Messages-Boards, Brain-storming-Tools). Für alle Teammitglieder zugänglichen digitale Informations-/Dokumentenaustauschplattform. Insgesamt gilt bei der Kommunikation: Qualität vor Quantität.

- Führungskräfte benötigen gute Resonanzsysteme, um Schwierigkeiten im Team frühzeitig erkennen und proaktiv anzugehen sowie klugen Ent-scheidungen treffen zu können. Vor allem komplexe Themen bzw. Ent-scheidungen, die den Großteil des Teams/das gesamte Team betreffen, sollten a) ausreichen Diskussionsraum/-zeit erhalten und b) so gut wie möglich in Präsenzform besprochen/entschieden werden.

- Kontinuierliches Feedback der Teammitglieder sowohl zum Stand der Arbeits-aufträge, aber auch zu individuellem Wohlbefinden und der aktuellen Arbeits-situation (z. B. durch regelmäßige Jours fixes). Wichtig ist hierbei nicht nur auf Arbeitsergebnisse (oder gar nur auf Probleme) zu blicken, sondern auch die individuelle Situation (psychische Belastungen, hilfreiche Arbeits-umgebung, persönliche Themen, Gerechtigkeitsempfinden …) zu besprechen, dabei individuelle Erfolge anerkennen. Es muss auch klar sein, wie Kontrolle und Rückmeldungen erfolgen (dabei gilt: Vertrauen steht im Vordergrund, Kontrolle sollte nicht mit Misstrauen verwechselt und Mikrokontrolle ver-mieden werden).

---

[24] Das Thema Kernarbeitszeiten kann man nun kritisch diskutieren. Jedoch hilft ein klarer (gerne auch großzügiger) Rahmen bei der Orientierung und erleichtert die Selbststeuerung. Zudem beugt er der Gefahr der Selbstausbeutung vor, die in offenen Arbeitszeitmodellen und bei viel Freiheit deutlich höher liegt.

- Kreativität ermöglichen (psychologische Sicherheit bieten, zu Kollaborationen ermutigen, digitale Kreativ-Tools zur Verfügung stellen).
- Schaffung eines Zusammengehörigkeitsgefühls über gemeinsame Ziele, Aufgabengestaltung und Teamanreize (wie z. B. gemeinsame soziale Events).
- Vorbereitung der Teams in Trainings und Workshops (sowie durch Coachings oder kollegiale Beratung) auf die speziellen Anforderungen der virtuellen Teamarbeit. Hierzu gehören zudem Schulungen bzw. Unterstützung durch die Führung in Themen wie Zeit-/ Selbstmanagement, selbstgesteuertes Arbeiten und Lernen (auch im Kontext von Work-Life-Balance).
- Führungskräfte benötigen selbst digitale Kompetenzen und müssen gut auf ihre eigene Balance achten (siehe gesundheitsförderliche Führung). Hierfür sind Training und Coaching sowie regelmäßige Selbstreflexion essenziell (verschiedene Untersuchungen zeigen, dass die positiven Effekte mobiler Arbeit auf Seiten der Beschäftigten für die Führungskräfte oft mit zusätzlichen Belastungen, wie erhöhtem Kommunikations-/Koordinationsaufwand, vermehrten Konflikten oder auch der Sorge, dass einzelne Teammitglieder sich „abgehängt" fühlen, einhergeht. Führungskräfte finde jedoch im virtuellen Raum durchaus geeignete Möglichkeiten, mit diesen Herausforderungen umzugehen).

Die gute Nachricht lautet also: Auch bei digitaler Führung kommt es vor allem auf Zuhören, Hinschauen und Feedbackprozesse an. Ähnlich wie in anderen Lebensbereichen fordert die Digitalisierung von den Personen, die sie verantwortlich begleiten, gerade auf der nichttechnischen Seite zu unterstützen und darauf zu achten, dass die Bedürfnisse der beteiligten Mitarbeitenden nach Zugehörigkeit, Kompetenzerleben und Autonomie auch in neuen Arbeitssettings berücksichtigt werden.[25]

Der Einsatz digitaler Geräte und Anwendungen sowie virtuelle Formen der (Team-)Zusammenarbeit nehmen zunehmend einen bedeutenden Platz in der Arbeitswelt ein – sind aus Perspektive der Mitarbeitenden jedoch nicht voraussetzungsfrei: Sie benötigen einerseits Freiräume, was auch Arbeitszeit- und Arbeitsplatzmodelle sowie inhaltlich-gestalterische Aspekte der Arbeit angeht (Diestel et al. 2018, S. 25). Andererseits benötigen Mitarbeitende digitale Kompetenzen und eine entsprechende Ausstattung, ein gutes Zeit-, Selbst- und Energiemanagement (auch Selbstdisziplin, sich selbst zu motivieren und zu fordern – zugleich sich jedoch nicht zu überfordern und in Balance zu bleiben)

---

[25] Vgl. oben: die Menschorientierung in der Definition von Arbeitswelt 4.0.

sowie ausreichend Kontakte zur Führungskraft und zum Team (z. B. Hofmann und Regnet 2020, S. 766; Staar et al. 2019).

Führungskräfte stehen ebenso vor zusätzlichen Herausforderungen: Es werden zum Teil neue Fähigkeiten benötigt, um unter zunehmend digitalen Rahmenbedingungen Organisationen erfolgreich zu leiten, Mitarbeitenden zu motivieren und selbst in Balance zu bleiben (Schwarzmüller et al. 2017). Dennoch bleiben klassische Aufgaben wie Organisation und Koordination, Motivierung und Weiterentwicklung von Mitarbeitenden sowie die Schaffung eines sozialen Zusammenhalts im Team erhalten (siehe Kap. 4 zur Teamführung). Die bisherigen Formen des kommunikativen Austauschs sind weiterhin Bestandteil der Interaktion – verändern sich jedoch in Art und Umfang; weitere und besondere Kommunikationsmöglichkeiten und -herausforderungen kommen hinzu (Zeuge et al. 2020, S. 5; Hofmann und Regnet 2020, S. 767 f.; Staar et al. 2019, S. 232). Somit werden Kompetenzanforderungen an Führungskräfte vielschichtiger und auch digitaler werden. Folgt man der Untersuchung des IFIDZ (2019), bleibt die Beziehung von Mensch zu Mensch dennoch am wichtigsten (siehe auch Zeuge et al. 2020; Diestel et al. 2018, S. 23; Schwarzmüller 2017).

Für eine qualitativ hochwertige Beziehungsgestaltung müssen Führungskräfte im digitalen Zeitalter ggf. andere bzw. zusätzliche Wege beschreiten oder neue Kniffe zur Förderung von Kommunikation und Zusammenarbeit einsetzen, um dies auch unter virtuellen Gegebenheiten gut zu ermöglichen.[26] Dennoch können

---

[26] Zeuge et al. (2020) nennen hier z. B.: Die Rolle der qualitativ hochwertigen Kommunikation wird in virtuellen Arbeitskontexten noch bedeutsamer. Führungskräfte müssen sicherstellen, dass ihre gesamte Kommunikation klar und prägnant ist und von allen (!) Teammitglieder verstanden wird (Feedbackschleifen etc.). Zudem ist eine Vertrauenskultur (psychologische Sicherheit) erforderlich. Da es im digitalen Kontext auch zu (mehr) Frust kommen kann (z. B. durch mangelnden Informationsaustausch der Teammitglieder, technische Schwierigkeiten, unterschiedliche Arbeitszeiten/-weisen etc.), sind Sensibilisierung für Frustrationsquellen und virtuelle Konfliktmanagementfähigkeiten wichtig. Insgesamt sind also besonders die sozial-kommunikativen (emotionale Intelligenz) wie organisatorischen Fähigkeiten gefragt. Dauerhafte virtuelle (Team-)Arbeit sollte die Ausnahme sein. Eine gute Kombination zwischen (am besten gemeinsamen) Vor-Ort-Zeiten und individuell gestaltbaren mobilen Zeiten sind empfehlenswert. Dies entspricht auch den aktuellen Wünschen der meisten Beschäftigen: Sie möchten Präsenz- und Homeoffice kombinieren (z. B. DAK 2020a; Bonin et al. 2020). Es sei an dieser Stelle kritisch angemerkt, dass die derzeitige Debatte teilweise zumindest die Bereiche ausblendet, die gar keine oder nur sehr eingeschränkte Möglichkeiten für eine solche Arbeitsform aufweisen. Im Bereich der Sozialwirtschaft eröffnet die Digitalisierung ebenso neue Möglichkeiten, wirft jedoch auch neue Fragen auf und kann personenbezogene Dienstleistungen nicht einfach ins Homeoffice verlegen – gleichwohl ergeben sich auch hier neue Ansätze der virtuellen Führung und digitalen (Zusammen-)Arbeit.

im Sinne der Selbstbestimmungstheorie (Ryan und Deci 2017) die Aspekte Autonomiestärkung/Partizipation, Kompetenzförderung und Verbesserung der sozialen Verbundenheit wichtige Impulse bieten, um unter virtuellen Rahmenbedingungen den humanen Führungserfolg ebenso wie in Präsenzumgebungen zu unterstützen (siehe Kap. 2). Dies unterstreicht auch eine Studie von Preusser und Bruch (2014)[27] über Führungsansätze im digitalen Kontext: Die Ergebnisse zeigen, „dass in einer zunehmend digitalisierten VUCA-Welt ein strategisches, durch Sinnstiftung, Vertrauen und Empowerment begründetes Führungsverhalten eindeutig positive Effekte auf Leistung, Motivation und Zufriedenheit der Mitarbeiter hat" (Dörr et al. 2018, S. 46; siehe auch Bruch et al. 2019).

6.3 Agilität und Ambidextrie als neue Führungsnormalität?

Die Komplexität des sozialen Systems von Organisationen der Sozialwirtschaft, ihre sozialpolitische Einbettung sowie die verschiedenen Problemstellungen der Adressat*innen im Kontext einer sich zunehmend schneller wandelnden Welt (Grunwald 2018, S. 352) fordern von Organisationen die Fähigkeit, „sich proaktiv auf Unsicherheiten vorzubereiten und sich so in die Lage zu versetzen, innerhalb kürzester Zeit auf Veränderungen … zu reagieren" (Luczak 2017, S. 19, siehe auch Hatfield und Winkler 2020). Organisationen müssen sich einerseits um ihr Kerngeschäft kümmern, zugleich jedoch das Ohr am Puls der Zeit haben und auf Veränderungen schnell reagieren (Franken 2019, S. 338). Was jedoch nicht darin münden sollte, sofort und ohne Überlegung auf „jeden vorbeifahrenden Trend-Zug" aufzuspringen. In einem solch dynamischen Umfeld[28] erfolgreich handeln zu können, bedeutet u. a., die aktuellen Stärken der Organisation zu

---

[27] Bezogen auf die untersuchten Führungsansätze wurde u. a. festgestellt, dass Führung mit Leader-Member-Exchange-Fokus ein hohes Vertrauens- und Innovationsklima erzeugt, Empowerment regt die Mitarbeiter*innen an, stärker zu partizipieren, sich einzubringen und eigene Handlungsspielräume auszuloten und transformationale Führung begeistert Mitarbeitende und fördert deren Mitdenken, was u. a. positive Auswirkungen auf Kundenbeziehungen hat (Dörr et al. 2018, S. 46; Peusser und Bruch 2014; s. a. Morrison-Smith und Ruiz 2020; Bruch et al. 2019; Blessin 2019).

[28] Rump und Eilers (2020, S. 2) beschreiben u. a. folgende Spannungsfelder in der Arbeitswelt von morgen: Traditionelle vs. digitale Geschäftsmodelle; Kostendruck vs. Innovationsdruck; Security vs. Flexibility; Kontrolle vs. Vertrauen; Bewahren vs. Verändern; Erreichbarkeit vs. Verfügbarkeit; stationäre Arbeit vs. mobile Arbeit etc.

pflegen sowie fundiert auszubauen (z. B. Stabilität durch Standardisierung und Optimierung) und zugleich bereit und in der Lage zu sein, Trends zu erkennen, diese schnell wie innovativ aufzunehmen und für die organisationale Weiterentwicklung zu nutzen (Agilität und Flexibilität durch Entdeckung, Lernen, Veränderung und Innovation; z. B. Stock-Homburg und Groß 2019, S. 69; Sichart und Preußig 2019). Der Begriff der Agilität ist zuvor bereits genannt worden und kann verstanden werden als „die Fähigkeit von Teams und Individuen und Organisationen in einem unsicheren, sich veränderndem und dynamischen Umfeld flexibel, anpassungsfähig und schnell zu agieren. Dazu greift Agilität auf verschiedene Methoden zurück, die es Menschen einfacher machen, sich so zu verhalten …" (Hofert 2018, S. 5; siehe auch Luczak 2017; Conforto et al. 2016, S. 667).[29] Eine Befragung des Hernstein Instituts (2020a) weist u. a. darauf hin, dass der Trend in Organisationen sich vermehrt in Richtung Agilität entwickelt. Trotz verschiedener Definitionsmöglichkeiten und unterschiedlichen konzeptionellen Ausprägungsformen der Agilität liefert insbesondere das sogenannte agile Manifest eine wesentliche Grundlage zur Beschreibung der zentralen agilen Werte, die als Ausgangsbasis dienen können (Hatfield und Winkler 2020, S. 748; Sichart und Preußig 2019, S. 35 ff.; Jiménez et al. 2019; Hofert 2018, S. 7 ff.):[30]

---

[29] Hatfield und Winkler (2020, S. 748 ff.) weisen darauf hin, dass das Wort z. B. für beweglich, lebhaft, wendig steht, es bisher jedoch keine einheitliche Begriffsdefinition von Agilität im Organisations-/Führungskontext gibt. Sichart und Preußig (2019, S. 35) nennen 4 Kerndimensionen: Geschwindigkeit, Anpassungsfähigkeit, konsequente Kundenorientierung und eine bestimme innere Einstellung (i. S. eines agilen Mindsets wie positive Lernkultur, einen wertschätzenden Umgang untereinander, Kommunikation auf Augenhöhe, Vertrauen statt Kontrolle). Wenn auch im Zuge der Agilität das Wort Flexibilität fällt, so betonen Rump und Eilers (2020a, S. 228), dass der synonyme Gebrauch der Worte nicht zielführend ist. Sie beschreiben agile Organisationen als stark verknüpft mit Selbstorganisation und Hierarchiefreiheit sowie dem Ziel, schnell Innovationen zu generieren. Wohingegen flexible Organisationen z. B. durch Zeit- und/oder ortsflexible Arbeitserbringung, Selbstbestimmtheit oder betriebsorientierten Flexibilisierung gekennzeichnet sind. Für sie ist Flexibilität eine wichtige Vorbedingung für Veränderungsbereitschaft und -fähigkeit, was wiederum grundlegend für erfolgreich agierende agile Organisationen ist (ebd., S. 233).

[30] https://agilemanifesto.org/iso/de/manifesto.html (letzter Abruf: 02.02.2021). Hier ist noch folgender, wichtiger Satz zu lesen: „Das heißt, obwohl wir die Werte auf der rechten Seite wichtig finden, schätzen wir die Werte auf der linken Seite höher ein."

- Individuen und Interaktionen stehen eher im Vordergrund als Prozesse und Werkzeuge.
- Funktionierende Software steht eher im Vordergrund als umfassende Dokumentation.
- Zusammenarbeit mit dem Kunden steht eher im Vordergrund als Vertragsverhandlung.
- Reagieren auf Veränderung steht eher im Vordergrund als das Befolgen eines Plans.

Aus diesen zentralen Werten lassen sich **agile Prinzipien** (z. B. Mitarbeitende im Mittelpunkt, konsequenter Fokus auf Klient*innen, cross-funktionale Zusammenarbeit, Übernahme von Verantwortung durch Mitarbeitende, Kommunikation auf Augenhöhe, Einfachheit, kontinuierliche Reflexion und Anpassung ...), **Praktiken** (z. B. Timeboxing,[31] Sprints/Iterationen[32] ...) und **Methoden** (z. B. Design Thinking, Scrum[33] ...) ableiten. Insgesamt sollte der agile Ansatz jedoch nicht als Reduktion auf bestimmte Praktiken oder Methoden verstanden werden: Die Haltung ist entscheidend für das Gelingen agiler Handlungsansätze.[34] Somit wird klar, dass auch in diesem Fall Führungskräfte eine Vorbildfunktion einnehmen. Wenngleich gerade im Kontext agiler Organisationsgestaltung und agiler Führungsansätze die Frage der (neuen) Rolle von Führungskräften stark diskutiert wird (wie viel Führung ist noch notwendig, verteilte Führung, keine Führung etc.), kommen wir zum Schluss, dass ein großer Handlungsspielraum und hohe Selbstbestimmungs-/Freiheitsgrade dennoch Menschen benötigen, die Erwartungen formulieren und Orientierung geben, Prozesse und Zielerreichung beobachten sowie angemessene Unterstützung wie Rückmeldung bieten, zudem auch für Transparenz bzw. Wissensaustausch, Gerechtigkeit, Anerkennung,

---

[31] „Timeboxing sorgt dafür, dass ein Bewusstsein für die Dringlichkeit erhalten bleibt und die Aufgaben nicht allzu lange vertagt werden. Ziele brauchen klare Zeitvorgaben ..." (Hatfield und Winkler 2020, S. 752).

[32] „Sprints bzw. Iterationen sind zeitlich beschränkte und regelmäßig wiederholte Arbeitsabläufe. Ziel ... ist ..., dass am Ende des Sprints ein Zwischenprodukt zur Verfügung steht, auf das aufgebaut werden kann" (Hatfield und Winkler 2020, S. 752).

[33] Design Thinking haben wir in Kap. 5 näher ausgeführt. „Scrum ermöglicht eine Projektarbeit nach Prinzipien der agilen Softwareentwicklung. Die agilen Praktiken stammen größtenteils aus Scrum" (Hatfield und Winkler 2020, S. 753).

[34] „Agilität ist nichts, was sich von außen über Personalentwicklungsmaßnahmen einfach so einpflanzen beziehungsweise von oben überstülpen ließe, sondern vielmehr eine Werthaltung ..." (Ehmann 2019, S. 43).

Stärkung des Teamworks/Vernetzungen und mehr verantwortlich sind (z. B. Dettmers et al. 2020; Jiménez et al. 2019, S. 34; Sichart und Preußig 2019, S. 37 ff.; Petry 2018, S. 22). Dies entspricht auch der Sichtweise vieler Mitarbeiter*innen, die sich Partizipation und Empowerment auf der einen Seite – jedoch auch eine klare, wertschätzende Führung auf der anderen Seite wünschen (z. B. Hasebrook und Hackl 2020; siehe auch Dettmers et al. 2020; Schermuly 2019, Schermuly und Koch 2019; Rose 2019; Deci und Ryan 2015).[35]

„Agiles Führen heißt, Rahmen zu schaffen, in denen Führungskräfte und Mitarbeiter so verantwortungsvoll, selbstorganisiert und motiviert zusammenarbeiten können, dass sie ihre Fähigkeiten entwickeln und ihr Bestes für innovative Lösungen einbringen können[36]" (Sichart und Preußig 2019, S. 41). Bei genauer Betrachtung ist dies nicht völlig neu (z. B. sind die oben beschriebenen agilen Prinzipien in Organisationen der Sozialwirtschaft durchaus verbreitet). Aus Sicht der Arbeitszufriedenheits- und Motivationsforschung wie auch in unserem Führungsverständnis kann agiles Führen als grundlegende Ausrichtung angesehen werden, um in einer veränderlichen Welt angemessen handeln zu können (siehe auch Jiménez et al. 2019, S. 33).[37] Die Einflüsse der VUCA-Welt, die damit verbundenen Herausforderungen für Organisationen insgesamt wie für jede*n Mitarbeitende*n verhelfen möglicherweise dazu, sich (wieder mehr) auf das Wesentliche zu konzentrieren (bzw. konzentrieren zu müssen, um noch

---

[35] Doch wie zuvor in verschiedenen Kapitel bereits erwähnt, stimmen nicht immer die Darstellung der Organisation nach außen und das Erleben der Mitarbeitenden überein. Sull et al. (2020) haben nach außen kommunizierte Unternehmenswerte (z. B. Agilität, Respekt, Innovation, Diversity, Zusammenarbeit, Kundenorientierung …) mit dem tatsächlichen Erleben der Beschäftigten abgeglichen: Der statistische Zusammenhang zwischen den expliziten Unternehmenswerten und den Schilderungen der Mitarbeiter*innen geht in fast allen Fällen gegen null. Lediglich beim Punkt Agilität gibt es einen Zusammenhang, doch auch dieser ist nur schwach ausgeprägt.

[36] „Agiles Führen bedeutet, die inneren und äußeren Rahmenbedingungen für Kooperation, Netzwerkbildung und Innovation zu gestalten. Dazu gehört es, größtmögliche Autonomie und Selbststeuerung einerseits und gleichzeitig Zusammenhalt und Solidarität zu entwickeln" (Sichart und Preußig 2019, S. 41).

[37] „Durch die Wertschätzung der Menschen und ihrer Interaktionen wird auch die Verbindung zum psychologischen Empowerment deutlich: Wo der direkte Austausch von Mensch zu Mensch das Lernen stimuliert und dem Handeln eine Bedeutung verleiht, wo umfassende Dokumentation und damit Kontrolle der Beschäftigten in den Hintergrund tritt, wo das Reagieren auf Veränderung explizit dem Team Entscheidungskompetenzen zuspricht, da erleben Menschen Bedeutsamkeit, Kompetenz, Selbstbestimmung und Einfluss …" (Schermuly und Koch 2019, S. 135).

einen ausreichenden Überblick zu bewahren). Eine die agilen Ansätze berücksichtigende Führung und selbstbestimmungsförderliche Rahmenbedingungen (hier gehören auch Flexibilitätskonzepte aus der New Work dazu) scheinen deutliche Effekte zu haben, und wirken sich positiv u. a. auf Unternehmensleistung/-erfolg, die Zusammenarbeit und Innovationsfähigkeit, Veränderungsfähigkeit/-geschwindigkeit im Team sowie auf die Zufriedenheit, das Engagement und die Fehler-/Feedbackkultur aus (z. B. Dettmers et al. 2020; Digital.ai 2020; Jiménez et al. 2019; Kienbaum 2019; Hofert 2018, S. 99 ff.; Fischer et al. 2017; Komus und Kuberg 2017; Roghé et al. 2017; Weckmüller 2017; Hackl et al. 2017, S. 83; Bruch et al. 2016; Serrador und Pinto 2015).

Auch zum Zusammenhang zwischen agiler Arbeit und der gesundheitlichen Wirkung auf Beschäftigte gibt es Erkenntnisse, wenngleich die aktuelle Befundlage jedoch nicht eindeutig ist: Einerseits wird von positiven Auswirkungen gesprochen (weniger Belastung und Stress, ein besseres Gefühl der Selbststeuerung). Andererseits werden auch Schwierigkeiten benannt (gesteigerte Arbeitsintensität, erhöhter Zeitdruck, Störungen der Arbeit …), die sich negativ auf das Wohlbefinden auswirken (Schermuly und Koch 2019, S. 137). Es kommt auf die Ausgestaltung an und hier hat Leitung eine bedeutende Rolle. Für Führungskräfte bedeutet dies u. a. geschickt durch Mehrdeutigkeit, Spannung und zunehmend paradoxe Situationen zu navigieren, sodass alle Mitarbeitenden einerseits lernen (und die entsprechende Sicherheit spüren), flexibel und innovativ zu denken und zu handeln (experimentieren) und andererseits die bewährten Prozesse und Strukturen der Organisation ausreichend zu erden, um eine sichere Ausgangsbasis zu erhalten und Überlastungen zu vermeiden (z. B. Hemerling et al. 2020; Petry 2018). Also eine Balance zwischen Bewahren/Stabilität und Veränderlichkeit/Erneuern, zwischen Mensch- und Leistungsorientierung, zwischen organisationalen Notwendigkeiten und Klient*innensicht, zwischen Unternehmenserfolg und gesellschaftlicher Verantwortung zu finden. Zudem heißt es, mehr Vertrauen zu zeigen und Coaching zu bieten, statt durch zu viel Kontrolle und Vorgaben zu reglementieren. Die Devise sollte lauten: Silodenken aufbrechen – Vernetzung fördern, Autonomieförderung und Kompetenzunterstützung leisten (agile Konzepte benötigen handlungsfähige Teams), klare Ziele partizipativ erarbeiten, eine lernförderliche Umgebung ermöglichen und die soziale Verbundenheit (Zugehörigkeit) stärken (siehe auch Deloitte 2018, 2018a; Petry 2018).[38]

---

[38] Für Führungskräfte sind dies enorme Herausforderungen, die ihnen hier zugemutet werden. Sie benötigen viele Fertigkeiten und Fähigkeiten sowie neben einer entsprechenden Offenheit und Veränderungskompetenz vor allem die Fähigkeit, Unsicherheit und Widersprüche aushalten und zugeben zu können (Sichart und Preußig 2019, S. 121 ff., 143 f.).

Die bereits mehrfach angesprochene Balance bzw. Beidhändigkeit wird auch als Ambidextrie bezeichnet, der entsprechende Führungsstil als ambidextre Führung (Ambidextrous Leadership;[39] z. B. Stock-Homburg und Groß 2019, S. 576 ff.; Nerdinger 2019; Petry 2018; Weibler 2016, S. 517 ff.). Unter Ambidextrie wird die „die Fähigkeit eines komplexen und adaptiven Systems verstanden, konfligierende Anforderungen durch das gleichzeitige Engagement in fundamental verschiedenen Aktivitäten zu bewältigen. Diese Anforderungen sind Exploitation (Orientierung an Regeln, Anpassung, Risikovermeidung) und Exploration (Experimentieren, Suche nach Alternativen, Risikoübernahme …“ (Nerdinger 2019d, S. 188; siehe auch Weibler 2016, S. 519 ff.; Probst et al. 2011; Bledow et al. 2009).

Für Organisationen bedeutet dies, Veränderungen sowie Innovationen und traditionelles Kerngeschäft existieren nebeneinander und ergänzen sich gegenseitig (Franken 2019, S. 338). Führungskräfte sind hier herausgefordert, nach Bedarf und Situation zwischen beiden Verhaltensmodi (Exploration und Exploitation) zu wechseln.[40] Wie so oft im Leben pendelt sich der Großteil des Führungshandelns zwischen den Extremen ein. Die Führungskraft muss jedoch die situationsangemessene Ausprägung einschätzen können (temporäre Flexibilität, siehe Stock-Homburg und Groß 2019, S. 577 f.; auch Petry 2018; Weibler 2016, S. 520 f.). Untersuchungen belegen, dass Führungskräfte mit diesem Spannungsfeld durchaus angemessen umgehen können (z. B. Weibler 2016, S. 521) und dies auch praktisch umsetzen (Hernstein Institut 2020a). Gleichwohl steht die Forschung hier noch eher am Anfang und Vieles konzentriert sich insbesondere auf die Innovationsperspektive (Stock-Homburg und Groß 2019, S. 578; Weibler 2016, S. 522 f.). Doch bieten die Konzepte der Agilität und der Beidhändigkeit vor allem im Sinne der Förderung von Empowerment, Partizipation und Selbstbestimmung weitere Ansatzpunkte, die es zu erproben

---

[39] „Eine solche Führung wechselt flexibel zwischen komplementären Führungsverhaltensweisen, d. h. zwischen einem Verhalten, das Exploration bzw. Exploitation der Mitarbeiter unterstützt – jeweils angepasst an die aktuellen Anforderungen der Innovationsaufgabe …“ (Nerdinger 2019d, S. 188).

[40] Oft wird hier auch zwischen öffnendem (Exploration) und schließendem (Exploitation) Führungsverhalten unterschieden – nicht selten erfolgt auch die Unterscheidung in transformational und transaktional (Franken 2019, S. 339).

und reflexiv weiterzuentwickeln gilt. Vor allem die Perspektive der Mitarbeitenden – jedoch auch die Auswirkungen eines solch hohen Anspruchs an
Führungskräfte (z. B. auf deren Gesundheit) – sollten noch stärkere Berücksichtigung in Untersuchungen wie in organisationalen Strategiediskussion
finden. So passt agile Führung nicht in jeden Kontext, bedeutet z. B. auch nicht
Schnelligkeit um jeden Preis, Risiko und Druck erhöhen (durch und auf Führung)
oder die vollständige Abgabe von Führungsverantwortung (Sichart und Preußig
2019, S. 59 ff.). Denn solche wie auch andere moderne Führungsansätze sind
zwar wirksam, jedoch weder auf Knopfdruck umzusetzen noch als für alle
Situationen, Aufgaben, Bedarfe von Klient*innen passend einsetzbar und sollten
gemeinsam mit allen Beteiligten schrittweise und zur jeweiligen Organisation
angemessen entwickelt werden (z. B. Hatfield und Winkler 2020, S. 757 f.;
Bruch et al. 2018, S. 52 ff.). Die hohen Anforderungen vor allem an die Flexibilität zukünftiger Führungskräfte, in einer auch für die Führungskräfte selbst nicht
immer sicheren und übersichtlichen VUCA-Welt, führen uns abschließend zum
wichtigen Thema einer nachhaltig gesundheitsförderlichen Führung. Gesundheitsförderlich und leistungserhaltend sollte Führung nicht nur für die Mitarbeitenden sein, sondern auch die Führungskraft selbst ist hier zu adressieren:
einmal als Vorbild, zum anderen zur eigenen Burn-out-Prophylaxe.

6.4   Gesundheitsorientiert und leistungsförderlich führen und arbeiten

Berufe im Gesundheits- und Sozialwesen (z. B. Pflege, Sozialarbeit sowie
Erziehung) gehören derzeit zu den Tätigkeiten mit der höchsten emotionalen
Belastung (Wellmann et al. 2020, S. 37).[41] Führungskräfte in der Sozialwirt-
schaft spüren ebenso die steigenden Anforderungen an Mitarbeitende in diesem
Feld wie auch die zunehmenden Ansprüche an die Führungstätigkeit selbst

---

[41] Auch bei der Frage „Ich muss damit rechnen, am Arbeitsplatz Gewalt oder
Beleidigungen ausgesetzt zu sein" führt der Bereich Gesundheits- und Sozialwesen das
Ranking an (22 % sagen „trifft zu"; 26 % „trifft teilweise zu" (Wellmann et al. 2020,
S. 39). Für die Soziale Arbeit haben Meyer und Alsago (2021) über 3000 Beschäftigte
im Kontext der Coronapandemie befragt und eine zunehmende Belastung konstatiert. Sie
betonen u. a., dass die Arbeitsbedingungen in der Sozialen Arbeit schon vor der Pandemie
nicht optimal waren, die Coronapandemie nun wie ein Brennglas wirkt und die Probleme
in diesem Beschäftigungsfeld sich so noch verstärken.

(siehe auch Kap. 5; Zimber 2018, S. 4 ff.).[42] Für alle Beschäftigten ist die Thematik gesund und leistungsfähig zu sein und zu bleiben – nicht nur für die Arbeitswelt, sondern für das gesamte Leben – sehr bedeutend. Einflussfaktoren der Gesundheit liegen in der Person, im sozialen Umfeld und in der Umwelt.[43] Auch der Arbeitswelt wird ein bedeutsamer Anteil für die Erklärung der individuellen Gesundheit zugeschrieben (Gregersen et al. 2020, S. 560). Den vielfältigen positiven Aspekten, die uns z. B. durch berufliche Erfolge, Sinnerleben, Gestaltungs- und Selbstverwirklichungsmöglichkeiten, wertschätzenden Rückmeldungen oder gute soziale Beziehungen im Arbeitsleben widerfahren, stehen jedoch auch alarmierende Befunde entgegen: Die steigende Zahl von Menschen, die über arbeitsbedingten Druck und wachsende Belastungen, Stress sowie dadurch ausgelöste körperliche wie psychische Erkrankungen berichten (z. B. Fehn 2020, S. 61; Paulsen und Kortsch 2020, S. 3 ff.; Kastner 2020, 2020a; Meschede et al. 2020, S. 357; BAuA 2020; BMAS und BAuA 2019a; Scharnhorst 2019).[44]

---

[42] Weitere Studien zu gesundheitlichen Belastungen in der Sozialwirtschaft unterstützen dies z. B. für den Bereich des pädagogischen Fachpersonals in Kindertageseinrichtungen (Vincent-Höper et al. 2018); zu psychosozialen arbeitsbedingten Einflussfaktoren und Konsequenzen von Burnout bei Beschäftigten in der Behindertenhilfe (Kozak et al. 2013); zu psychosozialen Belastungen und Beanspruchungen von Beschäftigten in der stationären und ambulanten Altenpflege (Wirth et al. 2017); hinsichtlich Gesundheit und Unterstützung in der Sozialen Arbeit mit geflüchteten und wohnungslosen Menschen (Wirth et al. 2020, 2019; Robelski et al. 2020); zur Führung im Kontext von Überlastungssituationen in der Sozialwirtschaft (Uhl 2018). Weitere Untersuchungen sind z. B. die Längsschnittstudie *Führung & Gesundheit* im Gesundheits- und Sozialwesen (Gregersen et al. 2016), Gesundheit von pädagogischen Fachkräften in der ambulanten Jugendhilfe (Lengen et al. 2020) oder zur Bedeutung sozialer Belastungen und Ressourcen für die Gesundheit und das Commitment von Mitarbeiter*innen in der Altenpflege im Kontext von Führung (Horstmann und Remdisch 2016).

[43] Hier wird das biopsychosoziale Modell zugrunde gelegt und Gesundheit als „dynamischer und aktiver Prozess ..., d. h. die Fähigkeit zur aktiven Bewältigung von Anforderungen und die Herstellung eines Gleichgewichts von Risiko- und Schutzfaktoren ..." verstanden (Gregersen et al. 2020, S. 562).

[44] Zur Vertiefung der Thematik „Gesundheit, Stress und Ressourcen im Arbeitskontext" siehe z. B. Meier 2021; Fehn 2020; Matyssek 2020; Paulsen und Kortsch 2020; Gregersen et al. 2020; Scharnhorst 2019; Kaluza 2018a). Die Frage, ob die Zunahme psychischer Erkrankungen (wie häufig in der Öffentlichkeit publiziert) tatsächlich zunehmen oder eher eine Seitwärtsbewegung zu verzeichnen ist, und welchen Anteil die Arbeitswelt hierbei einnimmt, diskutieren z. B. Meschede et al. (2020, S. 350 f., 354) kritisch. Sie ziehen dennoch u. a. folgendes Fazit: „Tatsache ist, dass Menschen in den letzten zehn Jahren vermehrt aufgrund psychischer Beschwerden das Versorgungssystem aufsuchen, Therapiemöglichkeiten in Anspruch nehmen und arbeitsunfähig sind. Unabhängig davon, ob dieselben Symptome früher ebenfalls zu einer Diagnose, Behandlung oder Arbeitsunfähigkeit geführt hätten, bewerten sich die Betroffenen subjektiv dahingehend, dass sie das Gesundheitssystems aufsuchen ..." (ebd., S. 356).

Neben der Beschleunigung von Arbeits- und Kommunikationsprozessen durch die Digitalisierung, steigt die Komplexität der Aufgaben und die gesamte Arbeitsintensität nimmt zu. Insbesondere Termin- und Leistungsdruck, Arbeits- unterbrechungen, problematisches Vorgesetztenverhalten, geringe Handlungs- spielräume oder emotionaler Stress durch die berufliche Arbeit mit Menschen werden hier genannt (z. B. IFBG 2020; pronovaBKK 2018, 2020; Meschede et al. 2020, S. 353 ff.; Rothe et al. 2017; Böhm et al. 2016; Chevalier und Kaluza 2015). Jedoch auch Aspekte wie Betriebsklima, Unterstützungskultur, Gerechtig- keitsempfinden beeinflussen die Gesundheit (z. B. Matyssek 2020, S. 81 ff.; Waltersbacher et al. 2020; Thomson et al. 2020; Rose 2019). Erhalt und Ver- besserung der Gesundheit bzw. Arbeitsfähigkeit aller Mitarbeiterinnen und Mit- arbeiter ist eine der zentralen (Zukunfts-)Aufgaben jeglicher Organisation. Dabei können Organisationen auf vielfältige Handlungsempfehlungen sowie Forschungsergebnisse zur Wirksamkeit stressmindernder und ressourcen- stärkender Maßnahmen rückgreifen, die Menschen dabei unterstützen können, an ihrer eigenen Selbstregulation und dem Verhalten zu arbeiten (verhaltens- präventive Maßnahmen) oder Arbeitsbedingungen gesundheitsgerecht zu gestalten (verhältnispräventive Maßnahmen; z. B. Meschede et al. 2020, S. 358 ff.).

Sowohl als (glaubwürdiges) Vorbild wie Unterstützer*in gesundheits- orientierten Verhaltens der Mitarbeiter*innen als auch als direkter Einflussfaktor wird die Relevanz der Führung betont (z. B. Prümper 2020; Meschede et al. 2020, S. 357 ff.; Fehn 2020, S. 76; Gregersen et al. 2020; Scharnhorst 2019; Häfner et al. 2019; Vincent-Höper et al. 2018a).[45]

„Gesundheitsfördernde Führung ist nicht nur eine Aufgabe der personalen Führung, sondern erstreckt sich über die verschiedenen Hierarchieebenen. Sie beinhaltet, die Gesundheit der Beschäftigten zum Ziel und Thema zu machen, für Gesundheit und Sicherheit zu sorgen, Arbeitstätigkeiten gesundheitsfördernd zu gestalten und Beschäftigte motivierend und partizipativ zu führen" (Gregersen et al. 2020, S. 561).

---

[45] „In Hinblick auf das Kriterium psychische Gesundheit, zeigt sich, dass der Einfluss von Führungsverhalten auf emotionale Erschöpfung bei 8–30 % und auf Arbeitszufriedenheit bei ca. 50 % liegt … Führung ist somit ein zentraler Einflussfaktor für die Gesundheit, aber nicht der einzige …" (Gregersen et al. 2016, S. 10; 2020, S. 567).

Verkürzt kann man sagen: Gesund führen bedeutet, dafür Sorge zu tragen, dass sich alle – Führung inbegriffen – am Arbeitsplatz vitaler und motivierter fühlen, vor allem durch die Stärkung von Ressourcen,[46] die Reduzierung von Stressoren sowie die Förderung des zwischenmenschlichen Wohlbefindens (Matyssek 2020; Fehn 2020; Ryan und Deci 2017; Bruch und Kowalevski 2013, S. 15). Dies bildet die Basis dafür, langfristig gute Leistung bringen zu können (Häfner et al. 2019, S. 3).

Wissenschaftliche Untersuchungen deuten darauf hin, dass das Führungsverhalten einerseits als (gesundheitsförderliche) Ressource und andererseits als (gesundheitsschädigender) Risikofaktor einen bedeutsamen Einfluss auf die Gesundheit und Leistungsfähigkeit der Beschäftigten nehmen kann (z. B. Matyssek 2020; Gregersen et al. 2016, 2020; Thomson et al. 2020; Montano et al. 2017; Franke et al. 2015; Gilbert und Kelloway 2015; Skakon et al. 2010). Besonders belastende und (in der Folge auch) gesundheitsschädigende Führungsverhaltensweisen sind z. B. unzureichendes Konfliktmanagement, fehlende Anerkennung, geringe Erreichbarkeit und Unterstützung, Überforderung (zu viele Aufgaben, Nichtbeachtung von Kompetenzen zu Anforderungen ...) und Ungeduld des Vorgesetzten, beleidigendes (lächerlich machen, ungerechtfertigte Schuldzuweisung, abfällige Kommentare etc.) oder stark kontrollierendes Verhalten sowie destruktive Führungsansätze (Bad/Dark Leadership), als ungerecht empfundene Führung wie auch Laissez-faire-Führung (z. B. Matyssek et al. 2020; Waltersbacher et al. 2020; Gregersen et al. 2016, 2020; Häfner et al. 2019, S. 24; Pundt et al. 2018; Montano et al. 2017; Meyer und Töpsch 2017; Schyns und Schilling 2013). Dahingegen haben Montano et al. (2016, 2017, S. 6) folgende Aspekte gesundheitsförderlicher Führung identifiziert:

---

[46] Als wichtige Ressourcen im Arbeitsalltag können genannt werden (Kleinschmidt 2017; Meyer und Töpsch 2017): Persönliche Ressourcen (berufliche Qualifikation und das Wissen um die persönlichen Stärken und Möglichkeiten sowie das Wissen darum, wie man seine körperliche und mentale Gesundheit selbst erhalten und fördern kann), soziale Ressourcen (Unterstützung und Wertschätzung im Team sowie durch den Vorgesetzten), organisatorische Ressourcen (eine gesundheitsförderliche Unternehmenskultur und ihre praktisch gelebten Werte wie Vertrauen, Transparenz, Beteiligung sowie eine systematische Personal- und Organisationsentwicklung und mitarbeiterorientierte Führung).

- eine mitarbeiter- bzw. gesundheitsorientierte Führung (eine rein aufgaben-orientierte Führung hat hingegen keine maximal positive Wirkung auf die Mitarbeitergesundheit, kann jedoch in Kombination gut eingesetzt werden);[47]
- eine transparente und respektvolle Kommunikation zwischen Führungskräften und Geführten;
- eine klare Vermittlung der für die einzelnen Mitarbeiter relevanten Informationen bzw. Regelungen (inkl. der Frage *Was benötigen Sie, um Ihre Arbeit gut bewältigen zu können?*);
- ein ermunternder, die Kreativität fördernder Führungsstil;
- der Vorrang eines partizipativen, auf Dialog und Handlungsspielraum basierenden Führungsstils (was nicht gleichbedeutend mit Laissez-faire-Führung ist, denn von Laissez-faire ist deutlich abzuraten), vor einem autoritären, auf Befehl und Gehorsam ausgerichteten Führungsstil;
- die Berücksichtigung der Gerechtigkeitserwartungen der Geführten;
- die Berücksichtigung sozial-emotionaler Bedürfnisse der Organisationsmitglieder, wie Anerkennung, Selbstwirksamkeit und Lebenszufriedenheit (soziale Unterstützung u. a. durch ansprechbar sein, den Mitarbeitenden den Rücken stärken – in alle Richtungen, psychologische Sicherheit fördern, z. B. Matyssek 2020, S. 94);
- die strikte Vermeidung sämtlicher Formen destruktiver Führung (die nachweislich auch negative Auswirkungen auf die Führungskräfte selbst haben; Kaluza et al. 2020).

---

[47] Auch aufgabenbezogenes Führungsverhalten kann Wohlbefinden und psychische Funktionsfähigkeit durch eine gut gestaltete Zuweisung von Arbeitsaufgaben und eine transparente Planung und Überwachung von Arbeitsprozessen erhalten und steigern (Klarheit zu Rahmen und Raum; z. B. Vincent-Höper et al. 2018a). Eine beziehungsorientierte Führung kann zusätzlich dazu dienen, negative psychische Gesundheitszustände zu reduzieren, die mit den sozioemotionalen Bedürfnissen der Geführten verbunden sind (Montano et al. 2017, S. 344; Ryan und Deci 2017). Als gesundheitsförderliche Führungsansätze konnten z. B. folgende identifiziert werden (Gregersen et al. 2020, S. 564 f.): transformationale Führung, transaktionale Führung (unter bestimmten Rahmenbedingungen), Leader-MemberExchange (LMX), authentische Führung, Servant Leadership, ethische Führung, gesundheitsorientierte Führungsansätze (z. B. Health-oriented Leadership; Fehn 2020, S. 76; Franke et al. 2015).

Neben dem konkreten Verhalten der Führungskraft (hier werden der individuellen sozialen Unterstützung durch die Führungskraft[48] und einer transparenten, respektvollen Kommunikation hohe positive Wirkungen bescheinigt), kann diese auch organisatorische Rahmenbedingungen der Mitarbeitenden und/oder von Teams gesundheitsunterstützend beeinflussen (z. B. Aufgabeninhalt/-organisation, Arbeitszeit, Arbeitsumgebung, Unsicherheitserleben, Aspekte zur Work-Life-Balance und der Gesundheitsförderung, Einbezug moderner Arbeitsformen etc.), indem sie z. B.

- **Risikofaktoren reduziert** (Unterbrechungen im Arbeitsalltag verringern, auf Überlastungssignale achten – aber auch Unterforderungen vermeiden, Zeit-druck/Multitasking reduzieren, konfliktäres Verhalten managen, physische Rahmenbedingungen verbessern, emotionale Belastungen erkennen und Unterstützung anbieten, Gesundheit zum Thema machen)
- **Ressourcen der Mitarbeiter*innen fördert** (u. a. Handlungsspielräume und Gestaltungs-/Entwicklungsmöglichkeiten einräumen, ausreichend Informationen geben, für Aufgaben-/Rollenklarheit wie Vorhersehbarkeit und Bedeutsamkeit der Arbeit sorgen, individuelle Flexibilitätswünsche unter-stützen, Teamzusammenhalt stärken, Partizipation ermöglichen, psycho-logische Sicherheit fördern, Kompetenzen ausbauen, für ein vertrauensvolles, gerechtes Organisationsklima sorgen etc.)

Somit kann eine gesundheitsförderliche Führung (neben der Verbesserung des Gesundheitszustands insgesamt) spürbar dazu beitragen, dass die Mit-arbeiter*innen vitaler, zufriedener, motivierter und emotional gebundener sind (z. B. Gregersen et al. 2016, 2020; Pundt et al. 2018; Meyer und Töpsch 2017, S. 23 ff.; Horstmann und Remdisch 2016; Rigotti et al. 2014).

Dass ein langfristiger Erhalt der Leistungsfähigkeit eine entsprechende Gesundheit voraussetzt, liegt auf der Hand. Es wird aber auch deutlich, dass gesundheitsförderliche Führung und Leistungsorientierung sich nicht ausschließen, sondern – auch durch den Einsatz moderner Führungskonzepte – sehr gut Hand in Hand entsprechende Wirkung erzielen können. Die besondere Rolle einer qualitativ hochwertigen Beziehung und einer wertschätzenden, dialogischen Kommunikation, die wir in den vorherigen Kapiteln bereits unter

---

[48] Matyssek (2020) nennt hier u. a. Wertschätzung und Anerkennung; Kontakt, Aufmerk-samkeit und Interesse; Gespräche und Einbeziehen; Stimmung und Klima; Transparenz, Offenheit, Durchschaubarkeit.

verschiedenen Aspekten ausgeführt haben (z. B. Gottfredson und Aguinis 2017; Ryan und Deci 2017), wird auch an dieser Stelle sehr deutlich (Gregersen et al. 2016, 2020; Matyssek 2020; Pundt et al. 2018; Vincent-Höper et al. 2018a; Montano et al. 2017). Betrachtet man die 3 psychologischen Grundbedürfnisse für Wohlbefinden und Motivation, die Deci und Ryan (z. B. 2017) im Rahmen der Selbstbestimmungstheorie ausführen, im Kontext der modernen (VUCA-) Arbeitswelt, so können die zuvor ausgeführten veränderlichen Rahmenbedingungen, die uns mitunter völlig unvorbereitet vor neue Anforderungen stellen, zumindest temporär autonomiemindernd (u. a. fehlender Rahmen, keine Transparenz, mangelndes Gefühl, selbstbestimmt handeln zu können, hohe Ziel-/ Leistungsorientierung mit häufiger Kontrolle) oder kompetenzreduzierend (z. B. Überforderung, fehlende positive Rückmeldung) wirken. Dann kommt vor allem der sozialen, vertrauensvollen Bindung und Unterstützung durch Kolleg*innen (hier kann jede bzw. jeder etwas Wertvolles beitragen) und Führung sowie entsprechenden organisationalen Rahmenbedingungen eine besondere Bedeutung zu (z. B. Barmer 2020; Meschede et al. 2020, S. 359 f.; IFBG 2020; Thomson et al. 2020).

Gesunde Führung beginnt jedoch mit **gesunder Selbstführung** – und somit bei jeder Führungskraft selbst[49] wie im Sinne einer anregenden, unterstützenden Selbstfürsorge der Mitarbeitenden (z. B. Franke et al. 2015, siehe Kap. 5). Dieser Aufforderung kommt man u. a. dadurch nach, indem die Wichtigkeit der eigenen und der Mitarbeitendengesundheit als besonderes Gut betrachtet wird, man der eigenen Gesundheit wie der der Mitarbeiter*innen entsprechende Aufmerksamkeit schenkt und sich entsprechend gesundheitsförderlich verhält sowie das gesundheitsorientierte Verhalten der Beschäftigten unterstützt (Fehn 2020, S. 76; Matyssek 2020; Franke et al. 2015).[50] Ob dies bei den Mitarbeitenden auch wie zuvor intendiert ankommt, erschließt sich insbesondere in achtsamen

---

[49] Die häufig über starke Belastungen, wie hohe Arbeitsintensität, emotionale Anforderungen, geringe Work-Life-Balance, häufige Konflikte, berichten (z. B. Ribbat et al. 2021, S. 6; Gregersen et al. 2020, S. 568; nicht zuletzt auch aufgrund der Anforderungen der modernen Führungsansätze selbst; Thomson et al. 2020, S. 4), jedoch für sich selbst oft wenig sorgen (Möltner et al. 2016) und auch in die Gesundheitsthematik noch zu wenig Umsetzungsenergie investieren (IFBG 2020, S. 40 ff.).

[50] Es wurde hier bewusst erst die eigene Perspektive (Self-Care) genannt, die die Basis für gesunde Mitarbeiterführung (Staff-Care) darstellt. „Beschäftigte orientieren sich an den Verhaltensweisen und Einstellungen ihrer Führungskraft. Dadurch dient die gesundheitsorientierte Selbstführung auch als Vorbild und Anregung für den Beschäftigten" (Gregersen et al. 2020, S. 568).

Begegnungen und dialogischen Kommunikationsgelegenheiten. Einige Aspekte, die Führungskräfte im Gespräch mit ihren Mitarbeitenden thematisieren können, werden in Anlehnung an Matyssek (2020, S. 253 ff.; siehe auch Häfner et al. 2019; Scharnhorst 2019, S. 148 f., 153 ff.; Libicky-Mayerhofer 2018; Meyer und Töpsch 2017; Montano et al. 2016, 2017) skizziert:

- **Belastungsreduzierung und Ressourcenaufbau:** Ich gebe meinen Mitarbeitenden ausreichend Handlungs-/ Entscheidungsspielraum, angemessene Unterstützung sowie individuelle Kompetenzentwicklungsmöglichkeiten. Ich bin ansprechbar und sie können sich auf mich verlassen (mir vertrauen). Ich bemühe mich insgesamt – auch die Gesundheit betreffend – ein Vorbild zu sein. Ich erkenne, wenn meine Mitarbeitenden überlastet sind, reagiere entsprechend und halte die Aufgaben wie Kontrolle in einem gesunden Maß (fordern, ohne zu überfordern; Vertrauen geht vor kleinteiliger Kontrolle).
- **Beziehungsorientierung und Wertschätzung:** Meine Mitarbeitenden liegen mir am Herzen und das zeige ich Ihnen auch (Lob für Leistung, aufrichtiges Interesse an privaten und beruflichen Themen, faire Behandlung – auch fairer Lohn). Meine Mitarbeitenden wissen, wie ich sie einschätze (individuelles, qualitativ hochwertiges Feedback; Kritik wird klar und zugleich wertschätzend geäußert, dabei überwiegen – wenn irgendwie möglich – die positiven Erlebnisse). Ich hole mir aktiv Feedback von meinen Mitarbeitenden ein (sie können mir offen sagen was gut läuft und wo wir uns verbessern müssen). Es herrscht ein respektvoller Umgangston.
- **Kommunikations- und Organisationsklima:** Ich höre aufmerksam zu, kommuniziere klar und sichere mein Verstehen/Verstanden-Werden ab. Ich vermeide Kommunikationsbarrieren (belehren, moralisieren, anordnen, drohen etc.) und nutze kommunikationsförderliche Ansätze (z. B. Aspekte der Motivierenden Gesprächsführung; Gewaltfreien Kommunikation etc.). Es herrscht eine freundliche, kooperative Atmosphäre. „Bitte" und „Danke" sind selbstverständlich. Ich inspiriere und ermutige meine Mitarbeitenden, eigene, kreative Ideen einzubringen.
- **Transparenz und Partizipation:** Ich bemühe mich, alle Informationen über die Organisation/Abteilung rasch und in angemessenem Umfang weiterzugeben. Meine Mitarbeitenden wissen genau, was sie tun (Aufgaben-/Zielorientierung; Rollen- und Verantwortungsklarheit) und warum. Die Meinung meiner Mitarbeitenden ist mir wichtig – ich binde sie so gut es geht in Problemlösungs-/ Entscheidungsprozesse mit ein, dabei bin ich bemüht, deren Selbstbestimmung und Selbstwirksamkeit zu stärken.

- **Arbeitsgestaltung:** Ich stelle mir als Führungskraft regelmäßig z.B. folgende Fragen: Sind die Rollen, Aufgaben und Verantwortlichkeiten klar (bei mir selbst und bei meinen Mitarbeiter*innen)? Ist eine Fehlerkultur (psychologische Sicherheit) vorhanden? Sind Aufgaben, Belastungen und Lohn angemessen und gerecht verteilt? Sind ausreichend Ressourcen vorhanden? Sind Arbeitsabläufe/-umgebung gesundheitsförderlich und motivierend? Können Mitarbeitende ihren eigenen Bereich angemessen gestalten (Arbeitsinhalt, -umgebung, -mittel, örtliche und zeitliche Flexibilität…)?[51]

6.5 Personalführung der Zukunft: Was (vermutlich) bleiben und was an Bedeutung gewinnen wird

Ein Blick in die Zukunft ist immer von gewissen Unwägbarkeiten begleitet. Wir sind uns dennoch sicher: **Gute Führung wird auch künftig benötigt.**[52] In einer veränderlichen, unsicheren Multioptionswelt möglicherweise mehr als je zuvor. Doch sind es unserer Ansicht nach *nicht* die Führungskräfte, wie sie oft im 20. Jahrhundert beschrieben wurden: Als Autoritäts-/Machtzentrum, die meist führungskraftzentriert die Mitarbeitenden zu Leistung motivieren, über ein linear-mechanistisches Verständnis glauben, dass Prozesse (wie auch Menschen) und Erfolge durch eine ausreichend detaillierter Planung und Kontrolle dauerhaft gut gemanaged oder über Druck/Angst die ihnen anvertrauten Beschäftigten zu Höchstleistungen bringen möchten.[53] Vielmehr werden Führungskräfte benötigt, die …

---

[51] Nur angedeutet sei, dass gesundheitsförderliche Führung (wie überhaupt betriebliches Gesundheitsmanagement) sich nicht nur auf „gesunde" (nur durch ungünstige Arbeitsumstände von Erkrankung bedrohte) Personen bezieht. Auch der Umgang mit Erkrankten oder chronisch Erkrankten sowie Mitarbeitenden mit (Schwer-)Behinderung erfordert einen angemessenen Umgang. Neben den, im Prinzip genauso auch bei diesem Personenkreis gültigen Hinweisen im vorherigen Abschnitt, ist hier nochmal ein Mehr an Bemühen um Perspektivübernahme notwendig, um die besondere Gemengelage beim Gegenüber zu verstehen sowie auch hier einen individuell passenden Rahmen und Raum zu ermöglichen.

[52] Auch sogenannte selbstorganisierte (agile) Teams brauchen Management und Führung, wenn auch in einer deutlich anderen Form als das heute noch vorherrschende allgemeine Führungsverständnis (Hatfield und Winkler 2020, S. 755).

[53] Dies ist zugegebenermaßen eine recht einseitige und etwas übertriebene Beschreibung, gleichwohl nicht selten anzutreffen (siehe auch Morgan 2020; Kuhn und Weibler 2020; Blessin 2019).

- sich ihre Grenzen eingestehen (und zugleich daran arbeiten, ihren Horizont zu erweitern und Grenzen zu verschieben), offen mit Herausforderungen umgehen und angesichts der unsicheren Rahmenbedingungen ihrer Führungsaufgabe und den Mitarbeitenden mit einer gewissen Demut begegnen – zugleich Zuversicht und überdurchschnittliches Engagement zeigen.
- Sicherheit und Orientierung geben (Rahmen) – zugleich Autonomie, Partizipation und Innovation zulassen bzw. forcieren (Raum).
- Klare Aufgaben und Verantwortlichkeiten benennen – zugleich Selbstwirksamkeit fördern, als Vorbild ihre Mitarbeitende inspirieren sowie individuell unterstützen (Mitarbeitende entwickeln und um deren Wohlbefinden kümmern).
- Leistung und Ergebnisse fordern – zugleich qualitativ hochwertige Beziehungen und eine wertschätzende, motivationsförderliche Führungskommunikation für grundlegend und selbstverständlich erachten.

Gute Führung wirkt – dies belegen zahlreiche empirische Untersuchungen, die wir in den vorherigen Kapiteln ausgeführt haben. Dass es dafür nicht *den einen* erfolgversprechenden Weg gibt, sondern viele Möglichkeiten vorhanden sind, erschwert zwar einerseits den Überblick und die Orientierung für die individuelle Führungskraft, ermöglicht jedoch andererseits eine zur Person, zum Verhalten und zur Situation (Organisation) angemessene Auswahl aus einem mehr oder weniger wirksamen Potpourri (z. B. beschreiben Dunst et al. 2018, S. 4 f.[54] verschiedene Hauptmerkmale verschiedener, wirksamer Führungsansätze, die Wahlmöglichkeiten bieten; siehe auch Weibler 2016).[55] Möglicherweise ist es gerade die VUCA-Welt, die dazu führt, dass künftig sich nicht die Sozialwirtschaft an wirksamen Führungsansätzen aus dem Umfeld von Wirtschaftsunternehmen orientiert, sondern nun z. B. Wirtschaftsunternehmen sich an sozialwirtschaft-

---

[54] Einen anderen Ansatz wählte die Google-Studie OXYGEN, die verschiedene Eigenschaften und Verhaltensweisen erfolgreicher Führungskräfte herausarbeitete (z. B. Goffin 2020, S. 282) und die sich in den verschiedenen Kapiteln unseres Buches wiederfinden.

[55] Wir möchten an dieser Stelle ergänzen, dass es hier zwar vor allem um Führungskräfteentwicklung geht, jedoch stellt die neuen Arbeitswelt an alle Beschäftigten enorme Ansprüche an Selbstführungs-/Selbstlernkompetenzen. Mehr Raum bedeutet u. a. auch mehr persönliche Verantwortung für seinen Arbeitsbereich und für die Weiterentwicklung zu übernehmen, besseres individuelles Zeit- und Selbstmanagement, aktive, eigenständige Problemlösekompetenz usw. Dies ist nicht voraussetzungsfrei und muss schrittweise erlernt, ermöglicht und erweitert werden (z. B. Albrecht 2020, S. 739 ff.; Hatfield und Winkler 2020, S. 754).

lichen Organisationen ausrichten, die in ihrer Organisations-DNA bereits die
Fokussierung auf humane Ziele als Grundlage (oder besser gleichberechtigtes
Ziel) für Organisationserfolg in sich tragen und auch schon immer ihren Beitrag
im Sinne einer gesellschaftlich positiven Wirkung (wertstiftender Führungserfolg)
reflektiert haben (siehe auch Kovács und Stief 2020, S. 904 f.).[56] Gleichwohl
muss sich auch die Sozialwirtschaft zukünftigen Herausforderungen stellen und
hinsichtlich einer professionellen Führungskräfteentwicklung ihren eigenen Weg
finden.

In Anlehnung an Hodges und Howieson (2017, S. 76) können abschließend
einige Fragen zur Führungskräfteentwicklung (in) der Sozialwirtschaft gestellt
werden:

---

[56] Eine Befragung von 4000 Arbeitnehmer*innen in Deutschland, Frankreich, Spanien
und Großbritannien durch die Boston Consulting Group im Oktober 2020 ergab, dass sich
Mitarbeitende mehr Herz-Fähigkeiten (z. B. Zuhören, Einfühlungsvermögen, Verbundenheit, Förderung des Teamgeistes) von ihren Führungskräften wünschen, jedoch die Unter-
nehmensleitungen noch zu sehr auf Hirn- und Hand-Fähigkeiten (Intellekt und klares
Denken, Tat- und Entschlusskraft) vertrauen. Die Befragten wünschen sich eine kluge
Mischung aller 3 Komponenten, wobei die empathischen Eigenschaften überwiegen sollten
(z. B. Hemerling et al. 2020). Für die Gestaltung zukünftig wirksamer Organisationen
in einer sich stetig wandelnden Welt benötigen Führungskräfte – in Anlehnung an Otto
Scharmer (2020) – die Öffnung des Denkens (Open Mind), des Fühlens (Open Heart) und
des Wollens (Open Will). Dass hier im Bereich sozialer Organisationen wie auch in der
öffentlichen Verwaltung Handlungsbedarf besteht, belegt eine aktuelle Untersuchung der
Arbeitgeberbewertungsplattform KUNUNU, die etwa 230.000 Befragungen von kununu-
Nutzer*innen zur Unternehmenskultur ihrer Organisation ausgewertet sowie über 2,4 Mio.
Arbeitgeberbewertungen von kununu im DACH-Raum analysiert hat. Im Rahmen der
Ergebnispräsentation ist u. a. zu lesen: *„Beispielsweise fällt auf, dass der Bereich ‚Gesund-*
heit/Soziales/Pflege‘ die negative Spitzenposition bei der Häufigkeit des Wertbegriffs
‚Arbeitsqualität von Mitarbeitern sicherstellen‘ einnimmt. Bei der Häufigkeit des Wertbe-
griffs ‚wirtschaftlich handeln‘ ist dieser Sektor auf Platz zwei zu finden. Bedauerlicher-
weise liegt die Branche beim Wertbegriff ‚Einsatz wertschätzen‘ dagegen nur knapp über
dem Durchschnitt. Hier wird deutlich, welcher Druck auf dieser Branche liegt und dass die
Anerkennung dieser Tätigkeiten massiv zu wünschen übrig lässt. Gleichzeitig bestätigen die
Daten vorherrschende Klischees über die öffentliche Verwaltung. Bei den Ausprägungen
‚langsam arbeiten‘, ‚stumpf seinen Job machen‘ und ‚sich bei Routinearbeit langweilen‘
befindet sie sich durchgehend auf dem ersten Rang – während sie bei den Wertbegriffen
‚auf Leistung der Mitarbeiter achten‘, ‚hohen Einsatz zeigen‘ sowie ‚kundenorientiert
handeln‘ durchweg auf dem letzten Platz landet …“ (entn. aus https://news.kununu.com/
unternehmenskultur-als-erfolgsfaktor/?xing_share=news; Abruf 05.04.2021).

- Wie gewinnt, motiviert, bindet und entwickelt die Sozialwirtschaft zukünftige Führungskräfte?
- Wie gelingt es ihr, auch Personen, die ihre (fachlichen wie führungsorientierten) Kompetenzen in anderen Bereichen (Wirtschaftszweigen bzw. Aufgabenfeldern) erworben haben, nachhaltig zu integrieren?
- Wie findet sie innerhalb ihres Sektors motivierte Nachwuchsführungskräfte?
- Wie demonstriert Sozialwirtschaft die vielen Möglichkeiten, wie die Fähigkeiten (die eine gute Führung ausmachen) entwickelt werden können?

Ihrer Antwort (ebd.) ist zuzustimmen, dass es hierfür sowohl finanzielles als auch Humankapital bedarf. Ein fundiertes Verständnis wie die Ziele guter Führung gehören in den zentralen Fokus von für Organisationen und Führung zuständigen Personen (siehe auch Abschn. 1.3). Es braucht Führungspersonen, die ein ethisches Führungsverständnis und humane Ziele als Leadership-Basis bzw. als Grundlage von Organisationserfolg (bzw. als gleichwertiges Ziel zum ökonomischen Interesse) ansehen sowie die eigenen Organisationsziele mit gesellschaftlich-wertstiftenden Zielen sinnvoll verbinden können: „Der Personalführung ist es aufgegeben, Entscheidungen zu treffen, die von den Beteiligten akzeptiert werden können und zum ‚Flourishing‘, also zum Gedeihen, aller Betroffenen dienen" (Kovács und Stief 2020, S. 905). Es geht schließlich für die Sozialwirtschaft darum, geeignete und motivierte Führungstalente zu gewinnen und auszubilden sowie erfahrene Führungskräfte zu binden und in dem zuvor skizzierten Sinne zu stärken. Dafür benötigen Verantwortliche in der Sozialwirtschaft umfassende Kenntnisse zur Personalführung (wozu wir mit diesem Buch ein wenig beitragen möchten) sowie ein organisationales Umfeld, das Führung und Führungskräfteentwicklung in dem zuvor beschriebenen Verständnis wertschätzt, die nötige Sicherheit und zugleich den entsprechenden Freiraum zum Testen und Entfalten bietet und Menschen individuell unterstützt. Dies wünschen wir allen, die Verantwortung tragen und denen Mitarbeiter*innen anvertraut sind.

Impulse für die Praxis

- **Command-and-Control hat ausgedient:** Für die Bewältigung komplexer Herausforderungen benötigen die Mitarbeiter*innen einen klaren Rahmen (Sicherheit, Ziele/Aufgaben, eindeutige Verantwortlichkeiten …) und ausreichend Raum (Empowerment, partizipative Führung, Autonomie, Selbstorganisation, flexible Handlungsmöglichkeiten …). Klären Sie in regelmäßigen, individuellen dialogischen

Kommunikationsformaten, ob die Mitarbeitenden den aktuellen Rahmen und Raum als motivierend und angemessen empfinden und optimieren Sie diesen – sofern nötig. Neben einer ehrlichen Selbstreflexion, sind Verantwortung übertragen und Vertrauen schenken, zuhören und Verstehen absichern auch heute schon bedeutende Führungseigenschaften.

- **Arbeit täglich besser machen:** In zunehmend veränderlichen Zeiten sind vor allem widerstands- und leistungsfähige, motivierte wie kompetente Mitarbeiter*innen *die* zentrale Basis für den Organisationserfolg. Dies alles sollte nie als selbstverständlich angesehen werden: Sowohl im strategischen wie tagtäglichen Denken und Handeln müssen Wohlbefinden, Zufriedenheit, Beschäftigungsfähigkeit und individuelle Entwicklungsmöglichkeiten einen gleichberechtigten Platz neben z. B. ökonomischen Zielen einnehmen. Zufriedenheits-, Kompetenz- und Gesundheitsförderung werden zu einem entscheidenden Wettbewerbsvorteil werden. Führungskräfte müssen dabei professionell unterstützt werden (z. B. durch ein umfassendes BGM, regelmäßige Weiterbildung, Coaching etc.), denn auch für Führungskräfte (die zumeist auch Mitarbeitende einer Organisation sind) gelten die zuvor skizzierten Aspekte.
- **Die Beziehung macht's:** Ob digital oder analog, die Beziehungsqualität ist einer der wichtigsten Gesichtspunkte gelingender Führung sowie Grundlage zufriedener Mitarbeiter*innen und erfolgreichen Organisationen. Vertrauen (bes. psychologische Sicherheit) und Gerechtigkeitsempfinden sollten regelmäßig mit allen Beteiligten reflektiert werden. Hierfür sind sozial-kommunikative Kompetenzen und partizipative Formate unerlässlich. In täglichen Begegnungen ist nicht die Häufigkeit oder Dauer entscheidend, sondern die Qualität (die Aufmerksamkeit und Wertschätzung, mit der man sich begegnet).
- **Gute Führung braucht gute Führungskräfte und gute Rahmenbedingungen:** Eine zukunftsfähige Personalführung, die die Selbstbestimmung und Partizipation der Mitarbeitenden stärkt und zugleich angemessen Orientierung und Unterstützung bietet, wird auch in der Sozialwirtschaft an Bedeutung zunehmen. Hierfür sollten auf Basis wissenschaftlich fundierter Führungskonzepte entsprechende Führungskräfteentwicklungsprogramme in das Zielsystem von Organisationen implementiert werden: **Gute Führung kann man lernen!**

Kritisch nachgefragt

- Nennen Sie 4 Megatrends, die bedeutenden Einfluss auf die Arbeitswelt nehmen und auch Folgen für Führungskräfte haben. Welche konkreten Auswirkungen können Sie schon heute in Ihrer Arbeitsumgebung feststellen?
- *Immer häufiger müssen Führungskräfte im sogenannten VUCA-Umfeld agieren:* Erläutern Sie diese Aussage anhand einiger Beispiele. Was sind wesentliche Folgen für das Führungshandeln (in der Zukunft)?
- Beschreiben Sie die Begriffe Digital Leadership und virtuelle Teamführung. Nennen Sie in diesem Zusammenhang einige Konsequenzen für Führung und Zusammenarbeit. Gehen Sie besonders auf Faktoren für gelingende Team(zusammen)arbeit ein.
- Erläutern Sie 3 Aspekte, die Führungskräfte berücksichtigen sollten, um die Arbeit in virtuellen Teams zu erleichtern, das Wohlbefinden zu stärken und für gute Arbeitsergebnisse zu sorgen.
- Erklären Sie die Begriffe Agilität und Ambidextrie. Diskutieren Sie mögliche Auswirkungen und zeigen Sie anschließend einige Folgerungen für ein modernes Führungsverständnis in der Sozialwirtschaft auf.
- *Gesundheitsförderliche und zugleich leistungsorientierte Führung schließen sich nicht aus, sondern bedingen sogar einander.* Was spricht für diese Aussage, wo sehen Sie Grenzen?
- Wie – ganz konkret – können Sie die Widerstandsfähigkeit (Resilienz) und das Wohlbefinden der Mitarbeiter*innen in Organisationen der Sozialwirtschaft stärken (skizzieren Sie hierfür zunächst Belastungsfaktoren im Bereich der Sozialwirtschaft; gerne am Beispiel eines Berufs- oder Tätigkeitsfelds)?
- Welche besonderen Herausforderungen sehen Sie für die Personalführung der Zukunft in sozialwirtschaftlichen Organisationen?
- In welchen Kompetenzfeldern würden Sie schwerpunktmäßig im Rahmen der Führungskräfteentwicklung investieren?
- Eine Umfrage hat ergeben, dass sich Beschäftigte mehr Herz-Fähigkeiten von ihren Führungskräften wünschen: Was denken Sie, weshalb dies so ist? Welche Führungsfähigkeiten würden Sie darunter verorten und wie würden Sie diese vermitteln (und vor allem dafür sorgen, dass die Kompetenzvermittlung auch nachhaltige Wirkung zeigt)?

Literatur

Albrecht, A. (2020). Arbeitswelt 4.0. In L. v. Rosenstiel, E. Regnet, & M. E. Domsch, *Führung von Mitarbeitern. Handbuch für erfolgreiches Personalmanagement* (S. 733–745). Stuttgart: Schäffer-Poeschel Verlag.

Badura, B., Ducki, A., Schröder, H., Klose, J., & Meyer, M. (2019). Vorwort. In B. Badura, A. Ducki, H. Schröder, J. Klose, & M. Meyer, *Fehlzeiten-Report 2019. Digitalisierung – gesundes Arbeiten ermöglichen* (S. V–VIII). Berlin: Springer Verlag.

Barmer. (2020). *Social health@work. Eine Studie zur Auswirkung der Digitalisierung der Arbeitswelt auf die Gesundheit der Beschäftigten in Deutschland.* Von https://www.barmer.de/blob/260278/ea66685b839e7aded009101aa7ba7641/data/dl-studienbericht.pdf am 10.02.2021 abgerufen

Becka, D., Evans, M., & Hilbert, J. (2017). *Digitalisierung in der sozialen Dienstleistungsarbeit. Stand, Perspektiven, Herausforderungen, Gestaltungsansätze.* Von FGW – Forschungsinstitut für gesellschaftliche Weiterentwicklung e. V: https://www.fgw-nrw.de/fileadmin/user_upload/FGW-Studie-I40-05-Hilbert-komplett-web.pdf am 02.02.2021 abgerufen

Biemann, T., & Rack, O. (2020). Handlungsempfehlungen für erfolgreiches digitalisiertes Zusammenarbeiten. *PERSONALquarterly, 3/2020*, S. 42–45.

Bledow, R., Frese, M., Anderson, N., Erez, M., & Farr, J. L. (2009). A dialectic perspective on innovation: Conflicting demands, multiple pathways, and ambidexterity. *Industrial and Organizational Psychology: Perspectives on Science and Practice, 2*, S. 305–337.

Blessin, B. (2019). Führung neu denken. In K. Schwuchow, & J. Gutmann, *HR-Trends 2020. Agilität, Arbeit 4.0, Analytics, Talentmanagement* (S. 109–118). Freiburg: Haufe-Lexware.

BMAS – Bundesministerium für Arbeit und Soziales; BAuA – Bundesanstalt für Arbeitsschutz und Arbeitsmedizin. (2019a). *Sicherheit und Gesundheit bei der Arbeit 2018: Unfallverhütungsbericht Arbeit.* Berlin, Dortmund: BMAS.

Böhm, S. A., Bourovoi, K., Brzykcy, A. Z., Kreissner, L. M., & Breier, C. (2016). *Auswirkungen der Digitalisierung auf die Gesundheit von Berufstätigen: Eine bevölkerungsrepräsentative Studie in der Bundesrepublik Deutschland.* St. Gallen: Universität St. Gallen.

Bonin, H., Eichhorst, W., Kaczynska, J., Kümmerling, A., Rinne, U., Scholten, A., & Steffes, S. (2020). Verbreitung und Auswirkungen von mobiler Arbeit und Homeoffice. Kurzexpertise im Auftrag des Bundesministeriums für Arbeit und Soziales. *IZA Research Report No. 99.*

Bortini, P., Paci, A., Rise, A., & Rojnik, I. (2016). *Inclusive Leadership. Theoretischer Hintergrund.* Warschau: School for Leaders Foundation.

Brandes, L., & Santifaller, D. (2018). Herausforderungen der Führung auf Distanz in sozialen Organisationen: Theoretische Grundlagen und Praxisbeispiele. In C. von Au, *Führen in der vernetzten virtuellen und realen Welt. Digitalisierung, Selbstorganisation, Organisationsspezifika und Tabuthema Tod* (S. 173–191). Wiesbaden: Springer Fachmedien.

Bruch, H., & Kowalevski, S. (2013). *Gesunde Führung. Wie Unternehmen eine gesunde Performancekultur entwickeln.* Überlingen: Compamedia GmbH.

Bruch, H., Berenbold, S., & Block, C. (2019). New Leadership: Führungsformen der Zukunft. In K. Schwuchow, & J. Gutmann, *HR-Trends 2020. Agilität, Arbeit 4.0, Analytics, Talentmanagement* (S. 159–168). Freiburg: Haufe-Lexware.

Bruch, H., Block, C., & Färber, J. (2016). *Arbeitswelt im Umbruch. Von den erfolgreichen Pionieren lernen. TOP JOB-Trendstudie 2016.* Konstanz: zeag GmbH, Zentrum für Arbeitgeberattraktivität.

Bruch, H., Färber, J., & Block, C. (2018). *Leadership der Zukunft. Zwischen Inspiration und Empowerment. TOP JOB-Trendstudie 2018.* Konstanz: zeag GmbH, Zentrum für Arbeitgeberattraktivität.

Chevalier, A., & Kaluza, G. (2015). Psychosozialer Stress am Arbeitsplatz. In J. Böcken, B. Braun, & R. Meierjürgen, *Gesundheitsmonitor 2015* (S. 228–253). Gütersloh: Bertelsmann Stiftung.

Conforto, E. C., Amaral, D. C., da Silva, S. L., Di Felippo, A., & Kamikawachi, D. S. (2016). The agility construct on project management theory. *International Journal of Project Management, 34 (4),* S. 660–674.

Daheim, C., Wintermann, O., Glenn, J., Korn, J., & Schoon, C. (2019). *Arbeit 2050: Drei Szenarien. Neue Ergebnisse einer internationalen Delphi-Studie des Millennium Project.* Von https://www.bertelsmann-stiftung.de/fileadmin/files/BSt/Publikationen/ GrauePublikationen/Arbeit2050.pdf am 01.02.2021 abgerufen.

DAK. (2020a). *Digitalisierung und Homeoffice in der Corona – Krise.* Von DAK-Sonderanalyse: https://www.dak.de/dak/download/folien-2295280.pdf   am   15.12.2020 abgerufen.

Deci, E. L., & Ryan, R. M. (2015). The Importance of Universal Psychological Needs for Understanding Motivation in the Workplace. In M. Gagné, *The Oxford Handbook of Work Engagement, Motivation, and Self-Determination Theory* (S. 13–32). New York: Oxford University Press.

Deckert, R., & Langer, A. (2018). Digitalisierung und Technisierung sozialer Dienstleistungen. In K. Grunwald, & A. Langer, *Sozialwirtschaft. Handbuch für Wissenschaft und Praxis* (S. 872–889). Baden-Baden: Nomos Verlagsgesellschaft.

Deloitte. (2018). *Der Aufstieg der „sozialen Organisation". Globale Human Capital Trendstudie 2018. Deutschland-Report.* Abgerufen am 2. 12 2019 von https:// www2.deloitte.com/de/de/pages/human-capital/articles/human-capital-trends-deutschland-2018.html

Deloitte. (2018a). *Organisation neu denken. Flexible Organisationsmodelle für das digitale Zeitalter.* Von Deloitte & Touche GmbH: https://www2.deloitte.com/content/dam/ Deloitte/de/Documents/human-capital/Organisation-neu-denken-flexible-organisations-modelle-2018.pdf am 02.02.2021 abgerufen

Dettmers, S., Jochmann, W., Hermann, A., Zimmermann, T., Knappstein, M., Fastenroth, L. M., & Pela, P. (2020). *Agile Unternehmen – Zukunftstrend oder Mythos der digitalen Arbeitswelt?* Düsseldorf und Dortmund: StepStone GmbH und Kienbaum Institut – ISM für Leadership & Transformation GmbH.

Diestel, S., Dettmers, S., Jochmann, W., Hermann, A., Fastenroth, L. M., & Pela, P. (2018). *Die Kunst des Führens in der digitalen Revolution.* Düsseldorf, Dortmund: StepStone GmbH, Kienbaum Institut.

Digital.ai. (2020). *14th Annual State of Agile Report.* Von https://stateofagile.com/ am 02.02.2021 abgerufen

Dörr, S., Albo, P., & Monastiridis, B. (2018). Digital Leadership – Erfolgreich führen in der digitalen Welt. In S. Grote, & R. Goyk, *Führungsinstrumente aus dem Silicon Valley.* (S. 37–61). Berlin, Heidelberg: Springer Verlag.

Dunst, C. J., Bruder, M. B., Hamby, D. W., Howse, R., & Wilkie, H. (2018). Meta-analysis of the relationships between Different Leadership Practices and Organizational, Teaming, Leader, and Employee Outcomes. *Journal of International Education and Leadership, 8 (2)*.

Ehmann, B. (2019). *Quick Guide Agile Methoden für Personaler. So gelingt der Wandel in die agile Unternehmenskultur.* Wiesbaden: Springer Fachmedien.

Fehn, T. (2020). Stress und Ressourcen im Arbeitskontext. In A. Schütz, C. Köppe, & M. Andresen, *Was Führungskräfte über Psychologie wissen sollten. Theorien und Praxis für den Umgang mit Mitarbeitenden* (S. 61–83). Bern: Hogrefe Verlag.

Fischer, S., Weber, S., & Zimmermann, A. (2017). Agilität in der Praxis. *Personalmagazin, 4,* S. 40–43.

Franke, F., Ducki, A., & Felfe, J. (2015). Gesundheitsförderliche Führung. In J. Felfe, *Trends in der psychologischen Führungsforschung* (S. 253–264). Göttingen: Hogrefe.

Franken, S. (2016). *Führen in der Arbeitswelt der Zukunft. Instrumente, Techniken und Best-Practice-Beispiele.* Wiesbaden: Springer Fachmedien.

Gebhardt, B., Hofmann, J., & Roehl, H. (2015). *Zukunftsfähige Führung. Die Gestaltung von Führungskompetenzen und -systemen.* Gütersloh: Bertelsmann Stiftung .

Gilbert, S. L., & Kelloway, E. K. (2015). Leadership. In M. Gagné, *The Oxford handbook of work engagement, motivation, and self-determination theory* (S. 181–198). Oxford: Oxford University Press.

Goffin, H. (2020). *Erfolgsunternehmen – empirisch belegte Wege an die Spitze.* Berlin: Springer Verlag.

Gottfredson, R. K., & Aguinis, H. (2017). Leadership behaviors and follower performance: Deductive and inductive examination of theoretical rationales and underlying mechanisms. *Journal of Organizational Behavior, 38,* S. 558–591.

Gregersen, S., Vincent-Höper, S., & Nienhaus, A. (2016). *Forschungsstudie Führung und Gesundheit.* Hamburg: Berufsgenossenschaft für Gesundheitsdienst und Wohlfahrtspflege.

Gregersen, S., Vincent-Höper, S., Schambortski, H., & Nienhaus, A. (2020). Führung und Gesundheit der Beschäftigten. In P. Kriwy, & M. Jungbauer-Gans, *Handbuch Gesundheitssoziologie* (S. 559–579). Wiesbaden: Springer Fachmedien.

Grunau, P., Ruf, K., Steffes, S., & Wolter, S. (2019). *Mobile Arbeitsformen aus Sicht von Betrieben und Beschäftigten: Homeoffice bietet Vorteile, hat aber auch Tücken. IAB Kurzbericht 11/2019.* Nürnberg: IAB – Institut für Arbeitsmarkt- und Berufsforschung.

Grunwald, K. (2018). Organisationsentwicklung/Change Management in und von sozialwirtschaftlichen Organisationen. In K. Grunwald, & A. Langer, *Sozialwirtschaft. Handbuch für Wissenschaft und Praxis* (S. 333–356). Baden-Baden: Nomos Verlagsgesellschaft.

Hackl, B., Wagner, M., Attmer, L., & Baumann, D. (2017). *New Work: Auf dem Weg zur neuen Arbeitswelt. Management-Impulse, Praxisbeispiele, Studien.* Wiesbaden: Springer Fachmedien.

Häfner, A., Pinneker, L., & Hartmann-Pinneker, J. (2019). *Gesunde Führung. Gesundheit, Motivation und Leistung fördern.* Berlin, Heidelberg: Springer Verlag.

Hasebrook, J., & Hackl, B. (2020). Starke Führung, starke Teams. *Personalmagazin 02.20*, S. 79–81.

Hasenbein, M. (2020). *Der Mensch im Fokus der digitalen Arbeitswelt. Wirtschaftspsychologische Perspektiven und Anwendungsfelder.* Berlin: Springer Verlag.

Hatfield, S., & Winkler, K. (2020). Agiles Arbeiten und Führen. In L. v. Rosenstiel, E. Regnet, & M. E. Domsch, *Führung von Mitarbeitern. Handbuch für erfolgreiches Personalmanagement* (S. 747–759). Stuttgart: Schäffer-Poeschel Verlag.

Hays. (2017). *HR-Report 2017. Schwerpunkt Kompetenzen für eine digitale Welt.* Mannheim: Hays.

Hays. (2020). *Anpassung an eine neue Normalität. Wie Unternehmen die Corona-Krise meistern. Eine empirische Studie von rheingold und Hays.* Mannheim: Hays.

Hemerling, J., Lovich, D., Grice, A., & Werner, R. (2020). *Transforming Beyond the Crisis with Head, Heart, and Hands.* Von Boston Consulting Group: https://www.bcg.com/de-de/publications/2020/people-centric-transformation-going-beyond-the-crisis am 06.02.2021 abgerufen

Hernstein Institut. (2020a). *Hernstein Management Report. 1. Report 2020: Agilität und Hierarchie: Können Führungskräfte beidhändig führen?* Von https://www.hernstein.at/fileadmin/user_upload/HMR/HMR_1_2020_Ambidextrie.pdf am 02.02.2021 abgerufen

Hodges, J., & Howieson, B. (2017). The challenges of leadership in the third sector. *European Management Journal, 35 (1)*, S. 69–77.

Hofert, S. (2018). *Agiler führen. Einfache Maßnahmen für bessere Teamarbeit, mehr Leistung und höhere Kreativität.* Wiesbaden: Springer Fachmedien.

Hofmann, J., Piele, A., & Piele, C. (2019). *New Work – Best Practices und Zukunftsmodelle: Arbeit von morgen heute gestalten.* Stuttgart: Fraunhofer IAO.

Hofmann, L. M., & Regnet, E. (2020). Digitale Führung und Zusammenarbeit in virtuellen Strukturen. In L. v. Rosenstiel, E. Regnet, & M. E. Domsch, *Führung von Mitarbeitern. Handbuch für erfolgreiches Personalmanagement* (S. 761–777). Stuttgart: Schäffer-Poeschel Verlag.

Horneber, M. (2018). Ein innovatives Sozialunternehmen. Die AGAPLESION gAG. In B. Becher, & I. Hastedt, *Innovative Unternehmen der Sozial- und Gesundheitswirtschaft. Herausforderungen und Gestaltungserfordernisse* (S. 253–268). Wiesbaden: Springer Fachmedien.

Horstmann, D., & Remdisch, S. (2016). Gesundheitsorientierte Führung in der Altenpflege. Bedeutung sozialer Belastungen und Ressourcen für die Gesundheit und das Commitment der Mitarbeiter. *Zeitschrift für Arbeits- und Organisationspsychologie, 60 (4)*, S. 199–211.

Horx, M. (2011). *Das Megatrend-Prinzip. Wie die Welt von morgen entsteht.* München: DVA.

IFBG – Institut für Betriebliche Gesundheitsberatung. (2020). *#whatsnext2020 – Erfolgsfaktoren für gesundes Arbeiten in der digitalen Arbeitswelt.* Von Techniker Krankenkasse: https://www.tk.de/resource/blob/2089982/6b926c725e94cff77332e98702d1e835/trendstudie-whatsnext-2020-data.pdf am 15.12.2020 abgerufen

IFIDZ. (2019). *IFIDZ-Meta-Studie 2019. Führungskompetenzen im digitalen Zeitalter .* Von Institut für Führungskultur im digitalen Zeitalter (IFIDZ): https://ifidz.de/digital-leadership-beratung-metastudie/ am 15.01.2021 abgerufen

Jiménez, P., Höfer, M., & Lepold, A. (2019). Agilität – Leidenschaft, die kein Leiden schafft. *Wirtschaftspsychologie aktuell 4/2019*, S. 33–36.

Kaluza, A. J., Boer, D., Buengeler, C., & van Dick, R. (2020). Leadership behaviour and leader self-reported well-being: A review, integration and meta-analytic examination. *Work & Stress, 34 (1)*, S. 34–56.

Kaluza, G. (2018a). *Gelassen und sicher im Stress: Das Stresskompetenz-Buch: Stress erkennen, verstehen, bewältigen.* Berlin, Heidelberg: Springer Verlag.

Kastner, M. (2020). Umgang mit Belastung und Anforderungen. In L. v. Rosenstiel, E. Regnet, & M. E. Domsch, *Führung von Mitarbeitern. Handbuch für erfolgreiches Personalmanagement* (S. 159–172). Stuttgart: Schäffer-Poeschel Verlag.

Kastner, M. (2020a). Psychische Beeinträchtigungen und Burn-out. In L. v. Rosenstiel, E. Regnet, & M. E. Domsch, *Führung von Mitarbeitern. Handbuch für erfolgreiches Personalmanagement* (S. 357–368). Stuttgart: Schäffer-Poeschel.

Käufer, T. (2019). *Neue Arbeitswelt. Statista Dossierplus zu Veränderungen der Arbeitswelt in Deutschland.* Hamburg: Statista GmbH.

Kauffeld, S., Ianiro-Dahm, P. M., & Sauer, N. C. (2019). Führung. In S. Kauffeld, *Arbeits-, Organisations- und Personalpsychologie für Bachelor* (S. 105–138). Berlin, Heidelberg: Springer Verlag.

Keller, H., Robelski, S., Harth, V., & Mache, S. (2017). Psychosoziale Aspekte bei der Arbeit im Homeoffice und in Coworking Spaces. *ASU – Zeitschrift für medizinische Prävention, 52*, S. 840–845.

Kienbaum. (2019). *All Agile Organization. Kienbaum Studienreport März 2019.* Von https://media.kienbaum.com/wp-content/uploads/sites/13/2019/05/New_Kienbaum_ AllAgile_Organization.pdf am 11.02.2021 abgerufen

Kleinschmidt, C. (2017). *Kein Stress mit dem Stress – Eine Handlungshilfe für Führungskräfte.* Berlin: Initiative Neue Qualität der Arbeit. Geschäftsstelle Bundesanstalt für Arbeitsschutz und Arbeitsmedizin.

Komus, A., & Kuberg, M. (2017). *Status Quo Agile. Studie zu Verbreitung und Nutzen agiler Methoden. Eine empirische Untersuchung.* Von https://www.gpm-ipma.de/ fileadmin/user_upload/GPM/Know-How/Studie_Status_Quo_Agile_2017.pdf am 02.02.2021 abgerufen

Kovács, L., & Stief, M. (2020). Ethik und Personalführung. In L. v. Rosenstiel, E. Regnet, & M. E. Domsch, *Führung von Mitarbeitern. Handbuch für erfolgreiches Personalmanagement* (S. 897–906). Stuttgart: Schäffer-Poeschel Verlag.

Kozak, A., Kersten, M., Schillmöller, Z., & Nienhaus, N. (2013). Psychological work-related predictors and consequences of personal burnout among staff working with people with intellectual disabilities. *Research in Developmental Disabilities, 34*, S. 102–111.

Kuhn, T., & Weibler, J. (2020). *Bad Leadership: Von Narzissten & Egomanen, Vermessenen & Verführten. Warum uns schlechte Führung oftmals gut erscheint und es guter Führung häufig schlecht ergeht.* München: Verlag Franz Vahlen.

Landes, M., Steiner, E., Wittmann, R., & Utz, T. (2020). *Führung von Mitarbeitenden im Home Office. Umgang mit dem Heimarbeitsplatz aus psychologischer und ökonomischer Perspektive .* Wiesbaden: Springer Fachmedien.

Larson, L., & DeChurch, L. A. (2020). Leading teams in the digital age: Four perspectives on technology and what they mean for leading teams. *The Leadership Quarterly, 31 (2020), 101377,* S. 1–18.

Lengen, J., Kersten, M., & Gregersen, S. (2020). Ambulante Jugendhilfe: Ein systematisches Literatur-Review zur Arbeits- und Gesundheitssituation. *Zeitschrift für Arbeitswissenschaft, https://doi.org/*https://doi.org/10.1007/s41449-020-00239-2.

Lindner, D. (2020). *Virtuelle Teams und Homeoffice. Empfehlungen zu Technologien, Arbeitsmethoden und Führung.* Wiesbaden: Springer Fachmedien.

Luczak, D. (2017). Agil – Erfolgsfaktor agiles Unternehmenssystem. In C. Ramsauer, D. Kayser, & C. Schmitz, *Erfolgsfaktor Agilität. Chancen für Unternehmen in einem volatilen Marktumfeld* (S. 17–32). Weinheim: Wiley-VCH.

Lutze, M., Schaller, P. D., & Wüthrich, H. A. (2019). New Work. Zurück in die Zukunft der Motivation. *ZFO 06/2019 (88. Jg.),* S. 356–362.

Lybicki-Mayerhofer, B. (2018). *Gesund führen. Angewandte Psychologie für Führungskräfte und BeraterInnen.* Freiburg: Haufe Lexware.

Mack, O., & Khare, A. (2016). Perspectives on a VUCA World. In O. Mack, A. Khare, A. Krämer, & T. Burgartz, *Managing in a VUCA World* (S. 3–20). Heidelberg, New York: Springer.

Majkovic, A.-L., & Negri, C. (2019). Psychologie des Führens in der Arbeitswelt 4.0. In C. Negri, *Führen in der Arbeitswelt 4.0, Der Mensch im Unternehmen: Impulse für Fach- und Führungskräfte* (S. 1–8). Berlin: Springer Verlag.

Martens, J. (2017). Vernetzte Organisationen – Vernetzte Mitarbeitende? Anforderungsprofile und Kompetenzen. In K. d. e. V., *Der Zukunftskongress der Sozialwirtschaft. Die vernetzte Gesellschaft sozial gestalten* (S. 107–119). Baden-Baden: Nomos Verlagsgesellschaft.

Matyssek, A. K. (2020). *Gesund führen – sich und andere.* Norderstedt: BoD – Books in Demand.

Meier, M. (2021). *Resilienzentwicklung für Führungskräfte. Wie Sie Ihre Handlungsfähigkeit durch Optimierung Ihrer Widerstandskraft gezielt stärken.* Bonn: managerSeminare Verlags GmbH.

Meschede, M., Roick, C., Ehresmann, C., Badura, B., Meyer, M., Ducki, A., & Schröder, H. (2020). Psychische Erkrankungen bei den Erwerbstätigen in Deutschland und Konsequenzen für das Betriebliche Gesundheitsmanagement. In B. Badura, A. Ducki, H. Schröder, J. Klose, & M. Meyer, *Fehlzeiten-Report 2020. Gerechtigkeit und Gesundheit* (S. 331–364). Berlin, Heidelberg: Springer.

Meyer, A., & Töpsch, K. (2017). *Gesund und motivierend führen.* Von Berufsgenossenschaft für Gesundheitsdienst und Wohlfahrtspflege (BGW): https://www.bgw-online.de/SharedDocs/Downloads/DE/Medientypen/BGW%20Broschueren/BGW04-07-011-Gesund-f%C3%BChren_bf_Download.pdf?__blob=publicationFile am 10.02.2021 abgerufen

Meyer, N., & Alsago, E. (2021). Soziale Arbeit in der Corona-Pandemie: Arbeiten am Limit? Ein empirischer Beitrag zur Lage der Beschäftigten aus professionstheoretischer Perspektive. *Sozial Extra (Art. in Begutachtung).*

Möltner, H., Benkhofer, S., & Hülsbeck, M. (2016). *Gesunde Führung. Begleitstudie zur Mindful Leadership Konferenz am 8./9. April 2016 an der Universität Witten/Herdecke.* Witten: Zentrum Fort- und Weiterbildung (ZFW).

Montano, D., Reeske, A., & Franke, F. (2016). *Psychische Gesundheit in der Arbeitswelt – Führung.* Dortmund: Bundesanstalt für Arbeitsschutz und Arbeitsmedizin (BAuA).

Montano, D., Reeske, A., Franke, F., & Hüffmeier, J. (2017). Leadersip, followers' mental health and job performance in organizations: A comprehensive meta-analysis from an occupational health perspective. *Journal of Organizational Behavior, 38 (3),* S. 327–350.

Morgan, J. (2020). *The Future Leader: 9 Skills and Mindsets to Succeed in the Next Decade.* Hoboken (NJ): Wiley.

Morrison-Smith, S., & Ruiz, J. (2020). Challenges and barriers in virtual teams: a literature review. *SN Appl. Sci. 2, 1096, https://doi.org/*https://doi.org/10.1007/s42452-020-2801-5.

Nerdinger, F. W. (2019d). Organisationsentwicklung. In F. W. Nerdinger, G. Blickle, & N. Scharper, *Arbeits- und Oragnisationspsychologie* (S. 179–191). Berlin, Heidelberg: Springer Verlag.

Petry, T. (2018). Agile Führung als Antwort auf eine VUCA-Umwelt. *PERSONALquarterly 03,* S. 18–23.

Petry, T. (2019). *Digital Leadership. Erfolgreiches Führen in Zeiten der Digital Economy.* Freiburg: Haufe-Lexware.

Poethke, U., Klasmeier, K. N., Diebig, M., Hartmann, N., & Rowold, J. (2019). Entwicklung eines Fragebogens zur Erfassung zentraler Merkmale der Arbeit 4.0. *Zeitschrift für Arbeits- und Organisationspsychologie, 63 (3),* S. 129–151.

Preusser, I., & Bruch, H. (2014). Leadership 2.0 – Führung in digitalen Zeiten: Leadership-Chancen und Herausforderungen der Digitalisierung . In P. Mehlich, T. Brandenburg, & M. T. Thielsch, *Praxis der Wirtschaftspsychologie* (S. 25–50). Münster: MV Wissenschaft.

Probst, G., Raisch, S., & Tushman, M. L. (2011). Ambidextrous leadership: Emerging challenges for business and HR leaders. *Organizational Dynamics, 40 (4),* S. 326–334.

pronovaBKK. (2018). *Betriebliches Gesundheitsmanagement 2018.* Von https://www.pronovabkk.de/media/downloads/presse_studien/studie_bgm_2018/pronovaBKK_BGM_Studie2018.pdf abgerufen

pronovaBKK. (2020). *Digital, Dynamisch, Dauergestresst? Arbeiten 2020. Ergebnisse einer Arbeitnehmerbefragung.* Von https://www.pronovabkk.de/media/downloads/presse_studien/studie_arbeiten_2020/Studie_Arbeiten2020_Ergebnisse.pdf am 12.02.2021 abgerufen

Prümper, J. (2020). Betriebliches Gesundheitsmanagement. In L. v. Rosenstiel, E. Regnet, & M. E. Domsch, *Führung von Mitarbeitern. Handbuch für erfolgreiches Personalmanagement* (S. 779–795). Stuttgart: Schäffer-Poeschel Verlag.

Pundt, F., Thomson, B., Montano, D., & Reeske, A. (2018). Führung und psychische Gesundheit. *ASU – Zeitschrift für medizinische Prävention, Sonderheft (30.11.18).*

Regnet, E. (2019). *New Work: Coworking und Open Space. Erfahrungen, Befürchtungen udn Empfehlungen.* Von Hochschule Augsburg: https://www.hs-augsburg.de/homes/eregnet/Veroeffentlichungen/New_Work_2019_Regnet_HS_Augsburg.pdf am 01.02.2021 abgerufen

Regnet, E. (2020). Der Weg in die Zukunft – Anforderungen an die Führungskraft. In L. v. Rosenstiel, E. Regnet, & M. E. Domsch, *Führung von Mitarbeitern. Handbuch für erfolgreiches Personalmanagement* (S. 55–75). Stuttgart: Schäffer-Poeschel Verlag.

Ribbat, M., Weber, C., Tisch, A., & Steinmann, B. (2021). *Führen und Managen im digitalen Wandel: Anforderungen und Ressourcen.* Von Bundesanstalt für Arbeitsschutz und Arbeitsmedizin (BAuA): https://www.baua.de/DE/Angebote/Publikationen/Preprint/Fuehrung.pdf?__blob=publicationFile&v=11 am 11.02.2021 abgerufen

Rigotti, T., Holstad, T., Mohr, G., Stempel, C., Hansen, E., Loeb, C., Perko, K. (2014). *Rewarding and sustainable health-promoting leadership (Research Project F 2199).* Dortmund: Bundesanstalt für Arbeitsschutz und Arbeitssicherheit (BAuA).

Robelski, S., Mette, J., Wirth, T., Kiepe, N., Nienhaus, A., Harth, V., & Mache, S. (2020). (Un)bounded Social Work? – Analysis of Working Conditions in Refugee and Homeless Aid in Relation to Perceived Job Stress and Job Satisfaction. *International Journal of Environmental Research and Public Health, 17 (2): E601.*

Roghé, F., Toma, A., Scholz, S., Schudey, A., & Koike, J. (2017). *Boosting Performance Through Organization Design. The New New Way of Working Series, July 17.* Von https://www.bcg.com/publications/2017/people-boosting-performance-through-organization-design am 02.02.2021 abgerufen

Rose, N. (2019). *Arbeit besser machen. Positive Psychologie für Personalarbeit und Führung.* Freiburg: Haufe-Lexware .

Rothe, I., Adolph, L., Beermann, B., Schütte, M., Windel, A., Grewer, A., Formazin, M. (2017). *Psychische Gesundheit in der Arbeitswelt – Wissenschaftliche Standortbestimmung.* Dortmund: Bundesanstalt für Arbeitsschutz und Arbeitsmedizin (BAuA).

Rump, J., & Eilers, S. (2020). Einleitung. In J. Rump, & S. Eilers, *Die vierte Dimension der Digitalisierung. Spannungsfelder in der Arbeitswelt von morgen* (S. 1–13). Berlin, Heidelberg: Springer Verlag.

Rump, J., & Eilers, S. (2020a). Agilität und Flexibilität – auf dem Weg zur Ambidextrie. Wie die Verbindung agiler Arbeitsmethoden mit flexiblen Arbeitsformen gelingt. In J. Rump, & S. Eilers, *Die vierte Dimension der Digitalisierung. Spannungsfelder in der Arbeitswelt von morgen* (S. 227–235). Berlin, Heidelberg: Springer Verlag.

Rumpf, J. (2018). Führung durch Mausklick? Herausforderungen für Führungskräfte in einer zunehmend digitalisierten Arbeitswelt mit virtuellen Teams. In C. von Au, *Führen in der vernetzten virtuellen und realen Welt. Digitalisierung, Selbstorganisation, Organisationsspezifika und Tabuthema Tod* (S. 51–68). Wiesbaden: Springer Fachmedien.

Ryan, R. M., & Deci, E. L. (2017). *Self-determination theory: Basic psychological needs in motivation, development, and wellness.* New York, NY: The Guilford Press.

Scharmer, O. (2020). *Theorie U – Von der Zukunft her führen: Presencing als soziale Technik.* Heidelberg: Carl-Auer Verlag.

Scharnhorst, J. (2019). *Psychische Belastungen am Arbeitsplatz vermeiden. Burnoutprävention und Förderung von Resilienz in Unternehmen.* Freiburg: Haufe-Lexware.

Schermuly, C. C. (2019). *New Work – Gute Arbeit gestalten. Psychologisches Empowerment von Mitarbeitern.* Freiburg: Haufe-Lexware.

Schermuly, C. C., & Koch, J. (2019). New Work und psychische Gesundheit. In B. Badura, A. Ducki, H. Schröder, J. Klose, & M. Meyer, *Fehlzeiten-Report 2019* (S. 127–139). Berlin, Heidelberg: Springer Verlag.

Schmitt, L. (2018). Vom Verwalten zum Gestalten: Reflexive Prozesse implementieren, Führungskräfte entwickeln und Dialog fördern am Beispiel der Stadtverwaltung

Mannheim. In C. von Au, *Führen in der vernetzten virtuellen und realen Welt. Digitalisierung, Selbstorganisation, Organisationsspezifika und Tabuthema Tod* (S. 155–172). Wiesbaden: Springer Fachmedien.

Schwarzmüller, T., Brosi, P., & Welpe, I. M. (2017). Führung 4.0 – Wie die Digitalisierung Führung verändert. In A. Hildebrandt, & W. Landhäußer, *CSR und Digitalisierung. Der digitale Wandel als Chance und Herausforderung für Wirtschaft und Gesellschaft* (S. 617–628). Berlin: Springer Verlag.

Schyns, B., & Schilling, J. (2013). How bad are the effects of bad leaders? A meta-analysis of destructive leadership and its outcomes. *Leadership Quarterly, 24*, S. 138–158.

Serrador, P., & Pinto, J. K. (2015). Agile work? – A quantitative analysis of agile project success. *International Journal of Project Management, 33*, S. 1040–1051.

Sichart, S., & Preußig, J. (2019). *Agil führen. Neue Methoden für moderne Führungskräfte.* Freiburg: Haufe-Lexware.

Skakon, J., Nielsen, K., Borg, V., & Guzman, J. (2010). Are leaders' well-being, behaviours and style associated with the affective well-being of their employees? A systematic review of three decades of research. *Work & Stress, 24 (2)*, S. 107–139.

Staar, H., Gurt, J., & Janneck, M. (2019). Gesunde Führung in vernetzter (Zusammen-) Arbeit – Herausforderungen und Chancen. In B. Badura, A. Ducki, H. Schröder, J. Klose, & M. Meyer, *Fehlzeiten-Report 2019. Digitalisierung – gesundes Arbeiten ermöglichen* (S. 217–235). Berlin, Heidelberg: Springer Verlag.

Statista. (2020). *Digitalisierung der Arbeit.* Hamburg: Statista GmbH.

Statista. (2020a). *Megatrends. Statista-Dossier zum Thema Megatrends.* Von https://de.statista.com/statistik/studie/id/40300/dokument/megatrends-statista-dossier/ am 01.02.2021 abgerufen

Stock-Homburg, R., & Groß, M. (2019). *Personalmanagement. Theorien – Konzepte – Instrumente.* Wiesbaden: Springer Fachmedien.

Sull, D., Turconi, S., & Sull, C. (2020). *When It Comes to Culture, Does Your Company Walk the Talk? Company practices often conflict with corporate values. Closing the gap starts with communication.* Von https://sloanreview.mit.edu/article/when-it-comes-to-culture-does-your-company-walk-the-talk am 02.02.2021 abgerufen

Thomson, B., Steidelmüller, C., Schröder, T., Wittmers, A., Pundt, F., & Weber, C. (2020). Der Zusammenhang organisationaler Rahmenbedingungen und Gesundheit bei Führungskräften und Beschäftigten. Projekt F2436: „Führung und Organisation im Wandel". *ASU – Zeitschrift für medizinische Prävention, Sonderheft Führungsforschung, Mai 2020.*

Tietze, A. (2018). Ökologie und Nachhaltigkeit. In K. Grunwald, & A. Langer, *Sozialwirtschaft. Handbuch für Wissenschaft und Praxis* (S. 903–918). Baden-Baden: Nomos Verlagsgesellschaft.

Uhl, M. (2018). Führen in Überlastungssituationen. *Sozialwirtschaft, 28 (6)*, S. 26–27.

Unger, F. (2019). Leben und Lernen in der VUCA-Welt. In J. Rocholl, J. Mitsiadis, & M. Pohl, *Zukunft der Bildung – Bildung der Zukunft* (S. 88–120). Frankfurt a. M.: Wochenschau Verlag.

Unger, F. (2021). *Die digitale Balance fördern: Gesund und leistungsfähig in der Arbeitswelt 4.0.* Von PERSONALDIREKT, Ausg. Nr. 1, Januar 2021: http://www.pd-frankfurt.de/ezine_01_2021/index.html am 26.03.2021 abgerufen

Unger, F., & Sann, U. (2020). Führungskräfte-Coaching in der Öffentlichen Verwaltung als Beitrag zur Entwicklung von Führungskräftekompetenzen für das 21. Jahrhundert. In J. Groß, *Führung im Öffentlichen Dienst. Perspektive, Trends und Herausforderungen.* Hamburg: Maximilian Verlag.

Vincent-Höper, S., Gude, M., Stein, M., Kersten, M., & Nienhaus, N. (2018). Die psychische Gesundheit von pädagogischem Fachpersonal in Kindertageseinrichtungen: hinderliche und förderliche Merkmale der Arbeit. *RiRe – Risiken und Ressourcen in Gesundheitsdienst und Wohlfahrtspflege, Band 3,* S. 305–320.

Vincent-Höper, S., Stein, M., Gregersen, S., & Nienhaus, A. (2018a). Messung gesundheitsförderlicher Führung in Gesundheitsdienst und Wohlfahrtspflege. *ASU – Arbeitsmedizin Sozialmedizin Umweltmedizin, 53,* S. 46–53.

von Ameln, F., & Wimmer, R. (2016). Neue Arbeitswelt, Führung und organisationaler Wandel. *Gruppe, Interaktion, Organisation, 47,* S. 11–21.

Waltersbacher, A., Maisuradze, M., & Schröder, S. (2019). Arbeitszeit und Arbeitsort – (wie viel) Flexibilität ist gesund? In B. Badura, A. Ducki, H. Schröder, J. Klose, & M. Meyer, *Fehlzeiten Report 2019. Digitalisierung – gesundes Arbeiten ermöglichen* (S. 77–108). Berlin: Springer-Verlag.

Waltersbacher, A., Schröder, H., & Klein, J. (2020). Gerechtigkeitserleben bei der Arbeit und Gesundheit. Ergebnisse einer repräsentativen Befragung von Erwerbstätigen zum Gerechtigkeitserleben im Unternehmen und gesundheitliche Beschwerden. In B. Badura, A. Ducki, H. Schröder, J. Klose, & M. Meyer, *Fehlzeiten-Report 2020. Gerechtigkeit und Gesundheit* (S. 99–131). Berlin, Heidelberg: Springer.

Weber, C., Thomson, B., & Pundt, F. (2018). *Die Notwendigkeit von Führung in einer digitalisierten Arbeitswelt – eine Netnografie. baua: Fokus.* Dortmund: Bundesanstalt für Arbeitsschutz und Arbeitsmedizin.

Weckmüller, H. (2017). Agilität kommt langsam voran. [Agilitätsbarometer 2017]. *Personalmagazin, 09,* S. 10–15.

Weibler, J. (2016). *Personalführung.* München: Vahlen.

Wellmann, H., Hasselmann, O., & Lück, P. (2020). *iga.Barometer 2019. Erwerbstätigenbefragung zum Stellenwert der Arbeit – Schwerpunktthema „Sinn und Arbeit".* Dresden: Institut für Arbeit und Gesundheit der Deutschen Gesetzlichen Unfallversicherung.

Welpe, I. M., Brosi, P., & Schwarzmüller, T. (2018). *Digital Work Design. Die Big Five für Arbeit, Führung und Organisation im digitalen Zeitalter.* Frankfurt a. M.: Campus Verlag.

Wirth, T., Lenge, J., Mette, J., Mache, S., Harth, V., & Nienhaus, A. (2020). *Praxishandbuch Gesundheit und Unterstützung in der Sozialen Arbeit mit geflüchteten und wohnungslosen Menschen.* Von Competenzzentrum Epidemiologie und Versorgungsforschung bei Pflegeberufen Hamburg & Zentralinstitut für Arbeitsmedizin und Maritime Medizin (ZfAM) Hamburg: https://www.bgw-online.de/SharedDocs/Downloads/DE/Medientypen/Wissenschaft-Forschung/Handbuch-Sozialarbeit.pdf?__blob=publicationFile am 10.02.2021 abgerufen

Wirth, T., Mette, J., Prill, J., Harth, V., & Nienhaus, A. (2019). Working conditions, mental health and coping of staff in social work with refugees and homeless individuals: A scoping review. *Health and Social Care in the Community, 27 (4),* S. 257–269.

Wirth, T., Ulusoy, N., Lincke, H.-J., Nienhaus, A., & Schablon, A. (2017). Psycho-soziale Belastungen und Beanspruchungen von Beschäftigten in der stationären und ambulanten Altenpflege – Ergebnisse einer Querschnittstudie. *ASU – Arbeitsmedizin Sozialmedizin Umweltmedizin, 52*, S. 662–669 .

Wuffli, P. A. (2016). *Inclusive Leadership. A Framework for the Global Era.* Zürich: Springer Verlag.

Zeuge, A., Oschinsky, F., Weigel, A., Schlechtinger, M., & Niehaves, B. (2020). *Leading Virtual Teams – A Literature Review.* Von https://www.microsoft.com/en-us/research/uploads/prod/2020/07/NFW-Zeuge-et-al.pdf am 03.12.2020 abgerufen

Zimber, A. (2018). *Führen und gesund bleiben. Ein Präventionsprogramm für Führungs-kräfte in Sandwich-Positionen.* Berlin: Springer.

Weiterführende Literaturempfehlungen:

Biemann, T., & Rack, O. (2020). Handlungsempfehlungen für erfolgreiches digitalisiertes Zusammenarbeiten. *PERSONALquarterly, 3/2020*, S. 42–45.

Blessin, B. (2019). Führung neu denken. In K. Schwuchow, & J. Gutmann, *HR-Trends 2020. Agilität, Arbeit 4.0, Analytics, Talentmanagement* (S. 109–118). Freiburg: Haufe-Lexware.

Gregersen, S., Vincent-Höper, S., Schambortski, H., & Nienhaus, A. (2020). Führung und Gesundheit der Beschäftigten. In P. Kriwy, & M. Jungbauer-Gans, *Handbuch Gesund-heitssoziologie* (S. 559–579). Wiesbaden: Springer Fachmedien.

Hasenbein, M. (2020). *Der Mensch im Fokus der digitalen Arbeitswelt. Wirtschaftspsycho-logische Perspektiven und Anwendungsfelder.* Berlin: Springer Verlag.

Hofmann, L. M., & Regnet, E. (2020). Digitale Führung und Zusammenarbeit in virtuellen Strukturen. In L. v. Rosenstiel, E. Regnet, & M. E. Domsch, *Führung von Mitarbeitern. Handbuch für erfolgreiches Personalmanagement* (S. 761–777). Stuttgart: Schäffer-Poeschel Verlag.

Regnet, E. (2020). Der Weg in die Zukunft – Anforderungen an die Führungskraft. In L. v. Rosenstiel, E. Regnet, & M. E. Domsch, *Führung von Mitarbeitern. Handbuch für erfolgreiches Personalmanagement* (S. 55–75). Stuttgart: Schäffer-Poeschel Verlag.

Literatur

Aasland, M. S., Skogstad, A., Notelaers, G., Nielsen, M. B., & Einarsen, S. (2010). The Prevalence of Destructive Leadership Behaviour. *British Journal of Management 21*, S. 438–452.

Abrell, C., Rowold, J., Weibler, J., & Moenninghoff, M. (2011). Evaluation of a long-term transformational leadership development program. *German Journal of Human Resource Management, 25(3)*, S. 205–224.

Adobe. (2018). *Wie oft checken Sie am Tag normalerweise Ihre beruflichen E-Mails außerhalb der normalen Arbeitszeiten?* Von Statista: https://de.statista.com/statistik/daten/studie/744223/umfrage/checken-beruflicher-e-mails-ausserhalb-der-arbeitszeit-in-deutschland/ am 08.01.2021 abgerufen

Akademie für Führungskräfte der Wirtschaft. (2008). *Führung beim Wort nehmen. Wie kommunizieren deutsche Manager?* Von https://akafu.cdn.prismic.io/akafu%2F0123c928-e8cb-41d7-a863-72d522870567_akademie-studie-2008.pdf am 20.05.2020 abgerufen

Akhmad, M., Chang, S., & Deguchi, H. (2020). Closed-mindedness and insulation in groupthink: their effects and the devil's advocacy as a preventive measure. *Journal of Computational Social Science*, https://doi.org/10.1007/s42001-020-00083-8.

Albrecht, A. (2020). Arbeitswelt 4.0. In L. v. Rosenstiel, E. Regnet, & M. E. Domsch, *Führung von Mitarbeitern. Handbuch für erfolgreiches Personalmanagement* (S. 733–745). Stuttgart: Schäffer-Poeschel Verlag.

Alderfer, C. P. (1972). *Existence, Relatedness, and Growth; Human Needs in Organizational Settings.* New York: Free Press.

Anderson, C., Sharps, D. L., Soto, C. J., & John, O. P. (2020). People with disagreeable personalities (selfish, combative, and manipulative) do not have an advantage in pursuing power at work. *Proceedings of the National Academy of Sciences, Aug 2020, 202005088;* https://doi.org/10.1073/pnas.2005088117.

Antonakis, J., & House, R. J. (2014). Instrumental leadership: Measurement and extension of transformational-transactional leadership theory. *The Leadership Quarterly, 25(4)*, S. 746–771.

© Springer Fachmedien Wiesbaden GmbH, ein Teil von Springer Nature 2022   449
F. Unger et al., *Personalführung in Organisationen der Sozialwirtschaft*, Basiswissen Sozialwirtschaft und Sozialmanagement, https://doi.org/10.1007/978-3-658-36119-8

Antonakis, J., House, R., & Simonton, D. K. (2017). Can super smart leaders suffer from too much of a good thing? The curvilinear effect of intelligence on perceived leadership behaviour. *Journal of Applied Psychology, 102*, S. 1003–1021.

Antoni, C. (2020). Gruppenarbeitskonzepte. In L. v. Rosenstiel, E. Regnet, & M. E. Domsch, *Führung von Mitarbeitern. Handbuch für erfolgreiches Personalmanagement* (S. 425–436). Stuttgart: Schäffer-Poeschel Verlag.

Apesteguia, J., Azmat, G., & Iriberri, N. (2012). The impact of gender composition on team performance and decision making: Evidence from the field. *Management Science, 58 (1)*, S. 78–93.

Apps, M. A., Grima, L. L., Manohar, S., & Husain, M. (2015). The role of cognitive effort in subjective reward devaluation and risky decision-making. *Scientific Reports, 5, 16880.*

Arnold, K. A. (2017). Transformational leadership and employee psychological well-being. A review and directions for future research. *Journal of Occupational Health Psychology, 22*, S. 381–399.

Arnold, R. (2012). *Wie man lehrt, ohne zu belehren. 29 Regeln für eine kluge Lehre. Das LENA-Modell.* Heidelberg: Carl-Auer.

Artinger, F. M., Artinger, S., & Gigerenzer, G. (2018). C. Y. A.: Frequency and causes of defensive decisions in public administration. *Business Research, 12 (1)*, S. 9–25.

Arvey, R., Rotundo, M., Johnson, W., Zhang, Z., & Mcgue, M. (2006). The Determinants of Leadership Role Occupancy: Genetic and Personality Factors. *The Leadership Quarterly, 17*, S. 1–20.

Aßmann, E. (2018). *Job Crafting – Wie Sie Ihren Mitarbeitern dabei helfen, ihre Arbeit zu lieben.* Von F. C. Brodbeck (Hrsg.), Evidenzbasierte Wirtschaftspsychologie, (27). Ludwig-Maximilians-Universität München: http://www.evidenzbasiertesmanagement. de am 10.01.2021 abgerufen

Aubé, C., Rousseau, V., & Tremblay, S. (2011). Team size and quality of group experience: The more the merrier? *Group Dynamics: Theory, Research, and Practice, 15 (4)*, S. 357–375.

Audenaert, M., George, B., Bauwens, R., Decuypere, A., Descamps, A., Muylaert, J., . . . Decramer, A. (2020). Empowering leadership, social support and job crafting in public organizations: A multilevel study. *Public Personnel Management*, S. 1–26.

Avolio, B. J., Reichard, R. J., Hannah, S. T., Walumbwa, F. O., & Chan, A. (2009). A meta-analytic review of leadership impact research: Experimental and quasi-experimental studies. *The Leadership Quarterly, 20*, S. 764–784.

Bachmann, B. (2017). *Ethical Leadership in Organizations. Concepts and Implementation.* Schweiz: Springer International Publishing.

Badura, B., Ducki, A., Schröder, H., Klose, J., & Meyer, M. (2019). Vorwort. In B. Badura, A. Ducki, H. Schröder, J. Klose, & M. Meyer, *Fehlzeiten-Report 2019. Digitalisierung – gesundes Arbeiten ermöglichen* (S. V–VIII). Berlin: Springer Verlag.

Baldwin, T. T., & Ford, J. K. (1988). Transfer of training: A review and directions for future research. *Personnel Psychology, 41*, S. 63–105.

Balthasar, A., & Fässler, S. (2017). Wirkungsmodelle: Ursprung, Erarbeitungsprozess, Möglichkeiten und Grenzen. *LEGES 2017/2*, S. 285–308.

Bandura, A. &. (1989). Effect of perceived controllability and performance standards on self-regulation of complex decision-making. *Journal of Personality and Social Psychology, 56*, S. 805–814.

Barling, J. (2014). *The Science of Leadership. Lessons from Research of Organizational Leaders.* New York: Oxford University Press.

Barling, J., & Frone, M. R. (2017). If only my leader would just do something! passive leadership undermines employee well-being through role stressors and psychological resource depletion. *Stress and Health, 33*, S. 211–222.

Barmer. (2020). *Social health@work. Eine Studie zur Auswirkung der Digitalisierung der Arbeitswelt auf die Gesundheit der Beschäftigten in Deutschland.* Von https://www. barmer.de/blob/260278/ea66685b839e7aded009101aa7ba7641/data/dl-studienbericht. pdf am 10.02.2021 abgerufen

Bashshur, M. R., & Oc, B. (2015). When voice matters: A multilevel review of the impact of voice in organizations. *Journal of Management, 41 (5)*, S. 1530–1554.

Bass, B. M., & Avolio, B. J. (1990). Developing transformational leadership: 1992 and beyond. *Journal of European Industrial Training, 14 (5)*, S. 21–27.

Bass, B. M., & Avolio, B. J. (1994). *Improving organizational effectiveness through transformational leadership.* Thousand Oaks, CA: Sage Publications.

Bassett-Jones, N. (2005). The Paradox of Diversity Management, Creativity and Innovation. *Creativity and Innovation Management, 14*, S. 169–175.

BAuA - Bundesanstalt für Arbeitsschutz und Arbeitsmedizin. (2020). *Stressreport Deutschland 2019. Psychische Anforderungen, Ressourcen und Befinden.* Dortmund: Bundesanstalt für Arbeitsschutz und Arbeitsmedizin.

Baumann-Fuchs, J., & Gmür, M. (2019). Unternehmerische Führung in Sozialen Organisationen. *Verbands-Management, 45. Jahrgang, Ausgabe 2*, S. 6–16.

Baumanns, M., Bidmon, C., Sandhu, P. E., Leipprand, T., & Triebel, O. M. (2016). Die Haltung entscheidet: Neue Führungspraxis für eine digitale Welt. *Supervision 2*, S. 24–33.

Baumeister, R. F., Bratslavsky, E., Finkenauer, C., & Vohs, K. D. (2001). Bad is stronger than good. *Review of General Psychology, 5*, S. 323–370.

Becka, D., Evans, M., & Hilbert, J. (2017). *Digitalisierung in der sozialen Dienstleistungsarbeit. Stand, Perspektiven, Herausforderungen, Gestaltungsansätze.* Von FGW-Forschungsinstitut für gesellschaftliche Weiterentwicklung e. V.: https://www. fgw-nrw.de/fileadmin/user_upload/FGW-Studie-I40-05-Hilbert-komplett-web.pdf am 07.07.2021 abgerufen

Becker, F. (2015). *Psychologie der Mitarbeiterführung. Wirtschaftspsychologie kompakt für Führungskräfte.* Wiesbaden: Springer Fachmedien.

Becker, F. (2016). *Teamarbeit, Teampsychologie, Teamentwicklung: So führen Sie Teams!* Berlin, Heidelberg: Springer Verlag.

Becker, F. (2019). *Mitarbeiter wirksam motivieren.* Berlin, Heidelberg: Springer Verlag.

Becker, H. E. (2017). Das sozialwirtschaftliche Sechseck. In H. E. Becker, *Das Sozialwirtschaftliche Sechseck. Soziale Organisationen zwischen Ökonomie und Sozialem* (S. 13–107). Wiesbaden: Springer VS.

Behr, T. (2014). *Komplexitätsbewältigung in Betrieben der Sozialwirtschaft.* Wiesbaden: Springer Gabler.

Behrend, P., & Alves, S. (2015). Erfolg als Führungskraft: Drei relevante Verhaltensstrategien. *Wirtschaftspsychologie aktuell 1/2015*, S. 21–26.

Belbin, R. M. (1993). *Team roles at work.* Oxford: Butterworth-Heinemann.

Bellet, C., De Neve, J.-E., & Ward, G. (2019). Does Employee Happiness have an Impact on Productivity? *Saïd Business School, WP 2019–13* (http://dx.doi.org/10.2139/ssrn).

Berger, W. (2018). *The book of beautiful questions: The powerful questions that will help you decide, create, connect, and lead.* London: Bloomsbury.

Berne, E. (1984). *Spiele der Erwachsenen.* Reinbek: Rowohlt.

Bernsmann, A., Bohn, L., Haußmann, C., & Prigge, P. (2018). *Arbeitsmethodik für Führungskräfte. Praxiswissen für die Führungsaufgabe.* Wiesbaden: Springer Fachmedien.

Bickerich, K., & Michel, A. (2018). Change-Prozesse als Anwendungsfeld im Coaching. In S. Greif, H. Möller, & W. Scholl, *Handbuch Schlüsselkonzepte im Coaching* (S. 75–83). Berlin, Heidelberg: Springer Verlag.

Biemann, T., & Rack, O. (2020). Handlungsempfehlungen für erfolgreiches digitalisiertes Zusammenarbeiten. *PERSONALquarterly, 3/2020*, S. 42–45.

Bildat, L., Scheffer, D., & Eisermann, J. (2018). Führung. In L. Bildat, & T. Warszta, *Psychologie im Human Resource Management* (S. 239–284). Lengerich: Pabst.

Bindl, U. K., & Parker, S. K. (2010). Feeling good and performing well? Psychological engagement and positive behaviors at work. In S. L. Albrecht, *Handbook of Employee Engagement. Perspectives, Issues, Reserach and Practice* (S. 385–398). Cheltenham, UK: Elgar Publishing.

Blair, C. A., Thompson, L. F., & Wuensch, K. L. (2005). Electronic helping behavior: The virtual presence of others makes a difference. *Basic and Applied Social Psychology, 27*, S. 171–178.

Blake, R. R., & Mouton, J. S. (1964). *The managerial grid.* Houston TX: Gulf Pub.

Bledow, R., Frese, M., Anderson, N., Erez, M., & Farr, J. L. (2009). A dialectic perspective on innovation: Conflicting demands, multiple pathways, and ambidexterity. *Industrial and Organizational Psychology: Perspectives on Science and Practice, 2*, S. 305–337.

Blessin, B. (2019). Führung neu denken. In K. Schwuchow, & J. Gutmann, *HR-Trends 2020. Agilität, Arbeit 4.0, Analytics, Talentmanagement* (S. 109–118). Freiburg: Haufe-Lexware.

Blessin, B., & Wick, A. (2017). *Führen und führen lassen.* Konstanz und München: UVK Verlagsgesellschaft mbH.

Blickle, G. (2004). Interaktion und Kommunikation. In H. Schuler, *Organisationspsychologie 2 – Gruppe und Organisation. Enzyklopädie der Psychologie (Bd. D/III/4)* (S. 55–128). Göttingen: Hogrefe Verlag.

Blickle, G. (2019). Personalentwicklung. In F. W. Nerdinger, G. Blickle, & N. Scharper, *Arbeits- und Organisationspsychologie* (S. 325–355). Heidelberg, Berlin: Springer Verlag.

Blickle, G. (2019a). Methoden. In F. W. Nerdinger, G. Blickle, & N. Schaper, *Arbeits- und Organisationspsychologie* (S. 29–44). Berlin, Heidelberg: Springer Verlag.

Block, C., Bormann, K. C., & Rowold, J. (2015). Ethische Führung: Validierung einer deutschen Adaption des Ethical Leadership at Work Questionnaire (ELW-D) nach Kalshoven, Den Hartog und De Hoogh (2011). *Zeitschrift für Arbeits- und Organisationspsychologie, 59 (3)*, S. 130–143.

BMAS – Bundesministerium für Arbeit und Soziales. (2016). *Personalentwicklung und Weiterbildung. Aktuelle Ergebnisse einer Betriebs- und Beschäftigtenbefragung.* Von LPP-Beschäftigtenbefragung: http://www.bmas.de/SharedDocs/Downloads/DE/PDF-Publikationen/a876-monitor-personalentwicklung.pdf?__blob=publicationFile&v=4) am 15.01.2021 abgerufen

BMAS – Bundesministerium für Arbeit und Soziales. (2017). *Monitor Personalentwicklung und Weiterbildung.* Abgerufen am 10. 12 2019 von https://www.bmas.de/DE/Service/Medien/Publikationen/a876–monitor-personalentwicklung.html

BMAS – Bundesministerium für Arbeit und Soziales. (2018). *Arbeitsqualität und wirtschaftlicher Erfolg: Längsschnittstudie in deutschen Betrieben. Forschungsbericht 505.* Von http://ftp.zew.de/pub/zew-docs/gutachten/Arbeitsqualitaet_und_wirtschaftlicher_Erfolg_2018 am 20.09.2020 abgerufen

BMAS – Bundesministerium für Arbeit und Soziales. (2019). *ZWISCHEN-BILANZ „Arbeitsqualität und wirtschaftlicher Erfolg". Die bisherigen Ergebnisse auf einen Blick.* Von https://www.bmas.de/SharedDocs/Downloads/DE/PDF-Publikationen/a892–zwischenbilanz-arbeitsqualitaet-und-wirtschaftlicher-erfolg.pdf?__blob=publicationFile&v=1 am 20.09.2020 abgerufen

BMAS – Bundesministerium für Arbeit und Soziales; BAuA – Bundesanstalt für Arbeitsschutz und Arbeitsmedizin. (2019a). *Sicherheit und Gesundheit bei der Arbeit 2018: Unfallverhütungsbericht Arbeit.* Berlin, Dortmund: BMAS.

Böckler, A., Tusche, A., Schmidt, P., & Singer, T. (2018). Distinct mental trainings differentially affect altruistically motivated, norm motivated, and self-reported prosocial behavior. *Scientific Reports, 8, 13560,* https://doi.org/10.1038/s41598-018-31813-8.

Bode, S. (2012). Personalmanagement in der Sozialen Arbeit. In R. Bieker, & E. Vomberg, *Management in der Sozialen Arbeit* (S. 91–112). Stuttgart: Kohlhammer.

Boden, M. (2020). *Mitarbeitergespräche führen. Situativ, typgerecht und lösungsorientiert.* Wiesbaden: Springer Fachmedien.

Böhm, S. A., Bourovoi, K., Brzykcy, A. Z., Kreissner, L. M., & Breier, C. (2016). *Auswirkungen der Digitalisierung auf die Gesundheit von Berufstätigen: Eine bevölkerungsrepräsentative Studie in der Bundesrepublik Deutschland.* St. Gallen: Universität St. Gallen.

Bonin, H., Eichhorst, W., Kaczynska, J., Kümmerling, A., Rinne, U., Scholten, A., & Steffes, S. (2020). Verbreitung und Auswirkungen von mobiler Arbeit und Homeoffice. Kurzexpertise im Auftrag des Bundesministeriums für Arbeit und Soziales. *IZA Research Report No. 99.*

Bono, J. E., & Judge, T. A. (2003). Core Self-Evaluations: A Review of the Trait and its Role in Job Satisfaction and Job Performance. *European Journal of Personality, 17,* S. 5–18.

Borkenau, P., & Ostendorf, F. (1993). *NEO-Fünf-Faktoren-Inventar (NEOFFI).* Göttingen: Hogrefe.

Bortini, P., Paci, A., Rise, A., & Rojnik, I. (2016). *Inclusive Leadership. Theoretischer Hintergrund* Warschau: School for Leaders Foundation.

Bowers, L., Nijman, H., Simpson, A., & Jones, J. (2011). The relationship between leadership, teamworking, structure, burnout and attitude to patients on acute psychiatric wards. *Social Psychiatry and Psychiatric Epidemiology, 46,* S. 143–148.

Böttger, M., Weilandt, M., & Braun, O. L. (2019). Zeitmanagement. In O. L. Braun, *Selbstmanagement und Mentale Stärke im Arbeitsleben* (S. 21–36). Berlin, Heidelberg: Springer Verlag.

Boyatzis, R. E., Rochford, K., & Taylor, S. N. (2015). The role of the positive emotional attractor in vision and shared vision: toward effective leadership, relationships, and engagement. *Front. Psychol., 6: 670.*

Brandes, L., & Santifaller, D. (2018). Herausforderungen der Führung auf Distanz in sozialen Organisationen: Theoretische Grundlagen und Praxisbeispiele. In C. von Au, *Führen in der vernetzten virtuellen und realen Welt. Digitalisierung, Selbstorganisation, Organisationsspezifika und Tabuthema Tod* (S. 173–191). Wiesbaden: Springer Fachmedien.

Brandstätter, V. (2020). Motivation von Mitarbeitenden. In L. v. Rosenstiel, E. Regner, & M. E. Domsch, *Führung von Mitarbeitern. Handbuch für erfolgreiches Personalmanagement* (S. 237–249). Stuttgart: Schäffer-Poeschel.

Braun, S., Peus, C., Weisweiler, S., & Frey, D. (2013). Transformational leadership, job satisfaction, and team performance: A multilevel mediation model of trust. *The Leadership Quarterly, 24 (1)*, S. 270–283.

Braun, S., Stegmann, S., Hernandez Bark, A. S., Junker, N. M., & van Dick, R. (2017). Think manager—think male, think follower—think female: Gender bias in implicit followership theories. *Journal of Applied Social Psychology, 47*, S. 377–388.

Brehm, J. W. (1966). *A theory of psychological reactance.* New York: Academic Press.

Brenke, K., Schlaak, T., & Ringwald, L. (2018). Sozialwesen: ein rasant wachsender Wirtschaftszweig. *DIW Wochenbericht Nr. 16*, S. 305–316.

Bridgman, T., Cummings, S., & Ballard, J. (2019). Who Built Maslow's Pyramid? A History of the Creation of Management Studies' Most Famous Symbol and Its Implications for Management Education. *Academy of Management Learning & Education, 18 (1)*, S. 81–98.

Bröckermann, R. (2020). Onboarding. In L. v. Rosenstiel, E. Regnet, & M. E. Domsch, *Führung von Mitarbeitern. Handbuch für erfolgreiches Personalmanagement.* Stuttgart: Schäffer-Poeschel Verlag.

Brown, A. R., Walters, J. E., & Jones, A. E. (2019). Pathways to Retention: Job Satisfaction, Burnout, & Organizational Commitment among Social Workers. *Journal of Evidence-Based Social Work, 16 (6)*, S. 577–594.

Brown, M. E., Treviño, L. K., & Harrison, D. (2005). Ethical leadership: a social learning perspective perspective for construct development and testing. *Organizational Behavior and Human Decision Processes, 97 (2)*, S. 117–134.

Bruch, H., & Kowalevski, S. (2013). *Gesunde Führung. Wie Unternehmen eine gesunde Performancekultur entwickeln,* Überlingen: Compamedia GmbH.

Bruch, H., Berenbold, S., & Block, C. (2019). New Leadership: Führungsformen der Zukunft. In K. Schwuchow, & J. Gutmann, *HR-Trends 2020. Agilität, Arbeit 4.0, Analytics, Talentmanagement* (S. 159–168). Freiburg: Haufe-Lexware.

Bruch, H., Block, C., & Färber, J. (2016). *Arbeitswelt im Umbruch. Von den erfolgreichen Pionieren lernen. TOP JOB-Trendstudie 2016.* Konstanz: zeag GmbH, Zentrum für Arbeitgeberattraktivität.

Bruch, H., Färber, J., & Block, C. (2018). *Leadership der Zukunft. Zwischen Inspiration und Empowerment. TOP JOB-Trendstudie 2018.* Konstanz: zeag GmbH, Zentrum für Arbeitgeberattraktivität.

Bruggemann, A. (1976). Zur empirischen Untersuchung verschiedener Formen der Arbeitszufriedenheit. *Zeitschrift für Arbeitswissenschaft, 30*, S. 71–74.

Brüggemeier, B. (2020). *Wertschätzende Kommunikation im Business: Wer sich öffnet, kommt weiter.* Paderborn: Junfermann Verlag.

Bungard, W. (2018). Feedback in Organisationen: Stellenwert, Instrumente und Erfolgsfaktoren. In I. Jöns, & W. Bungard, *Feedbackinstrumente im Unternehmen* (S. 3–28). Wiesbaden: Springer Fachmedien.

Bürgle, N. (2018). *Zum einen Ohr herein, zum anderen wieder hinaus? – Vier Maßnahmen für einen verbesserten Lerntransfer.* Von F. C. Brodbeck (Hrsg.), Evidenzbasierte Wirtschaftspsychologie, (24). Ludwig-Maximilians-Universität München: http://www.evidenzbasiertesmanagement.de am 10.01.2021 abgerufen

Burke, C. S., Stagl, K. C., Klein, C., Goodwin, G. F., Salas, E., & Halpin, S. M. (2006). What type of leadership behaviors are functional in teams? A meta-analysis. *The leadership quarterly, 17 (3),* S. 288–307.

Burmester, M., & Wohlfahrt, N. (2018). *Wozu die Wirkung Sozialer Arbeit messen?* Freiburg: Lambertus.

Busch, M., & v.d. Oelsnitz, D. (2018). *Teammanagement: Grundlagen erfolgreichen Zusammenarbeitens.* Stuttgart: Kohlhammer.

Busch, M. W. (2015). *Management und Dynamik teambezogener Lernprozesse.* München: Rainer Hamp Verlag.

Çakmak, E., Öztekin, Ö., & Karadağ, E. (2015). The Effect of Leadership on Job Satisfaction. In E. Karadağ, *Leadership and Organizational Outcomes* (S. 29–56). Cham (CH): Springer International.

Cameron, C. D., Hutcherson, C. A., Ferguson, A. M., Scheffer, J. A., Hadjiandreou, E., & Inzlicht, M. (2019). Empathy is hard work: People choose to avoid empathy because of its cognitive costs. *Journal of Experimental Psychology: General 148 (6),* S. 962–976.

Cannon-Bowers, J. A., Salas, E., & Converse, S. A. (1993). Shared Mental Models in Expert Team Decision-Making. In N. J. Castellan Jr., *Individual and Group Decision Making* (S. 221–246). Hillsdale: Lawrence Erlbaum.

Carvalho, J. S., & Mansur, J. (2020). Exploring shared leadership in public organizations: evidence from the educational arena. *Revista de Administração Pública, 54 (3),* S. 524–544.

Cassidy, K. (2007). Tuckman Revisited: Proposing a New Model of Group Development for Practitioners. *Journal of Experiential Education, 29 (3),* S. 413–417.

Cerasoli, C. P., Nicklin, J. M., & Ford, M. T. (2014). Intrinsic motivation and extrinsic incentives jointly predict performance: A 40-year meta-analysis. *Psychological Bulletin, 140,* S. 980–1008.

Cerit, Y. (2009). The effects of servant leadership behaviours of school principals on teachers' job satisfaction. *Educational Management Administration & Leadership, 37,* S. 600–623.

Cheong, M., Spain, S. M., Yammarino, F. J., & Yun, S. (2016). Two faces of empowering leadership: Enabling and burdening. *The Leadership Quarterly, 27 (4),* S. 602–616.

Chevalier, A., & Kaluza, G. (2015). Psychosozialer Stress am Arbeitsplatz. In J. Böcken, B. Braun, & R. Meierjürgen, *Gesundheitsmonitor 2015* (S. 228–253). Gütersloh: Bertelsmann Stiftung.

Chiniara, M., & Bentein, K. (2018). The servant leadership advantage: When perceiving low differentiation in leader-member relationship quality influences team cohesion, team task performance and service OCB. *The Leadership Quarterly, 29,* S. 333–345.

Choy-Brown, M., Stanhope, V., Wackstein, N., & Delany Cole, H. (2020). Do Social Workers Lead Differently? Examining Associations with Leadership Style and Organizational Factors. *Human Service Organizations: Management, Leadership & Governance, 44 (4),* S. 332–342.

Christa, H. (2019). Potential effektiv nutzen. *Sozialwirtschaft, 29, 4,* S. 32–33.

Christian, M. S., Garza, A. S., & Slaughter, J. E. (2011). Work engagement: A quantitative review and test of its relations with task and contextual performance. *Personnel Psychology, 64 (1)*, S. 89–136.

Chua, J., & Ayoko, O. (2019). Employees' self-determined motivation, transformational leadership and work engagement. *Journal of Management & Organization*, S. 1–21.

CIPD – Chartered Institute of Personnel and Development. (2016). *Rapid evidence assessment of the research literature on the effect of performance appraisal on workplace performance*. Von Technical report, December 2016: https://www.cipd.co.uk/Images/rapid-evidence-assessment-of-the-research-literature-on-the-effect-of-performance-appraisal-on-workplace-performance_tcm18-16902.pdf am 15.09.2020 abgerufen

Ciulla, J. (2014). *Ethics, the heart of leadership*. Santa Barbara, California: Praeger.

Clark, T. R. (2020). *The 4 Stages of Psychological Safety: Defining the Path to Inclusion and Innovation*. Oakland: Berrett-Koehler Publishers.

Clifton, J., & Harter, J. (2019). *It's the Manager.* New York: Gallup.

Coleman, P. T. (2018). Conflict Intelligence and Systemic Wisdom:Meta-Competencies for Engaging Conflict in a Complex, Dynamic World. *Negotiation Journal, 34 (1)*, S. 7–35.

Colquitt, J. A., Scott, B. A., Rodell, J. B., Long, D. M., Zapata, C. P., Conlon, D. E., & Wesson, M. J. (2013). Justice at the Millennium, a Decade Later: A Meta-Analytic Test of Social Exchange and Affect-Based Perspectives. *Journal of Applied Psychology, 98 (2)*, S. 199–236.

Comelli, G., Rosenstiel, L. v., & Nerdinger, F. W. (2014). *Führung durch Motivation. Mitarbeiter für die Ziele des Unternehmens gewinnen*. München: Verlag Franz Vahlen.

Conforto, E. C., Amaral, D. C., da Silva, S. L., Di Felippo, A., & Kamikawachi, D. S. (2016). The agility construct on project management theory. *International Journal of Project Management, 34 (4)*, S. 660–674.

Costa, P. T., & McCrae, R. R. (2008). The Revised NEO Personality Inventory (NEO-PI-R). In G. J. Boyle, G. Matthews, & D. H. Saklofske, *The SAGE Handbook of Personality Theory and Assessment: Volume 2 — Personality Measurement and Testing* (S. 179–198). London: SAGE Publications Ltd.

Culley, S. (2015). *Beratung als Prozess. Lehrbuch kommunikativer Fertigkeiten*. Weinheim und Basel: Beltz.

Daheim, C., Wintermann, O., Glenn, J., Korn, J., & Schoon, C. (2019). *Arbeit 2050: Drei Szenarien. Neue Ergebnisse einer internationalen Delphi-Studie des Millennium Project.* Von https://www.bertelsmann-stiftung.de/fileadmin/files/BSt/Publikationen/GrauePublikationen/Arbeit2050.pdf am 01.02.2021 abgerufen

Dahl, C. (2017). *Selbstfürsorge für psychosoziale Fachkräfte. Eine Studie zur psychischen Beanspruchung und zu beruflichen Belastungsfaktoren sowie Evaluation einer Gesundheitsförderungsmaßnahme zur Stärkung der Selbstfürsorge*. Landau: Verlag Empirische Pädagogik.

Dahl, C. (2019). Warum es sich lohnt, gut für sich zu sorgen. Über den langfristigen Nutzen der Selbstfürsorge – Ergebnisse zweier empirischer Studien. *Prävention und Gesundheitsförderung 14 (1)*, S. 69–78.

Daigeler, T., Hölzl, F., & Raslan, N. (2017). *Führungstechniken*. Freiburg: Haufe-Lexware.

DAK. (2020). *Gesundheitsreport 2020. Stress in der modernen Arbeitswelt*. Hamburg: DAK-Gesundheit.

DAK. (2020a). *Digitalisierung und Homeoffice in der Corona – Krise.* Von DAK-Sonder-analyse: https://www.dak.de/dak/download/folien-2295280.pdf am 15.12.2020 abgerufen

Danner, D., Rammstedt, B., Bluemke, M., Lechner, C., Berres, S., Knopf, T., . . . John, O. P. (2019). Das Big-Five Inventar 2: Validierung eines Persönlichkeitsinventars zur Erfassung von 5 Persönlichkeitsdomänen und 15 Facetten. *Diagnostica, 65*, S. 121–132.

Dathe, D., & Paul, F. (2011). *Arbeitsintensität und gesundheitliche Belastungen aus der Sicht von Beschäftigten im Gesundheits-, Sozial- und Erziehungswesen. Eine Analyse mit dem DGB-Index Gute Arbeit.* Von ver.di.: http://archiv.verdi-gute-arbeit.de/upload/m4d9c622806060_verweis1.pdf am 14.01.2021 abgerufen

De Jong, B. A., Dirks, K. T., & Gillespie, N. (2016). Trust and Team Performance: A Meta-analysis of Main Effects, Moderators, and Covariates. *Journal of Applied Psychology, 101 (8)*, S. 1134–1150.

De Jonge, J., & Scherm, M. (2015). Führung und Vertrauen – Konzepte und neue Befunde. In J. Felfe, *Trends der psychologischen Führungsforschung. Neue Konzepte, Methoden und Erkenntnisse* (S. 203–212). Göttingen: Hogrefe.

De Smet, A., Schaninger, B., & Smith, M. (2014). *The hidden value of organizational health - and how to capture it.* Von McKinsey Quarterly, April: https://www.mckinsey.com/business-functions/organization/our-insights/the-hidden-value-of-organizational-health-and-how-to-capture-it am 29.03.2021 abgerufen

DeChurch, L. A., & Mesmer-Magnus, J. R. (2010). The cognitive underpinning of effective teamwork: a meta-analysis. *Journal of Applied Psychology, 93*, S. 32–53.

Deci, E. L., & Ryan, R. M. (1985). *Intrinsic motivation and self-determination in human behavior.* New York: Springer.

Deci, E. L., & Ryan, R. M. (2015). The Importance of Universal Psychological Needs for Understanding Motivation in the Workplace. In M. Gagné, *The Oxford Handbook of Work Engagement, Motivation, and Self-Determination Theory* (S. 13–32). New York: Oxford University Press.

Deci, E. L., Olafsen, A. H., & & Ryan, R. M. (2017). Self-determination theory in work organizations: The state of a science. *Annual Review of Organizational Psychology and Organizational Behavior, 4*, S. 19–43.

Decker, C., & Van Quaquebeke, N. (2016). Respektvolle Führung fördern und entwickeln. In J. Felfe, & R. van Dick, *Handbuch Mitarbeiterführung: Wirtschaftspsychologisches Praxiswissen für Fach- und Führungskräfte* (S. 27–40). Berlin, Heidelberg: Springer Verlag.

Deckert, R., & Langer, A. (2018). Digitalisierung und Technisierung sozialer Dienst-leistungen. In K. Grunwald, & A. Langer, *Sozialwirtschaft. Handbuch für Wissenschaft und Praxis* (S. 872–889). Baden-Baden: Nomos Verlagsgesellschaft.

Dehner, K., Zimmermann, M., & Fischer, M. (2018). Die Kunst, den Drachen zu fliegen. *Sozialwirtschaft aktuell, Ausg. 15–16*, S. 1–3.

Delise, L. A., Gorman, C. A., Brooks, A. M., Rentsch, J. R., & Steele-Johnson, D. (2010). The effects of team training on team outcomes: A meta-analysis. *Performance Improvement Quarterly, 22 (4)*, S. 53–80.

Deloitte. (2018a). *Der Aufstieg der „sozialen Organisation". Globale Human Capital Trendstudie 2018. Deutschland-Report.* Abgerufen am 02.12.2019 von https://www2.deloitte.com/de/de/pages/human-capital/articles/human-capital-trends-deutschland-2018.html

Deloitte. (2018b). *Organisation neu denken. Flexible Organisationsmodelle für das digitale Zeitalter.* Von Deloitte & Touche GmbH: https://www2.deloitte.com/content/dam/Deloitte/de/Documents/human-capital/Organisation-neu-denken-flexible-organisations-modelle-2018.pdf am 02.02.2021 abgerufen

Deloitte. (2020). *Media Consumer Survey 2020: Mediennutzung im „New Normal".* Düsseldorf: Deloitte GmbH.

DeRue, S. D., Nahrgang, J. D., Wellman, N., & Humphrey, S. E. (2011). Trait and behavioral theories of leadership: an integration and meta-analytic test of their relative validity. *Personnel Psychology, 64 (1),* S. 7–52.

Dettmers, J., & Krause, A. (2020). Der Fragebogen zur Gefährdungsbeurteilung psychischer Belastungen (FGBU). *Zeitschrift für Arbeits- und Organisationspsychologie 64 (2),* S. 99–119.

Dettmers, S., Jochmann, W., Hermann, A., Zimmermann, T., Knappstein, M., Fastenroth, L. M., & Pela, P. (2020). *Agile Unternehnen – Zukunftstrend oder Mythos der digitalen Arbeitswelt?* Düsseldorf und Dortmund: StepStone GmbH und Kienbaum Institut – ISM für Leadership & Transformation GmbH.

DGB. (2019). *Die Arbeit mit Menschen – Was ist sie uns wert? Untersuchung aus einer gleichstellungspolitischen Perspektive.* Berlin: DGB-Bundesvorstand, Abteilung Frauen, Gleichstellungs- und Familienpolitik.

Di Stefano, G., Gino, F., Pisano, G., & Staats, B. R. (2016). Making Experience Count: The Role of Reflection in Individual Learning. *Harvard Business School NOM Unit Working Paper No. 14-093.*

Dicke, R., Roghé, F., & Strack, R. (2012). Spielräume statt Regeln. Was überdurchschnittlich erfolgreiche Unternehmen auszeichnet. *ZFO – Zeitschrift Führung + Organisation, 81 (1),* S. 51–57.

Diebig, M., Bormann, K. C., & Rowold, J. (2016). A double-edged sword: Relationship between full-range leadership behaviors and followers' hair cortisol level. *Leadership Quarterly, 27,* S. 684–696.

Diestel, S., Dettmers, S., Jochmann, W., Hermann, A., Fastenroth, L. M., & Pela, P. (2018). *Die Kunst des Führens in der digitalen Revolution.* Düsseldorf, Dortmund: StepStone GmbH, Kienbaum Institut.

Digital.ai. (2020). *14th Annual State of Agile Report.* Von https://stateofagile.com/ am 02.02.2021 abgerufen

Dinh, J. E., Lord, R. G., Gardner, W. L., Meuser, J. D., Liden, R. C., & Hu, J. (2014). Leadership theory and research in the new millennium: Current theoretical trends and changing perspectives. *The Leadership Quarterly, 25(1),* S. 36–62.

Dixon-Fyle, S., Dolan, K., Hunt, V., & Prince, S. (2020). *Diversity Wins: How Inclusion Matters.* Von McKinsey & Company, May 19, 2020: https://www.mckinsey.com/featured-insights/diversity-and-inclusion/diversity-wins-how-inclusion-matters; am 28.12.2020 abgerufen

Dollinger, A., Fehse, K., & Haasis, K. (2019). *Komplexitätstraining für Führende erfolgreich leiten.* Bonn: managerSeminare Verlag.

Domsch, M. E. (2020). Personalplanung und Personalentwicklung für Fach- und Führungskräfte. In L. v. Rosenstiel, E. Regnet, & M. E. Domsch, *Führung von Mitarbeitern. Handbuch für erfolgreiches Personalmanagement* (S. 517–532). Stuttgart: Schäffer-Poeschel Verlag.

Doppler, K. (2020). Führen in unsicheren Zeiten. *Sozialwirtschaft, 2*(2), S. 7–9.

Dörr, S., Albo, P., & Monastiridis, B. (2018). Digital Leadership – Erfolgreich führen in der digitalen Welt. In S. Grote, & R. Goyk, *Führungsinstrumente aus dem Silicon Valley.* (S. 37–61). Berlin, Heidelberg: Springer Verlag.

Dörr, S., Schmidt-Huber, M., & Maier, G. W. (2012). LEAD® – Entwicklung eines evidenzbasierten Kompetenzmodells erfolgreicher Führung. In S. Grote, *Die Zukunft der Führung* (S. 415–435). Berlin, Heidelberg: Springer Verlag.

Drath, K. (2015). *Neuroleadership. Was Führungskräfte aus der Hirnforschung lernen können.* Freiburg: Haufe-Lexware.

Dreas, S. A. (2019). *Diversity Management in Organisationen der Sozialwirtschaft.* Wiesbaden: Springer Fachmedien.

Dressler, M., & Toppe, K. (2011). *Erfolgreich führen in der Sozialwirtschaft.* Wiesbaden: Gabler Verlag.

Dulebohn, J. H., Bommer, W. H., Liden, R. C., Brouer, R., & Ferris, G. R. (2012). A meta-analysis of the antecedents and consequences of leader-member exchange: Integrating the past with an eye toward the future. *Journal of Management, 38*, S. 1715–1759.

Dunst, C. J., Bruder, M. B., Hamby, D. W., Howse, R., & Wilkie, H. (2018). Meta-analysis of the relationships between Different Leadership Practices and Organizational, Teaming, Leader, and Employee Outcomes. *Journal of International Education and Leadership, 8 (2).*

Dweck, C. S. (2007). *Mindset: The new psychology of success. How we can learn to fulfill our potential.* New York: Ballantine Books.

Dweck, C. S., & Yeager, D. S. (2019). Mindsets: A View From Two Eras. *Perspectives on Psychological Science, 14 (3)*, S. 481–496.

Eagly, A. H., Johannesen-Schmidt, M. C., & Van Engen, M. L. (2003). Transformational, transactional, and laissez-faire leadership styles: A meta-analysis comparing women and men. *Psychological Bulletin, 129 (4)*, S. 569–591.

Ebner, M. (2019). *Positive Leadership. Erfolgreich führen mit PERMA-Lead: die fünf Schlüssel zur High Performance.* Wien: Facultas AG.

Edmondson, A. C. (2018). *The Fearless Organization: Creating Psychological Safety in the Workplace for Learning, Innovation, and Growth.* Hoboken, NJ: Wiley.

Edmondson, A. C. (2020). *Die angstfreie Organisation: Wie Sie psychologische Sicherheit am Arbeitsplatz für mehr Entwicklung, Lernen und Innovation schaffen.* München: Vahlen.

Edmondson, A. C., & Lei, Z. (2014). Psychological safety: The history, renaissance, and future of an interpersonal construct. *Annual Review of Organizational Psychology and Organizational Behavior, 1 (1)*, S. 23–43.

Effelsberg, D., Solga, M., & Gurt, J. (2014). Transformational leadership and follower's unethical behavior for the benefit of the company: A two-study investigation. *Journal of Business Ethics, 120 (1)*, S. 81–93.

Ehmann, B. (2019). *Quick Guide Agile Methoden für Personaler. So gelingt der Wandel in die agile Unternehmenskultur.* Wiesbaden: Springer Fachmedien.

Ehrentraut, O., Hackmann, T., Krämer, L., & Plume, A.-M. (2014). Ins rechte Licht gerückt – Die Sozialwirtschaft und ihre volkswirtschaftliche Bedeutung. *WISO direkt, Analysen und Konzepte zur Wirtschafts- und Sozialpolitik, März*, S. 1–5.

Eilers, S., Möckel, K., Rump, J., & Schabel, F. (2016). *HR-Report 2015/2016: Schwerpunkt Unternehmenskultur. Eine empirische Studie des Instituts für Beschäftigung und Employability IBE im Auftrag von Hays für Deutschland, Österreich und die Schweiz.* Von Mannheim/Zürich/Wien: Hays plc: https://www.hays.de/documents/10192/118775/hays-studie-hr-report-2015–2016.pdf am 20.09.2020 abgerufen

Einarsen, S., Aasland, M. S., & Skogstad, A. (2007). Destructive leadership behavior. A definition and conceptual model. *The Leadership Quartely 18 (3)*, S. 207–216.

Eisenberger, N. I. (2012). Broken Hearts and Broken Bones: A Neural Perspective on the Similarities Between Social and Physical Pain. *Current Directions in Psychological Science 21 (1)*, S. 42–47.

Elger, C. E. (2013). *Neuroleadership. Erkenntnisse der Hirnforschung für die Führung von Mitarbeitern.* Freiburg: Haufe-Lexware.

Ellis, A., Schartz, D., & Jacobie, P. (2004). *„Coach dich". Rationales Effektivitäts-Training zur Überwindung emotionaler Blockaden.* Würzburg: Hemmer/Wüst Verlagsgesellschaft mbH.

Elsner, T., & Wintermann, T. (2019). Akkord diverser Klänge. *Sozialwirtschaft, 29 (2)*, S. 11–13.

Endrejat, P. C., & Meinecke, A. L. (2021). *Kommunikation in Veränderungsprozessen. Psychologische Grundlagen für die Arbeit mit Individuen und Gruppen.* Wiesbaden: Springer Fachmedien.

Endres, S., & Weibler, J. (2019). *Plural Leadership: Eine zukunftsweisende Alternative zur One-Man-Show.* Wiesbaden: Springer Fachmedien.

Espinoza, P., Peduzzi, M., Agreli, H. F., & Sutherland, M. A. (2018). Interprofessional team member's satisfaction: a mixed methods study of a Chilean hospital. *Human Resources for Health 16 (30)*, https://doi.org/10.1186/s12960-018-0290-z.

Eswaran, V. (2019). *The Business Case for Diversity Is Now Overwhelming.* Von World Economic Forum, April 29, 2019: https://www.weforum.org/agenda/2019/04/business-case-for-diversity-in-the-workplace/ am 28.12.2020 abgerufen

Eva, N., Robin, M., Sendjaya, S., van Dierendonck, D., & Liden, R. C. (2019). Servant Leadership: A systematic review and call for future research. *The Leadership Quarterly, 30 (1)*, S. 111–132.

Favero, N., Meier, K. J., & O'Toole Jr., L. J. (2016). Goals, Trust, Participation, and Feedback: Linking Internal Management With Performance Outcomes. *Journal of Public Administration Research And Theory, 26 (2)*, S. 327–343.

Fehn, T. (2020). Stress und Ressourcen im Arbeitskontext. In A. Schütz, C. Köppe, & M. Andresen, *Was Führungskräfte über Psychologie wissen sollten. Theorien und Praxis für den Umgang mit Mitarbeitenden* (S. 61–83). Bern: Hogrefe Verlag.

Felfe, J. (2006). Validierung einer deutscher Version des „Multifactor Leadership Questionnaire" (MLQ Form 5 x Short) von Bass und Avolio (1995). *Zeitschrift für Arbeits- und Organisationspsychologie 50 (N.F. 24, 2)*, S. 61–78.

Felfe, J. (2009). *Mitarbeiterführung.* Göttingen: Hogrefe.

Felfe, J. (2015). Transformationale Führung: Neue Entwicklungen. In J. Felfe, *Tredns der psychologischen Führungsforschung. Neue Konzepte; Methoden und Erkenntnisse* (S. 39–53). Göttingen: Hogrefe.

Felfe, J., & Franke, F. (2014). *Führungskräftetraining.* Göttingen: Hogrefe Verlag.

Fernandez, S., & Moldogaziev, T. (2011). Empowering Public Sector Employees to Improve Performance: Does It Work? *The American Review of Public Administration, 41 (1)*, S. 23–47.

Ferreira, Y. (2009). FEAT – Fragebogen zur Erhebung von Arbeitszufriedenheitstypen. *Zeitschrift für Arbeits- und Organisationspsychologie, 53*, S. 177–193.

Fiege, R., Muck, P. M., & Schuler, H. (2014). Mitarbeitergespräche. In H. Schuler, & U. P. Kanning, *Lehrbuch der Personalpsychologie* (S. 765–811). Göttingen: Hogrefe.

Finis Siegler, B. (2018). Meritorik in der Sozialwirtschaft. In W. Grillitsch, P. Brandl, & S. Schuller, *Gegenwart und Zukunft des Sozialmanagements und der Sozialwirtschaft* (S. 35–57). Wiesbaden: Springer Fachmedien.

Fischer, L., & Lück, H. (2014). *Allgemeine Arbeitszufriedenheit.* Von Zusammenstellung sozialwissenschaftlicher Items und Skalen (ZIS): https://zis.gesis.org/skala/Fischer-Lück-Allgemeine-Arbeitszufriedenheit am 26.03.2021 abgerufen

Fischer, S., Weber, S., & Zimmermann, A. (2017). Agilität in der Praxis. *Personalmagazin, 4*, S. 40–43.

Fisher, E. A. (2009). Motivation and Leadership in Social Work Management: A Review of Theories and Related Studies. *Administration in Social Work, 33 (4)*, S. 347–367.

Fisher, R., Ury, W., & Patton, B. (2011). *Getting to Yes: Negotiating Agreement Without Giving In (3rd ed.).* New York: Penguin Books.

Fisher, S. G., Hunter, A. T., & Macrosson, W. D. (1998). The Structure of Belbin´s Team Roles. *Journal of Occupational and Organizational Psychology, 71 (3)*, S. 283–288.

Fittkau-Garthe, H., & Fittkau, B. (1971). *Fragebogen zur Vorgesetzten-Verhaltens-Beschreibung (FVVB). Handanweisung.* Göttingen: Hogrefe.

Fladerer, M. P. (2016). *Mehr schaffen in weniger Zeit – durch Pausen.* Von F. C. Brodbeck (Hrsg.), Evidenzbasierte Wirtschaftspsychologie, (9). Ludwig-Maximilians-Universität München: http://www.evidenzbasiertesmanagement.de am 10.01.2021 abgerufen

Fleishman, E. A. (1953). The description of supervisory behavior. *Journal of Applied Psychology, 37 (1)*, S. 1–6.

Forner, V. W., Jones, M., Berry, Y., & Eidenfalk, J. (2021). Motivating workers: how leaders apply self-determination theory in organizations. *Organization Management Journal, 18 (2)*, S. 76–94.

Franczukowska, A. A., Krczal, E., Knapp, C., & Baumgartner, M. (2021). Examining ethical leadership in health care organizations and its impacts on employee work attitudes: an empirical analysis from Austria. *Leadership in Health Services, Vol. ahead-of-print No. 1751–1879*, https://doi.org/10.1108/LHS-06-2020-0034.

Franke, F., Ducki, A., & Felfe, J. (2015). Gesundheitsförderliche Führung. In J. Felfe, *Trends in der psychologischen Führungsforschung* (S. 253 264). Göttingen: Hogrefe.

Franke, F., & Felfe, J. (2011). How does transformational leadership impact employees' psychological strain? Examining differentiated effects and the moderating role of affective organizational commitment. *Leadership, 7*, S. 295–316.

Franken, S. (2016). *Führen in der Arbeitswelt der Zukunft. Instrumente, Techniken und Best-Practice-Beispiele.* Wiesbaden: Springer Fachmedien.

Franken, S. (2019). *Verhaltensorientierte Führung. Handeln, Lernen und Diversity in Unternehmen, 4., vollständig überarbeitete Auflage.* Wiesbaden: Springer Fachmedien.

Franze, C. (2016). *Wie Sie gefährliche Zeitfallen erkennen und vermeiden.* Von F. C. Brodbeck (Hrsg.), Evidenzbasierte Wirtschaftspsychologie, (12). Ludwig-Maximilians-Universität München. http://www.evidenzbasiertesmanagement.de am 10.01.2021 abgerufen

Frazier, M. L., & Bowler, W. M. (2015). Voice climate, supervisor undermining, and work outcomes: A group-level examination. *Journal of Management, 41 (3),* S. 841–863.

Frazier, M. L., Fainshmidt, S., Klinger, R. L., Pezeshkan, A., & Vracheva, V. (2017). Psychological Safety: A Meta-Analytic Review and Extension. *Personnel Psychology, 70,* S. 113–165.

Fredrickson, B. L. (2013). Updated thinking on positivity ratios. *AAmerican Psychologist, 68,* S. 814–822.

Fredrickson, B. L., & Losada, M. F. (2005). Positive Affect and the Complex Dynamics of Human Flourishing. *American Psychologist, 60 (7),* S. 678–686.

Frey, D. (2015). *Ethische Grundlagen guter Führung. Warum gute Führung einfach und schwierig zugleich ist.* München: Roman Herzog Institut e. V.

Frey, D., & Schmalzried, L. (2013). *Philosophie der Führung. Gute Führung lernen von Kant, Aristoteles, Popper & Co.* Berlin, Heidelberg: Springer Verlag.

Friedl, A., Pondorfer, A., & Schmidt, U. (2020). Gender differences in social risk taking. *Journal of Economic Psychology 77, Art. 102182.*

Frindte, W., & Geschke, D. (2019). *Lehrbuch Kommunikationspsychologie.* Weinheim, Basel: Beltz Juventa.

Fröse, M. W., Naake, B., & Arnold, M. (2019). Quo Vadis – Leadership und Organisation. In M. W. Fröse, B. Naake, & M. Arnold, *Führung und Organisation. Neue Entwicklungen im Management der Sozial- und Gesundheitswirtschaft* (S. 1–30). Wiesbaden: Springer Fachmedien.

Frost-Ebinger, S., & Herzig, M. (2018). *Führungsdilemmata in sozialen Organisationen.* Von Züricher Hochschule für angewandte Wissenschaften: https://www.zhaw.ch/storage/shared/sozialearbeit/News/zhaw-fuehrungsdilemma-soziale-organisationen.pdf am 31.03.2021 abgerufen

Fuhrmann, B. (2018). *Stark führen. Aktivierend, effizient und wirkungsvoll agieren.* Wiesbaden: Springer Fachmedien.

Gabrisch, J. (2019). *Führungsinstrument Mitarbeiterkommunikation. Wie gute Gesprächsführung im Team gelingt – Mitarbeitergespräche gekonnt führen.* Bonn: Manager Seminare Verlags GmbH.

Gaddis, B. H., & Foster, J. L. (2015). Meta-Analysis of the dark side personality characteristics and critical work behaviors among leaders across the globe: Findings and implications for leadership development and executive coaching. *Applied Psychology: An International Review, 64 (1),* S. 25–54.

Gagné, M. D. (2014). The history of self-determination theory in psychology and management. In M. Gagné, *The Oxford handbook of work engagement, motivation, and self-determination theory* (S. 1–9). New Yorlk: Oxford University Press.

Gagné, M., Forest, J., Vansteenkiste, M., Crevier-Braud, L., Van den Broeck, A., Aspeli, A. K., . . . Westbye, C. (2014). The Multidimensional Work Motivation Scale: Validation evidence in seven languages and nine countries. *European Journal of Work and Organizational Psychology,* S. 1–19.

Galesic, M., Barkoczi, D., & Katsikopoulos, K. (2018). Smaller crowds outperform larger crowds and individuals in realistic task conditions. *Decision, 5 (1)*, S. 1–15.

Galinsky, A. D., Todd, A. R., Homan, A. C., Phillips, K. W., Apfelbaum, E. P., Sasaki, S. J., Richeson, J. A., Olayon, J. B., & Maddux, W. W. (2015). Maximizing the Gains and Minimizing the Pains of Diversity: A Policy Perspective. *Perspectives on Psychological Science, 10 (6)*, S. 742–748.

Gallup. (2019). *Engagement Index Deutschland 2019*. Von https://www.gallup.com/de/ engagement-index-deutschland.aspx am 27.03.2021 abgerufen

Gallup. (2019a). *The Manager Experience. Top Challenges & Perks of Managers*. Washington D.C.: Gallup.

Gallup. (2020). *Gallup's Perspective on Employee Burnout: Causes and Cures*. Washington: Gallup.

García-Juan, B., Escrig-Tena, A. B., & Roca-Puig, V. (2020). Psychological Empowerment: Antecedents From Goal Orientation and Consequences in Public Sector Employees. *Review of Public Personnel Administration, Vol. 40 (2)*, S. 297–326.

García-Morales, V., Jiménez-Barrionuevo, M., & Gutiérrez-Gutiérrez, L. (2012). Transformational leadership influence on organizational performance through organizational learning and innovation. *Journal of Business Research, 65 (7)*, S. 1040–1050.

Gärtner, C., & Duschek, S. (2011). Kollektive Intelligenz in Netzwerken. Gezielt durch Tools aufbauen. *ZFO – Zeitschrift Führung und Organisation 06/2011 (80. Jg.)*, S. 387–393.

Gebhardt, B., Hofmann, J., & Roehl, H. (2015). *Zukunftsfähige Führung. Die Gestaltung von Führungskompetenzen und -systemen*. Gütersloh: Bertelsmann Stiftung.

Geisler, M., Berthelsen, H., & Muhonen, T. (2019). Retaining Social Workers: The Role of Quality of Work and Psychosocial Safety Climate for Work Engagement Job Satisfaction and Organizational Commitment. *Human Service Organizations: Management Leadership & Governance, 43 (1)*, S. 1–15.

Gerdenitsch, C., & Korunka, C. (2019). *Digitale Transformation der Arbeitswelt. Psychologische Erkenntnisse zur Gestaltung von aktuellen und zukünftigen Arbeitswelten*. Berlin: Springer Verlag.

Gergen, K. (2002). *Konstruierte Wirklichkeiten. Eine Hinführung zum sozialen Konstruktionismus*. Stuttgart: Kohlhammer.

Gerhardt, C. (2020). *Zeitlose Elemente der Führung. Psychologisch sicher führen im Wandel*. Wiesbaden: Springer Fachmedien.

Gernadt, N., Schnitzer, M., & Viete, S. (2020). Räumliche Flexibilisierung durch zunehmende Homeoffice-Nutzung. *Wirtschaftsdienst 100. Jahrgang, 2020, Heft 9*, S. 661–666.

Gerstner, C., & Day, D. (1997). Meta-analytic review of leader-member exchange theory: Correlates and construct issues. *Journal of Applied Psychology, 82 (6)*, S. 827–844.

Giersiepen, A., Wanzel, S., & Schulz-Hardt, S. (2017). Entscheidungsprozesse in Gruppen. In H. W. Bierhoff, & D. Frey, *Kommunikation, Interaktion und soziale Gruppenprozesse. Enzyklopädie der Psychologie* (S. 635–665). Göttingen: Hogrefe.

Gigerenzer, G. (2014). *Risiko: Wie man die richtigen Entscheidungen trifft*. München: btb Verlag.

Gigerenzer, G., & Gaissmaier, W. (2015). Intuition und Führung. In S. K.-B. M. W. Fröse, *Emotion und Intuition in Führung und Organisation* (S. 19–42). Wiesbaden: Springer.

Gilbert, S. L., & Kelloway, E. K. (2015). Leadership. In M. Gagné, *The Oxford handbook of work engagement, motivation, and self-determination theory* (S. 181–198). Oxford: Oxford University Press.

Gmür, M., & Baumann-Fuchs, J. (2019). Erfolgsfaktor Führung. *Sozialwirtschaft, 6*, S. 20–23.

Goetz, D., & Reinhardt, E. (2017). *Führung: Feedback auf Augenhöhe. Wie Sie Ihre Mitarbeiter erreichen und klare Ansagen mit Wertschätzung verbinden.* Wiesbaden: Springer Fachmedien.

Goffin, H. (2020). *Erfolgsunternehmen – empirisch belegte Wege an die Spitze.* Berlin: Springer Verlag.

Göker, S. D., & Bozkuş, K. (2017). Reflective Leadership: Learning to Manage and Lead Human Organizations. In A. Alvinius, *Contemporary Leadership Challenges* (S. 27–45). Rijeka: InTech.

Goller, I., & Laufer, T. (2018). *Psychologische Sicherheit in Unternehmen. Wie Hochleistungsteams wirklich funktionieren.* Wiesbaden: Springer Fachmedien.

Gonzalez-Mulé, E., & Cockburn, B. S. (2020). This job is (literally) killing me: A moderated-mediated model linking work characteristics to mortality [published online ahead of print, 2020 Apr 9]. *Journal of Applied Psychology,* https://doi.org/10.1037/apl0000501, *S. Advance online publication.*

Google_re:Work. (2020). *Teams.* Von https://rework.withgoogle.com/subjects/teams/, am 06.04.2020 abgerufen

Google_re:Work. (2020a). *Return Path: Reorienting HR around team effectiveness..* Von https://rework.withgoogle.com/case-studies/return-path-team-effectiveness/, 05.04.2020 abgerufen

Gordon, T. (2005). *Managerkonferenz: Effektives Führungstraining.* München: Heyne Verlag.

Gottfredson, R. K., & Aguinis, H. (2017). Leadership behaviors and follower performance: Deductive and inductive examination of theoretical rationales and underlying mechanisms. *Journal of Organizational Behavior, 38,* S. 558–591.

Götz, K., & Hardt, C. (2016). Zur Theorie der Enstcheidung. In O. Geramanis, & K. Hermann, *Führen in ungewissen Zeiten. Impulse, Konzepte und Praxisbeispiele* (S. 219–234). Wiesbaden: Springer Fachmedien.

Gourmelon, A., Mroß, M., & Seidel, S. (2018). *Management im öffentlichen Sektor: Organisationen steuern – Strukturen schaffen – Prozesse gestalten.* Heidelberg, München: Rehm Verlag.

Graen, G. B., & Uhl-Bien, M. (1995). Relationship-based approach to leadership: Development of leader-member exchange (LMX) theory of leadership over 25 years: Applying a multi-level multi-domain perspective. *The Leadership Quarterly, 6,* S. 219–247.

Graf, A. (2019). *Selbstmanagement-Kompetenz in Organisationen stärken. Leistung, Wohlbefinden und Balance als Herausforderung.* Wiesbaden: Springer Fachmedien.

Graf, A., & Olbert-Bock, S. (2019). Selbstmanagement als Kernkompetenz. In B. Badura, A. Ducki, H. Schröder, J. Klose, & M. Meyer, *Fehlzeiten-Report 2019. Digitalisierung – gesundes Arbeiten ermöglichen* (S. 285–306). Berlin: Springer Verlag.

Graf, N., Rascher, S., & Schmutte, A. M. (2020). *Teamlead – Führung 4.0. So führen Sie Teams synergetisch zu Höchstleistungen.* Wiesbaden: Springer Fachmedien.

Grasmick, L., Davies, D., & Harbour, C. (2012). Participative leadership: Perspectives of community college presidents. *Community College Journal of Research and Practice, 36,* S. 67–80.

Greenleaf, R. K. (1998). *The power of servant-leadership.* San Francisco, CA: Berrett-Koehler.

Gregersen, S., Vincent-Höper, S., & Nienhaus, A. (2016). *Forschungsstudie Führung und Gesundheit.* Hamburg: Berufsgenossenschaft für Gesundheitsdienst und Wohlfahrtspflege.

Gregersen, S., Vincent-Höper, S., Schambortski, H., & Nienhaus, A. (2020). Führung und Gesundheit der Beschäftigten. In P. Kriwy, & M. Jungbauer-Gans, *Handbuch Gesundheitssoziologie* (S. 559–579). Wiesbaden: Springer Fachmedien.

Grice, H. P. (1980). *Studies in the way of words.* Cambridge: Harvard.

Grunau, P., & Wolter, S. (2019). Personalmaßnahmen: (K-)ein Treiber für Unternehmenswertschöpfung? *Personal quarterly, 71 (1),* S. 14–19.

Grunau, P., Ruf, K., Steffes, S., & Wolter, S. (2019). *Mobile Arbeitsformen aus Sicht von Betrieben und Beschäftigten: Homeoffice bietet Vorteile, hat aber auch Tücken. IAB Kurzbericht 11/2019.* Nürnberg: IAB - Institut für Arbeitsmarkt- und Berufsforschung.

Grunwald, K. (2018). Organisationsentwicklung/Change Management in und von sozialwirtschaftlichen Organisationen. In K. Grunwald, & A. Langer, *Sozialwirtschaft. Handbuch für Wissenschaft und Praxis* (S. 333–356). Baden-Baden: Nomos Verlagsgesellschaft.

Grunwald, K. (2018a). Management sozialwirtschaftlicher Organisationen zwischen Steuerungsskepsis, Dilemmatamanagement und Postheroischer Führung. In K. Grunwald, & A. Langer, *Sozialwirtschaft. Handbuch für Wissenschaft und Praxis* (S. 371–390). Baden-Baden: Nomos Verlagsgesellschaft.

Grunwald, K., & Langer, A. (2018). Sozialwirtschaft – eine Einführung in das Handbuch. In K. Grunwald, & A. Langer, *Sozialwirtschaft. Handbuch für Wissenschaft und Praxis* (S. 45–64). Baden-Baden: Nomos Verlagsgesellschaft.

Guillén, L., Mayo, M., & Korotov, K. (2015). Is leadership a part of me? A leader identity approach to understanding the motivation to lead. *The Leadership Quarterly, 26 (5),* S. 802–820.

Haarhaus, B. (2015). Entwicklung und Validierung eines Kurzfragebogens zur Erfassung von allgemeiner und facettenspezifischer Arbeitszufriedenheit. *Diagnostica, 62,* S. 61–73.

Hackl, B., & Gerpott, F. (2015). The relationship of ethical leadership, Co-worker support, job satisfaction and team performance. *Academy of Management Annual Meeting Proceedings, 2015 (1), 11688.*

Hackl, B., Wagner, M., Attmer, L., & Baumann, D. (2017). *New Work: Auf dem Weg zur neuen Arbeitswelt. Management-Impulse, Praxisbeispiele, Studien.* Wiesbaden: Springer Fachmedien.

Hackman, J. R., & Oldham, G. R. (1980). *Work redesign.* Reading, MA: Addison-Wesley.

Häfner, A., Pinneker, L., & Hartmann-Pinneker, J. (2019). *Gesunde Führung. Gesundheit, Motivation und Leistung fördern.* Berlin, Heidelberg: Springer Verlag.

Hagemann, V. (2011). *Trainingsentwicklung für High Responsibility Teams – Eine systematische Analyse von High Responsibility Team-Arbeitskontexten und Ableitung der High Responsibility Teamspezifischen kritischen Situationen sowie der Trainingsziele mit anschließender...* Lengerich: Pabst Verlag.

Hansbrough, T. K., & Schyns, B. (2018). The Appeal of transformational Leaership. *Journal of Leadership Studies, Vol. 12, Nr. 3,* S. 19–32.

Happ, C., Rack, O., Gurtner, A., & Ellwart, T. (2015). Die Kraft mentaler Modelle: Informationsüberflutung in Teams besiegen. *PERSONALquarterly 04 / 15,* S. 44–51.

Hardina, D., Middleton, J., Montana, S., & Simpson, R. A. (2007). *An Empowering Approach to Managing Social Service Organizations.* New York: Springer Publishing Company.

Harrison, C. (2018). *Leadership Theory and Research. A Critical Approach to New and Existing Paradigms.* Cham: Palgrave Macmillan.

Harter, J. K., Schmidt, F. L., & Hayes, T. L. (2002). Business-Unit-Level Relationship between Employee Satisfaction, Employee Engagement, and Business Outcomes: A Meta-Analysis. *Journal of Applied Psychology, 87,* S. 268–279.

Harter, J. K., Schmidt, F. L., Agrawal, S., Blue, A., Plowman, S. K., Josh, P., & Asplund, J. (2020). *The Relationship Between Engagement at Work and Organizational Outcomes 2020. Q12® Meta-Analysis: 10th Edition.* Washington: Gallup.

Hasebrook, J., & Hackl, B. (2020). Starke Führung, starke Teams. *Personalmagazin 02.20,* S. 79–81.

Hasebrook, J., Hackl, B., & Rodde, S. (2020). *Team-Mind und Teamleistung. Teamarbeit zwischen Managementmärchen und Arbeitswirklichkeit.* Berlin, Heidelberg: Springer Verlag.

Hasenbein, M. (2020). *Der Mensch im Fokus der digitalen Arbeitswelt. Wirtschaftspsychologische Perspektiven und Anwendungsfelder.* Berlin: Springer Verlag.

Hasher, L., Goldstein, D., & Toppino, T. (1977). Frequency and the conference of referential validity. *Journal of Verbal Learning and Verbal Behavior, 16,* S. 107–112.

Hatfield, S., & Winkler, K. (2020). Agiles Arbeiten und Führen. In L. v. Rosenstiel, E. Regnet, & M. E. Domsch, *Führung von Mitarbeitern. Handbuch für erfolgreiches Personalmanagement* (S. 747–759). Stuttgart: Schäffer-Poeschel Verlag.

Haufe. (2020). *Feedback-Studie 2020. Feedback-Kultur in Untermehmen.* Freiburg: Haufe-Lexware.

Haufe-Lexware GmbH & Co. KG. (2014). *Trendstudie „Mitarbeiter und Mitentscheider".* Von https://www.haufe.de/personal/hr-management/trendstudie-arbeitnehmer-wollen-mehr-mitentscheiden_80_235266.html am 15.01.2021 abgerufen

Hauser, B. (2020). Konflikte in und zwischen Gruppen. In L. v. Rosenstiel, E. Regnet, & M. E. Domsch, *Führung von Mitarbeitern. Handbuch für erfolgreiches Personalmanagement* (S. 437–453). Stuttgart: Schäffer-Poeschel Verlag.

Hauser, F., Schubert, A., Aicher, M., Fischer, L., Wegera, K., Erne, C., & Böth, I. (2008). *Unternehmenskultur, Arbeitsqualität und Mitarbeiterengagement in den Unternehmen in Deutschland. Ein Forschungsprojekt des BMAS.* Berlin: Bundesministeriums für Arbeit und Soziales.

Hays. (2017). *HR-Report 2017. Schwerpunkt Kompetenzen für eine digitale Welt.* Mannheim: Hays.

Hays. (2020). *Anpassung an eine neue Normalität. Wie Unternehmen die Corona-Krise meistern. Eine empirische Studie von rheingold und Hays.* Mannheim: Hays.

Heaphy, E. D., & Dutton, J. E. (2008). Positive social interactions and the human body at work: Linking organizations and physiology. *Academy of Management Review, 33 (1),* S. 137–162.

Heckhausen, J., & Heckhausen, H. (2018). Motivation und Handeln: Einführung und Überblick. In Ders., *Motivation und Handeln* (S. 1–11). Berlin, Heidelberg: Springer Verlag.

Hellmann, G., & Hollmann, J. (2017). *Führungskompetenz in der öffentlichen Verwaltung. Motivation, Teamleitung und Bürgerbeteiligung.* Wiesbaden: Springer Fachmedien.

Hemerling, J., Lovich, D., Grice, A., & Werner, R. (2020). *Transforming Beyond the Crisis with Head, Heart, and Hands.* Von Boston Consulting Group: https://www.bcg.com/de-de/publications/2020/people-centric-transformation-going-beyond-the-crisis am 06.02.2021 abgerufen

Henkel, D., & Rau, R. (2012). *Analyse und Bewertung von Arbeitsplätzen und Arbeitsstrukturen in der Sozialwirtschaft hinsichtlich ihrer potentiellen Auslösebedingungen für „Burnout". Endbericht über die wissenschaftliche Begleitung des Projekts „BOB".* Marburg: Arbeit & Bildung e. V.

Henn, A. (2020). Effektive Reanimation durch richtige Kommunikation. *intensiv 28,* S. 68–72.

Hermann, D. (2014). *Individuelle reflexive Werte.* Von Zusammenstellung sozialwissenschaftlicher Items und Skalen (ZIS), https://doi.org/10.6102/zis135: https://zis.gesis.org/skala/Hermann-Individuelle-reflexive-Werte am 07.01.2021 abgerufen

Hernandez Bark, A. S., Van Quaquebeke, N., & van Dick, R. (2017). Wird Führung weiblicher? Warum Krisen nach anderer Führung verlangen. In C. von Au, *Struktur und Kultur einer Leadership-Organisation. Holistik, Wertschätzung, Vertrauen, Agilität und Lernen* (S. 89–104). Wiesbaden: Springer Fachmedien.

Hernstein Institut. (2020). *Hernstein Management Report 2020. Werte und Selbstfindung: Identifizieren sich Führungskräfte mit ihrem Job?* Wien: Hernstein Institut für Management und Leadership.

Hernstein Institut. (2020a). *Hernstein Management Report. 1. Report 2020: Agilität und Hierarchie: Können Führungskräfte beidhändig führen?* Von https://www.hernstein.at/fileadmin/user_upload/HMR/HMR_1_2020_Ambidextrie.pdf am 02.02.2021 abgerufen

Herre, C., Klumb, P. L., & Schaffner, J. (2019). One Best Way? Leader Behavior and Different Aspects of Team Performance. *Zeitschrift für Arbeits- und Organisationspsychologie, 63 (1),* S. 32–47.

Hertel, G., & Hüffmeier, J. (2014). Teamarbeit: Wirkmechanismen und Rahmenbedingungen. In H. Schuler, & K. Moser, *Lehrbuch Organisationspsychologie* (S. 221–262). Bern: Huber.

Herzberg, F., Mausner, B., & Snyderman, B. (1959). *The motivation to work.* New York: Wiley.

Hirsch-Kreinsen, H., & Wienzek, T. (2019). Arbeit 4.0: Segen oder Fluch? In B. Badura, A. Ducki, H. Schröder, J. Klose, & M. Meyer, *Fehlzeiten-Report 2019. Digitalisierung – gesundes Arbeiten ermöglichen* (S. 17–28). Berlin: Springer Verlag.

Hoch, J. E., Wegge, J., & Schmidt, K.-H. (2009). Führen mit Zielen. *Reportpsychologie, 34, 7/8.*

Hoch, J., Bommer, W. H., Dulebohn, J. H., & Wu, D. (2018). Do ethical, authentic, and servant leadership explain variance above and beyond transformational leadership? A meta-analysis. *Journal of Management, 44,* S. 501–529.

Hocine, Z., & Zhang, J. (2014). Autonomy supportive leadership: a new framework for understanding effective leadership through self-determination theory. *Int. J. Information Systems and Change Management, 7 (2),* S. 135–149.

Hockling, S. (2019). Echte Diversität als Geschäftsgrundlage. In D. Brommer, S. Hockling, & A. Leopold, *Faszination New Work: 50 Impulse für die neue Arbeitswelt* (S. 57–64). Wiesbaden: Springer Fachmedien.

Hodges, J., & Howieson, B. (2017). The challenges of leadership in the third sector. *European Management Journal, 35 (1)*, S. 69–77.

Hofert, S. (2018). *Agiler führen. Einfache Maßnahmen für bessere Teamarbeit, mehr Leistung und höhere Kreativität.* Wiesbaden: Springer Fachmedien.

Hofert, S., & Visbal, T. (2015). *Die Teambibel. Das Praxisbuch für erfolgreiche Teamarbeit.* Offenbach: GABAL Verlag.

Hofhuis, J., van der Rijt, P. G., & Vlug, M. (2016). Diversity climate enhances work outcomes through trust and openness in workgroup communication. *SpringerPlus 5, 714,* https://doi.org/10.1186/s40064-016-2499-4.

Hofmann, J., Piele, A., & Piele, C. (2019). *New Work – Best Practices und Zukunftsmodelle: Arbeit von morgen heute gestalten.* Stuttgart: Fraunhofer IAO.

Hofmann, L. M., & Regnet, E. (2020). Digitale Führung und Zusammenarbeit in virtuellen Strukturen. In L. v. Rosenstiel, E. Regnet, & M. E. Domsch, *Führung von Mitarbeitern. Handbuch für erfolgreiches Personalmanagement* (S. 761–777). Stuttgart: Schäffer-Poeschel Verlag.

Hogreve, J., Iseke, A., Derfuss, K., & Eller, T. (2017). The Service–Profit Chain: A Meta-Analytic Test of a Comprehensive Theoretical Framework. *Journal of Marketing, 81 (3),* S. 41–61.

Hohman, M. (2021). *Motivational Interviewing in Social Work Practice.* New York: Guilford Press.

Hölzle, C. (2017). *Personalmanagement in Einrichtungen der Sozialen Arbeit: Grundlagen und Instrumente.* Weinheim, Basel: Beltz Juventa.

Homan, A. C. (2019). Dealing with Diversity in Workgroups: Preventing Problems and Promoting Potential. *Social and Personality Psychology Compass, 13 (5),* https://doi.org/10.1111/spc3.12465.

Homan, A. C., Gündemir, S., Buengeler, C., & van Kleef, G. A. (2020). Leading diversity: Towards a theory of functional leadership in diverse teams. *Journal of Applied Psychology, 105 (10),* S. 1101–1128.

Hoogeboom, M. A., & Wilderom, C. P. (2019). Advancing the Transformational–Transactional Model of Effective Leadership: Integrating two Classic Leadership Models with a Video-Based Method. *Journal of Leadership Studies 13(2),* S. 23–46.

Horneber, M. (2018). Ein innovatives Sozialunternehmen. Die AGAPLESION gAG. In B. Becher, & I. Hastedt, *Innovative Unternehmen der Sozial- und Gesundheitswirtschaft. Herausforderungen und Gestaltungserfordernisse* (S. 253–268). Wiesbaden: Springer Fachmedien.

Hornstein, E. v. (2020). Qualifikation für Gruppenarbeit: Teamentwicklungstraining. In L. v. Rosenstiel, E. Regnet, & M. E. Domsch, *Führung von Mitarbeitern. Handbuch für erfolgreiches Personalmanagement* (S. 455–468). Stuttgart: Schäffer-Poeschel Verlag.

Horstmann, D., & Remdisch, S. (2016). Gesundheitsorientierte Führung in der Altenpflege. Bedeutung sozialer Belastungen und Ressourcen für die Gesundheit und das Commitment der Mitarbeiter. *Zeitschrift für Arbeits- und Organisationspsychologie, 60 (4),* S. 199–211.

Horx, M. (2011). *Das Megatrend-Prinzip. Wie die Welt von morgen entsteht.* München: DVA.

Hossiep, R., Zens, J. E., & Berndt, W. (2020). *Mitarbeitergespräche: Motivierend, wirksam, nachhaltig.* Göttingen: Hogrefe Verlag.

House, R. J., & Mitchell, T. R. (1975). *Path-goal theory of leadership.* Seattle, WA: University of Washington.

Huber, A., & Wolf, A. (2020). Die bessere Wahl. *Psychologie Heute compact. Heft 61*, S. 14–20.

Huettermann, H., Doering, S., & Boerner, S. (2017). Understanding the Development of Team Identification: A Qualitative Study in UN Peacebuilding Teams. *Journal of Business and Psychology, 32*, S. 217–234.

Hughes, A. M. (2018). A checklist for facilitating training transfer in organizations. *Journal of Training and Development, 22 (4)*, S. 334–345.

Hughes, A. M., Zajac, S., & Salas, E. (2019). The Role of Work Environment in Training Sustainment: A Meta-Analysis. *Human Factors. The Journal of the Human Factors and Ergonomics Society*, S. 1–18; https://doi.org/10.1177/0018720819845988.

Humphrey, S. E., Nahrgang, J. D., & Morgeson, F. P. (2007). Integrating motivational, social, and contextual work design features: A metanalytic summary and theoretical extension of the work design literature. *Journal of Applied Psychology, 92 (5)*, S. 1332–1356.

Hünefeld, L. (2020). *Öffentlicher Dienst: hohe Arbeitsintensität, starke Belastung. baua: Fakten 32.* Von Bundesanstalt für Arbeitsschutz und Arbeitsmedizin (BAuA): https://www.baua.de/DE/Angebote/Publikationen/Fakten/BIBB-BAuA-32.pdf? am 28.03.2021 abgerufen

Hüning, L., Böhm, S., & Fugli, U. (2018). Die Auswirkungen von Autonomie, Kompetenz und sozialer Eingebundenheit auf die Gesundheit und Arbeitsfähigkeit von Mitarbeitern. In B. Badura, A. Ducki, H. Schröder, J. Klose, & M. Meyer, *Fehlzeiten-Report 2018. Sinn erleben – Arbeit und Gesundheit* (S. 269–279). Berlin: Springer Verlag.

Hunt, V., Layton, D., & Prince, S. (2015). *Why diversity matters.* Von https://www.mckinsey.com/business-functions/organization/our-insights/why-diversity-matters am 28.12.2020 abgerufen

Hyland, P., Reeves, D. W., & Caputo, A. (2018). Transformational and Transactional Leadership in Today's Work Environment: A Meta-analysis. Posterpräsentation. *33. Annual Conference: Society for Industrial and Organizational Psychology 21. April 2018.*

Hyll, M., & Hofmann, M. (2015). Tool: Just say „No". In M. Hofmann, S. Recknagel, L. Reisert, & F. Michel, *Stress-Kompass. Strategisches Stress-Management für Ihr Unternehmen aufbauen – Konzepte und Umsetzung* (S. 234–239). Bonn: managerSeminare Verlags GmbH.

IFBG – Institut für Betriebliche Gesundheitsberatung (2020). *#whatsnext2020 Erfolgsfaktoren für gesundes Arbeiten in der digitalen Arbeitswelt.* Von Techniker Krankenkasse: https://www.tk.de/resource/blob/2089982/6b926c725e94cff77332e98702d1e835/trendstudie-whatsnext-2020-data.pdf am 15.12.2020 abgerufen

IFIDZ. (2019). *IFIDZ-Meta-Studie 2019. Führungskompetenzen im digitalen Zeitalter.* Von Institut für Führungskultur im digitalen Zeitalter (IFIDZ): https://ifidz.de/digital-leadership-beratung-metastudie/ am 15.01.2021 abgerufen

ifz - Initiative Zukunftsfähige Führung e.V. Stuttgart. (2016). *Was macht Führung zukunftsfähig? Ergebnisse einer repräsentativen Befragung von Führungs- und Nachwuchskräften in Privatwirtschaft und öffentlichem Dienst.* Von http://www.izfev.de/wordpress/

wp-content/uploads/2016/01/izf-Allensbach-Studie-c-izf-e.V.-und-Institut-für-Demo-skopie-Allensbach-GmbH.pdf, am 19.08.2020 abgerufen

Ilies, R., Nahrgang, J. D., & Morgeson, F. P. (2007). Leader–member exchange and citizenship behaviors: A meta-analysis. *Journal of Applied Psychology, 92*, S. 269–277.

Ilmarinen, J., & Tempel, J. (2002). *Arbeitsfähigkeit 2010: Was können wir tun, damit Sie gesund bleiben?* Hamburg: VSA-Verlag.

Inceoglu, I., & Fleck, S. (2010). Engagement as a motivational construct. In S. L. Albrecht, *Handbook of Employee Engagement. Perspectives, Issues, Research and Practice* (S. 74–86). Cheltenham (UK), Northampton (USA): Edward Elgar.

Iqbal, N., Anwar, S., & Haider, N. (2015). Effect of leadership style on employee per-formance. *Arabian Journal of Business and Management Review, 5 (5), 1000146.*

Jäckel, A. (2020). Vertrauen und Führung im Kontext digitaler Arbeit. *GIO – Gruppe.Inter-aktion.Organisation, 51*, S. 169–176.

Jaffé, M. E., Rudert, S. C., & Greifeneder, R. (2019). You should go for diversity, but I'd rather stay with similar others: Social distance modulates the preference for diversity. *Journal of Experimental Social Psychology, 85, 103881.*

Janis, I. (1991). Groupthink. In E. Griffin, *A first look at communication theory* (S. 235–246). New York: McGrawHill.

Jensen, U. T., & Bro, L. L. (2018). How Transformational Leadership Supports Intrinsic Motivation and Public Service Motivation: The Mediating Role of Basic Need Satisfaction. *American Review of Public Administration, 48 (6)*, S. 535–549.

Jiang, K., Lepak, D. P., Hu, J., & Baer, J. C. (2012). How does human resource management influence organizational outcomes? A meta-analytic investigation of mediating mechanisms. *Academy of Management Journal, 55*, S. 1264–1294.

Jiménez, P., Höfer, M., & Lepold, A. (2019). Agilität – Leidenschaft, die kein Leiden schafft. *Wirtschaftspsychologie aktuell 4/2019*, S. 33–36.

Jonassen, M. (2019). Kommunikation. In E. Lippmann, A. Pfister, & J. Urs, *Hand-buch Angewandte Psychologie für Führungskräfte* (S. 327–341). Heidelberg, Berlin: Springer Verlag.

Jones, A. (2019). The Tuckman's Model Implementation, Effect, and Analysis & the New Development of Jones LSI Model on a Small Group. *Journal of Management, 6 (4)*, S. 23–28.

Jones, D. A. (2009). Getting even with one's supervisor and one's organization: relation-ships among types of injustice, desires for revenge, and counterproductive work behaviors. *Journal of Organizational Behavior, 30*, S. 525–542.

Jöns, I. (2015). *Erfolgreiche Gruppenarbeit: Konzepte, Instrumente, Erfahrungen.* Wies-baden: Springer Fachmedien.

Jöns, I. (2018). Feedbackprozesse in Organisationen: Psychologische Grundmodelle und Forschungsbefunde. In I. Jöns, & W. Bungard, *Feedbackinstrumente im Unternehmen* (S. 29–48). Wiesbaden: Springer Fachmedien.

Jöns, I., Hodapp, M., & Weiss, M. (2005). Kurzskala zur Erfassung der Unternehmenskultur (KUK). *Mannheimer Beiträge zur Wirtschafts- und Organisationspsychologie, 3*, S. 3–10.

Jörg, U. (2019). Führen von Gruppen und Teams. In E. Lippmann, A. Pfister, & U. Jörg, *Handbuch Angewandte Psychologie für Führungskräfte. Führungskompetenz und Führungswissen* (S. 408–455). Berlin, Heidelberg: Springer.

Judge, T. A., Bono, J. E., Ilies, R., & Gerhardt, M. (2002). Personality and leadership: A qualitative and quantitative review. *Journal of Applied Psychology, 87*, S. 765–780.

Judge, T. A., Colbert, A. E., & Ilies, R. (2004). Intelligence and leadership: A quantitative review and test of theoretical propositions. *Journal of Applied Psychology, 89*, S. 542–552.

Judge, T. A., Piccolo, R. F., & Ilies, R. (2004a). The forgotten ones? The validity of consideration and initiating structure in leadership research. *Journal of Applied Psychology, 89 (1)*, S. 36–51.

Judge, T. A., Piccolo, R. F., & Kosalka, T. (2009). The bright and dark side of leader traits: A review and theoretical extension of the leader trait paradigm. *The Leadership Quarterly, 20 (6)*, S. 855–875.

Judge, T., Piccolo, R. F., Podsakoff, N. P., Shaw, J. C., & Rich, B. L. (2010). The relationship between pay and job satisfaction: A meta-analysis of the literature. *Journal of Vocational Behavior, 77 (2)*, S. 157–167.

Jungert, T., Van den Broeck, A., Schreurs, B., & Osterman, U. (2018). How colleagues can support each other's needs and motivation: An intervention on employee work motivation. *Applied Psychology: An International Review, 67 (1)*, S. 3–29.

Kahn, W. A. (1990). Psychological conditions of personal engagement and disengagement at work. *Academy of Management Journal, 33 (4)*, S. 692–724.

Kaiser, S. (2020). Work-Life-Balance. In L. v. Rosenstiel, E. Regnet, & M. E. Domsch, *Führung von Mitarbeitern. Handbuch für erfolgreiches Personalmanagement* (S. 149–158). Stuttgart: Schäffer-Poeschel Verlag.

Kals, E., & Gallenmüller-Roschmann, J. (2017). *Arbeits- und Organisationspsychologie kompakt*. Weinheim, Basel: Beltz Verlag.

Kaluza, A. J., Boer, D., Buengeler, C., & van Dick, R. (2020). Leadership behaviour and leader self-reported well-being: A review, integration and meta-analytic examination. *Work & Stress, 34 (1)*, S. 34–56.

Kaluza, G. (2018). *Stressbewältigung. Trainingsmanual zur psychologischen Gesundheitsförderung*. Heidelberg: Springer Verlag.

Kaluza, G. (2018a). *Gelassen und sicher im Stress: Das Stresskompetenz-Buch: Stress erkennen, verstehen, bewältigen*. Berlin, Heidelberg: Springer Verlag.

Kampkötter, P., Laske, K., Müller, D., Petters, L., & Sliwka, D. (2015). *Fachkräftesicherung und -bindung * aktuelle Ergebnisse einer Betriebs- und Beschäftigtenbefragung. (Monitor)*. Berlin: BMAS.

Karadağ, E., Ciftci, K. S., & Bektas, F. (2015). Discussion, Limitations and Suggestions. In E. Karadag, *Leadership and Organizational Outcomes. Meta-Analysis of Empirical Studies* (S. 255–267). Berlin: Springer Verlag.

Kastner, M. (2017). Dynaxität – Die schnelle und komplexe Welt der Führungskräfte. In K. Häring, & S. Litzcke, *Führungskompetenzen lernen*. (S. 23–43). Stuttgart: Schäffer Poeschel.

Kastner, M. (2020a). Psychische Beeinträchtigungen und Burn-out. In L. v. Rosenstiel, E. Regnet, & M. E. Domsch, *Führung von Mitarbeitern. Handbuch für erfolgreiches Personalmanagement* (S. 357–368). Stuttgart: Schäffer-Poeschel.

Kastner, M. (2020b). Umgang mit Belastung und Anforderungen. In L. v. Rosenstiel, E. Regnet, & M. E. Domsch, *Führung von Mitarbeitern. Handbuch für erfolgreiches Personalmanagement* (S. 159–172). Stuttgart: Schäffer-Poeschel Verlag.

Katz, R. L. (1955). Skills of an effective administrator. *Harvard Business Review, 33(1)*, S. 33–42.

Käufer, T. (2019). *Neue Arbeitswelt. Statista Dossierplus zu Veränderungen der Arbeitswelt in Deutschland.* Hamburg: Statista GmbH.

Kauffeld, S. (2004). *Der Fragebogen zur Arbeit im Team (FAT).* Göttingen: Hogrefe.

Kauffeld, S., & Grohmann, A. (2019). Personalauswahl. In S. Kauffeld, *Arbeits-, Organisations- und Personalpsychologie für Bachelor* (S. 139–165). Berlin, Heidelberg: Springer Verlag.

Kauffeld, S., & Grothe, S. (2019). Personalentwicklung. In S. Kauffeld, *Arbeits-, Organisations- und Personalpsychologie für Bachelor* (S. 167–210). Berlin, Heidelberg: Springer Verlag.

Kauffeld, S., & Sauer, N. C. (2019). Vergangenheit und Zukunft der Arbeits- und Organisationspsychologie. In S. Kauffeld, *Arbeits-, Organisations- und Personalpsychologie für Bachelor* (S. 21–45). Berlin, Heidelberg: Springer Verlag.

Kauffeld, S., & Schermuly, C. C. (2019). Arbeitszufriedenheit und Arbeitsmotivation. In S. Kauffeld, *Arbeits-, Organisational- und Personalpsychologie für Bachelor* (S. 237–259). Berlin, Heidelberg: Springer Verlag.

Kauffeld, S., & Schulte, E.-M. (2012). Teamentwicklung und Teamführung. In P. Heimerl, & R. Sichler, *Strategie – Organisation – Personal – Führung* (S. 559–594). Wien: facultas wuv (UTB).

Kauffeld, S., & Schulte, E.-M. (2013). Führung in Teams. In M. Landes, & E. Steiner, *Psychologie der Wirtschaft* (S. 385–402). Wiesbaden: Springer VS.

Kauffeld, S., & Schulte, E.-M. (2019). Teams und ihre Entwicklung. In S. Kauffeld, *Arbeits-, Organisations- und Personalpsychologie für Bachelor* (S. 211–236). Berlin, Heidelberg: Springer Verlag.

Kauffeld, S., Endrejat, P. C., & Richter, H. (2019a). Organisationsentwicklung. In S. Kauffeld, *Arbeits-, Organisations- und Personalpsychologie für Bachelor* (S. 73–104). Berlin, Heidelberg: Springer Verlag.

Kauffeld, S., Ianiro-Dahm, P. M., & Sauer, N. C. (2019). Führung. In S. Kauffeld, *Arbeits-, Organisations- und Personalpsychologie für Bachelor* (S. 105–138). Berlin, Heidelberg: Springer Verlag.

Kauffeld, S., Tiscar-Lorenzo, G., Montasem, K., & Lehmann-Willenbrock, N. (2009). act4teams®: Die nächste Generation der Teamentwicklung. In S. Kauffeld, S. Grote, & E. Frieling, *Handbuch Kompetenzentwicklung* (S. 191–215). Stuttgart: Schäffer-Poeschel.

Kearney, E., & Voelpel, S. C. (2012). Diversity research—what do we currently knowabout how to manage diverse organizational units? *Z Betriebswirtschaft, 82,* S. 3–18.

Kehl, K., & Then, V. (2018). Soziale Investitionen, Wirkungsorientierung und ‚Social Return'. In K. Grunwald, & A. Langer, *Sozialwirtschaft. Handbuch für Wissenschaft und Praxis* (S. 858–871). Baden-Baden: Nomos Verlagsgesellschaft.

Kehl, K., Glänzel, G., Then, V., & Mildenberger, G. (2016). *Transparenzgutachten: Möglichkeiten, Wirkungen (in) der freien Wohlfahrtspflege zu messen.* Berlin: Bundesarbeitsgemeinschaft der Freien Wohlfahrtspflege (BAGFW).

Kehr, H. M. (2011). Führung und Motivation. Implizite Motive, explizite Ziele und die Steigerung der Willenskraft. *PERSONALFÜHRUNG 4/2011,* S. 66–71.

Kehr, H., Strasser, M., & Paulus, A. (2018). Motivation und Volition im Beruf und am Arbeitsplatz. In J. Heckhausen, & H. Heckhausen, *Motivation und Handeln* (S. 593–614). Berlin, Heidelberg: Springer Verlag.

Keller, C., & Knafla, I. (2019). Selbstführung als zentrale Kompetenz in digitalen und flexiblen Arbeitswelten. Evidenzbasierte Strategien der Selbstregulation für Führungskräfte und Mitarbeitende. In C. Negri, *Führen in der Arbeitswelt 4.0, Der Mensch im Unternehmen: Impulse für Fach- und Führungskräfte* (S. 137–151). Berlin: Springer-Verlag.

Keller, H., Robelski, S., Harth, V., & Mache, S. (2017). Psychosoziale Aspekte bei der Arbeit im Homeoffice und in Coworking Spaces. *ASU – Zeitschrift für medizinische Prävention, 52*, S. 840–845.

Kelly, R. J., & Hearld, L. R. (2020). Burnout and Leadership Style in Behavioral Health Care: a Literature Review. *J Behav Health Serv Res, 47 (4)*, S. 581–600.

Kersley, R., Klerk, E., Boussie, A., Longworth, B. S., Anamootoo Natzkoff, J., & Ramji, D. (2019). *The CS Gender 3000 in 2019: The Changing Face of Companies*. Von Credit Suisse Research Institute, October 10, 2019: https://www.credit-suisse.com/about-us-news/en/articles/news-and-expertise/cs-gender-3000-report-2019-201910.html am 28.12.2020 abgerufen

Keune, M., Löbel, S., & Schuppan, T. (kein Datum). Public Service Motivation und weiterer Motivationsfaktoren im deutschsprachigen Raum. *Verwaltung und Management, 24. Jhrg. (Heft 5)*, S. 226–239.

Khan, M., Kahn, I., Qureshi, Q. A., Ismail, H. M., Rauf, H., Latif, A., & Tahir, M. (2015). The styles of leadership: A critical review. *Public Policy and Administration, 5 (3)*, S. 87–92.

Khoo, H. S., & Burch, G. S. (2008). The 'dark side' of leadership personality and transformational leadership: An exploratory study. *Personality and Individual Differences, 44(1)*, S. 86–97.

Kienbaum. (2019). *All Agile Organization. Kienbaum Studienreport März 2019*. Von https://media.kienbaum.com/wp-content/uploads/sites/13/2019/05/New_Kienbaum_AllAgile_Organization.pdf am 11.02.2021 abgerufen

Kim, H., & Stoner, M. (2008). Burnout and Turnover Intention Among Social Workers: Effects of Role Stress, Job Autonomy and Social Support. *Administration in Social Work, 32 (3)*, S. 5–25.

Kim, M., Beehr, T. A., & Prewett, M. S. (2018). Employee Responses to Empowering Leadership: A Meta-Analysis. *Journal of Leadership & Organizational Studies, 25 (3)*, S. 1–20.

Kim, S., Lee, H., & Connerton, T. P. (2020). How psychological safety affects team performance: Mediating role of efficacy and learning behavior. *Frontiers in Psychology - online*, https://doi.org/10.5465/amd.2018.0242.

Kivimäki, M., Leino-Arjas, P., Luukkonen, R., Riihimäi, H., Vahtera, J., & Kirjonen, J. (2002). Work stress and risk of cardiovascular mortality: prospective cohort study of industrial employees. *BMJ, 325*, S. 857.

Kleibrink, J. (2014). Sick of Your Job? – Negative Health Effects from Non-Optimal Employment. *Ruhr Economic Paper No. 514* (http://dx.doi.org/10.2139/ssrn.2562390), S. 1–24.

Klein, C., DiazGranados, D., Salas, E., Le, H., Burke, C. S., Lyons, R., & Goodwin, G. F. (2009). Does Team Building Work? *Small Group Research, 40*, S. 181–222.

Kleinbeck, U., & Kleinbeck, T. (2009). *Arbeitsmotivation. Konzepte und Fördermaßnahmen*. Lengerich: Pabst Science Publishers.

Kleinschmidt, C. (2017). *Kein Stress mit dem Stress – Eine Handlungshilfe für Führungs-kräfte*. Berlin: Initiative Neue Qualität der Arbeit. Geschäftsstelle Bundesanstalt für Arbeitsschutz und Arbeitsmedizin.

Klös, H.-P., Rump, J., & Zibrowius, M. (2016). *Die neue Generation. Werte, Arbeitsein-stellungen und unternehmerische Anforderungen*. München: Roman Herzog Institut e.V.

Kluger, A. N., & DeNisi, A. S. (1996). The effects of feedback interventions on per-formance: A historical review, a meta-analysis, and a preliminary feedback intervention theory. *Psychological Bulletin, 119*, S. 254–284.

Kluger, A. N., & Nir, D. (2010). The feedforward interview. *Human Resource Management Review, 20*, S. 235–246.

Knies, E., Jacobsen, C., & Tummers, L. (2016). Leadership and organizational per-formance: State of the art and research agenda. In J. Storey, J. Denis, J. Hartley, & P. 't Hart, *Routledge Companion to Leadership* (S. 404–418). London: Routledge.

Knight, C., Patterson, M., & Dawson, J. (2017). Building work engagement: A systematic review and meta_analysis investigating the effectiveness of work engagement interventions. *Journal of Organizational Behavior, 38 (6)*, S. 792–812.

Knipfer, K., Ertel, N., & Kutschenko, N. (2017). *The reflective leader: Leadership learning from developmental job challenges. Paper presented at the EAWOP 2017 congress, Dublin, Ireland.*

Knoll, M., & Burkhardt, M. (2013). Ergebnisse der Befragung zur Arbeitssituation von Fachkräften in der sächsischen Sozialwirtschaft. In A. Sachsen, *Zwischen vakanten Stellen & älterwerdenden Fachkräften – Eine Untersuchung der Arbeitssituation in der sächsischen Sozialwirtschaft* (S. 3–13). Chemnitz: Arbeitsgemeinschaft Jugendfreizeit-stätten Sachsen e. V.

Kobialka, A., & Leis, J. (2019). Erfolgsfaktoren für den Kulturwandel in Organisationen. In J. Leis, A. Kobialka, & M. Keller, *Unternehmens- und Führungskultur!* (S. 14–18). Freiburg i. Brsg.: Lambertus Verlag.

Koeslag-Kreunen, M., Van den Bossche, P., Hoven, M., Van der Klink, M., & Gijselaers, W. (2018). When Leadership Powers Team Learning: A Meta-Analysis. *Small Group Research, 49 (4)*, S. 475–513.

Kohaut, S., & Möller, I. (2019). *Frauen in leitenden Positionen. Leider nichts Neues auf den Führungsetagen. IAB Kurzbericht 23/2019*. Nürnberg: IAB.

Kolhoff, L. (2018). Personalmanagement und -führung. In K. Grunwald, & A. Langer, *Sozialwirtschaft. Handbuch für Wissenschaft und Praxis* (S. 452–473). Baden-Baden: Nomos Verlagsgesellschaft.

Komus, A., & Kuberg, M. (2017). *Status Quo Agile. Studie zu Verbreitung und Nutzen agiler Methoden. Eine empirische Untersuchung*. Von https://www.gpm-ipma.de/fileadmin/user_upload/GPM/Know-How/Studie_Status_Quo_Agile_2017.pdf am 02.02.2021 abgerufen

König, C. J., & Kleinmann, M. (2020). Zeitmanagement. In L. v. Rosenstiel, E. Regnet, & M. E. Domsch, *Führung von Mitarbeitern. Handbuch für erfolgreiches Personal-management* (S. 173–182). Stuttgart: Schäffer-Poeschel Verlag.

Kool, W., McGuire, J. T., Rosen, Z. B., & Botvinick, M. M. (2010). Decision making and the avoidance of cognitive demand. *Journal of Experimental Psychology: General, 139*, S. 665–682.

Korner, M. (2010). Interprofessional teamwork in medical rehabilitation: a comparison of multidisciplinary and interdisciplinary teamapproach. *Clinical Rehabilitation, 24 (8)*, S. 745–755.

Korte, M. (2019). *Hirngeflüster. Wie wir lernen, unser Gedächtnis effektiv zu trainieren.* Berlin: Europa Verlag.

Kortendieck, G. (2017). *Strategisches Management im sozialen Bereich. Analyseinstrumente, Strategien, Planungshilfen.* Regensburg: Walhalla.

Kotter, J. P. (2011). *Leading Change. Wie Sie Ihr Unternehmen in acht Schritten erfolgreich verändern.* München: Verlag Franz Vahlen.

Kovács, L., & Stief, M. (2020). Ethik und Personalführung. In L. v. Rosenstiel, E. Regnet, & M. E. Domsch, *Führung von Mitarbeitern. Handbuch für erfolgreiches Personalmanagement* (S. 897–906). Stuttgart: Schäffer-Poeschel Verlag.

Kovjanic, S., Schuh, S., Jonas, K., Quaquebeke, N., & van Dick, R. (2012). How do transformational leaders foster positive employee outcomes? A self-determination-based analysis of employees' needs as mediating links. *Journal of Organizational Behavior, 33, 8,* S. 1031–1052.

Kozak, A., Kersten, M., Schillmöller, Z., & Nienhaus, N. (2013). Psychological work-related predictors and consequences of personal burnout among staff working with people with intellectual disabilities. *Research in Developmental Disabilities, 34,* S. 102–111.

Kozlowski, S. W., & Bell, B. S. (2013). Work groups and teams in organizations. In N. W. Schmitt, & S. Highhouse, *Handbook of psychology: Industrial and organizational psychology (Bd. 12)* (S. 412–469). Hoboken: Wiley.

Krämer, L. (2019). Die Sozialwirtschaft – der verkannte Wachstumsmotor. *Prognos trendletter, September,* S. 9.

Kraus, R., & Kreitenweis, T. (2020). *Führung messen. Inklusive Toolbox mit Messinstrumenten und Fragebögen.* Berlin, Heidelberg: Springer Verlag.

Krekel, C., Ward, G., & De Neve, J.-E. (2019). *Employee Wellbeing, Productivity, and Firm Performance.* Von Saïd Business School WP 2019–04: https://ssrn.com/abstract=3356581 am 28.03.2021 abgerufen

Krieger, W. (2016). *So geht's Beschäftigten – TK-Job- und Gesundheitsstudie.* Hamburg: Techniker Krankenkasse.

Kriegesmann, B., & Kley, T. (2014). „Gesund durch Veränderungsprozesse?!" Belastung und Erschöpfung von Führungskräften in Change-Management-Prozessen. *Arbeit, 23 (2),* S. 105–118.

Kruger, J., & Dunning, D. (1999). Unskilled and unaware of it: How difficulties in recognizing one's own incompetence lead to inflated self-assessments. *Journal of Personality and Social Psychology, 77,* S. 1121–1134.

Krüger, W. (2012). *Teams führen.* Freiburg: Haufe.

Krüpers, W. (2015). Zur Kunst praktischer Weisheit in Organisation und Führung. In M. Fröse, S. Kaudela-Baum, & F. F. Dievernich, *Emotion und Intuition in Führung und Organisation* (S. 65–100). Wiesbaden: Springer Fachmedien.

Kruse, P., & Schomburg, F. (2016). Ohne Paradigmenwechsel wird es nicht gehen. In O. Geramanis, & K. Hermann, *Führen in ungewissen Zeiten. Impulse, Konzepte und Praxisbeispiele* (S. 3–15). Wiesbaden: Springer Fachmedien.

Kugler, K. (2015). *The dynamics of moral conflict: An experimental study.* PhD Dissertation. München: Ludwig-Maximilians-Universität.

Kuhl, J. (2001). *Motivation und Persönlichkeit.* Göttingen: Hogrefe.

Kühn, A., & Kühn, F. H. (2017). Schlüsselkompetenz Kommunikation: Pulsschlag der Veränderung. In G. Baltes, & A. Freyth, *Veränderungsintelligenz. Agiler, innovativer, unternehmerischer den Wandel unserer Zeit meistern* (S. 481–540). Wiesbaden: Springer Fachmedien.

Kuhn, D. (2020). *Resilienz am Arbeitsplatz*. Frankfurt a. M.: Mabuse-Verlag.

Kuhn, T., & Weibler, J. (2020). *Bad Leadership: Von Narzissten & Egomanen, Vermessenen & Verführten. Warum uns schlechte Führung oftmals gut erscheint und es guter Führung häufig schlecht ergeht*. München: Verlag Franz Vahlen.

Kunz, G. C. (2014). *Personalführung. Die 20 wichtigsten Instrumente*. München: Beck Verlag.

Kurz, B., & Kubek, D. (2018). *Kursbuch Wirkung*. Berlin: PHINEO gAG.

Kwapisz, A., Brown, F. W., Bryant, S., Chupka, R., & Profota, T. (2019). The Relative Importance of Transformational Leadership and Contingent Reward on Satisfaction with Supervision in Nonprofit and For-profit Organizations. *Journal of International & Interdisciplinar Business Research, 6 (4)*, S. 42–63.

La Torre, G., Esposito, A., Sciarra, I., & Chiappetta, M. (2019). Definition, symptoms and risk of techno-stress: A systematic review. *International Archives of Occupational and Environmental Health, 92(1)*, S. 13–35.

Lacerenza, C. N., Marlow, S. L., Tannenbaum, S. I., & Salas, E. (2018). Team Development Interventions: Evidence-Based Approaches for Improving Teamwork. *American Psychologist, 73 (4)*, S. 517–531.

Lacerenza, C. N., Reyes, D. L., Marlow, S. L., Joseph, D. L., & Salas, E. (2017). Leadership training design, delivery, and implementation: A meta-analysis. *Journal of Applied Psychology, 102*, S. 1686–1718.

Ladwig, D. H. (2020). Team-Diversity – Die Führung gemischter Teams. In L. von Rosenstiel, E. Regnet, & M. Domsch, *Führung von Mitarbeitern. Handbuch für erfolgreiches Personalmanagement* (S. 469–484). Stuttgart: Schäffer-Poeschel Verlag.

Laib, A. (2019). Schwarmintelligenz – mehr als ein Modebegriff. In M. W. Fröse, B. Naake, & M. Arnold, *Führung und Organisation. Neue Entwicklungen im Management der Sozial- und Gesundheitswirtschaft* (S. 231–248). Wiesbaden: Springer Fachmedien.

Landes, M., Steiner, E., Wittmann, R., & Utz, T. (2020). *Führung von Mitarbeitenden im Home Office. Umgang mit dem Heimarbeitsplatz aus psychologischer und ökonomischer Perspektive*. Wiesbaden: Springer Fachmedien.

Larson, L., & DeChurch, L. A. (2020). Leading teams in the digital age: Four perspectives on technology and what they mean for leading teams. *The Leadership Quarterly, 31 (2020), 101377*, S. 1–18.

Latham, G. P. (2004). The motivational benefits of goal setting. *Academy of Management Executive, 18*, S. 126–129.

Lehmann-Willenbrock, N., Beck, S. J., & Kauffeld, S. (2016). Emergent team roles in organizational meetings: Identifying communication patterns via cluster analysis. *Communication Studies 67*, S. 37–57.

Lencioni, P. M. (2020). *Die 5 Dysfunktionen eines Teams überwinden. Ein Wegweiser für die Praxis*. Weinheim: Wiley-VCH.

Lengen, J., Kersten, M., & Gregersen, S. (2020). Ambulante Jugendhilfe: Ein systematisches Literatur-Review zur Arbeits- und Gesundheitssituation. *Zeitschrift für Arbeitswissenschaft*, https://doi.org/10.1007/s41449-020-00239-2.

Libicky-Mayerhofer, B. (2018). *Gesund führen. Angewandte Psychologie für Führungskräfte und BeraterInnen*. Freiburg: Haufe Lexware.

Lieber, B. (2017). *Personalführung... leicht verständlich!* Konstanz und München: UVK Verlagsgesellschaft mbH.

Liebherr, M., Schubert, P., Antons, S., Montag, C., & Brand, M. (2020). Smartphones and attention, curse or blessing? - A review on the effects of smartphone usage. *Computers in Human Behavior Reports, 1, 100005*, https://doi.org/10.1016/j.chbr.2020.100005.

Liebrecht, C., Hustinx, L., & van Mulken, M. (2019). The Relative Power of Negativity: The Influence of Language Intensity on Perceived Strength. *Journal of Language and Social Psychology, 38 (2)*, S. 170–193.

Likert, R. (1961). *New patterns of management*. New York: McGraw-Hill.

Lin, S. H., Scott, B. A., & Matta, F. K. (2018). The dark side of transformational leader behaviors for leader themselves: A conservation of resources perspective. *Academy of Management Journal, 62 (5)*, S. 1556–1582.

Lindner, D. (2020). *Virtuelle Teams und Homeoffice. Empfehlungen zu Technologien, Arbeitsmethoden und Führung*. Wiesbaden: Springer Fachmedien.

Lindner-Lohmann, D., Lohmann, F., & Schirmer, U. (2016). *Personalmanagement*. Berlin, Heidelberg: Springer Verlag.

Linneweh, K., & Hofmann, L. M. (2020). Persönlichkeitsmanagement. In L. v. Rosenstiel, E. Regnet, & M. E. Domsch, *Führung von Mitarbeitern. Handbuch für erfolgreiches Personalmanagement* (S. 137–148). Stuttgart: Schäffer-Poeschel Verlag.

Lippmann, E. (2019). Gesprächsführung. In E. Lippmann, A. Pfister, & J. Urs, *Handbuch Angewandte Psychologie für Führungskräfte* (S. 351–368). Heidelberg, Berlin: Springer Verlag.

Lippold, D. (2020). *Die 75 wichtigsten Management- und Beratungstools. Von der BCG-Matrix zu den agilen Tools*. Berlin, Boston: de Gruyter.

Litzcke, S., & Heber, F. (2017). Persönlichkeit und Führung – Das 5–Faktoren-Modell der Persönlichkeit. In K. Häring, & S. Litzcke, *Führungskompetenzen lernen* (S. 61–97). Stuttgart: Schäffer-Poeschel.

Locke, E. A., & Latham, G. P. (1990). *A theory of goal setting and task performance*. Englewood Cliffs, NJ: Prentice Hall.

Locke, E. A., & Latham, G. P. (2002). Building a practically useful theory of goal setting and task motivation: A 35-year odyssey. *American Psychologist, 57*, S. 705–717.

Lohmann-Haislah, A., & Wendsche, J. (2017). Einfach mal Abschalten. Ein Beitrag zu wirksamer Erholung in der Ruhezeit. In R. Romahn, *Arbeitszeit gestalten: Wissenschaftliche Erkenntnisse für die Praxis* (S. 97–104). Marburg: Metropolis.

López-Cabarcos, M. A., López-Carballeira, A., & Ferro-Soto, C. (2021). How to moderate emotional exhaustion among public healthcare professionals? *European Research on Management and Business Economics 27, 100140*.

Lorenzo, R., Voigt, N., Schetelig, K., Zawadzki, A., Welpe, I. M., & Brosi, P. (2017). *The Mix That Matters· Innovation Through Diversity (The Boston Consulting Group)*. Von https://www.bcg.com/publications/2017/people-organization-leadership-talent-innovation-through-diversity-mix-that-matters am 12.12.2020 abgerufen

Losada, M., & Heaphy, E. (2004). The role of positivity and connectivity in the performance of business teams: A nonlinear dynamics model. *American Behavioral Scientist 47*, S. 740–765.

Luczak, D. (2017). Agil – Erfolgsfaktor agiles Unternehmenssystem. In C. Ramsauer, D. Kayser, & C. Schmitz, *Erfolgsfaktor Agilität. Chancen für Unternehmen in einem volatilen Marktumfeld* (S. 17–32). Weinheim: Wiley-VCH.

Lüneburg, A. (2019). *Auf dem Weg zur Führungskraft. Die innere Haltung entwickeln*. Wiesbaden: Springer Fachmedien.

Lüneburg, A. (2020). *Erfolgreich sein als Führungskraft in der Arbeitswelt 4.0.* Wiesbaden: Springer Fachmedien.

Lunenburg, F. C. (2010). Group decision making: The potential for groupthink. *International Journal of Management, Business, and Administration,13 (1).*

Lutze, M., Schaller, P. D., & Wüthrich, H. A. (2019). New Work. Zurück in die Zukunft der Motivation. *ZFO 06/2019 (88. Jg.),* S. 356–362.

Luu, T. T., Rowley, C., & Vo, T. T. (2019). Addressing Employee Diversity to Foster Their Work Engagement. *Journal of Business Research, 95,* S. 303–315.

Lyubomirsky, S., King, L., & Diener, E. (2005). The Benefits of Frequent Positive Affect: Does Happiness Lead to Success? *Psychological Bulletin, 131 (6),* S. 803–855.

Mack, O., & Khare, A. (2016). Perspectives on a VUCA World. In O. Mack, A. Khare, A. Krämer, & T. Burgartz, *Managing in a VUCA World* (S. 3–20). Heidelberg, New York: Springer.

Mackey, J. D., Frieder, R. E., Brees, J. R., & Martinko, M. J. (2017). Abusive supervision: A meta-analysis and empirical review. *Journal of Management, 43,* S. 1940–1965.

Mahembe, B., & Engelbrecht, A. S. (2013). The relationship between servant leadership, affective team commitment and team effectiveness. *Journal of Human Resource Management, 11 (1),* https://doi.org/10.4102/sajhrm.v11i1.495.

Maigatter, A., Weichbrodt, J., & Welge, K. (2020). Führungsherausforderungen mobilflexibler Zusammenarbeit. In S. Wörwag, & A. Cloots, *Zukunft der Arbeit – Perspektive Mensch. Aktuelle Forschungserkenntnisse und Good Practices* (S. 289–298). Wiesbaden: Springer Fachmedien.

Majkovic, A.-L., & Negri, C. (2019). Psychologie des Führens in der Arbeitswelt 4.0. In C. Negri, *Führen in der Arbeitswelt 4.0, Der Mensch im Unternehmen: Impulse für Fach- und Führungskräfte* (S. 1–8). Berlin: Springer Verlag.

Malik, F. (2001). *Führen. Leisten. Leben. Wirksames Management für eine neue Zeit. 7. Auflage.* München und Stuttgart: Heyne.

Manganelli, L., Thibault-Landry, A., Forest, J., & Carpentie, J. (2018). Self-Determination Theory Can Help You Generate Performance and Well-Being in the Workplace: A Review of the Literature. *Advances in Developing Human Resources, 20 (2),* S. 227–240.

Männle, P. (2019). Der Weg zum Hochleistungsteam. *Personalmagazin 11/19,* S. 49–52.

Margerison, C. J., & McCann, D. J. (1985). Team Management Profiles: Their use in Managerial Development. *Journal of Management Development, 4 (2),* S. 34–37.

Markland, D., Ryan, R. M., Tobin, V. M., & Rollnick, S. (2005). Motivational Interviewing an Self-Determination Theory. *Journal of Social and Clinical Psychology, 24 (6),* S. 811–831.

Marlow, S. L., Lacerenza, C. N., Paoletti, J., Burke, C. S., & Salas, E. (2018). Does team communication represent a one-size-fits-all approach?: A meta-analysis of team communication and performance. *Organizational Behavior and Human Decision Processes, 144,* S. 145–170.

Marmo, S., Pardasani, M., & Vincent, D. (2021). Social Justice, Organizational Commitment and Job Satisfaction for Palliative Care Social Workers. *Human Service Organizations: Management, Leadership & Governance,* https://doi.org/10.1080/2330 3131.2021.1875093.

Marshall, C., & Sogaard Nielsen, A. (2020). *Motivational Interviewing for Leaders in the Helping Professions. Facilitating Change in Organizations.* New York: The Guilford Press.

Martens, J. (2017). Vernetzte Organisationen – Vernetzte Mitarbeitende? Anforderungs-profile und Kompetenzen. In K. d. e.V., *Der Zukunftskongress der Sozialwirtschaft. Die vernetzte Gesellschaft sozial gestalten* (S. 107–119). Baden-Baden: Nomos Verlags-gesellschaft.

Martin, R., Thomas, G., Guillaume, Y., Lee, A., & Epitropaki, O. (2016). Leader-Member Exchange (LMX) and Performance: A Meta-analytic Review. *Personnel Psychology, 69*, S. 67–121.

Maslow, A. H. (1954). *Motivation and Personality.* New York: Harper & Row.

Massenberg, A.-C., Schulte, E.-M., & Kauffeld, S. (2017). Never too early: Learning Transfer System Factors Affecting Motivation to Transfer Before and After Training Programs. *Human Resource Development Quarterly, 28 (1)*, S. 55–85.

Mathieu, J., Maynard, M. T., Rapp, T., & Gilson, L. (2008). Team effectiveness 1997–2007: A review of recent advancements and a glimpse into the future. *Journal of management, 34 (3)*, S. 410–476.

Matyssek, A. K. (2020). *Gesund führen – sich und andere.* Norderstedt: BoD – Books in Demand.

Maynard, M. T., Gilson, L. L., & Mathieu, J. E. (2012). Empowerment – Fad or fab? A multilevel review of the past two decades of research. *Journal of Management, 38 (4)*, S. 1231–1281.

McCallaghan, S., Jackson, L. T., & Heyns, M. M. (2019). Examining the Mediating Effect of Diversity Climate on the Relationship Between Destructive Leadership and Employee Attitudes. *Journal of Psychology in Africa, 29 (6)*, S. 563–569.

McCallin, A., & Bamford, A. (2007). Interdisciplinary teamwork: is the influence of emotional intelligence fully appreciated? *Journal of Nursing Management, 15*, S. 386–391.

McClelland, D. (1961). *The achieving society.* Princeton: Van Nostrand.

McDowell, T., Agarwal, D., Miller, D., Okamoto, T., & Page, T. (2016). *Organizational design. The rise of teams. Human capital trends 2016 survey.* Oakland, CA: Deloitte University. Von https://documents.deloitte.com/insights/HCTrends2016 am 10.12.2020 abgerufen

McEwan, D., Ruissen, G. R., Eys, M. A., Zumbo, B. D., & Beauchamp, M. R. (2017). The Effectiveness of Teamwork Training on Teamwork Behaviors and Team Performance: A Systematic Review and Meta-Analysis of Controlled Interventions. *PLoS ONE, 12 (1)*, https://doi.org/10.1371/journal.pone.0169604.

McKinsey and Company. (2020). *Diversity wins. How inclusion matters.* Von https://www.mckinsey.de/~/media/mckinsey/locations/europe%20and%20middle%20east/deutsch-land/news/presse/2020/2020-05-19%20diversity%20wins/report%20diversity-wins how-inclusion-matters%202020.pdf am 30.08.2021 abgerufen

McMurray, A. J., Islam, M., Sarros, J. C., & Pirola-Merlo, A. (2013). Workplace innovation in a nonprofit organization. *Nonprofit Management and Leadership, 23(3)*, S. 367–388.

Meier, M. (2021). *Resilienzentwicklung für Führungskräfte. Wie Sie Ihre Handlungsfähig-keit durch Optimierung Ihrer Widerstandskraft gezielt stärken.* Bonn: managerSeminare Verlags GmbH.

Merchel, J. (2010a, 2. Auflage). *Leitung in der Sozialen Arbeit. Grundlagen der Gestaltung und Steuerung von Organisationen.* Weinheim, München: Juventa Verlag.

Merchel, J. (2010b). *Leiten in Einrichtungen der Sozialen Arbeit.* München: Ernst Reinhardt.

Merchel, J. (2017). Management ist nur dann gut, wenn es mit dem Gegenstand „Soziale Arbeit" verknüpft ist! Das Spezifische an Organisationen der Sozialen Arbeit und seine Bedeutung für das Management. In A. Wöhrle, A. Fritze, T. Prinz, & G. Schwarz, *Sozialmanagement – eine Zwischenbilanz* (S. 281–296). Wiesbaden: Springer Fachmedien.

Meredith, G. R., Rakow, D. A., Eldermire, E. R., Madsen, C. G., Shelley, S. P., & Sachs, N. A. (2020). Minimum Time Dose in Nature to Positively Impact the Mental Health of College-Aged Students, and How to Measure It: A Scoping Review. *Frontiers in Psychology 10: 2942,* https://doi.org/10.3389/fpsyg.2019.02942.

Meschede, M., Roick, C., Ehresmann, C., Badura, B., Meyer, M., Ducki, A., & Schröder, H. (2020). Psychische Erkrankungen bei den Erwerbstätigen in Deutschland und Konsequenzen für das Betriebliche Gesundheitsmanagement. In B. Badura, A. Ducki, H. Schröder, J. Klose, & M. Meyer, *Fehlzeiten-Report 2020. Gerechtigkeit und Gesundheit* (S. 331–364). Berlin: Springer Verlag.

Meyer, H. A., Wrba, M., & Bachmann, T. (2018). Psychologische Sicherheit: Das Fundament gelingender Arbeit im Team. In S. Hess, & H. Fischer, *Mensch und Computer 2018 – Usability Professionals* (S. 189–201). Dresden: Gesellschaft für Informatik e. V. und die German UPA e. V.

Meyer, M., Wiegand, S., & Schenkel, A. (2020). Krankheitsbedingte Fehlzeiten in der deutschen Wirtschaft im Jahr 2019. In B. Badura, A. Ducki, H. Schröder, J. Klose, & M. Meyer, *Fehlzeiten-Report 2020. Gerechtigkeit und Gesundheit* (S. 365–444). Berlin: Springer Verlag.

Meyer, N., & Alsago, E. (2021). Soziale Arbeit in der Corona-Pandemie: Arbeiten am Limit? Ein empirischer Beitrag zur Lage der Beschäftigten aus professionstheoretischer Perspektive. *Sozial Extra (Art. in Begutachtung).*

Miller, W. R., & Rollnick, S. (2015). *Motivierende Gesprächsführung. 3. Auflage (deutsch).* Freiburg: Lambertus.

Miner, J. B. (2015). *Organizational behavior 1: Essential theories of motivation and leadership.* New York: Routledge.

Mohr, G., Wolfram, H.-J., Schyns, B., Paul, T., & Günster, A. (2014). *Kommunikationsqualität Führungskräfte und MitarbeiterInnen.* Von Zusammenstellung sozialwissenschaftlicher Items und Skalen (ZIS), https://doi.org/10.6102/zis27: https://zis.gesis.org/pdfFiles/Antwortbogen/Mohr%2B_Kommunikationsqualitaet_Fuehrungskraefte_und_MitarbeiterInnen_Antwortbogen_c.pdf am 26.08.2020 abgerufen

Möltner, H., Benkhofer, S., & Hülsbeck, M. (2016). *Gesunde Führung. Begleitstudie zur Mindful Leadership Konferenz am 8./9. April 2016 an der Universität Witten/Herdecke.* Witten: Zentrum Fort- und Weiterbildung (ZFW).

Montano, D., Reeske, A., & Franke, F. (2016). *Psychische Gesundheit in der Arbeitswelt - Führung.* Dortmund: Bundesanstalt für Arbeitsschutz und Arbeitsmedizin (BAuA).

Montano, D., Reeske, A., Franke, F., & Hüffmeier, J. (2017). Leadersip, followers' mental health and job performance in organizations: A comprehensive meta-analysis from an occupational health perspective. *Journal of Organizational Behavior, 38 (3),* S. 327–350.

Montua, A. (2020). *Führungsaufgabe Interne Kommunikation. Erfolgreich in Unternehmen kommunizieren – im Alltag und in Veränderungsprozessen.* Wiesbaden: Springer Fachmedien.

Morgan, J. (2020). *The Future Leader: 9 Skills and Mindsets to Succeed in the Next Decade.* Hoboken (NJ): Wiley.

Morgeson, F. P., & Humphrey, S. E. (2006). The Work Design Questionnaire (WDQ): Developing and validating a comprehensive measure for assessing job design and the nature of work. *Journal of Applied Psychology, 91,* S. 1321–1339.

Morrison-Smith, S., & Ruiz, J. (2020). Challenges and barriers in virtual teams: a literature review. *SN Appl. Sci. 2, 1096,* https://doi.org/10.1007/s42452-020-2801-5.

Mueller, J. S. (2012). Why individuals in larger teams perform worse. *Organizational Behavior and Human Decision Processes, 117 (1),* S. 111–124.

Mueller, M. (2019). Show me the money: Toward an economic model for a cost-benefit analysis of employee engagement interventions. *International Journal of Organization Theory & Behavior, Vol. 22, 1,* S. 43–64.

Müller, G. F., & Braun, W. (2009). *Selbstführung. Wege zu einem erfolgreichen und erfüllten Berufs- und Arbeitsleben.* Bern: Verlag Hans Huber.

Müller, T., Hamm, M., & Vennemann, A. (2019). Neu an Bord. Nachfolgeplanung. *Sozialwirtschaft, 29 (6),* S. 26–27.

Myers, D. G. (2014). *Psychologie.* Berlin und Heidelberg: Springer Verlag.

National Research Council. (2015). *Enhancing the Effectiveness of Team Science.* Washington, DC: The National Academies Press.

Negri, C. (2019). Persönliche Arbeitstechnik. In E. Lippmann, A. Pfister, & U. Jörg, *Handbuch Angewandte Psychologie für Führungskräfte. Führungskompetenz und Führungswissen* (S. 196–210). Berlin, Heidelberg: Springer Verlag.

Nerdinger, F. W. (2019). Führung von Mitarbeitern. In F. Nerdinger, G. Blickle, & N. Scharper, *Arbeits- und Organisationspsychologie* (S. 95–117). Berlin, Heidelberg: Springer Verlag.

Nerdinger, F. W. (2019a). Arbeitsmotivation und Arbeitszufriedenheit. In F. Nerdinger, G. Blickle, & N. Scharper, *Arbeits- und Oragnisationspsychologie* (S. 463–486). Berlin, Heidelberg: Springer Verlag.

Nerdinger, F. W. (2019b). Interaktion und Kommunikation. In F. W. Nerdinger, G. Blickle, & N. Schaper, *Arbeits- und Organisationspsychologie* (S. 63–80). Berlin: Springer Verlag.

Nerdinger, F. W. (2019c). Teamarbeit. In F. Nerdinger, G. Blickle, & N. Scharper, *Arbeits- und Organisationspsychologie* (S. 119–134). Berlin, Heidelberg: Springer Verlag.

Nerdinger, F. W. (2019d). Organisationsentwicklung. In F. W. Nerdinger, G. Blickle, & N. Scharper, *Arbeits- und Oragnisationspsychologie* (S. 179–191). Berlin, Heidelberg: Springer Verlag.

Nerdinger, F. W. (2020). Formern der Beurteilung. In L. v. Rosenstiel, E. Regnet, & M. E. Domsch, *Führung von Mitarbeitern. Handbuch für erfolgreiches Personalmanagement* (S. 227–236). Stuttgart: Schäffer-Poeschel Verlag.

Neubenger, O., & Allerbeck, M. (2014). *Arbeitszufriedenheit.* Von Zusammenstellung sozialwissenschaftlicher Items und Skalen: unter https://zis.gesis.org/pdfFiles/Dokumentation/Neuberger%2B_Arbeitszufriedenheit_c.pdf am 27.03.2021 abgerufen

Neumann, B. (2018). Die Mitarbeitenden qualifizieren, die Organisationen entwickeln. *Sozialwirtschaft, 5,* S. 18–20.

Neumann, P. (2020). Gespräche mit Mitarbeitenden effizient führen. In L. v. Rosenstiel, E. Regnet, & M. E. Domsch, *Führung von Mitarbeitern. Handbuch für erfolgreiches Personalmanagement* (S. 281–300). Stuttgart: Schäffer-Poeschel Verlag.

Newstead, T., Dawkins, S., Macklin, R., & Martin, A. (2019). We don't need more leaders – We need more good leaders. Advancing a virtues-based approach to leader(ship) development. *The Leadership Quarterly, online 101312*.

Ng, T. W. (2017). Transformational leadership and performance outcomes: Analyses of multiple mediation pathways. *The Leadership Quarterly, 28*, S. 385–417.

Ng, T. W., & Feldman, D. C. (2012). Employee voice behavior: A meta-analytic test of the conservation of resources framework. *Journal of Organizational Behavior, 33 (2)*, S. 216–234.

Ng, T. W., & Feldman, D. C. (2015). Ethical leadership: Meta-analytic evidence of criterion-related and incremental validity. *Journal of Applied Psychology, 100 (3)*, S. 948–965.

Niederhäusern, G. v. (2015). Intuition als Führungskompetenz anerkennen und reflektieren. In M. W. Fröse, S. Kaudela-Baum, & F. E. Dievernich, *Emotion und Intuition in Führung und Organisation* (S. 179–192). Wiesbaden: Springer.

Nielsen, K. (2018). How workers' appraisals of change influence employee outcomes. In M. Vakola, & P. Petrou, *Organizational Change. Psychological effects and strategies für coping* (S. 78 – 89). Oxaon & New York: Routledge.

Nielsen, K., Nielsen, M. B., Ogbonnaya, C., Känsälä, M., Saari, E., & Isaksson, K. (2017). Workplace resources to improve both employee well-being and performance: A systematic review and meta-analysis. *Work & Stress, 2017, Vol. 31, No. 2*, S. 101–120.

Nielsen, K., Yarker, J., Randall, R., & Munir, F. (2009). The mediating effects of team and selfefficacy on the relationship between transformational leadership, and job satisfaction and psychological well-being in healthcare professionals: A cross-sectional questionnaire survey. *International Journal of Nursing Studies, 46 (9)*, S. 1236–1244.

Nier, H. (2020). *Wunsch und Wirklichkeit bei Führungskräften*. Von Statista: https://de.statista.com/infografik/20637/umfrage-wunsch-und-wirklichkeit-bei-fuehrungskraeften/ am 26.03.2021 abgerufen

Niermeyer, R. (2016). *Teams führen*. Freiburg: Haufe-Lexware.

Nikolova, M., & Cnossen, F. (2020). What Makes Work Meaningful and Why Economists Should Care about It. *IZA Discussion Paper Series, Nr. 13112, IZA – Institute of Labor Economics*.

Nink, M. (2017). *ENGAGEMENT INDEX DEUTSCHLAND 2016*. Von Pressegespräch am 22.03.2017: https://www.steauf.de/wp-content/uploads/2017/11/Gallup-Engagement-Index-2016.pdf am 06.09.2021 abgerufen

Nink, M. (2018). *Engagement Index. Die neuesten Daten und Erkenntnisse der Gallup-Studie*. München: Redline Verlag.

Nisbett, R. E., Caputo, C., Legant, P., & Marecek, J. (1973). Behavior as seen by the actor and as seen by the observer. *Journal of Personality and Social Psychology, 27*, S. 154–164.

Olafsen, A. H., Deci, E. L., & Halvari, H. (2018). Basic psychological needs and work motivation: A longitudinal test of directionality. *Motivation and Emotion, 42*, S. 178–189.

Oldham, G. R., & Hackman, J. R. (2010). Not what it was and not what it will be: the future of job design research. *Journal of Organizational Behavior 31 (2–3)*, S. 463–479.

Ospina, S. M. (2017). Collective Leadership and Context in Public Administration: Bridging Public Leadership Research and Leadership Studies. *Public Administration Review, 77 (2)*, S. 275–287.

Oswald, A., & Köhler, J. (2013). Schnelles und langsames Denken in Projekten, Teil 1. Zur Beherrschung von Unsicherheit in komplexen Projekten. *Projekt Management, 5*, S. 30–36.

Page, S. E. (2007). *The Difference: How the Power of Diversity Creates Better Groups, Firms, Schools, and Societies.* Princeton: Princeton University Press.

Parris, D. L., & Peachey, J. (2012). Building a legacy of volunteers through servant leadership: A cause-related sporting event. *Nonprofit Management & Leadership, 23*, S. 259–276.

Paul, T., & Schyns, B. (2014). *Deutsche Leader-Member Exchange Skala (LMX MDM).* Von Zusammenstellung sozialwissenschaftlicher Items und Skalen (ZIS): https://doi.org/10.6102/zis25 am 28.03.2021 abgerufen

Paulsen, H., & Kortsch, T. (2020). *Stressprävention in modernen Arbeitswelten. Das „Einfach weniger Stress"-Manual.* Göttingen: Hogrefe.

Pawlowsky, P., & Steigenberger, N. (2012). *Die HIPE-Formel: Empirische Analysen von Hochleistungsteams.* Frankfurt am Main: Verlag für Polizeiwissenschaft.

Pawson, R., & Tilley, N. (2004). *Realist Evaluation.* Von https://www.communitymatters.com.au/RE_chapter.pdf am 28.03.2021 abgerufen

Pearce, C. L., & Herbik, P. A. (2004). Citizenship behavior at the team level of analysis: the effects of team leadership, team commitment, perceived team support, and team size. *Journal of Social Psychology, 144(3)*, S. 293–310.

Pela, P., & Zimmermann, T. (2019). *Erfolgsgeheimnis Team - People Tech Insights. Stepstone Befragung.* Von https://www.stepstone.de/wissen/teamfaehigkeit am 26.03.2021 abgerufen

Pentz, W., Heinitz, K., & Weidling, A. (2019). Motivation 4.0. Mit Job Crafting für motiviertes Arbeiten sorgen. *zfo – Zeitschrift Führung und Organisation, 88. Jg, Ausg. 6/2019*, S. 378–380.

Perry, E. L., & Li, A. (2019). Diversity Climate in Organizations. In *Oxford Research Encyclopedia of Business and Management.* Oxford: Oxford University Press.

Perry, J., & Wise, L. (1990). The Motivational Bases of Public Service. *Public Admistration Review, 50 (3)*, S. 367–373.

Peters, T. (2015). *Leadership. Traditionelle und moderne Konzepte mit vielen Beispielen.* Wiesbaden: Springer Fachmedien.

Petry, T. (2016). *Digital Leadership: Erfolgreiches Führen in Zeiten der Digital Economy.* Freiburg: Haufe-Lexware.

Petry, T. (2018). Agile Führung als Antwort auf eine VUCA-Umwelt. *PERSONALquarterly 03*, S. 18–23.

Pettigrew, T. F. (1979). The Ultimate Attribution Error: Extending Allport's Cognitive Analysis of Prejudice. *Personality and Social Psychology Bulletin, 5 (4)*, S. 461–476.

Peus, C., & Hauser, A. (2020). Herausforderung Digitalisierung – acht Thesen für zukunftsorientiertes Führungshandeln. *Wirtschaftspsychologie aktuell, 2*, S. 21–26.

Pfiffner, R. (2017). Lust oder Frust? Arbeitsbedingungen und Arbeitszufriedenheit in Sozialen Diensten. *SozialAktuell, Nr. 1, Januar 2017*, S. 30–31.

Philipp, E. (2019). *Multiprofessionelle Teams auf den Punkt gebracht.* Frankfurt: Debus Pädagogik.

Poethke, U., Klasmeier, K. N., Diebig, M., Hartmann, N., & Rowold, J. (2019). Entwicklung eines Fragebogens zur Erfassung zentraler Merkmale der Arbeit 4.0. *Zeitschrift für Arbeits- und Organisationspsychologie, 63 (3),* S. 129–151.

Poppelreuter, S., & Mierke, K. (2018). *Psychische Belastungen in der Arbeitswelt 4.0. Entstehung – Vorbeugung – Maßnahmen.* Berlin: Erich Schmidt Verlag.

Porter, M., & Nohria, N. (2018). How CEOs Manage Time. *Harvard Business Review, 96 (4),* S. 42–51.

Pracht, G., & Michel, F. (2015). Tool: (Stress-)Umleitung - Think positive! In M. Hofmann, S. Recknagel, L. Reisert, & F. Michel, *Stress-Kompass. Strategisches Stress-Management für Ihr Unternehmen aufbauen – Konzepte und Umsetzung* (S. 176–184). Bonn: managerSeminare GmbH.

Prelec, D., Seung, S. H., & McCoy, J. (2017). A solution to the single-question crowd wisdom problem. *Nature 541,* S. 532–535.

Preusser, I., & Bruch, H. (2014). Leadership 2.0 – Führung in digitalen Zeiten: Leadership-Chancen und Herausforderungen der Digitalisierung. In P. Mehlich, T. Brandenburg, & M. T. Thielsch, *Praxis der Wirtschaftspsychologie* (S. 25–50). Münster: MV Wissenschaft.

Prinz, T. (2019). Wirkungsorientiertes Führen in Unternehmen der Sozial- und Gesundheitswirtschaft. In M. W. Fröse, B. Naake, & M. Arnold, *Führung und Organisation. Neue Entwicklungen im Management der Sozial- und Gesundheitswirtschaft* (S. 291–312). Wiesbaden: Springer Fachmedien.

Probst, G., Raisch, S., & Tushman, M. L. (2011). Ambidextrous leadership: Emerging challenges for business and HR leaders. *Organizational Dynamics, 40 (4),* S. 326–334.

pronovaBKK. (2018). *Betriebliches Gesundheitsmanagement 2018.* Von https://www.pronovabkk.de/media/downloads/presse_studien/studie_bgm_2018/pronovaBKK_BGM_Studie2018.pdf abgerufen

pronovaBKK. (2020). *Digital, Dynamisch, Dauergestresst? Arbeiten 2020. Ergebnisse einer Arbeitnehmerbefragung.* Von https://www.pronovabkk.de/media/downloads/presse_studien/studie_arbeiten_2020/Studie_Arbeiten2020_Ergebnisse.pdf am 12.02.2021 abgerufen

Prümper, J. (2020). Betriebliches Gesundheitsmanagement. In L. v. Rosenstiel, E. Regnet, & M. E. Domsch, *Führung von Mitarbeitern. Handbuch für erfolgreiches Personalmanagement* (S. 779–795). Stuttgart: Schäffer-Poeschel Verlag.

Pundt, F., Thomson, B., Montano, D., & Reeske, A. (2018). Führung und psychische Gesundheit. *ASU – Zeitschrift für medizinische Prävention, 53 (Sonderheft), 12/2018,* S. 15–19.

Rawolle, M., Wallis, M. S., Badhama, R., & Kehr, H. M. (2016). No fit, no fun: The effect of motive incongruence on job burnout and the mediating role of intrinsic motivation. *Personality and Individual Differences, 89,* S. 65–68.

Regnet, E. (2019). *New Work: Coworking und Open Space. Erfahrungen, Befürchtungen udn Empfehlungen.* Von Hochschule Augsburg: https://www.hs-augsburg.de/homes/eregnet/Veroeffentlichungen/New_Work_2019_Regnet_HS_Augsburg.pdf am 01.02.2021 abgerufen

Regnet, E. (2020). Der Weg in die Zukunft - Anforderungen an die Führungskraft. In L. v. Rosenstiel, E. Regnet, & M. E. Domsch, *Führung von Mitarbeitern. Handbuch für erfolgreiches Personalmanagement* (S. 55–75). Stuttgart: Schäffer-Poeschel Verlag.

Regnet, E. (2020a). Kommunikation als Führungsaufgabe. In L. v. Rosenstiel, E. Regnet, & M. E. Domsch, *Führung von Mitarbeitern. Handbuch für erfolgreiches Personalmanagement* (S. 267–280). Stuttgart: Schäffer-Poeschel Verlag.

Repp, L. (2013). *Soziale Wirkungsmessung im Social Entrepreneurship. Herausforderungen und Probleme.* Wiesbaden: Springer VS.

Resick, C. J., Martin, G. S., Keating, M. A., Dickson, M. W., Kwan, H. K., & Peng, C. (2011). What ethical leadership means to me: Asian, American, and European perspectives. *Journal of Business Ethics, 101 (3)*, S. 435–457.

Reyes, D. L., Dinh, J., & Salas, E. (2019). What Makes a Good Team Leader? *The Journal of Character & Leadership Development, 6 (1)*, S. 88–101.

Reynolds, A., & Lewis, D. (2017). *Teams Solve Problems Faster When They're More Cognitively Diverse.* Von Harvard Business Review: https://hbr.org/2017/03/teams-solve-problems-faster-when-theyre-more-cognitively-diverse am 03.12.2020 abgerufen

Reynolds, A., & Lewis, D. (2018). *The Two Traits of the Best Problem-Solving Teams.* Von Harvard Business Review: https://hbr.org/2018/04/the-two-traits-of-the-best-problem-solving-teams am 03.12.2020 abgerufen

Ribbat, M., Weber, C., Tisch, A., & Steinmann, B. (2021). *Führen und Managen im digitalen Wandel: Anforderungen und Ressourcen.* Von Bundesanstalt für Arbeitsschutz und Arbeitsmedizin (BAuA): https://www.baua.de/DE/Angebote/Publikationen/Preprint/Fuehrung.pdf?__blob=publicationFile&v=11 am 11.02.2021 abgerufen

Rich, B. L., Lepine, J. A., & Crawford, E. R. (2010). Job engagement: Antecedents and effects on job performance. *Academy of Management Journal, 53 (3)*, S. 617–635.

Richter, G., Ribbat, M., Mühlenbrock, & I. (2020). *Lernförderliche Arbeitsgestaltung im Dienstleistungssektor am Beispiel der Sachbearbeitung: Die doppelte Rolle der Führungskraft (baua: Focus).* Dortmund: Bundesanstalt für Arbeitsschutz und Arbeitsmedizin.

Riess, H., & Neporent, L. (2018). *The Empathy Effect: 7 Neuroscience-Based Keys for Transforming the Way We Live, Love, Work, and Connect Across Differences.* Boulder: Sounds True Inc.

Rigotti, T., Holstad, T., Mohr, G., Stempel, C., Hansen, E., Loeb, C., Isaksson, K., Otto, K., Kinnunen, U., & Perko, K. (2014). *Rewarding and sustainable health-promoting leadership (Research Project F 2199).* Dortmund: Bundesanstalt für Arbeitsschutz und Arbeitssicherheit (BAuA).

Rischar, K. (2011). *Schwierige Mitarbeitergespräche.* Hamburg: Windmühle Verlag.

Ritz, A. (2019). Führung im öffentlichen Sektor. In S. Veit, C. Reichhard, & G. Wewer, *Handbuch zur Verwaltungsreform.* Wiesbaden: Springer Fachmedien.

Robbins, S. P., Coulter, M., & Fischer, I. (2014). *Management. Grundlagen der Unternehmensführung.* Hallbergmoos: Pearson.

Robelski, S., Mette, J., Wirth, T., Kiepe, N., Nienhaus, A., Harth, V., & Mache, S. (2020). (Un)bounded Social Work? – Analysis of Working Conditions in Refugee and Homeless Aid in Relation to Perceived Job Stress and Job Satisfaction. *International Journal of Environmental Research and Public Health, 17 (2): E601.*

Roedenbeck Schäfer, M. (2020). Genaration Z gewinnen und binden. *Sozialwirtschaft, 2,* S. 26–27.

Rogers, C. R. (1991). *Die klientenzentrierte Gesprächspsychotherapie. Client-Centered Therapy.* Frankfurt a. M.: Fischer Taschenbuch.

Roghé, F., Toma, A., Scholz, S., Schudey, A., & Koike, J. (2017). *Boosting Performance Through Organization Design. The New New Way of Working Series, July 17.* Von https://www.bcg.com/publications/2017/people-boosting-performance-through-organization-design am 02.02.2021 abgerufen

Röhner, J., & Schütz, A. (2016). *Psychologie der Kommunikation.* Wiesbaden: Springer Fachmedien.

Rolfe, M. (2019). *Positive Psychologie und organisationale Resilienz. Stürmische Zeiten besser meistern.* Berlin, Heidelberg: Springer Verlag.

Ronay, R., Oostrom, J. K., Lehmann-Willenbrock, N., Mayoral, S., & Rusch, H. (2019). Playing the trump card: Why we select overconfident leaders and why it matters. *The Leadership Quarterly, 30, 101316.*

Rose, J. D. (2011). Diverse perspectives of the groupthink theory – a literary review. *Emerging Leadership Journeys, 4 (1),* S. 37–57.

Rose, N. (2019). *Arbeit besser machen. Positive Psychologie für Personalarbeit und Führung.* Freiburg: Haufe-Lexware.

Rose, N., & Steger, M. F. (2020). Warum gute Führung Sinn macht. Einfluss der Führungs-qualität auf Wechselmotivation. *OrganisationsEntwicklung Nr. 3,* S. 76–79.

Rosengren, D. B. (2015). *Arbeitsbuch Motivierende Gesprächsführung.* Lichtenau/Westf.: G.P. Probst Verlag.

Rosenstiel, L. v., & Kaschube, J. (2020). Die Arbeitsgruppe. In L. V. Rosenstiel, E. Regnet, & M. E. Domsch, *Führung von Mitarbeitern. Handbuch für erfolgreiches Personal-management* (S. 409–424). Stuttgart: Schäffer-Poeschel Verlag.

Rosenstiel, L. v., & Nerdinger, F. W. (2020). Grundlagen der Führung. In L. v. Rosenstiel, E. Regnet, & M. E. Domsch, *Führung von Mitarbeitern. Handbuch für erfolgreiches Personalmanagement* (S. 21–53). Stuttgart: Schäffer-Poeschel Verlag.

Rosete, D., & Ciarrochi, J. (2005). Emotional intelligence and its relationship to workplace performance outcomes of leadership effectiveness. *Leadership & Organization Development Journal, 26 (5),* S. 388–399.

Rosner, S., & Winheller, A. (2019). *Gelingende Kommunikation – revisited: ein Leitfaden für partnerorientierte Gesprächsführung, professionelle Verhandlungsführung und lösungsfokussierte Konfliktbearbeitung.* Augsburg, München: Rainer Hampp.

Ross, L. D., Amabile, T. M., & Steinmetz, J. L. (1977). Social Roles, Social Control, and Biases in Social-Perception Processes. *Journal of Personality and Social Psychology, 35 (7),* S. 485–494.

Rossberger, R., & Krause, D. (2014). Participative and team-oriented leadership styles, countries' education level and national innovation. *Cross Cultural Research, 49 (1),* S. 20–56.

Roth, G. (2013). *Persönlichkeit, Entscheidung und Verhalten.* Stuttgart: Klett-Cotta.

Rothe, I., Adolph, L., Beermann, B., Schütte, M., Windel, A., Grewer, A., . . . Formazin, M. (2017). *Psychische Gesundheit in der Arbeitswelt – Wissenschaftliche Standort-bestimmung.* Dortmund: Bundesanstalt für Arbeitsschutz und Arbeitsmedizin.

Rowold, J., Borgmann, L., & Bormann, K. (2014). Which leadership constructs are important for predicting job satisfaction, affective commitment, and perceived job performance in profit versus nonprofit organizations? *Nonprofit Management and Leadership, 25 (2)*, S. 147–164.

Rozovsky, J. (2015). *The five keys to a successful Google team.* Von https://rework.withgoogle.com/blog/five-keys-to-a-successful-google-team/ am 30.03.2021 abgerufen

Rudolph, C. W., Katz, I. M., Lavigne, K. N., & Zacher, H. (2017). Job crafting: a meta-analysis of relationships with individual differences, job characteristics and work outcomes. *Journal of Vocational Behavior 102*, S. 112–138.

Rudolph, C. W., Murphy, L. D., & Zacher, H. (2020). A systematic review and critique of research on "healthy leadership". *The Leadership Quarterly, 31 (1)*, 101335.

Rump, J., & Eilers, S. (2020). Einleitung. In J. Rump, & S. Eilers, *Die vierte Dimension der Digitalisierung. Spannungsfelder in der Arbeitswelt von morgen* (S. 1–13). Berlin, Heidelberg: Springer Verlag.

Rump, J., & Eilers, S. (2020a). Agilität und Flexibilität – auf dem Weg zur Ambidextrie. Wie die Verbindung agiler Arbeitsmethoden mit flexiblen Arbeitsformen gelingt. In J. Rump, & S. Eilers, *Die vierte Dimension der Digitalisierung. Spannungsfelder in der Arbeitswelt von morgen* (S. 227–235). Berlin, Heidelberg: Springer Verlag.

Rumpf, J. (2018). Führung durch Mausklick? Herausforderungen für Führungskräfte in einer zunehmend digitalisierten Arbeitswelt mit virtuellen Teams. In C. von Au, *Führen in der vernetzten virtuellen und realen Welt. Digitalisierung, Selbstorganisation, Organisationsspezifika und Tabuthema Tod* (S. 51–68). Wiesbaden: Springer Fachmedien.

Rusca, R., & Huber, S. (2020). Mit Haltung Unternehmen aktiv und zukunftsfähig entwickeln und gestalten. In S. Wörwag, & A. Cloots, *Wörwag, & A. Cloots, Zukunft der Arbeit – Perspektive Mensch. Aktuelle Forschungserkenntnisse und Good Practices* (S. 307–317). Wiesbaden: Springer Fachmedien.

Ryan, R. M., & Deci, E. L. (2017). *Self-determination theory: Basic psychological needs in motivation, development, and wellness.* New York, NY: The Guilford Press.

Ryan, R. M., & Deci, E. L. (2019). Supporting autonomy, competence, and relatedness: The coaching process from a self-determination theory perspective. In S. English, J. M. Sabatine, & P. Brownell, *Professional Coaching. Principles and Practice* (S. 231–246). New York: Springer.

Rybnikova, I., & Lang, R. (2020). Partizipative Führung: Auf den Spuren eines Konzeptes. *Gruppe, Interaktion, Organisation 51 (1)*, S. 141–154.

Sackmann, S. (2019). Führungskommunikation. In S. Einwiller, S. Sackmann, & A. Zerfaß, *Handbuch Mitarbeiterkommunikation* (S. 237–256). Wiesbaden: Springer Fachmedien.

Saks, A. (2006). Antecedents and consequences of employee engagement. *Journal of Managerial Psychology, 21 (7)*, S. 600–619.

Salas, E., Reyey, D. L., & McDanie, S. H. (2018). The Science of Teamwork: Progress, Reflections, and the Road Ahead. *American Psychologist, 73 (4)*, S. 593–600.

Salas, E., Rosen, M., Burke, C. S., & Goodwin, G. F. (2009). The wisdom of collectives in organizations: An update of the teamwork competencies. In E. Salas, G. F. Goodwin, & C. S. Burke, *Team effectiveness in complex organizations* (S. 39–79). New York, NY: Taylor.

Salas, E., Shuffler, M. L., Thayer, A. L., Bedwell, W. L., & Lazarra, E. H. (2015). Understanding and improving teamwork in organizations: a scientifically based practical guide. *Human Resource Management, 54 (4)*, S. 599–622.

Salas, E., Tannenbaum, S. I., Kozlowski, S. W., Miller, C. A., Mathieu, J. E., & Vessey, W. B. (2015a). Teams in space exploration: A new frontier for the science of team effectiveness. *Current Directions in Psychological Science, 24 (3)*, S. 200–207.

Salas, E., Tannenbaum, S. I., Kraiger, K., & Smith-Jentsch, K. A. (2012). The Science of Training and Development in Organizations: What Matters in Practice. *Psychological Science in the Public Interest, 13 (2)*, S. 74–101.

Sann, U. (2020). Motivation und Emotion. In S. Preiser, *Pädagogische Psychologie (3., vollständig überarbeitete Auflage)*. Weinheim: Beltz.

Sann, U., & Heringer, F. (2012). Simulationsklienten in der Sozialen Arbeit. In M. Krämer, S. Dutke, & J. Barenberg, *Psychologiedidaktik und Evaluation IX* (S. 339–346). Aachen: Shaker Verlag.

Sann, U., Unger, F., Martin, C., & Wiesmann, D. (2020). Beziehungsförderliche, klienten-orientierte und motivierende Gesprächsführung im Jobcenter lernen und anwenden können, wollen und dürfen. In M. Krämer, J. Zumbach, & I. Deibl, *Psychologiedidaktik und Evaluation XIII* (S. 283–292). Aachen: Shaker Verlag.

Sanyang, L., & Othman, K. (2019). Work Force Diversity and Its Impact on Organisational Performance. *Journal of Islamic Social Sciences and Humanities, 20 (2)*, S. 23–35.

Sattler, J., Förster, L., Saller, T., & Studer, T. (2010). *Führen. Die erfolgreichsten Instrumente und Techniken*. Freiburg: Haufe.

Sauerland, M., Müller, G. F., & Gewehr, P. (2018). Entscheiden lernen – ein Modell für die Praxis. *Wirtschaftspsychologie aktuell 1/2018*, S. 28–34.

Saxena, A. (2014). Workforce Diversity: A Key to Improve Productivity. *Procedia Economics and Finance, 11*, S. 76–85.

Schaff, A. (2019). Arbeit 4.0: Risiken für die psychische Gesundheit. In B. Hermeier, T. Heupel, & S. Fichtner-Rosada, *Arbeitswelten der Zukunft* (S. 303–321). Wiesbaden: Springer Fachmedien.

Schaper, N. (2019). Arbeitsgestaltung in Produktion und Verwaltung. In F. W. Nerdinger, G. Blickle, & N. Schaper, *Arbeits- und Organisationspsychologie* (S. 411–434). Berlin, Heidelberg: Springer Verlag.

Schaper, N. (2019a). Gruppenarbeit in der Produktion. In F. W. Nerdinger, G. Blickle, & N. Schaper, *Arbeits- und Organisationspsychologie* (S. 435–462). Berlin, Heidelberg: Springer Verlag.

Scharmer, O. (2020). *Theorie U – Von der Zukunft her führen: Presencing als soziale Technik*. Heidelberg: Carl-Auer Verlag.

Scharnhorst, J. (2019). *Psychische Belastungen am vermeiden. Burnoutprävention und Förderung von Resilienz in Unternehmen*. Freiburg: Haufe-Lexware.

Schaubroeck, J., Lam, S. S., & Peng, A. C. (2011). Cognition-based and affect-based trust as mediators of leader behavior influences on team performance. *Journal of Applied Psychology, 96*, S. 863–871.

Scheer GmbH. (2015). *Scheer Report. Innovationen im Fokus*. Von https://www.scheer-group.com/Scheer/uploads/sites/2/2016/04/Scheer-Report_Innovation-im-Fokus.pdf am 24.09.2020 abgerufen

Schermuly, C. C. (2016). Empowerment: Die Mitarbeiter stärken und entwickeln. In J. Felfe, & R. van Dick, *Handbuch Mitarbeiterführung. Wirtschaftspsychologisches Praxiswissen für Fach- und Führungskräfte* (S. 15–26). Berlin, Heidelberg: Springer Verlag.

Schermuly, C. C. (2019). *New Work – Gute Arbeit gestalten. Psychologisches Empowerment von Mitarbeitern*. Freiburg: Haufe-Lexware.

Schermuly, C. C., & Koch, J. (2019). New Work und psychische Gesundheit. In B. Badura, A. Ducki, H. Schröder, J. Klose, & M. Meyer, *Fehlzeiten-Report 2019* (S. 127–139). Berlin, Heidelberg: Springer Verlag.

Schermuly, C. C., & Scholl, W. (2012). *Instrument zur Kodierung von Diskussionen (IKD).* Göttingen: Hogrefe.

Schiepe-Tiska, A., Amann, O., & Kehr, H. M. (2014). Ich hab' Lust, Ich will's, Ich kann's. Das 3K- Modell – Selbstmotivation wissenschaftlich fundiert. *Junglehrer Praxis, Heft 1*, S. 1–4.

Schimpf, M., & Wojczechowski, C. (2014). *Attraktive Arbeitsplätze in der Sozialwirtschaft. Arbeitshilfen und BEst-Practices für kleine und mittlere Organisationen zu Personalgewinnung / -bindung und Diversity Management.* Stuttgart: Werstatt PARITÄT gGmbH.

Schirmer, U., & Woydt, S. (2016). *Mitarbeiterführung.* Wiesbaden: Springer Fachmedien.

Schmidt, F. L., Oh, I.-S., & Shaffer, J. A. (2016). *The validity and utility of selection methods in personnel psychology: Practical and theoretical implications of 100 years of research findings. Working paper.* Von www.researchgate.net, https://doi.org/10.13140/RG.2.2.18843.26400: am 15.01.2021 abgerufen

Schmithüsen, F., & Steffgen, G. (2015). Sozialpsychologie. In F. Schmithüsen, *Lernskript Psychologie* (S. 95–157). Berlin, Heidelberg: Springer.

Schmitt, L. (2018). Vom Verwalten zum Gestalten: Reflexive Prozesse implementieren, Führungskräfte entwickeln und Dialog fördern am Beispiel der Stadtverwaltung Mannheim. In C. von Au, *Führen in der vernetzten virtuellen und realen Welt. Digitalisierung, Selbstorganisation, Organisationsspezifika und Tabuthema Tod* (S. 155–172). Wiesbaden: Springer Fachmedien.

Schneider, S. K., & George, W. M. (2011). Servant leadership versus transformational leadership in voluntary service organizations. *Leadership & Organization Development Journal, 32 (1),* S. 60–77.

Schober, C., & Rauscher, O. (2014). Alle Macht der Wirkungsmessung? In A. E. Zimmer, & R. Simsa, *Forschung zu Zuvilgesellschaft, NPOs und Enegagement* (S. 261–281). Wiesbaden: Springer VS.

Scholl, A., de Wit, F., Ellemers, N., Fetterman, A. K., Sassenberg, K., & Scheepers, D. (2018). The Burden of Power: Construing Power as Responsibility (Rather Than as Opportunity) Alters Threat-Challenge Responses. *Personality and Social Psychology Bulletin 44 (7),* S. 1024–1038.

Schrör, T. (2016). *Führungskompetenz durch achtsame Selbstwahrnehmung und Selbstführung. Eine Anleitung für die Praxis.* Wiesbaden: Springer Fachmedien.

Schuler, H. (2020). Auswahl von Mitarbeitern. In L. v. Rosenstiel, E. Regnet, & M. E. Domsch, *Führung von Mitarbeitern. Handbuch für erfolgreiches Personalmanagement* (S. 189–226). Stuttgart: Schäffer-Poeschel Verlag.

Schulz von Thun, F., Enkemann, J., Leßmann, H., & Steller, W. (1987). *Verständlich informieren und schreiben. Trainingsprogramm Deutsch für Schüler.* Freiburg i. Br.: Herder-Bücherei.

Schulz von Thun, F., Ruppel, J., & Stratmann, R. (2016). *Miteinander reden: Kommunikationspsychologie für Führungskräfte.* Reinbek bei Hamburg: Rowohlt.

Schütz, A., Köppe, C., & Andresen, M. (2020). *Was Führungskräfte über Psychologie wissen sollten.* Bern: Hogrefe Verlag.

Schütz, A., Köppe, C., & Kammerhoff, J. (2018). Leader-follower crossover: exhaustion predicts somatic complaints via StaffCare behavior. *Journal of Managerial Psychology, 33(3)*, S. 297–310.

Schwarz, G., Newman, A., Cooper, B., & Eva, N. (2016). Servant leadership and follower job performance: The mediating effect of public service motivation. *Public Administration, 94*, S. 1025–1041.

Schwarzmüller, T., Brosi, P., & Welpe, I. M. (2017). Führung 4.0 – Wie die Digitalisierung Führung verändert. In A. Hildebrandt, & W. Landhäußer, *CSR und Digitalisierung. Der digitale Wandel als Chance und Herausforderung für Wirtschaft und Gesellschaft* (S. 617–628). Berlin: Springer Verlag.

Schweickhardt, A. (2018). *Teamkultur entwickeln: Das Tool- und Mindset für Führungskräfte, damit Teamarbeit Spaß macht und produktiv ist.* Bonn: managerSeminare Verlags GmbH.

Schyns, B., & Knoll, M. (2015). LMX – Leader-Member Exchange. In J. Felfe, *Trends der psychologischen Führungsforschung. Neue Konzepte, Methoden und Erkenntnisse* (S. 55–65). Göttingen: Hogrefe.

Schyns, B., & Schilling, J. (2013). How bad are the effects of bad leaders? A meta-analysis of destructive leadership and its outcomes. *Leadership Quarterly, 24*, S. 138–158.

Seelhofer, D. (2020). *Das Leadership Buch.* Hallbergmoss: Pearson.

Seibert, S. E., Wang, G., & Courtright, S. H. (2011). Antecedents and Consequences of Psychological and Team Empowerment in Organizations: A Meta-Analytic Review. *Journal of Applied Psychology, 96 (5)*, S. 981–1003.

Seitz, J., & Seitz, J. (2018). Digitale Kompetenzen: New Work = New Human? In H. R. Fortmann, & B. Kolocek, *Arbeitswelt der Zukunft* (S. 355–382). Wiesbaden: Springer Fachmedien.

Serrador, P., & Pinto, J. K. (2015). Agile work? - A quantitative analysis of agile project success. *International Journal of Project Management, 33*, S. 1040–1051.

Seyda, S., & Placke, B. (2020). IW-Weiterbildungserhebung 2020: Weiterbildung auf Wachstumskurs. *Vierteljahresschrift zur empirischen Wirtschaftsforschung, Jg. 47, IW-Trends 4/2020*, S. 105–123.

Shannon, C. E., & Weaver, W. (1949). *The mathematical theory of communication.* Urbana Champaign: University of Illinois Press.

Sheeran, P., & Webb, T. L. (2016). The Intention–Behavior Gap. *Social and Personality Psychology Compass, 10 (9)*, S. 503–518.

Shepperd, J. A. (1993). Productivity loss in performance groups: A motivation analysis. *Psychological Bulletin, 113 (1)*, S. 67–81.

Shim, S.-H., Livingston, R. W., Phillips, K. W., & Lam, S. S. (2020). The impact of leader eye gaze on disparity in member influence: Implications for process and performance in diverse groups. *Academy of Management Journal,* https://doi.org/10.5465/amj.2017.1507.

Sholihin, M., Pike, R., Mangena, M., & Li, J. (2011). Goal-setting participation and goal commitment: examining the mediating roles of procedural fairness and interpersonal trust in a UK financial services organisation. *British Accounting Review, 43 (2)*, S. 135–146.

Shoreibah, A., Marshall, G. W., & Gassenheimer, J. B. (2019). Toward a Framework for Mixed-Gender Selling Teams and the Impact of Increased Female Presence on

Team Performance: Thought Development and Propositions. *Industrial Marketing Management, 77*, S. 4–12.

Shuffler, M. L., DiazGranados, D., & Salas, E. (2011). There's a Science for That: Team Development Interventions in Organizations. *Current Directions in Psychological Science, 20*, S. 365–372.

Sichart, S., & Preußig, J. (2019). *Agil führen. Neue Methoden für moderne Führungskräfte.* Freiburg: Haufe-Lexware.

Sinani, F. (2016). *The effects of participative leadership practices on job satisfaction of highly skilled virtual teams. Dissertation.* Von https://scholarworks.waldenu.edu/cgi/viewcontent.cgi?article=3485&context=dissertations am 29.03.2021 abgerufen

Singer, T., & Bolz, M. (2013). *Mitgefühl: In Alltag und Forschung.* Leipzig: Max-Planck-Institut für Kognitions- und Neurowissenschaften.

Skakon, J., Nielsen, K., Borg, V., & Guzman, J. (2010). Are leaders' well-being, behaviours and style associated with the affective well-being of their employees? A systematic review of three decades of research. *Work & Stress, 24 (2)*, S. 107–139.

Skogstad, A., Aasland, M. S., Nielsen, M. B., Hetland, J., Matthiesen, S. B., & Einarsen, S. (2014). The relative effects of constructive, laissez-faire, and tyrannical leadership on subordinate job satisfaction: Results from two prospective and represent studies. *Zeitschrift für Psychologie, 222*, S. 221–232.

Slemp, G. R., Field, J. G., & Cho, A. S. (2020). A meta-analysis of autonomous and controlled forms of teacher motivation. *Journal of Vocational Behavior, 121, 103459*, S. 1–20.

Slemp, G. R., Kern, M. L., Patrick, K. J., & Ryan, R. M. (2018). Leader Autonomy Support in the Workplace: A Meta-Analytic Review. *Motivation and Emotion, 42 (5)*, S. 706–724.

Smith, P. C., Kendall, L. M., & Hulin, C. L. (1969). *The measurement of satisfaction in work and retirement: A strategy for the study of attitudes.* Rand Mcnally.

Smith, T., Fowler-Davis, S., Nancarrow, S., Ariss, S. M., & Enderby, P. (2018). Leadership in interprofessional health and social care teams: a literature review. *Leadership in Health Services, 31 (4)*, S. 452–467.

Sohn, S., Rees, P., Wildridge, B., Kalk, N. K., & Carter, B. (2019). Prevalence of problematic smartphone usage and associated mental health outcomes amongst children and young people: a systematic review, meta-analysis and GRADE of the evidence. *BMC Psychiatry 19, 356*, https://doi.org/10.1186/s12888-019-2350-x.

Sonnentag, S. (2018). Job-stress recovery: Core findings, future research topics, and remaining challenges. In W. S. Center, *Work Science Center Thinking Forward Report Series.* Atlanta GA: Georgia.

Sonnentag, S., & Frese, M. (2012). Stress in Organizations. In I. B. Weiner, *Handbook of Psychology, Volume 12, Industrial and Organizational Psychology, 2nd Edition* (S. 560–592). Hoboken, NJ: Wiley.

Sparr, J. L., Knipfer, K., & Willems, F. (2017). How leaders can get the most out of formal training: The significance of feedback-seeking and reflection as informal learning behaviors. *Human Resource Development Quarterly, 28 (1)*, S. 29–54.

Spehar, I., Forest, J., & Stenseng, F. (2016). Passion for Work, Job Satisfaction, and the Mediating Role of Belongingness. *Scandinavian Journal of Organizational Psychology 8 (1)*, S. 17–26.

Spisak, M. (2017). Wie führe ich mich selbst? In M. Spisak, & M. Della Picca, *Führungs-faktor Psychologie. Fragen aus der Führungspraxis – Antworten der Psychologie* (S. 7–53). Berlin, Heidelberg: Springer.

Spreitzer, M. G. (2008). Taking Stock: A review of more than twenty years of research on empowerment at work. In C. Cooper, & J. Barling, *The Handbook of Organizational Behavior* (S. 54–72). Thousand Oaks, CA: Sage Publications.

Srikanth, K., Harvey, S., & Peterson, R. S. (2016). A Dynamic Perspective on Diverse Teams: Moving from the Dual-Process Model to a Dynamic Coordination-based Model of Diverse Team Performance. *Academy of Management Annals, 10 (1)*, S. 453–493.

Staar, H., Gurt, J., & Janneck, M. (2019). Gesunde Führung in vernetzter (Zusammen-) Arbeit – Herausforderungen und Chancen. In B. Badura, A. Ducki, H. Schröder, J. Klose, & M. Meyer, *Fehlzeiten-Report 2019. Digitalisierung – gesundes Arbeiten ermöglichen* (S. 217–235). Berlin, Heidelberg: Springer Verlag.

Stajkovic, A. D., & Luthans, F. (2001). Differential effects of incentive motivators on work performance. *Academy of Management Journal, 44 (3)*, S. 580–590.

Stamatakis, E., Gale, J., Bauman, A., Ekelund, U., Hamer, M., & Ding, D. (2019). Sitting Time, Physical Activity, and Risk of Mortality in Adults. *Journal of the American College of Cardiology, 73 (16)*, S. 2062 – 2072.

Statista. (2020). *Digitalisierung der Arbeit.* Hamburg: Statista GmbH.

Statista. (2020a). *Megatrends. Statista-Dossier zum Thema Megatrends.* Von https://de.statista.com/statistik/studie/id/40300/dokument/megatrends-statista-dossier/ am 01.02.2021 abgerufen

Steffens, N. K., Haslam, S. A., Schuh, S. C., Jetten, J., & van Dick, R. (2017). A Meta-Analytic Review of Social Identification and Health in Organizational Contexts. *Personality and Social Psychology Review, 21 (4)*, S. 303–335.

Stegmann, S., van Dick, R., Ullrich, J., Charalambous, J., Menzel, B., Egold, N., & Tai-Chi Wu, T. (2010). Der Work Design Questionnaire. Vorstellung und erste Validierung einer deutschen Version. *Zeitschrift für Arbeits- u. Organisationspsychologie, 54 (N. F. 28) 1*, S. 1–28.

Steinert, C., & Büser, T. (2018). *Spot-Leadership. Nachhaltige Führung in einer agilen Unternehmenswelt.* Wiesbaden: Springer Fachmedien.

Stepstone. (2020). *Arbeit in der Corona-Krise.* Von https://www.stepstone.de/wissen/arbeit-corona-status-quo/ am 03.12.2020 abgerufen

Stern, A., Drewes, S., & Schulz-Hardt, S. (2017). Gruppenleistung. In H. W. Bierhoff, & D. Frey, *Kommunikation, Interaktion und soziale Gruppenprozesse. Enzyklopädie der Psychologie* (S. 599–634). Göttingen: Hogrefe.

Stewart, G. L. (2006). A meta-analytic review of relationships between team design features and team performance. *Journal of Management, 32 (1)*, S. 29–55.

Stippler, M., Rosenthal, S., & Moore, S. (2017). Teil 1 – Erste Ansätze. In M. Stippler, S. Moore, S. Rosenthal, & T. Doerffer, *Führung – Überblick über Ansätze, Entwicklungen, Trends, 5. Aufl.* (S. 15–31). Gütersloh: Verlag Bertelsmann Stiftung.

Stippler, M., Rosenthal, S., & Moore, S. (2017a). Teil 4 – Motivation, Macht und Psyche. In M. Stippler, S. Moore, S. Rosenthal, & T. Doerffer, *Führung – Überblick über Ansätze, Entwicklungen, Trends* (S. 67–81). Gütersloh: Verlag Bertelsmann Stiftung.

Stock, R. (2005). Kann Teamführung zu intensiv sein? Theoretische Überlegungen und empirische Untersuchung nicht-linearer Wirkungsbeziehungen. *Zeitschrift für betriebs-wirtschaftliche Forschung, 57*, S. 33–52.

Stocker, D., Jacobshagen, N., Krings, R., Pfister, I. B., & Semmer, N. K. (2014). Appreciative leadership and employee well-being in everyday working life. *Zeitschrift für Personalforschung, 28 (1–2)*, S. 73–95.

Stock-Homburg, R., & Groß, M. (2019). *Personalmanagement. Theorien – Konzepte – Instrumente*. Wiesbaden: Springer Fachmedien.

Stogdill, R. M. (1948). Personal Factors Associated with Leadership: A Survey of the Literature. *Journal of Psychology, 25*, S. 35–71.

Stoner, J. A. (1968). Risky and cautious shifts in group decisions: The influence of widely held values. *Journal of Experimental Social Psychology, 4 (4)*, S. 442–459.

Strack, R., Booker, M., Kovács-Ondrejkovic, O., Antebi, P., & Welch, D. (2018). *Decoding global talent 2018*. Von https://www.bcg.com/de-de/publications/2018/decoding-global-talent am 26.03.2021 abgerufen

Strack, R., von der Linden, C., Booker, M., & Strohmayr, A. (2014). *Decoding global talent*. Von https://www.bcg.com/de-de/publications/2014/people-organization-human-resources-decoding-global-talent am 04.08.2020 abgerufen

Strait, G. G. (2021). School-Based Motivational Interviewing: Promoting Student Success One Conversation at a Time. *Communiqué 47 (2)*, S. 31–32.

Straßburger, G., & Rieger, J. (2019). *Partizipation kompakt: Für Studium, Lehre und Praxis sozialer Berufe*. Weinheim und Basel: Beltz Juventa.

Streich, R. K. (2016). *Fit for Leadership. Führungserfolg durch Führungspersönlichkeit*. Wiesbaden: Springer Fachmedien.

Stroebe, R. W. (2015). *Grundlagen der Führung*. Hamburg: Edition Windmühle.

Stroebe, R. W., & Stroebe, A. (2020). *Arbeitsmethodik. Energie-, Zeit- und Stressmanagement*. Hamburg: Edistion Windmühle.

Stroebe, W., & Nijstad, B. (2004). Warum Brainstorming in Gruppen Kreativität vermindert: Eine kognitive Theorie der Leistungsverluste beim Brainstorming. *Psychologische Rundschau, 55*, S. 2–10.

Sturm, M., Reiher, S., Heinitz, K., & Soellner, R. (2011). Transformationale, transaktionale und passiv-vermeidende Führung. Eine metaanalytische Untersuchung ihres Zusammenhangs mit Führungserfolg. *Zeitschrift für Arbeits- und Organisationspsychologie, 55 (2)*, S. 88–104.

Sturzenhecker, M., Nagorny-Wittig, G., Rädle, S., Andrä, R., & Amerein, B. (2019). *Sozialmanagement. Organisation, Leitung und Management sozialer Einrichtungen*. Haan-Gruiten: Verlag Europa-Lehrmittel.

Sull, D., Turconi, S., & Sull, C. (2020). *When It Comes to Culture, Does Your Company Walk the Talk? Company practices often conflict with corporate values. Closing the gap starts with communication*. Von https://sloanreview.mit.edu/article/when-it-comes-to-culture-does-your-company-walk-the-talk am 02.02.2021 abgerufen

Suzuki, N., Imashiro, M., Shoda, H., Ito, N., Sakata, M., & Yamamoto, M. (2018). Effects of Group Size on Performance and Member Satisfaction. In S. Yamamoto, & H. Mori, *Human Interface and the Management of Information. Information in Applications and Service* (S. 191–199). Cham: Springer.

Tabatt-Hirschfeldt, A., Sann-Caputo, T.-M., Stremlow, J., Unger, F., Sann, U., & Kessler, O. (2019a). *Governance und Führung in der Sozialplanung. Rollenverständnisse, Haltungen und Kompetenzen*. Düsseldorf: Forschungsinstitut für gesellschaftliche Weiterentwicklung (e.V.).

Tabatt-Hirschfeldt, A., Stremlow, J., Unger, F., Sann, U., Kessler, O., & Caputo, T.-M. (2019). GoLead: Einschätzungen von Führungskräften des mittleren und oberen Managements zur Führung und zur Public Governance in deutschen und schweizerischen Kommunen. In M. W. Fröse, B. Naake, & M. Arnold, *Führung und Organisation. Perspektiven Sozialwirtschaft und Sozialmanagement* (S. 369–400). Wiesbaden: Springer Fachverlag.

Tagliabue, M., Sigurjonsdottir, S. S., & Sandaker, I. (2020). The effects of performance feedback on organizational citizenship behaviour: a systematic review and meta-analysis. *European Journal of Work and Organizational Psychology*, S. 1–21.

Tannenbaum, R., & Schmidt, W. (1958). How to Choose a Leadership Pattern. *Harvard Business Review, 36 (2)*, S. 95–101.

Tannenbaum, S. I., & Cerasoli, C. P. (2013). Do team and individual debriefs enhance performance? A meta-analysis. *Human Factors: The Journal of the Human Factors and Ergonomics Society, 55 (1)*, S. 231–245.

Tannenbaum, S. I., Salas, E., & Cannon-Bowers, J. A. (1996). Promoting team effectiveness. In M. A. West, *Handbook of work group psychology* (S. 503–529). West Sussex: Wiley.

Teixeira, P. J., Marques, M. M., Silva, M. N., Brunet, J., Duda, J. L., Haerens, L., . . . al., e. (2020). A Classification of Motivation and Behavior Change Techniques Used in Self-Determination Theory-Based Interventions in Health Contexts. *Motivation Science. Advance online publication.* http://dx.doi.org/10.1037/mot0000172, S. 1–18.

Tepper, B. J., Dimotakis, N., Lambert, L. S., Koopman, J., Matta, F. K., Man Park, H., & Goo, W. (2018). Examining follower responses to Transformational leadership from a dynamic, person–environment fit perspective. *Academy of Management Journal, 61(4)*, S. 1343–1368.

Thatcher, S. M., & Patel, P. C. (2012). Group faultlines: A review, integration, and guide to future research. *Journal of Management, 38*, S. 969–1009.

Theiler, A., Dietrich, N., Horländer, B., Nübling, M., Lincke, H.-J., Wesuls, R., . . . Schwab, M. (2014). *Handlungsleitfaden zur Prävention von Übergriffen in öffentlichen Einrichtungen.* Stuttgart: Unfallkasse Baden-Württemberg.

Thibaut, J. W., & Kelley, H. H. (1959). *The social psychology of groups.* John Wiley.

Theorell, T., Nyberg, A., Leineweber, C., Magnusson Hanson, L. L., Oxenstierna, G., & Westerlund, H. (2012). Non-Listening and Self-Centered Leadership – Relationships to Socioeconomic Conditions and Employee Mental Health. *PLOS One, 7 (9)*, S. 1–9.

Thom, N., & Ritz, A. (2017). *Public Management.* Wiesbaden: Springer Fachmedien.

Thomson, B., Steidelmüller, C., Schröder, T., Wittmers, A., Pundt, F., & Weber, C. (2020). Der Zusammenhang organisationaler Rahmenbedingungen und Gesundheit bei Führungskräften und Beschäftigten. Projekt F2436: „Führung und Organisation im Wandel". *ASU - Zeitschrift für medizinische Prävention, Sonderheft Führungsforschung, Mai 2020.*

Tietze, A. (2018). Ökologie und Nachhaltigkeit. In K. Grunwald, & A. Langer, *Sozialwirtschaft. Handbuch für Wissenschaft und Praxis* (S. 903–918). Baden-Baden: Nomos Verlagsgesellschaft.

Travis, D. J., Shaffer, E., & Thorpe-Moscon, J. (2020). *Getting Real About Inclusive Leadership: Why Change Starts With You (Catalyst, 2020).* Von https://www.catalyst.org/wp-content/uploads/2020/03/Getting-Real-About-Inclusive-Leadership-Report-2020update.pdf am 28.12.2020 abgerufen

Treier, M. (2019). *Wirtschaftspsychologische Grundlagen für Personalmanagement. Fach- und Lehrbuch zur modernen Personalarbeit.* Berlin, Heidelberg: Springer Verlag.

Trépanier, S.-G., Boudrias, V., & Peterson, C. (2019). Linking destructive forms of leadership to employee health. *Leadership & Organization Development Journal, 40 (7)*, S. 803–814.

Tscheulin, D., & Rausche, A. (1970). Beschreibung und Messung des Führungsverhaltens in der Industrie mit der deutschen Version des Ohio-Fragebogens. *Psychologie und Praxis, 14*, S. 49–64.

Tscheuschner, M., & Wagner, H. (2008). *TMS – Der Weg zum Hochleistungsteam.* Offenbach: Gabal.

Tuckman, B. W. (1965). Developmental sequence in small groups. *Psychological Bulletin, 63*, S. 384–399.

Tuckman, B. W., & Jensen, M. A. (1977). Stages of small-group development revisited. *Group & Organization Studies, 2 (4)*, S. 419–427.

Tuomi, K., Ilmarinen, J., Seitsamo, J., Huuhtanen, P., Martikainen, R., Nygård, C.-H., & Klockars, M. (1997). Summary of the Finnish research project (1981–1992) to promote the health and work ability of aging workers. *Scandinavian Journal of Work, Environment & Health, 23 (1)*, S. 66–71.

Uhl, M. (2018). Führen in Überlastungssituationen. *Sozialwirtschaft, 28 (6)*, S. 26–27.

Unger, F. (2019). Leben und Lernen in der VUCA-Welt. In J. Rocholl, J. Mitsiadis, & M. Pohl, *Zukunft der Bildung – Bildung der Zukunft* (S. 88–120). Frankfurt a.M.: Wochenschau Verlag.

Unger, F. (2019a). *Mitarbeiterführung unter den Anforderungen einer Arbeitswelt im Wandel. In PERSONALDIREKT, Ausg. 4, Oktober 2019.* Von http://www.pd-frankfurt.de/ezine_10_2019/index.html am 20.02.2020 abgerufen

Unger, F. (2019b). Lebenslanges Lernen in der Öffentlichen Verwaltung fördern: Bedarfserhebung und Handlungsansätze zur Entwicklung von Modulen wissenschaftlicher Weiterbildung. In L. Kolhoff, *Aktuelle Diskurse in der Sozialwirtschaft II* (S. 35–56). Wiesbaden: Springer Fachmedien.

Unger, F. (2021). *Die digitale Balance fördern: Gesund und leistungsfähig in der Arbeitswelt 4.0.* Von PERSONALDIREKT, Ausg. Nr. 1, Januar 2021: http://www.pd-frankfurt.de/ezine_01_2021/index.html am 26.03.2021 abgerufen

Unger, F., & Sann, U. (2020). Führungskräfte-Coaching in der Öffentlichen Verwaltung als Beitrag zur Entwicklung von Führungskräftekompetenzen für das 21. Jahrhundert. In J. Groß, *Führung im Öffentlichen Dienst. Perspektive, Trends und Herausforderungen.* Hamburg: Maximilian Verlag.

Unger, F., & Sann, U. (2020a). Empirische Forschung als Fundament gelingender Bedarfs- und Zielgruppenanalysen für wissenschaftliche Weiterbildungsformate sowie als Gestaltungselement teilnehmendenorientierter Lernsettings. In W. Jütte, M. Kondratjuk, & M. Schulze, *Hochschulweiterbildung als Forschungsfeld: Kritische Bestandsaufnahmen und Perspektiven* (S. 241–257). Bielefeld: wbv Media.

Vahs, D. (2019). *Organisation: Ein Lehr- und Managementbuch. 10. Aufl.* Stuttgart: Schäffer-Poeschel.

Vahs, D., Gattari, C., & Dunst, M. (2020). Innovation, Qualität, Führung. *Sozialwirtschaft*(2), S. 10–12.

van Dick, R. (2017). *Identifikation und Commitment fördern.* Göttingen: Hogrefe.

van Dick, R., & West, M. A. (2013). *Teamwork, Teamdiagnose, Teamentwicklung.* Göttingen: Hogrefe.

Van Iddekinge, C. H., Aguinis, H., Mackey, J. D., & DeOrtentiis, P. S. (2018). A meta-analysis of the interactive, additive, and relative effects of cognitive ability and motivation on performance. *Journal of Management 44*, S. 249–279.

van Merendonk, S. (2021). *Motivierende Gesprächsführung kompakt.* Freiburg i. Bsg.: Lambertus-Verlag.

Vansteenkiste, M., & Sheldon, K. M. (kein Datum). There's nothing more practical than a good theory: Integrating motivational interviewing and self-determination theory. *Vansteenkiste, M., & Sheldon, K. M. (2006). There's nothing more practical than a good theory: IntegratinBritish Journal of Clinical Psychology 45*, S. 63–82.

Vilain, M. (2019). Disruptive Wirkungen der Digitalisierung der Sozialwirtschaft. In K. d. e.V., *Führung gestaltet. Generationenwechsel – Digitalisierung – Kulturwandel.* Baden-Baden: Nomo Verlagsgesellschaft.

Vincent-Höper, S., Gude, M., Stein, M., Kersten, M., & Nienhaus, N. (2018). Die psychische Gesundheit von pädagogischem Fachpersonal in Kindertageseinrichtungen: hinderliche und förderliche Merkmale der Arbeit. *RiRe – Risiken und Ressourcen in Gesundheitsdienst und Wohlfahrtspflege, Band 3*, S. 305–320.

Vincent-Höper, S., Stein, M., Gregersen, S., & Nienhaus, A. (2018a). Messung gesundheitsförderlicher Führung in Gesundheitsdienst und Wohlfahrtspflege. *ASU – Arbeitsmedizin Sozialmedizin Umweltmedizin, 53*, S. 46–53.

von Ameln, F., & Wimmer, R. (2016). Neue Arbeitswelt, Führung und organisationaler Wandel. *Gruppe, Interaktion, Organisation, 47*, S. 11–21.

von Wahlert, J. (2018). Gesundheit als Chefsache: Die Perspektive des Unternehmens. In M. Lohmer, B. Sprenger, & J. von Wahlert, *Gesundes Führen. Life-Balance versus Burnout im Unternehmen* (S. 18–31). Stuttgart: Schattauer.

von Wahlert, J. (2018a). Selbstmanagement, Selbstführung und Selbstfürsorge für Führungskräfte. In M. Lohmer, B. Sprenger, & J. von Wahlert, *Gesundes Führen. Life-Balanve versus Burnout im Unternehmen* (S. 71–81). Stuttgart: Schattauer.

Voss, A., & Jochum, E. (2017). Aus der Praxis: Kommunikation als Erfolgsfaktor der Führung. In K. Häring, & S. Litzcke, *Führungskompetenzen lernen. Eignung, Entwicklung, Aufstieg* (S. 293–312). Stuttgart: Schäffer-Poeschel.

Vroom, V. H. (1964). *Work and motivation.* New York: Wiley.

W.K. Kellog Foundation. (2004). *Using Logic Models to Bring Together Planning, Evaluation, and Action Logic Model Development Guide.* Von https://www.wkkf.org/resource-directory/resources/2004/01/logic-model-development-guide am 27.03.2021 abgerufen

Wahren, H.-K. (1992). *Zwischenmenschliche Kommunikation und Interaktion in Unternehmen: Grundlagen, Probleme und Ansätze zur Lösung.* Berlin: De Gruyter.

Waltersbacher, A., Maisuradze, M., & Schröder, S. (2019). Arbeitszeit und Arbeitsort – (wie viel) Flexibilität ist gesund? In B. Badura, A. Ducki, H. Schröder, J. Klose, & M. Meyer, *Fehlzeiten Report 2019. Digitalisierung – gesundes Arbeiten ermöglichen* (S. 77–108). Berlin: Springer-Verlag.

Waltersbacher, A., Schröder, H., & Klein, J. (2020). Gerechtigkeitserleben bei der Arbeit und Gesundheit. Ergebnisse einer repräsentativen Befragung von Erwerbstätigen zum Gerechtigkeitserleben im Unternehmen und gesundheitlichen Beschwerden. In B. Badura, A. Ducki, H. Schröder, J. Klose, & M. Meyer, *Fehlzeiten-Report 2020. Gerechtigkeit und Gesundheit* (S. 99–131). Berlin, Heidelberg: Springer.

Walumbwa, F. O., Mayer, D. M., Wang, P., Wang, H., Workman, K., & Christensen, A. L. (2011). Linking ethical leadership to employee performance: The roles of leader-member exchange, self-efficacy, and organizational identification. *Organizational Behavior and Human Decision Processes, 115 (2)*, S. 204–213.

Walumbwa, F. O., Muchiri, M. K., Misati, E., Wu, C., & Meiliani, M. (2018). Inspired to perform: A multilevel investigation of antecedents and consequences of thriving at work. *Journal of Organizational Behavior, 39*, S. 249–261.

Wang, D., Waldman, D. A., & Zhang, Z. (2014). A meta-analysis of shared leadership and team effectiveness. *Journal of Applied Psychology, 99 (2)*, S. 181–198.

Wang, G., & Hackett, R. D. (2016). Conceptualization and measurement of virtuous leadership: Doing well by doing good. *Journal of Business Ethics, 137 (2)*, S. 321–345.

Wang, G., Oh, I.-S., Courtright, S. H., & Colbert, A. E. (2011). Transformational leadership and performance across criteria and levels: A meta-analytic review of 25 years of research. *Group & Organization Management 36(2)*, S. 223–270.

Wang, H., Sui, Y., Luthans, F., Wang, D., & Wu, Y. (2014). *Impact of authentic leadership on performance: Role of followers' positive psychological capital and relational processes.* Abgerufen am 2. 12 2019 von Management Department Faculty Publications; Paper 123: https://digitalcommons.unl.edu/managementfacpub/123/?utm_ source=digitalcommons.unl.edu%2Fmanagementfacpub%2F123&utm_ medium=PDF&utm_campaign=PDFCoverPages

Watzka, K. (2016). *Ziele formulieren. Erfolgsvoraussetzungen wirksamer Zielvereinbarungen.* Wiesbaden: Springer Fachmedien.

Watzlawick, P., Beavin, J. B., & Jackson, D. D. (2016). *Menschliche Kommunikation: Formen, Störungen, Paradoxien.* Bern: Hogrefe.

Weber, C., Thomson, B., & Pundt, F. (2018). *Die Notwendigkeit von Führung in einer digitalisierten Arbeitswelt – eine Netnografie. baua: Fokus.* Dortmund: Bundesanstalt für Arbeitsschutz und Arbeitsmedizin.

Weckmüller, H. (2017). Agilität kommt langsam voran. [Agilitätsbarometer 2017]. *Personalmagazin, 09*, S. 10–15.

Wegge, J., Roth, C., Neubach, B., Schmidt, K. H., & Kanfer, R. (2008). Age and gender diversity as determinants of performance and health in a public organization: the role of task complexity and group size. *Journal of Applied Psychology, 93 (6)*, S. 1301–1313.

Wegner, D. M. (1987). Transactive memory: a contemporary analysis of group mind. In B. Mullen, & G. R. Goethals, *Theories of group behavior* (S. 185–208). New York: Springer Verlag.

Weibler, J. (2013). *Entzauberung der Führungsmythen, RHI-Essay, Nr. 2.* Von https://www.romanherzoginstitut.de/publikationen/detail/entzauberung-der-fuehrungsmythen.html am 28.03.2021 abgerufen

Weibler, J. (2016). *Personalführung.* München: Vahlen.

Weibler, J., & Petersen, M. (2017). Management von Unsicherheit bei Entscheidungen im polizeilichen Kontext. In J. Stierle, D. Wehe, & H. Siller, *Handbuch Polizeimanagement – Polizeipolitik – Polizeiwissenschaft – Polizeipraxis, Band 1* (S. 375–389). Wiesbaden: Springer Gabler.

Weingärtner, E. (2014). *Coaching in der Sozialwirtschaft. Führungskräfteentwicklung im Bereich sozialer Dienstleistungen.* Wiesbaden: Springer Fachmedien.

Weisweiler, S., Dirscherl, B., & Braumandl, I. (2013). *Zeit- und Selbstmanagement. Ein Trainingsmanual – Module, Methoden, Materialien für Training und Coaching.* Berlin, Heidelberg: Springer Verlag.

Welledits, V., Schmidkonz, C., & Kraft, P. (2019). *Digital Detox im Arbeitsleben Methoden und Empfehlungen für einen gesunden Einsatz von Technologien.* Wiesbaden: Springer Fachmedien.

Wellmann, H., Hasselmann, O., & Lück, P. (2020). *iga.Barometer 2019. Erwerbstätigenbefragung zum Stellenwert der Arbeit – Schwerpunktthema „Sinn und Arbeit".* Dresden: Institut für Arbeit und Gesundheit der Deutschen Gesetzlichen Unfallversicherung.

Welpe, I. M., Brosi, P., & Schwarzmüller, T. (2018). *Digital Work Design. Die Big Five für Arbeit, Führung und Organisation im digitalen Zeitalter.* Frankfurt a. M.: Campus Verlag.

Wendsche, J., & Lohmann-Haislah, A. (2016). *Psychische Gesundheit in der Arbeitswelt. Pausen.* Dortmund: Bundesanstalt für Arbeitsschutz und Arbeitsmedizin (BAuA).

Wendsche, J., & Lohmann-Haislah, A. (2017). A meta-analysis on antecedents and outcomes of detachment from work. *Frontiers in Psychology (Online Journal), 7, No. 2072.*

Wendsche, J., & Lohmann-Haislah, A. (2018). *Arbeitspausen gesundheits- und leistungsförderlich gestalten.* Göttingen: Hogrefe.

Wendt, W. R. (2016). *Sozialwirtschaft kompakt. Grundzüge der Sozialwirtschaftslehre.* Wiesbaden: Springer VS.

Wendt, W. R. (2018). „Marktlich" oder „nichtmarktlich" vorankommen? In W. Grillitsch, P. Brandl, & S. Schuller, *Gegenwart und Zukunft des Sozialmanagements und der Sozialwirtschaft* (S. 59–77). Wiesbaden: Springer Fachmedien.

Wendt, W. R. (2018). Soziales Wirtschaften im Beziehungsgefüge seiner Akteure. In L. Kolhoff, & K. Grunwald, *Aktuelle Diskurse in der Sozialwirtschaft I, Perspektiven Sozialwirtschaft und Sozialmanagement* (S. 25–38). Wiesbaden: Springer Fachmedien.

Werth, L. S. (2020). *Sozialpsychologie – Der Mensch in sozialen Beziehungen. Interpersonale und Intergruppenprozesse.* Berlin: Springer.

Werther, S. (2015). *Einführung in Feedbackisntrumente in Organisationen. Vom 360°-Feedback bis hin zur Mitarbeiterbefragung.* Wiesbaden: Springer Fachmedien.

Wheelan, S. A. (2009). Group Size, Group Development, and Group Productivity. *Small Group Research, 40 (2),* S. 247–262.

Whitener, E., Brodt, S. E., Korsgaard, M. A., & Werner, J. M. (1998). Managers as initiators of trust: An exchange relationship framework for understanding managerial trustworthy behavior. *Academy of Management Review, 23,* S. 513–530.

Wigert, B., & Dvorak, N. (2019). *Feedback Is Not Enough.* Von https://www.gallup.com/workplace/257582/feedback-not-enough.aspx am 08.09.2020 abgerufen

Wigert, B., & Harter, J. (2017). *Re-Engineering Performance Management.* Washington: Gallup.

Wigert, B., & Pendell, R. (2020). *The Ultimate Guide to Micromanagers: Signs, Causes, Solutions.* Von https://www.gallup.com/workplace/315530/ultimate-guide-micromanagers-signs-causes-solutions.aspx; am 27.03.2021 abgerufen

Wilcox, J., Kersh, B. C., & Jenkins, E. (2017). *MI LEAD. Motivational Interviewing für Leadership.* Gray Beach Publishing.

Wilder, D. (2013). Soziale Arbeit und Interdisziplinarität. Begriff, Bedingungen und Folgerungen für die Soziale Arbeit. *SozialAktuell, 4 (April 2013),* S. 10–13.

Williams, K., & O´Reilly, C. A. (1998). Demography and Diversity in Organizations: A review of 40 Years of Research. *Organizational Behaviour, 20*, S. 77–140.

Wimmer, R. (2016). Der wissenschaftliche Blick auf die Führung: Traditionen, Entwicklungen, Erkenntnisse. *supervision – Zeitschrift für Beraterinnen und Berater, 2*, S. 12–23.

Wirth, T., Lenge, J., Mette, J., Mache, S., Harth, V., & Nienhaus, A. (2020). *Praxishandbuch Gesundheit und Unterstützung in der Sozialen Arbeit mit geflüchteten und wohnungslosen Menschen.* Von Competenzzentrum Epidemiologie und Versorgungsforschung bei Pflegeberufen Hamburg & Zentralinstitut für Arbeitsmedizin und Maritime Medizin (ZfAM) Hamburg: https://www.bgw-online.de/SharedDocs/Downloads/DE/Medientypen/Wissenschaft-Forschung/Handbuch-Sozialarbeit.pdf?__blob=publicationFile am 10.02.2021 abgerufen

Wirth, T., Mette, J., Prill, J., Harth, V., & Nienhaus, A. (2019). Working conditions, mental health and coping of staff in social work with refugees and homeless individuals: A scoping review. *Health and Social Care in the Community, 27 (4)*, S. 257–269.

Wirth, T., Ulusoy, N., Lincke, H.-J., Nienhaus, A., & Schablon, A. (2017). Psychosoziale Belastungen und Beanspruchungen von Beschäftigten in der stationären und ambulanten Altenpflege – Ergebnisse einer Querschnittstudie. *ASU – Arbeitsmedizin Sozialmedizin Umweltmedizin, 52*, S. 662–669.

Wirtz, M. A. (2020). *Dorsch – Lexikon der Psychologie (19., überarb. Aufl.).* Weinheim: Hogrefe.

Wolf, G. (2018). *Zielvereinbarungen in der Praxis. Aufwand reduzieren, Nutzen maximieren, Chancen realisieren.* Freiburg: Haufe.

Wolfram, H.-J., & Mohr, G. (2014). *Führungsbeziehungsqualität. Version MitarbeiterInnen.* Von Zusammenstellung sozialwissenschaftlicher Items und Skalen (ZIS), https://doi.org/10.6102/zis26: https://zis.gesis.org/pdfFiles/Antwortbogen/Wolfram%2B_Fuehrungsbeziehungsqualitaet__Version_MitarbeiterInnen_Antwortbogen_c.pdf am 26.08.2020 abgerufen

Wolter, S., Broszeit, S., Frodermann, C., Grunau, P., & Bellmann, L. (2016). Mehr Zufriedenheit und Engagement in Betrieben mit guter Personalpolitik. *IAB-Kurzbericht 16/2016*, S. 1–6.

Wolter, S., Grunau, P., Mackeben, J., Scheuring, S., Steffens, S., Arnold, D., . . . Maier, P. (2018). *Arbeitsqualität und wirtschaftlicher Erfolg: Längsschnittstudie in deutschen Betrieben ; Endbericht. (Forschungsbericht / Bundesministerium für Arbeit und Soziales, FB505).* Nürnberg: Bundesministerium für Arbeit und Soziales; Institut für Arbeitsmarkt- und Berufsforschung der Bundesagentur für Arbeit (IAB); Universität Köln; Universität Tübingen; Zentrum für Europäische Wirtschaftsforschung (ZEW).

Woolley, A. W., Chabris, C. F., Pentland, A., Hashmi, N., & Malone, T. W. (2010). Evidence for a Collective Intelligence Factor in the Performance of Human Groups. *Science 330*, S. 686–688.

Wright, B. E., Moynihan, D. P., & Pandey, S. K. (2012). Pulling the levers: Transformational leadership, public service motivation, and mission valence. *Public Administration Review, 72*, S. 206–215.

Wrike. (2019). *Wrike Happiness Index Team-Zusammenarbeit.* San Jose, CA: Wrike.

Wu, J. B., Tsui, A. S., & Kinicki, A. J. (2010). Consequences of differentiated leadership in groups. *Academy of Management Journal, 53*, S. 90–106.

Wu, Q., Cormican, K., & Chen, G. (2018). A Meta-Analysis of Shared Leadership: Antecedents, Consequences, and Moderators. *Journal of Leadership & Organizational Studies, 27 (1),* https://doi.org/10.1177/1548051818820862.

Wuffli, P. A. (2016). *Inclusive Leadership. A Framework for the Global Era.* Zürich: Springer Verlag.

Xanthopoulou, D., Bakker, A. B., Demerouti, E., & Schaufeli, W. B. (2009). Reciprocal relationships between job resources, personal resources, and work engagement. *Journal of Vocational Behavior, 74 (3),* S. 235–244.

Yongxing, G., Hongfei, D., Baoguo, X., & Lei, M. (2017). Work engagement and job performance: the moderating role of perceived organizational support. *Anales de psicología, 33 (3),* S. 708–713.

Young, H. R., Glerum, D. R., Joseph, D. L., & McCord, M. A. (2021). A Meta-Analysis of Transactional Leadership and Follower Performance: Double-Edged Effects of LMX and Empowerment. *Journal of Management, 47 (5),* S. 1255–1280.

Young, H. R., Glerum, D. R., Wang, W., & Joseph, D. L. (2018). Who are the most engaged at work? A meta-analysis of personality and employee engagement. *Journal of Organizational Behavior, 39 (1),* S. 1330–1346.

Yukl, G. (2010). *Leadership in Organizations.* Upper Saddle River, New York: Pearson.

Yukl, G. (2012). Effective leadership behavior: What we know and what questions need more attention. *Academy of Management Perspectives, 26 (4),* S. 66–85.

Zaccaro, S. J., Green, J. P., Dubrow, S., & Kolze, M. (2018). Leader individual differences, situational parameters, and leadership outcomes: A comprehensive review and integration. *The Leadership Quarterly, 29,* S. 2–43.

Zaccaro, S. J., Rittman, A. L., & Marks, M. A. (2001). Team leadership. *The Leadership Quarterly, 12 (4),* S. 451–483.

Zenger, J., & Folkman, J. (2019). *How Extraordinary Leaders Double Profits. Whitepaper.* Von https://zengerfolkman.com/wp-content/uploads/2019/08/How-Extraordinary-Leaders-Double-Profit_WP-2019.pdf am 27.03.2021 abgerufen

Zenger, J., & Folkman, J. (2019). *Women Score Higher Than Men in Most Leadership Skills.* Von https://hbr.org/2019/06/research-women-score-higher-than-men-in-most-leadership-skills; am 26.04.2020 abgerufen

Zeuge, A., Oschinsky, F., Weigel, A., Schlechtinger, M., & Niehaves, B. (2020). *Leading Virtual Teams – A Literature Review.* Von https://www.microsoft.com/en-us/research/uploads/prod/2020/07/NFW-Zeuge-et-al.pdf am 03.12.2020 abgerufen

Zhang, Y., & Liao, Z. (2015). Consequences of abusive supervision: A meta-analytic review. *Asia Pacific Journal of Management, 32,* S. 959–987.

Zimbardo, P. (2008). *The Lucifer effect. Understanding how good people turn evil.* New York: Random House Paperback.

Zimber, A. (2018). *Führen und gesund bleiben. Ein Präventionsprogramm für Führungskräfte in Sandwich-Positionen.* Berlin, Heidelberg: Springer Verlag.

Zimmermann, F. (2020). The Dynamics of Motivated Beliefs. *American Economic Review, 110 (2),* S. 337–361.

Zwingmann, I., Wegge, J., Wolf, S., Rudolf, M., Schmidt, M., & Richter, P. (2014). Is transformational leadership healthy for employees? A multilevel analysis in 16 nations. *Zeitschrift für Personalforschung, 28 (1–2)*, S. 24–51.

Zygar, C. (2015). *Sinnvoll Feedback geben am Arbeitsplatz*. Von Evidenzbasierte Wirtschaftspsychologie, (1). Ludwig-Maximilians-Universität München: http://www.psy. lmu.de/evidenzbasiertesmanagement/dokumente/ebm_dossiers/ebm_01_feedback.pdf am 08.09.2020 abgerufen

Zimmermann, J., Wolf, T., Gerth, A., Oelmüller, R., Schmidt, W. (2015). Lorsch, D. [2015]. In: Treibhausgas Emission Reduktion in Biogas-... and other examples of various measures and improvements ...
Zimmermann, J. [2016]. Prozeß, M. and T. [2016]. [2016] [16]. Von Biomasse und Zimmermann, A. B. [15]. Abschätzungen besonders empfindlich. Mittlere emergierenden Energetischen M. Karl. Die neue Berechnungsmethode. Energietechnik [15]. [2015].
In: [2015] 25. Juli 2016.